谨以此书献给

为江苏高速公路发展事业作出贡献的决策者、建设者、管理者

Record of Expressway Construction in
Jiangsu

图1 G2 京沪高速公路淮江至江都丁伙互通

图2 G3 徐州西绕城高速公路徐州西互通

图3 G15W2 常嘉高速公路苏州绕城路段

图4 G15 沈海高速公路小海互通

江苏
高速公路建设实录

Record of Expressway Construction in
Jiangsu

图5　G15 苏通大桥

图6 G25 长深高速公路太湖服务区

图7 G30 连徐高速公路潘塘收费站

图8 G36 宁洛高速公路南京长江第二大桥南汊大桥

图9 G40 沪陕高速公路悦来互通

图10 G2513 淮徐高速公路楚州枢纽

图11　G4011 润扬长江公路大桥及接线

图12　S9 苏州绕城高速公路西南段

Record of Expressway Construction in
— **Jiangsu** —

图13 S28启扬高速公路扬州西北绕城扬州北互通

图14 S35 泰州长江大桥及接线

图15 S38 宁常高速公路漪湖大桥

Record of Expressway Construction in
Jiangsu

图16 S55 宁宣高速公路

图17 S69 济徐高速公路沛县南互通

图18　S80 太仓港北疏港高速公路

图19 S86 上海至成都高速公路镇江支线

图20 G42S 宁常高速公路茅山隧道

图21 G30 连徐高速公路东疏港互通

"十三五"国家重点图书出版规划项目

中国高速公路建设实录

Record of Expressway Construction in
Jiangsu

江苏高速公路建设实录

江苏省交通运输厅

人民交通出版社股份有限公司
China Communications Press Co.,Ltd.

内 容 提 要

本书是《中国高速公路建设实录》系列丛书之江苏卷,全书分为七章,内容包括概况、规划与发展历程、建设管理、运营管理、高速公路建设科技成果与应用、高速公路文化建设、高速公路项目简介以及江苏高速公路建设大事记和附图。

本书全面、系统地记述了江苏高速公路规划、建设、运营、养护等方面的历史沿革和发展历程,辩证总结了江苏高速公路建设的经验与体会,具有很高的史料价值。本书可供交通运输建设行业相关人员阅读、学习与查询参考。

图书在版编目(CIP)数据

江苏高速公路建设实录 / 江苏省交通运输厅组织编写. — 北京:人民交通出版社股份有限公司,2019.3
ISBN 978-7-114-14841-5

Ⅰ.①江… Ⅱ.①江… Ⅲ.①高速公路—道路建设—江苏 Ⅳ.①U412.36

中国版本图书馆 CIP 数据核字(2018)第 137568 号

"十三五"国家重点图书出版规划项目
中国高速公路建设实录

书　　　名:	江苏高速公路建设实录
著　作　者:	江苏省交通运输厅
责任编辑:	刘永超　周　宇　丁　遥
责任校对:	刘　芹
责任印制:	张　凯
出版发行:	人民交通出版社股份有限公司
地　　　址:	(100011)北京市朝阳区安定门外外馆斜街 3 号
网　　　址:	http://www.ccpress.com.cn
销售电话:	(010)59757973
总　经　销:	人民交通出版社股份有限公司发行部
经　　　销:	各地新华书店
印　　　刷:	北京雅昌艺术印刷有限公司
开　　　本:	787×1092　1/16
印　　　张:	45
字　　　数:	885 千
版　　　次:	2019 年 3 月　第 1 版
印　　　次:	2019 年 3 月　第 1 次印刷
书　　　号:	ISBN 978-7-114-14841-5
定　　　价:	320.00 元

(有印刷、装订质量问题的图书,由本公司负责调换)

《江苏高速公路建设实录》
编审委员会

主　　任：陆永泉

副 主 任：丁　峰　　蒋振雄　　凌耀初　　顾德军

委　　员：张　欣　　夏　炜　　王绍坤　　徐德智　　姜竹生

　　　　　陈胜武　　杨伟东　　杨　军　　孙　军　　周建华

　　　　　周　洪　　吴亚东　　吴赞平

顾　　问：游庆仲　　周世忠　　蔡家范　　吴胜东　　钟建驰

《江苏高速公路建设实录》
编纂工作委员会

主　任：丁　峰

副主任：夏　炜　　徐德智　　杨　军　　吴赞平

委　员：张　欣　　王绍坤　　姜竹生　　陈胜武　　杨伟东

　　　　顾风华　　薛　海　　夏振明　　葛振庆　　王　丁

　　　　陈仲扬　　王敬民　　吉　林　　徐亚林　　黄　铭

　　　　孙悉斌　　梅　松　　伍育钧　　王华城　　徐海北

　　　　孙　雷　　孔元祥　　吴尚岗　　徐泽敏　　孟春麟

　　　　曹友祥　　范东涛　　王莹莹

改革开放40年来,江苏交通运输面貌发生了翻天覆地的变化,特别是高速公路在全国率先实现联网畅通、率先实现"县县通",成为江苏综合交通网的主骨架,不仅显著提升了社会公众出行的快捷性、自由度,而且形成了支撑重大产业布局的交通大通道,有力促进了区域和城乡协调发展。可以说,条条高速公路都是带动经济发展的"腾飞之路",座座跨江大桥都是引导经济发展的"崛起之桥"。

江苏第一条高速公路——沪宁高速公路江苏段筹建工作举步维艰,在省委省政府坚强领导下,交通运输行业用"摸着石头过河"的思想开拓创新,用改革的精神筹集资金,用争分夺秒的干劲加快步伐,用严格的管理确保质量,勇闯新路,突破难关。1996年11月沪宁高速公路江苏段正式通车,标志着江苏高速公路实现了从无到有的突破,它像一条巨龙在美丽富饶的江苏大地腾飞而起。在加强苏南高速公路建设的同时,省委省政府明确提出"挥师北上,决战苏北,打一场新时期交通战线的淮海战役"。2000年,全省高速公路通车总里程突破1000km,呈现出"南北并举、东西共进、滚动发展、规模推进"的建设发展态势。之后,全省高速公路通车总里程于2003年突破2000km、2006年突破3000km、2010年突破4000km、2017年达到4688km。多年来,江苏逐步形成了建设理念先进、决策论证科学、管理规范高效、监督严格有力的高速公路工程管理体系,呈现出建设质量好、管理水平高、文化气息浓、创新成果多等众多亮点,特别是在软土地基处理、大型桥梁建设、质量通病应对以及环境保护、智能化交通工程等方面取得了一系列自主创新成果,苏通大桥等跨江大桥成为中国由世界桥梁大国向桥梁技术强国转变的重要标志。

如今,人们在宽阔平坦的高速公路上行车如飞,心旷神怡,但很少有人知道高速公路建设那些艰难曲折的过程,也很少有人知道有多少人为之呕心沥血,付出了无数心血和汗水。按照交通运输部开展《中国高速公路建设实录》丛书编纂工作的总体部署,编纂形成《江苏高速公路建设实录》,收集了大量的历史资料,内容翔实,图文并茂,真实而又生动地记述了江苏高速公路建设历程,科学地总结了高速公路又好又快建设的宝贵经验,展现了多年来高速公路建设波澜壮阔的宏伟图景,展现了建设者们改天换地的闪光风采,既可让后人了解当年高速公路建设艰苦创业、开拓创新的历史,又可激励广大干部群众继往开来,在新的起点上再创交通建设新辉煌,加快构建现代综合交通运输体系,扎实推进交通强省建设,为"强富美高"新江苏建设作出新贡献。

江苏省交通运输厅厅长：陆永泉

2018年12月26日

第一章	概况	1
第一节	经济社会发展	1
第二节	综合运输发展	4
第三节	公路建设	9
第四节	高速公路的经济与社会效益	12
第二章	规划与发展历程	18
第一节	高速公路网规划	18
第二节	高速公路发展历程	20
第三节	过江通道发展历程	23
第三章	建设管理	31
第一节	管理体制	31
第二节	投资融资	33
第三节	征地拆迁	39
第四节	建设市场管理	42
第五节	质量安全管理	47
第四章	运营管理	53
第一节	营运管理	53
第二节	行业管理	69
第三节	综合执法	75
第五章	高速公路建设科技成果与应用	81
第一节	高速公路建设科技创新	81
第二节	过江通道建设科技创新	90
第三节	重大科研课题	111
第六章	高速公路文化建设	120
第一节	精神文明建设	120

第二节　文化建设 125

第七章　高速公路项目简介 139
　　第一节　G2（北京—上海） 139
　　第二节　G3（北京—台北） 171
　　第三节　G15（沈阳—海口） 186
　　第四节　G15W（常熟—台州）江苏段 223
　　第五节　G15W2（常熟—嘉善） 244
　　第六节　G1515（盐城—靖江） 254
　　第七节　G1516（盐城—洛阳） 269
　　第八节　G25（长春—深圳） 280
　　第九节　G2513（淮安—徐州） 345
　　第十节　G30（连云港—霍尔果斯） 368
　　第十一节　G36（南京—洛阳） 376
　　第十二节　G40（上海—西安） 404
　　第十三节　G4011（扬州—溧阳） 454
　　第十四节　G42（上海—成都） 464
　　第十五节　G42S（上海—武汉） 484
　　第十六节　G4211（南京—芜湖） 514
　　第十七节　G50（上海—重庆） 521
　　第十八节　G2501 南京绕越高速公路 527
　　第十九节　S9（苏州—绍兴） 547
　　第二十节　S19（南通—无锡） 554
　　第二十一节　S28（启东—扬州） 565
　　第二十二节　S35（泰州—镇江） 575
　　第二十三节　S39（江都—宜兴） 580
　　第二十四节　S48（上海—宜兴） 586
　　第二十五节　S49（新沂—扬州） 593
　　第二十六节　S55（南京—宣城） 611
　　第二十七节　S58（上海—常州） 613
　　第二十八节　S68（溧阳—芜湖） 622
　　第二十九节　S69（济南—徐州） 628
　　第三十节　S73（连云港东疏港高速公路） 635
　　第三十一节　S79（上海至西安高速公路南通支线） 637
　　第三十二节　S80（太仓港北疏港高速公路） 638

第三十三节　S81（太仓港南疏港高速公路） ………………………………………… 648
第三十四节　S83（苏州至绍兴高速公路无锡支线） ………………………………… 652
第三十五节　S86（上海至成都高速公路镇江支线） ………………………………… 657
第三十六节　S87（长春至深圳高速公路南京支线） ………………………………… 658
第三十七节　S88（南京机场高速公路） ……………………………………………… 660
第三十八节　S92（长春至深圳高速公路金湖支线） ………………………………… 670
第三十九节　S96（新沂至扬州高速公路宿迁支线） ………………………………… 673

附录一　江苏高速公路建设大事记 ……………………………………………………… 677
附录二　附图 ……………………………………………………………………………… 683

第一章
概 况

第一节 经济社会发展

一、自然地理

江苏省位于我国东部沿海中心,东临黄海,西连安徽,北接山东,东南与浙江和上海毗邻。全省面积10.26万 km²,境内地势平坦,平原辽阔,多名山巨泽,河港交叉,水网密布,海陆相邻,湖泊众多。江苏省有大小河道2900多条,湖泊近300个,水库1100多座,分属沂沭水系、淮河下游水系、长江和太湖水系三大流域系统。

江苏省气候具有明显的季风特性,处于亚热带向暖温带过渡地带,大致以淮河—灌溉总渠一线为界,以南属亚热带湿润季风气候,以北属暖温带湿润季风气候。全省气候温和,雨量适中,四季分明。优越的自然环境为江苏省经济发展提供了有利条件。

江苏省有着肥沃辽阔的平原,平坦的地势和密布的水网为土地资源开发利用提供了有利的自然基础,土地开发程度较高,为著名的"鱼米之乡"。

江苏省地处华北地台和扬子地台两大地质单元,矿产资源丰富,有多种矿产储量居全国前列。江苏省的植物资源非常丰富,约有850种,野生动物较少,水生动物资源极为丰富,鱼类资源总生物量约15万 t。

二、城镇体系

2015年末,全省总人口数为7976.3万人,人口密度为778人/km²。截至2016年底,江苏省共辖1个副省级城市(南京,辖11个市辖区)、12个地级市(44个市辖区)、21个县级市、21个县,县(市)中包含昆山、泰兴、沭阳3个江苏试点省直管县(市)。2015年江苏省各地市基本情况见表1-1-1。

2015年江苏省各地市基本情况　　　　　　　　　　　　表1-1-1

地市	面积(km²)	人口(万人)	下辖县（区）	镇村数量
南京市	6587	823	玄武区、秦淮区、建邺区、鼓楼区、浦口区、栖霞区、雨花台区、江宁区、六合区、溧水区、高淳区	18个镇,82个街道,345个村,885个居委会
无锡市	4627	651	梁溪区、锡山区、惠山区、滨湖区、新吴区、江阴市、宜兴市	31个镇,50个街道,632个村,585个居委会
徐州市	11259	867	鼓楼区、云龙区、贾汪区、泉山区、铜山区、丰县、沛县、睢宁县、邳州市、新沂市	102个镇,56个街道,2058个村,628个居委会
常州市	4372	470	天宁区、钟楼区、新北区、武进区、金坛区、溧阳市	37个镇,21个街道,650个村,377个居委会
苏州市	8488	1061	姑苏区、虎丘区、吴中区、相城区、吴江区、张家港市、昆山市、太仓市、常熟市	55个镇,38个街道,1044个村,992个居委会
南通市	8001	730	崇川区、港闸区、通州区、海安县、如东县、如皋市、海门市、启东市	73个镇,2个乡,26个街道,1318个村,585个居委会
连云港市	7615	447	连云区、海州区、赣榆区、东海县、灌云县、灌南县	48个镇,13个乡,28个街道,1433个村,243个居委会
淮安市	10072	487	清河区、清浦区、淮安区、淮阴区、涟水县、洪泽县、盱眙县、金湖县	91个镇,24个乡,11个街道,1454个村,244个居委会
盐城市	16972	722	亭湖区、盐都区、响水县、滨海县、阜宁县、射阳县、建湖县、东台市、大丰市	99个镇,13个街道,1751个村,684个居委会
扬州市	6591	461	广陵区、邗江区、江都区、宝应县、仪征市、高邮市	62个镇,5个乡,14个街道,1015个村,352个居委会
镇江市	3847	317	京口区、润州区、丹徒区、丹阳市、扬中市、句容市	33个镇,24个街道,495个村,260个居委会
泰州市	5787	508	海陵区、高港区、姜堰区、兴化市、靖江市、泰兴市	74个镇,6个乡,16个街道,1447个村,417个居委会
宿迁市	8555	485	宿城区、宿豫区、沭阳县、泗阳县、泗洪县	74个镇,29个乡,10个街道,896个村,565个居委会

三、经济产业

江苏省地处长江与沿海"T"形生产力布局轴线的接合部,位于当今世界经济最具活力的太平洋西岸,是长江开发开放的龙头,也是"一带一路"倡议交汇点和丝绸之路经济带的重要战略支点。江苏省历年经济社会主要指标见表1-1-2。2015年江苏省各地市人均生产总值分布见图1-1-1。

第一章 概况

江苏省经济社会主要指标(1990—2015年)

表 1-1-2

指标年份	人口(万人)	生产总值(当年价亿元)	三大产业 第一产业	三大产业 第二产业	三大产业 第三产业
1990	6766.90	1416.50	355.17	692.59	368.74
1991	6843.70	1601.38	345.14	793.92	462.32
1992	6911.20	2136.02	393.82	1119.26	622.94
1993	6967.27	2998.16	490.59	1598.05	909.52
1994	7020.54	4057.39	671.94	2186.77	1198.68
1995	7066.02	5155.25	848.35	2715.26	1591.64
1996	7110.16	6004.21	965.29	3074.12	1964.80
1997	7147.86	6680.34	1008.41	3411.86	2260.07
1998	7182.46	7199.95	1016.27	3640.10	2543.58
1999	7213.13	7697.82	1003.51	3920.15	2774.16
2000	7327.24	8582.73	1031.17	4435.89	3115.67
2001	7354.92	9511.91	1082.43	4907.46	3522.02
2002	7380.97	10631.75	1119.12	5550.98	3961.65
2003	7405.82	12460.83	1106.35	6787.11	4567.37
2004	7432.50	15512.35	1315.40	8770.30	5426.65
2005	7474.50	18305.66	1464.48	10355.04	6489.14
2006	7549.50	21645.08	1545.01	12250.84	7849.23
2007	7624.50	25741.15	1816.24	14306.40	9618.51
2008	7676.50	30312.61	2100.00	16663.81	11548.8
2009	7724.50	34457.30	2261.86	18566.37	13629.07
2010	7869.34	41425.48	2540.10	21753.93	17131.45
2011	7898.80	49110.27	3064.78	25203.28	20842.21
2012	7919.98	54058.22	3418.29	27121.95	23517.98
2013	7939.49	59161.75	3646.08	29094.02	26421.65
2014	7960.06	65088.30	3634.30	31057.50	30396.50
2015	7976.30	70116.40	3988.00	32043.60	34084.80

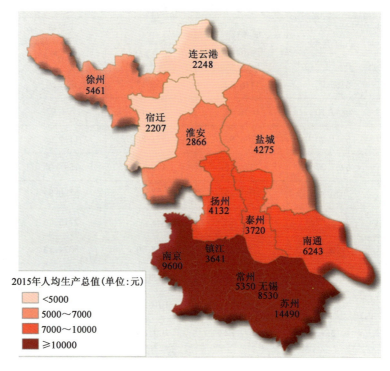

图 1-1-1　2015 年江苏省各地市人均生产总值分布图

第二节　综合运输发展

一、发展现状及阶段

改革开放以来,江苏省综合交通大体经历了恢复发展、跨越发展和统筹发展三个阶段(图 1-2-1):一是改革开放之初,从探索建设筹资模式、开放运输市场等方面入手,着力解决乘车难、运货难的基本出行问题,公路水路等运输方式得到恢复性发展。二是 20 世纪 90 年代以来,以高速公路、跨江大桥等重大工程建设为特征,大规模推进交通基础设施建设,交通瓶颈制约得到初步缓解。三是 21 世纪初期,在积极推进公路发展的同时,加大对航道、港口、铁路、民航发展的倾斜力度,加快综合枢纽和集疏运体系建设,大力推进城乡客运一体化建设,探索货运与物流体系发展,加强交通信息化建设,发展综合交通运输体系,江苏综合交通由此进入了各种运输方式统筹协调发展的新阶段。

目前,江苏省在良好的综合交通基础上,响应国家"一带一路"倡议及供给侧改革要求,一方面继续完善综合运输走廊的建设,一方面着力提高交通基础设施的功能和品质。

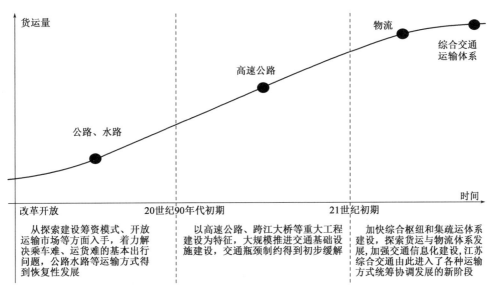

图 1-2-1　江苏省综合运输发展阶段示意图

到 2015 年底,全省综合交通线网总里程达到近 19 万 km,其中公路 158805km、内河航道 24371km、铁路 2755km,见表 1-2-1。目前高速公路已覆盖省内所有县级及以上节点,一级及以上国省干线公路对省级以上经济节点的连通率达到 95% 以上。长江以北地区航道骨架网已基本形成,苏南高等级航道网建设也在全面推进。全省 13 个省辖市都通达普通铁路干线,苏南地区高速铁路通道基本形成。规划的 9 个民航机场全面落地,地面交通 90 分钟车程覆盖全部县级节点。以港口、机场、铁路场站、公路场站为重点的综合客货运枢纽建设成效显著,集疏运体系建设日趋完善,综合交通网络衔接更加顺畅,方式间转换更加便捷。江苏省各种运输方式在综合交通体系中的功能见表 1-2-2。

江苏省各种运输方式交通设施现状规模(2015 年)(单位:km)　　表 1-2-1

运输方式	公路	内河航道	铁路	合计
里程	158805	24371	2755	185931

江苏省各种运输方式在综合交通体系中的功能　　表 1-2-2

方式	功能
铁路	铁路运输输送能力大,单位运输成本低,运行速度快,安全性好,能源消耗少,在江苏省综合交通运输体系中起着担纲的作用
公路	公路是交通运输行业的基础。公路运输具有适应性和灵活性强,服务范围广,直达性好的特点,是沟通其他运输方式、链接综合运输体系为一体的主要运输方式
水路	水运在江苏省有悠久历史,水路运输是利用天然运输资源的一种方式,具有占地少、投资省的特点,并具有较大的运输能力,特别适合于大宗散货的长距离运输。江苏省的水运并不因为铁路、高速公路和航空等运输方式的发展而降低它的作用。远洋运输和沿江、沿海运输是水运发展的重点,它承担着我国相当数量的煤炭、矿石、粮食、化肥、原油和成品油等大宗货物以及集装箱和杂货的运输任务

续上表

方式	功能
航空	民航运输是先进的交通运输方式,其运输速度快,技术安全性和舒适性好,机动性强,运营成本较高。随着江苏省经济发展水平的提高,民用航空运输有着广阔的发展前景

综合运输总量及周转量逐年增长。1990—2015 年,全省综合客运量及周转量年均增长率分别为 8.1%、8.5%,综合货运量及周转量年均增长率分别为 7.1%、11.8%。主要是因为区域经济的发展、产业结构的调整、城市化进程的加快,使得区域内部以及区域与区域之间旅客、货物运输量急剧增加,出行范围加大。而随着政府不断加大交通运输业的投资力度,综合运输网络不断完善和交通条件逐步改善,区域综合交通网络的运输能力和交通工具的运行速度显著提高,区域全年完成综合运输总量和周转量不断增长。1990—2015 年江苏省客运、货运各种运输方式运输量及周转量分别见表 1-2-3、表 1-2-4。

江苏省各种运输方式运输量及周转量(客运)(1990—2015 年)　　表 1-2-3

年份	运输量(万人)					周转量(亿人公里)				
	合计	铁路	公路	水路	航空	合计	铁路	公路	水路	航空
1990	48382	4788	41850	1701	—	325	124	195	5.57	—
1991	50299	4932	43746	1569	—	342	133	204	5.44	—
1992	73461	5035	66747	1617	—	515	148	361	6.27	—
1993	101709	5533	93397	2704	5	521	161	356	3.42	0.58
1994	62175	5471	54930	1677	26	541	167	368	3.28	2.89
1995	84915	5185	78947	623	48	631	164	459	3.42	4.37
1996	91962	4502	86801	499	68	612	144	460	2.51	5.67
1997	93785	4433	88826	341	84	658	145	504	1.64	7.56
1998	97129	4500	92200	300	94	680	141	528	1.12	10.13
1999	101000	4824	95564	504	108	726	158	554	1.40	12.57
2000	107244	4891	101713	514	126	776	166	594	1.45	14.45
2001	110713	5029	105105	430	149	875	173	682	1.06	17.93
2002	115889	5297	110139	284	170	924	184	719	0.70	20.71
2003	123462	5104	118046	147	165	978	183	774	0.50	20.53
2004	128516	5997	122218	91	210	1109	227	855	0.27	26.78
2005	145204	6658	138287	37	222	1222	245	948	0.11	28.45
2006	161425	7293	153824	27	280	1367	268	1063	0.10	36.25
2007	187241	7658	179206	27	350	1596	310	1241	0.33	44.77
2008	208237	8846	199008	32	351	1766	319	1401	0.37	45.69
2009	201262	9167	191001	686	408	1423	311	1058	1.29	52.74
2010	226627	9711	215850	590	476	1604	351	1197	1.50	54.00
2011	247405	10598	235673	579	555	1778	398	1307	1.50	70.90

第一章 概况

续上表

年份	运输量(万人)					周转量(亿人公里)				
	合计	铁路	公路	水路	航空	合计	铁路	公路	水路	航空
2012	268371	11757	255358	594	662	1950	446	1418	1.40	83.60
2013	152172	13435	135555	2454	728	1451	506	847	3.97	94.01
2014	156016	14980	137270	2563	809	1546	590	847	3.03	106.10
2015	139119	16116	119800	2392	882	1557	613	825	2.70	115.20

注：2013年采用新统计口径。

江苏省各种运输方式运输量及周转量（货运）（1990—2015年）　　表1-2-4

年份	运输量(万t)					周转量(亿吨公里)				
	合计	铁路	公路	水路	管道	合计	铁路	公路	水路	管道
1990	51186	4235	27904	17695	1351	730	297	154	234	45
1991	51168	4078	27940	17960	1189	788	302	166	281	40
1992	74171	4343	41295	27404	1128	964	334	180	401	49
1993	74523	4344	35060	31099	1019	1194	346	235	578	34
1994	68488	4318	36899	26297	972	1246	372	243	598	33
1995	81830	4143	49578	27161	946	1377	394	281	671	32
1996	84663	4361	50571	28819	912	1413	380	289	712	31
1997	82289	4134	52441	24826	891	1371	356	303	681	30
1998	80400	3800	54300	21400	900	1353	343	316	662	32
1999	81529	3941	54803	21596	1188	1401	343	320	704	34
2000	90436	4077	59056	25902	1395	1506	371	341	746	47
2001	87505	4239	59058	22583	1622	1525	372	341	758	54
2002	88588	4407	60299	22411	1468	1549	377	352	770	50
2003	93511	4462	64321	23320	1405	1817	409	365	995	48
2004	100093	4665	69058	24812	1554	2399	435	387	1524	53
2005	112909	5090	76301	29277	2236	3069	480	459	2057	72
2006	125114	5169	84319	32862	2759	3645	497	542	2515	90
2007	143804	5177	97473	37858	3292	4099	424	639	2930	106
2008	166322	5118	110302	42799	8098	4708	347	724	3179	458
2009	160966	6137	104002	42016	8807	5154	324	971	3372	487
2010	188565	6374	123500	48702	9977	6112	337	1149	4096	529
2011	212594	7282	140803	54012	10491	7514	399	1315	5237	526
2012	231295	7223	153696	58639	11730	8474	392	1452	6053	577
2013	194048	6806	103709	70909	12617	10537	373	1790	7753	619
2014	208616	6090	114449	75328	12749	11027	345	1979	8087	616
2015	211648	5066	113351	80343	12881	8888	304	2073	5887	623

注：2013年采用新统计口径。

二、客货运枢纽

江苏省近年来建成了一批各种运输方式有效衔接、换乘便捷的综合货运枢纽,加快推进了具有公共服务属性的货运枢纽(物流园区)建设,已形成南京龙潭片区、禄口片区,常州新北区奔牛机场、运河片区,淮安快递和区域转运集聚区,徐州淮海经济区等货运物流枢纽的集聚发展。

综合客运枢纽方面,江苏已建成投用京沪高速铁路南京南站、沪宁城际铁路常州站、宁杭城际铁路宜兴站等15个客运枢纽,其中14个是以铁路为主导,集公路、客运、常规公交、城市轨道等多种运输服务为一体的综合客运枢纽。

三、物流

当前,经济全球化趋势深入发展,网络信息技术革命带动新技术、新业态不断涌现,物流业发展面临的机遇与挑战并存。伴随全面深化改革,工业化、信息化、新型城镇化和农业现代化进程持续推进,产业结构调整和居民消费升级步伐不断加快,物流业发展空间越来越广阔。

2009年国务院发布《物流业调整和振兴规划》(国发〔2009〕8号),提出行业振兴举措九大重点工程,并制定出台了促进物流业健康发展的政策措施。2014年江苏省政府发布《江苏交通运输现代化规划纲要(2014—2020年)》(苏政发〔2014〕7号)。国家层面、省级层面连续出台相关规划、意见,为江苏省物流业的发展提供了政策保障。与之同时,全省社会物流统计制度日趋完善,标准化工作有序推进,人才培养工作进一步加强,物流科技、学术理论研究及产学研合作不断深入。在保持生产总值增长的同时,社会物流总费用与生产总值的比率下降至14%,物流成本不断降低,可见江苏省物流业发展更加高效、便捷。2015年全省物流业增加值为4720亿元,占生产总值比重为6.7%。全省社会物流总费用达10412亿元,物流规模不断扩大。

目前,信息技术广泛应用,大多数物流企业建立了管理信息系统,物流信息平台建设快速推进。物联网、云计算等现代信息技术开始应用,装卸搬运、分拣包装、加工配送等专用物流装备和智能标签、跟踪追溯、路径优化等技术迅速推广。江苏省正通过多种途径加快货运市场主体整合优化,鼓励物流企业转型升级和培育龙头物流企业,提升全省物流行业竞争力。鼓励中小企业联盟发展,打造更具特色的企业发展模式。培育国际货代经营人及货代企业,满足货物联程运输需求。

第三节 公路建设

一、建设概况

改革开放30年来,江苏公路建设取得重大发展,通车里程大幅增加,覆盖全省网络管理基本形成,公路质量水平达到国内领先,农村公路实现"村村通"。公路建设从"打通断头路",到主骨架构建,到高等级公路密度全国第一,极大方便了人民群众出行,为经济和社会发展作出了重要贡献。

高速公路是交通现代化的重要标志,也是实现经济社会现代化的重要保障。改革开放之初,滞后的交通运输一度成为制约经济快速发展的"瓶颈"。为此,从"八五"计划开始,省委、省政府果断决策,把交通基础设施建设放在全省经济建设的重要位置,修建高速公路则成为新时期江苏交通建设最紧迫的任务。江苏的高速公路建设打开了新局面,从"八五"沪宁高速公路江苏段建设取得突破后,经历了"九五"建设时期,在"十五"初步形成了遍布全省的网络,"十一五"期间,对高速公路网进行全面完善,直至"十二五"期间,高速公路密度进一步提升,实现县县通高速公路。至2015年底,江苏的高速公路总里程达到4539km;密度居全国首位,达到4.43km/100km^2,在全国率先实现了高速公路联网畅通。目前,江苏高速公路无论是发展速度还是发展水平,都处于全国领先地位,建设质量达到了国际先进水平,为江苏经济快速发展作出了不可磨灭的贡献。

二、建设历程

历经30年发展,江苏公路网逐步形成三个层次,即以高速公路为主的国省干线公路构成的骨架公路网,以二级及二级以上公路为主的普通国省干线公路构成的连接公路网络,以等级公路为主的县、乡、村公路构成的集散公路网络。

江苏高速公路建设大致经历了四个阶段:一是"七五""八五"期间,实现了江苏省高速公路从无到有的转变,拉开了高速公路发展的序幕;二是"九五""十五"期间,江苏高速公路进入了"全面建设、屡创辉煌"的建设大发展时期,逐渐形成了"四纵四横四联"的高速公路主骨架;三是"十一五"期间,江苏高速公路走进了"统筹发展、基本成网"的成网发展阶段,形成了"五纵九横五联"5200km的《江苏高速公路网规划》;四是"十二五"以来,江苏省开展了一系列规划调增的完善项目,进入了"全面提升、科学创新"的完善创新阶段。

至2015年底,江苏高速公路历经30年创新发展,实现了从无到有、从量变到质变的跨越式发展。全省高速公路占等级公路比重从1996年的1%上升到2005年的4%,此后持续维持在3%,2015年为2.86%,在二级及二级以上公路中的比重逐年上升,2015年达到了25.30%。1996—2015年江苏省高速公路里程增长情况见图1-3-1。

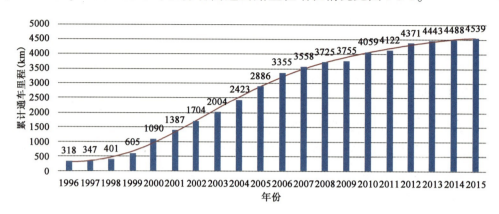

图1-3-1　江苏省高速公路累计通车里程增长情况图(1996—2015年)

"八五"期间,沪宁高速公路江苏段工程秉承了"标准高、质量优、投资省、效益好"的设计理念,着力点主要放在处理好软基问题,强调路面的平整度,展示了高速公路建设的效率与作用。为尽快把"四纵四横四联"的高速公路建设第一轮规划蓝图变为现实,1998年6月4日,省委、省政府抓住中央实施积极财政政策、加快基础设施建设的良好机遇,提出在加强苏南高速公路建设的同时,挥师北上,决战苏北,实现全省高速公路联网畅通,打一场高速公路建设的"淮海战役"。

2000年6月,省委、省政府发出"再掀交通建设新高潮,再创交通事业新辉煌"的号召,苏北高速公路建设进入全面实施阶段。2000年7月,徐宿高速公路、京福国道主干线徐州东绕城高速公路、宁杭高速公路相继开工建设。2000年12月15日,京沪高速公路江苏段全线建成通车。至此,江苏高速公路通车总里程突破1000km,达到1088km。

"九五"期间,全省公路行业掀起了"学沪宁、创国优、争一流"的热潮,着力点主要放在构建联网畅通系统,探索解决沥青路面早期水损坏问题。

按照"着眼长远、适度超前、优化结构、配套完善"的原则,2001年始,江苏高速公路建设进入了"南北并举、东西共进、滚动发展、规模推进"新阶段,全力构筑"四纵四横四联"主骨架。

"十五"期间,全省13个市都承担了相应的高速公路建设任务。高速公路建设投资一直保持较高水平,每年高速公路建成通车里程250km以上、在建规模1000km以上,2003年在建规模达到了创纪录的1800km。五年间,江苏新增高速公路1798km,至2005年底,通车总里程达到2886km,"四纵四横四联"高速公路主骨架基本形成,并同步实施了"网络公路、畅通公路、数字公路、法治公路、安全公路、惠民公路"建设。在国家大力倡导"科学发展观"和建设"和谐社会"的形势下,江苏公路设计贯彻"以人为本、安全第一"的理念,追求"安全、环保、舒适、和谐"的目标,在高速公路环境景观建设方面大力探索创新。宁杭高速公路首次提出了"珠链"设计理念，提出了建设"生态、环保、景观、旅游"高速公路目标，实现了人、路和自然环境的和谐统一，在品质、特色和创意上实现了工程质量的飞跃。2004年交通部在江苏召开第一次全国公路勘察设计工作会议，推广宁杭高速公路建设经验。

"十一五"期间，江苏在高速公路设计已取得成果、经验的基础上，充分响应国家倡导的"以人为本、安全环保""六个坚持，六个树立"的公路设计新理念，并吸收国际上先进的设计灵活性和综合最优化设计等新理念和技术，大力推广生态、环保路建设，让高速公路成为基本看不到裸露的泥土，只见山峦叠翠、绿树依依的"风景绝佳处"。各个高速公路建设项目都因地制宜，灵活运用指标，着力加强资源节约和环境保护，因而各具特色。其中，宁常高速公路被誉为"设计优、工程精、创新多、环境美"的彩色之路、森林大道；淮盐高速公路提出建设"生态高速、精品高速"的理念；宁淮高速公路提出建设"和谐高速"的理念；宁杭二期工程提出"建成与江苏的自然景观和经济特点相适应的，能够展现江苏交通现代化风采的，与国际水平接轨的，高质量、高标准的高速公路"的目标。

"十二五"期间，江苏高速公路各指标已达到较高水平，在进一步加固路网密度的同时，积极响应供给侧改革，重视高速公路的质量提升。将服务区作为城市的延伸，打造全新的服务区经营江苏模式，积极将互联网与高速公路建设相结合，实现路网的实时监控。江苏高速公路进入高品质智慧出行时代。

2015年10月30日，阜宁至建湖高速公路正式通车，提前实现了县县通高速公路的目标，它的建成标志着"十二五"高速公路建设任务全面完成，高速公路通车里程、面积、密度、通达程度、服务能力均居全国领先水平，为江苏全面建设小康社会奠定了坚实的基础。

伴随着公路网的全面完善，江苏公路整体效能、服务品质不断提升。高速公路实施了路网统一调度管理和"一卡通"收费；沿线同步建成高速公路服务区，提供休息、住宿、餐饮、车辆加油、维修等服务；设有电子信息板和紧急报警电话；高标准建设了电子监控、信息与应急保障系统；风景区路段设有观赏亭，绿化、彩化工程，按照"露、透、遮"理念打造人文景观与自然景观的和谐统一，基本满足了现代交通安全、舒适、快捷的出行需求。2009年以来，江苏高速公路建设在全省高速公路联网畅通的基础上，以第二轮"五纵九横五联"网为目标，突出质的锻造，进一步完善各条高速公路间的沟通，扩大覆盖面，提升网络等级，发挥路网整体效益，提升绿化景观、服务区、联网不停车收费、路网调度、信息与应急等方面的服务品质。

三、建设现状

2015年江苏省公路里程为158805km，公路里程较上年有所增长，公路等级显著提高，路网布局日趋合理，基本形成了以国道、省道为骨干，县、乡道路为经络，干支相接，连接全省各乡镇的公路网，对促进江苏经济发展起到了重要作用。

全省公路按行政等级划分为国道、省道、县道、乡道和专用道路,各自的里程见表 1-3-1。

江苏省公路网规模表(按行政等级)(2015 年) 表 1-3-1

分类	国道	省道	县道	乡道	专用道路	村道	合计
里程(km)	5600	9350	23625	52806	166	67258	158805
占比(%)	3.50	5.90	14.90	33.30	0.10	42.40	100

按公路的技术等级和建设标准来划分,各等级公路的里程见表 1-3-2。

江苏省公路网规模表(按技术等级)(2015 年) 表 1-3-2

分类	高速公路	一级公路	二级公路	三级公路	四级公路	等外公路	合计
里程(km)	4539	12687	22945	15862	95427	7346	158805
占比(%)	2.86	7.99	14.45	9.99	60.09	4.63	100.00

2015 年江苏省公路路面类型、桥梁、隧道信息见表 1-3-3 ~ 表 1-3-5。

江苏省公路路面类型统计表(2015 年) 表 1-3-3

分类	沥青混凝土	水泥混凝土	简易铺装	未铺装	合计
里程(km)	46920	95903	1454	14527	158805
占比(%)	29.55	60.39	0.92	9.15	100.0

江苏省公路桥梁统计表(2015 年) 表 1-3-4

分类	特大桥	大桥	中桥	小桥	合计
数量(座)	239	3926	18813	46947	69925
长度(延米)	484732	1100624	896266	894894	3376516

江苏省公路隧道统计表(2015 年) 表 1-3-5

分类	特长隧道	长隧道	中隧道	短隧道	合计
数量(座)	2	4	6	6	18
长度(延米)	7530	6805	4276	1796	20407

第四节 高速公路的经济与社会效益

由于高速、安全等特性,使得高速公路成为经济社会系统中重要的交通基础设施。江苏省高速公路建设发展的实践经验证明,高速公路对区域经济社会的形成和发展具有显著的带动作用,主要表现在:交通建设不仅为物质生产部门本身创造了价值,直接带动建筑业、运输业、制造业、采掘业等许多相关产业的发展,而且促进了旅游业、房地产等一批其他产业实现结构优化和升级,强化了经济的比较优势,为社会提供了大量的就业机会。高速公路的建设和完善极大地推动了江苏省的经济发展,在江苏省经济繁荣的发展历程中扮演着不可忽视的重要角色。

一、高速公路对经济总量及结构的影响

高速公路对经济总量的影响。高速公路的建成与投入使用,改善了区域间物资、人才、信息等各方面交流的能力,对经济产生显著的推动作用。交通条件的改善可以导致货物运输成本和人们出行时间的降低和减少,一方面扩大了区域内既有部门和行业的市场空间,有助于企业利用规模经济效果扩大产出;另一方面也有利于区域内原本受交通条件限制未利用的经济资源得到有效开发。交通条件的改善也"缩短"了系统与环境(宏观经济系统或其他区域系统)在时间和空间上的"距离",使该系统与外界的能量交流能力提高,促进了经济的增长。

从江苏省历年高速公路与生产总值发展趋势(图1-4-1)可以看出,江苏省生产总值从2005年开始增速加快,而此时期正是在经历了"十五"建设时期后,高速公路网基本完成之后,对经济有明显的助推作用。此后,虽然高速公路通车里程增速下降,仍然在高速公路网较为完善的情况下继续加密路网,经济增速仍然较快。江苏省历年生产总值和高速公路里程见表1-4-1。

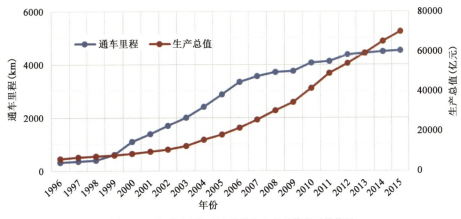

图1-4-1 江苏省历年高速公路与生产总值发展趋势图

江苏省历年生产总值和高速公路里程　　　　　表1-4-1

年份	通车里程(km)	生产总值(亿元)	年份	通车里程(km)	生产总值(亿元)
1996	318	6004	2006	3355	21645
1997	347	6680	2007	3558	25741
1998	401	7200	2008	3725	30313
1999	605	7698	2009	3755	34457
2000	1090	8583	2010	4059	41425
2001	1387	9512	2011	4122	49110
2002	1704	10632	2012	4372	54058
2003	2004	12461	2013	4443	59162
2004	2423	15512	2014	4488	65088
2005	2886	18306	2015	4539	70116

高速公路的发展改善了江苏省的产业结构。在区域经济发展过程中,产业结构总是处于动态演变之中,高速公路的通车和两侧经济开发区的建立,推动本地区乃至相关地区的劳动力由农村向城镇、由农业向工业、由第一产业向第二、第三产业转移,促使科技含量和附加值高的产品大幅度增加,从而影响了高速公路产业带内产业结构的变化和改善,三大产业结构正由"正金字塔形"转变为"倒金字塔形"。

高速公路促进工农业发展。高速公路沟通了沿线与大城市、交通枢纽、工业中心的联系,使区位优势得到加强,获得了一次新的发展优势。在招商引资上更具有吸引力,改善了投资环境,增强了中外投资者的吸引力,利用高速公路的交通优势,可以加强各类工业园区建设,调整生产力布局,促进产业结构的调整和产业内部的升级。高速公路缩短了农产品的储运时间,保证了农用物资和救灾物资的及时调入,加快了农业信息的交流,有助于农业生产结构的调整和优化,有助于农业的规模经营和集约化生产,有力地推动了农产品的商品化和农业的现代化。

高速公路促进沿线商业和旅游业的繁荣。高速公路为促进商品流通提供了一个快捷的基础条件。其缩短了产地与销地的时空距离,减少了商品交换的运输费用和时间,推动了商业的发展,推进了经济发展的市场化进程,使市场对地方经济发展的拉动作用大大增强。本地区的特产如水果、蔬菜、各种其他工业制成品将更加便利地运往销售地,市场将更加繁荣,贸易条件更加看好。此外,高速公路不仅促进了沿线旅游景点的开发,而且促进了旅游人数及旅游收入的增加。

江苏省1996—2015年三大产业的产值变化及各产业产值所占比例见表1-4-2和图1-4-2。由图表中数据分析可知,江苏省的产业结构调整取得成效。全省经济结构调整和产业优化取得了初步成效,第二产业、第三产业比重不断增加。2005年,高速公路网已基本完善,江苏经济开始转型,逐步淘汰落后产能。到2015年,第三产业比重超过48%,年均提升1.4个百分点,三次产业结构实现"三二一"的标志性转变,江苏经济结构转型升级步伐加快,跨入服务型经济时代的门槛。

江苏省历年三产产值(单位:亿元) 表1-4-2

年　　份	第 一 产 业	第 二 产 业	第 三 产 业
1996	965	3074	1965
1997	1008	3412	2260
1998	1016	3640	2544
1999	1004	3920	2774
2000	1031	4436	3116
2001	1082	4907	3522
2002	1119	5551	3962
2003	1106	6787	4567

续上表

年　　份	第 一 产 业	第 二 产 业	第 三 产 业
2004	1315	8770	5427
2005	1464	10355	6489
2006	1545	12251	7849
2007	1816	14306	9619
2008	2100	16664	11549
2009	2262	18566	13629
2010	2540	21754	17131
2011	3065	25203	20842
2012	3418	27122	23518
2013	3646	29094	26422
2014	3634	31058	30397
2015	3988	32044	34085

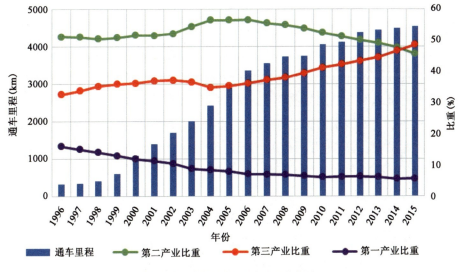

图 1-4-2　高速公路与三产比重趋势图

二、高速公路建设对地区的社会效益

高速公路建设为地区带来诸多社会效益。以苏南地区为例,20 世纪 90 年代中期,苏南地区公路网基本形成,特别是高速公路通车后,城镇体系和布局日趋完善,与交通通道、布局相结合的大、中城市配置格局已基本形成。随着工业化、城市化进程加快,高等级公路的建设仍然需要有计划地建设,特别是苏南和沿江经济带。高速公路的建设与城镇之间联系加强,工业布局不断扩展,呈相对集中又分散覆盖的局面。从综合观点分析,高速公路的建设对苏南地区经济社会的发展起到了重大作用。高速公路建设对地区经济开发的具体作用如下：

(1) 促进兴办不同性质的高新技术开发区和经济技术开发区

建立高新技术开发区和经济技术开发区是培育地区经济新的增长点的需要，而良好的交通条件是建设开发区必备的条件之一。由于开发区产品具有科技含量高、附加值高和"小、巧、轻"等特点，对运输的安全、及时等要求较高，需要有高速公路相配套。因此，国内外高新技术开发区都建立在交通条件良好的地区，特别是高速公路两旁或进出口处。目前全省高新技术开发区发展十分迅速，其中大部分布局在高速公路沿线地区。开发区成为招商引资的热点区域，有经济技术开发区、高新技术产业开发区、保税区、旅游度假区以及海峡两岸科技工业园、环保科技工业园，还兴办有港口开发区、台商投资区、外向型农业综合开发区。这些开发区分布面较广，类型多，不仅适宜于各地经济发展的实际需要，而且适宜于不同层次、不同规模、不同产业的外商前来投资办企业。

(2) 改善投资环境，促进外向型经济发展

便利的交通条件是良好投资环境的必要条件，高速公路进一步沟通了沿线地区与大城市、交通枢纽、工业中心的联系，改善了投资环境，增强了外商投资的吸引力。在外向型经济发展中，企业生产的原料、产品离不开国际运输，在件杂货基本实现集装化运输的今天，开展集装箱运输对发展外向型经济非常重要。高速公路为开展集装箱运输实现门—门运输创造了良好的条件，它对改善投资环境，促进外向型经济的发展起到了十分重要的作用。外贸进出口总额与公路货物运输量高度相关，在一定程度上说交通条件的改善促进了外贸的发展。例如沪宁高速公路沿线的苏州、无锡等地市，依托沪宁高速公路，使得外向型经济快速发展，远高于开通前的增长速度，也高于全省增长速度。

(3) 带动各地区旅游业的发展

影响旅游资源开发的因素，除旅游资源自身条件外，首要因素就是交通，包括交通时间、费用、安全等，因此旅游业与公路发展密不可分。高速公路促进了沿线旅游点的开发，促进了旅游人数和收入的增加，可以说没有高速公路就没有旅游业的快速发展。江苏省旅游资源十分丰富，高速公路开通后，促进了各地旅游业的发展。

(4) 加快城市化的进程

高速公路以其速度快、能力大等特点缩短了大城市间的时间距离，加强了城市间的交流，增强了大城市的集聚效应，扩大了其服务范围，从而有力地吸纳农村劳动力从事第二、第三产业，提高了全省城市化水平。按非农人口占总人口比重计算，江苏省城市化水平从1990年的21.5%，提高到了2015年的65.2%，增长速度较快，而全省城市化水平的提高与省内尤其是苏南地区高速公路的快速发展是密不可分的。

三、江苏省高速公路对经济、改革发展的支撑

高速公路对经济、改革发展的支持主要体现在支撑重大发展战略、服务区域经济和产

业发展、引导城镇体系发展三个方面。

支撑重大发展战略。支撑沿海大开发、沿江开发、苏南现代化等重大发展战略。沿海县级节点高速公路覆盖率100%,支撑沿海大开发;已实施过江通道10座,支撑引领跨江融合;苏南高速公路面积密度是全省的1.6倍,高密度支撑苏南现代化建设。

服务区域经济和产业发展。在第二轮高速公路网规划实施期间,国家级开发区、大型物流园区等基本沿高速公路布局,有效支撑和引导"四沿"产业集聚。江苏省高速公路直接投资1099亿元,间接拉动、创造了近440亿元的生产总值,为公路建筑业和相关产业分别创造了约220亿个和1650亿个劳动日的就业机会,与上下游关联产业互动发展明显提升。

引导城镇体系发展。13个地级市、县级节点、10万人以上城镇基本实现高速公路覆盖。设区市城市高速环线由3个增加至9个,城市高快速路的环射结构已成为促进城镇体系布局的重要手段。

第二章
规划与发展历程

第一节 高速公路网规划

改革开放以来,面对经济飞速发展对交通运输的要求,结合高速公路在集约利用资源、提高运输效率、优化产业布局、促进城市化发展等方面的显著优势,江苏省在20世纪90年代初开始了高速公路的建设工作,并在同期对江苏省高速公路布局方案开展了深入思考。江苏省高速公路的规划研究工作至今已经经历了近30年的时间,共开展了两轮高速公路网规划研究,为江苏省高速公路的长足发展提供了坚实的理论基础,为江苏省经济持续、稳定、快速发展提供了有力保障。

一、第一轮高速公路网规划(四纵四横四联)

从20世纪80年代起,随着改革开放和"三步走"战略的实施,我国经济快速增长,社会稳步发展,公路客货运量急剧增加,公路交通长期发展滞后产生的瓶颈制约日益凸现,特别是主要干线公路交通拥挤、事故频繁、效率低下。为此,交通部于1992年研究制定了"五纵七横"3.5万km的国道主干线建设规划。在其指导下,江苏省于1993年编制完成了5100km的干线公路网规划,并在此基础上,依托国家规划的"五纵七横"国道主干线建设规划,结合江苏地域特点,根据省委、省政府的决策和江苏经济发展的需求,于1996年邀请有关专家制定了"四纵四横四联"3500km的高速公路网建设规划方案(1996—2020年)。

四纵:纵一:赣榆至吴江(573km)

纵二:新沂至无锡(317km)

纵三:连云港至南京(280km)

纵四:徐州至宜兴(500km)

四横:横一:徐州至连云港(240km)

横二:徐州至盐城(295km)

横三:南京至启东(365km)

横四:南京至上海(285km)

四联:联一:盐城至广陵(145km)

联二:扬州至溧阳(138km)

联三:溧水至太仓(216km)

联四:无锡至宜兴(64km)

1998年11月1日,省交通厅邀请经济、规划、交通等方面的18位知名教授、专家对"四纵四横四联"方案进行了评审。该规划从江苏宏观发展战略和国家主干线规划出发,研究分析了全省的经济布局、产业布局、城市布局和交通布局特征,围绕实现"一日往返"的高速公路发展目标,结合江苏未来经济发展规划和交通需求,提出了到2010年建设3500km高速公路的宏伟规划。

这一规划使高速公路通达江苏95%的县市,更加有利于为产业经济带建设服务。高速公路面积密度、人口密度高于某些发达国家,达到世界先进水平。在这个规划的指导下,江苏的高速公路建设进入了苏北、苏中、苏南全面推进的新阶段。

二、第二轮高速公路网规划(五纵九横五联)

随着经济社会的快速发展,至2008年,"四纵四横四联"高速公路网已全部建成。指导了江苏省近10年高速公路建设的"第一轮高速公路网规划"已不能适应经济社会发展新的要求。过境交通需求增长过快、高速公路网络覆盖性和通达性有待提高、省际通道数量不足等问题也日益显现。江苏社会经济的高速发展,催生了江苏高速公路的高速发展,又推进了江苏社会经济的高速发展,同时对高速公路建设提出了更高要求。

21世纪前20年,是江苏实现"两个率先",构建"和谐江苏"的战略机遇期。建设安全、高效、可持续发展的现代化交通体系,是社会经济发展的必然要求。面对新形势,江苏省交通厅根据国家"7918"高速公路网的布局,按照省委、省政府提出的"两个率先"的发展目标,在原规划的基础上,编制了"五纵九横五联"5200km的《江苏省高速公路网规划》,具体线路为:

五纵:纵一:赣榆经南通至吴江(640km,含支线100km)

纵二:赣榆经江阴至吴江(540km)

纵三:新沂至宜兴(410km)

纵四:连云港经南京至宜兴(590km,不含支线50km)

纵五:徐州至溧阳(490km,含支线20km)

九横:横一:徐州至连云港(240km)

横二:丰(沛)县至大丰(490km,含支线30km)

横三:南京经泰州至启东(340km)

横四:南京经南通至启东(380km,含支线10km)

横五:南京至上海(310km)

横六:南京至上海复线(310km)

横七:溧水至太仓(260km)

横八:高淳至太仓(300km,含支线30km)

横九:上海经吴江至湖州(50km)

五联:联一:新沂至宿迁(70km)

联二:泗洪至泗阳(50km)

联三:泰州经扬中至丹阳(80km)

联四:如东至无锡(140km,含支线10km)

联五:南京至高淳(90km)

2006年10月9日,省政府正式批复了"五纵九横五联"的《江苏省高速公路网规划》,全省进一步又好又快地推进高速公路的新一轮建设,在全国率先实现全省高速公路的联网畅通。

"五纵九横五联"高速公路网连接了全省县级及以上城市、重要机场、港口等,覆盖了10万人口以上城镇,和发达国家大都市圈的水平相当,使车辆在江苏境内可以畅通无阻,达到"千里江苏一日还"。同时,加强了南京、苏锡常、徐州三大都市圈的紧密联系,支持了三大都市圈的发展,有机连接机场、铁路、港口,提高了运输效率,满足了现代物流发展的需要。

三、高速公路调增

为了带动苏北部分欠发达地区的经济发展水平,解决少数县市无规划高速公路通过,或无法与所属的省辖市直达等问题,根据市县的要求,经统筹论证并报省政府同意,增加了阜宁经兴化至泰州高速公路、常州至溧阳高速公路、金湖至马坝高速公路等。2012年11月5日,江苏省人民政府办公厅发布《江苏省省道公路网规划(2011—2020年)》(苏政办发〔2012〕188号),把调增高速纳入省道网规划。

该阶段高速公路发展面对新的发展要求,逐步向新的发展阶段过渡,纵向深入,对于县级节点利用给予了重点倾斜,高速公路服务更加普惠化,并在服务综合交通运输体系的构建方面进展明显。高速公路建设也进入了对第二轮高速公路网规划的完善补充期。

第二节 高速公路发展历程

改革开放以来,面对经济飞速发展对交通运输的要求,结合高速公路在集约利用资源、提高运输效率、优化产业布局、促进城市化发展等方面的显著优势,江苏省在20世纪

90年代初开始了高速公路的建设工作。迄今为止,江苏高速公路发展大致经历了"齐心协力、完成突破"的建设起步阶段、"全面建设、屡创辉煌"的全面展开阶段、"统筹发展、基本成网"的成网发展阶段和"全面提升、科学创新"的完善创新阶段,表现为"起步迟、起点高、发展快、质量好"。

一、齐心协力　完成突破(1984—1996年)

江苏省高速公路建设,早在20世纪80年代中期就开始调查研究工作。1985年5月,国务院副总理李鹏访问日本时,向日方提出帮助中国进行高速公路工程建设可行性研究。交通部随后确定以上海到南京的高速公路作为研究项目。当年9月和11月,日本国际事业协力团两次来华和交通部讨论实施细则,签订了合作协议。

1986年,陈焕友省长考察了德国北威州的高速公路,深切感受到江苏交通的差距,回国后积极推进南京到上海的高速公路项目的实施。省交通厅按照省委、省政府部署,积极组织人员进行了前期准备工作。

1986年2月至1987年12月,由交通部和日本国际协力事业团共同组成调查组,前后两次对苏南公路状况进行调查,多处设点,详细调查物流情况,根据交通需求和建设条件的必要性与可能性,提出了工程可行性研究的最终报告,认为在沪宁间建高速公路,连接6个经济发达城市,应是中国经济效益最好的高速公路,应该尽早实施。报告于1989年12月通过了中国国际工程咨询公司组织的专家评估。

1990年6月,陈焕友省长带领11个省辖市市长和省级机关部门负责人组团访问上海,签订了合作协议书,提出要加速沪宁高速公路和312国道、机场、港口、江阴大桥等交通基础设施建设,改善交通条件,主动接受浦东的辐射。1990年10月,国家计委报请国务院批准,下达了设计任务书的批复。1990年12月,通过了国家计委组织的专家评估。1991年2月9日,国家计委经报请国务院批准,同意建设上海至南京高速公路。1992年6月14日,经历了6年多的孕育,沪宁高速公路江苏段正式开工,经过四年多的建设,于1996年11月28日正式建成通车。

沪宁高速公路是江苏第一条高速公路,标志着江苏交通基础设施建设迈上了一个新台阶。经过无数领导和交通人齐心协力的不断奉献,江苏高速公路完成了零的突破,经历了从无到有的起步阶段,随后开始着手准备若干高速公路(机场高速公路、宁通高速公路、宁马高速公路等)的前期工作,为第一轮全省高速公路网规划奠定了基础。

二、全面建设　屡创辉煌(1997—2005年)

沪宁高速公路江苏段的建成,拉开了江苏高速公路建设的序幕,江苏高速公路发展也进入到全面建设阶段。随着高速公路建设进程的推进,江苏省实施"挥师北上",加快苏北高速公路发展的战略转移,相继开工建成了广靖、锡澄、淮江、连徐等四条高速公路,拉开了"九五"高速公路建设序幕,掀起了江苏第一次高速公路建设高潮。

1998年,江苏省又作出"奋战五年,决战苏北,实现全省高速公路联网畅通,打一场交通建设淮海战役"的战略决策,开工建设沂淮、宁宿徐、宁靖盐、汾灌等高速公路。建设苏中、苏北高速公路,彻底改变苏北落后的交通面貌,尽快实现了苏北、苏中腹地与省会南京和苏南地区的紧密沟通,实现区域共同发展,掀起了江苏第二次高速公路建设高潮。

进入2000年,江苏省发出"再掀交通建设新高潮,再造交通事业新辉煌"的号召,掀起新一轮高速公路建设高潮。江苏省委、省政府把以高速公路建设为重点的交通基础设施建设作为全省经济工作的"重中之重",摆在突出的位置,为拉动经济增长和支撑经济发展作出贡献。这为加快高速公路建设提供了强劲动力,吹响了21世纪交通建设大发展的号角。省交通厅和省高指迅速行动起来,贯彻落实省委、省政府的指示精神,打响了全省新一轮高速公路建设大会战。宁杭、徐宿、沿江、徐州东绕城高速公路和润扬长江公路大桥及南北接线高速公路等原定"十五"项目提前开工建设。

该阶段全省高速公路建设进入了全面建设时期,创造了一个又一个建设辉煌。至2005年底,全省高速公路通车里程达到了2886km,1996—2005年间里程规模年均增长率达到32%。

三、统筹发展 基本成网(2006—2010年)

江苏高速公路建设至"十五"期末,基本实现了首轮规划的"四纵四横四联"的路网,通达13个省辖市,覆盖了80%以上的县域,但和世界发达国家高速公路发展水平比较,仍有一定差距。"十五"期末,江苏高速公路的主骨架虽已形成,但网络尚未完善,覆盖范围尚不深入,人均拥有量还比较低,路网的整体效益尚不能够充分发挥,因而迫切需要在全面构筑现代综合交通体系中加快完善全省高速公路网络。

腾飞的江苏,社会经济的快速发展对高速公路的建设提出了新要求,江苏高速公路建设又进入了新的发展阶段。按照省委、省政府的战略部署,省交通厅于2006年提出,江苏要从以公路建设为主,向加快构建全国领先的现代化综合交通运输体系转变,实现各种运输方式的协调发展和有机衔接,这就要求高速公路建设必须进一步完善网络,再上台阶,在综合运输体系中担当起领军先行的重任。2006年"五纵九横五联"5200km第二轮高速公路网规划出台开始,强调了过境型高速公路的完善,注重高速公路的网络化,以及对各类节点的服务。

从"十一五"开始,高速公路平稳发展,2006—2010年间,江苏省高速公路总规模由"十五"末的2886km增长至4059km。至2010年,两轮高速公路网规划骨架项目基本建成,江苏省规划的高速公路网络基本形成。

四、全面提升　科学创新(2011年至今)

从"十二五"开始,江苏省开展了一系列规划调增的完善项目,主要是解决高速公路对个别节点的服务和覆盖不充分的问题,对高速公路网规划中的薄弱环节进行优化补充,拾遗补缺,进一步增强城际间的交通联系,强化与运输枢纽的衔接,更好覆盖城镇节点。注重以人为本、科学规划、统筹兼顾、协调发展,从构建现代综合运输体系的角度,促进高速公路与其他运输方式、普通公路协调发展,强化高速公路与大型综合客货运枢纽的衔接,充分发挥各种运输方式的组合效率和整体优势。

同时,高速公路建设管理工作也由基础设施建设为主的阶段,向运营管理全面提升转型,重点突出投融资和建设管理模式创新。

"十二五"以来,在高速公路基本成网的背景下,江苏省高速公路进入了完善薄弱环节、科学创新发展的新阶段。截至2015年底,江苏省高速公路总里程达到4541km,高速公路总里程位居全国第15位,面积密度居全国第一,已建和在建高速公路覆盖全省所有县级以上节点。

第三节　过江通道发展历程

长江是中国第一大河,流经七省两市,跨东、中、西三大重要经济走廊,是区域经济横向、纵向交往十分活跃和交通运输十分繁忙的地区。江苏省处于长江和东部沿海"T"形生产力布局主轴的接合部,是长江综合开发的龙头,也是经济对外辐射和对内辐射两个扇面的枢纽区域,区位优势突出,在全国具有举足轻重的地位。

穿越江苏的425km江面,由西向东逐渐宽阔,俗有"天堑"之说。变天堑为通途,充分发挥区位优势,过江通道建设一直是江苏高速公路发展的重要课题。改革开放前,长江江苏段仅有1968年12月建成的南京长江大桥。南京长江大桥是中国自行设计建造的双层式公路、铁路两用桥,上层为公路桥,下层为双线铁路桥,公路桥长4589m,桥宽15m,铁路桥长6772m,并作为世界最长的公路、铁路两用桥被收录进当时的吉尼斯世界纪录。南京长江大桥结束了火车、汽车在南京过江靠轮渡的历史。改革开放后,江苏经济快速发展,交通需求增长迅猛,汽车过江主要靠汽渡,交通设施严重滞后。20世纪80年代先后建成了镇扬等6个汽渡,90年代又建成了板桥等5个汽渡。至1998年,全省过江汽车总量达8.77万辆/日,比1978年增长了24倍。其中,南京长江大桥交通量达到5.2万辆/日,严重饱和。尽管汽渡缓解了南北过江的交通压力,但由于其通过能力有限,受雾天、大风等气候影响,常常被迫停航,严重影响长江航运安全,制约经济社会发展。

为了全面加快江苏经济发展,省委、省政府于1984年1月召开的全省计划经济工作会议上提出了"积极提高苏南、加快发展苏北"的战略方针,把加快过江通道建设作为促进区域共同发展的战略工程。在大规模发展公路建设的同时,全力推进过江通道建设的历史重任也落到了交通"先行官"的肩上。1994年11月22日,随着江阴长江公路大桥开工建设,江苏现代化跨江桥梁建设拉开了序幕。一座座具有世界领先水平的特大跨径桥梁跃然而起,大大提升了我国桥梁建设水平,为我国从桥梁弱国迈向桥梁大国,并跨入桥梁强国行列,作出了杰出贡献。江苏省过江通道总体经历了以下三个阶段:

第一阶段:起步阶段,满足国家干线通道的过江需要。主要考虑国家公路主通道过江需求,规划的5座过江桥梁均为高速公路过江设施。

第二阶段:提速阶段,除国家干线通道外,新增了省内主要交通通道的过江设施,满足江苏省城镇和产业跨江发展的需要,以及南京跨江城市发展的需要。公路过江设施仍以高速公路过江通道为主,规划新增南京城市外环公路过江设施1处,新增高速公路过江通道6处。本阶段首次将铁路过江通道纳入规划,主要考虑国家干线铁路过江需求。

第三阶段:提升阶段,规划新增公路过江通道向普通国省道公路过江、城市内部及城际过江倾斜,新增铁路过江通道以铁路、公路共用及城际铁路为主,城市组群之间的联系需求得到极大的重视,资源集约利用及复合型过江通道的建设得到提倡。

一、骨架线路初步构建(20世纪90年代)

20世纪80年代起,随着国家改革开放和"三步走"发展战略的实施,经济快速增长,公路客货运量急剧增加,公路交通长期滞后产生的后果充分暴露出来,特别是主要干线公路交通拥挤、行车缓慢、事故频繁。为有效解决公路混合交通问题、提供大容量的公路通道,借鉴国外的发展经验,国内开始试验性地建设高速公路。在这样的背景下,江苏省高速公路及过江通道的规划研究工作逐步展开。

1996年省交通厅组织进行了《江苏省高速公路网规划研究》(简称"一轮规划")和《江苏省南北公路通道规划研究报告》,提出了建设"四纵四横四联"12条主骨架公路和新增5座过江通道的明确目标。本次规划新增的5座高速公路过江通道分别为:南京长江三桥、南京长江二桥、润扬长江大桥、江阴长江大桥和苏通长江大桥。

1999年9月建成的江阴长江公路大桥(1994年11月22日开工),位于江阴市与靖江市之间,是国道主干线同三、京沪高速公路的跨江"咽喉"工程。大桥全长3071延米,主跨1385m,采用一跨过江,是20世纪"中国第一、世界第四"大钢箱梁悬索桥。2001年3

月建成的南京长江二桥(1997年10月6日开工)主跨628m、桥长2938延米,全线为六车道高速公路标准,为当时世界第三大斜拉桥。

20世纪90年代是江苏省过江通道规划建设的起步阶段,应省委、省政府要求,江苏省交通部门在充分论证的基础上,按照总体规划、分期实施的原则,逐座桥按序分别上报,完成国家基本建设审批程序后实施建设。作为突破口,建设江阴大桥成为江苏省长江第二通道首选项目,并被列为当时全省交通六大重点工程之一。该阶段过江设施的规划建设,主要解决国道主干线的过江需求,同时考虑均衡布局及公平性,实现了江苏省长江段各区段至少规划一个过江通道的基本需求。

二、线路布局逐步完善(20世纪末至21世纪初)

21世纪初,省委、省政府明确提出了"两个率先"的战略目标,对交通发展提出了新的要求,需要充分发挥交通的先导作用,为经济社会持续快速发展提供强有力支撑,为缩小城乡和地区差距奠定坚实基础,交通运输必须实现跨越式发展。同时,2001年,省委、省政府提出了"加快沿江开发"的重大决策,作为江苏省实现"两个率先"的重大战略部署,通过沿江地区的发展进一步拓展江苏省经济社会发展空间、提升发展水平、促进区域之间的协调发展,实现江苏省全面发展的战略目标。

2001年,江苏省启动新一轮高速公路暨过江通道的规划研究工作(简称"二轮规划")。在研究过程中,2004年国家分别编制完成了《国家高速公路网规划》和《长江干流桥梁(隧道)建设规划》,江苏省的二轮规划与国家规划进行了充分对接,将江苏省规划的跨江通道全部纳入国家规划。

这一阶段的过江通道规划充分考虑了长三角城市群、上海都市圈、南京及苏锡常都市圈的发展特点,结合江苏省政府提出沿江开发的战略,从以下三个层次进行布局:①国家高速公路网提出的过江需求;②构建上海大都市圈的要求;③江苏省内沿江主要城市跨江联动提出的过江需求。

2004年的《长江干流桥梁(隧道)建设规划》中,江苏省长江主航道共规划有20座过江通道,其中高速公路过江通道11座(图2-3-1)。

20世纪90年代初,为配合实施国家"以上海浦东开发和开放为龙头,推动长江三角洲和长江沿江地区开放和经济发展"的重大战略,充分发挥镇江、扬州这两座长江下游重要沿江城市的作用,加快两市经济发展,江苏省委、省政府决定加快实施镇江至扬州两市间建设跨江大桥的计划。2005年4月建成的润扬长江公路大桥(2000年10月20日开工),由南汊悬索桥、北汊斜拉桥及接线组成,其南汊主桥为主跨1490m的钢箱梁悬索桥,比江阴长江大桥长105m,建成后取代江阴大桥成为跨径"中国第一、世界第四"的悬索桥。2005年10月建成的南京长江三桥(2003年8月29日开工),主桥为主跨648m双塔双索面钢箱梁斜拉桥,索塔在国内首次采用钢结构。

图 2-3-1　江苏省第二轮高速公路网规划过江通道

总体来说,第二个阶段为提速阶段,以建设润扬大桥和南京三桥为代表,旨在进一步完善过江通道线路布局。

三、规划建设全面提升(2002 年起至今)

随着经济社会的快速发展,江苏沿江开发全面展开,沿江两岸城镇组群联动发展趋势日益强烈,江苏省过江交通需求增加迅猛,公路过江交通总量从 2000 年的绝对数 10 万辆/日,增长到 2015 年的绝对数 54 万辆/日。一方面是过江出行需求的日趋旺盛,另一方面长江港口的发展如火如荼,港口用地、后方物流园区开发、城市生活岸线等各种岸线需求进一步增长,长江岸线的集约规划、环境资源的整合利用成为本阶段规划的重要背景。

2011 年 1 月,国家发展改革委针对 2004 年 7 月的《长江干流桥梁(隧道)建设规划》组织开展修编工作,并于 2013 年形成规划成果征求意见稿。2014 年 9 月,《长江干流桥梁(隧道)建设规划》修编成果中 2020 年前实施的江苏段 14 座过江通道纳入国务院批复的《长江经济带综合立体交通走廊规划(2014—2020 年)》。2015 年 7 月,国务院批复《江苏省城镇体系规划(2015—2030 年)》。2016 年 7 月,国家发展改革委、交通运输部和中国铁路总公司联合印发《国家中长期铁路网规划》。上述规划以及国务院批复的《南京市城市总体规划(2011—2020 年)》等城市总体规划中,均对江苏省过江通道规划进行了调整。至此国家层面已批复的规划中江苏长江干流共规划过江通道 36 座。

2008 年 6 月建成的苏通长江大桥(2003 年 6 月 27 日开工),是江苏省"十一五"期间建成通车的唯一一座跨江大桥,创造了斜拉桥主跨跨径、主塔高度、斜拉索长度和群桩基础规模四项世界之最,成为中国由桥梁大国变成桥梁强国的标志性工程。2011 年 12 月建

第二章 规划与发展历程

江苏省高速公路过江通道已建情况表

表 2-3-1

序号	所在省（区、市）	通道名称	功能性质	接线名称	技术状况				通航净宽(m)×净高(m)	建成时间	备注
					桥长(m)/隧长(m)	桥宽(m)/隧道车道数	净高(m)	主桥跨径(m)			
1	江苏省南京市	南京长江三桥	公路	南京绕越国家高速公路(G2501)	4744	斜拉桥，桥宽32，六车道	29.39	648	490×29	2005年10月	
2	江苏省南京市	南京长江二桥	公路	南京至洛阳国家高速公路(G36)	2212	斜拉桥，桥宽32，六车道	29.56	628	380×24	2001年3月	
3	江苏省南京市	南京长江四桥	公路	南京绕越国家高速公路(G2501)	悬索桥，跨江大桥长5448	桥宽33，六车道		主跨1418	690×50	2012年12月	
4	江苏省扬州市、镇江市	润扬长江大桥	公路	扬州至溧阳国家高速公路(G4011)	南汊桥1490；北汊桥758	南汊悬索桥，北汊斜拉桥，宽32.5，六车道	50	1490	700×50	2005年4月	
5	江苏省泰州市、镇江市、常州市	泰州长江大桥	公路	泰州至镇江高速公路(S35)	悬索桥，长江大桥6821m，夹江大桥2905	桥宽33，六车道		长江大桥主跨2×1080，夹江大桥主跨2×125	主桥760×50，夹江大桥100×18	2012年11月	
6	江苏省无锡市、泰州市	江阴长江大桥	公路	北京至上海国家高速公路(G2)	3071	悬索桥，桥宽33.8，六车道	54.9	1385	380×50	1999年10月	
7	江苏省苏州市、南通市	苏通长江大桥	公路	沈阳至海口国家高速公路(G15)	8206	斜拉桥，桥宽35，六车道	62	891	891×62	2008年6月	
8	上海市崇明区、江苏省南通市	崇启长江大桥	公路	上海至西安国家高速公路(G40)	连续钢梁桥，桥长7148	桥宽33，六车道	28.5	4×152	4个152×28.5	2011年12月	

江苏省高速公路过江通道在建情况表

表 2-3-2

序号	所在省(区、市)	通道名称	功能性质	接线名称	技术状况					建设起止时间	备注
					桥长(m)/隧长(m)	桥宽(m)/隧道车道数	净高(m)	主桥跨径(m)	通航净宽(m)×净高(m)		
1	江苏省镇江市、扬州市	五峰山过江通道	铁路、公路	淮扬镇铁路,江都至宜兴高速公路(S39)	悬索桥,1516	电气化四线铁路/八车道		主跨 1×1120	780×50	2016—2020年	《国家中长期铁路网规划》《长江三角洲地区城际轨道交通线网规划》《江苏省高速公路网规划》《江苏省综合交通"十二五"及中长期发展规划》
2	江苏省无锡市、南通市	沪通长江大桥	铁路、公路	沪通铁路,锡通高速公路(S19)		电气化四线铁路/六车道		主跨 1092	891×62	2015—2019年	《国家中长期铁路网规划》《长江三角洲地区城际轨道交通线网规划》《江苏省高速公路网规划》《江苏省综合交通"十二五"及中长期发展规划》
3	江苏省南京市	南京长江五桥	公路	南京绕城公路		六车道				2014—2018年	《江苏省城镇体系规划》《南京市城市总体规划》

第二章 规划与发展历程

江苏省高速公路过江通道规划项目表

表 2-3-3

序号	所在省(区、市)	通道名称	功能性质	接线名称	技术状况					拟建时间	备注
					桥长(m)/隧长(m)	桥宽(m)/隧道车道数	净高(m)	主桥跨径(m)	通航净宽(m)×净高(m)		
1	江苏省南京市	龙潭过江通道	公路	宁盐高速公路		六车道				2020—2025年	《南京市城市总体规划》《南京江北新区总体规划》
2	江苏省常州市、泰州市	常泰过江通道	公路、城际铁路	常泰城际高速公路、常泰高速公路		电气化双线/六车道				2019—2024年	《长江经济带综合立体交通走廊规划》《江苏省城镇体系规划》《江苏省轨道交通"十二五"及中长期发展规划》《江苏省沿江城市群城际轨道交通网规划》《常州市城市总体规划》《泰州市城市总体规划》
3	江苏省苏州市、泰州市	张靖过江通道	公路	张靖高速公路		六车道				2020—2025年	《长江经济带综合立体交通走廊规划》《江苏省城镇体系规划》《泰州市城市总体规划》《张家港市城市总体规划》
4	江苏省南通市、上海市崇明区	通沪过江通道	铁路、公路	北沿江铁路,启崇高速公路		电气化四线/六车道				2025—2030年	《国家中长期铁路网规划》《长江三角洲地区城际铁路网规划》《江苏省城市轨道交通规划(2015—2030年)》《江苏省轨道交通"十二五"及中长期发展规划》
5	上海市崇明区、江苏省南通市	崇海长江大桥	公路	崇明至海门高速公路(S532)	全长3560,主桥630	六车道			28	2021—2026年	《江苏省城镇体系规划》《江苏省高速公路网规划》

成通车的崇启长江大桥(2008年8月1日开工),是上海至西安国家高速公路的重要组成部分,南与上海崇明长江隧桥相接,北与宁启高速公路接连。桥长约7.15km(其中江苏段4.54km),主跨185m,双向六车道。崇启大桥建成后,从启东到上海市区仅需1小时。2012年11月开通的泰州长江大桥(2007年12月26日开工),是国家高速公路京沪(沪陕)、沪蓉间的联系通道,也是泰州与镇江、常州间的跨江通道。主桥及夹江大桥全长9.726km,双向六车道,首次在世界上实现三塔悬索桥塔跨径由百米向千米的突破。2012年12月正式通车的南京长江第四大桥(2008年12月28日开工),是国内首座三跨吊悬索桥,是长春至深圳国家高速公路的重要组成部分,也是南京绕城高速公路跨江成环的关键。其主跨为1418m三跨吊悬索桥,跨径在当时世界同类大跨径桥梁中居国内第一、世界第三。

由此可见,第三阶段为提升阶段,重点规划了能够支撑沿江两岸跨江城市组群发展需要的过江设施,同时,注重不同交通方式统筹共用过江通道,集约利用长江岸线资源。

江苏省高速公路过江通道已建情况、在建情况分别见表2-3-1、表2-3-2,规划项目见表2-3-3。

第三章
建设管理

第一节 管理体制

一、管理机构和制度的沿革

1980年4月,省交通局更名为江苏省交通厅(简称"省交通厅"),省交通局工程管理局更名省交通厅工程管理局(简称"厅工程局")。按照"两手抓、两手都要硬"的要求,1981年厅本部增设厅纪检组(1989年厅纪检组实行派驻制,为省纪委驻交通厅纪检组,简称"驻厅纪检组")。

1986年,省交通厅成立重点工程建设办公室(简称"厅重点办")和江苏省交通物资公司(1991年更名为江苏省交通物资供应公司)。

1987年,撤销厅援外处,并入省路桥公司,11月,成立厅工程质量监督站(简称"厅质监站")。1991年6月厅质监站与厅建设处合署办公,实行"两块牌子、一套班子",部门性质和职能不变。1993年1月,厅质监站被定为独立事业单位,处级建制,对全省交通工程质量进行监督,不再与厅建设处合署办公。2002年,厅工程定额站由厅综合计划处直接管理划转为厅质监站内设机构,对外增挂厅工程定额站牌子(简称"厅定额站")。2009年12月,厅质监站更名为厅工程质量监督局(简称"厅质监局")。

1988年,省交通厅多次调整机构,1月,省交通厅成立了安全生产委员会,设厅安全监督处(简称"厅安全处");2000年11月,省交通厅撤销厅建设处,设立省交通行业和产业项目招投标管理办公室(简称"厅招标办");2009年,撤销厅招标办成立了厅建设管理办公室(简称"厅建设办")。

为加强高速公路和长江大桥建设管理,1991年4月7日成立江苏省高速公路领导小组和江苏省高速公路建设指挥部(简称"省高指");1994年成立江苏省长江公路大桥建设领导小组和江苏省长江公路大桥建设指挥部(简称"省大桥指");2003年成立江苏省苏通大桥建设指挥部(简称"苏通桥指");2007年在江苏省高速公路建设指挥部基础上组建江苏省交通工程建设局(简称"省交建局");2013年,江苏省长江公路大桥建设指挥部、江苏省苏通大桥建设指挥部成建制并入江苏省交通工程建设局，成立江苏省交通工程建设局(江苏省长江大桥建设指挥部)。

二、管理模式的发展

为了确保高速公路工程顺利开展，江苏省委、省政府于1991年4月7日成立了"江苏省高速公路建设领导小组"和"江苏省高速公路建设指挥部"(苏政发〔1991〕35号文)。作为全省高速公路建设的领导决策机构，省高速公路建设领导小组领导省高指和各市高速公路建设领导小组，履行"领导工程建设，审查总体部署，决定政策措施，协调解决重大问题，检查督促工程实施"等职责。组长由省长担任，副组长由分管副省长担任，成员由省政府分管秘书长、省计委、省监察厅、省建设厅、省财政厅、省水利厅、省公安厅、省审计厅、省交通厅、省环保厅、省国土厅、省地税局、省通信管理局、省电力公司等主要领导以及13个省辖市市长担任。省高指作为全省高速公路建设主管机构，是工程建设的责任主体，在高速公路建设领导小组的领导下，行使高速公路的建设管理行政职能，指导各市指挥部工作。13个省辖市高指负责辖区内的高速公路建设管理。

1992年开工建设的沪宁高速公路(江苏段)采取了省市二级管理模式和省(市)监理组三级监理模式，由省负责投资。"十五"期间，京福徐州东绕城、徐宿、宁杭一期、锡宜等高速公路建设分别采取了"省领导小组决策，省高指监管，市高指建设，公司筹资"和"省市高指联合组建项目办现场管理、市高指服务协调保障"两种建设模式，有效整合了省市资源，加强了项目管理。各专业化部门在省高速公路领导小组的统一领导下，分工合作，相互监督，共同完成高速公路的建设任务。

"十一五"期间，江苏高速公路管理体制和建管模式做了相应调整，在原省高速公路建设指挥部的基础上组建省交建局，建设主体、经营主体和监管主体真正实现分离。同时针对项目特点和技术力量，酌情采用"省市共建，以省或以市为主成立现场项目办"或"省市联合组建现场指挥部"的建设管理模式。2007年开工建设的江海高速公路首次采用了"省市共建，以省为主成立现场项目办"的建设管理模式。连临、徐济高速公路则采用了"省市共建，以市为主成立现场项目办"的建设管理模式。新模式加强了对工程建设现场的统一规范管理，提高了建管效率，降低了建管成本，是江苏高速公路建设管理向专业化、规范化、法制化目标迈进的一次重大突破。

此外，江苏部分市投资的高速公路建设项目由所在市直接进行项目管理，如南京市的宁马、雍六高速公路建设，苏州市的苏嘉杭、苏沪等高速公路建设，无锡市的环太湖高速公路建设等。2008年3月，江苏交通控股有限公司投资锡张高速公路建设项目。因此，江苏高速公路建设还有"地方投资管理"和"江苏交通控股自行投资管理"两种类型。

第二节 投资融资

一、投资主体的沿革

1998—2003年,江苏先后成立了江苏交通产业集团公司、江苏交通控股公司、江苏省高速公路经营管理中心等高速公路三大投资、经营主体。

1998年,江苏交通产业集团(简称"产业集团",前身是江苏高速公路集团有限公司)成立,主要从事国省道干线高速公路等交通基础设施投资(控股、参股)、建设、投资的项目运营管理,是省人民政府授权经营国有资产的投资主体,资产规模300多亿元。

2000年9月15日,江苏交通投资公司正式变更为江苏交通控股有限公司,是具有投资性质的国有资产经营单位和投资主体,负责江苏省内干线高速公路、过江桥梁、铁路等交通基础设施的投资建设,对所投资建成后的高速公路和过江桥梁进行运营管理,对授权经营的国有资产行使经营决策、资产处置和投资收益权。公司积极稳妥地推进兼并重组和产业整合,形成了以公路、铁路、机场等交通基础设施投资经营为主,物流运输、建设施工、金融租赁等多个行业齐头并进的发展格局。

2003年2月26日,江苏省高速公路经营管理中心(简称"省高管中心")成立,由江苏省宁连宁通公路管理处和南京机场高速公路管理处合并组成,属于省交通厅直属的自收自支事业单位、全省唯一事业性质的高速公路投资项目法人。其资金主要来源于省交通厅资金投入、通行费收入、银行贷款等三部分,资产规模约218亿元,承担了宁连、宁通、南京机场高速公路的运营管理和通启高速公路的建设任务。

2004年9月15日,产业集团和江苏交通控股有限公司合并重组,成立了新的江苏交通控股有限公司(简称"江苏交通控股"),注册资本168亿元。2005年3月—2009年4月,省高管中心、省镇扬汽渡、省通沙汽渡以及江苏润扬大桥发展有限责任公司先后划归江苏交通控股。自此,江苏交通控股集投资、管理、运营等职能为一体,成为江苏省重点交通基础设施建设项目的唯一省级投资主体。

二、投资模式的构建

(一)江苏高速公路投融资基本模式

1.筹资

省管建设的高速公路项目资本金筹集,省级资金通过贷款、发行债券、股权转让等方式筹集。省市共建以市为主的高速公路项目资本金筹集按照省市县按比例筹措,资本金以外的建设资金由项目公司筹措。

2. 建设

一是省市共建,以省为主。由省高指全面负责高速公路实施期间的建设管理工作,市高指负责征地拆迁和地方矛盾协调等工作。二是省市共建,以市为主。省高指在项目建设过程中行使建设监管职能,市高指全面履行建设管理职能。在经费方面,市高指依据批准的工程概算投资和实施内容,包干负责项目本市段工程建设,超支不补,节约按有关规定奖励。

(二)江苏高速公路资产经营管理模式

总体来讲,江苏交通基础设施建设资金的来源主要依赖于政府投资和(国内)银行贷款。虽然这种较为传统的方法使资金结构相对单一,但在过去的时间里,对于如此大规模的基础设施建设,国有资金的确起到了非常有效的保证作用,使江苏省原本较为落后的交通基础设施有了根本性的改观。当然,江苏在交通基础设施建设投融资体制改革和资产经营管理等方面也做了大量和有益的尝试,并取得了一些成绩。

1. 积极推进投资体制改革,为交通基础设施提供大量建设资金,实现国有资产的保值增值和交通事业的可持续发展

"八五"末期,江苏对全省公路等交通基础设施投资体制进行了重大调整,提出"统筹规划、条块结合、分层负责、联合建设"的方针,并坚持责权利相结合及"谁投资、谁经营、谁受益"的原则,实行"统一规划设计、统一建设管理"和"分段筹资、分段建设"的体制。以市为分段工程建设的责任主体,省里则将所掌握的交通建设资金以"定额投入"的办法进行投资(具体为对于高速公路采用资本金投入、对于网化工程采用定额补助、对于县乡公路则采用奖励政策)。同时推行建设项目法人制,由项目公司全面负责项目的筹资、建设及经营,并承担投资风险。这样可以充分发挥省、市、县的积极性,有利于引导社会资金、企业资金和国外资金投入到公路等交通基础设施建设中去。另外,还组建了江苏交通控股公司等大型国有企业,作为投资人直接参与交通基础设施建设的投资,并负责项目的建设与管理。通过多年的实践,上述做法明显促进了江苏省交通事业的可持续发展。

2. 充分利用资本市场,探索高速公路资产证券化经营

江苏在利用证券从资本市场融通建设资金方面也进行了不少尝试。例如,1997年宁沪高速公路股份有限公司成功在香港发行H股股票,募得资金38亿港币;随后,该公司又于2001年发行了A股,获得资金6亿元左右;此外,江苏交通投资公司(现属于省交通控股公司)等先后数次发行交通建设债券,共募得资金8.5亿元。这些资金是国有建设资金的一个重要补充。

3. 大力吸引外资,服务于交通尤其是高速公路的建设和资产经营

(1)积极争取国际金融组织和外国政府贷款。1987—1996年圆满完成了江苏省首次利用总额为1.5亿美元的世界银行交通项目贷款,这不仅缓解了省内交通基础设施建设长期资金不足的矛盾,还有利于合理利用外汇进行滚动还贷,降低因汇率变化造成的贷款成本增加。江阴长江公路大桥在建设过程中,也获得了近9000万美元的英国政府贷款。此外,在一些高速公路项目上,江苏省也争取了几批数额稍小的外国政府贷款。

(2)吸引外商直接投资。据统计,全省共有吸收外商直接投资的公路项目9个,引进外资近1.7亿美元。这些项目主要为省内各市的地方公路(桥梁)项目,虽然这些项目的规模都不太大,引进的资金有限,但对促进当地的交通建设起到了积极的作用。

(3)努力探索其他利用外资的模式。除了上述以外,江苏省在利用外资方面也进行了一些新的探索,如曾尝试采用BOT(建设—经营—转让)的方式进行高速公路项目的建设,并得到了有关方面的积极支持,但终因外部条件不很具备而未能得以实现。即便如此,BOT方式仍是今后进行大型基础设施项目建设一种值得尝试的模式。

4. 进行高速公路的经营权转让,盘活交通基础设施的存量资产,实现高速公路的滚动发展

例如宁连高速公路南京段以4.5亿元转让给宁沪股份公司,其他还有一些较小规模的收费公路项目也进行了程度不同的经营权让渡。对于经营权转让,总体来讲,应持较为慎重的态度,主要原因之一是公路资产的评估等方面还存在一些不很规范的操作,相关的政策规定也有待于进一步的完善

5. 进行高速公路的资产置换,探索股份制改革的模式

将公路项目的股权或类似股份的权益出让给社会投资人,通过这种资产置换,将政府原来投入的资金转移出来,以进行其他高速公路工程的建设。例如,将江苏京沪高速公路有限公司21%的股权转让给一家上市公司——江苏悦达投资股份有限公司;将原本应由政府投入的项目资本金的部分由其他公司来承担,如苏嘉杭高速公路资本金35%的1/3、宁靖盐高速公路资本金50%的3/4出让给江苏交通控股公司。另外还有一种类似的做法叫"土地作价入股",这是由于实行新的土地法后,地价大幅上升,为了降低工程造价,采取了将地价上涨部分以股份形式由相应的土地所有人拥有(具体为农民持股会),而不发生现金。该方法目前在苏南地区个别项目上采用,并准备在全省推广。江苏还是全国推广运用PPP(政府和社会资本合作)模式试点的首批省份,目前已经设立省级PPP试点中心。

三、主要成就和经验

改革开放40年,江苏不断深化对高速公路交通地位和属性的认识,高速公路设施建设坚持政府主导并引入市场机制,通过市场化改革解放蕴藏于民间的生产力和资金,保障

高速公路建设快速发展。

江苏按"一路一公司"组建省控股、市参股的高速公路股份公司,负责项目策划、资金筹措、运营管理、资产保值等;坚持"责权利相结合"和"谁投资、谁经营、谁受益"的原则,省市各按一定比例注入资金,并以此为项目公司资本金向银行贷款。高速公路投融资体制的变革改变了以往重点交通工程由省全额投入资金的方式,江苏交通控股、产业集团、高管中心三大投资主体和省重点工程建设资本金的建立,拓展了公路建设投融资渠道,资金规模大幅度增长,充分发挥省、市贷款建路积极性,如沪宁高速公路江苏段沿线的苏州、无锡、常州、镇江、南京五市,按路程长短各出1/4资金;产业集团2002年11月21日宣布,将所属已建成和在建的高速公路全部向社会资本开放,允许社会资本参股高速公路,并按照持有股权享受高速公路的经营收益。

受投融资政策及社会经济发展环境的影响,江苏高速公路与普通干线公路、农村公路投资主体、资金来源与使用各不相同,形成了江苏特点。2004年9月后,江苏交通控股通过发行债券、转让经营权等多种方式筹集高速公路建设资金,迈出了江苏高速公路建设投融资体制改革的重要一步。

高速公路分为经营性和还贷性两种。经营性高速公路的投资主体主要有两类,一类是江苏交通控股有限公司,另一类是市县政府融资平台。江苏交通控股作为企业投资主体,资金来源主要有中央政府的车购税、地方规费、企业自筹资金和市场融通资金。市县政府融资平台(主要是指市政府,如苏州市)投入建设的高速公路,主要局限于地方政府管辖的区域内,所占比重较小,资金来源是市政府财政投入和社会资金。除江苏省高速公路管理中心投入的高速公路项目属于政府还贷性外,江苏高速公路绝大多数都属于经营性。收费还贷高速公路主要是由政府部门(交通部门)提供资金或以通行费收入为还款来源融资建设的项目,实行的是政府还贷性管理模式,以满足公路基础设施的公益性为目的,还清贷款后高速公路即停止收费。苏州等地方政府投资修建的高速公路由政府出面招商引资,其性质与公司经营的经营性高速公路基本相同。

江苏高速公路建设筹融资不断丰富市场化手段和方法,通过采取加大银行贷款份额、企业债券、股票、利用外资、BT(建设—移交)、股权融资、收费公路经营权转让等方式得到逐步完善,成为国内最为丰富和有效的模式,为全省高速公路建设发挥了巨大的、不可估量的作用。

(一)上市公司(股票)

1992年8月,江苏成立了宁沪高速公路股份有限公司(后被批准为国家基本建设社会募集股份联合试点单位),这在国内基建项目中尚属首次,是基建投资体制的一次重大改革。

1993年8月11日,省政府批准宁沪高速公路股份有限公司发行5亿元法人股。

1997年6月27日,宁沪高速公路股份有限公司在香港成功上市,发行H股12.22亿股,共筹集资金40.7亿元,开创了江苏省公路建设领域利用股票融资的先例,创下了中国公路H股发行价最高、发行股本比例最小、筹资数额最小、折让最低的纪录,闯出了一条加速建设资金有偿、滚动使用和国有资产保值增值的新路。2001年1月6日,宁沪公司又在上交所成功上市发行1.5亿A股,筹集资金6.3亿元。宁沪高速公路股份有限公司法人股和香港H股、上海A股的发行,标志着江苏公路交通发展进入了资本运营新阶段,为江苏公路行业步入国际资本市场,在更广阔的领域、更高层次上利用外资积累了经验。

宁沪高速公路股份有限公司总股本50.377 475亿股。其中:国家股27.817 436亿股,占总股本55.22%;国有法人股5.994 71亿股,占总股本11.90%;社会法人股2.845329亿股,占总股本5.65%;普通股(A股)1.5亿股,占总股本2.98%;境外上市H股12.22亿股,占总股本24.25%。

(二)企业债券

1997年4月,宁沪高速公路股份有限公司为沪宁高速公路(江苏段)建设发行了2亿元企业债券筹集资金;1999年12月6日,经国家发展计划委员会和中国人民银行批准,由江苏证券有限责任公司担任主承销商,在全省范围内向企事业单位和个人发行了3.5亿元江苏高速公路集团有限公司债券;2002年12月,江苏高速公路集团有限公司再次发行企业债券,共募集资金15亿元;2003年11月,产业集团又发行了18亿元企业债券用于高速公路建设。

(三)股权融资

江苏交通部门通过股权收购、股权转让、增资扩股等,进行融资筹资探索。

1999年4月8日,宁沪高速公路股份有限公司与交投公司签署协议,以4.73亿元收购交投公司持有的江苏扬子大桥股份有限公司17.83%的股权,并于2000年12月29日完成收购。2001年9月4日,宁沪公司与国投交通实业公司签署协议,以2.44亿元收购后者持有的江苏扬子大桥股份有限公司8.83%的股权。至此,宁沪公司拥有了江苏扬子大桥股份有限公司26.66%的股权。

2000年12月,江苏高速公路集团公司向江苏悦达集团转让了21%的京沪公司股权,转让金额达到12.6亿元。2004年12月,南京长江二桥65%的股权转让给了中海集团(系中海投资有限责任公司全资股东),并由市交通集团(占股35%)和中海集团(占股65%)共同负责南京长江二桥的经营管理。

2004年6月,南京长江三桥也成功利用股权融资增资扩股,筹集35亿元。项目建成后,投资方在特许协议规定的期限内,通过收取过桥费收回投资,取得回报。

(四)收费公路经营权转让

2001年8月7日,南京交通建设(集团)有限公司成立。新体制下的集团公司以绕城、宁马、雍六高速公路为依托,通过转让路产股份、公路收费权和公路质押贷款等方式,盘活公路资金,为公路建设筹集资金。

(五)信托投资

2003年1月,苏州苏嘉杭高速公路利用信托方式筹集资金2.6亿元,民间资本首次介入江苏高速公路项目建设,开辟了公路建设运用"信托平台"进行融资的新模式。2003年5月,宿淮盐高速公路采取了资金信托的方式筹集资金,成为全国第一个由商业银行(兴业银行南京分行)提供担保、将信托资金投向于高速公路项目的集合资金信托产品,信托规模2亿元。

(六)农民持股会

苏嘉杭高速公路建设在资本运作方面开创了"农民持股会"的新做法,把征地拆迁补偿费转化为苏嘉杭高速公路股份,不仅使农民的利益得到了长期有效的保障,而且为拓展公路建设的资金渠道做出了有益的尝试。

1999年2月苏州市委、市政府出台苏嘉杭高速公路征用土地拆迁补偿原则和具体标准:参照省重点交通基础设施建设项目,原则上执行省政府〔1997〕14号文件,考虑到苏州市劳动力安置的特殊性和拆迁工作的实际情况,适当提高劳动力安置和拆迁补助标准;苏嘉杭高速公路征用土地补偿标准按省政府规定,每亩(1亩=10000/15m^2,全书同)补偿6000元,直接支付给沿线各市(县)、区;另外专门增加劳动力补偿措施,不直接支付,而作为苏嘉杭高速公路的项目资本金投入,建立"农民持股会",享受项目效益分红。

"农民持股会"由公路沿线各级政府计划发展委员会牵头成立,成为高速公路投资者。苏州苏嘉杭高速公路有限公司将应支付给农民的征地拆迁补偿费用的一部分集中付给"农民持股会",农民个体的股权通过"农民持股会"分配利润后再分配获得。在此模式下,苏嘉杭高速公路公司筹集"农民持股会"资本金占全部资本金的10%左右,为解决建设资金紧缺状况发挥了重要作用,同时也把因建造高速公路征用土地而失去土地的农民,从过去从事农业生产转为经营高速公路,从根本上保障了农民的长远利益。"农民持股会"成为中国高速公路建设史上具有时代特色的一大创新。

第三节 征地拆迁

一、征地拆迁政策的沿革

江苏省政府一直高度重视高速公路征地拆迁工作,根据高速公路建设特点和江苏实际情况,制定专项政策文件,作为高速公路征地拆迁的执行依据和准绳,同时随着社会经济发展水平的提高,不断调整修订,切实保障高速公路征地拆迁依法依规顺利推进。

自"九五"以来省政府先后出台了6份高速公路征地拆迁政策文件,其中对于以政府为主导高速公路征地拆迁的模式一直没有变化,各次文件中均明确高速公路征地拆迁的责任和实施主体是项目沿线地方人民政府,主要差异在于征地拆迁补偿补偿标准的变化。

1997年1月,《江苏省人民政府关于批转省计经委交通厅关于"九五"期间公路航道等重点交通基础设施建设项目征地拆迁工作意见的通知》(苏政发〔1997〕14号)发布。该文件适用于"九五"期间建设的高速公路项目。高速公路主线征地补偿标准分为苏南、苏北,苏南地区6000元/亩,苏北地区5000元/亩,房屋拆迁补偿标准平房120~144元/m^2,楼房150~180元/m^2。

2000年6月,《省政府批转省国土资源厅等部门关于全省公路水运等重点交通基础设施建设项目征地拆迁工作的意见的通知》(苏政发〔2000〕77号)发布。该文件适用于2000年开工建设的高速公路项目。高速公路主线征地补偿标准8000元/亩,房屋拆迁补偿标准平房180~216元/m^2,楼房225~270元/m^2。

2002年9月,《省政府办公厅转发省国土资源厅省交通厅关于"十五"期间开工建设高速公路征地政策的意见的通知》(苏政办发〔2002〕79号)发布。作为对苏政发〔2000〕77号文件的补充,苏政办发〔2002〕79号文件主要对主线征地标准进行了调整,适用于2001—2003年开工建设的高速公路项目,主线征地补偿标准12000元/亩,房屋拆迁标准维持不变。

2005年12月,《省政府办公厅转发省国土资源厅省交通厅关于省交通重点工程建设项目征地补偿安置实施意见的通知》(苏政办发〔2005〕125号)发布。该文件适用于2004年1月1日至2011年3月31日期间开工建设的高速公路项目。苏政办发〔2005〕125号文件根据《省政府关于调整征地补偿标准的通知》(苏政发〔2003〕131号)规定,将全省分为四类地区,同时将高速公路征地补偿费细化为土地补偿费、安置补助费、青苗补助费、排灌设施开发补偿费四项,各项分别按标准测算。从该文件后,全省高速公路征地补偿费用不再是一个固定值,而和所在地区标准、区域人均农用地数量等挂钩,更加客观合理。全省高速公路征地补偿费平均水平约在2.3万~3.8万元/亩。同时,苏政办发〔2005〕125号文件将房屋拆迁补偿标准调整为平房400~500元/m²,楼房600~700元/m²。

2011年8月,《省政府办公厅转发省交通运输厅省国土资源厅关于调整省高速公路建设项目征地补偿安置标准的通知》(苏政办发〔2011〕117号)发布。该文件适用于2011年4月1日至2015年12月31日期间开工建设的高速公路项目,作为苏政办发〔2005〕125号文件的补充一起使用。从该文件开始,江苏高速公路征地拆迁标准发生重大调整。以往所有政策均由省政府明确具体补偿标准,随着江苏省社会经济水平的高速发展,地方差异明显、补偿项目多样化、具体问题复杂化,省内制定统一补偿标准既难以做到科学合理,也无法涵盖所有事项。因此,苏政办发〔2011〕117号文件明确,征地拆迁相关补偿标准按照《江苏省人民政府关于调整征地补偿标准的通知》(苏政发〔2011〕40号)以及各市、县人民政府颁布的实施细则执行。即高速公路征地拆迁补偿执行属性标准,同地同价,省政府只规定最低标准,而不再明确具体补偿标准。

2016年7月,《省政府办公厅转发省交通运输厅省国土资源厅关于省交通重点工程建设项目征地补偿安置实施意见的通知》(苏政办发〔2016〕81号)发布。该文件适用于2016年1月1日后开工建设的高速公路项目。苏政办发〔2016〕81号文件以苏政办发〔2005〕125号文件为基础框架,沿用并整合苏政办发〔2011〕117号文件内容,明确社保、耕地占补费用等关键问题,新增集约节约用地有关要求,并对用地红线控制和补偿安置保障等工作提出要求。

二、征地拆迁的特点

江苏省地处我国东部沿海,是我国经济社会发展最活跃、实力最强的省份之一,在我国经济社会发展和改革开放大局中占有举足轻重的战略地位。自"九五"以来,为促进区域社会经济的发展,江苏省加快了交通基础设施建设,取得了举世瞩目的成绩。高速公路是江苏省交通基础设施跨越式发展的一个代表,2008年,江苏省第一轮规划的"四纵四横四联"高速公路网全部建成。高速公路的建设,带动了区域经济发展,对国民经济和社会发展起着基础和先导作用。同时,高速公路也是建设用地的大户,一般情况下四车道高速公路每公里主线平均占地约6.3~7.3公顷,六车道约7.0~7.9公顷。截至2015年,江苏已通车高速公路超过4500km,主线征地面积约2.95万公顷,约占全省总面积的0.29%,此外还有与主线用地规模相当的临时用地,包括取土用地、施工营地、便道便桥、拌和厂、钢筋加工厂、预制厂用地等。

江苏省人多地少,环境承载能力弱的状况显得非常突出。土地利用空间分布、动态变化、总体特征如下:土地利用率高、垦殖率高、城乡建设快、工业规模大;后备土地资源潜力较为有限,主要为河流水面、湖泊水面;农业用地总体减少,其中耕地数量减少幅度较大,建设用地急剧扩大。

高密度、高强度、高速度的高速公路项目建设必然带来大规模的征地拆迁,而征地拆迁又不可避免地会带来利益相关者之间的利益冲突,从而引发的矛盾易危及农村社会的稳定和经济的发展,因此高速公路征地拆迁一直是社会关注的焦点问题之一。然而高速公路征地拆迁不同于一般城建项目,具有如下特点:

(一)事业的公益性、主体的行政性

高速公路是一种具有公益性的基础设施,其收益范围不仅有车辆用户,还有全社会各个领域。其公益性主要表现在服务对象的共用性和服务效益的社会性。高速公路建设的主要目的不在于取得直接的经济效益,而在于获得社会效益。因此,高速公路建设征地拆迁是国家为了社会公共利益的需要而实施的行为,这决定了其公益性特征。

高速公路征地拆迁不同于城市房屋拆迁,城市房屋拆迁当事人的关系以民事关系为主,行政关系为辅。而高速公路征地拆迁一般由政府各级行政主管部门负责实施,是依据法律规定的程序和批准的权限而实施的行为,是一种具体的行政行为,具有主体的行政性。

(二)复杂性

高速公路征地拆迁的复杂性体现在征地拆迁数量大、涉及范围广、工作周期长。从数量上看,根据对2002—2010年江苏省在建高速公路统计,四车道高速公路每公里主线用地面积在6.73公顷,六车道为7.68公顷,除主线用地外,还有与之面积相当的取土坑、施工便道、料场、预制厂、营地、线外工程改建恢复、拆迁安置等用地。从涉及范围上看,高速公路作为典型的线性工程,涉及行政区域多,被征地拆迁农户数量大,同时还涉及企业搬迁、电力、通信、供电、供水等管线的拆迁,以及与相应的政府职能部门的协调。从工作周期上看,从项目可行性研究阶段的用地预审开始,到用地的正式报批,再到征地拆迁的具体实施,再加上高速公路建设过程中由于设计调整等原因造成的补充征地拆迁工作,以及其间突发矛盾的协调处理,最后在工程完成后,还需要相当一段时间处理完善征地拆迁安置的善后工作。因此,征地拆迁工作贯穿了高速公路建设的全过程,相关行为连续不断,工作周期长。

(三)高度协调性

由于高速公路征地拆迁涉及的地域广阔,参与方众多,一般包括建设单位、施工单位、地方政府、各相关职能部门、评估咨询机构、拆迁公司等,每一方面都有自己的管理队伍或管理部门。如何协调各参与方之间的行动,进行不同地区、不同工作阶段间的衔接,保证

征地拆迁有秩序、按计划实施,是高速公路征地拆迁的难点。同时,由于高速公路征地拆迁的复杂性,造成工作过程中不可预见因素多,会导致各种变化。因此在处理好内部管理问题的同时,还要注重外部环境的变化,做好与外界协调工作。从某种程度上来看,协调工作进行的如何直接决定了征地拆迁的成败和速度。许多高速公路项目迟迟不能开工或延误工期,大都是由于征地拆迁工作进展缓慢或建设过程中被征拆方阻工造成的。

第四节　建设市场管理

一、确立建设模式

（一）探索切合实际的建设模式

江苏省高速公路采用"省领导小组决策、省厅监管、省交建局（或地方政府）建设、地方政府配合、公司筹资"的建设管理模式,省交通工程建设局（或地方政府）履行项目法人职能,工程项目所在市交通部门组建高速公路工程项目管理办公室或市高速公路建设指挥部负责具体建设。针对跨江大桥规模宏大、技术复杂、施工困难的特点,采取"省部协调领导、专家技术支持、公司筹资、指挥部建设"的政府主导和市场机制相结合的建设模式。这些建设模式,既保证了政府对国家重点大型复杂交通工程的组织领导,又利于整合社会资源,为工程项目提供资金、技术、人才等坚强保障,同时调动省市县三级交通部门的积极性,保证工程建设项目的顺利推进。

（二）严格履行基本建设程序

省交通运输厅认真抓好高速公路项目前期工作,严格履行投资项目审批、核准、备案和项目立项管理程序。依法组织招标投标,按照公开、公平、公正的原则,择优选定勘察、设计、施工单位,落实《关于加强公路项目建设单位管理的若干意见》,对不符合邀请招标或不招标条件的项目,一律采取公开招标方式。严格执行国家规范、强制性标准及质量安全规定,要求项目法人按规定向主管部门报送初步设计、施工图设计及变更设计审查审批文件等。强化建设资金管理,严格合同支付,做到专款专用、专户储存。依法办理施工许可和交竣工验收,切实把好项目开工、交工、竣工关口,对质量安全隐患、建设程序不完备及违规操作等问题,迅速责成整改,保证了建设项目依法合规推进。

（三）严格准入管理和绩效考核

认真贯彻交通运输部《关于加强公路项目建设单位管理的若干意见》,省交通运输厅在深入调研的基础上,组织制定《江苏省公路水运工程建设单位管理办法》,并建立健全江苏省交通工程建设单位的准入和绩效考核体系。

二、完善招标管理

多年来,江苏高速公路建设招投标工作始终认真贯彻执行《中华人民共和国招标投标法》和《中华人民共和国招标投标法实施条例》,坚持依法行政、强化市场管理,不断创新招投标监管方式,积极推行电子招投标,不断加强履约考核和信用评价,有力促进了招投标监管水平的不断提升。具体工作中,着重严控"九个环节":

一是招投标许可。依据交通运输部相关规定和《江苏省招标投标条例》,将邀请招标和不招标的工程项目作为行政许可事项,实行网上申报审批并公示的制度,严格按法律、法规规定进行审批,没有法律依据的一律不予批准。

二是招标公告。规定招标公告必须在国家和江苏省规定的媒体上公开发布,以确保招标的真正公开。目前江苏省交通工程项目的招标公告一律在中国采购与招标网和中国招投标网上免费发布,并及时提供免费查询。

三是评标专家抽取。评标专家抽取严格按照交通运输部及省相应规定进行,做到交通项目评标专家一律从交通运输部和省交通评标专家库中抽取,其中列入国家高速公路网项目和特大桥梁,交通运输部批准的沿海、沿江重要港口的项目,评标专家均从部专家库抽取。

四是资格预审。省交通运输厅制定了《江苏省公路水运施工招标资格预审办法》,要求交通建设项目进行资格预审,确保所有投标人均符合招标要求。

五是招标文件备案。所有交通建设项目的招标文件必须按照法律、法规规定的时限和条件及时向交通运输主管部门进行备案,不符合要求的一律不准进行下一阶段招投标工作,直至整改到位。

六是过程监督。从开标、评标到评标委员会定标,均有招投标行政监督人员和行政监察人员全程监督,并邀请公证机关进行公证。

七是评标结果备案。规定招标人对评标报告进行备案,报告内容必须符合招投标法律、法规规定,以便招投标监督部门及时纠正违法违规行为和查处招投标投诉事项。

八是投诉举报查处。按照《工程建设项目招标投标活动投诉处理办法》,严格调查程序和纪律。对于投诉和举报的工程项目,做到件件有调查、有结论,所有查实的违法、违规和违纪行为都按《江苏省交通厅关于限制违反廉政合同的投标人进入交通工程建设市场的若干规定》及时进行处理,严格与其信用等级、市场准入挂钩,形成纪检监察、行政监督与市场准入的联动机制。

九是现场履约考核。项目建设单位每季度在质量、进度、安全、资金管理、农民工工资发放和廉政合同执行方面对中标人进行履约考核,结合考核情况进行信用评价。

三、规范工程建设管理

(一)深入开展施工标准化活动

2011年,根据交通运输部《关于开展高速公路施工标准化活动的通知》,江苏省积极响应号召,认真研究制定了《江苏省高速公路开展施工标准化(推行现代工程管理)活动实施方案)》,成立江苏省高速公路开展施工标准化(推行现代工程管理)活动领导小组,有力推进施工标准化活动。制定《江苏省高速公路施工标准化考核办法》《江苏省高速公路标准化相关设计指南》(设计管理、设计成果、路基路面、桥梁、互通式立体交叉)、《江苏省高速公路项目管理标准化指南》《江苏省交通运输厅关于高速公路施工标准化招标文件编制的指导意见》等标准指南文件,完善施工标准化标准体系。在推广运用过程中,注重抓宣传、抓试点、抓样板,利用通洋高速公路建设经验召开现场会,推广其《标准化施工指导手册》《路基、桥梁工程施工组织设计示例》以及《施工管理标准化制度汇编》《计划计量管理标准化制度汇编》《安全管理标准化制度汇编》《工程档案管理标准化制度汇编》《服务保障标准化制度汇编》《财务管理标准化制度汇编》《内部管理标准化制度汇编》《项目党建标准化制度汇编》《廉政建设标准化制度汇编》等系列标准化经验做法。同时,注重公路、水运并举,使施工标准化与江苏省推进综合交通运输体系建设的特征相吻合;注重向"设计环节"延展,使施工标准化与江苏省交通建设一贯重视内涵和品质的传统相一致;注重将"绿色"指标纳入"标准",使施工标准化与"绿色交通"以及节约集约资源等要求相适应;注重应用信息化手段,使施工标准化与管理专业化、精细化的趋势相衔接,使施工标准化更多凸显"江苏特色"。施工标准化的开展,使高速公路建设管理水平和实体工程品质得到了有力提升,安全生产有了质的保障。

(二)狠抓质量安全监管

1.认真落实相关制度

认真落实项目法人负责制、工程招投标制、合同管理制、施工监理制和质量终身负责制。在全国率先制定高速公路工程专项质量检验评定标准,对高速公路工程实行质量监督现场派驻制,采取实体检测与专家评议相结合的质量检查与验收评定模式。多年来,全省高速公路、特大型桥梁工程质量优良率达100%,并取得乔治·理查森奖、美国土木工程协会土木工程杰出成就奖、"詹天佑"奖、交通运输部及中国公路学会特等奖、省级科技进步特等奖等多项奖励,苏通大桥被评为新中国成立60周年"十大感动工程",南京三桥获得国家优质工程金奖。

2. 全面落实公路工程安全生产监管

全面落实"安全第一,预防为主,综合治理"的方针,不断强化公路工程安全生产监管。《江苏省高速公路养护施工安全规程》通过省质量技术监督局的审定并经国家标准化委员会核准,成为江苏省地方标准。研究制定《江苏省公路工程安全生产工程量清单》,规范公路工程安全生产费用的计取和管理工作,切实保障工程建设安全措施的落实。"江苏省公路施工现场安全规范化管理""江苏省公路工程安全生产费用研究"等课题也取得了成果。按照交通运输部要求,认真开展"平安工地"创建活动,制定了《江苏省公路水运工程"平安工地"建设达标标准》,是全国交通系统第一家出台相关标准的省份。

四、建立信用体系

为了深入规范交通建设市场秩序,从2005年开始,江苏省就积极探索并逐步建立建设市场信用体系和管理机制,注重发挥信用的激励和惩戒作用,为营造诚实守信的市场环境发挥了积极作用,主要做法如下:

(一)健全管理体制,明确职责

江苏高速公路建设构建了由省厅建设办牵头、厅相关处室和部门参与的"统一管理、分级负责、职责明确"的信用管理组织架构,建立了以"履约考核机制、信用评价机制、第三方核查机制"共同作用的信用管理运行模式,形成了省厅统揽,责任部门分工负责,相关部门协调配合,省、市两级交通运输部门协同推进的条块结合、齐抓共管的组织网络和工作机制,加强信用体系建设和市场监管工作。

(二)完善制度体系,不断规范

在严格执行有关法律法规和规章制度的同时,结合江苏省交通实际,相继出台了《江苏省公路水运建设市场信用信息管理办法》及配套的施工、监理、咨询等信用评价实施细则,制定了《江苏省公路水运建设市场施工企业信用评价实施细则》《江苏省公路水运设计企业信用评价实施细则》和《江苏省公路水运建设工程履约考核管理办法》,进一步推动了江苏交通建设管理信用体系建设向全领域、全方位拓展。同时,按照"谁主管,谁发布"的原则,于2011年制定并发布了《全省交通工程建设领域项目信息公开和诚信体系建设工作实施方案》,对交通项目建设管理信息公开明确了责任管理主体和相关监管部门责任。此外,还结合贯彻《中华人民共和国招标投标法实施条例》,相继出台了《江苏省港口建设项目招标投标管理办法》《江苏省高速公路养护项目招标投标管理办法》《江苏省航道项目招标投标管理办法》《江苏省公路水运建设工程施工招标资格预审办法》等"四个办法",有力地规范了交通建设市场监管行为。

(三)坚持考评机制,严明奖惩

根据交通工程建设特点,开展市场主体信用评价,促进市场秩序的规范。对中标人承建的项目,各项目建设单位每季度对质量、进度、安全、资金管理、农民工工资发放和廉政合同执行等情况进行履约考核,省厅每半年组织专家对投标人的信用情况进行一次综合评价。认真贯彻中央关于"转变政府职能、减少行政审批、加强事中事后监管"的要求,着力推进交通建设市场监管由"重行政审批、事前监督"向"重信用管理、事中事后监管"转变,开展《江苏省交通建设工程领域信用管理体系及制度设计研究》,制定《全省交通建设项目履约考核管理办法》,统一履约评价尺度,提高信用评价的准确性、权威性,制定《江苏交通建设行业失信行为管理办法和惩戒实施细则》《江苏交通建设行业失信行为分类规范》,着力规范失信行为管理。

五、主要成就和经验

为加强高速公路建设市场管理,规范建设市场秩序,确保高速公路建设市场健康发展,江苏省交通运输厅从建立健全规章制度入手,紧紧围绕高速公路建设市场管理的法制化、规范化、正规化目标,出台了一系列的规章制度。

自1996年以来,以省厅名义发布建设市场管理、招投标管理、信用管理等方面共计100项规范性文件,其中市场管理30项、招投标管理58项、信用管理9项、资质管理3项。

江苏省注重科技创新,不断提升招投标工作硬件系统。研发并应用招标投标信息管理系统,研发并推广使用远程异地评标系统,依托门户网站实现信息公开,建成交通项目电子招投标系统,实现交通项目全程电子招投标。

加强高速公路信用体系建设,提升行业监管水平。江苏省交通运输厅于2013年1月出台了《江苏省公路水运建设市场信用信息管理办法》。信用体系建立以来,在规范交通建设市场、反商业贿赂等方面取得了显著成效。一是投标人的信用档案建立在招投标信息管理系统中,方便招投标双方通过网络获得相关信息和服务,提高了招投标工作效率。二是在招投标活动中,信用信息的准确、及时,确保了评标的公正和准确,从而达到择优选强、保证工程质量、提高了投资效益的目标。三是规范了建设市场秩序,促进了投标人信守承诺、遵纪守法,推进了诚信交通建设。四是推进了政务公开,提高了招投标工作的透明度。五是关口前移,从源头上有效地预防了交通建设领域的商业贿赂行为。

第五节 质量安全管理

一、建立质量安全监管体制

1988年7月23日,江苏省交通厅工程质量监督站成立,2009年更名为江苏省交通运输厅工程质量监督局。其主要职责为:受省交通运输厅委托,组织拟订并实施交通建设工程质量监督、工程安全监管规定;负责交通建设工程施工、监理、设计、试验检测以及定额造价的监督管理;依法组织或参与工程质量安全事故的调查处理;承担全省地方铁路工程质量监管工作,参与民用机场工程质量的监督管理。

建立了省、市、县质量监督体系和安全监管网络;建立了质量检验评定标准体系和安全评价标准;在高速公路、跨江大桥成立现场质量监督组,开展质量安全监督检查和交竣工验收检测;开展"两创三比"质量创优活动和"平安工地"创建活动。实现高速公路、跨江大桥质量监督覆盖面100%,交竣工验收优良率100%,取得了丰硕成果。南京长江第四大桥和宿迁至新沂高速公路获得交通运输部和国家安监总局联合冠名的"平安工程"称号。南京长江二桥、南京长江三桥、苏通大桥荣获国家优质工程金奖,江阴长江公路大桥、沪宁高速公路江苏段荣获国家鲁班奖。为确保江苏高速公路、跨江大桥工程质量始终处于国内领先地位、达到国际先进水平作出了突出贡献,树立了江苏交通"十年路面百年桥"的质量品牌和历史丰碑。

二、完善相关法律法规

按照"规范化、标准化、程序化、信息化"的总体要求,逐步健全工程质量监督规章制度,以省厅名义发布质量监督、安全监管、行业管理等方面43项规范性文件、16项地方标准、16项指导意见。主编了3部著作,获得3项科研成果。

制定了《江苏省交通工程质量责任制度》《江苏省交通工程质量监督实施细则》《江苏省公路水运工程质量监督工作程序及标准》《江苏省公路水运工程质量监督实施办法》等规范性文件。按照交通运输部《公路水运工程混凝土质量通病治理活动实施方案》要求,组织开展"两创三比"与"通病治理"活动,并根据高速公路实际,确立典型示范项目和示范标段,先后制定下发了《江苏省高速公路桥梁预制场管理要求》《公路桥梁预应力混凝土施工指南》《关于加强钢筋混凝土保护层厚度质量控制的通知》《进一步加强桥面水泥混凝土铺装层施工质量管理的通知》《关于加强水泥混凝土小型预制构件质量管理的通知》等质量通病防治指导意见和质量管理要求。

三、构建源头监督机制

（一）推行纪检监察派驻制

先后向润扬大桥、苏通大桥、泰州大桥、崇启大桥及全省高速公路等重点工程建设项目派驻纪检监察机构，对招标投标、物资采购、质量管理等关键环节实施全过程、面对面的监督。这一机制被交通运输部向全国推广，被江苏省纪委运用到奥体中心、南水北调工程和省人民医院改建等其他重点工程项目。

（二）推行纪检监察巡查制

对高速公路和独立大桥创立了纪检监察巡查制，建立了自查、互查、省厅抽查的工作机制，有力保证了高速公路建设的顺利推进。这一机制荣获"全省纪检监察工作创新奖"，被交通运输部作为农村公路建设的有效监督模式向全国推广。

（三）推行廉政合同制

在高速公路建设管理单位与施工、监理单位签订施工合同的同时，要签订廉政合同，把刚性的纪律和廉政责任等以共同遵守的契约形式予以明确，把自律与他律有机结合起来，构建了双向监督的内生机制，保证了工程建设与廉政建设的良性互动。

（四）推行协议管理和跟踪审计制

全面推行由业主、承包商、开户银行三方签订的《工程资金监管协议》，规定承包商必须开设专门银行账户用于储存业主所支付的资金，专户中大额资金的使用必须接受业主的审批和银行的监督，承包商使用资金必须出具相关证明，对于没有用于工程项目的资金，业主不予批准，银行拒绝办理。银行还对专户资金的使用情况向业主提供月报，接受业主的全面检查，从而形成了三方监督、三权制衡的监管机制，有效杜绝了工程计量款的挪用和挤占。同时，主动与省审计厅联系，对苏通大桥等重点交通项目概算执行的严肃性、内部控制制度的合理性、合同履约的真实性及建设资金使用情况的规范性等进行全过程跟踪审计，起到了超前监督、源头防范、查纠及时、促进管理的作用。

（五）推行廉政风险防控机制

按照交通运输部部署，开展"交通基础设施建设项目廉政风险防控"课题研究，形成《交通基础设施建设项目廉政风险防控手册》（简称《手册》），并在全国率先推广应用，在全省工程建设项目中建立了廉政风险防控机制。印制近万本《手册》，发放到工程参建单位。按照"可操作、能控制、有实效"的总体要求，以交通基础设施建设项目为单元，以廉政风险排查与防控为主线,以党风廉政建设责任制为抓手,把工程建设项目的规划、审批、建设管理、勘察、设计、施工、监理、社会中介机构等参建单位和人员全部纳入排查防控的重点,围绕招投标、计量支付、设计变更、物资采供、转包分包、资金拨付、质量控制、征地拆迁等8个方面、59个工作环节、160多个风险点实行地毯式排查,制订了200多项具体防控措施,在加强对参建人员监督和管理的同时,更加注重从制度上、管理上查找漏洞和薄弱环节,既规范市场交易行为和领导干部从政行为,又有效提升了工程建设管理的能力。

四、主要成就和经验

江苏省交通运输行业认真贯彻落实国务院关于质量发展的相关文件和全国交通运输工作会议精神,始终将质量、安全放在突出位置,牢牢抓住"管理机制建设、施工标准化、品牌创建、质量通病治理"等关键载体和重点环节,力求将"现代工程管理理念"贯穿于质量安全管理全过程,工程质量始终处于受控状态,质量通病明显减少,以苏通大桥、泰州大桥等为代表的大型交通重点工程多次获得国内、国际大奖,全省公路水运工程共获得鲁班奖3项、詹天佑奖9项、国家优质工程金奖3项、国家优质工程银奖9项、江苏省"扬子杯"优质工程奖42项。

(一)完善法规制度标准建设,法治基础不断夯实

深入贯彻落实交通运输部有关法规制度的要求,规范性文件、标准体系、标准程序等一系列法规制度建设逐步完善,江苏省交通工程建设法治基础不断夯实,全省交通建设工程质量管理有序开展,构成了完善的、覆盖整个项目监督期的公路水运工程质量监督工作程序及标准体系。先后出台了10多项地方质量检验标准。编制出台了《混凝土预应力施工指南》《江苏省公路水运工程工地试验室标准化建设管理指导意见》等指导性手册,进一步完善了江苏省交通工程质量标准体系。相继出台了《江苏省公路建设工程质量监督工作程序及标准》《公路、水运工程的质量鉴定工作程序及标准》等一批规范性文件。

(二)大力践行现代工程管理,质量内涵不断提升

坚持"把质量和安全贯穿于施工标准化全过程",注重施工标准化活动的顶层设计,出台了《江苏省高速公路监理标准化指南》《江苏省高速公路施工标准化指南》《江苏省高速公路建设现场安全管理标准化技术指南》等标准文件体系,规定了建设管理、工地建设、路基、路面、桥梁、内河航道、船闸工程主要施工工序和工艺、质量控制要点、验收标准等,在部分重点工程中作为招标文件的组成部分,并加以考核。

现代工程管理逐步推进,从管理层到操作层对质量内涵的认识明显提升,积极推行,

工程质量和精细化水平进一步提高,将施工工艺和工法作为"施工标准化"核心,及时跟进固化施工标准化工法工艺,对路基、桥梁、隧道、路面等工程施工,推行较为先进可靠的工艺工法,在各分项工程施工的技术准备、机具准备、材料准备、工艺流程、操作要点上明确标准化的工法工艺。坚持推广工艺工法标准化与提升混凝土外观质量、防治质量通病等相结合,对保障和改进工程实体质量起到了明显效果。

(三)派驻现场质量监督小组,深入开展质监工作

为做到关口前移,对沪宁高速公路、通启高速公路、江阴大桥、润扬大桥、苏通大桥、泰州大桥等国家重点工程,派驻现场质量监督组。深入开展质量监督工作,将原材料、重点部位、关键工序、特殊工艺及监理工作和试验检测列为监控重点,通过有针对性的中间阶段检查、专项检查和不定期巡查,有效地掌握现场工程质量动态。认真处理好检查质量行为和检测实体质量的关系,既严格检查实体质量,又严格检查质量主体的质量行为,对通过检查发现的实体质量问题,追溯质量责任主体的质量保证体系和质量行为,督促从业单位加强质量管理,健全质量保障机制,以质保体系有效运作和规范质量行为来保证工程质量。

派驻现场质量监督工程师,直接掌握质量动态,促进质量监督工作更加深入、及时。在实体质量监督工作中,监督人员大胆开展工作,及时解决现场发现的质量问题。

充分发挥技术专家的作用,提高质量监督工作水平。跨江大桥工程技术复杂,依靠科技创新,在现有公路工程质量检验评定标准的基础上,研究发布江阴大桥、润扬大桥、苏通大桥、泰州大桥质量检验评定标准,研究总结一系列施工工法。跨江大桥现场质量监督组聘请多名国内知名桥梁专家作为顾问,提高质量监督工作的科学性、规范性和实效性。

(四)全面开展品牌创建活动,管理机制取得创新

省厅发布了《江苏省交通建设优质工程奖创建与评审办法》,"江苏省交通建设优质工程"挂牌创建活动全面推行,在施工过程中注重指导、加强督促,在完工时给予客观评价,将"品牌工程""优质工程"的具体要求、质量指标分解、落实到具体措施和工艺中,使质量创优目标融于项目管理并及时总结推广经验,充分发挥典型引领作用,把"质量创优"固化为长效机制。

工程创优活动开展以来,全省共有93个公路水运项目挂牌创建,69个优质工程项目受到省厅发文表彰。各级交通运输主管部门的质量创优目标进一步明确,工程建设从业单位的质量创优意识显著增强,工程建设管理和质量创优措施逐步落实,带动工程实体建设质量稳步提高,"江苏省交通建设优质工程"的政府关注度明显提升。

(五)狠抓工程质量通病治理,工程品质明显改善

成立了质量通病治理活动领导小组,印发了《江苏省公路水运工程混凝土质量通病治理活动实施方案》。组织编写了《江苏省高速公路质量通病防治手册》,并在招标文件中列为技术要求,形成了通病治理的长效机制。按照施工标准化的"规定动作",在建立首件工程认可制的基础上,狠抓施工工艺的落实。钢筋加工数控设备、预应力智能张拉压浆、钢绞线放张胎架和移动钢筋加工棚、构件专业凿毛、喷淋养护等新设备、新工艺积极推行,工程质量的稳定精细程度进一步提高。

积极开展了质量通病治理活动,混凝土结构物的蜂窝、麻面、漏浆等外观缺陷明显减少,钢筋保护层厚度合格率明显提高。2014年抽检的高速公路桥梁钢筋保护层厚度合格率为86.8%,干线公路桥梁钢筋保护层厚度合格率为84.5%,水运工程结构物钢筋保护层厚度合格率为84.7%。

(六)以平安工地建设为载体,工程安全保持稳定

以建立工程安全监管层级管理体系为基础,以"平安工地"创建活动为载体,安全责任不断落实,宣贯培训逐步加强,全省公路水运建设工程安全基础得到夯实,安全生产形势持续保持稳定。制定出台了《江苏省公路水运建设工程安全监管规定》,项目建设各阶段、各环节安全监管责任进一步明确。着力提升工程"本质安全",积极开展安全生产技术研究,多次与高校和科研单位合作,组织开展了"公路水运工程建设施工现场临时用电安全技术与管理规范化研究""公路水运工程建设支架工程安全管理及技术标准研究"等课题研究。宣贯培训不断加强,省、市、县三级交通运输系统工程安全监管单位及重点工程项目建设单位安全培训全面开展,安全人员责任意识和基层安全监管工作者安全管理水平明显提高。深入贯彻落实"平安工地"创建活动,在全国率先出台了《江苏省公路水运工程"平安工地"建设达标标准》,并定期进行修订,不断提高"平安工地"创建标准,江苏省公路水运建设工程安全生产工作水平明显提升,全省公路水运工程安全生产形势持续保持稳定。

(七)积极推进质监机构建设,质监能力不断强化

积极应对交通建设项目重心下移后的质量管理挑战,按照"统一管理、分级负责"的原则,明确省、市、县三级质量监督机构质量监督责任,质量监督网络基本构建,到2014年底,全省有68个县(市、区)成立了独立的质监机构,占县(市、区)总数量的68%。全省交通工程质监行业形成上下联动、齐抓共管的质量监督体系。

质量监督工作方式不断改进,稳步推进质量监督工作由技术监督向行政执法方式的

转变,规定了行政执法程序,规范了行政执法文书制作,全省交通工程质监系统近500人申请取得行政执法证件,积极开展公路、水运工程质量监督行政执法试点。质量监督检查力度日益加大,针对部分重点工程夜间施工的特点,增加突击夜查手段。建立了"江苏省公路水运建设工程项目质量监督约谈制度",高度重视质量问题举报的调查处理,开展质量监督行政执法。严把交竣工验收关,对交工验收质量检测方案的审查落实不断强化,确保江苏交通工程质量保持全国领先水平。

第四章
运 营 管 理

江苏省高速公路多年来始终认真贯彻国家政策,创新管理模式,推行科学管理、精细养护,在高速公路及过江通道养护管理、路政管理、路网运行调度、收费模式、法制建设等各个方面取得实效,为提升高速公路品质,服务经济社会又好又快发展提供了有力的保障。

第一节 营 运 管 理

一、高速公路管理体制与养护运行机制

江苏高速公路依托"一路一公司",采用"专线管理型"的行政隶属体制,由江苏交通控股或地方公路管理机构等直接管理并接受省级交通部门的行业管理,实行"企业经营型"的效益核算体制。

1996年沪宁高速公路建成通车,省交通厅组建成立了宁沪高速公路公司负责运营管理。

2000年前后,江苏相继组建了江苏交通产业集团、江苏交通控股、省高管中心负责高速公路建成后的运营管理。

2000年,江苏省高速公路路政总队和交通厅路网交通调度办公室(简称路政总队和厅路网办)成立。路政总队依托厅公路局组建,与厅公路局合署办公,实行"一套班子两块牌子",对全省高速公路路政实行垂直统一管理。厅路网办隶属厅公路局,对全省路网进行统一调度、指挥和监督。

2004—2005年,通过合并、划归,江苏高速公路运营管理模式逐步形成。一是由隶属省国资委的江苏交通控股(企业)及其下属省高管中心(事业),采取"一路一公司"模式,分别直管了17家高速公路经营公司和6个高速公路管理处;二是南京市交通局管理区域内的长江大桥公司和苏州市交通局管理区域内的高速公路公司;三是部分高速公路所属地的公路管理机构。

2007年起,省交通厅发布《关于赋予厅公路局(总队)全省高速公路管理职责的通

知》，赋予厅公路局（总队）高速公路养护、经营服务、通行费征收等行业监管职责，实行高速公路行业归口管理，形成全省高速公路养护由高速公路经营管理单位负责，省交通运输部门监管，具体由省公路管理机构负责的格局。

2014年2月26日，江苏省高速公路管理局正式挂牌成立。根据苏编办复〔2014〕117号文件，新成立的省高速公路管理局同时挂江苏省高速公路交通运输执法总队牌子，依法履行全省高速公路的路政管理、路网管理、道路运输监督检查，以及养护、经营服务、收费的监督管理工作。

江苏高速公路养护历经了1996—2016年长达20年的探索、总结，积累了丰富的经验。江苏高速公路养护采取三级管理体制，即江苏交通控股工程技术部、各路桥单位本部养护职能部门和一线基层养护机构三个管养层面，建立了江苏交通控股系统养护工作的宏观指导和监管、具体落实管理、现场执行和实施三级养护机构体系和职能。高速公路养护运行机制采用管养分离模式，即路桥公司主要负责路桥养护管理性工作，具体养护工程委托专业化养护单位实施。大中修工程普遍采取养护工程外包模式，小修保养工程除宁沪公司、沿江公司、宁宿徐公司及苏通大桥采取主体项目自养、其他项目外包的综合养护模式外，其余路桥单位均采取全外包模式。目前，控股公司下辖18家路公司，其中苏北7家、苏南6家、长江大桥4家、事业性质1家，由路公司具体负责所辖高速公路相关养护工作（图4-1-1）。如苏北7家路公司下辖26个一线养护工区，其中21个由江苏省高速公路工程养护有限公司负责具体人员、设备、计划等安排布置，5个由路公司负责。现有实际开展日常养护的一线养护工区累计65个，平均设置间距为60km。

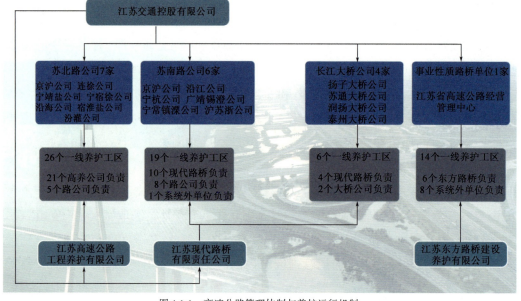

图4-1-1　高速公路管理体制与养护运行机制

2014年出台的《江苏省高速公路养护管理办法》(以下简称《办法》),根据《中华人民共和国公路法》《收费公路管理条例》《江苏省高速公路条例》和《江苏省收费公路管理条例》等法律、法规规定,结合实际,高度概括了这些经验,共六章四十四条。《办法》明确:高速公路养护由高速公路经营管理单位(取得高速公路收费权的经营企业和利用贷款、有偿集资建成高速公路经批准收取车辆通行费的事业单位,以及非收费高速公路管理单位)依法负责;高速公路改建工程根据规模和性质按照国家有关规定实施;省交通运输部门主管全省高速公路养护监督管理工作,具体由省公路管理机构负责;要求建立健全高速公路养护监督管理机制和制度,加强监督指导,不断促进高速公路养护管理水平的提高;各个高速公路经营管理单位建立养护管理体系,编制年度养护计划,落实养护管理人员和养护设备、经费,按照养护技术规范、操作规程和标准,重视新技术、新材料和新工艺,采用先进、环保的养护技术、材料,提升养护科技含量,推进机械化养护,实施养护巡查、检查及应急处置,履行养护作业和养护工程管理、监督管理等职能;高速公路养护要按照《江苏省高速公路养护项目招标投标管理办法(试行)》招投标等。

自此,江苏高速公路养护由省交通运输部门监管,高速公路经营管理单位负责的管理体制和市场化运行机制,从制度层面得到进一步确立。

《办法》还规范了高速公路养护范围、养护周期、养护与检查标准,以及公路技术状况评价、认定等事项。明确要求做好全省高速公路养护管理系统联网管理,实现信息共享,做好重大自然灾害和高速公路重大突发性损毁的路网信息发布、抢险协调、技术支持等应急处置。同时,对高速公路养护基础数据和统计、检测评定、交通量调查等资料的及时更新、报送,对养护作业单位信誉考核、养护作业人员培训、各类养护文件分类和归档,以及高速公路绿化、用地范围内的水土保持作出明确规定。

高速公路收费方面,目前江苏省已经成功实现南北网收费系统融合,单车收费操作时间缩短了50%以上,道口通行能力提升一倍,并实现收费数据中心拆分。建立了通行费第三方审计机制,保障路网各成员单位权益。

二、高速公路和过江通道运营管理模式

2000年前后,江苏相继组建了产业集团、江苏交通控股、高管中心负责高速公路建成后的运营管理,并逐步形成江苏高速公路运营管理三种模式。

(一)江苏交通控股有限公司

江苏交通控股有限公司本部内设办公室、投资发展部、营运安全部、工程技术部、财务审计部、人力资源部、党群工作部、纪检监察室、工会等部门;下辖省高管中心、镇扬汽渡、通沙汽渡等3家事业单位,26家高速公路及长江大桥经营公司、相关单位和公路建设养

护施工企业。15年来,累计完成重点交通项目投资2352亿元,其中高速公路项目投资2063亿元,切实发挥了先行军作用。至2015年底,控股运营的高速公路里程3942km,占全省高速公路通车总里程的87.1%。

江苏交通控股有限公司下辖的部分高速公路(跨江大桥)及其他经营管理公司、单位如下:

1. 江苏宁沪高速公路股份有限公司

江苏宁沪高速公路股份有限公司(简称"宁沪公司")于1992年8月在江苏省注册成立,主要从事收费路桥的投资、建设、经营和管理并发展公路沿线的客运及其他辅助服务业。宁沪公司拥有宁沪高速公路江苏段及宁沪二级公路江苏段、锡澄高速公路、广靖高速公路、宁连高速公路南京段、苏嘉杭高速公路江苏段以及江阴长江公路大桥等位于江苏省内的收费路桥全部或部分权益,管理的公路里程已超过700km,是国内公路行业中资产规模最大的上市公司之一。

2. 江苏京沪高速公路有限公司

江苏沂淮高速公路有限公司和江苏淮江高速公路有限公司于1999年2月合并成立江苏京沪高速公路有限公司(简称"京沪公司")。京沪公司担负着国道主干线北京至上海高速公路江苏新沂—淮安—江都段261.5km、扬州西北绕城高速公路34.962km和沪陕高速公路(G40)江六段76.1km的经营与管理工作,管理高速公路总里程达372.6km。

3. 江苏扬子大桥股份有限公司

江苏扬子大桥股份有限公司(简称"扬子大桥公司")于1992年12月在江苏省注册成立。扬子大桥公司主要从事江阴长江公路大桥及其他交通基础设施的建设、维护、管理和经营,以及其他相关业务。

4. 江苏连徐高速公路有限公司

江苏连徐高速公路有限公司(简称"连徐公司")于1999年2月在江苏省注册成立。连徐公司主要从事连徐高速公路、京福国道主干线徐州东绕城高速公路及西北绕城高速公路的经营管理,经管的公路里程合计约330km。

5. 江苏沿江高速公路有限公司

江苏沿江高速公路有限公司(简称"沿江公司")于2001年8月在江苏省注册成立,主要从事沿江高速公路的经营管理。沿江高速公路全长138.62km。截至2007年末,沿江公司总资产72.92亿元,主营业务收入10.04亿元。

6. 江苏宿淮盐高速公路管理有限公司

江苏宿淮盐高速公路管理有限公司于2005年9月成立,主要从事宿淮盐高速公路及其交通基础设施的建设、维护、管理和经营,以及其他相关业务。2005年11月正式开通宿淮段运营,次年8月开通盐淮段运营,沿线全长214.7km。

7.其他主要路桥企业

除上述6家公司外,江苏交通控股有限公司下辖的路桥企业主要有:高管中心、江苏泰州大桥有限公司、江苏宁靖盐高速公路有限公司、江苏宁宿徐高速公路有限公司、江苏苏通大桥有限责任公司、江苏润扬大桥有限责任公司、江苏广靖锡澄高速公路有限公司、江苏汾灌高速公路管理有限公司、江苏锡宜高速公路有限公司、江苏省高速公路联网收费技术服务有限公司、江苏高速公路工程养护有限公司、江苏高速公路石油发展有限公司、江苏高速公路信息工程有限公司、江苏省镇扬汽车轮渡管理处、江苏省通沙汽车轮渡管理处。江苏交通控股有限公司下属路桥及相关经营公司一览表见表4-1-1。

江苏交通控股下属路桥及相关经营公司一览　　　　表4-1-1

公司名称	成立时间(年-月)	经营管理项目与规模	注册资金与职工人数	备注
江苏宁沪高速公路股份有限公司	1992-08	沪宁高速公路江苏段258.46km,312国道江苏段一级公路282.3km	注册资金503774.75万元,职工人数3853人	
江苏扬子大桥股份有限公司	1992-12	江阴长江大桥5.18km	注册资金213724.8万元,职工人数437人	
江苏京沪高速公路有限公司	1999-02	京沪高速沂淮江段261.5km,扬州西北绕城高速公路34.96km,江六高速公路(宁扬高速公路)76.1km	注册资金361497.5万元,职工人数1986人	
江苏连徐高速公路有限公司	1999-02	连徐高速公路、京台高速公路徐州东绕城、西绕城段、济徐高速公路江苏段共计423km	注册资金339012.5万元,职工人数1515人	
江苏宁靖盐高速公路有限公司	1999-02	宁靖盐高速公路累计169.28km	注册资金225000万元,职工人数666人	
江苏宁宿徐高速公路有限公司	1999-02	宁宿徐高速公路(宁宿、徐宿、盱眙南段)累计241.85km	注册资金207783万元,职工人数869人	
江苏润扬大桥发展有限责任公司	1999-11	润扬长江大桥及接线累计34.71km	注册资金229500万元,职工人数410人	
江苏锡宜高速公路有限公司	2000-09	锡宜高速公路62.33km,环太湖高速公路19.36km,陆马一级公路11.1km	注册资金82417万元,职工人数483人	
江苏广靖锡澄高速公路有限责任公司	2001-04	广靖、锡澄高速公路累计52.21km	注册资金85000万元,职工人数641人	

江 苏

高速公路建设实录

续上表

公司名称	成立时间（年-月）	经营管理项目与规模	注册资金与职工人数	备注
江苏沿江高速公路有限公司	2001-08	沿江高速公路 134.6km	注册资金 163055 万元，职工人数 1325 人	
江苏宁杭高速公路有限公司	2002-01	宁杭高速公路江苏段 151.72km	注册资金 215540.5 万元，职工人数 970 人	
江苏苏通大桥有限责任公司	2002-09	苏通长江大桥及南北接线累计 32.43km	注册资金 88000 万元，职工人数 593 人	
江苏省高速公路经营管理中心	2002-12	机场高速公路、宁高速公路、宁连高速公路、宁通高速公路、通启高速公路、宁洛高速公路南京段等累计 650km，宁连一级公路淮安段 116km	事业单位，职工人数 2814 人	2005 年 3 月移交江苏交通控股
江苏宁常镇溧高速公路有限公司	2004-06	宁常高速公路 90km，镇溧高速公路 66km	注册资金 15000 万元，职工人数 949 人	
江苏沪苏浙高速公路有限公司	2004-11	沪苏浙高速公路 49.9km	注册资金 74680 万元，职工人数 505 人	
江苏宿淮盐高速公路管理有限公司	2005-07	宿淮盐高速公路 213.73km	注册资金 10000 万元，职工人数 868 人	
江苏沿海高速公路管理有限公司	2005-07	江苏沿海高速公路连盐通段 318.37km	注册资金 10000 万元，职工人数 1087 人	
江苏汾灌高速公路管理有限公司	2005-09	汾灌高速公路（G15）85.7km，临连高速公路（G25）50.4km	注册资金 10000 万元，职工人数 546 人	
江苏省镇扬汽车轮渡管理处	1978-07	镇扬汽渡是江苏南北交通干线公路 243 省道的越江枢纽，是 328 国道、苏北沿江高等级公路、宁通高速公路与 312 国道、苏南沿江高等级公路、沪宁高速公路最近的连接点，是长江沿线车流量和客流量最大的公路汽车渡口	事业单位，职工人数 36.1 人	2005 年 9 月移交江苏交通控股
江苏省通沙汽车轮渡管理处	1984-02	通沙汽渡是 204 国道跨越长江的大型汽车渡口，主要从事南通至张家港之间的机动车辆渡运过江任务	事业单位，职工人数 401 人	2005 年 12 月移交江苏交通控股

第四章
运营管理

续上表

公司名称	成立时间（年-月）	经营管理项目与规模	注册资金与职工人数	备注
江苏交通建设集团有限公司	1993-02	从事承包境外工程和国内招标工程,上述工程所需设备、材料和零配件的进出口,对外派遣本行工程、生产及服务行业劳务人员,具有公路路基工程专业一级资质和对外工程承包经营权	注册资金6800万元,职工人数75人	
江苏高速公路工程养护有限公司	2001-11	从事高速公路路基路面、桥涵的维护及建设施工;高速公路交安设施维护及改善;高速公路工程检测;高速公路技术咨询;设备租赁。拥有公路养护工程专业承包二级资质,承担着苏北苏中高速公路路网的养护和道桥检测任务	注册资金5637.89万元,职工人数582人	
江苏高速公路石油发展有限公司	2002-02	经营管理京沪、连徐、京福、宁宿徐、沿海、宁靖盐、宿淮盐、广靖锡澄、宁杭、锡宜、扬州西北绕城、苏州西南绕城等16条高速公路64个服务区的126座加油站,是江苏省目前规模最大的高速公路成品油经营企业	注册资金5780万元,职工人数1237人	
江苏高速公路信息工程有限公司	2002-08	智能运输系统、计算机网络集成系统的研发;交通工程技术服务;公路干线通信系统、交通系统信息采集;中央控制系统、交通监控系统、收费系统等的技术开发及服务	注册资金1500万元,职工人数93人	
江苏现代路桥有限责任公司	2003-04	从事路桥项目的工程养护、大修;路桥工程、公路绿化工程、交安设施的施工;路桥施工新材料、新技术的开发应用;路桥工程检测;试验设备租赁。拥有公路路面工程、公路养护工程专业承包二级资质。承担着苏南高速公路路网的养护和道桥检测任务	注册资金6905万元,职工人数493人	
江苏高速公路联网营运管理有限公司	2005-02	从事高速公路联网收费及其电子支付业务的研究与开发,通信、监控、收费系统的研究及技术咨询服务。负责全省联网高速公路通行费审核结算,公共信息的收集和发布,监控调度指挥,收费、监控、通信系统的研发和维护管理	注册资金4865万元,职工人数73人	
江苏泰州大桥有限公司	2008-09	泰州长江大桥及南北接线62km	注册资金32.76亿元,职工482人	

(二)其他经营管理公司

1. 南京长江第二大桥有限公司

南京长江第二大桥管理局于2001年3月26日(南京长江二桥建成通车)成立,主要行使南京长江第二大桥全线工程维护、收费管理及二桥公园、服务区、沿线广告经营开发管理职能,并承担南京长江三桥筹建及南京四桥建设的前期筹备工作,为市直属正局级事业单位。

2004年12月28日,南京交通建设投资控股集团公司(简称"南京交通集团")代表市政府,与中海投资有限责任公司签订了南京长江二桥股权转让协议,按45.03亿元资产评估价格,将南京长江二桥65%的股权转让给中海集团(系中海投资有限责任公司全资股东),并由南京交通集团(占股35%)和中海集团(占股65%)共同组建新的南京长江第二大桥有限责任公司(简称"南京二桥公司"),共同负责二桥股权转让后的经营管理。南京二桥公司实行董事会领导下的总经理负责制,经营管理领导班子由持股双方各3人构成。

根据2001年3月22日省物价局等四部门《关于南京长江第二大桥收费站开征车辆通行费的通知》,明确南京二桥为经营性收费;设主线收费站和八卦洲互通立交匝道收费站;核定收费年限30年(2001年3月26日—2031年3月25日)。南京二桥公司根据股权转让时签订的《特许经营协议》经营南京长江二桥。

2. 南京长江第三大桥有限公司

南京长江第三大桥有限责任公司(简称"南京三桥公司")成立于2003年1月28日,建设阶段即实施了项目市场化运作。2004年6月8日,公司完成增资扩股,由国有独资公司变为股权多元化有限责任公司;资本金由4100万元增至10.8亿元,股东有亿阳集团股份有限公司、深圳高速公路股份有限公司、南京市浦口区国有资产投资经营有限公司。2008年6月23日,亿阳集团股份有限公司将其所持股份(占25%股权)中的10%转让给子公司亿阳信通股份有限公司,南京三桥公司股东单位变为5家,即:南京交通集团(持股4.86亿元,占45%股权);深圳高速公路股份有限公司(持股2.7亿元,占25%股权);亿阳集团股份有限公司(持股1.62亿元,占15%股权);南京市浦口区国有资产投资经营有限公司(持股0.54亿元,占5%股权);亿阳信通股份有限公司(持股1.08亿元,占10%股权)。

3. 苏州苏嘉杭高速公路有限公司

苏州苏嘉杭高速公路有限公司成立于1999年6月28日,注册资本为15.786亿元,总资产约45亿元,主要经营苏嘉杭高速公路的通行收费业务以及与苏嘉杭高速公路有关的广告、商贸和加油站等。江苏交通控股、苏州市基础设施投资管理有限公司、苏州高速公路有限公司、苏州市国际经济发展控股集团公司及苏州苏嘉杭高速公路"农民持股会"

分别持有苏嘉杭高速公路有限公司的33.33%、35.56%、11.11%、11.11%及8.89%注册资本。

4.苏州绕城高速公路有限公司

苏州绕城高速公路有限公司成立于2002年10月17日,经营范围为苏州绕城高速公路建设和维护管理,公路收费,与绕城高速公路有关的广告、商贸、房地产、宾馆、餐饮、客货运输、加油站、汽车修理、土地开发和技术信息咨询等。

(三)地方管理机构

江苏省高速公路除了实行公司化运营管理外,部分高速公路如328国道海宁线(六扬汽车专用公路段)、312国道沪霍线(宁合高速公路段)、105省道宁马高速公路(产权属南京交通集团)和328国道扬州市区过境段(南绕城高速公路)、扬江段仍分别由南京市公路管理处、扬州市公路管理处等地方公路管理机构,按普通干线公路管养模式负责管养。

三、高速公路养护管理模式

(一)基本情况

1996年,江苏第一条高速公路沪宁高速公路(江苏段)建成通车,到2015年底,江苏高速公路通车里程达到4539km。江苏结合大部门行政管理体制改革,按照交通部提出的"一厅一局"的思路,进一步明确和落实了厅公路局(省高速公路路政总队)的高速公路行业监管职能,组建了专门工作机构,加强了监管人才队伍、制度规范和技术标准体系建设,加大了监督检查考核力度。

江苏高速公路采取了"政企分开、国有控股、统一集中、专业管理"的运营管理模式,形成了以省为单位的高速公路规模化、集约化和专业化管理。作为省级高速公路经营管理单位,2015年底,控股公司管养的高速公路里程达到3906km,比"十一五"末增长358km。其中通车年限超过10年的已达到62%。江苏交通控股通过建设通行费结算审核平台、公共信息服务平台和路网调度指挥平台,大幅提高集中统一管理力度和路网运营管理效率。"十二五"期间,控股系统工程养护费用累计投入59亿元,共完成路面大中修3434车道公里,桥梁维修(专项维修和结构性小修)6076座,公路技术状况指数MQI每年均保持在95以上,所辖高速公路养护质量全部处于优等水平。

(二)养护模式

江苏交通控股成立并控股了两家专业养护单位,分别是江苏高速公路工程养护有限公司和江苏现代路桥有限责任公司,主要承担江苏交通控股系统内各路桥单位的日常养护、路面大中修工程以及部分桥梁维修加固工程。以长江为界,高速公路工程养护有限公司主要承担江北片业务,现代路桥有限责任公司主要承担江南片业务。高管中心成立了江苏东方路桥建设养护有限公司,主要承担高管中心管理的南京机场、宁高、宁连、通启等高速公路的日常养护、路面大中修工程及清排障工作,实行养排一体化运作机制,对人员、设备、物资实行集约化管理。"十一五"期间,三家养护单位累计完成养护工程费用18.75亿元,占江苏交通控股系统全部养护经费的54%。

(三)养护管理

在养护管理方面,江苏交通控股一直坚持科学的养护理念,贯彻"预防为主、防治结合"的养护方针,以提高养护效率、降低养护成本、提升养护质量为宗旨,全面推进养护管理规范化、科学化。

1. 制定科学的管理制度

2003年4月,京沪公司编制了包括高速公路养护管理在内的管理系列丛书,共12册。2007年1月,江苏交通控股陆续制定下发了《江苏交通控股系统高速公路养护管理办法(试行)》《江苏交通控股系统高速公路养护计划管理办法(试行)》《江苏交通控股系统公路桥梁养护管理办法》《江苏交通控股系统公路大、中修养护工程管理办法》及《江苏交通控股系统公路技术状况检测管理暂行办法》等一系列养护管理制度,逐步形成养护管理制度化、规范化。根据江苏交通控股总体要求,各路桥单位结合实际进一步建立健全养护管理各项管理规章、操作手册、台账报表等,指导一线养护管理和养护操作。2009年,厅质监站、省公路学会等单位编写了省地方标准《江苏省高速公路养护工程施工安全技术规程》(DB32/T 1363—2009)。

江苏高速公路养护注重时效性和科学性。为确保高速公路24小时通畅,宁沪公司总结公路夜间养护抢修经验,制定了夜间养护规定。京沪公司针对交通量大、货车比例高、超限运输严重的特点,推行路面病害快速修补,尤其对于危及行车安全、易于病害蔓延的路面坑槽,一经发现确保24小时修补完成(图4-1-2)。高速公路养护大中修工程注重决策的科学性,在检测数据分析的基础上,合理确定养护工程实施时机、实施方案,尤其是路面大中修工程和桥梁加固维修工程,多借助行业专家和科研院校力量,多方论证,确保实施方案的科学性。

2. 预算与工作计划

江苏交通控股对养护经费采取计划管理和预算管理,确保养护资金合理投入、科学控制。2007年,制定下发了《江苏交通控股系统高速公路养护计划管理办法》,加强了全年养护工作的计划性,合理调配和控制全年养护经费,同时强化了重大养护工程的立项可行性研究分析,提高了养护的科学性。

图 4-1-2　施工人员在京沪高速公路进行养护作业

每年年初,江苏交通控股系统各路桥单位根据上一年所辖高速公路养护维修情况,结合路况实际检查检测数据,并预测道路技术状况发展趋势,提出养护工程项目和养护费用预算,上报江苏交通控股核批后报各路桥单位股东会研究,获得通过后作为全年各单位养护实施的依据。

(四)经费投入

江苏交通控股贯彻"以路为本"的管理理念,保证高速公路养护投入,确保高速公路及沿线设施保持良好的技术状况。"十五"期间,各类直接养护经费投入累计 26 亿元。"十一五"期间,各类直接养护经费投入累计 35 亿元,同比"十五"期间增长了 35%,占同期通行费总收入的 5%,每年平均养护经费为 19.2 万元/km。"十一五"期间,路面养护资金累计投入约 17.5 亿元,占累计养护经费的 50%,实施路面大中修单车道 4012km,占总单车道里程的 20% 左右,完成了宁连高速公路淮连段、宁通高速公路广九段、广靖锡澄高速公路、京沪高速公路和南京机场高速公路路面大修工程等,使通车年限较长高速公路的路面技术路况有了根本性改善。

四、过江通道养护管理模式

(一)基本情况

1999—2015 年间,江苏共新建 8 座高速公路跨江大桥共计 23597 延米。针对跨江大桥的特殊性和重要性,江苏采取了"一桥一公司"管理模式。各大桥公司都根据所辖大桥自身特点编制了相应的大桥维护手册,对大桥各部件的检查、维护的方法与措施等提出了具体要求,并建立了独立的桥梁健康监测系统和桥梁养护管理系统,加强大桥养护管理的信息化和智能化。对于桥梁检查检测,除了一般桥梁的检测内容外,还针对跨江缆索钢桥的特殊性,委托有资质的专业单位对钢箱梁焊缝、缆索系统、地基基础安全监测、水下地形测量等进行专项检查。在桥梁维修方面,在对桥梁病害和状况进行准确评估的基础上进行专门方案设计、专家审查评定、专业施工单位施工,有效保障了养护维修质量和效果。

2010年10月,江苏组建了我国第一个区域桥梁群健康监测数据中心——江苏省长大桥梁健康监测数据中心,对控股公司所管辖的大跨径索承桥梁的健康监测数据实行专业化的集中、统一管理;以专业化的稳定技术团队,服务于江苏省长大桥健康监测数据分析工作,为大桥的养护维修提供了科学依据。

数据中心成立以来,累计开展相关科研项目约30项,获得国家、省部级科技奖项20余项,申请专利24项,并积极推动健康监测技术领域的标准化工作,完成编制《江苏省长大桥梁结构健康监测系统设计标准》等标准、指南12项。相关研究成果直接应用于苏通大桥、江阴大桥、崇启大桥、马鞍山大桥等20座大桥,推动了健康监测领域的技术进步和良性发展。

(二)经费投入

2002—2010年,江苏长江大桥养护工程实绩与养护经费投入见表4-1-2。

长江大桥养护工程实绩统计表(2002—2010)　　表4-1-2

年份	项　目	小修保养 投资(万元)	中修工程 完成里程(km)	中修工程 投资(万元)	大修工程 完成里程(km)	大修工程 投资(万元)
2002	江阴大桥、南京二桥	1488	—	—	—	—
2003	江阴大桥、南京二桥	1314	—	—	1	3991
2004	江阴大桥、南京二桥	1871	—	—	5	1621
2005	江阴大桥、南京二桥、南京三桥	1707	—	—	2	3392
2006	江阴大桥、南京二桥、南京三桥	1750	—	—	1	983
2007	江阴大桥、南京二桥、南京三桥	4361	—	—	—	—
2008	江阴大桥、南京二桥、南京三桥、苏通大桥	4017	—	—	—	—
2009	江阴大桥、南京二桥、南京三桥、润扬大桥、苏通大桥	6099.83	25.1(润扬大桥)	1345	(江阴大桥)	354.75
2010	江阴大桥、南京二桥、南京三桥、润扬大桥、苏通大桥	5158.1	40.74(江阴大桥、南京三桥、润扬大桥)	2910	1.16(润扬大桥)	1209.8

(三)养护管理——以江阴长江公路大桥为例

江阴大桥是江苏省第一座高速公路跨江大桥。通车以来车流量逐年增长,从开通之初的昼夜1.3万辆到2010年的昼夜4万余辆,其养护管理在江苏高速公路跨江大桥中具有代表性。

1. 养护模式

江阴大桥的管养单位是江苏扬子大桥股份有限公司(简称"扬子大桥公司")。该公司是1992年12月经省政府批准成立的基础设施项目的第一批股份制试点企业,隶属于江苏交通控股,目前主要负责江阴大桥(G2)、锡张高速公路(S19)的经营管理。

扬子大桥公司实行总经理负责制,实施总经理经营层、职能管理部门、执行单位三级管理模式。其中,大桥养护管理职责主要由工程部负责,下设执行单位养护大队,具体负责主桥、南北引桥、接线及其附属设施的巡查与检查,以及清扫保洁等日常养护工作。一些定期的专业或专项检查检测,对外委托有资质的专业单位进行。江阴长江大桥桥梁检查情况见表4-1-3。

江阴长江大桥桥梁检查情况　　　　表4-1-3

检查类型	检查项目	检查频率	检查单位
日巡查	桥面系	1次/天	养护大队
经常检查	引桥	1次/月	养护大队
	主桥伸缩缝	1次/月	养护大队
	主桥支座	1次/月	养护大队
	锚碇	2次/月	养护大队
定期检查	引桥	1次/年	养护大队
	主塔	2次/年	养护大队
	鞍座	1次/季	养护大队
	钢箱梁防腐涂装	1次/年	养护大队
	钢箱梁焊缝	4次/年	专业单位2次,养护大队2次
	缆索系统	1~2次/年	专业单位
	地基基础安全监测	1次/年	专业单位
	水下地形测量	1次/年	专业单位
	路面使用性能	1次/年	专业单位

对于检查中发现的问题,扬子大桥公司及时组织专家会审,制订科学的养护维修方案,确保国内首座跨径超千米的特大型桥梁安全可靠和正常运营。

2. 管理特点

1)建立桥梁维护手册

2000年大桥运营初期,扬子大桥公司结合相关技术规范,组织编制了《江阴大桥维护手册》,这在全国大型桥梁的养护管理中尚属首次。手册重点对大桥结构、路基路面、桥面铺装、混凝土桥涵、钢结构防护等项目检查、维护方法与措施等作出具体规定,成为国内其他同类大桥养护管理参照的范本。2004年、2009年,江苏扬子大桥公司先后两次对手册进行适时修订和完善,进一步增强其实用性和可操作性,各类检查频次更符合江阴长江大桥的管理实际和桥梁特点。

2）及时修复桥梁病害

江阴长江大桥通车以来，扬子大桥公司处理的重大维修工程有桥面铺装层大修工程，南锚碇、主缆以及吊索渗水等维护工程。

（1）较好地处理南锚室渗水（2003年）、南引桥预应力加固及北引桥箱梁加固工程（2004—2005年）、主缆渗水（2005年）、吊索渗水（2007、2008、2009年，分批逐年进行）、2010年更换吊索工程（分批逐年更换）等。

（2）结构物整改与构件更新。完成了运营过程中出现的一些结构物整改与部分构件、系统的更换和新增。由于车辆超载严重等原因，江阴长江大桥运营中主桥面铺装损坏较多，2003年主桥面铺装层实施了大修；2007年实施主桥伸缩缝更换；2005、2007、2009年都对主桥支座PTFE滑板进行更换；2009—2010年对北引桥T梁支座更换；2007年实施了大行程液压阻尼装置安装、钢箱梁焊缝修补等。

（3）预防性养护，提高桥梁各部位的耐久性。如主塔防护涂装（2006—2007年）、钢箱梁防护涂装改造（2009年）、主缆防护系统改造（2005年）、主桥面铺装层预防性维护（2004、2005、2010年，按病害程度分车道逐年维护）、主桥跨中短吊索更换（2010年）等。

3）开展桥梁检测研究

扬子大桥公司在桥梁检测方面开展了富有成效的科研工作，先后组织开展了"基于数码摄像技术的江阴长江大桥外观裂缝检测技术研究"（2005—2007年），"基于全寿命成本的江阴长江大桥监测、维护与管理策略研究"（2006—2010年）以及"大跨径桥梁结构健康监测及安全评价系统研究"（2005—2008年）等一系列研究，不断提高江阴长江大桥检测体系的完备性和检测手段的先进性。

4）养护管理信息化、智能化

一是开发江阴长江大桥养护管理信息系统。在《江阴大桥维护手册》的基础上，扬子大桥公司联合交通部公路科学研究院共同开发了"江阴大桥养护管理系统"（2003—2006年）。利用现代网络、多媒体、数据库、GIS等技术，建立大桥空间实体模型，可以随时查阅或录入大桥结构检查、维护的影像及文档资料，实现桥梁养护的数字化管理。系统数据涵盖了主桥、引桥、路面等结构的病害维修，评价分析，竣工文档等多专业、多学科的综合信息数据，为大桥的运营管理、结构养护与安全监控提供了有效的综合辅助决策支持。二是改造升级江阴长江大桥上部结构健康监测系统。2004—2005年扬子大桥公司对原有结构监测系统进行了恢复和升级改造，升级改造后的系统能够实现对桥梁结构响应（内力、位移、振动、温度等）的长期在线采集与管理。在此基础上建立起江阴长江大桥结构状态评估预警系统、结构健康状况评价方法，以完善桥梁结构监测及安全评价技术，并通过对损伤敏感特征量的长期观测，掌握桥梁性能劣化的演变规律，为大桥的日常养护管理提供可靠的依据。此后，又对结构监测系统进行再升级改造，增加了对桥面温度、主缆索力、钢箱梁疲劳裂纹、引桥相关部位裂缝或构件受力等的监测；在现有系统软件基础上，重新组织系统架构，构建大型系统数据库，对数据格式及存储方式进行优化，扩充数据滤除、健康监测自诊断等结构分析评估功能，利用地理信息系统（GIS）建设虚拟现实的三维漫游图形界面，模拟大桥健康监测系统状态、获取监测信息等景象。

2011年，交通部组织国家干线公路网长大桥梁抽检，专家对江阴长江大桥养护管理评价如下："江阴长江大桥桥面平整，线形完好，行车通畅，在车辆荷载作用下，跨中挠度正常；大桥的缆索、钢箱梁、索塔、锚碇等主要构件性能完好，局部的病害已得到较好的处治、修复或解决，保持了完好的工作状态；管养单位制度健全，管养组织机构责任划分明确，桥梁养护工作开展及时，管养信息化建设较好，重视结合实际开展江阴大桥的管养工作和技术研究，取得了较好的成绩。针对桥梁不同构件的寿命特征制定不同工作重点和养护管理制度，使桥梁畅通得到了有效的保证；养护工作与技术创新紧密结合，为国内桥梁技术的发展作出了突出贡献；培养、锻炼并保持了一支专业化的养护队伍，使养护质量得到保证。"

五、管理能力和水平

"十二五"期间，江苏交通控股系统牢固树立并贯彻落实交通运输部提出的"更好地为公众服务"的价值观念和"公路建设是发展，养护管理也是发展，而且是可持续发展"的发展理念，坚持"提升管理水平、推进科学养护、强化应急保障、确保优质服务"的管理方针，全面加强高速公路养护和管理，全力推进科学发展。在广大职工的不懈努力下，通行费征收工作不断取得新的突破，高速公路路况始终保持优良，高速公路通行保障能力和服务水平显著提升，养护和管理成本得到有效控制，行业和公众认可度得到加强，为江苏省加快实现"两个率先"作出了重要贡献。

1. 预防性养护工作全面践行

"十二五"期间，全系统各路桥单位深入贯彻预防性养护理念，紧紧围绕"检测、分析、决策、实施和评价"五个环节，全面践行科学养护。提出了以保持路面长效使用功能和保障路面结构长期性能的预防性养护新理念。确立了以保障路面整体结构使用寿命的"稳基层、保中层、修面层"的路面养护总体原则，以保障结构安全及耐久性，基于实际荷载、恢复正常工况、消除结构性病害的桥梁养护总体原则。依托路面和桥梁养护管理系统，不断提高养护数据的分析管理水平、养护决策的科学性、养护方案的高效性。

围绕路面养护，重点加强了车辙、横向裂缝病害的处治技术的研究、应用和推广工作，基本形成了一套有效的薄层加铺、现场热再生、铣刨重铺+横向裂缝防反射预处治的预防性养护技术，养护质量得到较大提高。"十二五"期间，路面预防性养护工程总里程达到1358车道公里，占路面大中修总工程量的40%；其中路面就地热再生692车道公里，占预防性养护总里程的51%，比铣刨重铺节约集料26万t、沥青13118t，能耗折算成标准煤

2190t,减少温室气体排放4876t,节约养护经费约10661万元。

围绕桥梁养护,重点开展了桥梁结构耐久性影响因素的调查分析和桥梁病害与桥梁实际工况的关联分析工作,并在路网内布设了8套荷载动态数据采集系统,以实际荷载进行病害桥梁结构安全验算和加固设计,提高桥梁病害分析的准确性和加固设计的可靠性。开展了组合箱梁桥工况和病害成因分析、病害处治技术、预防性养护对策的系统研究,为进一步开展桥梁工况评估、病害分类处治、科学开展桥梁预防性养护积累了经验。

2. 养护工区标准化建设初见成效

江苏交通控股公司于2012年7月制定下发了《江苏交通控股系统高速公路养护工区标准化建设指导意见》,在全控股系统内开展养护工区标准化建设工作。各路公司高度重视、积极行动,充分挖掘和利用现有资源,加大投入,较好地完成了标准化养护工区的建设工作。

目前,实际开展日常养护的一线养护工区累计65个,其中一类工区9个,二类工区44个,三类工区12个。平均设置间距为60km。相对标准化工区建设前,养护用房面积增加了近50%,目前平均每个养护工区累计养护用房面积达到1686m^2,基本满足了养护生产生活需要。全系统投入5482万元添置养护大中型设备,累计达到105台套,养护机械化水平大幅提高。

3. 联网收费工作取得新的突破

建立了ETC服务网点170余个,开通ETC专用通道900余条,发展客户290万左右。认真贯彻落实省政府的收费政策及国家有关"绿色通道、重大节假日小车免费"等优惠政策。同时构建了控股公司、各路桥单位、联网公司三级收费稽查体系,建立了打击偷逃费管理体系和长效机制。开展"畅行高速路、温馨在江苏"主题实践活动,印发《江苏交通控股有限公司收费工作温馨服务标准》,统一了服务标准,规范了服务细节,提升了江苏高速公路的文明窗口形象。

4. 服务区服务水平不断提升

"十二五"期间,江苏交通控股公司以全国高速公路服务区文明创建、文明平安服务区创建为抓手,印发了《江苏交通控股系统高速公路运营管理"温馨服务"指导意见》《江苏交通控股系统服务区服务规范》《关于创建高速公路文明平安服务区活动的实施意见》等服务管理文件,推进服务区的服务管理水平的提升;建立了考核评价结果和年度绩效考核相挂钩的内部考核和外部评价机制,实行长效管理;定期开展全系统服务区服务技能竞赛活动,促进服务技能水平的提升;依托全省高速公路"96777"客服系统,建立了24小时接受社会对服务区服务质量监督和投诉的服务平台;各服务区设立了以服务顾客为导向可即时查询路网地图、路况信息、当地旅游资讯等综合信息显示查询终端;依托服务区完善了 ETC 苏通卡服务网点。在交通运输部组织的全国高速公路服务区文明创建活动中，阳澄湖、梅村、浦南、白洋湖、仪征、双沟 5 对服务区顺利创成"全国百佳示范服务区"。

5. 高速公路信息化平台建设稳步推进

一是全面启动了江苏省高速公路网运营和服务智能化平台部省示范工程建设。建设过程中，一方面抓好以"互联网＋高速"模式应用为引领的出行服务系统，提供多样化出行服务内容和多元化出行服务方式，提升公众出行服务品质；另一方面抓好以物联网、大数据技术为支撑的应急保障系统，变结果导向为趋势导向，变单兵作战为联合作战，提升道路应急保障水平。

二是基本建成以路面和桥梁养护和管理信息系统为核心的养护和管理信息化平台，进一步强化了养护基础数据的收集、整理、统计和分析，为科学决策提供强大的数据支撑，为进一步提高养护和管理的科学化水平打下坚实基础。

6. 高速公路综合信息服务更加全面

"十二五"期间，高速公路综合信息平台建设取得显著成效，信息发布渠道更加丰富，形成 96777 热线、广播电视、互联网站、移动终端（手机 APP）、微信、微博、现场发布等多种方式立体化、全方位、全天候的综合信息发布体系。5 年共受理 8982 起投诉，投诉率下降 0.05 个百分点，满意度提升至 99.3%。

第二节　行　业　管　理

一、行业管理发展历程

自江苏省第一条高速公路——沪宁高速公路 1996 年建成通车以来，全省高速公路行业管理工作一直处于探索状态，主要经历了五个阶段，由分散到统一，由部分监管到全面监管，并逐步走上了制度化、规范化、常态化。

(一) 2000—2004 年

高速公路行业管理工作主要以养护质量为重点，由厅公路局组织实施，高速公路通行费征收由厅财务处监管。

行业管理以创建部省级高速公路文明样板路为载体和抓手，创建工作严格按照交通部《高速公路养护质量检评方法（试行）》（交公路发〔2002〕572 号）、《江苏省高速公路条例》《江苏省文明样板路创建标准（试行）》，紧紧围绕"畅、洁、绿、美"总体要求，构筑"优美环境、优良品质、优质服务"为鲜明特色的公路交通环境，重点是加强公路养护、路政管理、收费管理、服务区经营管理和文明服务等方面工作,提升江苏省高速公路的养护、管理和服务水平。为此,省厅制定了《关于创建高速公路省级文明样板的实施意见》(苏交公〔2003〕41号)、《江苏省文明样板路检查验收办法(试行)》。检查验收工作由省交通厅牵头,相关部门参加,厅公路局具体组织,验收通过的省级文明样板路,由省交通厅和省文明办联合颁发文明样板路牌匾,并通报全省,有效地促进江苏省高速公路养护管理水平和行业管理工作。2002年11月,京沪高速公路、南京机场高速公路第一批通过的省级文明样板路验收。2004年12月,苏嘉杭、广靖锡澄、宁宿徐、连徐、汾灌等5条高速公路通过省级文明样板路验收。

(二)2005年—2007年1月

高速公路行业管理职责没有具体明确,而养护质量监督管理工作由厅质监站负责。

厅质监站按交通部养护规范和标准,每年委托有资质的中介检测单位对各条高速公路进行检查检测,形成检查检测报告,并以省交通厅名义下发文件,通报检查检测情况。

(三)2007年2月—2010年5月

《省交通厅关于赋予厅公路局(省高速公路路政总队)全省高速公路管理职责的通知》(苏交政〔2007〕9号)明确,厅公路局履行全省高速公路养护、经营服务、通行费征收等的监督管理职责,具体负责制定江苏省高速公路养护规范和标准,负责监督经营管理单位编制养护计划及执行养护规范、标准和操作规程情况,负责审定大修和专项工程技术方案,负责检查考核经营管理单位履行养护义务、保障公路完好的情况并发布通报;负责拟定江苏省高速公路车辆通行费征收管理办法和标准,负责通行费稽查及通行费使用的检查工作;负责制定江苏省高速公路收费站、服务区、清障救援等经营服务的规范和标准,并实施监督检查和评价。

2009年6月,江苏省交通厅公路局(江苏省高速公路路政总队)印发《关于明确江苏省高速公路路政总队直属各支队机构设置、人员编制和工作职责的通知》(交公政〔2009〕171号),明确各支队负责高速公路养护、经营服务、通行费征收的日常监督管理工作。

2009年12月,省政府办公厅《关于印发江苏省交通运输厅主要职责内设机构和人员编制规定的通知》(苏政办发〔2009〕142号)明确,厅公路局主要职责是承担全省高速公路(过江通道)行业管理工作。2009年,厅公路局出台《关于印发江苏省过江通道及高速公路长大桥隧养护管理办法的通知》等文件,加强高速公路养护管理等行业管理工作。

厅公路局养护管理科、收费管理科、政工科和路网管理科负责高速公路养护、收费、服务、路网调度等具体监督管理工作。

(四)2010年6月—2014年2月

为加强江苏省高速公路行业管理工作,省交通运输厅《关于印发江苏省交通运输厅公路局(路政总队)主要职责内设机构和人员编制的规定》(苏交政〔2010〕34号),明确专门设立高速公路和过江通道行业管理办公室,全面履行全省高速公路行业管理职责,具体负责全省高速公路和过江通道的养护、通行费征收、运营服务的行业管理工作。各支队内设科室增设质量监管科,负责支队管辖范围内高速公路的行业监管工作。

(五)2014年2月至今

2014年2月,江苏省高速公路管理局正式挂牌成立。2014年5月,江苏省交通运输厅印发《关于印发江苏省高速公路管理局(江苏省高速公路路政总队)主要职责内设机构和人员编制规定的通知》(苏交政〔2014〕25号),明确省高速公路管理局主要职责是负责全省高速公路的路政管理、路网管理、道路运输监督检查以及养护、经营服务、收费的监督管理工作。内设部门营运监管部,具体负责组织全省高速公路养护、收费、运营服务等行政监管工作。2014年,省高速公路管理局印发文件,要求各支队质量监管科配备工程专业的专业技术人员,充实行业监管队伍,加强行业监管力量。

二、高速公路行业管理情况

2012年8月,厅公路局《关于印发江苏省高速公路行业管理监督检查工作方案的通知》(交公行管〔2012〕330号),此方案的制定实施,标志着江苏省全面开展高速公路行业监管工作。2012—2014年,全面开展了收费站、服务区、路面技术状况、桥梁养护状况等的日常检查和季度检查;每年抽取一定比例的桥梁进行检查和复核并印发检查通报。

2014年,省高速公路管理局修订出台《江苏省高速公路行业管理监督检查工作方案》(苏交高监管〔2014〕155号),进一步加强行业监管工作,重点强化桥梁日常检查、重点桥梁季度检查,同时加强季度检查通报和督促落实整改反馈工作。

(一)加强养护监管

1. 建立完善养护监管体系

加强养护监管制度建设。2010年7月,省交通运输厅印发《江苏省高速公路养护管理办法》,同时建立完善江苏省高速公路养护管理相关办法、规范、标准,江苏省高速公路养护管理工作有了制度化保障。2014年以来,陆续出台了《江苏省高速公路小修保养作业规程》《江苏省高速公路行业管理监督检查工作方案(试行)》《江苏省高速公路大中修养护工程监督管理办法》《江苏省高速公路桥梁养护管理办法》等养护监管制度并强化落实,推动养护监管规范化、多样化、常态化。

实施高速公路管理体制改革,组建省高速公路管理局(省高速公路交通运输执法总队),构件省局(总队)—支队—大队分工负责养护监管工作机制。省局(总队)负责全省高速公路养护监管办法、规范、标准等制度的制定,开展全省高速公路路面和桥隧技术状况年度检测检查,加强对重点养护工程的监督检查,组织开展全省高速公路养护统计工作等。支队负责高速公路养护监管办法、规范、标准等制度落实情况的监督检查,开展路面和桥隧技术状况季度监督检查,协助省局(总队)做好重点养护工程监督检查和养护统计工作。大队负责路面和桥隧技术状况日常监督检查,加强对经营管理单位落实整改情况的跟踪督促工作。

2. 突出路面、桥隧养护质量监督检查

加强养护结果检测、养护体系检查、技术评定复核、大中修养护工程实施效果后评估等工作,确保高速公路路况综合指数和桥隧技术状况等级位居全国前列。

通过开展年度路面技术状况检测,全面掌握全省高速公路路面技术状况,并与日常检查相结合,针对发现的问题,督促经营管理单位加强非优路段整改,确保全省高速公路技术状况 MQI 达 95 以上,路面使用性能指数 PQI 达 92 以上,PCI、RQI、RDI 等指标始终处于优等水平。

通过实施重大桥梁健康监测,组织开展对跨江大桥、特大桥、大桥、特殊结构桥、匝道弯梁桥和隧道的抽检,对已加固桥梁技术状况评定复核等工作,强化对经营管理单位桥隧养护管理规范化工作的监督检查,确保一、二类桥隧比例达 99% 以上。

通过开展大中修养护工程实施效果后评估,加强对大中修养护工程的整体评价,不断提高养护大中修工程的质量和效益。

3. 试点重点养护工程全过程监督管理

认真执行《江苏省高速公路大中修养护工程监督管理办法》,全面介入参与高速公路路面、桥梁、隧道大中修重点养护工程的设计审查、施工监督和交、竣工验收等关键环节,实现全过程监管,推动大中修养护工程管理再上新台阶。

(二)加强收费监管

1. 开展收费公路专项清理

2011 年 6 月 20 日—2013 年 9 月 30 日,按照交通运输部等五部委《关于开展收费公路专项清理工作的通知》(交公路发〔2011〕283 号)和省政府办公厅《关于做好全省收费公路专项清理工作的通知》(苏政办发〔2011〕88 号),制定《江苏省收费公路专项清理工作实施方案》,全面清理收费期限偏长、通行费收费标准偏高等各种违规收费行为,重新核定了 21 条高速公路项目的收费年限,收费最长经营期由 30 年缩短至 25 年,将联网高速公路小客车最低收费标准由 10 元/次降至 5 元/次,南京机场高速公路主线收费站小客车收费标准由 20 元/次降至 10 元/次。

2. 督促落实各项惠民政策

2012 年 7 月,根据《国务院关于批转交通运输部等部门重大节假日免收小型客车通行费实施方案的通知》(国发〔2012〕37 号)等文件要求,加强重大节假日小客车免费通行工作研究,根据国家统一安排,做好优化改进工作,加强重大节假日路网运行预判和信息预告,加强出行引导与路网调度,减少拥堵路段,降低拥堵程度,督促各高速公路经营管理单位在春节、清明节、劳动节、国庆节四个重大节假日,全面实行 7 座以下小客车免费通行。

根据国家鲜活农产品运输绿色通道政策的规定,加强监管力度,提高查验效率和准确性,逐步减少收免纠纷,切实把惠农政策落到实处。"十二五"期间,全省联网高速公路"绿色通道"减免通行费共计 62.4 亿元。

3. 立法首创收费站拥堵 200m 免费放行制度

针对收费站拥堵造成高速公路通行效率低下的问题,2007 年江苏新修订的《江苏省高速公路条例》明确,收费站应当开足收费道口,保障车辆正常通行,避免车辆拥挤、堵塞,因未开足收费道口而造成平均 10 台以上车辆待交费,或者开足收费道口待交费车辆排队均超过 200m 的,高速公路经营管理单位应当免费放行,待交费车辆有权拒绝交费。这一制度开创了收费站拥堵 200m 免费放行的先河,切实提高了收费站的通行效率,起到了良好社会反响。

4. 推进 ETC 全国联网

率先实现 ETC 全国联网,全省 ETC 车道数达 926 道,ETC 收费站覆盖率 100%,ECT 车道正常通行保证率达 99% 以上。通过加大宣传推广、优惠促销等措施,全省高速公路 ETC 苏通卡发卡规模达 413 万用户,位居全国前列。

(三)加强服务区经营服务监管

1. 积极开展文明创建活动

根据交通运输部文明服务区创建工作部署,江苏省积极开展全省高速公路服务区文明服务创建活动,出台《江苏省高速公路服务区服务质量等级评定办法》《江苏省高速公路服务区服务指导规范》;申报的 100 对服务区全部达标,其中阳澄湖服务区等 6 对服务区被评为"全国百佳示范服务区",方山等 24 对服务区被评为"全国优秀服务区",数量居全国各省区前列。

2. 突出服务区基本服务监管

强化服务区公益属性定位,加强服务区基本服务供给,强化对基本服务的监管,全省高速公路服务区实行24小时停车、开水、如厕服务全免费,方便面、瓶装水等基本商品实行同城同价;加强服务区安保力量投入,确保服务区有序经营、平安发展。

3. 建立暗访检查机制

为确保服务区服务质量和文明创建成果,建立服务区暗访检查机制,由独立第三方对全省高速公路服务区实行暗访检查,检查各服务区在平时和重大节假日的服务质量情况,并将暗访检查情况予以通报,督促服务区做好整改工作。

4. 推进绿色服务区建设与管理

加强服务区新能源布局,加快推进LNG加气站、充电桩建设,基本实现重点服务区新能源设施全覆盖。根据省政府加强水污染防治工作要求,加强服务区污水处理和利用调查与对策研究,推进服务区污水达标排放,加快推进中水循环利用。

(四)加强清障救援监管

1. 突出高速公路清障救援公益属性

通过修订《江苏省高速公路条例》,明确高速公路经营管理单位是高速公路清障救援实施主体,推动经营管理单位加大清障救援人员、设备的投入,构建24小时临路待命清障救援制度。通过制定《江苏省高速公路清排障服务收费标准》《江苏省车辆救援服务收费管理办法》,建立健全全省高速公路清障救援平价收费制度,落实高速公路经营管理单位在清障救援方面的义务和责任,体现高速公路清障救援公益属性,保障高速公路用户安全便捷出行。

2. 用服务标准引领清障救援能力建设

通过建立30分钟内到达率、1小时疏通率等指标并加强监督考核,引领清障救援力量不断提高24小时临路待命、快速出动和疏通道路等综合能力,提高高速公路清障救援服务质量。

三、主要成绩与经验

1. 建立健全运营管理和行业监管两个体系,是高速公路安全高效运行的重要保障

高速公路安全高效运行,既离不开加强运营管理这一基础,也需要强化行业监管这一关键手段。建立完善行业管理体系是确保高速公路为社会提供优质服务的重要保障。行业管理既必须体现政府监管要求,又要站在用户的立场上,充分考虑驾乘人员的需求,督促高速公路经营管理单位提供既适应市场需求,又满足用户客观要求的公共服务。

2. 注重依法行政是推进行业管理的重要遵循

秉持法治理念、法治思维,实行"政事分开、事企分开",落实"简政放权、放管结合、优化服务",把依法行政理念贯穿到高速公路行业管理的各个环节、各个领域,才能有力推进高速公路行业管理工作,才能全面巩固高速公路行业管理成效,才能提高高速公路行业管理的水平。

3. 加强标准引领是行业管理的重要手段

标准化是组织现代化生产的重要手段和必要条件。只有坚持标准的先进性,才能实现全省高速公路基本服务的统一、简化、协调和最优化,才能确保江苏高速公路行业管理的领先地位。要以超前意识和发展眼光,突出行业管理的重点领域、薄弱环节和关键之处,加快制定高速公路养护、收费、服务区、清障救援和公共信息等方面的标准,构建具有江苏特色的高速公路服务标准体系,推动行业管理再上新水平。

4. 创新体制机制是行业管理的不竭动力

行业管理是政府管理社会的重要组成部分,也是行业自律管理的重要体现。只有通过创新,保持体制优势,顺畅机制运行,才能开创行业管理新局面,切实履行行业管理职责。只有坚持创新,寓服务于管理之中,做到既管理行业,又服务行业,才能体现江苏高速公路行业管理的特色,才能保持高速公路行业管理的生命力。

第三节 综合执法

一、不断理顺行政执法体制

(一)起步阶段(1996—2000年)

自江苏省内第一条高速公路——沪宁高速公路建成通车开始,为加强高速公路的管理与保护,江苏省交通厅设置了宁沪高速路政管理处负责路政管理工作,此后宁连、宁通一级公路改造成高速公路后,在宁连宁通管理处设置了路政稽查科,并在南京、淮安、连云港、扬州、泰州、南通设置了6个路政大队。此时的两个管理处也是事业单位,路政人员为事业单位人员。

(二)成长阶段(2000—2009年)

江苏省成立了江苏省高速公路路政总队(正处级事业单位),与江苏省交通运输厅公路局合署办公。同时,以每条高速公路为单位,设置直属于总队的路政支队(副处级事业单位），支队下设若干大队（不具有独立法人资格，正科级内设部门）。此后，基本上每建成一条高速公路就相应地成立一个支队和若干大队。这一阶段，全省一共有事业编制280名，只有总队、支队机关人员及大队长（含部分总队任命的副大队长）为事业编制人员，大队副大队长（含部分高速公路经营管理单位任命的副大队长）以下人员均为高速公路经营管理单位（实际为各高速公路经营公司，以下简称"高速公路公司"）招聘人员，由总队进行岗前培训后发放执法证。这段时间也是江苏省高速公路的大发展时期，江苏省如今规划的"五纵九横五联"纵横主干线基本上在这阶段都已经完成，并且当时形成的各个高速支队基本都沿用至今。这一阶段最大的问题是企业人员执法不符合行政法的原则。

（三）理顺阶段（2009—2014年）

江苏省交通运输厅决定进一步规范高速公路行政执法人员的身份问题。江苏省编委根据2009年的高速公路里程，给当时的江苏省高速公路路政总队核增了事业单位编制，自此江苏省高速公路路政人员编制数达到了890个。原有企业身份执法人员进行转编考试，择优录取。成为事业单位执法人员者，与高速公路公司脱离人财物关系；未通过考试者，分流到高速公路公司其他非执法岗位。同时，重新调整和优化高速公路支队的名称和部分支队设置，将"江苏省高速公路路政总队××支队"更名为"江苏省××高速公路执法支队"。撤销江苏省高速公路路政总队润扬大桥支队，支队机关人员分流到其他支队，所属大队整建制分流到江苏省宁杭高速公路路政支队和江苏省宁通高速公路路政支队。这一阶段是高速公路执法身份合法化的重要阶段，彻底解决了原有执法身份的问题。同时，支队转为独立法人后，减少了管理程序，更有利于支队开展日常工作。

（四）完善阶段（2014年至今）

江苏省交通运输厅成立了江苏省高速公路管理局（正处级全额拨款事业单位），高速公路行政管理从江苏省交通运输厅公路局中剥离出来。同年，《江苏省高速公路条例》修订后，授权高速公路管理机构实施运政管理的部分职能。随即，江苏省交通运输厅出台《江苏省高速公路道路运输监督检查办法》，界定了高速公路管理机构在高速公路上负责实施运政管理的主要内容，这标志着江苏省高速公路开始实行交通运输行政综合执法。同时，江苏省高速公路管理局另挂江苏省高速公路交通运输执法总队的牌子，江苏省高速公路管理局下辖的10个支队更名为"江苏省高速公路交通运输执法总队××支队"，各支队仍为副处级全额拨款事业单位。江苏省高速公路管理局还指导南京、苏州支队的高速公路管理工作。

二、不断完善法律法规体系

自1996年9月15日江苏省第一条高速公路——沪宁高速公路建成通车起,为了加强沪宁高速公路管理,保障高速公路快速、安全、畅通,当年8月20日江苏省人民政府颁布了《沪宁高速公路江苏段管理办法》,于9月1日起正式施行。《沪宁高速公路江苏段管理办法》明确了交通、公安高速公路管理职责,为江苏省高速公路路政管理奠定了基础。1999年江阴大桥通车后,为保护长江大桥,强化行政管理,维护桥梁安全畅通,1999年12月6日江苏省人民政府出台了《江苏省江阴长江公路大桥管理办法》。随着《中华人民共和国公路法》的出台,江苏省加快了公路地方性法规的立法工作,2000年11月1日《江苏省公路条例》出台施行,成为江苏省第一部公路地方性法规。为加强江苏省超限运输治理工作,2005年10月1日江苏省人民政府出台了《江苏省治理公路超限运输办法》;为加强高速公路沿线广告设施管理,2012年3月1日江苏省人民政府出台了《江苏省高速公路沿线广告设施管理办法》。

随着江苏省高速公路网规模的不断发展,从高速公路管理实际出发,2002年12月17日,江苏省首部高速公路综合管理的地方性法规《江苏省高速公路条例》经江苏省第九届人民代表大会常务委员会第三十三次会议通过,于2003年3月1日起正式施行,《沪宁高速公路江苏段管理办法》同时废止。《江苏省高速公路条例》共七章六十一条,规范了江苏省高速公路的运营、管理与服务,突出了高速公路的建设与养护、路政管理、交通治安管理、收费与服务等方面进行了全方面的规定。为契合上位法要求,适应新形势,《江苏省高速公路条例》于2004年4月、2007年1月、2010年9月、2014年3月先后经过四次修订。

2014年3月28日,新修订的《江苏省高速公路条例》经江苏省第十二届人民代表大会常务委员会第九次会议讨论通过,于2014年8月1日起正式施行。新修订的条例实现了三大突破:一是授权由省高速公路管理机构具体负责全省高速公路的路政管理和养护、经营服务、收费等监督管理工作,执法主体更为明确。二是由省高速公路管理机构行使高速公路道路运输现场监督检查职能,为推进全省交通运输综合执法改革开启了探索之路。三是明确了海事管理机构对高速公路越江桥梁的管理职责,彻底解决了高速公路越江桥梁保护难的问题。为更好地履行高速公路道路运输监督检查职责,确保推进到位,江苏省交通运输厅出台了《江苏省高速公路道路运输监督检查办法》。为进一步规范高速公路道路运输监督检查行为,江苏省高速公路管理局出台了《高速公路道路运输监督检查工作手册》,进一步明确了检查内容、工作原则、流程及违法行为处理等规范要求。

江苏省高速公路综合执法相关制度见表4-3-1。

综合执法相关法规制度　　　　　　　　　　　　　　　　　　　　表 4-3-1

序号	名　　　称	文　　号	施行日期	立 法 单 位
1	沪宁高速公路江苏段管理办法	79号令	1996年8月20日	江苏省人民政府
2	江苏省江阴长江公路大桥管理办法	167号令	1999年12月6日	江苏省人民政府
3	江苏省公路条例	9号公告	2000年11月1日	江苏省人民代表大会常务委员会
4	江苏省高速公路条例	29号公告	2002年12月	江苏省人民代表大会常务委员会
5	江苏省治理公路超限运输办法	27号令	2005年10月1日	江苏省人民政府
6	江苏省高速公路沿线广告设施管理办法	78号令	2012年3月1日	江苏省人民政府

三、行政执法成效显著

多年来，江苏省各级高速公路管理机构不断强化法治观念，坚持法定职责必须为、法无授权不可为，坚决杜绝不作为、乱作为；严格依法行政，创新执法机制，完善执法程序，提升执法能力和水平；加强对行政权力的制约和监督，完善执法评议考核机制，全面落实执法责任，高速公路管理法治化、规范化程度不断提升。在路域管控、路产路权保护、超限运输治理、施工监管、道路运输监督检查等方面创新管理方式，加大管理力度，取得了显著成效，有力推动了江苏省高速公路管理事业健康快速发展。

1. 路域管控方面

为改善高速公路路容路貌，提升高速公路形象，根据省委、省政府要求，江苏省于2011—2014年开展了三次声势浩大的高速公路沿线广告设施整治活动，累计拆除迁移广告设施2349块。

2. 保护路产路权方面

全省高速公路巡查总里程达到3589万km，查处路损案件3.9万件，挽回路产损失3亿元。在路面执法方面，建立了以政府为主导，多部门联合协作的超限运输治理模式，查处超限运输行为3.3万件，全省全年平均超限率逐年下降，2014年全省全年平均超限率控制在2.11%。为更好地维护高速公路道路运输市场秩序，全省已在232个高速公路服务区、收费站开展了道路运输监督检查工作，查处12类道路运输违法案件1.1万件。

3. 公共服务方面

不断优化完善高速公路指路标志体系，努力为社会公众提供更加人性化、更加准确的出行指引服务，全省高速公路累计更新改造指路标志15866块，总投资1.5亿元。根据《中华人民共和国公路法》《中华人民共和国行政许可法》《公路安全保护条例》等法律法规的规定，不断规范和优化行政许可办理流程，加强事中和事后监管，办理各类行政许可1508件，实施施工监管7.9万次，保障了高速公路的安全畅通。

四、不断规范行政执法行为

江苏省各级高速公路管理机构始终坚持依法行政,按照树正气、严管理、正形象的要求,不断加强执法人员队伍建设、规范行政执法行为,保障高速公路的完好、安全和畅通。

1. 始终坚持队伍建设

严把高速公路执法人员入门关,逢进必考,逢考必公开,逢考必严格。不断提高执法人员基本素质和基础能力。严把在职培训关,所有执法人员基层单位每年组织不少于15日的岗位技能培训,省交通运输厅和省高速公路管理局另外组织全体执法人员轮训和专题培训。此外,省级公路管理机构出台了一系列支持和鼓励继续教育的文件,推动执法人员主动学习,往综合、复合型人才转化。严把党性教育,坚持全面从严治党,切实加强行业党的建设,先后深入开展党的群众路线教育、"三严三实"专题教育、"树正气、严管理、正形象"等主题活动,认真贯彻执行中央八项规定精神,持之以恒纠正"四风"问题。扎实推进行业精神文明建设。"十二五"期间,共有55个集体、11人次先后获得厅级以上表彰,宁沪支队第二大队荣获全国青年文明号称号,连徐支队杜祥永被表彰为全国交通运输系统先进工作者和全省交通运输行业首届"十大最可爱的交通人"。

2. 始终加强执法过程规范

严格依法行政,普法与执法相结合,不断规范执法行为。严格按照中央、省政府关于规范行政权力的指示精神和文件要求,积极配合省厅对涉及高速公路管理机构的部门职责、权利边界,以及相关的公共服务和权力事项的办理、监管等方面进行了系统梳理与界定,对许可流程作了优化调整。根据《公路安全保护条例》《中华人民共和国行政许可法》的规定,印发了《关于做好高速公路涉路施工许可项目验收工作的通知》,对涉路施工许可项目验收工作做了明确规定;印发了《关于明确涉路施工活动安全技术评价报告应用等相关问题的通知》,并会同咨询单位开展地方标准《涉路施工许可安全评价报告编制规范》的研究。全面落实省厅提出的"首位负责制、限时办结制、服务承诺制"工作原则,印发《关于进一步强化高速公路涉路施工监管工作的通知》,加强事中和事后监管。加强行政处罚、行政强制和路产处理办理过程,出台了《执法案件审查及备案制度》《行政强制工作的指导意见》《路损案件快速处理意见》等制度文件。

3. 始终加强执法监督

全省高速公路管理系统出台了《公路路政人员执法过错责任追究管理办法》《路政巡查过错责任追究办法》。每月实行执法情况报告制度,执法文书实行定期审查和重大案件报备制度,实行重大案件会审制度,确保执法公开公正。江苏省交通运输系统在全国率先实行行政权力网上公开透明运行系统,实行网上办案、同步监督,规范执法流程,约束办理期限。利用网络系统强化办理时限报警制,行政行为每个环节的办理时限被严格限制,过期要受到催办,严重过期要被追责。

第五章
高速公路建设科技成果与应用

"畅行交通,科技先行",江苏高速公路建设经过不断探索、实践和创新,取得了令人瞩目的建设成就,无论是建设速度还是发展水平,无论是建设管理还是技术创新,在全国都处于领先位置。而能够取得这些成就,除了广大江苏交通人的不懈努力外,离不开科技的主导作用,江苏的科技创新在全国处于领先位置,仅中国公路学会科学技术奖就荣获30多项,"生态之路""森林大道""低碳环保之路""平安工程""科研示范路"等也具有全国示范意义。

多年来,面对江苏地质情况复杂的自然条件,和技术标准高、质量定位高的高速公路建设自我定位,江苏高速公路建设者们充分意识到技术创新和科技开发的重要性,不断加强对关键技术和复杂工艺的研究、总结和推广,为江苏高速公路建设的顺利推进作出了杰出贡献。

第一节 高速公路建设科技创新

一、高速公路建设科技创新技术发展历程

江苏地处长江下游,滨江临海,水网密布,春夏季多雨,还有深层煤矿采空区和废黄河故道等,地质条件相当复杂。而高速公路作为现代社会的产物,对路基路面处理、道路排水、新型大跨径桥梁以及环保绿化等又有着很高的要求。为了建设高质量的高速公路,满足江苏社会经济高速发展的需要,二十多年来,奋战在江苏高速公路建设战线上的广大工程技术人员,围绕不良地质处理、路基填筑质量、路面沥青结构、桥梁耐久性、高速公路景观设计、生态环保、机电工程等一系列工程技术难题,协同省内外相关科研院校,开展了一系列技术攻关研究,获得了众多成果并运用到高速公路建设中,有效地指导了工程建设,确保了江苏高速公路的建设质量和建设工期。

(一)坚持科技兴路,促进高速公路迅速发展

1. 科技起步阶段(1992—1996年)

"八五"期间,以沪宁高速公路江苏段建设为标志,江苏高速公路实现了从无到有的

起步,这同时也是高速公路科技创新的起步,是软土地基处治技术、沥青路面技术、基层集中拌和摊铺等技术研究的起步。

2. 技术攻关阶段(1997—2000年)

"九五"期间,江苏高速公路建设围绕着"四纵四横四联"高速公路网规划全面展开,大批专业技术人才投身于高速公路建设,各项筑路技术革新和创新工作得到加强,多项技术难题被攻克,建设水平全面提高。

3. 技术创新阶段(2001—2005年)

"十五"期间,江苏高速公路按照"着眼长远、适度超前、优化结构、配套完善"的原则,南北并举、东西共进,以规模推进的方式加快江苏省快捷畅通交通运输体系的建设。这一时期,更多的新技术被用以支持高速公路,尤其是重大桥梁(苏通大桥)的建设。

4. 管理创新阶段(2006—2010年)

"十一五"期间,江苏高速公路网主骨架基本建成,在全国率先实现了联网畅通,以高速公路为依托的产业带、开发区及物流中心不断兴起,高速公路项目建设全面落实科学发展观,在生态环境保护、资源成本节约、以人为本建设上不断创新,新技术、新材料、新工艺广泛使用,高速公路工程质量和建设管理水平达到了国内领先、国际先进水平。

5. 可持续发展阶段(2011—2015年)

"十二五"期间,积极探索高速公路建设与资源环境保护并举的和谐发展之路,率先把"资源节约、环境友好"作为评价高速公路整体质量的要素之一。

(二)依托科技创新,"江苏经验"领跑全国

随着高速公路战线的拉长,复杂地质处理、特大型桥梁、沥青路面早期损坏、桥头跳车等影响工程质量的技术难题层出不穷,在"科学技术是第一生产力"理论的启迪下,江苏高速公路建设确立了"科技筑路"战略,紧紧依靠科技进步和创新,全面推进高速公路建设快速发展。

1. 统筹调控,建立以省为主的科研管理体系

制订高速公路科研总体规划,明确高速公路科技的指导思想、发展目标、发展重点和发展举措,强化科技成果管理,制订系统的成果推广应用计划。

2. 逐点击破,有针对性地开展科技攻关

开展的研究及取得的成果主要有:开展"沥青路面全寿命"研究,创新地实践排水沥青路面、橡胶沥青路面等多种新型路面形式,全面提升沥青路面排水、降噪和抗车辙性能;开展节能减排研究,创新性地采用推行放低路堤、净化排水、降噪、废弃物循环再生、生态

防护等环保措施;开展复杂地质处理研究,实现对路基沉降的有效控制;开展特大型桥梁建设研究,五河口等大桥建设创造了多项第一的纪录;开展隧道建设研究,老山隧道工程取得国家优质工程银质奖,其建设环境影响与地下水防治研究获中国公路学会科学技术二等奖;开展腐蚀环境下混凝土耐久性研究,编制了江苏沿海、盐渍和化工污染区高性能混凝土耐久性设计指南;掌握了低温环境下超早强高抗裂混凝土的制备技术;率先解决了组合梁桥面板湿接缝开裂通病;发明了具有多位点吸附的有机分子阻锈技术,将阻锈效率从70%提升到98%。

在众多科技攻关中,联网收费技术也是一个重要亮点。1997年11月,沪宁高速公路江苏段建成国内第一个大规模使用非接触IC卡通行券的收费系统;1999年9月,沪宁高速公路江苏段、锡澄高速公路、广靖高速公路、宁通公路江广段及江阴大桥"四路一桥"实现了联网收费;2000年12月,苏北联网收费系统扩大到宁通公路东段、京沪高速公路沂淮江段、宁连公路北段,联网收费总里程约510km,收费站共33个(不包括江阴大桥收费站),初步形成了苏北路网。2001年8月,根据交通部颁布的《高速公路联网收费暂行技术要求》,结合江苏省高速公路联网收费系统的实际情况,编制了《江苏省苏北高速公路联网收费暂行技术要求》《苏北路网收费软件安全技术要求》,并按照暂行技术要求对苏北路网联网收费系统进行了升级改造,当年底又实现了连徐高速公路一期工程和宁靖盐高速公路一期工程的并网收费。2002年9月,编制了《苏南高速公路联网收费技术要求》《苏南高速公路联网收费网络技术要求》等管理文件,并以此完成了苏南路网联网收费系统的升级改造。依托苏南、苏北两个路网系统,2002年10月—2003年10月,连徐二期、汾灌、宁靖盐、京福江苏段、徐宿等高速公路并入北网收费,宁杭一期工程、锡宜高速公路并入南网收费;2013年起,ETC的使用,使得江苏高速网实现南北网合并,实现了真正意义上的不停车收费。

3. 丰富技术储备,形成科研成果应用和完善的良性循环

突出集成创新和重点攻关,稳步推进集成关键技术研究,同时加大实际应用能力,以局部路段为试点,创造科研成果应用平台,在实践中进一步验证和完善科研成果。

(三)依托科技创新,成就品牌高速

二十多年来,江苏省高速公路的建设理念不断发展,实现人、车、路和自然环境、人文环境的有机结合,打造高速公路精品工程。随着对高速公路认识的深化,江苏交通人不断瞄准国际先进水平,追求人、车、路和自然环境、人文环境的有机结合,打造了一个个享誉全国的高速公路精品工程。

生态环保旅游景观高速公路——宁杭高速公路(一期)建设,在实现人、路与自然环境的和谐统一上做了有益的探索,成为全国生态、环保、景观、旅游道路建设示范工程。工

程引用"珠链"理念,将服务区、收费站、管理中心、重点路段等视作"项链"上的珍珠,结合周边环境特点,因地制宜进行景观设计。如东芦山服务区建筑物风格鲜明,绿化与自然协调,借助亲水亭台实现了停车区和贯庄水库的视觉联通,湖光山色、烟波浩渺,令人心旷神怡。梯子山隧道是高速公路(江苏段)上的第一个隧道,建设时改初步设计的大开挖为隧道通过,不仅保护了环境,道路的形象也上了一个层次。在一些下挖段或路基低矮地段,取消防撞护栏,变围栏式为敞开式的高速公路,丰富了沿线景观,实现了公路美与环境美的有机结合。本着"不见一片黄土,不见一块裸露岩石"的理念,采用"客土喷播"和"轮胎培土"等一系列国内外先进技术,为大道两侧精心披上了绿装。江苏还对道路绿化的实施效果进行完整分析记录,开展绿化种植技术、种植方式、种植模式的研究。为此,交通部在江苏省召开了第一次"全国公路勘察设计工作会议",全面推广宁杭高速公路建设经验。

宁连高速公路宁淮段老山隧道,在建设中最大限度地保护原生态,被誉为环保型工程典范。这条全长 3595m 的双向六车道分离式隧道,实现了隧道施工的"零仰坡"开挖进洞,最大限度地保护了洞口仰坡上的原生植被。在二号隧道出口处,创新地设计出 376m 长的"傍山棚洞",创下"沿山不开山"的奇迹,减少边坡开挖近万平方米。

资源节约型高速公路——高速公路路堤需要大量的填筑材料,挖取土坑会占用许多耕地,而路堑又会产生大量弃方,如果不加以利用则又将压占农田,因此合理利用是对资源的节约环境的保护。徐宿高速公路建设结合水利工程规划,在徐州睢宁段境内带状取土超过 600 万 m^3,形成河道 60km,一举节约用地 3000 余亩,创造了"路河结合用地"的江苏之最。京福高速公路徐州东绕城段,在徐州贾汪、铜山段境内,有 4 处山体挖方段,挖方总量超过 160 万 m^3。该工程充分利用弃方,第一次在江苏修筑了 14.74km 填石路基,基本消除了弃方压废土地情况。根据铜山、贾旺地段地表覆盖土层较浅的情况,京福高速公路徐州东绕城段建设创造性地使用煤矸石和僵石土填筑路基,有效地节约土地资源。京福高速公路徐州东绕城段建设合理利用徐州东互通地形,将交通工程用地及养护中心集中布置在"西南象限"荒山坡上,保护了互通区 310 国道北侧大片良田和民居。环保节地彰显了京福高速公路徐州东绕城段、徐宿高速公路建设"绿色高速"的用地理念。此外,宁常高速公路和苏州绕城高速公路结合滆湖、太湖整治,创造性地围湖取土 600 万 m^2,实现了水利建设和交通建设的双赢。

文化特色高速公路——江阴至太仓高速公路,遵循"保护耕地、节约用地、少拆房屋、景观协调"的原则设计线路,按照"恢复自然、提炼主题、突出重点"的思路安排景观,瞄准建设"推动沿江经济开发,体现苏南人文特色,代表江苏 21 世纪初形象的精品工程"的目标,精心组织施工,工程总体质量达到了国内领先、国际先进水平。

扬州西北绕城高速公路环绕历史文化古城扬州,沿线跨越著名的京杭大运河,自然景观秀丽。项目建设不仅考虑道路线形美观,还兼顾驾驶人的感受,突出沿线山水田园的灵秀，做到"显山露水"，使扬州西北绕城公路真正实现源于自然、融于自然、高于自然。

低路堤高速公路——盐城至南通高速公路，工程建设处处体现了"以人为本"思想，线路、桥梁设计突现沿海和湿地的气息，服务区结合当地人文文化，追求人性化的设计，以优美的景观环境和活泼亲切的建筑风格，将人、景、建筑融为一体。为节约用地，部分路段采用了低路堤设计方案，节约用地1万亩，总体实现了"代表21世纪初江苏高速公路现代化建设水平的品牌工程"的目标。

五个一流、四个零高速公路——宿迁至淮安高速公路，在认真总结国内外高速公路建设先进经验的基础上，实现了"一流的内在质量、一流的外观质量、一流的沿线设施、一流的环境景观、一流的档案资料"的建设目标，实现了"安全生产零事故、工程质量零缺陷、沥青路面施工零污染、廉政建设零腐败"的工作要求，成功铸造了"精品高速、生态宿淮"的新品牌。

二、科技创新的技术成果

在科技成果的支撑下，江苏高速公路建设技术不断进步，形成了较为先进的工程技术及江苏路基路面典型结构。创新技术成果主要有以下六点。

（一）不良地基处理

1. 江苏软土地基处治

江苏省地处长江下游、淮海冲积平原，软土地基分布较广，一般占路线长度的1/2～2/3，软土厚度2～32m，苏北还存在可液化地基。

通过研究，对软土层较薄的地基采用土工布砂垫层堆载预压和超载预压、塑料排水板等处治技术；对软土层中等厚度地基采用粉喷搅拌桩和湿喷搅拌桩技术；对于软土层厚度超过30m的地基，采用预制混凝土薄桩（PTC）处治；在宁靖盐高速公路和苏嘉杭高速公路采用真空联合路堤堆载预压技术；在沪苏浙高速公路创新性地采用钉形双向水泥土搅拌桩加固软土地基技术，并研究发明了配套施工工艺和施工机械。为检测成桩质量，研究出了钻孔取芯、标准贯入、抗压强度试验综合测试评估评分方法，并配套制定了操作规程和评分标准；对宿新高速公路等可液化地基采用了挤密碎石桩和强夯处治技术。在江海高速公路，为改善深厚软土真空预压法的处理效果，创新性地采用气压劈裂真空预压法以加固深厚软土地基。这种新技术，通过对加固机理的系统研究，对工法、施工工艺的设计和质量控制体系的建立，而得以固化。

2. 路基下采空区处治

对高速公路下伏富水多层采空区和复杂煤矿采空区的勘测设计、处治工程及质量检测技术研究，有效地解决了京福高速公路徐州东绕城段和徐州西绕城高速公路路基下煤矿采空区的处治,保证了高速公路路基的稳定。通过地质调查、采矿调查、物探试验、工程钻探等方法,勘察采空区的分布、结构和特征;对采空区采用注浆技术实施注浆处理;通过工后检查钻孔取芯、处治工程前后多种物探检测方法和物探参数变化特征,评定处治质量。应用该研究成果处治上述两条高速公路下的采空区,经多年运营,高速公路未发生沉陷等病害。

(二)路基填筑处理

1. 路基用土料不同的处治方法

江苏省区域地质环境变化大,从海相到陆相,土层较多,土体类型变化复杂,有粉土、黏土、砂土,也有湿土、过湿土、高液限黏土和膨胀土等特殊土,而又因施工期多在5—12月潮湿多雨季节,双重原因叠加给路基施工带来极大困难,故施工中多用石灰土、二灰土、三灰土、水泥土等外掺剂改良路基土结构。针对不同地质环境的土层,工程技术人员反复研究外掺剂的类型、成分、剂量,并且总结出一套根据土层含水率和性质掺加生石灰块、消石灰和化学固化剂以改善土的工程性质的施工工艺,不仅加快了施工进度,而且提高了路堤的强度和稳定性。

2. 江苏高速公路路基典型结构

根据软土层的特点,江苏省多采用塑料排水板与堆载预压或超载预压相结合的方法进行处治,加快软基的排水固结速度;在通道、桥头的软基和软基土层较厚的路段,则以粉喷桩为主处理,根据软土层特点,采用湿喷法或干喷法施工。随后又根据粉喷桩桩身处理质量,研究了双向搅拌水泥桩,并形成相应的工法及施工标准,以提高桩身均匀性及承载效果。对于超厚的软土层,先后采用过多种方法:塑料排水板——粉喷桩复合地基法(2D工法)、真空排水联合堆载预压法;预应力薄壁管桩(PTC)复合地基处理技术、现浇混凝土薄壁管桩复合地基处理技术、钉形水泥土双向搅拌桩处治软土地基技术和CFG桩复合地基加固厚层软基技术等。对于液化砂土地基则采用强夯法加固施工。针对徐州地区广泛存在的煤矿采空区,采用高压灌注水泥砂浆对采空区排水填实的方法进行处理,保证了路基的稳定。

路基填筑以石灰改良土路基为主,根据不同的压实要求,采用不同剂量的石灰,直至路基顶面。从当下土源日趋紧张、环境保护要求及工程社会经济效益的角度考虑,技术人员又开展了降低路基填筑高度的研究,成果在宁杭高速公路二期使用以来,已获得广泛推广。

(三)路面科学技术

1. 底基层处治技术

底基层是基层与路面基层之间的过渡层,其结构及填筑材料成为主要研究对象。站在施工质量、施工工艺、原材料质量控制的角度,从初期的石灰粉煤灰稳定土、三灰土逐步发展到目前广泛使用的低剂量水稳,不仅较好控制了底基层的裂缝,提高了底基层成型质量,也降低了路基施工单位的人员、设备成本。

2. 路面基层处治技术

路面基层结构处理是江苏省开展科研的重要方向,从开始使用的二灰碎石到现在全面替代的抗裂水稳碎石基层,其间结合长寿面路面对排水基层、柔性基层、嵌挤型抗裂水稳碎石,从反射裂缝至合理强度指标等,展开了一系列研究。成果用于路面基层处治,大大减少了基层温缩、干缩裂缝。

3. 路面处治技术

江苏工程技术人员深刻认识到沥青路面工程的重要性和艰巨性,2001年以来,通过反复研究,在工程中采取了一系列有效措施:采用SBS改性沥青和橡胶沥青;在沥青和沥青混合料中掺加改性材料,以提高沥青混合料抗水害、抗车辙的性能;面层沥青混合料级配优化;采用压实度双控标准;采用大吨位压路机提高沥青路面压实度;改进沥青混合料现场空隙率控制范围;沥青面层厚度由原来的16cm增加到18~20cm;防止混合料温度离析和级配离析;提高铺面均匀性;降低面层渗水系数;采用优质乳化沥青材料增加沥青面层层间黏结;优选下封层用材和施工工艺;在隧道路面中应用沥青混凝土加连续配筋混凝土复合式路面结构等。上述新材料、新结构、新技术、新设备、新工艺的应用,使江苏省高速公路沥青路面早期破损问题,如拥包、松散、剥落、推移、坑槽等病害得以解决,抗车辙性能也有明显提高,确保了路面内在质量和路面外观,使江苏省高速公路沥青路面总体处于全国领先水平。

4. 江苏高速公路路面典型结构

对多项研究成果的汇总和路面工程实践的验证,形成了江苏省高速公路沥青路面典型结构:上面层,4~4.5cm厚,SMA-13S或AK-13S,SBS改性沥青,玄武岩或辉绿岩集料;中面层,6cm厚,AC-20S或Superpave-20,SBS改性沥青或70号A级道路石油沥青,石灰岩集料,必要时掺加聚酯纤维;下面层,8~9.5cm厚,AC-25S或Superpave-25,70号A级道路石油沥青;下封层,SBS改性乳化沥青单层表面处治;桥面防水层,抛丸后,热喷SBS改性沥青;基层,34~38cm厚水泥稳定碎石;底基层,20cm厚低剂量水泥稳定碎石。

(四)桥梁施工技术

1. 一般河流桥梁结构类型和施工技术

江苏省河流纵横,桥梁约占高速公路长度的17%~30%,桥梁研究成为高速公路科研的重要组成部分。多年研究和实践证明,中、小桥梁适用预应力混凝土箱梁或板梁简支结构,桥面连续或先简支后连续结构;跨线桥和互通匝道桥多适用预应力混凝土或钢筋混凝土现浇连续结构;有通航要求的大型桥梁多适用悬臂浇筑变截面预应力混凝土连续箱梁结构,引桥则适用预应力混凝土组合箱梁先简支后连续结构。

2.桥梁关键施工技术

围绕着"十年道路,百年桥"的质量目标,江苏省工程技术人员对桥梁施工关键技术展开了多方面的研究,包括宽幅空心板预应力工艺及结构性能、单索面混凝土部分斜拉桥施工控制技术、钢筋混凝土连续箱梁裂缝、大桥桥面沥青混凝土铺装结构组合、外加剂对桥梁混凝土长期耐久性的影响与关键应用技术、下承式系杆拱桥吊杆可更换技术、桥梁抗震设计关键技术等。针对桥梁检测的技术评价指标,进行了超声—回弹综合测强、灌注桩钢筋笼长度检测、支线上跨方案适用性评价、后张法预应力孔道灌浆质量检测方法、悬臂浇筑预应力混凝土连续箱梁纵向裂缝成因及预防技术等多种研究。2010年完成的"江苏省高速公路梁式桥梁质量通病防治技术"课题,从技术层面为多年的桥梁建设经验做了全面深入的总结,为后续桥梁施工提供了有效的技术指导。

(五)施工管理体系研究

好的施工质量离不开好的顶层管理体系,从沪宁高速公路江苏段建设开始,江苏交通部门即对建设管理系统进行不断的研究与开发,包括筹资模式及效益分析、工程项目合同管理与投资控制信息系统、招评标管理系统、建设项目档案管理标准、动/静态称重系统的应用、服务区规划设计与功能布局技术标准、建设资金安全监管、工程计量管理、跟踪审计管理、建安工程投资控制、安全生产监管建设、节约集约用地建设、交通工程建设领域防治腐败制度等等,形成了一套集工作管理制度、管理办法、安全管理、防腐防控手册在内的完整的管理体系。

自2010年下半年开始,结合施工标准化工作,对现场管理制度进行了整合,包括设计标准化、施工标准化指南(6册,包括工地建设、路基、路面、桥梁、软基、绿化)、安全标准化指南、质量通病防治手册,辅以质监局编制的监理标准化指南,形成了一套完整的江苏省标准化管理体系。

随着信息化时代的到来,江苏省交建局摈除故步自封,积极探索信息化管理手段,除2005年即开始使用的自动化办公系统外,对现场的管理也不停留在普通的摄像监控层面,探索了路面施工的管控技术、粉喷桩施工的管控技术等,必选适合的传感器,建立简洁实时的采集处理分析预警平台,提高了现场施工的稳定性,降低质量波动,为施工管理人员、技术人员提供较好的过程控制反馈,加强了过程控制,降低事后控制造成的返工率。

(六)附属工程技术

1. 利用当地植物,美化中分带、边坡和排水设施

综合运用景观学、生态学理论,提出了高速公路环境景观设计的原理、理论和方法,并在宁杭高速公路环境景观设计中获得成功应用。主要措施有:选择当地主要的野生植物及植被类型,建立公路沿线地域景观特征并修复沿线山林植被;采用混凝土大六角块、空心六角块等新的边坡防护形式;采用路堤边坡流线型排水沟、路堑边坡暗埋式排水沟。为提高衬砌拱美化设计质量、效率及工程量计算,还开发了专门软件与之配套。

2. 保护生态环境,防治各类污染

生态路的创新措施有:设计注重保护自然环境;大量采用生态防护技术,如挂网客土喷播技术、废弃轮胎客土技术、普通客土喷播技术等;营造湿地效果;开展沿线环境整治等。环保路的创新措施主要有:拓展绿化面积;完善排水及污水处理系统;建设期重视控制各种污染;合理处治弃土、弃石;设置天然的声屏障等。

3. 优化景观设计,建设生态、环保、景观、旅游之路

景观路的创新措施主要有:运用景观设计"珠链"理念,把沿线互通、服务区、收费站、挖方段比作长链上的"珍珠",倾力打造每粒"珍珠";运用自然式的绿化种植技术、"借、遮、引、造"的造景手法、创新的排水系统来提高景观效果。旅游路创新措施主要有:线路设计考虑旅游的功能要求;造景时注重显现地方特色及人文、历史风情;将服务区打造为旅游服务中心。

4. 重视隧道设计,保护原生岩土体和植被

高速公路隧道环保型建设方案:设计了隧道前置式洞口的工法和施工工艺,用在宁淮高速公路老山隧道和宁常高速公路茅山隧道工程中,成功地保留了左右洞口和中间的原生岩土体及原生植被;研究了公路傍山路段大跨半拱斜柱棚洞结构的支挡原理、结构特性、设计方法和施工工艺,应用于老山隧道出口的棚洞工程,以一种全新的边坡处理措施成为一种洞口景观,有效地保护了自然植被和原生树木,珍惜了环境。

5. 建立监控信息处理系统,提高行车安全

江苏省高速公路运营建立全线集中监控,随时了解全线道路上的行车情况,及时处置各类交通事故;建立可变情报板,随时发布各种交通信息和天气预报;建立呼叫中心,随时处理突发事件,为道路用户提供各种服务。

6. 建立全省联网收费和车辆称重系统

江苏省所有高速公路均已实行联网收费。目前以"长江为界,分别组网"。苏南网于1999年9月开通,实现了沪宁高速公路江苏段、锡澄高速公路、广靖高速公路、宁通公路江广段及江阴长江大桥"四路一桥"联网收费,苏北网于2000年底开通。随着每条高速公路建成通车,即入相应的高速公路网联网收费。汽车进入高速公路网时,在收费站取卡,出高速公路网,收费站一次收费,同时对车辆自动称重,按车重和行驶里程计费。1997年11月,沪宁高速公路江苏段建成国内第一个大规模使用非接触IC卡通行券的收费系统,在部分收费窗口使用,实行不停车自动收费,简化了收费手续,节省了收费时间。

7. 引用中压电能传输系统

高速公路中压电能传输系统的引进与应用研究,将传统的低压供电系统改为中压传输系统供给高速公路、大型桥梁、隧道,再经变压供照明和其他用电荷载。采用中压电能传输系统对长距离分散性负荷供配电,比采用常规供配电减少变电所数量、缩小了配电电缆截面、节省了管理人员,因而降低了工程投资。目前江苏省已建成的高速公路都已采用中压电能传输系统供电。

三、高速公路建设科技创新主要经验

江苏高速公路建设不断创新工作思路,从设计理念、设计组织管理、工程设计技术等三个方面,对如何落实科学发展观进行了具体工程实践创新,创造性地提出了"以功能为主线,以安全为核心,以人为本,合理采用技术标准,灵活运用技术指标,协调处理环保、经济、美观的关系,确保公路建设的可持续发展,实现工程设计、环境、生态、景观、文化、历史等方面的最优化"的设计理念,攻克了多项重大技术难题,提升了工程建设品质,以理念贯穿,以组织保障,以工程技术支撑,打造出了宁杭高速公路、宁常高速公路等一批精品示范工程。

江苏高速公路建设确立了"科技筑路"战略,探索并找出了"江苏经验"。江苏省高速公路建设大量采用新技术、新材料、新设备、新工艺,基本达到了国内领先、国际先进水平。在不良地基处理、路基填筑处理、路面科学技术、桥梁施工技术、施工管理体系研究和附属工程技术等方面不断创新,为江苏省高速公路的质量提供保障。依托科技创新,全面推进高速公路建设快速发展,领跑全国,并打造了一条条享誉全国高速公路精品工程,生态环保旅游景观高速公路、资源节约型高速公路、文化特色高速公路、低路堤高速公路、五个一流、四个零高速公路等。

正是江苏高速公路建设不断突破创新,敢于挑战与攻克技术难关,才有了领先全国的创新技术,才有了领跑全国的"江苏经验",才有了今天享誉全国的江苏高速公路。

第二节 过江通道建设科技创新

跨江大桥建设一直是江苏公路交通的重要课题。改革开放前,长江江苏段仅有1968年12月建成的南京长江大桥。20世纪90年代初,江苏结合公路网长远发展规划,确定

2020年前规划建成江阴长江公路大桥、南京长江公路二桥、润扬长江公路大桥、南京长江公路三桥和苏通长江公路大桥五座过江通道。到2008年底，这5座跨江大桥全部建成，提前10年实现了规划建设目标。"十一五"期间，江苏新开工建设泰州长江公路大桥、崇启长江公路大桥、南京长江公路四桥以及南京大胜关铁路大桥4座跨江大桥，并于2012年年底前全部建成通车。

面对桥梁建设中的许多技术难题甚至是世界级技术难题，江苏省积极开展科技攻关，在特大跨径桥梁建设的成套技术研究方面，形成了一批拥有自主知识产权的科研成果，培养和锻炼了一批在全国有影响的桥梁建设高级人才队伍，建桥水平达到国内领先和世界先进，走出了一条自主创新之路。

一、崇启大桥

崇启大桥地处长江口，江面宽5.5km，最大潮差5.6m，最大流速大于3m/s，洪潮、风暴潮、涌潮灾害频繁，桥位区年平均降水天数约为129天，6级以上大风每年180天以上，同时台风频繁，并常伴有大雨和暴雨等灾害性天气，一年有效施工日不足240天。大桥桥位处地质条件也十分复杂，基岩埋藏深，覆盖层厚400m以上，表层淤泥质黏土厚达50m，接线工程地处长江三角洲冲积平原的前缘地带，河沟众多，水网密布，地下水位浅，被称为高速公路建设"禁区"。

大桥工程建设中科技创新方面的主要做法如下：

一是围绕关键技术开展科研，主要开展了海工混凝土耐久性、50m节段梁体外索、钢箱梁桥面铺装、PHC桩地基处理、钢箱梁设计和施工等6项关键技术研究。环氧钢绞线体外索疲劳试验也已完成，通过了200万次的疲劳试验。这些科研成果为崇启大桥的设计和施工提供了可靠的技术支撑。

二是注重工艺创新和集成，形成成套技术2项，工法3项，专利2项。指挥部形成预制悬挂施工混凝土节段梁和整跨制造、架设变截面钢箱梁2项成套技术；在国内首次大规模采用短线匹配预制逐跨悬挂拼装的施工工艺，并研制了TP50型专用架桥机，跨径创当时国内之最；通过支承结构和船舶加固改造，首次成功实施了"平板车转运装船、船运四点支撑和海驳拖带"的大节段钢梁的装船运输；首次采用两艘起重船联合抬吊整跨钢梁，并在两艘起重船间布置垫挡船以保证吊梁过程中移动的同步性；首次采用自平衡体系的吊索具系统，实现了吊梁时吊索具的受力均衡。

三是加强国内外的咨询和与研究机构的合作，整合技术资源。积极整合国内外技术力量，发挥各方专长，除设计、施工、监理等已有技术力量外，又聘请国内知名桥梁专家担任顾问并引入日本长崎大学、同济大学、西南交通大学、武汉理工大学等学校的研究力量，协同完成相关专业设计和计算复核工作。通过各方的共同努力，解决了施工过程中的技术难题。

部分具体科研攻关情况如下：

（1）开展"崇启大桥江海交汇环境下结构混凝土耐久性技术"课题研究。基于桥区水域水质条件，大桥建设指挥部与东南大学、江苏省科研院合作研究了混凝土劣化机理和损伤规律，确定了各部件混凝土配合比参数；根据混凝土工作性能、力学性能和耐久性的综合要求，提出了混凝土施工质量控制指标和控制要点，从而有效地提高了混凝土结构的耐久性。

（2）开展"崇启大桥50m逐跨预制节段拼装施工引桥体内体外合理配束关键技术"研究。崇启大桥引桥为跨径50m预应力混凝土连续箱梁，采用预制节段全悬挂拼装施工。大桥建设指挥部与同济大学合作，通过体外束体系可靠性疲劳试验，确定了体外预应力束的合理比例及锚固结构、全悬挂拼装技术。

（3）开展"崇启大桥大跨度连续钢箱梁设计关键技术"研究。崇启大桥是我国首座特大跨度连续钢箱梁公路桥，由于钢箱梁属于薄壁箱形结构，其在整体荷载、局部荷载作用下的受力行为非常复杂，许多技术重点和难点需要深入研究。大桥建设指挥部与中交公路规划设计院有限公司、中国铁道科学研究院合作，对崇启大桥钢箱梁制造、架设方法、钢箱梁各板件局部稳定性、钢箱梁正交异性钢桥面板疲劳性能等进行了分析研究。

（4）开展"崇启大桥整体吊装大跨度连续钢箱梁施工关键技术"研究。大桥建设指挥部与中交第二航务工程局有限公司、中铁山桥集团有限公司合作，以大跨度变截面钢箱连续梁桥——崇启大桥为工程背景，开展了整体吊装大跨度连续钢箱梁的施工和控制等关键技术研究，形成一套适用于大跨度钢箱梁连续梁桥施工与控制的成套技术，对我国桥梁建设向"大型化、工厂化、装配化"迈进起到重要的示范作用。形成"大跨度变截面钢箱梁整跨梁段制作、装船运输工法""整跨（大节段）钢箱梁吊装施工工法"两套省级工法。

（5）开展"崇启大桥多孔大跨径连续钢箱梁桥面铺装体系"研究。跨江大桥主桥采用6跨变截面连续钢箱梁，与国内外大跨度钢桥多采用的悬索、斜拉受力模式不同，桥面铺装需要解决跨中挠曲变形、负弯矩区大面积拉应力、车辆荷载叠加效应等新的技术难题。为此，大桥建设指挥部与江苏省交通科学研究院合作，开展多孔大跨径连续钢箱梁桥面铺装体系研究，从结构设计、材料设计、施工工艺、质量控制等多个环节，确定了适合崇启大桥特点的桥面清洁、防锈处理、层间黏结层、桥面铺装材料和结构设计方案，并形成了《崇启大桥钢桥面铺装施工技术指南》。

（6）开展"海陆交互相新近沉积土地区高速公路建设地基处理关键技术"研究。崇启大桥接线工程位于长江入海口，又处于长江三角洲冲积平原，形成了复杂的海陆交互相新近沉积层，同时软土地基埋藏深厚。大桥建设指挥部与东南大学合作，结合地质条件和路段特点，综合采取降低桥头填土高度、轻质路堤、水泥搅拌桩、堆载预压及PHC管桩等地基处理措施，有效解决了海陆交汇区软土地基修建高速公路的沉降、稳定等难题。

(7)首次在省内跨江大桥建设中大规模采用钢管桩技术。跨江大桥在离岸宽阔水域施工,水文气象条件恶劣、有效作业天数少。因此,崇启大桥基础结构采用了施工高效、质量可靠的钢管桩施工成套技术。崇启大桥总计844根超大直径钢管桩,总用钢量约5.2万t,其中主桥基础钢管桩单根桩直径1.6m,管壁厚2.8cm,桩长85m,重87t,均居国内前列;通过收集水质资料和近一年的观测,分析丰水期和枯水期涨落潮的水质变化,确定了钢管桩的防腐技术。

(8)首次在国内大规模采用短线匹配预制逐跨悬挂拼装的施工工艺,并研制了TP50型专用架桥机,跨径创当时国内之最;研制了液压模板系统,用于50m混凝土箱梁的短线匹配预制,并形成"节段梁全悬挂施工工法"。

(9)首次在国内采用"整跨工厂无应力制造、滚装装船、整体架设、全过程实时监控"的先进施工技术。成功实现了最长185m、起吊重量最大2690t的整跨钢箱梁制造安装。

(10)首次在国内采用两艘起重船联合抬吊整跨钢箱梁,并创造性地在两船间布置垫挡船,保证了钢箱梁吊装过程中起重船移动的同步性。

(11)首次在国内采用自平衡体系的吊索具系统及定位架系统,实现了吊具和吊点的受力均衡,保证了钢箱梁吊装的安全性和可控性。两项系统均获得国家专利。

(12)针对崇启大桥主梁结构频率、阻尼特点和成桥风洞试验结果,开展TMD质量比、频率和阻尼比等参数分析优化,提出了主要技术指标和安装调试控制精度,为我国大型桥梁抑振探索了一套有效的TMD系统减振设计方法。

(13)首次在混凝土桥面大规模采用单组分环氧沥青桥面防水黏结层(NKY),提高了桥面沥青混凝土的黏结力和防水能力,有效防止了桥面沥青混凝土的早期破坏。

(14)开展抗裂水稳碎石基层的应用研究,通过进一步优化级配、控制粉尘含量、含水率和严格的养护措施,水稳基层平均裂缝间距达160m(正常水稳裂缝间距10~15m),真正达到了抗裂的目标。

崇启大桥建设项目先后获得江苏省交通建设优质工程奖、江苏省"扬子杯"优质工程奖等奖项,相关科研成果获得中国公路学会科学技术奖特等奖和二等奖各1项、江苏省科学技术奖三等奖1项、江苏省安全生产科技成果奖一等奖。

二、江阴大桥

江阴长江公路大桥是我国首座跨径超千米的特大型钢箱梁悬索桥梁,也是20世纪"中国第一、世界第四"大钢箱梁悬索桥,是国家公路主骨架中同江至三亚国道主干线,以及北京至上海国道主干线的跨江"咽喉"工程,是江苏省境内跨越长江南北的第二座大桥。

为配合江阴大桥各个建设阶段的工作,省长江公路大桥建设指挥部从1992年初就根据工作需要和联合设计处的要求委托科研单位开展科研攻关。第一类是为验证设计的理论、方法和参数，为大桥设计优化及今后同类桥梁设计提供技术依据；第二类是为指导关键工程施工，确保工程质量；第三类是结合具体施工力量，探索恰当施工方法与施工工艺。此类科研项目以施工单位为主，由施工单位以专题施工总结形式完成。

在江阴大桥建设过程中，工程技术和施工人员坚持科技创新，突破了一道道科技难关，取得了山体稳定、北锚碇安全性研究与对策、上部结构施工控制分析等30多项科研成果，其中江阴大桥关键技术研究项目获得了2001年度省科技进步一等奖。江阴大桥因其优异的工程质量先后获得2000年度英国建筑协会优质工程奖、2001年省"扬子杯"优质工程奖、2002年度中国建筑工程鲁班奖和2002年度国际桥梁协会尤金·菲戈金奖。

部分具体科研攻关情况如下：

(1)北锚碇基础施工。江阴大桥北锚碇坐落在北岸(靖江)冲积平原软土地基上，岩层在地面以下80m深处。为使锚碇承受6.4万t拉力而"岿然不动"，设计采用大型沉井基础将锚碇固定住，沉井成了大桥各部件的"重中之重"。北锚碇沉井长69m、宽51m，有8个半标准篮球场大；深度58m，相当于20层楼的高度，体积为20.4万m^3，当时被称为世界第一大沉井。沉井共分成11节，第1节是高8m的双壁钢壳沉井，其余10节为钢筋混凝土沉井。沉井被分为36个格仓，沉井下沉采用高压水枪将每个格仓的土体冲成泥浆，然后用泥浆泵或空气吸泥机吸出泥浆，沉井便靠其巨大的自重缓缓下沉。沉井分为30m排水下沉和28m不排水下沉。施工完全满足设计和国家有关标准规范的要求，质量达到优良标准。

(2)塔墩基础施工。坐落在江滩软土层上的北塔同样需要有坚实的"基础"，这个"基础"是96根直径2m、嵌入基岩3.5m的钻孔灌注桩。由于地质复杂，每根桩长度不一，最短83m，最长94m。根据设计要求，单根桩偏位不得大于5cm，倾斜率不得超过1/200，孔底沉渣厚度不得大于5cm，且桩与桩之间的距离采用了规范允许的最小值，没有补桩位置。通过精心组织、强化管理，施工结束后经超声波检测和抽样钻孔取芯，96根桩质量全部为优良，没有出现一根断桩，当时创造了国内乃至世界桥梁史上的奇迹。

(3)主缆架设。主缆是悬索桥四大主要承重构件之一，被称为大桥的"生命线"。江阴大桥主缆不仅要"吊"起总重达1.8万t的钢箱梁和5000t的沥青混凝土桥面，还要承载桥面行车的重量。大桥主缆共有两根，单根直径为86.6cm，截面大如小圆桌，重1.7万t，由2.1万根、每根长2200m、直径为5.35mm的镀锌高强钢丝组成。两根主缆钢丝总长度达9.24万km，可绕地球赤道近两圈半。

在广泛征求国内外专家意见的基础上，江阴大桥工程综合比较投资、质量、进度和施工经验等多种因素，最终确定采用PPWS法进行主缆架设。在索股牵引过程中，通常会出现扭转、松弛和钢丝的交叉，省长江公路大桥建设指挥部召集国内外专家研究对策，通过减少牵引滚轮宽度、加陡滚轮侧壁,并在索股上每300m安装一个鱼雷形夹具的方法,来减少索股扭转,同时对索股制作工艺、设备和技术进行了改进,成功解决了架设中存在的一系列技术问题,架设速度也从最初几天1根提高到最快1天8根。经验收,架设完成的主缆空隙率平均只有16.6%(设计允许值为18%),达到了世界先进水平。

(4)钢桥面铺装。钢箱梁桥面铺装本身就被桥梁界视为一项世界性难题,当时不仅在国内无成功经验和科研成果可供借鉴,而且从世界桥梁工程来看,成熟经验也是屈指可数。江阴大桥所在的江阴、靖江地区,冬夏和昼夜温差较大,在这种气候条件下,对钢桥面沥青混凝土铺装要求更高、难度更大。为了确保铺装层的工程质量,江阴大桥钢桥面最终决定采用从英国引进的浇注式沥青混凝土(沥青玛蹄脂)铺装技术,铺装厚度仅为5cm,这项技术当时已应用在香港青马大桥,其施工工艺和所需设备与普通沥青混凝土完全不同。江阴大桥主桥铺装总面积达到4.68万m^2。要在江阴大桥钢桥面铺装中有效解决沥青的高温稳定性、常温抗疲劳性和低温抗裂性,还要有较好的防水性,保证沥青在15℃~70℃的悬殊温差情况下安然无恙,其对沥青热稳定性能的要求远远超过了一些西方国家建造的大桥。为此,省长江公路大桥建设指挥部与东南大学交通学院成立了联合课题组,耗时一年半时间,从试验到方案实施,开展了铺装层结构和材料的研究,提出了适应江阴大桥交通特征和气候条件的技术参数,圆满完成了铺装任务。

三、润扬大桥

润扬大桥在建设中碰到的难题很多,主要表现在两个方面:一是自然条件复杂,地质、河势、水文、气象、航运和水陆交通条件均对工程建设带来相当的不利影响;二是工程技术复杂,建设期间必须重点解决好诸如锚碇工程、水中基础工程、塔墩、缆索系统、钢箱梁、钢桥面铺装以及施工安全等建设难题。

针对工程建设重点和难点,依托技术顾问和技术专家组的强有力支持,省长江公路大桥建设指挥部积极组织设计、施工、科研单位和高等院校,实行强强联合,开展了一系列科研技术攻关,内容涵盖了工程地质及岩土工程、桥梁结构工程、混凝土耐久性工程、大跨径桥梁施工技术、结构安全及健康监测、大型工程建设管理等方面,先后取得了25项技术创新成果,部分技术在国内甚至在国际上都处于领先水平。这些技术创新成果在工程建设中得到了成功应用,为大桥建设的顺利推进提供了强有力的技术保障。

1. 悬索桥锚碇施工关键技术

由于南、北锚碇所处的地形、地貌和地质条件具有复杂性和特殊性,选用恰当的工程技术方案显得尤为重要。在初步设计、技术设计基础上,为确保锚碇工程万无一失,省长江公路大桥建设指挥部首次在大型桥梁工程中引入了带案招标的做法,国内许多优秀施工单位、设计单位和科研机构均参与了方案研究和竞争,经过专家认真评选,最终确定北锚碇基础采用矩形地下连续墙作为基坑支护方案，南锚碇基础采用排桩加冻结作为基坑支护方案。

北锚碇工程位于世业洲洲尾，距长江大堤仅70m，地质条件复杂。锚碇基础采用了壁厚1.2m的嵌岩地下连续墙作为围护结构的明挖深基础，平面尺寸69m×50m，基底坐落在基岩上，平均开挖深度48m，被称为国内第一、世界罕见。省长江公路大桥建设指挥部针对地连墙施工的难点，组织开展了包括地连墙成槽试验、地连墙槽段接头试验、大吨位钢筋笼吊装及对接技术试验、地连墙混凝土性能及槽段接头防混凝土绕流试验在内的多项工艺试验，基本解决了地连墙施工中可能遇见的关键问题。施工中，通过不断完善施工工艺，优化组合各种施工设备，克服了诸多技术困难，特别是在淤泥层、粉细砂层和坚硬的微风化岩层中成槽的困难，优质高效地完成了地连墙工程。在基坑开挖过程中，省长江公路大桥建设指挥部采取了慎之又慎的态度，对施工中存在的风险进行了全面评估并设计了相应措施。为了降低基坑内外水头差，改善地连墙和支撑结构的受力和变形，省长江公路大桥建设指挥部组织有关单位提前制订了坑外高喷防渗帷幕加坑外降水的组合预案，经过润扬大桥技术顾问和技术专家组会议审议后实施。该措施经实践证明效果很好，有效保证了基坑施工的安全。

南锚碇基础长70.5m，宽52.5m，基坑开挖深度29m，达到基岩面。在国内首次采用了排桩加冻结工法，即以140根直径为1.5m的嵌岩钻孔桩作为基坑的挡土结构，利用地下冻结技术在排桩外侧形成厚1.3m的冻土帷幕作为基坑的挡水结构。施工中遇到的主要技术难题是局部冻结壁止水效果欠佳和冻胀力较大的问题，主要原因是南锚所处地层的不均匀性和地下水流动的影响，造成冻土发展不均匀。针对这些技术问题，指挥部组织大桥建设各方及有关专家进行了充分研究，采取坑外降水、局部液氮补强冻结、基坑外侧增加卸压槽等措施，并根据开挖过程中监测的结果进行动态设计，增加一道内支撑结构。通过上述措施，南锚碇基础施工中的技术难题得以及时解决。

2. 桥塔施工技术

悬索桥南、北索塔基础均为32根直径2.8m的嵌岩钻孔灌注桩，塔柱高215.58m，为门式混凝土结构。桥塔基础单桩承载力高达12000t，若采用传统方法将无法进行静荷载试验。省长江公路大桥建设指挥部在国内同类桥梁中，首次采用自平衡试桩法进行静荷载试验，达到了试验目的，这也是国际上最高量级的静荷载试验。

由于悬索桥北塔和斜拉桥的两个主塔均为水中深基础，施工难度大，基础承台均采取了大型钢吊箱施工方案。特别是在悬索桥北塔基础承台施工中采用了钢吊箱一次性整体吊装工艺，钢吊箱长65m，宽23.6m，高9m，重达1000t。这是国内桥梁基础施工的一次大胆创新，既提高了承台施工的内在质量和外观质量，又大大节省了施工时间。

悬索桥北塔及两个锚碇锚体施工中使用了德国DOKA自动爬升模板系统。该模板系统具有表面平整度高、透气吸水性强、整体刚度大、爬模速度快和重量轻等优点,不仅提高混凝土浇筑的内在质量和外观质量,而且加快了施工的进度。

3. 悬索桥上部结构施工技术

主要包括猫道系统架设、主缆架设、钢箱梁吊装等主要工序。

(1)无抗风缆猫道系统架设。猫道是悬索桥上部结构施工的高空工作通道和临时作业场地,为减轻猫道结构重量,缩短架设周期,并从有利于桥下通航的角度出发,采用了无抗风缆猫道系统。猫道上下游各一幅,每幅猫道由10根承重索作为整个猫道系统的承力结构。每根承重索分为南边跨、中跨、北边跨三部分,全长约2550m,直径为54cm,重约32t。在对长江航道进行封航的条件下,采用江底铺设法架设直径36mm牵引索,形成单线往复式牵引系统。中跨猫道承重索利用牵引系统采用空中托架法架设,边跨猫道承重索采用直接上提法架设,中跨与边跨猫道承重索连接成整体,经主塔塔顶转索鞍,形成三跨连续的猫道系统。承重索全部牵拉到位后即进行调索,并采用下滑铺设法铺设猫道面网及架设横向通道。为改善猫道抗风稳定性并提高工人操作的舒适性,在横向通道部位设置了制振装置。

(2)主缆架设。主缆为吊挂钢箱梁的主要受力结构,润扬大桥南汊悬索桥主缆上、下游各一根,长2580.8m,总重20888t。每根主缆由184股索股组成,每股索股由127根直径5.3mm的镀锌高强钢丝平行排列而成,即一根主缆包含23368根钢丝,如果将两条主缆的所有钢丝首尾相连,其长度可绕地球三圈。主缆采用预制平行钢丝索股(PPWS)法进行架设。主缆架设过程中,为避免出现"呼拉圈"、散丝、鼓丝、扭转、弯折等问题,制定了一系列行之有效的措施,如采用带有力矩电机的被动放索架,有效防止了"呼拉圈"、散丝等现象;每隔300m设置鱼雷夹,解决索股架设过程中的扭转问题等,从而保证了主缆架设质量。主缆架设于2003年5月26日开始,施工单位克服了"非典"、暴雨、大风等不利因素的影响,精心组织施工,规范操作,确保了架设质量和进度,至10月1日完成,仅用了128天时间。

(3)钢箱梁吊装。悬索桥钢箱梁全宽38.7m、高3m、全长1485.23m,总重量近23000t,分为47个吊装梁段,最大吊装重量达505.6t。

经过广泛调研和比选,省长江公路大桥建设指挥部联合上部结构安装施工单位中交二公局共同研制了全自动液压式跨缆吊机,每组吊机的安全起吊荷载为740t。跨缆吊机的液压、控制系统等关键设备均从国外进口,吊机的钢结构部分在国内加工制造,所有部件运抵工地现场组装。该跨缆吊机的构件模块化设计、整机一体化设计、中央控制系统智能化设计,使其具备了操作便捷、安全可靠、适应性强、经济合理等优点。在钢箱梁吊装之前,进行了各项试验,包括荷载试验、行走试验等。跨缆吊机的研制为我国今后的大跨径悬索桥钢箱梁吊装积累了经验和设备。

钢箱梁吊装顺序是先吊装跨中 0 号段,然后自跨中向两塔方向对称吊装。从跨中段到合龙段之间梁段的吊装,由跨缆吊机直接从水中定位好的驳船上垂直起吊安装;靠近南塔的四个梁段由于下方为陆地或浅滩,采取搭设栈桥的方案,先用跨缆吊机把钢箱梁段从运输船上提到栈桥上,再用卷扬机拽拉到吊点位置正下方进行垂直起吊;南、北塔处的端梁段,采用空中荡移方式进行吊装。

中央扣安装及跨中梁段吊装。为了减少活载引起的桥面纵向位移和风振等引起的跨中短吊索弯折、疲劳问题,润扬大桥在国内首次采用了缆梁固结的刚性中央扣结构。中央扣索夹长 5.0m,总质量为 12.3t,通过刚性竖杆和斜杆与跨中钢箱梁相连接。

4. 钢桥面铺装技术

钢桥面铺装属重大技术难题。润扬大桥钢桥面铺装总长度 2248m,其中北汊斜拉桥 758m,南汊悬索桥 1490m,铺装总面积为 70800m^2。大桥开工伊始,省长江公路大桥建设指挥部就与东南大学联合成立了润扬大桥钢桥面铺装课题组,经过长达 3 年的调查研究、理论分析、试验比选以及实桥检验,在充分借鉴国内外特大型桥梁钢桥面铺装经验的基础上,确定润扬大桥采用双层环氧沥青混凝土铺装方案(中央分隔带采用浇注式沥青混凝土铺装方案),下层厚 25mm,上层厚 30mm。

由于双层环氧沥青混凝土铺装方案对施工工艺和施工环境的要求很高,必须在高温晴好天气下进行,混合料生产、运输、摊铺、碾压等各道施工环节必须紧密配合。为了确保铺装成功,省长江公路大桥建设指挥部与施工单位、科研单位一道制订了科学、严密的施工技术方案,克服了施工难度大、工期紧、气温高等困难。自 2004 年 7 月 27 日正式开始北汊斜拉桥行车道铺装,至 8 月 20 日顺利完成,仅用了 9 个有效工作日;8 月 29 日开始南汊悬索桥行车道铺装,至 9 月 23 日结束,仅用了 12 个有效工作日。实现了铺装质量好、安全无事故的目标。

5. 提高桥梁耐久性技术

为了全面提升工程建设的质量,确保工程使用寿命,省长江公路大桥建设指挥部就桥梁结构耐久性问题组织开展了一系列研究工作。在结构混凝土耐久性方面,全面推广应用了低碱水泥;在上部结构防护方面,在国内首次采用了从日本引进的 S 形镀锌钢丝进行主缆缠丝,并引进了日本的主缆除湿新型防护系统。同时,还开发了包括基础及上部结构在内的桥梁健康监测系统,应用现代化的传感、测试技术,对桥梁的工作环境、结构状态、在各类外部荷载因素作用下的响应进行实时监测,及时掌握桥梁的结构状态,全面了解桥梁的运营条件及质量退化状况,为桥梁的运营管理、养护维修、可靠性评估提供了依据。

四、苏通大桥

科技创新是苏通大桥工程建设的一项重要使命,通过 100 多项专题研究、近 30 项省科研计划项目、交通部重大攻关专项和国家科技支撑计划项目的实施,成功解决了工程建设中的关键技术难题,开发了3项新结构、1项新材料、4套新设备、9项新技术和新工艺,形成了千米级斜拉桥与多跨长联预应力混凝土连续梁桥建设成套技术。2006年7月,"千米级斜拉桥建设关键技术研究"被列为交通部"十一五"重大攻关专项;2006年11月1日,"苏通大桥建设关键技术研究"通过了科技部组织的咨询论证,正式确立为国家科技支撑计划项目。课题研究取得大量科技研究成果。从2007年开始,省苏通大桥建设指挥部先后组织国内实力最强的30多家科研单位,开展了100余项科研专题攻关,取得了丰富的研究成果,开展的6项国家课题、30个省级科研项目均通过成果鉴定,全部达到了国际先进水平,多项技术达到国际领先水平;1个项目获得国家科技进步一等奖,16个项目获得省、部级科技进步奖,1个项目获得特等奖;完成22项工法编制,其中6项被批准为国家级工法,9项被批准为省级工法,这在交通行业尚属首次;发表论文约200篇,其中在国内核心期刊上发表70多篇,在国外期刊和论文集上发表30多篇,近40篇被EI检索;开发软件6套、新设备4套,编制技术标准5项,出版专著17部,论文集4部;申报专利28项,形成了8套技术指南。多项成果已被其他工程借鉴和应用。

由于这些重大的技术突破,2008年6月,苏通大桥获得国际桥梁大会(IBC)乔治·理查德森大奖,这是我国第一个获得该奖项的桥梁工程,也是继法国诺曼底大桥和希腊里翁桥后获得该奖项的又一座大型桥梁工程。此外,大桥还荣获美国土木工程协会大奖、中国建筑工程鲁班奖、第十届中国土木工程詹天佑奖等诸多奖项。

(一)三项新结构

1. 半漂浮结构体系

大桥位于长江河口地区,风荷载大,有地震的潜在威胁。针对这一难题,苏通大桥以横桥向限位、纵桥向阻尼约束的方法,首次在大跨度斜拉桥的工程实践中采用了对静动力反应敏感、柔性好的半漂浮结构体系,解决了大风作用下梁端与塔顶位移过大以及在地震与温度作用下塔底内力过大等技术难题。

2. 索塔锚固区钢混组合结构

索塔锚固区是斜拉桥索塔受力的关键部位,受力、传力机理复杂,施工难度大,结构耐久性要求高。苏通大桥研发了新型索塔锚固区钢混组合结构。该结构能有效解决巨大索力传递问题,同时可以有效解决高耸结构刚度小、抗风安全性低、施工困难、结构耐久性难以保证的技术难题。

3. 长桩施工定位导向结构

苏通大桥地基土层土性软弱,水深流急,长桩施工精度难以保证。针对这一难题,苏通大桥研发了专用定位导向结构。采用这种结构能使大直径钢护筒定位水平精度误差达到 10cm 以内,竖直精度误差小于 1/200。

(二)一项新材料

长期以来,高强钢丝市场一直被国外公司垄断。为了改变这一状况,通过合力攻关,依靠自主创新,苏通大桥自主研发了 1770MPa 斜拉索用高强钢丝。该钢丝采用以"超高强度、低松弛、良好扭转性能"为核心的技术要求,综合国外对斜拉索用镀锌钢丝高性能指标要求,填补了国内空白。同时,通过这一新材料的研发,探索了一套新材料研发的科学方法和工作机制,形成了相应的技术平台,促进了有关产业的提升。目前,1770MPa 高强钢丝已在国内多座大型桥梁工程中推广应用,同时走出国门,创造了巨大经济效益和社会效益。

(三)四套新设备

为适应大桥建设的需要,促进我国桥梁技术的发展,苏通大桥研发了一批新设备。这些设备不仅在苏通大桥工程建设中发挥了重要作用,在其他类似工程中也得到了推广应用。

1. 超长斜拉索制作和架设成套专用设备

苏通大桥斜拉索长、重量大、精度要求高、制作和架设难度大,常规设备难以满足工程建设要求。针对这一难题,苏通大桥研发了长索制作专用设备,采用该设备能使斜拉索制作长度达到 800m。这一设备为大跨度桥梁建设提供了保证,填补了国内空白。为解决超长斜拉索架设难题,苏通大桥研发了轻型吊具设备,不仅解决了 59t 长索架设难题,而且实现了吊装过程的信息化控制,为桥梁大型构件安装提供一套全新的吊装设备。

2. 多功能双桥面吊机

钢箱梁吊装设备不仅影响施工安全性、施工功效,而且影响施工精度。由于工期紧、误差控制要求高、吊装高度大,因此必须研发新型设备。苏通大桥根据斜拉桥受力特点和施工要求,研发了多功能双桥面吊机系统。采用该系统能有效解决宽重钢箱梁节段匹配变形差较大的难题。同时,该桥面吊机具备长索牵引角度调整功能,可有效降低悬臂前端施工荷载,提高设备利用率,降低施工风险。该吊机系统已在多个特大型桥梁工程上推广应用。

3. 轻型组合式三向调位系统

系统通过普通液压千斤顶实现调位系统的任意组合,解决了在支架狭小空间条件下调位系统搬运难题;提出了调位同步性控制措施,满足了几何控制调位精度要求,为大型构件调位匹配提供了一种经济、高效的系统解决方案。

4. 减隔震支座

开发的这种新型抗震支座具有结构简单、大位移、自复位、高耐久性等特点,解决了多跨长联预应力混凝土连续梁桥抗震问题,提高了结构安全性。

(四)九项新技术和新工艺

1. 深水急流环境下超长大直径钻孔灌注桩施工平台搭设成套技术

该技术利用超长大直径工程钢护筒作为支撑桩搭设施工平台,解决了深水潮汐河段平台稳定问题;采用专用定位导向架结构,解决了超长大直径钢护筒定位与打设精度问题;将施工平台临时顶板与钢吊箱结构相结合,解决了钻孔平台施工与承台围水结构施工体系转换难题。采用该技术可以节约大量钢材,缩短工期。该技术已在多座大型桥梁工程中推广应用。

2. 超长大直径钻孔灌注桩施工成套技术

该技术针对深水软弱地质条件下群桩基础钻孔灌注桩施工风险因素多、影响复杂、质量保证困难等难题,研发了新型PHP集成泥浆系统,解决了深孔护壁稳定、减小了泥皮厚度和沉淀层厚度等难题;提出了超长大直径钻孔灌注桩桩底压浆工艺,提高了桩的承载力。这项技术已在多座大跨径桥梁工程和建筑工程中推广应用。

3. 超大型钢吊箱下放工艺

该技术采用计算机同步控制对钢吊箱进行整体下放;采用千斤顶可调水平定位技术,解决了大型钢吊箱在急流强潮条件下调整定位难题,实现大型吊箱的高精度安装定位。该技术已被批准为国家级工法。

4. 大型群桩基础永久冲刷防护成套技术

提出了潮汐双向水流作用下特大型复杂群桩基础局部冲刷机理及其预测方法,解决了复杂水文条件下复杂群桩基础冲刷深度难以确定的难题;提出了特大型桥梁深水群桩基础永久冲刷防护理念及技术,攻克了深水、大流速、潮汐条件下基础防护、防护结构、防护材料、抛投与定位、成型检测等技术难题。

5. 300m索塔测量与控制技术

苏通大桥索塔高300.4m,是典型的高耸结构。为满足桥梁结构线形要求,索塔施工精度必须得到严格控制。而桥塔施工位于宽阔江面中,施工条件受到很大限制。为了提高施工工效,规避风险,必须全天候进行施工放样。为了解决这些难题,苏通大桥研发了新型高耸结构监测方法——追踪棱镜法。该技术以GPS和测量机器人为主体进行多项信息技术集成与融合,可实现高耸结构的动态监测;通过识别环境和主要控制参数,及时更新模型及修正误差,实现索塔在无大风大雨条件下全天候施工。采用该技术,不仅提高了索塔施工精度,而且工效大大提高,每5天就能施工一个节段,节省工期2个月。

6. 超长斜拉索制作技术

斜拉索的精确制作是斜拉桥几何控制的前提,斜拉索的耐久性决定了斜拉桥的经济性与安全性。为了提高斜拉索制作精度和耐久性,苏通大桥研发了超长斜拉索制作技术。采用该技术可将斜拉索的制作长度从380m提高到了577m,将精度从1/5000提高到1/20000,耐久性从30年提高到50年,不仅为大跨径斜拉桥的施工控制提供了准确可靠的依据,同时也提高了结构使用寿命。

7. 钢箱梁长线法拼装技术

针对苏通大桥钢箱梁块段大、结构重、拼装精度要求高等难点,开发了基于几何控制法的钢箱梁长线法制作拼装技术。该技术的采用不仅提高了钢箱梁拼装线形和尺寸控制精度,而且保证了梁段安装现场平顺连接。

8. 上部结构施工控制技术

苏通大桥结构跨度大、刚度小、变形大,非线性效应明显,钢箱梁安装施工工期长,跨越多个季节,温度影响大;钢箱梁节段数量多,误差累积容易造成偏差;超长超高结构更加容易因振动而影响施工;需要监测的内容多。针对这些难题,苏通大桥建立了多方协同的施工控制机制,提出了大跨度斜拉桥施工全过程非线性数值仿真分析方法,通过钢箱梁正装与倒装的反复试验,积累了大量的数据资料,形成了施工控制成套技术,为类似工程建设提供了借鉴。同时,研发了中跨顶推辅助合龙配套工艺,提高了合龙施工对不同气象条件的适应性。

9. 多跨长联预应力混凝土连续梁桥短线匹配法施工成套技术

运用此技术,成功进行了多跨长联预应力混凝土连续梁桥预制悬拼施工,形成了混凝土箱梁短线法匹配制造、运输、安装与施工控制成套技术,提高了工程质量,节省了工期,有利环保。此技术在多座桥梁上推广应用,提高了国内大型桥梁施工企业的技术水平。

五、泰州大桥

作为省部加快新一轮基础设施建设、提升交通服务经济社会发展支撑力的重要组成部分,同时作为世界最新结构的大跨径桥梁,泰州大桥的建设举世瞩目。

工程技术人员以自主创新和集成创新为主、引进消化吸收再创新为辅,围绕千米级多塔连跨悬索桥建设中多项关键技术难题,开展了一系列科技攻关,也实现了许多重大技术突破,总体上达到了世界先进水平,部分重大关键技术成果达到了世界领先水平。

第五章
高速公路建设科技成果与应用

1. 重点科研项目列入国家"十一五"科技支撑计划

省长江公路大桥建设指挥部立足泰州大桥项目,完成了"长大桥梁深水超大型沉井基础施工成套关键技术研究""深厚覆盖层地区桥用锚碇基础关键技术研究"等6项部省联合攻关项目。在此基础上,围绕多塔连跨悬索桥适宜结构体系和性能、中间塔设计与施工关键技术、大柔度桥道系沥青铺装材料与结构设计方法等一系列难点问题,9家国内一流的设计、科研、施工单位和高等院校,协同完成了国家"十一五"科技支撑计划项目——"多塔连跨悬索结构及工程示范"的研究,并通过了科技部组织的验收。课题取得了包括11项专利、2部标准和4项工法在内的多项创新性应用成果。

2. 深入进行结构体系与构造分析研究,提升大桥设计水平

在设计方面,针对全新的桥型方案,设计单位和科研机构强强联手,对三塔悬索桥的结构静动力特性、支撑体系、中塔结构的合理形式、关键设计参数、抗风抗震性能等进行了深入研究,初步了解了三塔悬索桥的结构行为特性,在设计中选择了合理的结构体系和技术参数;在施工中不断监测结构的实际受力情况;在大桥建成后又通过动静载试验等对结构特性进行验证,从而进一步完善了设计理论,为今后三塔悬索桥的工程实践提供了可靠依据。

中间塔的设计是三塔悬索桥设计的关键技术难题之一,省长江公路大桥建设指挥部组织国内优秀的设计、科研力量,通过理论分析、数值模拟等技术手段,进行了广泛的方案比选,在世界上首次提出了纵向人字形钢塔这一中间塔结构形式,从而在多塔悬索桥的设计上迈出了关键的一步。研究显示,人字形钢塔可以较好地平衡中塔与鞍座之间的抗滑性能与结构变形的矛盾。在此基础上,开展了基于实际工作状态的主缆与中塔索鞍的抗滑移试验研究,分析了塔顶主缆的抗滑机理,并确定了设计参数;开展了钢塔疲劳设计荷载与方法研究、中塔多尺度弹塑性稳定分析及安全评价、多塔悬索桥设计风险评估和风险决策等多项研究。研究成果在大桥工程中获得广泛应用。

3. 切实加强施工技术研究,为大桥建设提供保障

泰州大桥有三个基础均采用了大型沉井,这在建桥史上也是罕见的,特别是中塔沉井为世界上入土最深的水中沉井基础。施工中受水流、潮汐、气候、河床冲刷及复杂地质条件等不利因素的影响,技术难度极大,施工的工程条件要较岸上复杂得多。另外,由于其体量很大,施工控制非常困难。为此,科研团队开展了以中塔沉井基础为龙头的超大型沉井基础关键技术研究,通过局部冲刷模型试验和稳定性研究,对不同水文条件下沉井施工过程中的冲刷情况、河床防护措施以及沉井稳定性控制进行分析,制订了可靠的施工预案。同时,开展了泰州大桥中塔沉井基础施工工艺研究,对钢沉井的制作、刃脚混凝土浇筑、下水、浮运及着床技术,钢沉井的精确定位,混凝土沉井的接高、下沉和纠偏以及封底等技术进行了深入研究。多项研究成果在施工中得到很好的应用,这些成果配合至自主研发的沉井下沉导向定位系统和动态 GPS 测量监控系统,有效保证了沉井的平稳着床和顺利下沉到位,实现了顶面最大偏位 11.4cm、整体垂直度 1/363、扭转角 10.8′的高精度,达到了世界领先水平。

泰州大桥中塔采用纵向人字形钢塔,是一项创新性的工程,需要组织大量的专题和科研以优化施工方案,化解施工风险。科研团队一方面开展了主桥结构抗风性能研究,通过风洞试验研究了中塔在均匀流场下驰振和涡激振动、紊流场下中塔自立状态抖振响应,根据研究成果确定施工期间的减振措施,同时进行塔柱切角尺寸优化以减弱风振对施工的影响,保证钢中塔在施工中的抗风稳定。另一方面,向国外同行专家广泛咨询钢塔加工制造与架设的技术要点,对进一步优化钢塔施工技术方案,加强钢塔施工精度控制,保障施工安全,发挥了积极的作用。中塔安装完成后的垂直度达到了 1/15000 以上,大大优于设计 1/4000 的精度要求。

三塔悬索桥上部结构施工与双塔悬索桥有着显著的不同,为了保障施工安全可靠,在设计阶段就对悬索桥的猫道设计与施工技术、主缆索股架设技术、钢箱梁吊装技术以及施工控制开展了研究,为优化施工方案、解决施工难题提供了充足的时间,同时,也为后续的工程施工提供了良好的技术支撑。

4. 取得多项突破和具有自主知识产权的成果

围绕泰州大桥建设开展的 88 项专题及科研项目,获得了四大技术创新点:

(1)主桥采用 2×1080m 特大跨径三塔两跨悬索桥,在全球具有突破性创新,其结构体系为进入世界桥梁技术前沿。

(2)中塔采用纵向人字形、横向门式框架型钢塔,设计和施工技术含量高。

(3)中塔基础采用入土水中沉井基础。沉井平面尺寸为长 58m,宽 44m,高 76m,整个沉井基础下沉深度达到 -70m,施工难度和施工风险极大。

(4)上部结构主缆架设、钢箱梁吊装和施工控制等突破了传统单跨悬索桥上部结构施工的成熟技术,极具挑战性。

创造了五项世界第一:

(1)2×1080m 特大跨径三塔两跨悬索桥,世界第一。

(2)200m 高纵向人字形、横向门式框架型钢塔,世界第一。

(3)中塔水中沉井基础入土深度世界第一。

(4)W 形主缆架设长度世界第一。

(5)两跨悬索桥钢箱梁同步对称吊装世界第一。

取得了阶段成果:共获得国家专利 25 项(其中发明专利 17 项),中国公路学会特等奖 2 项,省部级科技奖一等奖 4 项、二等奖 4 项、三等奖 2 项;此外,还获颁国家级工法 1 项、省部级工法15项、江苏省地方标准7项、软件著作权7项、出版专著4本、形成产业基地4个。这些成果最终形成一套完善的多塔连跨悬索桥建造技术体系、方法与标准,为将来建设四塔、五塔等多塔连跨悬索桥夯实了理论和工程实践基础。

由于这些重大技术突破,泰州大桥工程项目荣获英国结构工程师学会2013年度最高奖项——卓越结构工程大奖,这在中国桥梁建设史上尚属首次。2014年,泰州大桥又获得国际桥协授予的2014年度杰出结构工程奖,国际咨询工程师联合会授予的2014年度菲迪克工程优秀奖。英国结构工程师学会和国际桥协评委会均认为,泰州大桥成功建设,是一个非凡成就,将悬索桥的前沿技术推到一个新的高度,勾画了全世界大跨径桥梁发展的美好前景。

六、南京长江二桥

为把南京长江第二大桥打造成体现当代建桥风貌和世界一流水平的桥梁工程,交通部建立了由14位专家组成的专家顾问组,和国内外20多个包含设计、施工、监理、科研院所及9所大学(东南大学、浙江大学、同济大学、西南交通大学、河海大学、南京航空航天大学、解放军工程兵工程学院、南京化工大学、南京林业大学)在内的技术团队,对南京长江第二大桥建设中的14项关键技术展开了科技攻关大会战,取得了一系列的重大科研成果。

1. 钢桥面环氧沥青混凝土铺装技术及应用研究

钢桥面铺装技术是大跨径钢桥建设的主要关键技术,也是南京长江二桥建设中最难攻克的难题,国内外许多大型桥梁工程建成通车后不久就发生了不同程度的桥面铺装破坏。在行车荷载、风载、温度变化及地震等因素影响下,桥面受力和变形远较公路路面或机场道面复杂,因而桥面铺装不但要具有优良的强度特性、热稳定性、疲劳耐久性,而且必须具有与钢板良好的黏结性和追从钢板变形的特性。南京长江第二大桥采用的是钢箱梁结构,桥面铺装的工作温度跨度很大(设计温度为-15~70℃)。"南京长江第二大桥钢箱梁桥面铺装工程技术与实施方案研究"首次在国内研究了环氧沥青混凝土钢桥面铺装的成套技术,并在南京二桥钢桥面铺装中取得成功应用,工程建设质量达到世界一流水平。

2. 钢箱梁关键技术研究

大跨径钢箱梁节段之间的连接方式是涉及桥面结构安全性和耐久性的重大问题,"南京长江二桥钢箱梁关键技术研究"分为钢箱梁制造技术的应用研究及应用、大型公路钢箱梁正交异性板工地接头构造细节的改进及应用和锚箱腹板抗层状撕裂评定的研究及应用3个子课题。

"南京长江二桥钢箱梁关键技术研究"的主要成果体现在3个方面：①钢箱梁制造关键技术。采用新工艺新技术，满足了设计要求的焊接质量及几何尺寸精度，缩短了制造周期，降低了成本，满足了南京长江二桥施工工期要求。②钢箱梁节段连接关键技术。采用新的连接方式，把桥面板焊接和U形肋栓接合理地用于同一接头。足尺模拟梁静力和疲劳试验以及有限元分析均表明这种连接方式具有足够的刚度、承载力和耐久性。③锚箱与外腹板角焊连接的抗层状撕裂的关键技术，选择抗层状撕裂的钢材，研究角焊接头抗层状性能的评定及其标准，制订合理的焊接工艺及无损检测方法，确保不产生层状撕裂裂纹。

经鉴定，该项研究成果达到了国际先进水平。本项目研究的钢正交异性板新连接方式在国内首次成功运用并用于南京第二长江大桥钢箱梁制造和安装，今后可推广用于主梁采用钢箱梁的悬索桥和斜拉桥的工地对接接头。钢箱梁斜拉桥锚腹板抗层状撕裂评定的成果已成功用于南京长江第二大桥钢箱梁锚腹板的制造，对今后承受Z向拉力的钢桥构件具有重要指导意义和应用价值。

3. 大跨度全焊接钢箱梁斜拉桥施工控制技术研究

"大跨度全焊接钢箱梁斜拉桥施工控制技术研究"针对南京长江第二大桥南汊桥的建设管理、设计和施工，建立施工控制技术体系和组织体系，应用先进的测试手段和计算分析软件，对斜拉桥施工过程进行数据采集、误差分析和精度控制，使斜拉桥的施工结果与设计预期相符和，保证了施工质量。

本研究项目主要成果为：①建立完善的施工控制体系。以主梁应力监控预警机制为保障，确定合理的施工容许误差。南汊桥主跨合龙前合龙段两侧的高程误差5mm，轴线误差2.4mm，调整后合龙时的高程误差基本消除，轴线误差控制为0.1mm。与同型斜拉桥相比较，该合龙精度反映出南汊桥施工控制达到国际先进的技术水平。②应用神经网络控制技术对主梁高程，对主梁轴线、索塔偏位、结构内力、焊接条件等进行多元目标控制。引入桥梁施工现场模拟温度场概念进行斜拉桥施工中温度响应的测定和分析，达到了实现线形平顺、消除多次挑索及减少施工周期的预期目标，成桥阶段结构的内力和线形与设计预期吻合。经鉴定，该项研究成果达到国际领先水平。

4. 环形预应力束及真空辅助压浆技术在南京二桥索塔工程中的应用研究

"环形预应力束及真空辅助压浆技术在南京长江第二大桥索塔工程中的应用研究"是国内首次针对大吨位、大曲率U形预应力筋的预应力施工成套工艺进行的系统研究，并取得了较高水平的成果，补充了现行规范的不足。

该项目主要成果在于：①上塔柱后张大曲率环形预应力施工工艺的研究，解决了特殊的大吨位大曲率环形预应力筋张拉伸长的控制问题，并且为了减少这种预应力筋的摩擦损失过大,首次在国内采用了塑料波纹管;确定了在桥塔施工中采用塑料波纹管、VSL张拉锚固体系。②塑料波纹管及真空辅助压浆技术的应用研究。③制定了在塔柱工程中具体应用的技术措施和验收标准。④得出了预应力筋综合摩擦系数随曲率半径减小而增大的结论。

经鉴定,该项研究成果达到国际先进水平。用于长江二桥南北两主塔预应力束施工,没有出现一根断丝现象,368束的实际伸长值平均值与项目组提出的理论伸长值控制值相比仅差0.74%,且波动性较少,解决了施工难题,成果填补了国内空白。

5. 南汊桥基岩工程力学性试验研究

长江中下游建桥基础大多为软岩和极软岩。长江二桥工程采用大直径、深水中特大型超长桩,嵌入基岩内54~68m,基岩承受载荷高,常规的研究方法和有关标准规范已不能满足工程设计深度的需要。本课题在试验方法及研究路径上突破桩基工程沿袭的评估和试桩模式,以基岩的力学性质出发确定桩基设计采用的桩周摩阻力和容许承载力等参数。研究成果补充完善了国内现行有关标准和规范,填补了岩石桩周摩阻力在实际工程中通过岩石力学试验研究取用的空白。

该项目主要成果在于:①首次进行了原位大尺寸无泥浆护壁的桩周摩阻力的力学试验,获取了桩周摩阻力从弹性范围到破坏极限的特征点参数,并采用三维有限元弹塑性计算分析,提出了混凝土桩周与岩石之间的摩阻力大小及其分布规律。②设计采用的岩石力学参数突破现行相关规范的取值范围达一倍以上,其参数是对有关标准和规范的重要补充,对长江二桥桩基优化设计、缩短桩长、降低施工难度、节省费用和缩短工期起到关键性作用。经鉴定,该项目研究成果提高了我国桥梁和桩基工程设计的研究水平,达到国际先进水平。

南京长江第二大桥的14项关键技术研究紧密结合南京长江第二大桥的工程实践,成功地解决了二桥建设中的难点问题,具体指导了工程建设,同时也解决了代表同类桥梁共同的热点和难点问题。这14项关键技术研究成果的推广对于我国大跨径桥梁的建设具有重要借鉴作用,对整体提高我国大跨径桥梁的建设水平作出了重要贡献,使我国大跨径桥梁建设达到了新的水平。

七、南京长江三桥

开工后,南京长江第三大桥建设指挥部提出了以两大节点为统筹,全力开展科技攻关的口号。两大节点一是在2004年枯水期实现承台出水,二是在2005年台风来临前完成主桥合龙。这两大节点也是两大科技难点。

南京长江三桥的南主墩在洪水期水深会达到50m左右,而当时国内桥墩基础处最大水深只有30多米,不但建设难度让人心惊,更要在一个枯水期完成承台浇筑,工期要求很高。这一设想提出的时候,很多桥梁专家不敢赞同。要在2005年台风来临前完成主桥合龙,这对桥塔的施工提出更高更快的要求,而钢塔在中国是第一次建设,没有现成的建设经验可以借鉴,不仅要质量,而且要速度,当时国外的桥梁专家预言南京长江三桥的这一设想是不可能实现的。

为了实现建设目标,三桥建设指挥部超前进行方案征集,集中国内知名专家和重点院校的科研力量进行联合攻关。2003年3月10日到11日,南京东郊宾馆云集了包括陈新院士在内的国内著名桥梁、港航专家19人,对三桥深水基础关键技术方案进行论证。与会专家们进行了深入讨论,同意三桥采用哑铃形浮式钢套箱作为钻孔灌注桩施工平台的施工方案,指出它是一个"有创新、有风险、有难度"的方案。至此,三桥建设解决了深水基础施工这一关键技术难题。

索塔架设是长江三桥另一大控制性节点工程,施工难度很大。索塔高215m,相当于两座金陵饭店的高度,设计钢混凝土塔身,下横梁以下部分为混凝土塔身,以上部分为钢塔身,这在全国属首创。

为进一步增加钢塔斜拉桥的美学震撼,设计师将钢塔柱设计成弧线形,这在当时世界上也是第一次采用。加工工艺要求高、吊装难度大、国内没有成熟经验可循,是钢塔施工的突出特点和难点。2003年7月,指挥部召开了5天会议,专门研究钢塔的制造、安装等施工技术和工艺,提出了切实可行的解决方案。

八、南京长江第四大桥

南京长江四桥建设指挥部高度重视科研工作,在工程可行性研究阶段,就开始酝酿、组织科研工作计划并逐步展开,落实最新科研成果应用于工程实践的办法,找出工程实施的难点和重点,确定关键技术项目。四桥建设重点开展了以下7个课题的研究工作。

1. 复杂地质条件下的"∞"字形地下连续墙基础设计施工技术研究

根据南锚碇场区分布状况及基岩埋深浅且起伏大等地质特点,南锚碇在国内首次采用了长82m,宽59m的"∞"字形深基坑地连墙支护结构,基坑开挖深约50m。通过对结构及受力特性研究,掌握了"∞"字形地连墙深基础的力学性能;首次研发了"Y"形特殊槽段成套施工技术;通过施工过程的数值模拟、荷载识别技术、支护体系受力敏感性分析、合理布设监测点和基坑开挖安全预警预报等技术研究,形成了全过程自适应的施工控制技术;采用物理反演与正演计算相结合的方法,评价基坑施工的安全性,确保了深基坑工程的安全、优质和高效。该技术成果获得了2010年度中国公路学会科学技术奖特等奖。

2. 北锚碇大体积整体沉井基础施工技术研究

面对施工中的关键技术难题,首次在超大规模沉井井壁外表面采用凹凸齿坎的新井壁形式,以加强导向和助沉作用;首次在陆域超大规模沉井施工中应用"半排水下沉"施工工艺,以提高功效;研发预加沉井自重、预设空气幕和砂套的"组合式助沉"技术,以主动控制沉井下沉的效率和精度;全程监控沉井几何姿态、结构应力应变、侧壁土压力,以保证距离大堤仅80m的沉井施工安全和大堤安全,提高下沉效率和精度。该技术成果获得了2010年度中国公路学会科学技术一等奖。

3.分布传力式锚固系统设计施工关键技术研究

南北锚碇锚固系统创新性地提出了"以钢筋混凝土榫传剪器群作为主要传力元件,将主缆拉力渐次分布到锚碇混凝土"的悬索桥主缆分布传力锚固系统,形成了新型分布传力锚固系统设计施工成套技术;通过足尺模型试验探明验证了其传力机理,揭示了深埋钢筋混凝土榫传剪器的承载机理,提出了锚固系统简化有限元分析方法和荷载—滑移变形协调理论计算模型,为分布传力锚固系统的设计和计算提出了新的方法;基于锚固板制造—安装一体化的理念,提出了锚固板平面预拼与空间叠层定位技术,解决了锚固板精细化制造和精确定位问题;提出了芯棒钢筋桁架定位、锚固区混凝土的单侧、多层浇筑工艺,解决了密集传剪器群的施工技术难题。该项技术以传剪器作为主要传力元件,将集中传递的主缆拉力分散到锚碇混凝土中,同时通过设置末端承压板,提供结构整体足够的安全储备,从而改善了锚固区混凝土的应力分布,提高了悬索桥主缆锚固系统的安全性、耐久性和可维护性。

4.复合浇注式钢桥面铺装技术研究

由于国内在大跨度悬索桥钢桥面铺装上尚无成功经验,南京四桥从2006年起就超前开始复合浇注式沥青铺装技术的研究。通过钢桥面铺装的原材料性能研究、混合料生产配合比设计研究、施工机械设备研发、施工工艺研究、施工质量标准和控制参数研究,首次系统地进行了复合浇注式沥青钢桥面铺装施工研究,以及钢箱梁铺装温度场、应力场的测试分析。该技术成果为高质量完成南京四桥钢桥面铺装奠定了基础。

5.大跨度三跨连续弹性支承悬索桥上部结构关键技术研究

南京四桥跨度为576.2m+1418m+481.8m,为国内最大跨径的三跨连续弹性支承体系悬索桥。三跨连续体系比简支体系受力状态复杂、对设计及架设精度的要求更高、对施工监控和线形调整的技术要求更严格、施工难度更大;而且塔处弹性支承比全漂浮结构更加复杂。三跨连续弹性支承悬索桥上部结构的设计、制造、施工及监控关键技术的研究和成功应用,确保了大桥建设的顺利、安全、优质、高效,也丰富了桥梁结构体系处理上的选择,为今后同类桥梁的规划、设计与施工积累了经验。

6.体内—体外混合配束节段预制拼装箱梁桥关键技术研究

南北引桥上部结构采用节段预制拼装混凝土箱梁结构,体内—体外预应力索共同受力。采取工厂标准化制造和可更换的预应力体系,以最大限度解决混凝土质量通病问题;通过理论分析、足尺模型试验、数值仿真和新型设备研发等手段,对节段预制拼装箱梁桥的结构总体性能、局部构造设计和关键施工技术开展研究,解决了多功能架桥机的设计与拼装技术、节段预制拼装桥梁线形控制技术、体外预应力换索工艺、现浇湿接头水化热控制技术等难题。

7.悬臂施工波形钢腹板组合梁桥力学性能与施工关键技术研究

与长江四桥配套的滁河大桥是目前国内最大跨径的预应力波形钢腹板连续箱梁桥之一,采用的节段悬臂施工方法在国内同类桥梁中的工程实例还很少,缺乏先导经验与研究成果的积累。针对其设计和施工方面的一系列问题,首次提出了悬臂施工变截面波形钢腹板组合箱梁的空间力学性能分析方法;改进了波形钢腹板混凝土组合箱梁的横向分析和设计方法;建立了悬臂施工波形钢腹板混凝土组合梁桥的挠曲线计算方程,明确了剪切刚度对挠度变形的影响规律,形成了较为完善的悬臂施工期波形钢腹板组合梁桥理论体系。成果的应用确保了滁河大桥的优质高效建成,也为今后该类桥型的设计与施工提供了技术支撑和理论依据。

九、主要经验

江苏省针对苏通大桥、泰州大桥、南京四桥等特大跨径桥梁面临的世界级技术难题,积极开展特大跨径桥梁建设的成套技术研究,形成了一批拥有自主知识产权的科研成果,培养和锻炼了一批在全国有影响的桥梁建设高级人才队伍,建桥水平达到国内领先和世界先进,走出了一条自主创新之路。

1.建立创新体系

围绕重大桥梁工程建设,建立以交通运输部、省政府为主的引导系统,以建设指挥部为主的监督和管理系统,以两院院士和国内外高层次桥梁专家为主的咨询和指导系统,以相关大专院校、科研院所和国内外专业咨询机构为主的研究支持系统,以设计、施工等龙头企业为主的技术研发和应用系统,从而形成以政府为引导、以企业为主体、以科研团队为核心的"产学研用"技术创新体系。

2.明确主攻方向

按照自主创新与博采众长相结合的指导方针,坚持以关键技术突破为龙头,围绕关键技术的突破集成众多创新点,实现技术的体系化,并最终以专利和工法、施工工艺固化成果,既有针对性又有示范性和适用性。

3.健全科研管理

重大科研项目一般具有涉及学科广、研究内容新、研究时间紧迫、研发要求高、成果转化复杂的特点，这就要求加强科研组织，从项目筹划、资金投入、检查指导、成果管理等方面严格科研管理。苏通大桥在科技创新过程中，严格实行了集中领导制度、专家咨询制度、过程监督与检查制度、定期报告和交流制度、沟通与协调制度、奖惩制度等，保证了科研组织的有效性、推进的及时性、成果的创造性和成果转化的高效性。苏通大桥建设能够实现十多项关键技术的突破，是与他们严格的科研管理分不开的。

第三节　重大科研课题

在江苏高速公路建设历程中，攻克了众多技术难题，技术上不断创新完善，获得了国际、省部级层面诸多奖项（表5-3-1）。

部分获奖项目汇总表　　表5-3-1

序号	年份	获奖级别	奖　项	获奖项目	参 与 单 位
1	2002	国际奖	国际桥梁大会美国匹兹堡年会首届尤金·菲戈金奖	江阴长江公路大桥	江苏省交通规划设计院
2	2013	国际奖	FIDIC（菲迪克）百年工程项目奖	苏通长江公路大桥工程	江苏省交通规划设计院
3	2014	国际奖	FIDIC（菲迪克）工程项目奖（2014）	泰州长江公路大桥工程	江苏省交通规划设计院
4	2014	国际奖	2013年英国结构工程师协会奖	泰州长江公路大桥工程	江苏省交通规划设计院
5	2014	国际奖	2014年国际桥协杰出结构评审委员会杰出结构工程奖	泰州长江公路大桥工程	江苏省交通规划设计院
6	2000	国家级	国家级优秀工程咨询成果一等奖	镇江至扬州长江公路大桥工程可行性研究报告	江苏省交通规划设计院
7	2000	国家级	国家级优秀勘察一等奖	沪宁高速公路工程勘察（镇江、常州段）	江苏省交通规划设计院
8	2000	国家级	国家级优秀设计一等奖	沪宁高速公路工程设计（镇江、常州段）	江苏省交通规划设计院
9	2003	国家级	全国第十届优秀工程设计项目金质奖	京沪高速公路新沂至江都段	江苏省交通规划设计院
10	2003	国家级	第三届詹天佑土木工程大奖	江阴长江公路大桥	江苏省交通规划设计院
11	2003	国家级	全国工程咨询成果奖二等奖	上海至云南瑞丽国道主干线南京至杭州高速公路（江苏境）工程可行性研究报告	江苏省交通规划设计院
12	2003	国家级	全国工程咨询成果奖一等奖	苏通长江公路大桥工程可行性研究	江苏省交通规划设计院

续上表

序号	年份	获奖级别	奖项	获奖项目	参与单位
13	2006	国家级	第六届詹天佑土木工程大奖	江苏润扬长江公路大桥工程	江苏省交通规划设计院
14	2006	国家级	第六届詹天佑土木工程大奖	沪瑞国道主干线宜兴至溧水高速公路工程	江苏省交通规划设计院
15	2008	国家级	国家优质工程一等奖	沿海高速公路盐城至南通段	江苏省交通规划设计院
16	2008	国家级	国家科技进步二等奖	润扬长江公路大桥建设关键技术研究	江苏省交通规划设计院
17	2009	国家级	2008年度全国优秀工程勘察设计银奖	润扬长江公路大桥项目	江苏省交通规划设计院
18	2010	国家级	国家科学技术进步奖一等奖	千米级斜拉桥结构体系、设计及施工控制关键技术	江苏省交通规划设计院
19	2010	国家级	2010年度国家优质工程金质奖	润扬长江公路大桥	江苏省交通规划设计院
20	2012	国家级	国家科技进步奖二等奖	短线匹配法节段预制拼装体外预应力桥梁关键技术	江苏省交通规划设计院
21	2012	国家级	2012年度国家优质工程金质奖	苏通长江公路大桥	江苏省交通规划设计院
22	2000	部级	交通部公路工程优秀设计一等奖	沪宁高速公路工程设计（镇江、常州段）	江苏省交通规划设计院
23	2000	部级	交通部公路工程优秀设计二等奖	南京新机场高速公路工程设计	江苏省交通规划设计院
24	2000	部级	交通部公路工程优秀勘察一等奖	沪宁高速公路勘察（镇江、常州）	江苏省交通规划设计院
25	2000	部级	交通部公路工程优秀勘察二等奖	南京新机场高速公路勘察	江苏省交通规划设计院
26	2002	部级	交通部公路工程优秀勘察二等奖	京沪高速公路新沂至淮阴段	江苏省交通规划设计院
27	2002	部级	交通部公路工程优秀设计一等奖	京沪高速公路新沂至淮阴段	江苏省交通规划设计院
28	2002	部级	交通部公路工程优秀设计一等奖	京沪高速公路淮阴至江都段	江苏省交通规划设计院
29	2002	部级	交通部公路工程优秀勘察一等奖	京沪高速公路淮阴至江都段	江苏省交通规划设计院
30	2002	部级	交通部公路工程优秀设计一等奖	江阴长江公路大桥	江苏省交通规划设计院
31	2006	部级	交通部公路交通优秀设计二等奖	宁杭高速公路工程设计	江苏省交通规划设计院
32	2007	部级	交通部公路交通优秀设计一等奖	润扬长江公路大桥工程设计	江苏省交通规划设计院

续上表

序号	年份	获奖级别	奖 项	获奖项目	参 与 单 位
33	2007	部级	交通部公路交通优秀设计二等奖	润扬长江公路大桥交通工程及沿线设施工程设计	江苏省交通规划设计院
34	2007	部级	交通部公路交通优秀勘察一等奖	润扬长江公路大桥工程勘察	江苏省交通规划设计院
35	2007	部级	交通部公路交通优秀设计一等奖	沿海高速公路盐城至南通段设计	江苏省交通规划设计院
36	2007	部级	交通部公路交通优秀设计二等奖	沿海高速公路（盐通段）交通工程及沿线设施工程设计	江苏省交通规划设计院
37	2007	部级	交通部公路交通优秀勘察一等奖	沪宁高速公路（江苏段）扩建工程勘察	江苏省交通规划设计院
38	2007	部级	交通部公路交通优秀设计一等奖	沪宁高速公路（江苏段）扩建工程设计	江苏省交通规划设计院
39	2007	部级	交通部公路交通优秀设计一等奖	沪宁高速公路（江苏段）扩建工程交通工程	江苏省交通规划设计院
40	2008	部级	中国公路学会科学技术奖特等奖	沪宁高速公路江苏段扩建工程管理与关键技术研究	江苏省交通规划设计院
41	2009	部级	建国60周年公路交通勘察设计经典工程奖	北京至上海高速公路	江苏省交通规划设计院
42	2009	部级	建国60周年公路交通勘察设计经典工程奖	沪宁高速公路及改扩建工程	江苏省交通规划设计院
43	2009	部级	建国60周年公路交通勘察设计经典工程奖	江阴长江公路大桥	江苏省交通规划设计院
44	2009	部级	建国60周年公路交通勘察设计经典工程奖	南京第三长江大桥	江苏省交通规划设计院
45	2009	部级	建国60周年公路交通勘察设计经典工程奖	苏通长江公路大桥	江苏省交通规划设计院
46	2009	部级	建国60周年公路交通勘察设计经典工程奖	南京至杭州高速公路	江苏省交通规划设计院
47	2009	部级	建国60周年公路交通勘察设计经典工程奖	润扬长江公路大桥	江苏省交通规划设计院
48	2009	部级	交通运输部公路交通优秀设计一等奖	苏通长江公路大桥工程设计	江苏省交通规划设计院
49	2009	部级	交通运输部公路交通优秀设计二等奖	宁淮高速公路（马坝至武墩段、马坝至六合段）工程设计	江苏省交通规划设计院
50	2009	部级	交通运输部公路交通优秀设计二等奖	沿海高速公路（连盐段）交通工程及沿线设施设计	江苏省交通规划设计院
51	2010	部级	第十届中国土木工程詹天佑奖	南京至淮安高速公路	江苏省交通规划设计院
52	2010	部级	第十届中国土木工程詹天佑奖	南京至常州高速公路	江苏省交通规划设计院

续上表

序号	年份	获奖级别	奖项	获奖项目	参与单位
53	2010	部级	交通运输部公路交通优秀设计二等奖	南京至太仓高速公路南京至常州段	江苏省交通规划设计院
54	2010	部级	交通运输部公路交通优秀设计二等奖	苏通长江公路大桥交通工程及沿线设施	江苏省交通规划设计院
55	2010	部级	交通运输部公路交通优秀勘察二等奖	苏通长江公路大桥	江苏省交通规划设计院
56	2012	部级	中国公路学会科学技术奖一等奖	三塔悬索桥中间塔设计关键技术	江苏省交通规划设计院
57	2012	部级	中国公路学会科学技术奖二等奖	现代综合交通运输体系构建技术与应用研究	江苏省交通规划设计院
58	2012	部级	中国公路学会科学技术奖二等奖	平原微丘区高速公路环保景观设计创新集成研究	江苏省交通规划设计院
59	2012	部级	中国公路学会科学技术奖二等奖	平原微丘区高速公路路线、互通式立交创新设计研究及实践	江苏省交通规划设计院
60	2012	部级	中国公路学会科学技术奖三等奖	预应力碳纤维布加固混凝土梁桥的研究	江苏省交通规划设计院
61	2012	部级	中国公路学会科学技术奖三等奖	江苏省平原微丘区高速公路路基设计集成研究	江苏省交通规划设计院
62	2012	部级	交通运输部公路交通优秀勘察一等奖	沪瑞国道主干线支线溧水至南京公路工程地质勘察	江苏省交通规划设计院
63	2013	部级	中国公路学会科学技术奖特等奖	多塔连跨悬索结构及工程示范研究	江苏省交通规划设计院
64	2005	省级	江苏省优秀工程咨询成果一等奖	江苏省高速公路网规划研究	江苏省交通规划设计院
65	2007	省级	江苏省第十二届优秀工程设计一等奖	沿江高速公路工程设计	江苏省交通规划设计院
66	2008	省级	江苏省优秀QC小组	南京至常州高速公路桥梁排水环保设计QC小组	江苏省交通规划设计院
67	2010	省级	江苏省第十四届优秀工程设计一等奖	宁靖盐高速公路盐城北段工程	江苏省交通规划设计院
68	2012	省级	江苏省级"四优"(第十五届优秀工程设计)一等奖	连云港港主体港区东疏港高速公路	江苏省交通规划设计院
69	2012	省级	江苏省级"四优"(第十五届优秀工程设计)一等奖	连云港港主体港区东疏港高速公路	江苏省交通规划设计院

续上表

序号	年份	获奖级别	奖项	获奖项目	参与单位
70	2002	省公路学会	一等奖	南京长江第二大桥建设关键技术研究	南京长江第二大桥建设指挥部、中交公路规划设计院、东南大学、中国铁道科学研究院铁道建筑研究所、河海大学、同济大学、交通部第一公路勘察设计院、湖南省公路桥梁建设总公司、中铁宝桥股份有限公司
71	2006	省公路学会	特等奖	特大跨径桥梁钢塔和深水基础设计施工创新技术研究	南京长江第三大桥建设指挥部、中交公路规划设计院、湖南路桥集团公司、中港第二航务工程局、中铁宝桥股份有限公司、中铁武汉大桥工程咨询监理有限公司、中国铁道科学研究院、西南交通大学、南京水利科学研究院
72	2006	省公路学会	特等奖	润扬长江公路大桥建设关键技术研究	江苏省长江公路大桥建设指挥部、江苏省交通规划设计院、东南大学、河海大学、同济大学、中国路桥集团第二公路工程局、中港第二航务工程局、江苏省建筑科学研究院有限公司、安徽理工大学、中煤特殊工程公司、上海现代建筑设计集团、西南交通大学、长江水利委员会长江科学院、中国人民解放军总参谋部南京创新工作站
73	2006	省公路学会	一等奖	排水粉喷桩复合地基法加固软土地基试验研究	江苏省高速公路建设指挥部、东南大学
74	2007	省公路学会	特等奖	苏通大桥主桥基础施工成套技术研究	中交第二公路工程局有限公司

续上表

序号	年份	获奖级别	奖项	获奖项目	参与单位
75	2007	省公路学会	一等奖	高速公路隧道环保型建设技术研究	江苏省高速公路建设指挥部、重庆交通科研设计院、南京市高速公路建设指挥部、中交第二公路勘察设计研究院有限公司、中铁十八局集团有限公司、中铁一局集团第五工程有限公司
76	2007	省公路学会	一等奖	大跨度桥梁健全性评估与监测成套技术	南京长江第三大桥建设指挥部、西南交通大学、中交公路规划设计院有限公司、成都合众桥梁科技有限公司、上海思索建筑咨询有限公司、成都西南交大科技园管理有限责任公司
77	2007	省公路学会	一等奖	沪宁高速公路(江苏段)扩建工程桥梁扩建关键技术应用研究	江苏省沪宁高速公路扩建指挥部、中交第二公路勘察设计研究院、东南大学
78	2008	省公路学会	特等奖	沪宁高速公路江苏段扩建工程管理与关键技术研究	江苏沪宁高速公路扩建工程指挥部、江苏省交通科学研究院有限公司、中交第二公路勘察设计研究院有限公司、东南大学、交通部公路科学研究院、江苏省交通规划设计院有限公司、同济大学、南京信息工程大学、南京河海交通基础技术有限公司、北京深华科交通工程有限公司、中咨泰克交通工程有限公司、西安公路研究所
79	2008	省公路学会	一等奖	钉形与双向水泥土搅拌桩加固软土地基试验研究	江苏省高速公路建设指挥部、东南大学
80	2008	省公路学会	一等奖	苏通大桥75m预制节段拼装混凝土连续箱梁工程综合技术与示范	江苏省苏通大桥建设指挥部、中交第二航务工程局有限公司、同济大学

续上表

序号	年份	获奖级别	奖项	获奖项目	参与单位
81	2009	省公路学会	特等奖	千米级斜拉桥结构体系及设计施工关键技术	中交公路规划设计院有限公司、江苏省苏通大桥建设指挥部、中交第二航务工程局有限公司、同济大学、西南交通大学、东南大学、江苏省交通规划设计院有限公司、中铁山桥集团有限公司、河海大学、中交武汉港湾工程设计研究院有限公司、上海船舶运输科学研究所
82	2009	省公路学会	一等奖	公路工程施工监理规范	交通部基本建设质量监督总站、北京市高速公路监理有限公司、北京逸群工程咨询有限公司、天津市华盾工程监理咨询有限公司、江苏华宁交通工程咨询监理公司、北京兴通交通工程监理有限责任公司、北京泰克华诚技术信息咨询有限公司、北京市道路工程质量监督站
83	2009	省公路学会	一等奖	大型复杂交通工程建设管理与安全减灾技术研究	江苏省苏通大桥建设指挥部、南京大学、武汉理工大学、河海大学、江苏省气象科学研究所
84	2010	省公路学会	特等奖	超大"∞"字形地连墙深基础设计及施工成套技术	南京长江第四大桥建设协调指挥部、中交第二航务工程局有限公司、中交公路规划设计院有限公司
85	2010	省公路学会	特等奖	长大桥梁深水超大型沉井基础施工成套关键技术研究	中交第二航务工程局有限公司、江苏省长江公路大桥建设指挥部、南京水利科学研究院
86	2010	省公路学会	一等奖	超大规模沉井关键技术研究	南京长江第四大桥建设协调指挥部、中交第二公路工程局有限公司、中交公路规划设计院有限公司、东南大学

续上表

序号	年份	获奖级别	奖项	获奖项目	参与单位
87	2011	省公路学会	特等奖	南方地区高速公路沥青路面修筑关键技术研究与集成	江苏省交通工程建设局、江苏省交通科学研究院股份有限公司、东南大学
88	2012	省公路学会	特等奖	大跨径变截面连续钢箱梁桥设计与整孔架设关键技术	中交公路规划设计院有限公司、江苏省崇启大桥建设现场指挥部、中交第二航务工程局有限公司
89	2012	省公路学会	特等奖	悬索桥主缆分布传力锚固系统设计施工关键技术研究	南京重大路桥建设指挥部、西南交通大学、中交公路规划设计院有限公司、中交第二航务工程局有限公司、中交第二公路工程局有限公司、中铁宝桥集团有限公司
90	2012	省公路学会	一等奖	三塔悬索桥中间塔设计关键技术	江苏省交通规划设计院股份有限公司、江苏省长江公路大桥建设指挥部、同济大学、中铁大桥勘测设计院有限公司、西南交通大学
91	2012	省公路学会	一等奖	三塔悬索桥上部结构施工关键技术研究	中交第二公路工程局有限公司、江苏省长江公路大桥建设指挥部、西南交通大学
92	2012	省公路学会	一等奖	江淮区域沥青路面关键技术长期跟踪研究与示范工程评估	江苏省高速公路经营管理中心、江苏省交通科学研究院股份有限公司
93	2013	省公路学会	特等奖	多塔连跨悬索结构及工程示范	江苏省长江公路大桥建设指挥部、交通运输部公路科学研究院、东南大学、同济大学、江苏省交通规划设计院有限公司、中铁大桥勘测设计院有限公司、中交第二航务工程局有限公司、中交第二公路工程局有限公司、同济大学建筑设计研究院(集团)有限公司、中铁宝桥集团有限公司、河海大学、中交公路规划设计院有限公司、江苏省交通科学研究院股份有限公司

续上表

序号	年份	获奖级别	奖项	获奖项目	参与单位
94	2013	省公路学会	一等奖	悬索桥主缆除湿系统自主研发关键技术研究	江苏省长江公路大桥建设指挥部、江苏省交通规划设计院股份有限公司、解放军理工大学
95	2013	省公路学会	一等奖	沿海岸线八车道高速公路长大桥梁设计关键技术研究	江苏省交通规划设计院股份有限公司、深圳高速公路股份有限公司、南京工业大学、北京中路安交通科技有限公司、中交武汉港湾工程设计研究院有限公司
96	2013	省公路学会	一等奖	大跨径钢桥面铺装养护关键技术研究	江苏润扬大桥发展有限责任公司、江苏省交通科学研究院股份有限公司

第六章
高速公路文化建设

高速公路建设,是人类建筑历史上一项伟大的生产活动。在这项浩大的系统工程中,决策者与执行者,业主与承包人、设计者、监理者以及每一个劳动者,他们共同为了高速公路这个产品,在社会主义商品经济的框架下,构成了一种团结、协作、共同发展的生产关系。在这种新型的生产关系中,建立起一种以"诚信、责任、创新、和谐"为核心价值的精神力量来统一思想、凝聚人心、提振士气,实现高速公路建设的共同目标。

精神文化在江苏高速公路建设中,充分体现了来自不同行业建设者共同的精神价值,彰显出他们在高速公路建设文化中的集体人格力量。

第一节 精神文明建设

一、高速公路精神建设

高速公路建设关乎国计民生,作用突出,意义重大。在全面推进高速公路建设的同时,江苏高速公路建设始终把人的建设和文明创建摆在突出位置,积极倡导全体干部职工树立"我为交通做贡献"的创业意识、"争创精品工程"的责任意识和"顽强拼搏"的奉献意识。为打造这样的精神境界,江苏省开展了多方面的活动。

一是广泛开展"新世纪杯"建功立业劳动竞赛。高速公路建设任务艰巨,责任重大,全体建设者必须保持奋发有为的昂扬斗志和拼搏奉献、敢打硬仗的光荣传统,全身心投入高速公路建设。沪宁高速公路建设期间,沿线各地乃至全省都积极动员起来,有钱出钱,有力出力,全省一条心,提前完成了建设任务。"十五"期间,江苏高速公路建设目标十分宏伟,任务相当艰巨,被省委省政府和全省人民寄予厚望。通过开展"新世纪杯"建功立业劳动竞赛,全体建设者在全省1600km高速公路建设战场上,唱响主旋律,迅速掀起比学赶帮超劳动竞赛热潮。各条战线上,广大管理、设计、施工、监理、科研等单位,积极响应省委省政府号召,变压力为动力,同心聚力,形成强大的无坚不摧的坚强合力。省高速公路建设指挥部把竞赛活动当成"一把手"工程,同工程建设任务一道布置、一起检查、一样评比。在抓好学习和宣传发动工作的基础上,把这项活动作为全力推进高速公路"三个文明建设"的有效结合点和载体,作为推动工程建设的强大精神动力,把建功立业竞赛活动渗透到高速公路建设方方面面,做到"两不误、两促进",确保了各单位参与率100%,职工参与率100%。

二是全面开展"创国优、争一流"的质量评比考核活动。高速公路建设的成败关键是质量,质量是根本,是生命。围绕创国优的高速公路建设质量目标,全省大力开展以质量创优为中心,以科学管理为重点的质量评比考核活动,号召全体建设者重质量,促进度,保安全,创效益。通过广泛的宣传发动,质量第一的观念深入人心,不符合质量设计要求的不施工,不符合质量要求的材料不进场,不符合质量要求的工程坚决拆除重来,不放过一丝一毫的质量隐患,从而形成了人人重质量的创优热潮。为把质量第一的观念落到实处,建设者们一方面以强烈的创新意识、精品意识、科学态度,加强工程建设的组织管理,积极推广科研新成果,运用新技术、新工艺、新材料,提高工程建设的科技含量和技术水平;同时组织力量攻克高速公路建设中的重要难题,狠抓内在质量,保证外观质量,消灭质量通病,确保江苏省高速公路工程建设质量再上了一个新台阶,所有竣工验收工程质量优良,很多项目都获得了国家及省级大奖。

三是大力弘扬"三创三先"新江苏精神,争当时代先锋。"三创三先"是时代主题,是建设高速公路的精神动力。按照省委的统一部署,江苏省在高速公路建设中提出了"践行'三创三先',为实现交通现代化再立新功"的号召,全体建设者围绕"两个率先"和实现江苏交通现代化的目标,大力弘扬艰苦奋斗、创先争优的时代精神,抢抓工程建设,狠抓队伍建设,充分发挥各级党组织战斗堡垒作用和共产党员的先锋模范作用,发扬交通干部职工特别能吃苦、特别能战斗的拼搏奉献精神,努力实现"继往开来、锐意创新、科学发展、践诺先行"的工作目标。同时,通过开展"先进工作者""优秀共产党员""模范先锋岗""青年文明号"的评比活动,大力宣传正面典型,做到了建一项工程,创一个文明工地,树一座质量丰碑,展现一次队伍形象,培育一支高素质人才。

经过多年的不懈努力,江苏高速公路精神文明建设硕果累累,各个建设时期都涌现出了许许多多的先进人物和先进集体,为全省高速公路建设提供了强大精神动力,也成为全省交通行业的旗帜和标杆。

二、过江通道精神文明建设

江苏省过江通道作为长江经济带连接江苏南北最重要交通纽带,对江苏经济社会发展具有重大作用。过江通道的建设需要克服技术难关、作业恶劣环境等多重艰难环境,这里选取技术攻坚难度较大、精神文明建设特点鲜明的润扬长江大桥和泰州长江大桥作为代表。

(一)润扬长江大桥

润扬长江大桥建设项目在实施中始终以创建优质廉洁工程为目标,以创建文明单位和文明工地为载体,坚持创业、创新、创优,在工程进度、质量效益、安全管理、科技创新和廉政建设等方面都取得了突出成绩,指挥部先后两次荣获全国交通系统先进集体等荣誉,2005年,润扬长江大桥项目被交通部党组授予"全国交通建设项目典范"称号和"全国交通建设十佳优质管理项目"称号,《人民日报》、新华社、中央电视台、中央广播电台等40多家媒体对润扬长江大桥建设在物质文明和精神文明建设等方面取得的成果进行了全方位的报道。

伟大的事业凝结伟大的精神,伟大的精神推动伟大的事业。经过三万多名建设者的共同努力,指挥部不仅收获了润扬长江大桥这一有形的旷世工程,而且收获了"润扬精神"这一无形的精神丰碑。实践证明,炼就"润扬精神"的大熔炉正是文明创建。通过创建,指挥部有效实现了资源整合、人心凝聚和素质提升,这些都为大桥的顺利建成提供了强大的思想保证、精神动力和智力支撑。简言之,润扬长江大桥的建设过程,是一个蕴含"物质变精神,精神变物质"的辩证过程。通过这样的辩证过程,文明创建在以下三个方面有了殷实的收获:

一是确保建成了世界一流大桥,大长了中华民族志气。桥梁反映的是国家的经济实力和科技能力,是一个国家雕刻在大地上的名片。润扬长江大桥就是这样,在当时,它拥有第一大跨径、第一大锚碇、第一大深基坑、第一高塔、第一长缆、第一重钢箱梁、第一大面积钢桥面铺装和第一座组合型桥梁等国内八项第一,是一座创新之桥、拼搏之桥、优质之桥、廉政之桥。这座全部由中国人自己勘察、自己设计、自己施工、自己监理、自己管理的大桥,其建设规模、建设标准、技术水平都代表了我国桥梁建设的最高水平,也跨入了世界桥梁建设的先进行列,是我国由桥梁大国走向桥梁强国的重要标志。如今的润扬长江大桥已成为一个享誉海内外的桥梁建设品牌,其本身已不再仅仅是一座有形的旷世工程,更是一座中国桥梁建设史上的里程碑、一座中华民族迈向伟大复兴进程中的里程碑。

二是炼就了"润扬精神",创造了"润扬经验"。建一座世界一流大桥,树一座精神丰碑,始终是交通人的自觉追求。在润扬大桥建设过程中,数万名建设者用意志、智慧和汗水炼就了"润扬精神",以凝心聚力的和谐意识、拼搏奉献的创业精神、敢为人先的创新精神、追求卓越的创优精神,生动地展现交通人勤劳勇敢、自强不息的民族精神,有力地证明交通人"劳动光荣、知识崇高、人才宝贵、创造伟大"的时代精神。同时,广大建设者创造了以"以规范化用权、无缝隙监管、全方位服务、人性化管理"为鲜明特色的"润扬经验",它体现了加快发展、维护稳定、创建和谐的基本要求,更展现了交通人"敢于创造、善于创造"的优秀品质。

三是培养了一支高素质的建设队伍,形成了一批高水平的科研成果。事业是人才队伍的摇篮,工程是科技创新的舞台。润扬长江大桥培养和锻炼了一支特别懂管理、特别有技术、特别能奉献的桥梁建设队伍。他们群英荟萃,拥有众多技术精英和管理行家。在大桥建设指挥部,大学本科以上学历占77%,其中博士、硕士10余人。大桥现场总指挥、副总指挥、总工程师以及大部分管理骨干都曾参加过江阴大桥的建设,拥有丰富的技术和管理经验。润扬长江大桥建设既为人才的成长提供了广阔的舞台,更以周密的培训计划,为人才的成长创造了良好的环境。他们边工作、边学习,一大批青年技术精英迅速成长起来。据不完全统计,建设期间,各参建单位共培养了5名厅级干部、30多名处级干部,更多的技术人员成为苏通长江大桥、南京三桥、广东佛山大桥、浙江杭州湾大桥、西堠门大桥等重要桥梁工程的骨干力量。

人的文明和管理文明的结合,使职工从自在状态发展到自为状态,自觉地参与到文明工地现场的管理和维护中去。作为与国际工程接轨的"工厂化施工"典型,中港二航局的工地成了润扬长江大桥的标志,多次得到国内外专家的好评。2002年8月,国家八部委联合检查组评价润扬长江大桥工程为"迄今我国工程建设管理最好的项目",世界著名桥梁建造商英国克里夫兰公司执行总裁托尼也不禁赞叹:"这是我所见到的最整洁的工地之一。"2002年,中港二航局北锚、北塔工地和斜拉桥工地以及中路二公局南锚工地同时被江苏省交通厅评为全省交通行业文明工地。

(二)泰州长江大桥

指挥部始终坚持以文化建设和文明创建活动为载体,开展文明管理、文明施工、文明监理,与施工、监理单位一道共同努力打造一个与国际接轨的建设管理环境,确保工程安全、优质、有序推进。指挥部在抓精神文明创建工作方面,注重源头管理,围绕工程建设这项中心工作,制订并不断完善创建规划和管理制度,做到上下协调、通力配合,做到考核有尺度,奖罚有依据,改进有目标。

1. 从员工教育培训入手,不断强化队伍建设

(1)加强精神培育。在泰州长江大桥建设中,指挥部紧紧围绕"安全、优质、高效、创新、节约、环保,将泰州长江大桥打造成国际一流精品工程"的建设目标,"尊重科学、团结奋斗、自觉奉献、勇创一流"的建设方针,和"以公为先、以人为本、以和为贵、以创为魂、以廉为荣"的建设理念,引导广大建设者爱岗敬业,把心思用在工作上,把热情投入到事业上,把力量凝聚到发展上,有效促进了干部职工队伍的思想和道德建设。

(2)加强素质教育。指挥部积极创建学习型指挥部,着力打造极富创新意识的管理团队:一是坚持共同目标原则。以确保泰州长江大桥早日优质安全建成通车作为指挥部全体员工的共同目标和使命,激发大家的敬业精神、创造精神、创新能力;二是坚持学以致用原则。以泰州长江大桥为载体,通过工作学习化、学习工作化,不断提高自身素质和业务水平,以适应特大型桥梁工程建设管理的需要;三是坚持创新性原则。通过创新性学习,改变陈旧的思维方式和行为习惯,在工作中出新思路、新观点、新举措、新成果;四是坚

持全员学习原则。有计划地定期组织各类建设管理人员学习,互相交流、互相启发、互相激励,营造浓郁的学习氛围;指挥部党委要求自己和全体党员在创建活动中既要做好组织发动工作,又要发挥示范带动作用,争取率先成为学习型党委和学习型个人。

(3)加强职业道德教育。指挥部针对不同岗位制定了职业道德规范、职工行为准则以及纪律守则等,并将这些规范、准则、守则等编纂成书,做到人手一册。在泰州长江大桥建设中,指挥部不断加大对参建员工的宣传贯彻力度,通过组织岗前培训、技能竞赛等方式,不断加大建桥员工的职业道德教育。

2. 坚持实行党建统管,深化文明创建工作

(1)抓好工地党建工作,在文明创建中积极发挥党员的模范作用和党组织战斗堡垒作用。泰州长江大桥工程开工后,在省交通运输厅党组的领导下,现场指挥部党委迅速建立,统管工地党建工作,充分发挥党建工作对工程建设的引导、服务、保障作用。

(2)推进人性化服务,积极打造项目型企业文化。长期以来,指挥部与各参建单位形成了一种目标同向、责任共担、利益共享、合作双赢的现代化工程建设项目管理模式,把人性化服务作为自身职能的核心定位,力争做到主体明确、目标明确,采取措施及时有效。

(3)强化勤廉意识,持续推进党风廉政建设。指挥部将工地廉政文化和质量安全文化建设引入到工程建设中来,重点开展了廉政责任机制、预防机制、约束机制、监管机制等"四位一体"的工作机制建设,推行廉政合同制、质量责任人档案制、安全责任人档案制、廉政建设责任制、廉政建设和作风建设分工制五大制度,有效增强了领导干部质量、安全、廉政的风险意识和责任感,促使他们在工程建设中自觉抓安全、抓质量、抓廉政。

3. 积极开展劳动竞赛,激励建设者为工程建设建功立业

泰州长江大桥工程规模大、技术含量高,在长达五年半的建设周期内,来自国内的近百家施工、监理、设计、科研单位,数万余名大桥建设者汇聚大桥工地,其中不乏中交二航局、中交二公局、中铁大桥局这样的"国家队",以院士领衔的大桥局武汉监理公司等国内一流专业监理公司,以及省交通工程公司和省交通规划设计院、省交通科研院这样的省内骨干施工、设计、科研单位。通过开展交通重点工程劳动竞赛活动,有效激励了各支队伍的建设积极性,共同为泰州长江大桥工程建功立业。

4. 不断加强宣传报道力度,全面展示大桥风采

省大桥指挥部和泰州、镇江、常州市大桥指挥部以及各参建单位不断加强与中央电视台、新华社、《人民日报》《光明日报》《中国交通报》《桥梁》杂志等中央媒体,《新华日报》和省电视台、省广播电台以及泰州、镇江、常州市等省市新闻媒体的联系和合作,通过各级媒体刊登稿件近千篇,适时报道了大桥工程进展和建设管理方面取得的成绩。指挥部还

与南京电影制片厂合作,制作了4部工程专题片,与南京浩清广告公司合作,制作了2本大桥综合性画册。与此同时,在指挥部的指导下,中交二航局、中交二公局、省交工集团和中交二公局三公司项目部以及镇江市大桥指挥部等单位也通过办黑板报、编辑工地小报等形式,及时报道标段工程建设进展,宣传项目部好人好事。指挥部每月组织各参建单位书记、办公室主任和宣传骨干召开宣传工作例会,采取到省内重点工程工地参观交流、邀请专家授课、组织报道会战等方式,提升泰州长江大桥宣传报道工作水平。

三、经验总结

改革开放以来,江苏交通系统不断推进两个文明建设。自1986年始,全系统陆续开展了"文明行业创建""建功立业""三学一创""服务品牌创建"等群众性活动,极大地调动了广大职工的积极性,多次被省委、省政府领导誉为"特别能战斗的队伍"。主要经验是:

一是坚持"两手抓,两手都要硬"。以加快公路交通发展为中心、提高职工队伍素质为根本,以"三学一创"(学习包起帆、"华铜海"轮、青岛港等先进典型,创建文明行业)和"建功立业"等活动为载体,扎实推进公路交通全行业的精神文明建设。

二是行风建设"纠创并举"。1998年,江苏公路交通行业建立起行风建设三级监督体系,实施明察与暗访相结合、内部监督和社会监督相结合,精心组织"啄木鸟行动",对行风建设进行动态管理。至2000年,全省公路交通行业涌现出一批全国、部省、市厅和县局级精神文明建设先进单位;312国道江苏段等5条公路创建成部、省级文明样板公路;运管部门开辟多条文明客运班线;全省公路"三乱"得到有效治理,顺利通过全国首批全部公路基本无"三乱"省份验收。

三是江苏省公路交通系统以文明创建为第一抓手,创新思路、创新内容、创新方法,深入推进行业精神文明建设,在深化文明创建中走出了特色之路。

第二节 文 化 建 设

一、高速公路文化建设

随着高速公路建设事业的发展和建设经验的积累,江苏高速公路建设逐渐由重实用功能向经济与文化、功能与审美综合协调发展转变,追求在设计和施工的各个层面各个环节注入更多的文化内涵,努力打造生态之路、科技之路、旅游之路、环保之路,努力实现人、车、路、环境的统一和谐。较早前设计实施的宁沪高速公路、宁通高速公路等,比较注重其使用功能,对沿线景观的重视度不高;宁杭高速公路、宁常高速公路的实施中,在重点段落上注入较多艺术元素,造就了生态、科技、旅游和环保的高速公路。这里以宁杭高速公路建设为例作简略说明。

宁杭高速公路江苏段全长152km,位于苏南南部宁镇山脉和宜兴山地之中,地形起伏,植被完整,沿线自然风光秀丽,人文景观荟萃,旅游资源十分丰富,除南京和杭州外,主要有溧水的胭脂河、天生桥、无想寺、东芦山,句容的宝华山、茅山、瓦屋山,溧阳的天目湖,宜兴的"竹海、洞天、陶都、茶洲"等,这些景观无不蕴含着深厚的历史与文化。

宁杭高速公路充分考虑了对自然胜景与文化圣地的利用开发,形成了"珠链"的景观设计理念,用别具匠心的隔离带、护坡、下水道和花草植被去扮靓长链,更把各个互通、服务区和收费站打造为长链上的一粒粒"珍珠",珠与链交相映衬,形成整体。这一理念成为宁杭高速公路景观设计的灵魂,从而使设计成果的整体风格和谐统一,名副其实成为"江苏省21世纪第一条可持续发展的高速公路。"

(一)桥梁文化

桥梁是高速公路的视觉中心和兴奋点,在高速公路全线的文化建设中占据十分重要的位置。桥梁是精神、物质、科学、技术等因素糅在一起的综合文化体,体现着社会发展的文明程度,从古代的赵州桥到今天的大跨径悬索桥,不同时期的桥梁记载着不同历史时期的文明。在这个意义上,桥梁设计中蕴含的文化性几乎与桥梁的实用性旗鼓相当。一个景观设计优秀的桥梁,可以在人们心理上打下深深的烙印,并成为一个城市的文化标识。南京长江大桥在若干年内,就是南京最耀眼的文化名片和形象窗口。

1. 主线桥

主线桥重点是行驶舒适和桥面以上构筑物美化。桥梁结构的心理引诱力是桥梁美学考虑的一个重要因素,也是进行桥梁景观设计的一个重要工具和方法。将桥梁本身和周围的自然景物及人工构造物所具有的心理引诱力相互协调,可以创造出整体上令人满意的心理效果。

宁杭高速公路桥梁设计遵循安全、适用、经济、美观和有利环保的原则,在选型时因地制宜,根据本地区的自然条件、材料供应和地质条件,以及施工要求和使用效果等,进行了综合考虑。总体设计原则:一般大、中、小桥桥位平面线形服从路线总体布设需要,做到桥位处平面线形与道路线形协调一致,平顺流畅。对于特大桥,则综合考虑路线与桥位优劣。高速公路部分路段处于低山丘陵区,部分路段濒临太湖,沿线风景秀丽、景色迷人,桥梁方案在安全、适用、经济的前提下,注意造型美观,接近自然。对于城镇段或跨越主要等级公路、等级航道的主线桥、立交桥及支线上跨桥,在不受其他条件限制时,结构设计充分考虑上部结构建筑高度较低,下部结构墩身、墩帽等外观效果较好的结构形式,以满足美观要求。对于一般桥梁及特大桥的非主孔部分,在满足不同功能的前提下,尽量选择合理的同一跨径来布设,以方便施工,改善景观。

以南河系杆拱桥为例(图6-2-1),南河系杆拱桥是由两片拱组成的一座桥,拱肋上加钢吊杆支持桥面,桥面承受拉力,形成支座无水平推力的拱桥,风撑加强了拱片间的稳定性。主梁做得很薄,主跨全长130m。整个系杆拱桥形如玉带、态似彩虹,显得"线条柔和,构造空灵,既稳重又轻盈,寓雄伟于秀逸",心理诱导力线是有紧张感的优美弧线,具有曲线美,在形态上兼容了人文景观与自然景观协调美的特性,并具有标志性作用,同时红色的涂装,给人明快、清爽、愉悦感,同时加强了主体的形象。由于桥梁长期暴露在野外环境中,由于大气的作用,一年四季的日晒、雨淋、风沙、冰雪的侵蚀,选择了具有耐候性的材料,具有自然的色泽和质感,这样就获得良好的色彩和质感效果。桥型顺适道路线形,与地形、地物和附近景观相协调,桥梁的形式美与功能美得到完美体现与融合。此种下承式系杆拱桥很适合平原地区。

图6-2-1 南河系杆拱桥全景

宁常高速公路沿线对所有主线和支线上的各座桥梁都进行了精心的设计。设计理念是:安全至上——采用新型桥梁基础和护栏形式,保证安全,兼顾景观的视觉连续性;个性美观——按主题系列设计,保证桥梁的自然、美观,部分具有地标性;生态环保——避免大桥对水体及周围环境造成污染。这里以卧龙湖大桥为例。

卧龙湖水库山水相依,层次丰富,景色优美。在这样的环境中建桥,决定了卧龙湖大桥在结构、用材等方面要体现时代气息,在造型风格方面要简洁清新,与自然环境融为一体,体现"山水画"的意趣。

大桥下部结构为钻孔桩基础,高桩承台,实体薄壁墩,肋式台;上部结构为现浇预应力混凝土V形支撑(简称V撑)连续箱梁。桥型结构新颖、轻巧美观、受力合理、整体性好、振动小,行车舒适。桥面上取消建筑构件,给驾乘人员开阔的视野,桥下拱肋翩翩,跨跨相连,卧龙湖大桥"彩虹卧波"为绿意漾漾的湖面增添美感,形成一幅"水偎青山影中桥,碧波漾漾拱券连"的自然画卷,见图6-2-2。

图 6-2-2　卧龙湖大桥"彩虹卧波"

2. 支线桥

桥梁设计从以桥梁实体造型为对象发展到以环境景观设计为对象,是设计观念上的一个重要转变。桥梁实体的设计以独立的桥梁建筑为主要思考对象,环境景观设计则以桥梁设施诸实体间的整体协调为主要思考范围。桥梁工程师应当具有可持续发展的理念,成为自然环境的爱护者和节约资源的倡导者。桥梁环境景观设计是桥梁构造设计与周围景观设计的综合,应贯穿于设计的全过程,通过两者的结合,最大限度地实现保护环境,达到功能、技术、经济、美观的完美。

宁杭高速公路东芦山服务区位于溧水县城东南部的东芦山,这里山体植被较完整,系秦淮河之源,因而服务区跨线桥设计主题确定为秦淮流水,桥型确定为独塔单索面无背索斜拉桥。无背索斜拉桥是一种不对称的造型,与东庐山背景协调,同时塔顶创造一个制高点,体现出山的气势和力度;塔身后倾获得新的稳定感,多根平行拉索将桥面轻轻提起,如流淌的溪水,又如竖琴在演奏高山流水,恰突出秦淮之源的寓意;五线谱栏杆简洁明快、纤细轻巧、连续流畅,索面在夜空中梦幻般轻薄如纱,在服务区灯光的烘托下与云雾缭绕的东芦山相映生辉、如诗如画。

宁常高速公路方山支线上跨桥位于茅山隧道入口前,跨越分离式路基断面,是全线的视觉冲击点。设计采用直线交叉 X 形独塔双索面斜拉桥,通过交叉钢管拱塔、横向连接钢管、斜拉索与钢箱梁形成和谐有机的整体,配合鲜丽色彩涂装,犹如一只展翅翩飞的蝴蝶,与周围青山绿水互为映衬、相得益彰,美轮美奂、令人陶醉。该桥结构新颖别致,充分体现了桥梁美学中关于功能与环境、技术、美学协调统一的要求,见图 6-2-3。

支线上跨桥部分采用拱桥形式,形如玉带、态似彩虹,优美的弧线带来了曲线美,也传递着华夏民族特色,形成"小桥、流水、人家"的水乡特色,极具江南神韵,见图 6-2-4。

支线上跨桥部分采用斜腿刚构形式,具有强劲的力感,传力路线清晰,凸显雄踞屹立的形态,似飞燕一孔跨越高速公路,产生了"一桥飞架"的豪迈感。这种桥型的视觉诱导力线沿轴向两侧下方传递,与山丘诱导力方向相反,取得视觉空间的均衡,再加上曲线轮廓,更容易与地理环境达到自然和谐。当汽车经过较为狭窄的挖方路段时,人们的目光会集中在上方,犹如飞燕的斜腿刚构会令人心旷神怡,有助消除驾乘人员的疲劳,见图6-2-5。

图6-2-3　方山景观桥"蝶恋花"

图6-2-4　板拱实景

图6-2-5　斜腿刚构"一桥飞架"

  细节是桥梁可视的,也是最容易被公众认同的,因此细节的设计对于支线上跨桥的美观有着至关重要的作用。这里的细节不是对结构的精雕细琢,而是强调以人为本,以满足人的出行需要为根本,在细微之处体现人性化的服务,注重其安全性、舒适性、愉悦性的和谐统一。根据桥位所处地形、地质条件不同,因地制宜,充分发挥设计者的想象力、独创性及灵活性,在设计的"精、细、美"上下功夫,使作品与自然环境融为一体,真正实现源于自然、美化自然的目标,见图6-2-6。

图 6-2-6　古都风格的城门桥,厚重典雅融入自然的桥头锥坡

(二)隧道文化

1. 文化设计理念

随着我国城市化进程的加快和交通网络的不断完善,信息传递得越发便捷,同时随着人们文化视野的不断拓展,高速公路作为现代社会信息交流和文化传递的载体,作为城市对外展示的第一道窗口,承担着地域民族文化展示与宣传的功能。而隧道作为高速公路上的一个重要构筑物,不仅仅具有单一的安全通行的功能,同时还包括生态保护、文化展示与宣传等多项功能。

隧道的地域、民族文化特色是一个地区自然景观与人文景观的有机结合,传统文化与现代文明的巧妙融合。而地域文化特色的形成是受自然环境的地质、地形、气候等因素影响,在长期的社会发展中形成的具有区域特征的文化现象。高速公路是线形景观,一座座的隧道则宛如"长线"上的景观节点,连接着风格各异的生态区域、地理环境和人文历史等区域特色文化。可见,文化设计理念的形成、地域民族特色的营造在隧道工程建设中的重要性。

文化设计理念是现代隧道建设的灵魂,其不仅仅有利于高速公路隧道建设与当地自然环境的协调融合,更有利于提高行驶者的旅途舒适度,进而增强隧道内的行车安全性。

2. 文化设计原则

综合规划的整体性原则:隧道工程作为高速公路上的一个节点工程,不能孤立地对某一景观元素进行设计,而应将整个工程作为一个综合的整体进行全面规划与设计。隧道洞口形式、洞门结构形态、进出口的绿化设计、隧道内部装饰设计等,都应与整条高速公路文化设计相融合,与周边环境和人文历史相融合。

自然优先原则:尊重当地自然特征与历史的延续及客观性,尊重当地地域特征和文化特色,以合理恢复替代简单替换,保留地区本身固有特征。维护原有的生态格局,努力促进自然系统的物质利用和能量循环。吸收当地代表性元素,保持历史、民族、人文风情与景观结构的整合,实现景观结构与文化特色的共生。

资源保护与节约的原则:在隧道的文化景观设计中,应树立节约资源的设计理念,最大强度地保护和利用现有的景观资源、最大可能地避免浪费资源、最大限度地回收利用废弃资源。使一条条隧道成为生态保护的走廊。

(三)服务区文化

1. 服务区文化设计原则

高速公路服务区的基本功能是满足使用者的服务要求,但它是一条高速公路的有机组成部分,也与所在地的自然风貌、地域文化、历史传统密切关联,因而也成为地区文化形象的展示窗口。这样的特点决定了服务区的文化设计原则,一是服从与该条高速公路的整体文化设计,并以自己的亮点确立自己的独特价值;二是整体布局上围绕当地自然、历史、文化特征展开;三是在综合考虑环境、气候、人文、材料、技术和成本的基础上努力追求建筑的艺术之美,实现建筑与自然环境、人文历史的和谐统一。

2. 服务区文化设计手法

第一,尊重环境。在选址和总平面布局时要注重地形地貌特征,尊重原有地形,处理好停车场的竖向设计,减少土方量,保护生态环境。要尊重地域文化,努力展现该地域文化的精神内涵和时代特征,使得服务区建筑更具场所感和文化气质,获得旅客更多的理解、接受和认同

第二,建筑单体的设计要注重空间、色彩、细部等方面,通过地方传统文化符号与现代设计手法的融合,营造具有当地文化特色的独特建筑空间。

第三,将地域性与生态性紧密结合。建筑设计中坚持低碳建筑、绿色设计、节能减排、因地制宜的原则,从场地设计、绿色建筑、自然环境的融合等各个角度着手,充分体现人、建筑、自然、文化的相互关系。

(四)景观文化

江苏高速公路景观建设以满足高速公路绿化的基本功能为导向,弱化高速公路建设对环境的影响,并通过创新设计,体现沿线地域、民族、生态和历史文化,并适当降低高速公路景观工程造价。

1. 突出特色,巧妙表达地方文化

人文景观是江苏省高速公路景观绿化中的点睛之笔,主要集中在人流量比较大,可以驻足品味的服务区、停车区等。设计中注重对当地特有人文景观的挖掘,融入满足人的心

理需求的人性化设计,以亲切舒适、轻松休闲为中心,让驾乘人员进入场区有"宾至如归"的感觉。这不仅可以很好地缓解驾乘人员的疲劳,还能增强高速公路对过往车辆的吸引力,有助于当地旅游资源的开发。

2. 扬长避短,巧妙规划,打造亮点

宁杭高速公路沿线地形跌宕起伏,丘陵、山地、河流等鳞次栉比,大地景观异常优美。景观设计中利用沿线一处废弃的三角地,变废为宝,开辟为临时停车休息区,并设置一个优美的景亭,供驾乘人员停车休息,欣赏此处优美的自然山水景观,见图6-2-7。

宁淮高速公路的洪泽服务区内有一处大型取土坑,服务区景观设计结合服务区人流较多的特点,充分利用取土坑形成的水体,对岸线稍加整治,设计了人性化的小桥、木亭等休闲设施,方便驾乘人员欣赏游憩,见图6-2-8。

图6-2-7 宁杭高速公路一期观景亭

图6-2-8 宁淮高速公路洪泽服务区一处休闲设施

3. 多种设计手段综合应用,促进可持续景观的可持续

在江苏省高速公路的景观设计中充分强调利用自然资源,保护乡土生物的多样性,恢复沿线的生态系统,实现景观的可持续。

江苏地形地貌以平原水网为主,水体类型多样,囊括了河、湖、池、溪、涧等,以营造水景为主的互通,有助于涵养水源,能调节和利用雨水洪水。

高速公路通向城市的入口的互通区占地面积一般较大,车速较慢,是一个重要的景观区。在江苏省高速公路互通设计中,利用原有水体或者取土坑整治水体,形成相互关联、宽窄不一、变化有致的水体景观。此外,在地形营造时注重与周边环境的协调,如果周围地形岗阜起伏,便整治出略有起伏的地形,并与周围地形走势协调一致。如果周围是平原,地形整治便以单面坡为主,从高程高的一侧放缓到低的一侧,与周围平原水网的地形特点相顺接,见图6-2-9、图6-2-10。

江苏省高速公路景观设计强调维持乡土生物的多样性,遵循"廊道"和"斑块"理论,尽可能恢复沿线生物的自然过程。主线两侧营造稳定的植物群落,形成"生态廊道",减少公路对沿线环境的不利影响。

图6-2-9　宁常高速公路薛埠枢纽

图6-2-10　宁杭高速公路东山枢纽

互通区面积较大，是沿线区域的重要"斑块"，可以营造稳定复杂的植物生态群落（图6-2-11和图6-2-12），采取适当措施，促进当地生物自然过程的恢复和发展，补偿和改善局部生态环境。

图6-11　宁常高速公路绿化工程中大量应用的垂柳景观

图6-12　宁常高速公路绿化工程中大量应用的榉树景观

4. 低碳环保理念在高速公路景观中的应用

江苏高速公路道路建设前，通过合理规划，将取表土就近应用在景观地形中（图6-2-13）既减少了工程弃土量，又为景观地形营造提供了优质的土源（取表土中含有大量的有机质，有利于景观苗木的生长），响应了节约型园林的号召。

充分利用自然资源。设计时充分利用自然资源，利用当地的阳光、空气、植物群落、土地空间养分、水分等条件，构成一个和谐有序、稳定的生态群落，见图6-2-14和图6-2-15。充分利用沿线景观，以借景的手法，起到美化环境，调节驾乘人员出行视觉疲劳的作用，同时节约了景观造价。

图6-2-13　取表土堆场

图 6-2-14　宁常高速公路设计的杉林　　　　图 6-2-15　宁常高速公路设计的植物群落景观

设计中将互通区排水与互通景观绿化整体考虑,通过互通区地形整治工程,合理解决互通排水问题,并为景观绿化工程奠定基础。在宁杭高速公路一期、二期,宁常高速公路,宁淮高速公路,沿海高速公路等工程中,设计者互通区因地制宜营造水景,并利用通过挖出的土方布置起伏的地形,形成自然排水坡度,使互通区降水自然汇集到景观水体中,达到了排水的目的,见图 6-2-16 和图 6-2-17。

图 6-2-16　宁常高速公路的互通排水　　　　图 6-2-17　宁杭高速公路二期的互通排水

5. 与景观完美结合的生态排水

景观设计师参与到道路排水工程设计中,充分考虑原有地形、地貌,尽量不破坏原有水系,因地制宜逐段进行现场设计,做到"宽、浅、隐、绿",外形美观流畅,满足功能要求。有条件地段将排水工程设置在视线之外,提高行车安全和景观效果。

6. 生态型边沟的设置,保障了景观效果

路基边坡高度小于 2m 的路段适当放缓边坡,设置生态型边沟,如用地界外侧有土埂,则予以利用;若没有,则在隔离栅内侧填筑土埂。同时在地形允许的情况下,部分低填路段尽可能恢复为浅路堑段。对于两挖方段之间的低填路段可适当人工填筑为路堑,既能保证构成路基路面排水独立系统,又能提高行车安全性,降低工程造价,同时保持线形的顺适性,视线的连续性,增加感观效果,见图 6-2-18 和图 6-2-19。

 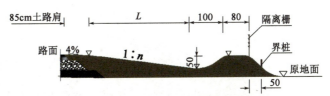

图 6-2-18 低路堤地形整治示意图及整治后效果(尺寸单位:cm)

图 6-2-19 低路堤段地形整治后排水实景

7. 反向排水系统,保证路侧景观的和谐统一

当路面纵坡的走向与边沟排水方向相反时,按常规的排水设计必然会产生边沟大开挖问题,影响高速公路美观,增加排水防护工程量,因此,低填及浅路堑与低填过渡路段,应根据排水条件,灵活地营造景观地形,使地形顺适,减少突兀感,地下排水系统可采用反向排水,缩短排水路径,而地面排水系统结合环境整治应与路面纵坡方向一致,形成地面和地下的两套系统,外观舒适,排水畅通,见图 6-2-20 和图 6-2-21。

图 6-2-20 反向排水系统示意图

8. 路堑路段要求进行削坡及路堑边坡的景观处理

为确保下挖段设计的合理安全性,优化地形视觉效果,对每一段下挖段横断面和排水进行独立设计,提供优美的地形"底模",为实施绿化景观打好基础。路堑段截水沟选择合理的尺寸,急流槽尽可能使暗式与边沟排水系统相连,所有明式排水沟采用生态遮盖,减少视觉冲击,见图 6-2-22。

图 6-2-21　因势利导使自然排水与地下排水体相结合

图 6-2-22　路堑排水——生态截水沟

二、过江通道文化建设

本节选取技术攻坚难度较大、文化建设特点鲜明的两座桥梁作为过江隧道建设的代表。

（一）润扬长江大桥

润扬长江大桥位于镇江、扬州两个历史文化名城之间，北部与瓜洲古运河口旅游区紧紧毗连，南部与镇江三山相映光辉。

润扬长江大桥的文化建设以世业洲旅游发展总体规划为依据，同时充分考虑与市场需求的结合和与周边旅游资源的互补，以生态建设为原则，以自然生态景观为主题，依托风光秀丽的世业洲，将润扬长江大桥景区建成为扬州、镇江滨江风光带的一个地域相对完整，自然景观独具特色、康乐休闲和养生度假项目丰富的观光休闲与生态旅游度假相结合的综合性景区。初步规划把润扬长江大桥景区打造成国家 AAAA 级旅游风景区，长远打算把世业洲及两岸江滨联合形成的整体景区打造成国家 AAAAA 级旅游风景区。

1. 以观江赏桥为主题的观景旅游

润扬长江大桥在横卧江面的众多大桥中甚为独特，它由 1400m 的悬索桥和 400m 的斜拉桥组成,两座桥一刚一柔,将长江之宏大和结构物的恢宏气势彰显、映衬得淋漓尽致。在大桥的脚下,世业洲是观桥与望江的最佳景点。

2. 以放松身心为特征的度假旅游

世业洲是两市之间的孤洲,为长江天堑所隔,自然环境之美是都市无法比拟的,洲尾的江漫滩湿地和漫漫芦花形成了十分秀丽的景色,是扬州、镇江旅游区的重要补充和外延。当城郊休闲度假成为中国旅游业重要发展方向的时候,世业洲所具有的得天独厚的优势将会得到更加充分的展现。

3. 彰显生物多样性的生态旅游

润扬长江大桥景区的生态环境好,环境质量高,具备发展生态农业和休闲度假旅游的实力。利用资源优势,打造高品位、高质量的生态休闲型旅游产品,是润扬长江大桥景区发展旅游业的主导性战略,其他方面发展要以此为基础和核心,实现润扬长江大桥景区旅游业的健康可持续发展。

(二)苏通长江大桥

苏通长江大桥工程文化的核心价值观。苏通长江大桥形成了以"崇尚劳动、为民造福、尊重科学、勇于跨越"为核心价值观的工程文化。其中"崇尚劳动"和"为民造福"既体现中华传统文化的精髓和道德观,又与交通行业特征和桥梁工程特点相适应。而"尊重科学"是挑战复杂工程的基本要求,也是兼容了其他国家和民族的优秀文化。"勇于跨越"则体现了敢于创新,敢于承担责任的勇气和信心。

善待员工便是善待自己。苏通长江大桥工程一线施工人员大部分是原农业人口的转移,文化程度低,操作技能差,有的甚至没有参加过工程建设,所以他们希望通过学习掌握某些技能,便于在职业生涯中有一技之长。同时,操作人员绝大部分是家庭的主要经济支柱,他们对劳动报酬也充满着期待。指挥部领导针对员工的需求,提出了"工程就是一所学校,不仅使用人,而且培育人"的观点。

细节成就卓越。为了保证苏通长江大桥的耐久使用,指挥部在工程建设初期就组织科研机构就对国内外桥梁中已暴露的大量耐久性问题展开调查,结合专家咨询,分析影响耐久性的破坏因素。在此基础上,展开苏通长江大桥混凝土结构、钢结构和其他结构与土壤、水、大气等的接触状态研究,分析出混凝土的劣化机理主要是由于混凝土的开裂,使得混凝土的性能受到损害或使钢筋受到腐蚀;钢结构的劣化机理主要是由于涂层降解,相对湿度高,湿气到达钢表面引起的腐蚀;其他结构劣化机理主要是疲劳所致。

可见,要保证桥梁的耐久性,就必须从科研、设计、材料、工艺、管理、维护各个环节抓起,任何环节出现软肋,都会影响到桥梁的耐久使用。虽然桥梁的耐久性是一个系统工程,需要建设者花费大量的精力去实施,但作为"百年大计"的"功德工程",建设者就必须要有"千里长堤毁于蚁穴"的忧患意识,一丝不苟地处理好各种细节问题。建设者今天的"精雕细作"带给桥梁的将是明天的"长治久安"。

"好的建设"必须要有"好的生态观"。苏通长江大桥坚持"开发要合理、利用要节约、减损要补偿、破坏要惩罚、保护要落实"的指导方针,在设计中考虑工程与规划路网最短路径的衔接,尽量降低路基高度,实行桥区公园与办公区的集约化建设,以节约不可再生的土地资源。索塔基础原定施工方案是采用130根直径1.4m,桩长60m,入土30m的钢管桩作为支撑桩搭设施工平台,在这个平台上用振动锤打设直径2.85m工程钢护筒,进行钻孔灌注桩施工,施工完成后拆除钢护筒。后经过水上试桩和研究分析,改为不用钢管桩,而直接采用工程钢护筒作为支撑桩搭设平台的施工方案,从而在解决钢管桩施工精度和提高了施工安全性的同时,节省钢材4000t。基础防船撞方案原定为浮式钢结构,约需钢材1万t。后经过深入研究,采用了防撞结构与承台钢吊箱相结合的方案,此举既减少了钢吊箱水下拆除和浮式结构水上安装工作量,又节约了大量钢材,包括取消浮式结构和临时结构与永久结构的结合。

苏通长江大桥工程文化建设是依靠苏通长江大桥建设者的智慧,首先提炼出工程蕴含的价值观,然后通过宣讲、树立模范、专题讨论,以及各种外显活动等方式,特别是领导阶层的率先垂范,使全体员工对苏通长江大桥工程价值观达成共识,从而影响并规范员工的行为。虽然工程文化建设的路径有多种选择,但实践表明,苏通长江大桥工程文化的建设路径无疑是一条成功之路。

三、经验总结

公路文化是公路建设系统在建设、管理的长期实践中逐步形成的,被广大公路职工普遍认同并自觉遵守,是具有现代意识和行业特色的使命、愿景、精神和价值观的体现,是在实践中不断探索建设的、具有鲜明行业特色和时代特征的行业文化,是激发全行业凝聚力、战斗力、创新力、不断开创公路交通事业发展新局面的力量源泉。

江苏省公路交通系统一直注重公路行业文化建设。围绕着科学和谐发展,建设资源节约型、环境友好型和安全保障型社会的可持续发展思路,为实现江苏公路三个根本性转变(公路工作重点从注重硬设施的建设转向强调软环境的营造,公路建设从强调速度的数量扩张转向追求效益的品质提升,公路管理从分散型的行政管理转向综合型的行业服务)。江苏公路交通系统全体员工不断推动公路文化建设,逐渐形成了统一的指导思想、共同的价值理念、强大的精神支柱和基本的道德规范,创造了具有现代意识和行业特色的公路文化。

第七章
高速公路项目简介

第一节 G2（北京—上海）

北京至上海高速公路（G2）江苏境内已全线通车，起自苏新沂（苏鲁界），经沭阳、淮安市区、宝应、江都、高港、泰兴、靖江、江阴、无锡市区、苏州市区、昆山，止于花桥（苏沪界）。江苏境内全长约488km。各路段基本情况如表7-1-1所示。

G2 全线各路段基本情况　　　　　　　　　　表 7-1-1

序号	路段	里程（km）	建设期	备注
1	新沂至淮安高速公路	106	1997—2000 年	
2	淮安至江都高速公路	154	1997—2000 年	
3	江都至广陵高速公路	67	2001—2004 年	与 G40 共线
4	广陵至靖江高速公路	17	1996—1999 年	
5	江阴长江大桥	5	1994—1999 年	
6	无锡至江阴高速公路	51	1992—1996 年	
7	无锡至花桥高速公路	88	1992—1996 年	与 G42 共线

一、新沂至淮安高速公路（建设期：1997—2000 年）

（一）项目概况

1.基本情况

1）建设依据

新沂至淮安高速公路是国道主干线北京至上海高速公路的重要组成部分，是国家"五纵七横"国道主干线的重要路段，也是江苏省"四纵四横四联"高速公路网的中轴线，北起徐州市新沂市境苏鲁省界，经宿迁市沭阳县、淮安市淮阴区，南接同期建成的淮江高速公路。该项目把苏南、苏中、苏北紧密联系起来，对提升苏南发展水平，促进苏中快速崛起,发挥苏北后发优势,推进全省经济协调发展具有极其重要的意义。

2) 建设规模及主要技术指标

沂淮高速公路主线全长106.917km,全线按全封闭、全立交、双向四车道高速公路标准建设,设计行车速度120km/h,桥涵设计车辆荷载为汽车—超20级、挂车—120,路基宽度28m。全线桥梁占路线总长度的15%,设互通立交7处,服务区3处,并设置完善的收费、监控、通行、照明、安全、绿化等交通工程和管理设施。

3) 项目投资及来源

1998年6月,交通部以交公路发〔1998〕388号文《关于新沂至淮阴公路初步设计的批复》,对初步设计的有关技术指标及建设规模等实施方案作了批复,并核定工程概算为38.1648亿元。该项投资由部、省、市共同筹措,其中部投资5.32亿元,省出资9.18亿元,市投入5.25亿元,贷款17.16亿元,财政专项拨款1.25亿元。

4) 工程建设条件

沂淮高速公路所经区域。新沂段为沂沭丘陵平原区,沭阳段为黄淮冲积平原区及部分沂沭丘陵平原区;淮阴段属于黄泛冲积平原区决口冲积扇形平原亚区。路线经过区域气象,属暖温带半湿润季风带。区域内合流较多,灌溉沟渠密布,主要河流干渠有黄墩河、大沙河、新沂河、北六塘河及三干渠等。区内地表水与地下水联系密切,地下水位一般距地表下1~4m不等,稳定水位埋深一般为2~4m。

路线所经区域地质构造。新沂段属于华北断块区下属鲁西、鲁苏和徐淮三个断块区的交界部位。线路跨越郯庐断裂带的F1、F5和气分支断裂F6。据江苏省地震局所作《京沪国道主干线新沂段地震基本烈度复核与地震危险性分析工作报告》(以下简称《地震报告》),该处地震断裂带均处于活跃期,地震基本烈度为Ⅷ度区;沭阳段位于中新生代坳陷内,主干断裂为F7。据《地震报告》,F7是一条不活动断裂,地震基本烈度阴平真张圩村(K33+800)以北仍为Ⅷ度区,以南为Ⅶ度区。

沿线工程地质特征。新沂段陇海铁路以北主要郯庐断裂带分区,地表土层1~3m为灰黏土、亚黏土、亚砂土、夹钙质结核,其下为硬黏土层,局部为细砂岩(上部较破碎,下部较完整)。陇海铁路以南至岔流河主要为山前堆积平原分区,表层2m左右为黏土,其下为硬黏土,亚黏土夹砂或砾石,局部为中粗砂;沭阳段背部为残坡积松散岩相区,表层为黏土夹砂浆、中粗砂、石英碎块坡积物及太古界的风化片麻岩。中部为湖积平原松散岩相区,表层有5m硬黏土,其下为中粗砂。南部为冲积松散岩相区,黄泛冲积沉积了一定的软土(埋深1.0~4.2m不等,层厚0.7~5.5m);淮阴段属黄泛冲积泛滥洼地松软岩类Ⅱ区,表层为亚黏土混粉砂,其下为黏土、亚黏土,局部夹钙质结核。由于黄泛堆积的不均匀性,偶夹有软弱土层(埋深不一,层厚1.0~4.4m)。所经地区不良地质主要为软土及膨胀性土。

5) 工程进度

沂淮高速公路工程项目,1997年交通部以交计发〔1997〕23号批复同意立项建设。江苏省交通规划设计院于1997年6月完成《工程可行性研究报告》,1997年11月交通部以交计发〔1997〕696号文批准工可报告。1998年1月,江苏省交通厅向交通部上报初步设计,同年6月,交通部以交公路发〔1998〕338号文批复同意初步设计。经交通部批准于1998年7月28日开工建设,2000年11月底建成,2000年11月26日正式通过交工验收,实际工期2年4个月。

6) 主要工程数量

沂淮高速公路概算总投资38.1648亿元。全线完成路基土方1486万 m^3,桥梁84座,涵洞239道,通道150道,互通立交7处,分离式立交18处,路面底基层286.7677万 m^2,基层268.4123万 m^2;沥青面层278.7万 m^2,房建面积总计2.73万 m^2,全线同步完成安全、收费、通信、监控、供电、照明、服务等设施及绿化。

2. 决策过程

1997年1月,交通部以交计发〔1997〕23号文《关于新沂至淮阴公路项目建议书的批复》同意立项建设。

1997年11月,交通部以交计发〔1997〕696号文《关于新沂至淮阴公路可行性研究报告的批复》批准工可报告,确定建设规模、技术标准和总投资。

1998年6月,交通部以交公路发〔1998〕338号文《关于新沂至淮阴公路初步设计的批复》批复同意初步设计。

1998年7月,经交通部批准开工建设。

本项目环境影响评价研究于1998年3月通过交通部组织专家预审,8月国家环保总局以环发〔1998〕212号文《关于北京至上海国道主干线(江苏境)新沂至淮阴段工程环境影响报告书审批意见的复函》批准了报告书。

(二) 建设情况

1. 招投标情况

沂淮高速公路施工图设计由江苏省交通厅委托江苏省交通规划设计院承担该项目主体设计。

交通工程三大系统由中国公路工程咨询监理总公司泰克公路所设计;安全设施、供电、照明及房建工程由省交通规划设计院等设计;绿化工程由徐州园林设计院和南京林业大学科技开发公司园林分公司设计。

监理单位:江苏交通工程监理总公司、常州市交通工程监理总公司、江苏东南交通工程监理公司。

全线路桥工程分为 F、GA、GB、H 4 个合同段。1998 年 7 月,本项目路桥工程开始招标,8 月,路桥工程招标全部结束,全国共有 152 家施工单位参加资格预审,经过投标和专家评标,最后经评标委员会审定,中标单位为江苏省交通工程总公司、交通部公路二局、交通部第一公路总公司和锡山市交通工程公司。

1999 年 11 月开始交通工程安全设施、照明工程、房建工程和绿化工程、三大系统等项目的公开招标,安全设施由徐州安达交通设施有限公司、句容市交通设施有限公司等单位中标,照明工程由无锡照明工程总公司等单位中标,房建工程由南通五建工程公司等单位中标。三大系统由北京飞达交通工程公司等单位中标。

2. 征地拆迁情况

本项目根据征地拆迁进度分阶段支付资金,实行拆迁资金专款专用。征地拆迁情况统计见表 7-1-2。

征地拆迁情况统计表　　表 7-1-2

征地拆迁安置起止时间	征用土地(亩)	拆迁房屋(m²)	备　注
1997 年 10 月—2000 年 12 月	19713	124.809	

(三)科技创新

为确保沂淮高速公路工程质量达到国内领先,国际先进水平,在建设过程中十分重视科学技术对高速公路建设的指导作用,针对沂淮高速公路工期紧、地质条件复杂,以及桥涵通道多等建设难点和特点,利用科技第一生产力,加强科技攻关,推动工程建设。在路面施工技术方面,通过十余次的试验,好中选优,确定了各项技术指标领先的级配方案和完善的施工工艺,并与省交通科学研究院合作进行"江苏'九五'高速公路面试验研究"。使沂淮高速公路的路面压实度达到 97% 以上,路面平整度均方差低于 0.6mm。二是组织专家对重大施工技术方案、施工质量控制提前研讨论证,研究下达监理控制意见,对一些重要施工工艺、工序建立方案会审制度,会同设计、监理、施工单位,召开技术交底会、方案论证会,对质保措施进行专题论证和落实。

(1)全线通信管道采用了硅芯管,并改进了吹缆工艺,加快了光电缆敷设进度。

(2)上面层采用了 SBS 改性沥青及 AK-16C 级配,并全线采用了抗剥离剂。

(3)桥梁防水层采用 FYT-1 新型材料,提高了防水效果。

(4)路面石料采用反击式轧制工艺,确保路面结构层质量。

(5)同步建成了监控、通信、收费系统,联网收费系统,当时规模国内第一,国际领先。

(四)运营及养护管理

江苏京沪高速公路有限公司于 2000 年 6 月 15 日注册成立,负责京沪高速公路沂淮江段(G2)、启扬高速公路扬州西北绕城段(S28)共296.5km高速公路的收费、养护、清排障及服务区等经营管理服务。其中京沪高速公路(编号G2)沂淮江段261.5km于2000年12月15日开通运营;启扬高速公路(编号S28)扬州西北绕城段35km于2004年10月12日开通运营。

公司本部设7个部门:综合部、人力资源部、党群工作部、计划财务部、安全营运部、工程技术部、经营开发部。公司实行三级管理体制,下辖徐宿、淮安、扬州三个管理处,以及广告和置业两个法人公司;三级单位31个,即20个收费站、7个服务区及4个清障大队,现有员工2056人。公司成立以来,秉承"让社会更美好"的理念,认真贯彻"积极进取,稳健经营,务实创新,持续发展"的经营方针,经营业绩稳步增长,路桥品质有效保持,基础管理逐步规范,员工素质不断提高,企业氛围宽松和谐,保持了经济效益的稳定增长和社会效益的不断提高。

1)以科学化信息化为主导,稳步推进"智慧高速"建设

按照控股公司打造"智慧高速"的要求,京沪公司对"智慧高速"的功能需求、系统架构、资源整合、信息共享等内容进行调研,确立了以全程监控为重点的"智慧高速"建设思路,成立了全程监控专项工程领导小组,设计了沂淮江段全程监控建设方案,在道路主线布设了210台高清摄像机、41套视频检测系统,改造了淮安、徐宿分中心监控大屏,实现了道路视频监控的全覆盖,为交通调度提供了更有力的信息化支撑,也为智慧高速建设打下了坚实基础。在扬州段10个事故多发路段建设了语音广播系统,在所有收费站前和服务区入口处安装了交通信息诱导屏,对苏鲁省界收费站现金传输系统进行维修升级,试点建设收费亭背景音乐系统,完善道路气象系统,公司信息化管理水平得到进一步提升。

2)以科学管理决策为手段,始终保持道路品质优良

公司坚持"以人为本,以路为本"的经营理念和"预防为主,防治结合,标本兼治,治本为主"的养护理念,不断提高科学决策水平,加大道路养护和技术革新投入,保持了道路一流品质,保障了道路的安全畅通。

(1)加大基础数据研究,保证养护科学决策

自京沪高速公路于2000年开通以来,公司逐步开展了对交通量、交通轴载、实际运行荷载等基础数据的研究,实时掌握江苏省高速公路实际运行交通量及荷载情况,为养护方案决策提供可靠依据。京沪高速公路由于其显著的交通便捷性,自建成通车后交通量增长迅速,开通初期超载情况非常严重,据统计,京沪高速公路沂淮江段2004—2008年京沪向平均超载率为86%,沪京向为53%;正是由于初期交通超载严重,导致累计当量轴载作用次数增长迅速,根据设计资料京沪高速公路设计车道上的累计当量轴载作用次数为2300万次,而经统计换算京沪向于2004年底累计当量轴次已超过了设计轴次,而沪京向于2007年底超过了设计轴次。重载交通和超载严重是京沪高速公路路面病害发展较快

的重要原因之一。

为了掌握京沪高速公路实际运行荷载及不同车辆荷载对桥梁结构的影响,京沪公司于2012年开展了"京沪高速公路实际运行荷载对组合箱梁长期性能影响研究与应用"的课题研究,于新沂河大桥布设了动态称重系统和健康监测系统,将两个系统的检测数据相结合,即可得知桥梁结构对不同车辆荷载的响应情况。课题中所采用HI-TRAC100型高速动态称重系统是由英国TDC系统公司制造的一款交通流量检测、车辆分类及动态称重系统,其车重测量精度能达到90%以上,能够精确获得交通量、车速、车辆轴距、轴重、温度、车头间距、横向分布系数等数据。通过475天不间断的连续监测,获得了950多万辆车辆数据及其对应的桥梁应力、应变、温度数据,通过对大量数据的分析,得出"京沪高速公路京沪向实际运行荷载为1.4倍公路—Ⅰ级荷载,沪京向为1.22倍公路—Ⅰ级荷载"的研究成果,并确定京沪高速公路沂淮江段桥梁加固设计荷载为1.24倍公路—Ⅰ级荷载。

(2)优化变革管养模式,不断提升作业效率

自京沪高速公路沂淮江段于2000年12月通车运营以来,公司日常养护模式经历了自养、自养和社会化养护相结合、社会化养护三个阶段。在经历了多次管养模式变革后,京沪公司总结出了适合该公司管辖道路特点的日常养护管理模式,首先是采用部分总包的社会化养护模式,减少了日常养护管理的环节和难度,将养护工作质量考核作为合同的重要部分,管理处工程科每周不少于两次上路巡查、检查,对维修质量及数量进行不少于20%的抽检,并按月对辖段内养护中心进行考核,公司按季度对养护处进行季度考核,并按季度考核结果每季度支付养护费用;其次将疏通排灌涵、集中清理边沟等难控制项目列为单价项目,按实计量并支付项目费用,既保证了养护经费的有效控制,又明确了责任;第三,经招标,由专业单位实施绿化保洁项目,各养护中心进行监管,不但提高了绿化保洁单位的主动性,还便于控制项目费用和制定相关养护定额;第四,将桥下堆积物清理纳入日常道路保洁工作,由保洁单位负责及时清理并长效保持,改变了往年集中清理,却总是反复的局面;第五,将除雪保畅费用作为独立费项目,从总包项目中分出,依据每年的除冰雪情况按实进行支付。

(3)合理优化养护方案,着力恢复路面品质

随着运营时间的增长,京沪高速公路在车辆重载和外部环境的反复作用下,早期路面病害发展迅速,为了较好地治理路面病害、实现标本兼治,京沪公司自2008年即开始进行罩面养护试验,以寻求适合京沪高速公路的经济、耐久的罩面养护方案。2008年该公司尝试采用改性AK-13S沥青混合料进行罩面试验,黏结层采用满铺聚酯玻纤布;2009年采用了级配更合理的AC-13C沥青混合料作为罩面层材料;2010年、2011年罩面大修前,京沪公司对历年交通量、轴载、环境气候、路面病害、使用性能、养护历史数据进行全面分析,

对病害严重路段进行试验检测,结合以往养护方案总结,并组织专家进行综合评估,制定了科学、合理、经济的道路大修分步实施方案,其中黏层采用了橡胶沥青应力吸收层,罩面材料采用了橡胶沥青混合料(AR-AC13)、改性沥青混合料(PG76-22 改性沥青 AC-13)、掺加聚酯纤维的改性沥青混合料三种材料。

(4)突出桥梁养护重点,确保结构万无一失

针对病害发展较快的新沂河大桥、废黄河大桥,结合"京沪高速公路实际运行荷载对混凝土组合箱梁桥长期性能影响"课题研究成果,组织专家进行科学论证,确定了科学合理的维修加固方案,同时组织多方力量对桥梁病害进行密切跟踪监控,保证桥梁结构及施工安全。在维修工作中,公司实行首件工程认可制、全程旁站监督制、每周工地例会制,保证了加固质量。

二、淮安至江都高速公路(建设期:1997—2000 年)

(一)项目概况

1. 基本情况

1)建设依据

淮安至江都高速公路是国道主干线北京至上海高速公路的重要组成部分,是国家"五纵七横"国道主干线的重要路段,也是江苏省"四纵四横四联"高速公路网的中轴线,北起淮安市淮阴区王兴乡,与沂淮高速公路相接,经淮安市的淮阴、涟水、楚州三县(区)12 个乡镇,扬州市的宝应、高邮、江都三县(市)26 个乡镇,南接宁通公路的江广段。该项目把苏南、苏中、苏北紧密联系起来,对提升苏南发展水平,促进苏中快速崛起,发挥苏北后发优势,推进全省经济协调发展具有极其重要的意义。

2)建设规模及主要技术指标

淮安至江都高速公路主线全长 154.548km,其中扬州段 112.409km,淮安段 42.139km,全线按全封闭、全立交、双向四车道高速公路标准建设,设计行车速度120km/h,桥涵设计车辆荷载为汽车—超 20 级、挂车—120,路基宽度28m。全线桥梁占路线总长度的 18.4%,设互通立交11 处,服务区3 处,并设置完善的收费、监控、通行、照明、安全、绿化等交通工程和管理设施。

3)项目投资及来源

1998 年 8 月 19 日,交通部以交公路发〔1998〕508 号文《关于淮阴至江都公路初步设计的批复》,对初步设计的有关技术指标及建设规模等实施方案作了批复,并核定工程概算为 54.45 亿元。该项投资由部、省、市共同筹措,其中部投资 8.92 亿元,省出资 9.20 亿元,市投入 7.045 亿元,贷款 26.28 亿元,财政专项拨款 3 亿元。

4）工程建设条件

淮江高速公路经江苏中部地区,路线位于京杭大运河东 5～10km。路线所经过自然地理区域,可分为三个区,即起点至苏北灌溉总渠以北,属废黄河冲积堆积平原;苏北灌溉总渠以南至通扬运河,属里下河冲积湖积低洼平原区;通扬运河以南,属长江高漫滩堆积平原区。沿线气象,可分为两个区,即以苏北灌溉总渠为界,北部为半湿润温暖带季风气候区;南部属湿润亚热带季风气候区。从水系分区上看,路线经过地区主要属淮河水系,沿线河渠纵横、湖塘密布、水网化程度高、水利设施完整。路线所经区域地质构造,处于新华夏系第二隆起带与淮阴山字形东反射弧及秦岭东西向复杂构造带复合地带,在地质构造上是比较稳定的。根据《中国地震烈度区划图》,项目区域的废黄河以北及通扬运河以南地区为Ⅶ度区,其余Ⅵ度区。由于路线较长,沿线工程地质特性具有一定的差异性。废黄河以北,上部土层为黄河泛滥沉积物,主要为亚黏土混粉砂、砂性土,地下水位以下处于饱和状态。废黄河以南至通扬运河,表层土一般为黏土、亚黏土层。通扬运河以南,上部为粉砂,局部为亚黏土混粉砂。所经地区不良地质主要为软土、可液化砂性土及膨胀土。

5）工程进度

1997 年 7 月,国家计划委员会以计交能〔1997〕1296 号文《关于审批同江至三亚国道主干线江苏淮阴至江都高速公路项目建议书的请示的通知》同意立项建设。1997 年 12 月,国家环境保护局以环发〔1997〕784 号文《关于同江至三亚国道主干线淮阴至江都段公路工程环境影响报告书审批意见的复函》批准了该项目环评报告。1998 年,国家发展计划委员会以计交能〔1998〕1036 号文《关于审批同江至三亚国道主干线江苏淮阴至江都高速公路可行性研究报告的请示的通知》对淮江高速公路的建设规模、技术标准和总投资等作了批复。同年 8 月 19 日,交通部以交公路发〔1998〕508 号文《关于淮阴至江都公路初步设计的批复》对初步设计的有关技术指标及建设规模等实施方案作了批复,并核定工程概算为 54.45 亿元。

经交通部批准于 1997 年 3 月 22 日,开工建设先导试验段,2000 年 11 月底建成,2000 年 11 月 26 日正式通过交工验收,实际工期 3 年 8 个月。

6）主要工程数量

淮江高速公路概算总投资 54.45 亿元。全线完成路基土方 2343.8 万 m³,软基处理 27.21km,桥梁 186 座,涵洞 402 道,通道 167 道,互通式立交 11 处,分离式立交 23 处,路面二灰土底基层 419.8 万 m²,二灰碎石基层 383.7 万 m²;沥青面层 496 万 m²,房建面积总计 3.9462 万 m²,全线同步完成安全、收费、通信、监控、供电、照明、服务等设施及绿化。

2. 决策过程

1997年7月，国家计划委员会以计交能〔1997〕1296号文《关于审批同江至三亚国道主干线江苏淮阴至江都高速公路项目建议书的请示的通知》同意立项建设。

1997年12月，国家环境保护局以环发〔1997〕784号文《关于同江至三亚国道主干线淮阴至江都段公路工程环境影响报告书审批意见的复函》批准了该项目环评报告。

1998年6月，国家发展计划委员会以计交能〔1998〕1036号文《关于审批同江至三亚国道主干线江苏淮阴至江都高速公路工程可行性研究报告的请示的通知》批准可行性研究报告。

1998年8月，交通部以交公路发〔1998〕508号文《关于淮阴至江都公路初步设计的批复》批复同意初步设计。

经交通部批准，于1997年3月22日开工建设先导试验段。

(二)建设情况

1. 招投标情况

淮江高速公路施工图设计由江苏省交通厅委托江苏省交通规划设计院承担该项目主体设计。

项目交通工程中的三大系统由交通部北京公路科学研究所承担设计；安全设施、供电和照明系统由江苏省交通规划设计院负责设计；房建工程分别由东南大学工程设计研究院、江苏省交通规划设计院、南京交通勘察设计院和仪征市建筑勘察设计院设计；绿化工程由南京林业大学科技开发公司园林分公司、南通开发区园林绿化管理处、江都市园林工程公司和扬州花木盆景公司、无锡市园林局、淮安市云林设计院和淮安市钵池山高新技术开发公司设计。

监理单位：北京路桥工程监理公司、镇江市润通交通工程监理公司、常州市交通建设监理公司、苏州市路达交通工程监理公司。

淮江高速公路全线路基桥涵工程分为34个招标合同，1997年2月路桥工程先导段开始招标，招标工作随后分三批进行，全国部、省、市416家单位经自后审查后取得投标资格。至1997年11月路基桥涵工程招标工作全部结束。34家承包商中标，其中有江苏省交通工程总公司、交通部公路一局、交通部公路二局、吉林省公路工程局等一逼国内知名施工企业。

1999年1月开始路面工程招标，全线共分为7个路面施工标段，分别由天津第一市政工程公司、交通部第二公路工程局、交通部第一公路工程局、吉林省公路工程局、武进市交通工程总公司、江苏省交通工程总公司和扬州市路桥总公司中标承建。

1999年下半年开始了交通工程安全设施招标,照明、绿化工程、房建工程、三大系统等项目公开招标。房建工程由南通五建集团有限公司、淮安市建筑安装工程总公司等单位中标。三大系统由北京市飞达交通工程公司等单位中标。供电系统由淮安市供电局等单位中标。

2. 征地拆迁情况

本项目根据征地拆迁进度分阶段支付资金,实行拆迁资金专款专用。征地拆迁情况统计见表7-1-3。

征地拆迁情况统计表　　　　　表7-1-3

征地拆迁安置起止时间	征用土地(亩)	拆迁房屋(m²)	支付补偿费用(元)	备 注
1997年10月—2000年12月	27735.658	242157		

（三）科技创新

为确保淮江高速公路工程质量达到国内领先,国际先进水平,在建设过程中十分重视科学技术对高速公路建设的指导作用,针对淮江高速公路技术要求高、地质条件复杂的实际情况,加强了科技攻关。在软土地基处理方面,通过长期观测和各类试验,形成了淮江高速公路软土地基综合处理系统的施工方案。在路面施工技术方面,与省交通科学研究院合作,与施工、监理单位联合攻关,通过上百次的试验,好中选优,确定了各项技术指标领先的级配方案和完善的施工工艺,使沂淮高速公路的路面压实度达到98%以上,路面平整度均方差低于0.6mm。同时在部分路段采用了SMA沥青上面层结构形式,并获得成功,其构造深度、马氏指标、平整度等多项质量指标均符合规范要求。

在淮江高速公路建设过程中,对重大施工技术方案、复杂的技术问题均组织专家会诊,研究解决方案,对一些重要施工工艺、工序,建立方案会审制度,会同设计、监理、施工单位,召开技术交底会、方案论证会,对质保措施进行专题论证和落实。淮江高速公路建设过程中采用了一系列的新材料、新工艺、新技术。

(1)全线通信管道采用了硅芯管,并改进了吹缆工艺,加快了光电缆敷设进度。

(2)上面层采用了SBS改性沥青及AK-16C级配,部分路段采用了SMA结构,并全线采用了抗剥离剂。

(3)部分标段采用了宽腹空心板梁,先简支后连续,封锚段采用了钢纤维混凝土,不仅使全线的施工进度大大提高,而且确保了施工质量。

(4)桥梁防水层采用FYT-1新型材料,提高了防水效果。

(5)供电系统在大立交区采用了中压电缆输送技术,确保供电的安全和远距离传送,并节约了投资。

(6)路面石料采用反击式轧制工艺,确保路面结构层质量。

(7)同步建成了监控、通信、收费系统,联网收费系统,当时规模国内第一,国际领先。

(四)运营及养护管理

江苏京沪高速公路有限公司于2000年6月15日注册成立,负责京沪高速公路沂淮江段(G2)、启扬高速公路扬州西北绕城段(S28)共296.5km高速公路的收费、养护、清排障及服务区等经营管理服务。其中京沪高速公路(编号G2)沂淮江段261.5km于2000年12月15日开通运营;启扬高速公路(编号S28)扬州西北绕城段35km于2004年10月12日开通运营。

公司本部设7个部门:综合部、人力资源部、党群工作部、计划财务部、安全营运部、工程技术部、经营开发部。公司实行三级管理体制,下辖徐宿、淮安、扬州3个管理处,以及广告和置业两个法人公司;三级单位31个:20个收费站、7个服务区及4个清障大队。现有员工2056人。公司成立以来,秉承"让社会更美好"的理念,认真贯彻"积极进取,稳健经营,务实创新,持续发展"的经营方针,经营业绩稳步增长,路桥品质有效保持,基础管理逐步规范,员工素质不断提高,企业氛围宽松和谐,保持了经济效益的稳定增长和社会效益的不断提高。

1. 以科学化信息化为主导,稳步推进"智慧高速"建设

按照控股公司打造"智慧高速"的要求,公司对智慧高速的功能需求、系统架构、资源整合、信息共享等内容进行调研,确立了以全程监控为重点的智慧高速建设思路,成立了全程监控专项工程领导小组,设计了沂淮江段全程监控建设方案,在道路主线布设了210台高清摄像机、41套视频检测系统,改造了淮安、徐宿分中心监控大屏,实现了道路视频监控的全覆盖,为交通调度提供了更有力的信息化支撑,也为智慧高速建设打下了坚实基础。在扬州段10个事故多发路段建设了语音广播系统,在所有收费站前和服务区入口处安装了交通信息诱导屏,对苏鲁省界收费站现金传输系统进行维修升级,试点建设收费亭背景音乐系统,完善道路气象系统,公司信息化管理水平得到进一步提升。

2. 以科学管理决策为手段,始终保持道路品质优良

公司坚持"以人为本,以路为本"的经营理念和"预防为主,防治结合,标本兼治,治本为主"的养护理念,不断提高科学决策水平,加大道路养护和技术革新投入,保持了道路一流品质,保障了道路的安全畅通。

1)加大基础数据研究,保证养护科学决策

自京沪高速公路于2000年开通以来,公司逐步开展了对交通量、交通轴载、实际运行荷载等基础数据的研究,实时掌握高速公路实际运行交通量及荷载情况,为养护方案决策提供可靠依据。京沪高速公路由于其显著的交通便捷性,自建成通车后交通量增长迅速,

开通初期超载情况非常严重,据统计,京沪高速公路沂淮江段2004—2008年京沪向平均超载率为86%,沪京向为53%。正是由于初期交通超载严重,导致累计当量轴载作用次数增长迅速,根据设计资料,京沪高速公路设计车道上的累计当量轴载作用次数为2300万次,而经统计换算京沪方向于2004年底累计当量轴次已超过了设计轴次,而沪京方向于2007年底超过了设计轴次。重载交通和超载严重是京沪高速公路路面病害发展较快的重要原因之一。

为了掌握京沪高速公路实际运行荷载及不同车辆荷载对桥梁结构的影响,公司于2012年开展了"京沪高速实际运行荷载对组合箱梁长期性能影响研究与应用"的课题研究,于新沂河大桥布设了动态称重系统和健康监测系统,将两个系统的检测数据相结合,得到桥梁结构对不同车辆荷载的响应情况。课题中所采用HI-TRAC100型高速动态称重系统是由英国TDC系统公司制造的一款交通流量检测、车辆分类及动态称重系统,其车重测量精度能达到90%以上,能够精确获得交通量、车速、车辆轴距、轴重、温度、车头间距、横向分布系数等数据。通过475天不间断的连续监测,获得了950多万辆车辆数据及其对应的桥梁应力、应变、温度数据,通过对大量数据的分析,得出"京沪高速京沪向实际运行荷载为1.4倍公路—Ⅰ级荷载,沪京向为1.22倍公路—Ⅰ级荷载"的研究成果,并确定京沪高速公路沂淮江段桥梁加固设计荷载为1.24倍公路—Ⅰ级荷载。

2)优化变革管养模式,不断提升作业效率

自京沪高速公路沂淮江段于2000年12月通车运营以来,公司日常养护模式经历了自养、自养和社会化养护相结合、社会化养护三个阶段。在经历了多次管养模式变革后,公司总结出了适合公司管辖道路特点的日常养护管理模式:第一是采用部分总包的社会化养护模式,减少了日常养护管理的环节和难度,将养护工作质量考核作为合同的重要部分,管理处工程科每周不少于两次上路巡查、检查,对维修质量及数量进行不少于20%的抽检,并按月对辖段内养护中心进行考核,公司按季度对养护处进行季度考核,并按季度考核结果每季度支付养护费用;第二是将疏通排灌涵、集中清理边沟等难控制项目列为单价项目,按实计量并支付项目费用,既保证了养护经费的有效控制,又明确了责任;第三是经招标由专业单位实施绿化保洁项目,各养护中心进行监管,不但提高了绿化保洁单位的主动性,还便于控制项目费用和制定相关养护定额;第四是将桥下堆积物清理纳入日常道路保洁工作,由保洁单位负责及时清理并长效保持,改变了往年集中清理,却总是反复的局面;第五是将除雪保畅费用作为独立费项目,从总包项目中分出,依据每年的除冰雪情况按实进行支付。

3)合理优化养护方案,着力恢复路面品质

随着运营时间的增长,京沪高速公路在车辆重载和外部环境的反复作用下,早期路面病害发展迅速,为了较好地治理路面病害、实现标本兼治,公司自2008年即开始进行罩面养护试验,以寻求适合京沪高速公路的经济、耐久的罩面养护方案。2008年公司尝试采用改性AK-13S沥青混合料进行罩面试验,黏结层采用满铺聚酯玻纤布;2009年采用了级配更合理的AC-13C沥青混合料作为罩面层材料;2010年、2011年罩面大修前,公司对历年交通量、轴载、环境气候、路面病害、使用性能、养护历史数据进行全面分析,对病害严重路段进行试验检测,结合以往养护方案总结,并组织专家进行综合评估,制定了科学、合理、经济的道路大修分步实施方案,其中黏层采用了橡胶沥青应力吸收层,罩面材料采用了橡胶沥青混合料(AR-AC13)、改性沥青混合料(PG76-22改性沥青AC-13)、掺加聚酯纤维的改性沥青混合料三种材料。

4)突出桥梁养护重点,确保结构万无一失

针对病害发展较快的新沂河大桥、废黄河大桥,结合"京沪高速实际运行荷载对混凝土组合箱梁桥长期性能影响"课题研究成果,组织专家进行科学论证,确定了科学合理的维修加固方案,同时组织多方力量对桥梁病害进行密切跟踪监控,保证桥梁结构及施工安全。在维修工作中,公司实行首件工程认可制、全程旁站监督制、每周工地例会制,保证了加固质量。

三、广陵至靖江高速公路(建设期:1996—1999年)

(一)项目概况

1. 基本情况

1)建设依据

广靖高速公路作为国家"九五"期间重点项目,是国道主干线同江至三亚、北京至上海国道干线的共线路段,也是江苏省第一条六车道高速公路,北起宁通高速公路广陵枢纽,穿越泰兴、靖江两市6个乡镇,南接江阴长江公路大桥。该项目的建设对完善国道路网的结构,有效解决过江瓶颈,促进沿线区域社会经济发展等具有十分重要的意义。

2)建设规模及主要技术指标

广靖高速公路全线采用双向六车道高速公路标准建设,路基宽度33.5m;全线设计行车速度为120km/h,桥涵设计车辆荷载为汽车—超20级、挂车—120,中央分隔带3m,外侧设2.5m宽的紧急停靠带,其他技术指标按《公路工程技术标准》(JTJ 001—97)和《工程建设标准强制性条文》(公路工程部分)执行。

主要技术标准如下:

(1)设计行车速度:120km/h。

(2)主线路基宽度:33.500m;路基宽度组成为:行车道$2 \times (3 \times 3.75m)$,中央分隔带

4.50m(0.75m+3.00m+0.75m),硬路肩 2×2.5m,土路肩 2×0.75m。

(3)桥面净宽:大中桥为 33.5m,外侧与路基同宽;小桥为 33.5m,外侧与路基同宽。

(4)路面:沥青混凝土路面,设计使用年限 15 年,标准轴载 100kN;匝道收费站采用水泥混凝土路面,设计使用年限 30 年,标准轴载 100kN。

(5)路基、桥涵设计洪水频率:特大桥 1/300,其余均为 1/100。

(6)荷载标准:汽车—超 20 级、挂车—120。

3)项目投资及来源

根据交计发〔1993〕1038 号文《交通部关于刁铺至江阴长江大桥公路可行性研究报告的批复》,同意广陵至江阴大桥项目不再报批项目建议书,与刁铺至广陵公路作为一个建设项目进行后续工作。建设资金来源:交通部用车购费安排投资 1.62 亿元,其余资金由省自筹解决。本工程原计划工期 4 年,核定工程概算 7.54 亿元。

4)工程建设条件

广靖高速公路地处长江下游冲积平原,境内河网密布、江河通连、地质复杂,属长江冲积平原与海积平原的过渡地带。路线所经地区,有软土及易液化粉砂土等不良地质分布。

5)工程进度

工程原计划工期 4 年,与江阴长江大桥同步建成通车,要求全线于 1999 年 8 月底建成。经过省、市高指和设计、监理、施工单位的共同努力,顺利实现了工期目标。本工程实际工期为 2 年 10 个月。

6)主要工程数量

全线征用土地 4560.22 亩,房屋拆迁 116417.84m²;全线完成路基土方 311.7 万 m³,软基处理 10.34km,涵洞 29 道,通道 26 道,大桥 2 座,中小桥 13 座,高架桥 1 座;路面底基层 53.147 万 m²,基层 49.364 万 m²;沥青混凝土面层 55.8 万 m²,水泥混凝土路面 1.836 万 m²;全线完成安全设施、收费、通信、监控、供电、照明灯设施及绿化。房建面积 5350m²。

2. 决策过程

1993 年 4 月,交通部以交计发〔1993〕1038 号文《交通部关于刁铺至长江大桥公路可行性研究报告的批复》批复项目立项。

1994 年 10 月,交通部以交公路发〔1994〕1021 号文《关于刁铺至江阴长江公路大桥北段初步设计批复》批复了初步设计审核意见。

1996 年 6 月,江苏省高速公路建设指挥部申报的《公路工程开工报告》得到交通部公路管理司同意批复。

1999 年 1 月,国家环境保护局以环函〔1999〕24 号文《关于对同三国道主干线泰兴(广陵)—江阴长江公路大桥(靖江)工程环境影响报告书的批复》批复了项目环评。

（二）建设情况

1. 项目准备阶段

省高指、市高指严格遵守基本建设程序，本项目设计、施工、监理、检测和重要材料、设备采购等均采用了公开招标。具体招标事项的审批、公告均履行报批核准和公告手续；评标委员会的组建符合法定条件，严格执行回避制度；评标标准和方法均在招标文件中公开载明；依法必须招标的工程建设项目招标公告，核准后在媒体上公开发布；严格按照招标结果签订合同协议书。

1）勘察设计研究单位招标情况

1992 年 11 月，由江苏省交通厅委托江苏省交通规划设计院承担该项目主体设计。交通工程三大系统由中国公路工程咨询监理总公司泰克公路所设计；安全设施、供电、照明及房建工程由省交通规划设计院等设计；绿化工程由南京新世界草坪科技有限公司设计。

2）施工、监理单位招标情况

全线路桥工程分为 7 个招标合同。1996 年 10 月路桥工程开始招标，招标工作分 3 批进行，至 1997 年 11 月路桥工程招标全部结束。全国共有 50 多家施工单位参加投标，经资格预审，13 家施工单位取得投标资格，7 家（次）承包商中标，其中包括江苏省交通工程总公司、交通部公路二局、吉林省公路工程局、铁道部二十局一处等一批国内知名施工企业。

1998 年 10 月开始了交通工程安全设施、照明工程的公开招标，常州三有交通设施公司、江阴护栏板有限公司、徐州安达交通设施有限公司、无锡照明工程有限公司 4 家单位中标。1998 年 8 月进行了房建工程、三大系统和中压供电系统的招标工作。房建工程由靖江市建筑安装工程公司等 3 家单位中标。三大系统由北京飞达交通工程公司中标。中压供电系统由江苏建湖机场助航系统工程有限公司中标。

3）参建单位主要情况

设计单位：江苏省交通规划设计院、中国公路工程咨询监理总公司泰克公路所、南京新世界草坪科技有限公司。

施工单位：江苏省交通工程总公司、交通部公路二局、吉林省公路工程局、铁道部二十局一处、常州三有交通设施公司、江阴护栏板有限公司、徐州安达交通设施有限公司、无锡照明工程有限公司、靖江市建筑安装工程公司、北京飞达交通工程公司、江苏建湖机场助航系统工程有限公司。

监理单位：江苏交通工程咨询监理总公司、镇江市润通工程监理咨询有限公司、泰州市兴泰监理公司、江苏省交通安全技术服务中心、中咨总公司泰克公路科学技术研究所。

质量监督单位：江苏省交通厅工程质量监督站。

4）征地拆迁情况

征地拆迁情况统计见表7-1-4。

征地拆迁情况统计表　　　　　　　　表7-1-4

征地拆迁安置起止时间	征用土地（亩）	拆迁房屋（m²）	支付补偿费用（元）	备注
1996年1—6月	4560.22	116417.84		

2. 项目实施阶段

1996年6月底，全线征地拆迁工作基本完成。

1996年10月，市高指组织各路基桥梁工程中标施工、监理单位进行了协商，达成一致意见，签订了合同协议书及补充协议，各施工、监理单位进场。

1998年3月，启动附属工程设计、招标等工作。

1998年底，路基、桥梁工程基本完工。

1999年8月，基本完成路面及附属工程施工。

1999年9月，完成交工验收并建成通车。

（三）复杂技术工程

优化靖江高架桥设计

靖江高架桥全长2227.08m，是为靖江市后沿江发展预留的，跨越三条河（八圩港、九圩港及十圩港）及两条路（姜八路及开发区主干道）。经过多方案经济技术比较，上部结构选用简支T梁、桥面连续（即30m正、斜及40m斜T梁，正桥与斜桥之间采用异形跨T梁处理，计13联），下部结构选用双柱式墩、钻孔桩基础的桥型方案。这种方案不仅满足使用功能要求，结构造型美观；而且采用常规设备、集中预制、施工方便，能争取工期，造价也节省。

（四）科技创新

广靖高速公路软基设计评估及设计综合研究

为确保广靖高速公路工程质量达到国内领先、国际先进水平，在建设过程中十分重视科学技术对现代高速公路建设的指导作业，针对广靖高速公路技术要求高、地质条件复杂的实际情况，加强了科研攻关。在软土地基处理方面，通过长期观测和各类试验，形成了广靖高速公路软土地基综合处理较为系统的施工方案。与河海大学共同进行了"广靖高速公路软基设计评估及设计综合研究"。在路面使用技术方面，通过几十次的试验，好中选优，确保了各项技术指标领先的级配方案和完善的施工工艺，与省交通科学研究院共同进行了"江苏九五高速公路路面试验研究",使广靖高速公路的路面压实度达到97%以上,路面平整度均方差低于0.6mm,达到了国内领先水平。

(五)运营及养护管理

1. 运营管理

江苏广靖锡澄高速公路有限责任公司设有办公室、财务审计部、人力资源部、工程技术部、运营安全部、经营发展部、党群工作部共7个职能部门,负责广靖锡澄高速公路、锡宜高速公路(含连接线陆马公路)、环太湖高速公路、苏锡高速公路无锡段的运营管理及相关配套服务。下辖1个调度指挥中心、1个调度指挥分中心、1个机电中心、14个收费站、3个服务区、2个养护工区、2个清排障大队共计24个基层部门。目前公司现有职工1100余人。

广靖高速公路自1999年9月28日建成通车以后,公司积极贯彻落实科学发展观,努力提升管理水平,全力做好运营管理工作和工程养护工作,在公司全体人员的努力下,较好地完成了"保通保畅保安全"的工作目标,取得了良好的社会经济效益。

2. 养护管理

(1)以养护投入为保障,确保路桥技术状况优良。公司养护资金来源为所辖路段车辆通行费,每年根据路况及年度总成本计划制订养护计划,经省交通控股公司审核后投入使用。另外,针对全线桥涵结构物密度高、重超载车辆多、流量大的特点,公司尤其重视桥梁结构物安全,按照桥梁规范建立了制度,加大桥梁养护经费投入,及时消除安全隐患,处置桥梁病害。

公司通过路面、桥梁和预防性养护等专项工程的实施,全面改善了道路行驶质量,道路养护质量指数MQI始终保持在95以上,次差路率为0,一、二类桥梁比例达到100%,专项工程合格率100%,路面坑槽修复、交通安全设施紧急处置均不超过48小时,养护机械化率达到95%以上,实现了道路的畅、安、舒、洁、美。

(2)以科学技术为动力,不断提升养护科技水平。"四新"技术应用是公司养护管理工作的一大特色亮点。公司始终高度重视养护新技术、新材料、新工艺、新设备的应用性研究,借鉴先进养护技术和经验,加大自主研发力度,"十二五"期间累计投入科研经费289万元,开展了"江苏省高速公路桥梁维修加固项目管理办法研究""江苏省高速公路沥青路面大中修养护技术及管理研究"等课题的研究,并在工程实践中积极推广,成为控股系统养护新技术先行先试的试验点。公司和东南大学共同提出的"易密实沥青混凝土在高速公路车辙处治中的应用研究"课题荣获2013年中国公路学会科技二等奖。

(3)以流程规范为抓手,全面提高养护质量。公司按照"全面养护、及时养护、加强预防性养护"的要求,围绕路况检测调查、分析评价、养护决策和工程实施四个关键环节,建立了路面和桥梁养护管理系统,提供了实时、全面、准确的信息,提高了养护决策和计划的科学性。

一是坚持"一套严密的全程监管流程"。二是始终贯穿"两个完善的监测体系"。三是建立了日常养护"三勤四早四查"作业法,即:勤检查、勤处治、勤督导、早安排、早动手、早准备、早实施,形成每日巡回查、雨季跟踪查、夜间专项查、重点路段步行查等一系列道路质量检查制度,力争在第一时间发现病害、整治病害,并通过推行专业化、机械化养护,"常修"实现"常新",确保了道路优良状况。

四、江阴长江大桥(建设期:1994—1999 年)

(一)项目概况

1. 基本情况

1)建设依据

江阴长江公路大桥位于江苏省江阴市与靖江市之间,是经国务院批准的国家"九五"重点基础设施建设项目,是国家 2000 年前建成"两纵两横"公路主骨架中同江至三亚国道主干线以及北京至上海公路国道主干线的跨江"咽喉"工程。

南引桥接锡澄高速公路达无锡,与沪宁高速公路相连;北引桥接广靖高速公路达广陵,与宁通一级公路相接。江阴长江大桥既是国家规划的沿海南北公路主干线跨越长江的位置,也是沟通江苏省内苏锡常、宁镇扬、通泰盐三个经济区的结合点,对推动江苏经济的发展,完善国家交通网和区域路网结构起到十分重要的作用。

2)建设规模及主要技术指标

江阴长江大桥为一跨过江钢悬索桥,南北主塔高 186m,主缆直径 87cm。主梁为扁平的全焊钢箱梁。南引桥为三孔预应力混凝土连续箱梁,北引桥由 13 孔 30m、16 孔 50m 预应力混凝土简支 T 梁和 6 孔预应力连续箱梁组成,根据交通部《关于江阴长江公路大桥初步设计的批复》,大桥总长 2888m,实际长度为 3071m,其中主跨 1385m,北引桥 1518m,南引桥 168m。依据省交通厅要求,广靖和锡澄高速公路与大桥衔接区段划归省大桥建设指挥部负责建设,全桥建设总里程为 5.176km。全线按六车道高建公路标准设计,主桥桥面全宽 36.9m,桥下通航净高 50m,可通航 5 万 t 的巴拿马散装货船。

3)项目投资及来源

主要有两部分:股本金和英国政府美元贷款,截至 2000 年 10 月已到位资金 300898.67万元。

(1)股本金:1992 年 10 月 8 日,江苏省体改委以苏体改生〔1992〕142 号文批复,同意设立江苏扬子大桥股份有限公司。该公司为定向募集股份制试点企业,采用发起方式设立,项目总投资 17 亿元,股本总额 12 亿元。由于概算的调整,股本随之变更,截至 2000 年 10 月实际到位股本金 213724.8 万元。

(2)内部认购股本溢价:发行内部认购股 2137248000 股,溢价 17345.98 万元。

(3)英国政府贷款8434万美元,折合人民币69827.89万元。从1997年5月起通过省建行转贷,转贷费4.5‰,期限25年,从1997年至2022年(含宽限期5年),综合年利率3.658%。

还款期限:1997—2002年还息,2003—2022年还本付息。

4)工程建设条件

江阴长江公路大桥位于长江三角洲地段的中部,主桥位于长江下游江阴段最窄处。南岸位于江阴市西山,上距黄田港约3.2km;北岸在靖江市十圩港下游侧,此处河岸线稳定,江面宽仅1.4km,桥址区内无大的区域性断裂通过。桥区属北亚热带季风气候区,春季阴湿多雨,冷暖交替,间有寒潮;夏季梅雨明显,酷热期短;秋季受台风低湿影响,秋旱或连日阴雨相间出现;冬季严寒期短,雨日较多。江阴地区年平均气温为15.2℃,年极端最高气温为40.0℃,年极端最低气温为-14.2℃,最高月平均气温为27.2℃,最低月平均气温为2.5℃。靖江地区年平均气温为15.0℃,年极端最高气温为38.0℃,年极端最低气温为-14.1℃,最高月平均气温为27.4℃,最低月平均气温为2.2℃。降水多集中在6—9月,年平均下雾日为30天左右,持续至上午8时以后的下雾日平均8天,年平均无霜日为229天。根据1949—1991年台风资料统计,影响江阴地区的台风每年2~3次,最多年份可达5次(1984年)。

本河段为感潮河段,水流既受长江径流控制,又受海洋潮汐影响,水位每日两涨两落,径流小时能出现往复流。河段潮型为非正规半日浅海潮,半潮过程似余弦波,每日两涨两落,有日潮不等现象,最大潮差发生在每年7、8、9三个月,最小潮差为零,发生在3月和10月。

桥位南岸基岩裸露,地基岩体为泥盆系中统定山组中段和上段石英砂岩夹粉砂质黏土岩、粉砂质页岩、泥质粉砂岩等软岩,岩层面向江中倾斜。其中软岩占相应地层厚度的2.6%~20%,在部分软层的层间或软硬层之间,经构造错动及后期地下水作用,形成泥化夹层。基岩裂隙极为发育,岩体完整性较差,透水性较强。桥位北岸为高漫滩冲积平原,覆盖层厚80~110m,随深度依次为软塑性的亚黏土与粉砂互层、细砂夹粉砂、亚黏土和含砾中粗砂,基岩为三叠系灰岩。江中覆盖层厚度为110~115m,基岩为二迭系页岩夹砂岩和煤层软岩,地质条件相对较差。

5)工程进度

自1994年11月22日开工建设以来,针对工程难点和特点,指挥部会同总监代表和施工单位,深入研究技术方案和工艺,建立了快捷高效的施工组织体系,克服了水上复杂的施工建设条件,强化资源和设备投入,狠抓现场质量管理,成功完成了各标段工程,最后提前54天建成通车。各标段进度如下:

1994年12月—1999年8月,完成北引桥;

1995年9月—1998年3月,完成北塔、北锚及北边跨;

1996年1月—1997年9月,完成南塔、南锚及南边跨;

1997年8月—1999年8月,完成悬索及钢箱梁系统;

1997年1月—1999年8月,完成收费区及南区高架桥。

6）主要工程数量

大桥主体结构共用混凝土49.28万m^3,钢筋32898t,土石方68.5万m^3,沥青混凝土铺装14.5万m^3;主桥钢箱梁制作安装1.8万t,主缆钢丝索股和吊索制造架设1.9万t;桥区建成生活管理用房27000m^2,绿化35万m^2。

2. 决策过程

1986年江苏省交通厅根据交通部开展的"三主一支持"规划研究和省委省政府提出的"积极提高苏南,加快发展苏北"的战略方针,针对江苏境内391km长江河段仅有南京一座公铁两用大桥承担南北过江交通的情况,组织以铁道部第二勘察设计院为主,包括交通、水利、地质等部门在内的10多个设计、科研单位进行江苏长江第二过江通道的研究,于1987年6月完成了规划报告,确定了在江阴靖江河段先行建设全天候的公路通道。在江苏长江第二通道规划完成后,江苏省交通厅委托江苏省交通规划设计院开展预可行性研究,并于1989年4月完成。

1989年4月,江苏省交通规划设计院编制完成《江苏省长江第二过江通道预可行性研究报告》。

1989年12月20日,江苏省计委以计经基〔89〕第585号文《江苏省长江第二通道工程项目建议书》上报国家计委和交通部。

1991年12月16日,国家计委以计交通〔1991〕2123号文批准江阴长江大桥项目建议书。

1992年7月,交通部公路规划设计院、江苏省交通规划设计院和同济大学建筑设计研究院联合编制完成《江阴长江公路大桥可行性研究报告》。

1992年10月8日,江苏省体改委以苏体改生〔1992〕142号文批复同意设立江苏扬子大桥股份有限公司,由国家交通投资公司、江苏交通投资公司等五家发起单位成立"江苏扬子大桥股份有限公司",具体负责大桥的建设和资金筹措事宜。

1994年1月7日,国家计委以计交能〔1994〕22号文批准江阴长江公路大桥可行性研究报告。

1994年4月7日,交通部以交公路发〔1994〕331号文批准江阴长江公路大桥初步设计。

1994年10月,国家计委以计投资〔1994〕1340号文批准开工报告,同时大桥桥头施工区域的征地拆迁和试桩工程已完成,下部结构施工队伍已于1995年下半年进场,拉开了江阴长江公路大桥全面开工建设的序幕。

1994年11月,交通部和江苏省政府联合成立了江阴长江公路大桥建设协调领导小组,加强对工程组织实施的领导和协调,1994年8月成立江苏省长江公路大桥建设指挥部。

1996年3月5日,交通部以交公路发〔1996〕206号文批复江阴长江公路大桥修正概算,修正概算为337353.79万元。

1996年11月,国家计委以计外资〔1996〕2448号文同意江阴大桥项目利用英国政府贷款8930万美元,贷款条件:35%为政府软贷款,65%为出口信贷,综合年利率为3.658%,并由中国技术进出口总公司负责对外采购。

1999年9月28日建成通车,投入试运行。

(二)建设情况

1. 项目准备阶段

1986年,由江苏省交通厅组织设计、科研和高等院校等单位开展跨江通道规划研究,对大桥项目进行可行性研究。1991年12月国家计委以交通〔1991〕2123号文批复了项目建议书。江苏扬子大桥股份有限公司又补充进行了大量勘测、设计、科研工作,向国家计委上报了工程可行性研究报告,经中咨公司评估,1994年1月国家计委以交能〔1994〕22号文批复了工程可行性研究报告。根据批复要求,交通部公路规划设计院等有关设计单位认真完成了初步设计及设计概算,江苏省交通厅以苏计〔1994〕24号文上报交通部,1994年4月交通部以交公路发〔1994〕331号文批复了江阴大桥初步设计,核定概算为20.868亿元。1995年12月,设计单位在上部结构技术的基础上,编制了江阴长江公路大桥修正概算,上报交通部审查后,交通部以交工发〔1996〕206号文下达了修正概算批复,核定总概算为33.74亿元。1994年10月,国家计委以计投资〔1994〕1340号文批复了开工报告,核定建设工期为五年,同年11月22日正式开工。

江阴长江公路大桥的资金来源主要包括股本金和英国政府美元贷款。1992年10月8日,江苏省体改委以苏体改生〔1992〕142号文批复,同意设立江苏扬子大桥股份有限公司,为定向募集股份制试点企业,采用发起方式设立,到位股本金213724.8万元,内部认购股2137248000股,溢价17345.98万元。英国政府贷款8434万美元,折合人民币69827.89万元。截至2000年10月底,江阴大桥工程累计财务支出272996.31万元。

江阴长江公路大桥是国家、交通部和江苏省"九五"重点建设工程,它的建设得到了党中央、国务院、部省领导的高度重视。1993年3月,江苏省政府成立江苏省江阴长江公路大桥建设领导小组,由季允石副省长担任组长。1994年,交通部和江苏省成立了江阴长江公路大桥建设领导小组,江苏省委陈焕友书记任组长,交通部黄镇东部长、郑斯林省长、季允石常务副省长、李居昌副部长任副组长(后改为季允石省长、李居昌副部长和陈必亭副省长任副组长),进一步加强了对江阴长江公路大桥建设的领导。为了建立投资责任约束机制,规范项目法人行为,明确其责、权、利,提高投资效益,在国家计委批准立项后,1992年经省政府批准,及时成立了江苏扬子大桥股份有限公司,实现项目法人责任制。鉴于公司具体运作中碰到的一些实际困难和问题,1995年江苏省政府又批准成立了江苏省长江公路大桥建设指挥部,与江苏扬子大桥股份有限公司合署办公,负责江阴长江公路大桥具体的建设工作,省交通厅徐华强书记任总指挥,周世忠副厅长任副总指挥,指挥部下设综合处、计划处、工程监理处、财务处、物资处。

1)勘察设计研究单位招标情况

由于江阴长江公路大桥规模大、技术复杂、涉及的专业多、综合性比较强的特点,江苏省交通厅从实际出发,采用竞争的方式选择国内力量承担该项目工程可行性研究和设计阶段的工作,1991年6月向中交公路规划设计院等6家国内最有实力的单位发出了勘察设计投标邀请函。9月下旬,江苏省交通厅邀请范立础教授等国内知名专家,本着公正、公平、公开的原则,以认真负责的态度对投标文件进行了评审,形成了专家评审意见,提出了集多家优势成立联合体承担项目设计任务的建议。经交通部同意,江苏省交通厅于1991年12月下达了以中交公路规划设计院为主体单位,同济大学、江苏省交通规划设计院参加的设计联合体承担该项目勘察设计任务的通知书。联合体组成江阴大桥联合设计处,以凤懋润为项目和技术总负责人,王建瑶、周世忠、陆宗林为项目和技术副总负责人。为了引进、借鉴国外的悬索桥建设经验和确保设计质量,联合设计处委托日本长大公司进行设计咨询,江苏省交通厅委托英国麦克唐纳公司对设计进行独立复核,这一做法在交通建设前期工作中属于首次。

江阴长江公路大桥交通工程设计委托中国公路工程咨询监理总公司北京泰克所承担了通信、监控、收费三大系统初步设计、照明供配电系统初步设计以及交通安全设计施工图设计等,供电施工图设计由江苏省交通规划设计院负责,主桥美化照明设计委托英国PINNIGER公司负责。桥区房建工程通过规划方案竞标,确定江苏省建筑设计研究院承担。桥区绿化工程通过设计招标由无锡市规划设计院负责北岸桥区绿化设计。

2)施工、监理单位招标情况

1994年大桥建设之初,考虑到大桥建设的规模和技术难度、上下部结构的不同特点,鉴于国内尚无已建成的单跨超千米的大桥,在国内还无法通过竞争选择一家合适的有能力进行工程施工总承包的施工单位,指挥部对大桥工程实施的组织模式进行了认真讨论,决定将整个工程分若干标段。A标段:北塔、北锚碇、北引桥三孔连续梁;B标段:南塔、南锚碇、南引桥;C标段:北引桥;D标段:上部结构;E标段:机电工程;F标段:桥区房建工程,以利于发挥各方面承包商的优势,利于竞争、利于分阶段作战,利于工程质量管理和投资控制。

下部结构招标:1994年6月,组织铁道部大桥工程局、南京工苑建设监理公司和中国公路桥梁建设总公司共同编制了江阴长江公路大桥A、B、C三个标段招标文件,分别对各标段进行公开招标。1994年7月起至1995年12月完成下部结构(A、B、C标段)工程施工的招标工作。

上部结构招标:为了学习国外先进的建设大型悬索桥的技术,引进先进的设备材料,解决资金缺口困难,经国家计委同意江阴长江公路大桥上部结构引进外资,通过国标有限招标选择承包商。

机电工程标段招标:江阴大桥机电工程划分为12个标段,包括收费、监控、通信系统、电力设备控制系统、照明系统、供配电系统、安全设施、维修电梯、通信路由工程等,除三大系统(E1标)和供电系统(E3、E4标,由于与地方有关且专业性、垄断性较强)采用议标方式外,其全均以公开招标方式确定承包单位。

房建工程标段招标:房建工程招标分四批进行,第一批房建是由七家投标单位竞争监控中心和收费中心,于1998年5月初公开招标,其余三批也采用这种模式。参加房建工程投标的单位有31家,对24个标段进行了87个标次的竞争。承包江阴长江公路大桥房建工程施工的队伍主要为江苏省建筑工程总公司。

3)其他招标情况

为了引进、借鉴国外的悬索桥建设经验和确保设计力量,委托日本长大公司进行设计咨询,江苏省交通厅委托英国麦克唐纳公司对设计进行独立复合。

4)参建单位主要情况

设计单位:中交公路规划设计院、江苏省交通规划设计院、同济大学、中国公路工程咨询监理总公司北京泰克所、江苏省建筑设计研究院、无锡市规划设计院。

施工单位:A标段:交通部二航局、黑龙江路桥公司、上海基础工程公司;B标段:交通部二航局、江苏省交通工程总公司;C标段:江苏省交通工程总公司;D标段:英国克瓦纳克利夫兰桥梁建设公司、上海基础公司、武昌造船厂、江苏金泰钢结构公司、上海浦江缆索厂、江阴华新钢缆有限公司、上海申佳金属制品有限公司、贵州钢绳厂、香港安德森公司、英国布莱顿公司、英国古特温公司、英国吉普森公司、英国詹姆斯斯考特公司、英国德国毛勒公司;E标段:西安公路所、上海船研所、江阴市供电局、靖江市供电局、深圳瑞锦公司、无锡市路灯处、无锡照明工程公司、江苏省交通工程总公司、无锡交通工程设施总厂、金泰钢结构公司、苏州迅达公司;F标段:江苏省建筑工程总公司、通州建筑工程总公司、靖江越江建筑工程公司、江阴市第四建筑工程公司、中惠装饰公司、深圳美术装饰公司、南京装饰公司。

监理单位:江苏省长江公路大桥建设指挥部、大桥工程建设监理公司(武汉)、大通工程建设监理公司、江苏省交通工程咨询监理总公司、南京工苑建设监理公司。

5)征地拆迁情况

1993年开始"四通一平"前期工作,完成征地840亩,拆迁135户,供电线路10km,变电所1座,进场道路3km,桥2座。

2. 项目实施阶段

1994年10月,国务院正式批准江阴长江公路大桥开工建设。

1994年11月22日,江阴长江公路大桥开工典礼在江阴举行。

1994年12月2日,江阴长江公路大桥北引桥(C标段)开工建设。

1995年2月23日,江阴长江公路大桥北引桥27号、28号、29号墩试桩工程完工,并于26日通过正式验收。

1995年9月14日,大桥指挥部召开了江阴长江公路大桥A标段第一次工地例会。总监理工程师周世忠宣布A标段工程开工令。

1995年10月10日,时任国务院副总理邹家华视察江阴长江公路大桥并分别为大桥和指挥部题词。

1996年3月27日,世界第一大沉井北锚碇沉井基础第一节混凝土浇筑完成。

1996年5月29日,江阴长江公路大桥列入1996年国家重点建设项目。

1996年7月29日,江阴长江公路大桥北塔基础工程圆满结束。

1996年12月1日,南塔钻孔灌注桩顺利完成。

1997年5月22日,混凝土总量达到10.5万m^3的北锚碇沉井下沉到位。

1997年8月20日,南锚碇建设完成。

1997年8月23日,南桥塔封顶。

1997年9月18日,北桥塔封顶。

1997年12月11日,江阴大桥B标段(南锚、南塔、南引桥)通过交工验收。

1998年1月13日,北锚碇主体工程全部完成。

1998年4月6日,过江索道架设完成。

1998年4月15日,A标段(北塔、北锚碇和北引桥27号、28号、29号墩)完成交工验收。

1998年4月21日,时任中共中央总书记江泽民在中共中央政治局委员、国务院副总理温家宝及中共江苏省委书记陈焕友、省长郑斯林等的陪同下现场视察,并题写桥名。

1998年7月16日,江阴长江公路大桥开始架设主缆,标志着大桥已进入上部结构工程建设的新阶段。

1998年12月12日,主跨370根缆索全部架设完成。

1999年2月9日,江阴长江公路大桥第一节钢箱梁吊装完成。

1999年4月21日,44节钢箱梁全部吊装完成,主桥实现合龙。

1999年8月18日,主桥面铺装完工。

1999年8月21日,江阴长江公路大桥完成动静载试验。

1999年9月28日,江阴长江公路大桥建成通车。

(三)复杂技术工程

(1)北塔基础由96根直径为2m的钻孔灌注桩组成,平均深85m,打入岩层3m,为罕见密集群桩,要求100%成功,否则将无法补桩。

公司组织有关单位对北塔96根钻孔桩、南塔24根钻孔桩以及北引桥312根钻孔桩逐根进行了超声波检测。抽样试验及检测的结果表明:钻孔桩均达到优良标准,倾斜度小于1/200标准,南塔、南北引桥桩基全部达到优良标准,混凝土强度均超过设计要求,留有较大富余;南北塔垂直度达到$H/9500$以上,远优于技术规范要求的$H/3000$。全桥平面控制网及高程控制网均符合Ⅱ等精度要求,各结构物平面位置准确,南北主塔之间距离实测值为1384.989m,较设计值1385m仅相差11mm。

(2)北锚沉井要承受主缆6.4万t的拉力,坐落在冲积平原的沉积层厚80多米,设计沉井尺寸为世界第一,69m长,51m宽,下沉58m,要穿过四层不同土质,特别是要穿过20m厚的松软细砂层,稍有不慎很可能造成歪斜、扭转、管涌、坍方,还要穿过10m的硬土层,下沉十分困难。经过多次优化、落实方案,经20个月的努力完成了任务。在上部结构主缆和钢箱梁等架设过程中对沉井进行监测,结果表明水平位移和下沉量小于设计容许值,结构稳定,满足了设计要求。从猫道架设开始至完成桥面铺装(1999年8月15日),北锚散索鞍中心向南共产生了48.4mm的水平位移,低于散索鞍中心最大水平位移100mm的设计要求;产生了平均18.1mm的总下沉量,低于北锚沉降总量200mm的设计要求。

(3)主缆架设。主缆是江阴大桥的主要承重构件,吊起总重达18000t的钢桥面和5000t的沥青路面,还有行车荷载约5000t。江阴长江公路大桥共两根主缆,每根主缆重8400t,由169根索股组成,每股重50t。主缆架设采用预制平行束股架设法(PPWS),要把50t重、2200m长的一根根索股在空中进行架设,从牵引、张拉、成形到调索,每一个环节都有很多不可预见的技术难度,而且昼夜高空作业,受风、雨、雾的影响很大。由于承包商缺乏PPWS架设的经验,初期对整个系统操作不熟练,因此在架设的初期经常出现索股鼓丝、扭转等问题,严重影响了工程进度,英国总承包商几乎束手无策。指挥部按照监、帮、促的原则不断召集国内外专家研究对策,改进工艺、设备和技术,如通过减小出盘张力等减少鼓丝,加设鱼雷夹具控制扭转等,逐步改善开始时的不利局面,从最初几天架1根,到最快一天可架8根索股,创造了日架设最高纪录,而且质量很好,做到了不扭转、不鼓丝、不交叉、不弯折。每根索股索引到位后,均对其重新进行了整形,因而索股的六边形成形控制得很好,紧缆后的主缆空隙率平均只有16.6%(设计要求18%),主缆基准索股架设精度高,成桥后跨中垂度与设计值比较,仅相差7mm(东)和11mm(西),达到了国际先进水平。

(4)钢箱梁组装、吊装和现场焊接。江阴长江公路大桥桥面由钢箱梁组成,总重18000t。钢箱梁材料全部从英国进口,主梁片体在英国加工,再到国内来组装。角单元在国内武船加工。梁段组装和预拱匹配在同一生产线上一次完成是江阴长江公路大桥首创的新工艺,不仅少占用梁段之间接口调整的工作量,在不影响装配质量的同时,大大缩短了生产周期。通过科学管理和工艺流程的不断革新,钢箱梁的装配进度发生了奇迹般的飞跃,从开始8节钢箱梁制作用130余天到后来10节钢箱梁仅用45天,所有附属设施一步安装到位并且无损检测全部合格。

江阴大桥钢箱梁吊装施工方案是跨缆起重机自塔顶安装下移到跨中的常规作法,为了加快进度,改为直接在跨中从水面起吊、安装跨缆起重机。新的安装方法为江阴大桥主体施工争取了至少10天以上的宝贵时间。

现场焊接对线形的要求十分苛刻,对质量要求相当高,经无损探伤要100%合格,江阴大桥的箱梁焊接完全满足质量100%合格的要求。

(5)桥面铺装。江阴大桥主桥钢箱梁桥面铺装采用沥青混凝土,厚度为5cm。由于钢梁导热性强,夏天温度很高,冬天温度很低,沥青的特性很难两头兼顾,稍有不慎,就会出问题。国际桥梁工程界没有成熟经验可以借鉴。桥面铺装中间的防水黏结层材料也作了严格的比选,未再使用青马大桥的同类材料(eliminator)。不仅减少了刷涂的层次,降低了工作量,更重要的是避免了对温度的敏感性。从国内外已建同类桥梁的情况看,铺装层与钢桥面板之间几乎都发生了不同程度的隆起、搓动、开裂,而江阴、靖江当地的气温条件较差,对沥青热稳定性等指标的要求超过了英国等西方国家建造的大桥,幅值为 $-15 \sim +70°C$,这已经成为一个世界性难题。指挥部除督促承包商做大量试验外,还先后邀请丹麦、日本等国专家和国内科研机构共同研究,并请东南大学做平行试验,经过一年半的试验、研究和多方案比选,目前实施的方案基本满足江阴大桥的特定要求。

(四)科技创新

1. 重大科研课题

在江阴长江公路大桥建设中,江苏省长江公路大桥建设指挥部根据大桥工程的难点、重点,围绕特大跨径桥梁的抗风、抗震、不良地质条件下锚碇稳定、上部结构工程施工、钢板桥面铺装等关键工程技术重大研究课题,组织勘察设计单位、科研机构、高等院校与施工单位进行联合攻关,调动各参建单位科技创新的积极性,加大科研投入,加强科技创新,攻克了一个又一个技术难关,圆满解决了工程实际问题,江阴长江公路大桥建设关键技术研究共包括37个课题,经江苏省科学技术厅等主管部门组织的科技成果鉴定,相关课题成果达到了国际先进水平或国内领先水平。主要课题如下:

(1)软弱地基大跨径悬索桥锚碇基础研究:①北锚碇稳定性研究;②北锚碇基础与地基土共同作用及稳定性和工程对策研究;③大桥地基与基础安全监测;④沉井疏干试验研究;⑤沉井施工方案研究。

(2)特大跨径悬索桥施工控制:①特大跨径悬索桥工程控制研究;②下部结构施工控制;③上部结构施工控制。

(3)钢桥面浇注式沥青铺装研究。

(4)抗风性能研究。

(5)抗震研究:①大桥抗震性能研究;②江阴大桥场址区地震基本烈度研究;③大桥设计地震动工程参数研究;④北岸塔锚场地设计地震动工程参数研究。

（6）交通工程：①收费系统研究；②监控系统研究；③机电设备监控系统研究。

（7）雷电流监测系统研究。

（8）河势稳定：①江阴河段河床稳定性研究；②大桥桥墩冲刷模型实验研究；③大桥河段水文泥沙及河势分析。

（9）南塔、南锚及西山山体稳定。

（10）动、静载试验研究。

（11）静载试桩。

（12）机电设备监控系统研究。

（13）航行标准：①通航净空标准论证研究；②通航航迹线论证研究；③江阴河段上、下水航行咨询研究。

（14）大体积混凝土温控研究。

（15）大桥主墩船舶撞击力计算。

2. 主要科技成果

2000 年，获优质工程奖（英国建协）；

2001 年，"江阴长江公路大桥建设关键技术研究"获江苏省科技进步一等奖；

2001 年，获"扬子杯"优质工程奖；

2002 年，获第十六届匹兹堡国际桥梁会议"尤金·菲戈"奖（美国工程师协会）；

2002 年，获中国建筑工程鲁班奖。

（五）运营及养护管理

1. 运营管理

江苏扬子大桥股份有限公司作为江阴大桥的管养单位，是 1992 年 12 月经江苏省人民政府批准成立的基础设施项目的第一批股份制试点企业，隶属于省国资委下的江苏交通控股有限公司。公司实行董事会领导下的总经理负责制，设有工程、运营安全、综合、财务、经营、人力资源 6 个部门。

江阴长江公路大桥建成通车以后，积极贯彻落实科学发展观，努力提升管理水平，全力做好大桥的运营管理工作和工程养护工作，在公司全体人员的努力下，较好地完成了"保通保畅保安全"的工作目标，取得了良好的社会经济效益。

2003 年 4 月江阴长江公路大桥率先在全省打响了治理超限运输的第一枪，实施计重收费后，江阴长江公路大桥将超限车辆查验点设在主线收费站，对由北往南的单轴超限 100%、70%、60% 的计重车辆分阶段实施分流。第一，避免了超限运输车辆给大桥造成结构性破坏，通过加强超限运输管理，使得超限运输车辆明显呈下降趋势；第二，为积极应对恶劣气候，提前预防，公司加强与交巡警、路政部门的协调沟通力度，明确交通管制程序、管控点设置等内容,做好人员安排、信息发布等前期准备工作;第三,为了保障桥梁水上的结构安全和稳定,严格按照不同的管理权限,配合海事部门不断改善桥区通航安全环境,通过共建联席会议机制,打造了有效地信息交流平台,实现了优化的资源共享和协作。

2. 养护管理

江阴长江公路大桥的养护管理主要由工程部负责,主要包括年度养护计划及工程费用预算;通过定期检查、检测,对大桥的技术状况和安全性能作出评价;主管设备维护计划管理。制订大型设备添置和设备大、中修计划,做好年度设备维护计划及维护费用预算;负责工程招标日常管理工作;负责工程、机电设备的合同管理,审查重要工程项目的设计、维护方案及施工组织计划;负责工程技术管理,做好技术开发、技术创新和科研等工作,引进、推广、使用新材料、新工艺;负责对工程养护、设备管理工作情况进行汇总、分析、总结,并提出指导意见;负责对各种养护数据进行统计、更新、上报工作;负责管理工程养护、机电设备维护、桥区绿化养护工作,制定相关管理制度,指导、监督、检查制度执行情况,考核基层工作业绩;审核工程养护费用。工程部下设养护大队和设备维护中心两个执行单位,其中养护大队具体负责江阴长江公路大桥主桥、南北引桥、接线及其附属设施的巡查与检查,以及卫生保洁等日常养护工作;设备维护中心负责桥梁供配电、照明、监控等设备的检查与维护。

3. 服务区

江阴长江公路大桥在靖江南出口设有1个服务区,建筑占地面积为1300m^2,总建筑面积为1300m^2,货车停车位6个,客车停车位15个,小车停车位60个,超长车停车位2个,危险车停车位0个。

五、无锡至江阴高速公路(建设期:1996—1999年)

(一)项目概况

1. 基本情况

1)建设依据

锡澄高速公路作为国家"九五"期间重点项目,是国道主干线同江至三亚、北京至上海国道干线的共线路段,也是江苏省第一条六车道高速公路,北起江阴长江公路大桥穿越江阴、锡山两市11个乡镇,南接沪宁高速公路。该项目的建设对完善国道路网的结构,有效解决过江瓶颈,促进沿线区域社会经济发展等具有十分重要的意义。

2)建设规模及主要技术指标

锡澄高速公路全线采用双向六车道高速公路标准建设,路基宽度33.5m;全线设计行车速度120km/h,桥涵设计车辆荷载为汽车—超20级、挂车—120,中央分隔带3m,外侧设2.5m

宽的紧急停靠带,其他技术指标按《公路工程技术标准》(JTJ 001—97)和《工程建设标准强制性条文》(公路工程部分)执行。

主要技术标准如下:

(1)设计行车速度:120km/h。

(2)主线路基宽度:33.500m;路基宽度组成为:行车道 $2\times(3\times3.75m)$,中央分隔带 $4.50m(0.75m+3.00m+0.75m)$,硬路肩 $2\times2.5m$,土路肩 $2\times0.75m$。

(3)桥面净宽:大中桥为33.5m,外侧与路基同宽;小桥为33.5m,外侧与路基同宽。

(4)路面:沥青混凝土路面,设计使用年限15年,标准轴载100kN;匝道收费站采用水泥混凝土路面,设计使用年限30年,标准轴载100kN。

(5)路基、桥涵设计洪水频率:特大桥1/300,其余均为1/100。

(6)荷载标准:汽车—超20级、挂车—120。

3)项目投资及来源

根据交计发〔1993〕1350号文《交通部关于江阴长江大桥南端至无锡公路工程项目建议书的批复》,同意项目立项。建设资金来源,交通部用车购费安排投资2亿元,其余资金由省自筹解决。本工程原计划工期5年,总投资控制在16亿元以内。

4)工程建设条件

锡澄高速公路地处长江下游冲积平原,除起点西山及应天河南花山附近地形有微丘起伏外,其余地势平坦、河塘密布,属苏南东部水网地区。路线所经地区,不良地质主要为软土,在不少河谷、圩滩、低洼地区连续分布,有的呈鸡窝状,对桥头工后沉降影响较大,该段工程是江苏省第一条与江阴长江大桥配套的六车道高速公路。

5)工程进度

工程原计划工期5年,与江阴长江公路大桥同步建成通车,要求全线于1999年8月底建成。经过省、市高指和设计、施工、监理单位的共同努力,顺利实现了工期目标。本工程实际工期为2年8个月。

6)主要工程数量

全线征用土地4604亩,房屋拆迁154785m^2;全线完成路基土方817万m^3,软基处理5.4km,涵洞83道,通道48道,互通式立交4处、分离式立交17处,桥梁24座;路面底基层112.6万m^2,基层105.6万m^2;沥青混凝土面层112.4万m^2,水泥混凝土路面1.97万m^2;全线完成安全设施、收费、通信、监控、供电、照明灯设施及绿化。房建面积为1.4万m^2。

2. 决策过程

1993年12月,交通部以交计发〔1993〕1350号文《交通部关于江阴长江大桥南端至无锡公路工程项目建议书的批复》批复项目立项。

1994年10月,交通部以交公路发〔1994〕1196号文《关于江阴至无锡公路可行性研究报告的批复》批复了初步设计审核意见。

1996年10月,江苏省高速公路建设指挥部申报的《公路工程开工报告》得到交通部公路管理司同意批复。

1999年1月,国家环境保护局以环函〔1999〕23号文《关于对同三国道主干线江阴长江公路大桥无锡段工程环境影响报告书的批复》批复了项目环评。

(二)建设情况

1.项目准备阶段

省高指、市高指严格遵守基本建设程序,本项目设计、施工、监理、检测和重要材料、设备采购等均采用了公开招标。具体招标事项该审批、公告的均履行报批核准和公告手续;评标委员会的组建符合法定条件,严格执行回避制度;评标标准和方法均在招标文件中公开载明;依法必须招标的工程建设项目招标公告,核准后在媒体上公开发布;严格按照招标结果签订合同协议书。

1)勘察设计研究单位招标情况

1993年6月,由江苏省交通厅委托江苏省交通规划设计院承担该项目主体设计。交通工程中的三大系统由中国公路工程咨询监理总公司泰克公路所设计;安全设施、供电、照明及房建工程由省交通规划设计院等设计;服务区房建工程由东南大学热能工程设计院等承担设计;绿化工程由无锡市园林局承担设计。

2)施工、监理单位招标情况

全线路桥工程分为20个招标合同。1996年10月路桥工程开始招标,招标工作分6批进行,至1997年11月路桥工程招标全部结束。经省、市联合组成的评标委员会评定,20家(次)承包商中标,其中包括江苏省交通工程总公司、交通部公路二局等一批国内知名施工企业。

1998年10月开始交通工程安全设施、照明工程的公开招标。1998年7月—1999年3月,进行房建工程、三大系统和中压供电系统的招标。

3)参建单位主要情况

设计单位:江苏省交通规划设计院、中国公路工程咨询监理总公司泰克公路所。

施工单位:江苏省交通工程总公司、交通部公路二局、锡山市交通工程总公司、无锡市交通工程公司、江苏公路桥梁建设公司、铁道部第二十工程局、江阴市交通工程建设总公司、北京飞达交通工程公司、无锡市路灯管理处。

监理单位:江苏交通工程咨询监理总公司、江苏华宁交通工程咨询监理有限公司、苏州市路达交通工程咨询监理公司、中咨总公司泰克公司研究所。

质量监督单位:江苏省交通厅工程质量监督站。

4）征地拆迁情况

征地拆迁情况统计见表7-1-5。

征地拆迁情况统计表　　　　　　　　　　　　　　　　　表7-1-5

征地拆迁安置起止时间	征用土地（亩）	拆迁房屋（m²）	支付补偿费用（元）	备　注
1996年1—6月	4604	154785		

2. 项目实施阶段

1996年6月底，全线征地拆迁工作基本完成。

1996年10月，市高指组织各路基桥梁工程中标施工、监理单位进行了协商，达成一致意见，签订了合同协议书及补充协议，各施工、监理单位进场。

1998年3月，启动附属工程设计、招标等工作。

1998年底，路基、桥梁工程基本完工。

1999年8月，基本完成路面及附属工程施工。

1999年9月，完成交工验收并建成通车。

（三）复杂技术工程

优化无锡互通设计

无锡互通采用定向Y形+苜蓿叶方案，收费方式采用与沪宁高速公路联网的封闭式收费系统，在江阴无锡市区方向匝道设收费站。由于无锡互通功能全、规模大，根据各匝道的功能及地方道路网配套情况等因素，初步设计阶段，将无锡互通划分为三期工程。根据交通部公路发〔1998〕426号文的批复，同意将原拟一次设计、分期实施的无锡互通与主线同期一次修建完成。

（四）科技创新

锡澄高速公路软基设计评估及设计综合研究

为确保锡澄高速公路工程质量达到国内领先，国际先进水平，在建设过程中十分重视科学技术对现代高速公路建设的指导作业，针对锡澄高速公路技术要求高、地质条件复杂的实际情况，加强了科研攻关。在软土地基处理方面，通过长期观测和各类试验，形成了锡澄高速公路软土基综合处理较为系统的施工方案。与河海大学共同进行了"无锡互通定喷墙综合处理技术研究""锡澄高速公路软基设计评估及设计综合研究"。分别与东南大学、省交通科学研究院等单位合作，在路基路面排水、桥面防水层、沥青下封层，以及钢箱梁沥青面层、沥青上面层结构及施工等方面进行了一系列试验研究。优化了结构方案、材料和施工工艺，取得了良好的效果。并率先同步实施了监督、通信、收费系统，且与同步建成的江阴长江公路大桥和已建成的沪宁等高速公路实现了联网。

（五）运营及养护管理

1. 运营管理

江苏广靖锡澄高速公路有限责任公司设有办公室、财务审计部、人力资源部、工程技术部、运营安全部、经营发展部、党群工作部共7个职能部门，负责广靖锡澄高速公路、锡宜高速公路（含连接线陆马公路）、环太湖高速公路、苏锡高速无锡段的运营管理及相关配套服务。下辖1个调度指挥中心、1个调度指挥分中心1个机电中心、14个收费站、3个服务区、2个养护工区、2个清排障大队共计24个基层部门。目前公司现有职工1100余人。

锡澄高速公路自1999年9月28日建成通车以后，公司积极贯彻落实科学发展观，努力提升管理水平，全力做好运营管理工作和工程养护工作，在公司全体人员的努力下，较好地完成了"保通保畅保安全"的工作目标，取得了良好的社会经济效益。

2. 养护管理

（1）以养护投入为保障，确保路桥技术状况优良。公司养护资金来源为所辖路段车辆通行费，每年根据路况及年度总成本计划制订养护计划，经省交通控股公司审核后投入使用。另外，针对全线桥涵结构物密度高、重超载车辆多、流量大的特点，公司尤其重视桥梁结构物安全，按照桥梁规范建立了制度，加大桥梁养护经费投入，及时消除安全隐患，处置桥梁病害。

公司通过路面、桥梁和预防性养护等专项工程的实施，全面改善了道路行驶质量，道路养护质量指数MQI始终保持在95以上，次差路率为0，一、二类桥梁比例达到100%，专项工程合格率100%，路面坑槽修复、交通安全设施紧急处置均不超过48小时，养护机械化率达到95%以上。实现了道路的畅、安、舒、洁、美。

（2）以科学技术为动力，不断提升养护科技水平。"四新"技术应用是公司养护管理工作的一大特色亮点。公司始终高度重视养护新技术、新材料、新工艺、新设备的应用性研究，借鉴先进养护技术和经验，加大自主研发力度，"十二五"期间累计投入科研经费289万元，开展了"江苏省高速公路桥梁维修加固项目管理办法研究""江苏省高速公路沥青路面大中修养护技术及管理研究"等课题的研究，并在工程实践中积极推广，成为控股系统养护新技术先行先试的试验点。公司和东南大学共同提出的"易密实沥青混凝土在高速公路车辙处治中的应用研究"课题荣获2013年中国公路学会科技二等奖。

（3）以流程规范为抓手，全面提高养护质量。公司按照"全面养护、及时养护、加强预防性养护"的要求，围绕路况检测调查、分析评价、养护决策和工程实施四个关键环节，建立了路面和桥梁养护管理系统，提供了实时、全面、准确的信息，提高了养护决策和计划的科学性。一是坚持"一套严密的全程监管流程"。二是始终贯穿"两个完善的监测体系"。三是建立了日常养护"三勤四早四查"作业法，即：勤检查、勤处治、勤督导、早安排、早动手、早准备、早实施，形成每日巡回查、雨季跟踪查、夜间专项查、重点路段步行查等一系列道路质量检查制度，力争在第一时间发现病害、整治病害,并通过推行专业化、机械化养护,"常修"实现"常新",确保了道路优良状况。

3.服务区

锡澄高速公路设有1个服务区,为堰桥服务区。服务区主体采用大跨度轻型空间网架结构框架,主跨57m,彩钢板保温屋面设计成大曲面,是全国最早的高速公路跨线式服务区。区内占地面积183亩,总建筑面积5200m^2,共设有小车泊车位163个、客车泊车位50个、货车泊车位97个。

第二节 G3(北京—台北)

北京至台北高速公路(G3)江苏境内已全线通车,起自张山子(苏鲁界),经徐州市区,止于老山口(苏皖界)。江苏境内全长约76km。全线各路段基本情况见表7-2-1。

G3 全线各路段基本情况　　　　表7-2-1

序 号	路 段	里程(km)	建设期	备 注
1	京福高速公路徐州东段	25	2000—2003年	
2	京福徐州绕城西段高速公路	51	2003—2007年	

一、京福高速公路徐州东段(建设期:2000—2003年)

(一)项目概况

1.基本情况

1)建设依据

京福高速公路徐州绕城高速公路东段(江苏段)(以下简称"京福东绕城高速公路")工程项目全长43.498km,是交通部规划的"五纵七横"国道主干线和江苏省"四纵四横四连"高速公路网的重要组成部分,地处淮海经济区域中心。本项目北起苏鲁两省交界处,南止徐州市铜山区张集证林东村附近,与连徐高速公路相交叉,并与徐宿淮盐高速公路相连接。该项目的建成,对完善国道主干线公路网,加强各大经济区域间的交通、经济联系,实现江苏省高速公路网的联网贯通,减少徐州市过境交通压力,改善和提高徐州交通枢纽路网结构和等级,进一步促进沿线地区经济发展都将具有十分重要的意义。

本工程全线采用四车道高速公路标准,全封闭、全立交,路基宽度28m,设计行车速度120km/h,桥涵设计车辆荷载为汽车—超20级、挂车—120。

2)项目投资及来源

京福东绕城高速公路工程批复投资总额为14.8亿元,其中江苏省公路建设资金

26356万元,徐州市配套资金16119万元,其他申请国内贷款。

3)工程建设条件

京福东绕城高速公路所处地区为平原微丘地貌,属鲁南丘陵的南缘与黄泛冲积平原的过渡地带,总体地势北高南低。京杭运河北以低山丘陵为主,最高峰贾汪大洞山海拔361m,一般丘陵海拔45～78m;平原地带地势较平坦,地面海拔31～45m。

路线所经地区属沂蒙山脉的南延部分,地貌类型可分为侵蚀丘陵、侵蚀堆积台地及冲积平原三种类型。区内丘陵大致呈北东垄状展布,具有东坡陡、西坡缓的特点,另有部分浑圆状孤丘、残丘分布。丘陵区基岩裸露、植被稀少,岩体节理、裂隙、溶隙发育,组成物质多为碳酸盐岩,局部为碎屑岩。侵蚀堆积台地区位于丘陵边缘,为丘陵与平原的过渡区,表现为山前缓倾平地,可分为基岩台地和洪积物基座台地两种亚区。基岩台地区分布于近山地带,基岩裸露,仅覆盖风化层;洪积物基座台地分布于京杭运河以南,由大庙腹背斜分隔为不牢河、房亭河冲积平原和废黄河冲积平原两个亚区,物质组成多为亚砂土、粉土、亚黏土等。

本项目地质构造位于新华夏系第二隆起带西侧和秦岭纬向构造带东延北分支南侧的复合部位,主要构造体系可分为徐州—宿县弧形构造和新华夏系构造。

据区域地质资料,路线经过的活动性断裂为废黄河断裂和柳集断裂。

废黄河断裂西起徐州西北的夹河寨,向东经徐州—张集—双沟—郯庐断裂带,走向SE,延废黄河发育,区内长约65km,现多被第四系地层覆盖,横切复式褶皱和南东向断裂及潘塘断陷盆地。断裂带宽800～1000m,带内岩石破碎,次级断裂发育,主要有3条相互平行的断层组成,构成一张扭性断裂段。

柳集断裂带为徐州弧形构造的主要活动断裂之一,位于徐州东北的大庙—柳集—两山口,走向NE,北端呈弧形,南端与符离集断裂相交,控制潘塘断陷盆地的形成和发展,属张扭性,生成于早期,早第三纪之后仍有活动。

沿线地层属于华北地层区,前第四纪地层主要有元古界淮河群,古生界地层有寒武系、奥陶系、石炭系和二迭系,新生界为第三系和广泛分布的第四系。本区位于华北地震区郯城—营口地震带南段,发震构造为郯城—庐江活动断裂带。根据历史记载和近代地震记录,该地区尚无大于5级以上的地震发生。根据《中国地震烈度区划图》(1990年)的分区及地震安全性评价报告,全线地震基本烈度为Ⅶ度。

路线穿越的河流分为三条水系,即京杭大运河水系、房亭河水系、废黄河水系。其中京杭大运河水系、房亭河水系均属于沂沭泗流域。

京杭大运河水系:主要支流有顺堤河、桃源河、不老河、固城河、屯头河。京杭大运河从徐州北部向东穿过,区内长度24km,平均水位30.15m,最高水位32.99m,最低水位28.2m,平均流量$12.48m^3/s$。

房亭河水系：房亭河源于徐州市东郊桥家湖，由西向东经大庙镇流出区外，与京杭运河相通，区内长约18km。

废黄河水系：废黄河自西向东南流经徐州市，截蓄养殖，仅雨季行水。除新黄河大沟、大寨河外，无较大河流汇入。流域汇水面积478km²。废黄河自成独立水系，是沂沭泗流域和淮河干流流域的分水岭。徐州地区属暖温带半湿润季风气候区，兼具海洋与大陆过渡性气候的特征，其气候温和，四季分明，雨量充沛。年平均气温13.9℃，最低（1月）平均气温-0.4℃，最高（7月）平均气温26.8℃，极端最低气温-23.3℃，极端最高气温40.1℃；年平均降水量869mm，年最大降雨量1360mm，日最大降水量33.9mm，连续降水天数最长达15天，降水多集中在6—9月，雨量基本占全年的50%以上；徐州地区东北风频率最高，夏季多东南风，春、秋、冬三季多东北风，年平均风速2.4m/s，最小相对湿度62%，最大相对湿度在80%上下。该地区最大冻土深度24cm。

4）工程进度

京福东绕城高速公路于2000年10月全面开工建设，该工程已于2003年9月初全面完成沥青混凝土面层施工，同时完成房建、通信、收费、监控、安全设施、场区绿化等交通工程设施。

5）主要工程数量

工程共征地7775.93亩；拆迁房屋13610m²；完成路基土石方858.671万m²；特大桥2897.8m/4座，大桥568.52m/3座，中小桥2275.91m/52座，涵洞35道；通道53处；互通式立交3处；分离式立交6处，路面底基层125.7万m²；路面基层131.18万m²；沥青混凝土路面125.35万m²；水泥混凝土路面1.411万m²；省界主线收费站1处，房屋建筑面积10533m²。

2. 决策过程

1998年12月，交通部以交规划发〔1998〕749号文《关于京福国道主干线徐州绕城公路东段项目建议书的批复》批复项目建议书，同意建设京福国道主干线徐州绕城公路东段高速公路。

2000年1月，交通部规划司以交规划发〔2000〕28号文《关于京福国道主干线徐州绕城公路东段可行性研究的批复》通过了该项目的可行性研究报告。

2000年7月，交通部公路司以交公路发〔2000〕378号文《关于京福国道主干线徐州绕城公路东段初步设计的批复》通过了该项目的初步设计，核定了项目总概算。

2000年8月，江苏省审计厅以苏审意投开〔2000〕19号文《江苏省审计厅关于京福国道主干线徐州绕城公路东段建设项目的开工前审计意见》通过了该项目的审计报告。

2000年10月，经交通部同意，江苏省交通厅批准京福国道主干线徐州绕城公路东段开工。

(二)建设情况

1. 项目准备阶段

依据《江苏省工程建设项目招标范围和规模标准规定》,设计、施工、监理、检测和重要材料设备采购等项目均采用公开招标方式,所有招标工作均由省交通工程建设局负责具体招标工作。招标工作坚持"公开、公平、公正"的原则,严格遵守招投标程序和工作纪律,严密标底编制,加强资格审查,随机抽选专家进行独立评标,合法确定中标单位,依法签订合同,纪检部门对招投标过程进行全过程监督,公证部门对招投标过程和结果进行了严格的监督和公证,确保了招标工作的顺利开展。本项目所有工程的施工和监理都采取公开招标、抽签挑选专家评标的办法,先后确定交通部第二公路工程局、天津市路桥工程总公司等34家施工单位和江苏省交通工程咨询监理总公司等4家监理单位,分别参加工程施工和监理。

1)参建单位主要情况

设计单位:中交第一公路勘察设计研究院。

监理单位:江苏交通工程咨询监理总公司、江苏东南交通工程咨询监理公司、江苏振星工程监理有限公司、南京安通交通工程咨询监理公司。

监督单位:江苏省交通运输厅工程质量监督局。

2)征地拆迁情况

征地拆迁情况统计见表7-2-2。

征地拆迁情况统计表　　　　　　　　　表7-2-2

征地拆迁安置起止时间	征用土地(亩)	拆迁房屋(m²)	支付补偿费用(元)	备注
	7775.93	13610		

2. 项目实施阶段

1)边坡坡度调整

由于部分石质挖方路段开挖后比较破碎,裂隙严重,为保证边坡安全,放缓了边坡,局部地段增设了挡墙及锚杆防护。

2)对填石路基边坡增加骨架内培土、绿化

为配合路容路貌的美化、绿化,除放缓边坡外,增加了路堑边坡的绿化设计,同时对填石路基边坡增加骨架内培土、绿化。

3)增加桩长设计

桥梁基桩依据逐桩钻探的结果,逐一进行了设计桩长校核,调整了桩长设计。

4)路基路面变更

为配合收费系统设置及收费广场长度的变更所做的路基路面变更。

5)部分挖方段、挖填交界处路面底基层设计变更,设置碾压混凝土作为底基层

由于挖方段局部及填挖交界处土石混杂,且岩石裂隙发育,为保证挖方段路面强度和耐久性,对部分挖方段、填挖交界处的路面底基层设计变更,设置碾压混凝土作为底基层,保证了路面的安全、耐久。

6)粉砂土填筑的路基,采用空心六角块加铺草皮防护

对于用粉砂土填筑的路基,加强边坡防护和绿化,采用了空心六角块加铺草皮防护。

(三)复杂技术工程

本项目路线经过地区主要存在的特殊路基有膨胀土路基、岩溶路基、可液化砂土路基与软土共生路基及煤矿采空区路基。

1. 膨胀土

本项目下伏石灰岩、泥灰岩顶部普遍发育 Q3、Q2 的综黄、棕红色高低液限黏土,自由膨胀率大于 40%,涨缩总率大于 0.7%,具弱~中等膨胀性,局部具强膨胀性。路基在经过这些地区时采用路堤形式,且填筑高度大于 1.5m,对路基及路基边坡除做好防、排水设计外,对基底以下 30cm 采用 5% 石灰土进行处治。构造物采用扩大基础时,底部采用换填碎石处理。

2. 岩溶路基

在长期的物理、化学作用下,形成了一定程度的岩溶,地下发育有小型溶洞,洞穴被第四系沉积物充填,挖方边坡开挖可能揭露支补。

3. 液化土与软土路基

根据路基工程的特点和《公路工程抗震设计规范》(JTJ 004—89)总则中抗震设计的有关规定,结合本路线实际情况,借鉴"连徐线"设计、施工经验,在初步设计及审查意见的基础上,确定本路段可液化砂土地基与可液化砂土与软土共生地基的处理原则。

4. 煤矿采空区路基

在煤矿采空区上填筑路基,必须对采空区进行治理,省高指、总监办与东南大学交通学院合作提出了一套行之有效的解决办法,即采用高压注浆对采空区排水填实的原理。该课题首次建立了高速公路下伏富水多层采空区路段地基处理的发展体系,具有很好的经济效益和社会效益,丰富了岩土工程理论。

(四)科技创新成果与应用

(1)全线路面结构为:4cm AK-13 改进型;6cm AC-20I 改进型;8cm AC-25I 改进型;上中面层全部采用改性沥青,集料为辉绿岩;下封层部分试用了改性沥青;大中桥梁桥面调

拱层混凝土掺加了聚丙烯纤维，改善了裂纹收缩状况。

（2）在煤矿采空区上填筑路基，必须对采空区进行治理，省高指、总监办与东南大学交通学院合作提出了一套行之有效的解决办法，即采用高压注浆对采空区排水填实的原理。该课题首次建立了高速公路下伏富水多层采空区路段地基处理的发展体系，具有很好的经济效益和社会效益，丰富了岩土工程理论。课题经省鉴定委员会鉴定，总体处于国际先进水平，其中三维弹塑性有限元应用于富水多层采空区的变形稳定性分析居国际领先水平。

（3）针对大量废弃的煤矸石现状，为减少农田损失，保护环境，解决路基用土问题，省高指、总监办与东南大学交通学院共同组织了"煤矸石高速公路工程中的应用研究"的课题研究，形成了煤矸石作为填筑材料的设计施工工艺和质量控制的一整套技术体系，成功地解决了煤矸石在高速公路上的利用问题，经省鉴定委员会鉴定，该课题成果总体处于国际先进水平。

（4）为进一步降低成本，减少农田取土，省高指、总监办科学采取了利用山体爆破的废石方作为路基填料，与东南大学交通学院合作，组织了"高速公路填石路基、施工与质量控制研究"课题研究，制定了《填实路堤施工控制要点》，施工过程中，加强了各道工序控制，最终成功地完成了14.8km填石路堤施工。

（5）针对京福东绕城高速公路全线处于岩溶发育地带，多表现为小型溶洞，给桥梁桩基等结构物带来安全隐患的问题，总监办积极与设计单位联系，经省高指专题研究、批准，采用逐桩钻探、CT检测等办法，并及时下达"桥梁桩基钻孔判别问题的通知"明确了桩基施工钻孔的判别方法，妥善解决了这个问题。

（6）根据京福东绕城高速公路的地质、水文等具体情况，对于绿化的设计与施工，实行"区别地点、分类指导"的方法。中央分隔带绿化引进"加强段"的概念，即在与山东接壤段、各出入口段、服务区段适度增加了花卉品种，烘托气氛；互通区摒弃传统的单一模纹布局手法，通过"模拟自然群落、改造利用地形，乔、灌、草、花搭配，适当模纹镶边"的方法，体现生态美、景观美、自然美；护坡及边沟外侧绿化以防护为主，兼顾美化效果；填石路基在边坡上种垂挂灌木，改善视觉效果；大坡面挖方防护段，增加条纹绿化，并种植大树，遮挡坡面。

（7）对房建工程，力图使建筑风格体现当地楚汉文化历史底蕴，采取古典与现代相结合的园艺手法，进行绿化环境布置。对内部和外部装潢增加人性化的设计，在服务区点缀了体现楚汉文化的"小品"，增加了情趣，提升了文化品位。

（8）本项目山体开挖路堑段有三处，由于断面岩层走向非常接近原设计坡率，加之岩层破碎，稳定性差。为此，及时进行分析论证，变更设计，进行了锚杆锚固、喷浆封面、导管引流、阶梯台阶、块石砌筑等综合处治办法。为克服块石勾缝的常见通病，明确一律勾凹缝,并对块石表层进行人工凿面修饰;同时,在提高防护工程可靠性的基础上,结合当地气候特点,选种爬藤类植物,增添绿化,大大提高了防护工程内在质量和表观质量。

(五)运营及养护管理

江苏连徐高速公路有限公司隶属于江苏交通控股有限公司,成立于1999年2月,2001年11月开通运营,负责连霍(G30)、京台(G3)、淮徐(G2513)、济徐(S69)等江苏段共410km高速公路的经营管理。

公司本部设7部1室,下辖2个管理中心、24个收费站、10个服务区、6个排障大队、2个养护管理中心和1个调度指挥中心,共计45个基层单位。

公司始终坚持以"责任、诚信、和谐、自律"的核心价值观为引领,秉承"让社会更美好,让企业更兴旺,让员工更满意"的企业理念,发扬"艰苦奋斗,谦虚谨慎,求真务实,开拓创新"的企业精神,内部管理科学高效,服务水平持续增强,经济效益和社会效益显著提升。

公司先后获得全国厂务公开民主管理先进单位、江苏省文明单位、江苏省免检企业、省级文明样板路、江苏省首批廉政文化建设示范点等荣誉称号。"十二五"期间,公司及基层单位获得市级以上荣誉称号109项,公司员工获得市级以上荣誉称号101项。

京福东绕城高速公路的运营管理主要包括收费管理、服务区管理、养护管理、交通安全管理等几个方面。在江苏交通控股有限公司的正确领导下,始终秉承"以人为本"和"让社会更美好"的企业理念,践行科学发展观,坚持以经济效益为中心、以道路品质为生命、以文明创建为主线,以"一流的设施、一流的管理、一流的服务、一流的效益"为目标,严格管理、科学养护、文明收费、优质服务,公司运营管理的各方面均取得了较好的成绩,受到社会各界的广泛好评。

在管理方面主要完成了以下几项工作:

(1)科学设置机构,建立管理体制。根据国家、地方和江苏交通控股有限公司的有关规定及运营管理工作的实际需要,经过深入调查研究,按照"精干、高效、节约"的原则,对公司管理资源进行了进一步优化调整,组建了高速公路的各级运营管理机构,并通过面向社会招聘、公司内部竞聘等办法完成了沿线各基层站区员工队伍的建设,形成了"责、权、利"相结合的精干高效的管理机构。

(2)健全规章制度,实行规范管理。根据连徐高速公路的运营管理特点和需要,遵照国家和地方的有关管理办法和规定,结合多年来高速公路运营管理的工作经验,努力抓好规章制度建设,从建章立制入手,进一步优化管理手段,促进管理工作更加规范化、程序化和科学化,提升了公司的运营管理水平,提高了服务水平和服务质量。

(3)加强养护管理,确保道路品质。在道路养护管理方面,认真贯彻"预防为主,防治结合"的养护方针,紧紧围绕"畅、洁、绿、美"的养护工作目标,建立健全了养护管理体系,实行社会化、市场化养护,选择专业性强的养护队伍,加强了道路维护。设置了多个养护中心,按规定要求配备路面、交通安全设施、绿化、除雪防滑等专业机械化养护设备及专业养护技术人员。在切实做好道路日常养护工作的同时,加强对道路桥梁技术状况的巡查和检查,发现问题及时处理,对交通事故和盗窃造成的交通安全设施缺失和损坏及时进行修复,对超高车辆易碰撞剐蹭的通道桥设置了限高门架等,从而较好地保持了高速公路及沿线设施的完好性,保障了道路的优良品质。

为做好高速公路的道路养护管理,根据项目特点和工作实际需要,公司下设了一个养护管理中心,配备了专职管理人员和养护技术人员及相关车辆设备,对该工程养护进行全面管理。以合同方式委托江苏省高速公路工程养护有限公司(下简称"养护公司")设立一个养护中心,配备了相关养护人员、机械、设备、材料,及时维修保养,每季度检查评定,满足了养护管理需要。以合同方式委托具有相应资质的单位对道路和桥梁进行定期检查,形成完备的检查报告。公司按照养护规范和相关标准,及时开展了大中修工程,确保了道路技术状况始终处于优等水平。省交通主管部门每年定期对高速公路及其附属设施的完好情况和养护质量组织检查、复核,出具检查通报。

公司按照国家和省交通部门制定的技术规范和操作规程实施该工程项目养护,并安排相应的养护资金,2011年投入1153万元,2012年投入1009万元,2013年投入1270万元,2014年投入1694万元,实行预防性、周期性养护,保障了高速公路始终处于良好的技术状况,道路技术状况指数(MQI)常年保持在95分以上,道路品质良好。

在质量缺陷责任期内,京福东绕城高速公路总监办非常重视工程缺陷的修复工作,及时与公司加强沟通与联系,定期与公司一起对工程进行回访,发现问题迅速处理。公司也在认真做好日常养护管理工作的同时,积极参与和配合工程质量缺陷修复工作,并对某些项目进行了完善。

(4)紧抓行风建设,树立文明形象。为切实服务于社会、造福于人民,公司认真开展了文明收费站、服务区、养护中心、排障大队的创建活动,完善了高速公路服务系统,不断提高员工队伍素质,公司的文明、良好形象受到了社会广泛的好评。

京福东绕城高速公路自开通运营以来,交通量、通行费收入逐年增长,运营安全状况良好。

二、京福徐州绕城西段高速公路(建设期:2003—2007年)

(一)项目概况

1. 基本情况

1)建设依据

京福高速公路是交通运输部规划的"五纵七横"国道主干线公路网主骨架之一,徐州绕城西段是京福高速公路的重要组成部分,京福高速公路徐州绕城西段(以下简称"徐州西绕城高速公路")位于徐州市铜山县境内,起点与京福高速公路徐州东段相接,终点与连徐高速公路罗岗互通连接。

该项目的建成,将与京福高速公路徐州绕城东段、连徐两条高速公路共同构成91.5km 的徐州环城高速公路,它的建成对完善国道主干线网络布局、改善区域路网结构、强化徐州在国家交通枢纽中的地位、推动江苏省和徐州市的社会经济繁荣、促进徐州都市圈发展、满足区域交通增长需要,均具有非常重要的作用。

2)建设规模及主要技术指标

徐州西绕城高速公路定测施工图设计按照中华人民共和国交通部部颁《公路工程技术标准》(JTJ 001—97)执行,并遵守现行公路勘察设计的有关规范、规程、办法和与公路建设有关的其他相关法规如《中华人民共和国水法》《中华人民共和国河道管理条例》等。徐州西绕城高速公路全线采用四车道高速公路标准,全封闭、全立交,路基宽度 28m,双向四车道,设计行车速度 120km/h,桥涵设计车辆荷载为汽车—超 20 级、挂车—120。

3)项目投资及来源

徐州西绕城高速公路全长 51.087km,本项目工可投资估算 24.2 亿元,项目资本金为总投资的 35%,除争取交通部补助外,其余由省交通产业集团出资;资本金以外部分由项目公司通过国内银行贷款筹措。

4)工程建设条件

徐州西绕城高速公路地处徐州市区西北方向,沿线村庄密布,道路纵横,水系复杂,电缆、光缆、高压电线纵横交错。征地拆迁过程中既要确保沿线人民群众的切身利益,又要保证工程的依法推进,征地拆迁工作要求高,矛盾化解纷繁复杂。同时徐州西绕城高速公路的建设时间跨度为"十五"后三年和"十一五"前两年,征地拆迁政策变化大,进一步加大了征地拆迁工作的难度。沿线淤泥质软土、液化砂土地基广泛分布,不良地基多,不良地基处理占路线长度的 57%;下伏基岩为可溶性石灰岩,溶洞裂隙发育,地下溶洞多。沿线分布有十余座大中型煤矿,并穿过三个煤矿采空区,采空区分布之复杂(富水、多层、急倾斜、断层)、处理深度之深(最深 517m)、处治规模之大(处治面积 175284m^2,钻孔 61552延米/234 个,注浆 199942m^3),在全国高速公路地基处理之中殊为罕见。受煤矿采空区等限制和绕城公路的特点,全线平面弯道较多,其中超高路段占 40%;构造物较多,桥梁总长度占路线长度的 26.7%。

依据江苏省地震工程研究院《济宁至徐州高速(江苏段)工程场地地震安全性评价报告》,区内与路线相关密切的断裂主要有废黄河断裂等,该断裂在早、中更新世曾有活动,但在晚更新世以来基本停止活动,对工程场地的稳定性无直接影响。

5）工程进度

徐州西绕城高速公路于2003年1月18日开工建设先导段,同年12月其余标段相继开工建设,于2007年7月建成通车,除先导段外,建设工期为3年半。

6）主要工程数量

工程共征地5102.68亩;征用取土场3714.127亩;拆迁房屋101977.27m²;完成路基土石方831.9万m³;涵洞53道;通道63处;桥梁72座共13155.248m;分离式立交11处;互通式立交6处;路面底基层50.01万m²;水稳碎石基层40.07万m²;沥青混凝土路面139.6037万m²;水泥混凝土路面4.4595万m²;房建面积总计1.3969万m²,同步完成收费、监控、通信、照明、安全、绿化、服务等设施。

2. 决策过程

京福高速公路徐州绕城西段工程按照国家基本建设程序进行。

2002年4月,江苏省发展计划委员会以苏计基础发〔2002〕416号文批复项目建议书同意建设徐州西绕城高速公路。

2002年11月,江苏省发展计划委员会以苏计基础发〔2002〕1273号文《关于徐州西绕城高速公路可行性研究报告的批复》批复该项目的可行性研究报告。

2002年12月,江苏省发展计划委员会以苏计基础发〔2002〕1502号文《关于徐州西绕城高速公路先导试验段初步设计的批复》批复了该项目试验段初步设计。

2003年12月,江苏省发展计划委员会以苏计基础发〔2003〕1505号文《关于徐州西绕城高速公路初步设计的批复》批复了该项目初步设计。

2003年12月,江苏省环保厅以苏环管〔2003〕219号文《关于对京福高速公路徐州绕城西段环境影响报告书的批复》批复了该项目的环境影响报告书。

（二）建设情况

1. 项目准备阶段

徐州西绕城高速公路工程项目实行"省高速公路建设领导小组决策、省高指监管、市高指建设、公司筹资"的建设管理模式。省高指根据批准的工程建设规模、概算及有关政策与市高指鉴定总承包协议;徐州市高指在省高指的监管下,履行业主代表和总监办事机构的职责。按照厅党组提出的"必须确保全国领先,力争全国第一"的总体要求,牢固树立科学发展观,坚持以人为本、环保优先、节约优先,深入开展"创优、创新、比精细、比节约、比环境"的活动,全面提升工程建设质量,努力实现"创优质、铸精品、树形象"的建设目标。

1）施工、监理单位招标情况

依据规定,设计、施工、监理、检测和重要材料设备采购等项目均采用公开招标方式,所有招标工作均由省交通工程建设局负责具体招标工作。招标工作坚持"公开、公平、公正"的原则,严格遵守招投标程序和工作纪律,严密标底编制,加强资格审查,随机抽选专家进行独立评标,合法确定中标单位,依法签订合同,纪检部门对招投标过程进行全过程监督,公证部门对招投标过程和结果进行了严格的监督和公证,确保了招标工作的顺利开展。

2)参建单位主要情况

设计单位:江苏省交通规划设计院有限公司。

监督单位:江苏省交通运输厅工程质量监督局。

3)征地拆迁情况

根据省交建局与徐州市政府签订的包干协议精神,严格按照设计图纸(包括变更)提供的征地拆迁数据,依据苏政办发〔2005〕125号文件规定,对省政策与地方政策的差额、省政策未包含的项目及特殊附着物的拆迁补偿参照徐州市政府徐政发〔2004〕84号文件条款,逐一对照,细化标准,并以徐州市政府文件(徐政发〔2007〕116号)下发沿途各县(区),相关的县区也相继制定了各类征迁物的补偿具体标准和实施办法。

工程实施过程中,为保证征迁过程公开透明,并确保拆迁资金能够及时、足额、准确地拨付到位,一方面在主线用地附着物调查过程中坚持由市、县、镇、村四方共同调查,并对补偿数据及金额以村为单位进行公示,保证了调查数据及补偿金额的公正、准确;另一方面,对于征迁资金的拨付,严格执行有关管理规定,征地拆迁款由省交建局按照有关补偿政策拨付给市高速公路建设指挥部,再由市高速公路建设指挥部→县高速公路建设指挥部→镇政府→村委会→个人,逐级签订协议拨付,确保了征迁资金拨付的规范性。

2.项目实施阶段

1)路线纵断面调整

因路基桥梁完工较早,工后沉降较大,设计单位对全路段纵断面进行了变更调整。

2)桥梁变更

根据地方水利部门要求,经主管部门批准,将K17+672柳沿路分离式立交由4-20m变更为5-20m,并特此进行了变更设计。

徐州西绕城高速公路JF-XRC-7合同段跨陇海铁路特大桥第十联上部结构由原设计的21m+3×30m+21m现浇预应力连续箱梁变更为21m+3×30m+21m部分预应力混凝土预制连续箱梁,重新进行结构分析、布置预应力钢束等特殊设计。

3)调整桥梁基桩长度或变更基础形式

根据基岩浅层区逐桩转探资料,调整桥梁基桩长度或变更基础形式。

4)增设人行通道和机耕通道3处

为方便群众过路交通和生产,经主管部门批准增设4m×2.2m人行通道1处,4m×3m机耕通道2处。

5)华润互通修改设计变更

华润互通收费站广场由 E 匝道右侧调整至 E 匝道左侧,并完善地方水系灌溉系统,对补充设计后的工程数量进行了调整,并特此进行补充设计。

(三)复杂技术工程

沿线淤泥质软土、液化砂土地基广泛分布,不良地基多,不良地基处理占路线长度的57%;下伏基岩为可溶性石灰岩,溶洞裂隙发育,地下溶洞多。沿线分布有十余座大中型煤矿,并穿过三个煤矿采空区,采空区分布之复杂(富水、多层、急倾斜、断层)、处理深度之深(最深 517m)、处治规模之大(处治面积 175284m^2,钻孔 61552 延米/234 个,注浆 199942m^3),在全国高速公路地基处理之中殊为罕见。受煤矿采空区等限制和绕城公路的特点,全线平面弯道较多,其中超高路段占 40%;构造物较多,桥梁总长度占路线长度的 26.7%。

工程建设期间先后遭遇了 2003 年"非典"、2004 年洪水、2005 年台风和降雨频繁等自然灾害,对工程建设产生了一些不利影响。

(四)科技创新成果与应用

创新是发展的灵魂,也是质量保持领先的必要条件,以创新作为提高工程质量的重要手段。徐州西绕城高速公路建设过程中十分重视科学技术对高速公路建设的指导作用,针对徐州西绕城高速公路质量要求高、地质条件复杂以及桥涵通道多等难点和重点,在保证质量的前提下力求技术创新,加强科研攻关,推动工程质量管理水平的不断提高。

1.煤矿采空区处治工程

徐州西绕城高速公路共穿过柳新、大刘和新河等三个煤矿采空区;采空区具有富水、多层、急倾斜断层等特点,最大处治深度达 517m。

为了确保高速公路的安全运营,必须对路线附近的采空区进行处理,与中交第一公路勘察设计研究院、中国矿业大学联合进行了"复杂煤矿采空区勘察设计""处治工程及质量检测技术研究"课题项目的研究,形成了采空区勘察技术、稳定性评价、处治技术和质量检测技术研究等四方面的科研成果,经鉴定,该课题研究成果总体达到国际先进水平,在带状注浆理论与技术及质量检测方法和技术等方面达到国际领先水平,获得中国公路学会 2007 年度科技进步三等奖。

2.同步爆扩法处理高速公路液化土地基

徐州西绕城高速公路地处黄泛冲积平原,全线亚砂土及塑性指数小于 10 的亚黏土在浅部分布广泛,由于本区地震基本烈度为Ⅶ度,且地下水埋藏较浅,具砂土液化条件。本项目对液化砂土地基采用了强夯法、挤密碎石桩等常规处理措施。为了进一步探索更有效、更经济、更快捷、实施简便的处理措施,与中国矿业大学联合进行了"同步爆扩法处理高速公路液化土地基关键技术研究"科研工作,利用炸药爆扩荷载作用,实现同步爆扩加固处理液化土。

3. 沥青路面压实特性及控制技术研究

为了提高沥青路面适用寿命,全面提升工程质量,进一步探索沥青路面压实特性,提高压实度,降低能耗,与东南大学联合对沥青路面压实特性和控制技术开展了"沥青路面压实特性及控制技术研究"课题研究。该课题通过沥青路面压实特性的研究,分析不同环境(温度和风速)、不同沥青黏度(改性和非改性)和沥青混合料类型、不同压实设备类型(振动压实,轮胎压实)和机械参数(如吨位、激振力、频率与振幅)对沥青路面压实结果及沥青混合料内部骨架的影响特征,研究沥青路面合理的压实工艺。其主要的创新点有:一是针对沥青铺装层压实技术进行专项研究,提出即时沥青路面压实工艺;二是沥青路面压实的有限元分析,确立更为合理的路面级配类型,提出合理的压实标准和技术参数;三是根据不同级配类型混合料研究其压实特性,降低能耗,达到压实效果,提高路面的使用寿命。

4. 路基排水及防护工程优化设计

为确保工程质量和路容美观、提高防护工程的景观效果,将徐州西绕城高速公路建成一条以人为本、景观优美、生态和谐的绕城高速公路,省、市高指联合设计院针对本工程近城靠矿、丘陵山地起伏及当地的自然水文条件等特点,对路基排水及防护工程进行了优化设计,从路基防护和排水方面根据已施工情况进行了全方位的优化设计,尽量减少人工圬工工程,采用绿化和防护共为一体的生态防护方案。特别是全线挖方路段在路堑边坡坡率优化调整的基础上,联合有关单位根据徐州地区的自然气候、土壤条件和路堑的实际结构情况,吸取其他高速公路路堑植被恢复的经验和教训,进行了多方案植被恢复试验,分别采用了安全措施防护回填种植土进行播种和栽植灌木方法、安全措施防护回填种植土进行喷播和栽植灌木方法、直接回填土铺植草坪栽植灌木法、钢丝网防护喷播等植被恢复方法,植被恢复所形成的景观效果与周围环境相协调,同时把握了近期和长远的发展方向,避免了"一年青二年黄三年不见绿"的情况发生,不仅保证了路容美观,而且减少了工程投资。

5. 路基填料优化设计

徐州西绕城高速公路科学利用了山体爆破的废石方、徐州发电厂排放的工业废渣粉煤灰填筑路基,合理利用了当地资源,减少了农田取土。据统计,本项目共有15.48km 填石路基(包括土石混填路基)和3.67km 粉煤灰路基,占路线总长度的37.5%;全线共利用土石方和粉煤灰共计233.4万 m^3,节约了大量不可再生的土地资源。

6. 优化设计

针对徐州西绕城高速公路距离主城区较近,沿线的自然景观十分丰富的实际情况,绿化设计着重以生态学理论为基础而引景和借景,秉着"长藤结瓜"的理念进行绿化设计,在施工中因地制宜不断优化树种,适地适树,对部分自然景观和生态植被遭到破坏的部分进行重新建设和恢复,尽可能的丰富当地乡土树种。特别是互通区内,更是体现了生态的多样性,工程建设中将各个互通区依据各自地理位置和环境条件进行地形改造,形成各自的风格和特征。

7. 徐州绕城高速公路三大系统区域管理

徐州西绕城高速公路三大系统项目实施时,充分考虑已有资源,在连徐高速公路管理中心内设置徐州绕城高速公路监控中心,同时将已建成的徐州东绕城高速公路现有监控、通信和收费系统的业务管理并入该中心,在同一个中心内对徐州东、西绕城高速公路的监控、收费和电力监控进行管理,节约了费用,减少了环节,为实现徐州绕城高速公路区域管理奠定了基础。

(五)运营及养护管理

江苏连徐高速公路有限公司隶属于江苏交通控股有限公司,成立于1999年2月,2001年11月开通运营,负责连霍(G30)、京台(G3)、淮徐(G2513)、济徐(S69)等江苏段共410km高速公路的经营管理。

公司本部设7部1室,下辖2个管理中心、24个收费站、10个服务区、6个排障大队、2个养护管理中心和1个调度指挥中心,共计45个基层单位。

公司始终坚持以"责任、诚信、和谐、自律"的核心价值观为引领,秉承"让社会更美好,让企业更兴旺,让员工更满意"的企业理念,发扬"艰苦奋斗,谦虚谨慎,求真务实,开拓创新"的企业精神,内部管理科学高效,服务水平持续增强,经济效益和社会效益显著提升。

公司先后获得全国厂务公开民主管理先进单位、江苏省文明单位、江苏省免检企业、省级文明样板路、江苏省首批廉政文化建设示范点等荣誉称号。"十二五"期间,公司及基层单位获得市级以上荣誉称号109项,公司员工获得市级以上荣誉称号101项。

徐州西绕城高速公路的运营管理主要包括收费管理、服务区管理、养护管理、交通安全管理等几个方面。在江苏交通控股有限公司的正确领导下,秉承"以人为本"和"让社会更美好"的企业理念,践行科学发展观,坚持以经济效益为中心、以道路品质为生命、以文明创建为主线,以"一流的设施、一流的管理、一流的服务、一流的效益"为目标,严格管理、科学养护、文明收费、优质服务,公司运营管理的各方面均取得了较好的成绩,受到社会各界的广泛好评。

在管理方面主要完成了以下几项工作:

(1)科学设置机构,建立管理体制。根据国家、地方和江苏交通控股有限公司的有关规定及运营管理工作的实际需要,经过深入调查研究,按照"精干、高效、节约"的原则,对公司管理资源进行了进一步优化调整,组建了西绕城高速公路的各级运营管理机构,并通过面向社会招聘、公司内部竞聘等办法完成了沿线各基层站区员工队伍的建设,形成了"责、权、利"相结合的精干高效的管理机构。

(2)健全规章制度,实行规范管理。根据西绕城高速公路的运营管理特点和需要,遵照国家和地方的有关管理办法和规定,结合多年来高速公路运营管理的工作经验,努力抓好规章制度建设,从建章立制入手,进一步优化管理手段,促进管理工作更加规范化、程序化和科学化,提升了公司的运营管理水平,提高了服务水平和服务质量。

(3)加强养护管理,确保道路品质。在道路养护管理方面,认真贯彻"预防为主,防治结合"的养护方针,紧紧围绕"畅、洁、绿、美"的养护工作目标,建立健全养护管理体系,实行社会化、市场化养护,选择专业性强的养护队伍,加强道路维护。设置了养护中心,按规定要求配备路面、交通安全设施、绿化、除雪防滑等专业机械化养护设备及专业养护技术人员。在切实做好道路日常养护工作的同时,加强对道路桥梁技术状况的巡查和检查,发现问题及时处理,对交通事故和盗窃造成的交通安全设施缺失和损坏及时进行了修复,对超高车辆易碰撞剐蹭的通道桥设置了限高门架等,从而较好地保持了高速公路及沿线设施的完好性,保障了道路的优良品质。

为做好高速公路的道路养护管理,根据项目特点和工作实际需要,公司下设了一个养护管理中心,配备了专职管理人员和养护技术人员及相关车辆设备,对该工程养护进行全面管理。以合同方式委托江苏省高速公路工程养护有限公司(以下简称"养护公司")成立一个养护中心,配备了相关养护人员、机械、设备、材料,及时维修保养,每季度检查评定,满足了养护管理需要。以合同方式委托具有相应资质的单位对道路和桥梁进行定期检查,形成完备的检查报告。公司按照养护规范和相关标准,及时开展了大中修工程,确保了道路技术状况始终处于优等水平。省交通主管部门每年定期对高速公路及其附属设施的完好情况和养护质量组织检查、复核,出具检查通报。

公司按照国家和省交通部门制定的技术规范和操作规程实施该工程项目养护,并安排相应的养护资金,2011年投入736万元,2012年投入630万元,2013年投入636万元,2014年投入843万元,实行预防性、周期性养护,保障了高速公路始终处于良好的技术状况,道路技术状况指数(MQI)常年保持在95分以上,道路品质良好。

在质量缺陷责任期内,徐州市高速公路建设指挥部非常重视工程缺陷的修复工作,及时与公司加强沟通与联系,定期与公司一起对工程进行回访,发现问题迅速进行了处理。公司也在认真做好日常养护管理工作的同时,积极参与和配合工程质量缺陷修复工作,并

对某些项目进行了完善

(4)紧抓行风建设,树立文明形象。为切实服务于社会、造福于人民,公司认真开展了文明收费站、服务区、养护中心、排障大队的创建活动,完善了高速公路服务系统,不断提高员工队伍素质,公司的文明、良好形象受到了社会广泛的好评。

徐州西绕城高速公路自开通运营以来,交通量、通行费收入逐年增长,运营安全状况良好。

第三节 G15(沈阳—海口)

沈阳至海口高速公路(G15)江苏境内已全线通车,起自汾水(苏鲁界),经赣榆、东海、连云港市区、灌云、灌南、响水、滨海、射阳、盐城市区、东台、海安、如皋、南通市、常熟市、太仓市,止于苏沪界。江苏境内全长491km。全线各路段基本情况见表7-3-1。

G15全线各路段基本情况汇总表　　　　表7-3-1

序号	路段	里程(km)	建设期	备注
1	汾水至灌云高速公路	86	1997—2002年	
2	连云港至盐城高速公路	152	2003—2006年	
3	盐城至南通高速公路	167	2003—2005年	
4	南通北至小海段	20	2001—2004年	与G40共线
5	苏通长江公路大桥及接线	32	2003—2008年	
6	常熟至太仓(苏沪界)段	34	2000—2004年	与G42S共线

一、汾水至灌云高速公路(建设期:1997—2002年)

(一)项目概况

1.基本情况

1)建设依据

汾灌高速公路为同江至三亚国道主干线江苏段的重要组成部分。汾灌高速公路北起苏鲁界河绣针河,接同江至三亚国道主干线(山东境)汾水至日照公路,路线自北向南经赣榆县、东海县、连云港海州区,止于灌云县,南接淮连高速公路,全长85.686km,全线桥梁占线路总长度的22.09%。其中新沭河大桥段(3.492km)作为交通部及省委、省政府的提办工程提前实施,已经于2002年3月通过竣工验收。

2)建设规模及主要技术指标

汾灌高速公路按全封闭、全立交高速公路标准建设,设计行车速度120km/h,双向四车道,一般路段路基宽28m,中央分隔带宽3m,桥涵设计车辆荷载为汽车—超20级、挂车—120,桥梁按地震烈度Ⅷ度设防。全线设有完善的收费、监控、通信、照明、安全、绿化、服务等交通工程和管理设施。汾灌高速公路全长85.686km,沿线设苏鲁省界、海头、赣榆、罗阳、连云港北、连云港西、新坝7个收费站,2014年增加赣榆港收费站;设浦南1个服务区,赣马1个停车区,1个养护中心。

3)项目投资及来源

1998年12月,交通部以交计发〔1998〕679号文《关于汾水至灌云公路初步设计的批复》对初步设计的有关技术指标及建设规模等方案作了批复,并核定工程概算为33.75亿元,工程投资控制在概算范围内。

4)工程建设条件

汾灌高速公路所经区域,O标段为沂蒙山系间坡麓及堆积平原的一部分,P、Q标段为冲海积~冲湖积滨海低平原。路线经过区域属暖温带半湿润季风带。区域内河流较多,灌溉沟渠密布,主要河流干渠有绣针河、乌龙河、淮沭新河、马河。区域内地表水与地下水联系密切,地下水位一般距地表下1~3m不等,稳定水位埋深一般在2~3m。

路线所经区域地质构造,O标段所经路线区域属于华北断块区中的鲁苏、断块与鲁西断块邻近。据《中国地震烈度区划图(1990)》,及1998年7月省交规院委托中国地震局地壳应力研究所对汾灌高速公路全线主要场点进行了地震烈度复核,据《复核工作报告》,O、P、Q标段地震基本烈度为Ⅶ度。

沿线工程地质特征,O标段沿线地层分布主要为太古界~元古界古老变质岩系,地表土层1~4m为高液限灰黏土、亚黏土、亚砂土,夹钙质结核,其下为硬黏土层,中粗砂夹砾石。陇海铁路以南至岔流河主要为山前堆积平原分区,表层2m左右为黏土,其下为硬黏土、亚黏土夹砂或砾石,局部为中粗砂;P、Q标段表层为第四系全新统冲海积相黏性土及淤泥质土层,淤泥质之后是更新统与新统分层标志,中部为上更新统冲湖积相的黏性土层及砂性土层;底部为下元古界及上元古界的古老变质岩层。主要为片麻岩及片岩等。地层土层1~5m为黏土,亚黏土,亚砂土,其下为硬黏土层,夹砂礓及铁锰结核。由于黄泛堆积的不均匀性,偶夹有软弱土层(埋藏不一,层厚1.0~4.4m)。所经地区不良地质主要为软土及膨胀性土,高部地段有易液化砂土。

5)工程进度

汾灌高速公路于1999年3月开工建设,2002年10月建成通车。

6)主要工程数量

汾灌高速公路完成工程量:全线征用土地19374.24亩,拆迁房屋70760.8m²;完成路基土石方17767.54万m³,软基处理44.2km;主线桥梁94座计9766延米,其中,特大桥1座、大桥40座、中小桥53座;涵洞223道,通道86道(不含利用桥孔);沥青混凝土面层228.913万m²,水泥混凝土路面层4.952万m²,水泥稳定碎石基层212.008万m²,二灰土底基层232.415万m²,房屋建筑17232.92m²,同步建成收费、通信、监控、供电、照明、绿化及交通安全等设施。

2. 决策过程

汾灌高速公路各项工作均严格按国家基本建设程序进行。

1995年4月,交通部以交计发〔1995〕377号文《关于汾水至连云港公路项目建议书的批复》批准了项目建议书。

1996年12月,交通部以交计发〔1996〕1112号文《关于汾水至灌云公路可行性研究报告的批复》批准了可行性研究报告。

1998年10月,江苏省交通厅向交通部上报初步设计,交通部以交公路发〔1998〕679号文对初步设计作了批复。

汾水至灌云高速公路环境影响评价研究由交通部环境保护中心承担,1999年3月编制完成报告书,5月通过交通部组织的专家预审,7月国家环保总局以环函〔1999〕282号文《关于同江至三亚国道主干线汾水至灌云高速公路环境影响报告书的批复》批复了环境影响报告书。

(二)建设情况

1. 项目准备阶段

省高速公路建设指挥部在省委、省政府和省高速公路建设领导小组的领导下全面负责工程组织和建设。根据国家批准的工程建设规模、概算及有关政策,实行建设总承包。项目自开工建设以来,得到了部、省、市各级领导的高度重视和大力支持,交通部和省、市领导多次到现场视察、指导,对工程建设给予了充分肯定。

汾灌高速公路工程项目根据省委、省政府提出的"统筹规划、条块结合、分层负责、联合建设"的"九五"高速公路建设模式,实行省市共建。江苏省高速公路建设指挥部全面负责工程的建设管理,连云港市高速公路建设指挥部在省高指领导下负责连云港市境内工程基本实施,履行业主代表和总监代表的职责。同时,自上而下成立了高速公路建设纪检监察机构,对重点工程建设起到了监督和保驾护航作用。在项目建设过程中,省、市高指严格遵守基本建设程序,依据国家规范,参照国内外先进经验,对工程的进度、质量、投资进行全方位的科学管理和严格控制,特别是在落实工程质量责任制、开展交通工程量活动和创"21世纪初高速公路样板工程"等方面采取了一系列措施,取得了明显成效。在交通部及省委、省政府的领导下,在沿线各级政府和群众的关心支持下,经过省、市高指和广大工程建设者的艰苦拼搏、连续作战,按期保质完成了全线工程建设任务。

1) 施工、监理单位招标情况

汾灌高速公路的施工实行国内竞争性公开招标,坚持"公开、公平、公正"的原则,制订了周密的工作程序和严格的工作纪律,并邀请公证机关对招标全过程进行公证,工作细致、严谨、认真。主体工程路基桥梁分为11个合同标段,路面工程分为3个合同段,毛勒缝3个合同段,绿化分为5个合同段,交通安全设施分为9个合同段,三大系统分为2个合同段,房建及配套工程分为15个标段。

2)参建单位主要情况:

设计单位:江苏省交通规划设计院、江苏纬信工程咨询有限公司、南京交通勘察设计院、江苏交通科学研究院、南京林业大学。

施工单位:山东省公路工程公司、攀枝花公路建设总公司、交通部公路一局三公司、江苏省交通工程建设总公司、中国路桥(集团)公路一局、江苏省建筑工程公司、江苏宁港装潢有限公司、江苏无锡交通设施总厂、扬州华光照明工程有限公司、常州市交通设施有限公司等单位。

绿化单位:常州市嘉泽园林绿化公司、苏州市平江区园林绿化工程公司、吴县市木渎花木有限公司、启东市市政园林建设公司、盐城市园林工程公司等单位。

监理单位:天津新亚太监理公司、南京工苑监理公司、吉林省公路工程监理有限公司、南通市交通工程监理咨询有限公司、中交国际工程监理有限公司、江苏中南园林工程监理顾问有限公司等单位。

3)征地拆迁情况

全线共拆迁房屋70760.8m²,征用土地19374.24亩。

2. 项目实施阶段

汾灌高速公路在施工过程中,各承包人都本着对业主高度负责、对质量高度负责的精神,精心组织、科学管理,在施工中克服重重困难,为把汾灌高速公路修建成一条"21世纪初样板工程"的高速公路做出了积极努力。汾灌高速公路采用了大量的新材料、新工艺、新技术,为了保证工程质量,在省、市高指及监理组的指导下,制订详细的施工方案,对于难度大的工程还邀请了专业人员进行指导,同时组织专业人员对施工人员进行技术交底,确保工程万无一失。

进度控制。针对工期紧、要求高、任务重的建设特点,省、市高指在1998年底编制"总体实施计划大纲"。对整个工程的前期工作、征地拆迁、招标投标、资金筹措、施工计划等作了总体上的安排,并从组织领导、计划管理、合同管理、质量管理、材料管理、资金管理、廉政管理等方面提出了办法和措施。

工程监理。为加强工程关键环节的监督与控制,提高工程检测合格率,加强过程监督检查,做到重点盯防、加强管理、严格把关、及时签认。本项目工程建设管理参照国际先进经验,工程施工监理采用了总监、总监代表、驻地监理三级监理体系和承包人自检、驻地监理平行抽检、市高指抽检和省高指检测中心巡回检测的四级检测制度。

质量管理。早在工程建设初期,就建立了一套完整的"政府监督、工程监理、企业自检"的工程质量管理体系,2000年省高速公路建设领导指挥会议进一步明确提出要求将汾灌高速公路建设成21世纪初在建高速公路的形象、样板工程,并使汾灌高速公路工程建设、施工管理达到国内领先、国际先进水平。为了实现这一目标,一是建立质量责任制质保体系网络及工程质量责任人档案。按照全国、省基础设施建设工程质量工作会议精神和交通部《公路工程质量管理办法》,在省、市高指和设计、施工、监理单位以责任状形式建立层层负责的行政、项目法人、监理质量责任体系,落实各级、各参建单位领导责任制和质量责任终身制,同是建立了工程责任人档案,将工程质量责任人的档案作为工程档案的一部分。二是实施全过程、全方位质量控制。质量工作从项目前期抓起,注重设计质量、公开招标、采用三级监理机制、坚持四级检测制度、强化施现场管理、加强合同管理、运用科学成果、加强廉政建设等。三是开展质量创优活动。在工程建设的各个阶段,省、市高指分别组织提升路基、路面、房建、绿化等单位的创优积极性。四是扎实开展质量年活动。五是运用现代科技手段提高工程质量管理水平。六是每月开展一次质量互查活动。七是重视安全生产。省、市高指将安全生产作为工程质量的一个重要组成部分,并将安全生产纳入"优质优价"考核范围,多次组织施工、监理单位召开以安全生产为主题的会议,下发了安全生产方面的文件,各施工、监理单位成立安全生产领导小组,建立健全安全生产制度,并落实安全生产责任制,同时,市高指还定期组织安全生产专项检查,通过多种措施,确保了工程质量。八是全面推行首件工程认可制度。对于各分项工程均实行首件工程认可制度,由市高指、驻地监理组对同类工程第一个分项工程进行认可,作为后续工程的质量标准,对于重要或特殊的分项工程,省高指也参与首件工程的认可工作。九是加大环境整治工作力度。省、市高指将环境整治工作纳入工程质量管理范围,在建设过程中将环境整治工作列入考评范围,常抓不懈,取得了良好的效果。

合同管理。在建设过程中,业主与承包人均严格遵守合同,较好地履行义务。严格遵守双方签订的合同,按照实事求是的原则,对涉及工程量增减,区分其性质。凡属于工程项目范围内的按设计变更程序办理,凡超出工程项目范围的,则经总监代表与承包人协商后采取签订合同补充协议的方式,经省、市高指批准后实施。变更的费用处理,严格按照招标文件规定的工程量及单价审核。通过对双合同进行系统、科学、严谨、有效的管理,使得各标段履约情况良好,既保证了工程正常顺利地进行,又节约了工程费用,同时建立了一批廉政自律、勇于奉献的建设队伍。

科研攻关。为确保汾灌高速公路工程质量国内领先、世界先进,达到"21世纪初高速公路样板工程"的质量目标,在建设过程中十分重视科学技术、新材料、新工艺的应用。针对技术要求高、地质条件复杂的实际情况,加强了科研攻关。组织专家对重大施工技术方案、施工质量控制工艺提前研讨论证,研究下达施工指导意见,对一些主要施工式艺、工序建立方案会审制度,会同设计、监理、施工单位召开技术交底会、方案论证会,对质保体系进行专题论证和落实。

工程档案管理。根据国家《中华人民共和国档案法》、交通部《公路工程交竣工验收办法》《公路工程质量检验评定标准》等规范法规,省交通厅、省档案局、省高指联合制定了《江苏省高速公路公路建设项目档案管理规范》,该规范内容全面,分类科学合理,对工程资料的收集、整理起到了很好的规范指导作用,有力保障了"建一流工程、创一流档案"目标的实现。

(三)科技创新成果与应用

为确保汾灌高速公路工程质量国内领先、世界先进,达到"21世纪初高速公路样板工程"的质量目标,在建设过程中十分重视科学技术、新材料、新工艺的应用。针对技术要求高、地质条件复杂的实际情况,加强了科研攻关。组织专家对重大施工技术方案、施工质量控制工艺提前研讨论证,研究下达施工指导意见,对一些主要施工工艺、工序建立方案会审制度,会同设计、监理、施工单位召开技术交底会、方案论证会,对质保体系进行专题论证和落实。

(1)汾灌高速公路重点组织了以下科研攻关及创新项目:国家经贸委和交通部确定以汾灌高速公路为示范工程,推广土工合成材料的应用,为此,在连云港市高速公路工程设计中,结合地质、水文、气象条件以及路基、路面结构方案等因素,按照全面、适用、经济的原则,选用土工织物(有纺、无纺)、土工网、土工格栅、玻纤网、软式透水管、速排龙、网布被、土工垫、土工模袋等10种土工合成材料,分别应用于软弱地基处理、路基加筋、过滤、排水、隔离、防护等工程。汾灌高速公路共使用有纺土工布537991m^2,土工格栅194344m^2,三维网被599751m^2,玻纤格栅40000m^2,防渗土工布406813m^2,透水土工布56385m^2。通过长期路基的沉降观测和各类试验,证明地基处理是较成功的,并在此基础上通过总结和摸索形成了综合处理软弱地基的较为系统的施工方案。为此,2000年5月交通部在连云港市召开了全国土工织物应用现场交流会。

(2)对于部分地基相对较软弱路段、低路堤段路基强度及水稳定问题,采用了碾压混凝土结构,确保了路基稳定。

(3)收费广场水泥混凝土路面中采用了聚丙烯纤维提高路面强度及耐磨性能,同时采用有机硅橡胶作为水泥混凝土路面的填缝材料,提高了原经常使用的沥青填缝料的抗老化指标。

(4)为解决路面基层水稳定性较差,提高路面使用年限,采用水泥稳定碎石代替二灰碎石作为路面底基层;同时为处治水泥稳定碎石的收缩裂缝、沉降裂缝,和江苏省交通科学研究院合作开展水稳碎石裂缝防治技术研究,采取多种措施对裂缝处治进行试验,如运用玻纤格栅、满铺热沥青、聚酯合成纤维沥青混合料等方式,铺筑的试验段已收到了良好的效果。

(5)在关键的沥青路面施工技术方面,会同省交通科学研究院开展了"江苏'九五'高速公路路面试验研究",大胆引进国内外先进技术,修建了改性沥青SMA、Superpave-20、Superpave-25等新型结构沥青面层试验路,并对传统的AC结构进行改进。Superpave技术源自美国,其结构具有较好的颗粒嵌挤性能,表面均匀粗糙,抗水损害性能、抗车辙性能优于传统的AC型混合料;SMA技术在江苏的运用尝试始于1995、1996年,此次在汾灌高速公路得到大规模运用,并通过试验摸索确定首次在省内高速公路试铺了以2%消石灰代替2%矿粉的沥青中、上面层路面,以增加沥青与石料间的黏附性,提高路面抗水损害能力。

(四)运营及养护管理

1. 运营管理

汾灌公司认真执行养护规范和管理制度,扎实创建汾灌高速公路特色,以"规范化、标准化、精细化管理"为导向,加强队伍建设,强化运营管理,坚持科学养护,拓展经营思路,经营业绩持续增长。

2. 养护管理

(1)完善养护管理体系,深化养护运行机制改革。坚持养护管理制度化、规范化、科学化,根据上级的法律法规、规章制度,结合公司实际,对养护管理制度不断更新完善,先后修订了各类养护管理办法、考核办法、应急预案等,编制了《工程养护制度汇编》,形成了一套完整的养护管理制度,逐步实现决策科学化、管理程序化、养护作业规范化。

(2)加大检查检测力度,动态掌握公路技术状况。通过路况巡查、检查动态掌握高速公路使用状况,及时发现威胁道路交通安全和工程设施安全的不良因素,迅速作出判断和处理。

依据路况巡查、检查与检测结果开展公路技术状况评定工作,综合分析道路存在的病害与缺陷,掌握整体路况水平的变化情况,及时调整养护工作重点,为科学制定养护对策、合理编制养护计划提供依据。

(3)加强日常养护工作,保障道路安全畅通。日常养护是保障道路安全畅通,提高公路服务水平,延长公路使用寿命和降低全寿命周期养护成本的重要工作。依据年度养护计划和巡查发现的问题开展日常养护工作,日常养护由养护承包单位负责实施,公司养护中心负责现场监管。

(4)合理安排大中修项目,确保道路优良品质。随着运营时间的增长和交通流量的增加,边坡水毁、桥头跳车、路面车辙、桥梁裂缝等病害相继出现,公司及时、科学地安排大中修工程,强化路面、桥梁构造物的养护,全面推行预防性养护,实践全寿命周期养护成本理念,使得汾灌高速公路通车13年路面无大修。

公司依据路况巡查、检查及评定结果按年度编制大中修养护工程年度计划,并在实施过程中结合实际情况及时调整。

大中修项目在实施前均按养护作业规程编制交通组织保障方案,履行养护作业报备或报批制度,施工现场严格按规定设置作业区,尽可能减少施工对道路交通的影响。

(5)有序推进软硬件建设,全面提升服务与应急水平。公司按照相关规范对标志标线及时进行完善和维护,在国内首次研发建设了太阳能供电门架式可变情报板等,为驾乘人员提供准确直观的指路体系。根据管理需要推进高速公路信息化建设,通过科技手段提高服务公众的能力,先后开发和建设了气象监测及智能侦测预警系统、收费运营管理电子系统、绿优系统、指挥调度救援系统,为了整合各系统数据资源,提高系统使用效率,公司又开发感知汾灌平台,将这五个系统集成在感知汾灌平台上,并与省级路网管理平台对接。通过感知汾灌平台,能够及时准确地掌握高速公路的运营状况,规范了工作流程、提高了工作效率,为各级领导运营决策分析、应急处置等提供科学依据。

公司认真执行交通信息报送制度,还通过建立网站并采用多种方式为公众及时提供高速公路出行信息及救助救援服务等。

制订《安全生产总体预案》《高速公路三方联动指挥工作方案》总体预案以及突发事件和恶劣天气处置桥梁突发事件等专项预案体系,联合公安、路政、社会专业单位构筑应急网络,建立公司级应急联动体系。公司排障中心、养护中心配置了足量的人员以及排障、除冰雪等设备,在高速公路相关站区设置驻点,进一步提高应急处置效率。

3.服务区

汾灌高速公路包含浦南、赣马两个服务区。

浦南服务区地处江苏省连云港市海州区境内,位于沈海高速公路K818处,占地面积90亩,2002年10月伴随着高速公路通车正式对外营业,经营项目涉及餐饮制作销售、商品销售、苏通卡充值办理、车辆加油、车辆维修等业务,为顾客提供多功能全方位服务。为优化服务环境,完善服务功能,公司于2012—2013年间对其进行了整体改造,改造后的服务区外观气派,内部功能划分合理,社会效应迅速显现,焕发出勃勃生机,随之而来的是浦南服务区营业额的大幅攀升和社会各界的交口称赞。浦南服务区已成为江苏高速公路服务区领域的佼佼者,在2015年开展的全国高速公路服务区服务质量等级评定工作中,顺利通过了全国百佳示范服务区的评选。

赣马服务区位于沈海高速公路K788处,是沈海高速公路进入江苏段第一个服务区。自2002年10月22日正式营业以来,先后获得国检先进集体、省级文明服务区、市级青年文明号、食品A级卫生单位等多项荣誉。服务区分东西两区,总占地面积90亩,营业面积

7600m²,主要为驾乘人员提供快餐、面馆、小吃、水吧、超市、加油、汽车维修等多项经营服务项目和免费停车、免费公厕、免费休息等多种免费服务项目。自开业以来,赣马服务区超市陆续引进周边地区的特色产品,现200多平方米超市已涵盖山东日照、青岛、临沂、威海等地和江苏省地方特产60余种,方便顾客选购。赣马服务区地理临海,海产品丰富,利用地理优势和顾客需求,餐饮特色菜品突出海鲜特色,超市特色商品为当地东海水晶,受到了过往旅客的好评。

二、连云港至盐城高速公路(建设期:2003—2006年)

(一)项目概况

1. 基本情况

1) 建设依据

连盐高速公路、汾灌高速公路二期工程是交通部规划的国家重点干线公路网的一部分,也是江苏省规划的"四纵四横四联"高速公路骨架网中"纵一"的重要组成部分。连盐高速公路位于江苏省东部沿海地区,路线北接已经建成通车的汾灌高速公路,向南经连云港灌云县、灌南县,盐城响水县、滨海县、射阳县、盐城亭湖区,与盐城至南通高速公路相接,项目建成对促进我国东部沿海公路运输大通道的形成和完善,进一步优化骨架网络布局,缓解国道主干线交通运输的压力,促进优势互补和区域共同发展,培育江苏省新的经济增长点,具有十分重要的意义。尤其是直接接受上海经济辐射,对加强江苏沿海港口的开发,加强沿海滩涂资源开发利用,促进苏北沿海地区经济腾飞具有重要意义。

2) 建设规模及主要技术指标

连盐高速公路全长151.613km,全线采用平原微丘区高速公路标准,全封闭,全立交,设计行车速度120km/h,双向六车道(前期为双向六车道预留、四车道实施,后变更为双向六车道一次性实施),路基宽度35.0m。桥涵设计车辆荷载为汽车—超20级、挂车—120。设计洪水频率:特大桥为1/300,其余为1/100。

3) 项目投资及来源

本项目由江苏交通控股公司进行项目资金筹措,工程批复概算投资为81.47亿元,实际决算74.3亿元。

4) 工程建设条件

连盐高速公路、汾灌高速公路二期工程所经区域在地形地貌上自北向南分为灌云—响水海积平原区、废黄河冲海积平原区、盐城—东台冲海积平原区,地势宽广平坦,区内河流纵横成网。线路所经区域绝大部分地势平坦,自西南向东北微向黄海倾斜,地面高程2~5m。废黄河床一带地势较周围稍高,为7~8m,形成垄状地带,为地表水和浅层地下水的分水岭。沿线居民村落多成团状分布，河渠相对稍疏。滨海平原区为浅海和海陆过渡相，中更新世以来的历次海进海退和潮汐作用，使沉积层海陆相交互、粗细韵律明显。沉积以细粒组为主，多为粉砂或亚黏土与粉砂互层，浅部多淤泥质亚黏土，是滨岸潟湖、沼泽沉积。项目区域河流交错如网，多为治淮工程中开挖疏浚而成的排涝河，属淮河水系。主要有盐河、忆帆河、三兴河、牛墩河、官沟河、镇北大沟、东门河、新沂河、灌河、苏北灌溉总渠（淮河入海水道）、射阳河、海河、黄沙港、新洋港等，各河流均呈北东向，归宿于黄海。由于路线经过区位于淮河、长江下游，临近海域，地势平坦，地表水流缓慢，河流冲刷作用微弱，岸坡稳定。

项目区域气候受海洋性季风影响，属温暖带半湿润季风气候，寒暑变化显著，四季分明，年平均气温 13.3℃，年平均降水量为 970mm，最大为 1300mm；汛期（6—9 月）平均降雨量 680mm，占全年降水量的 70%，年平均蒸发量为 1196.6mm，略大于降水量。

项目区域主要有锦屏倒转北斜，出露于锦屏山，轴间为 NNE 向，核部为朐山组片麻岩，两翼为锦屏含磷组白云片岩，轴向 SEE 倾斜，倾角 30～50°，两翼倒转而陡峭，东翼为正常翼，背斜被 NW、NWW 向断层错开呈不连续状，根据断层效应，由南向北有依次下落的趋势，锦屏倒转背斜的西南有前张湾—土里桥背斜，其特征与锦屏倒转背斜相似，两个背斜之间为一小型向斜构造。

项目以淮阴—响水断裂为界，在区域地质构造上分为南北二区，西北部基底由前震旦系变质岩组成，东南部基底由古生代地层组成。断裂构造主要有北北东向、北东向、北北西向三组，北北东向断裂如郯庐断裂是华南、华北板块拼接边界；北东向断裂如淮阴—响水断裂控制基底隆起凹陷以及中、新生代地层的发育；北北西向断裂控制大陆海岸线边界。地震活动往往与断裂关系较为密切，具历史震情记载，本区地震活动并不强烈，且以小震居多，仅在黄海海域发生过多次 4～6 级地震，对本区影响比较轻微。根据《中国地震动参数区划图》（GB 18306—2001）和江苏省地震工程研究院完成的本项目工程场地地震安全性评价成果报告，以射阳—建湖为界，以北地区地震动峰值加速度为 $0.05g$，相当于地震基本烈度Ⅵ度；以南地区地震动峰值加速度为 $0.10g$，相当于地震基本烈度Ⅶ度。本区的不良地质主要为软土，项目区域软土根据工程地质分区的不同在性质上、分布特征上均有明显的差异。

灌云—响水海积平原区：土性为淤泥或淤泥质土，含水率高，孔隙比高，压缩性大，土性差，软土层位总体分布稳定，软土埋深浅，一般厚 10 余米。针对本区软土，勘察期间采用钻探、静探孔、十字板等方法，适宜进行纵横向加密控制。

废黄河冲海积平原区：多呈现淤泥质土夹薄层粉砂的特征，一般厚度较薄，且分布规律性差。针对此特点，勘察主要采用静探孔加密，配合钻孔及标贯等方法，查明其分布，探明其性质。

盐城—东台冲海积平原区:软土多呈多层状叠置或双层分布,软土埋深浅,一般厚几米至10余米,局部古河道处厚达20~30m。软土成因为浅海~潟湖相。淤泥质土层中较多地夹有砂性土(粉砂、亚砂土)薄层,是海相成因的特征,砂性土夹层对堆载预压法是好的水平线排水通道,可加速软土的固结。

5)工程进度

工程于2003年1月8日开工建设先导段,2003年10月全线开工建设,于2006年10月提前一年建成通车。

6)主要工程数量

连盐高速公路全长151.613km。主要工程量为:路基土石方2283.6万m^3,共设置服务区4处,互通式立交9处,特大桥、大桥68座,中小桥53座,涵洞376道,通道129道。另设置完善的安全、收费、监控、通信、管理、服务等交通工程配套设施。

其中灌云至响水段全长69.839km。主要工程量为:路基土石方996.63万m^3,共设置服务区2处,互通式立交5处,特大桥、大桥35座,中小桥18座,涵洞195道,通道62道。

其中滨海至盐城段全长81.774km。主要工程量为:路基土石方1286.97万m^3,共设置服务区2处,互通式立交4处,特大桥、大桥33座,中小桥34座,涵洞181道,通道67道。

2. 决策过程

连盐高速公路工程各项工作均按国家基本建设程序进行。

2002年8月,江苏省发展计划委员会(以下简称"省计委")以苏计基础发〔2002〕916号文批复同意连盐高速公路灌云至响水段立项建设。

2002年8月,省计委以苏计基础发〔2002〕917号文批复同意连盐高速公路滨海至盐城段立项建设。

2002年12月,省计委以苏计基础发〔2002〕1493、1494号文批准工程可行性研究报告。

2003年7月,省计委以苏计基础发〔2003〕767、768号文批准连盐高速公路四车道实施、六车道预留工可调整报告。

2004年2月,省计委以苏计基础发〔2004〕95、96号文批准连盐高速公路初步设计。

2003年11月,江苏省环保厅以苏环管〔2003〕202号文批准了环境影响报告书。

2005年11月,江苏省发改委以苏发改交能发〔2005〕1043号文批复灌南互通初步设计。

(二)建设情况

1. 项目准备阶段

1)机构设置及职能

工程按照省领导小组决策、省指挥部监管、市指挥部建设、公司筹资的建设管理模式进行。省高指根据批准的工程建设规模、概算及有关政策与市高指签订工程项目总承包协议书;连云港、盐城市高速公路建设指挥部在省高速公路建设指挥部的监管下,履行业主代表和总监办事机构的职责。在项目建设过程中,省、市高指严格遵守基本建设程序,依据国家规范,参照国际通用的"菲迪克"条款和交通部通用招标文件范本制定了江苏省高速公路各项目施工、监理招标文件,通过国内公开招标选择承包商和驻地监理组。省、市高指按合同对施工、监理单位进行监督、管理,结合江苏省及本工程的具体实情,制定严格的工程管理制度和技术指导性文件,对工程的进度、质量、投资进行全方位的科学管理与严格控制。省、市高指为方便项目管理,还联合开发了"连盐高速公路建设管理信息系统",系统涉及工程管理的各个方面,通过网络平台展现连盐高速公路建设动态,省、市高指可通过信息系统直接下发各项指令,提高了工作效率。

2)征地拆迁

工程征地拆迁政策按照江苏省人民政府苏政发〔2000〕77号文《省政府批转省国土资源厅等部门关于公路水运等重点交通基础设施建设项目征地拆迁工作的意见的通知》、苏政办发〔2002〕79号文《江苏省政府办公厅转发省国土资源厅、省交通厅关于"十五"期间开工建设高速公路征地政策的意见的通知》文件执行。征地拆迁补偿安置和临时用地补偿由两市包组织、包实施、包进度、包协调、包安置,对拆迁资金进行专款专用。连盐高速公路全线共征用土地39087.61亩。其中灌云至响水段共征用土地18913.81亩,其中滨海至盐城段共征用土地20173.8亩。

2. 项目实施阶段

1)质量控制措施

(1)牢固树立"一个"高定位的建设理念。

(2)建立健全"两个"管理网络。

(3)强化设计"三个"过程控制。

(4)坚持"四级"质量检测制度。

(5)开展"五个"样板活动,坚持"六项"特色制度。

(6)打好"七个"质量攻坚战。

(7)强化驻地监理的"八道"关口。

2)进度管理

(1)严格制订总体计划。针对工期紧、要求高、任务重的建设特点,在工程开工前编制了"总体实施计划大纲",对整个工程的前期工作、征地拆迁、招标投标、资金筹措、施工计划等作了总体上的安排,并从组织领导、计划管理、合同管理、质量管理、材料管理、资金管理、廉政建设等方面提出了具体措施。

(2)建立省、市政府目标责任制。纳入各级政府的工作目标,实行统一领导、分级负责。省交通厅、市政府下达工程年度建设目标,省、市高指将工程总目标、投资总目标和质量总目标分解到各相关部门,每年按季度落实、检查、考核。

(3)制订与落实阶段计划。在省厅、市政府下达的总体目标和要求的基础上,省、市高指每个年度和季度均召开阶段性计划会议,制订下达年度和季度建设指导计划,并分解细化各项计划,落实到各标段,同时检查前一阶段的计划执行情况,分析计划执行中存在的问题,提出解决的措施和办法。对各阶段计划执行超前指导,充分准备,一着不让,及时采取有力措施,解决关键问题,使工程建设紧张有序、整体推进。

(4)加强计划检查与考核。监理、施工单位按照省、市高指的年度、季度计划,结合工程实施的实际情况,认真编制实施计划,采取调整人员、机具、改善工艺水平等措施,以旬计划保月计划,以月计划保年计划。省、市高指建立了合同清单指标、概算指标和形象进度指标等计划指标体系和旬报、工程量对照表制度,对于重点工程的关键工序建立了日报制度,及时反馈各标段施工进度,动态地反映工程进展情况,同时加强检查和考核。

(5)充分利用"优质优价",适时开展"劳动竞赛",加强工程进度管理。省、市高指每月组织人员对各标段完成的进度情况进行调查,制订各标完成情况对照表,并将工程进度作为各标段"劳动竞赛""优质优价"考核的一个重要指标,对于完成情况较差的标段,不仅降低其奖金等级,而且适时向承包人的上级主管部门进行通报,要求主管部门派出工作组驻现场监督承包人及时整改,加快工程进度,确保工程总体计划的实施。

(6)运用网络图,制订节点工期。由于工程施工单位较多,工序交叉多,工期相对紧张,省、市高指充分利用网络图,分析项目关键点,制订出关键点节点工期,利用网络计划进行各工序之间的协调,使整个施工计划处于有序的控制之中。在工程具体实施过程中,根据现场情况和总体施工计划,抓住关键点,指导施工单位合理调配机械设备,从而最终确保了总体计划的顺利完成。

3)工程造价控制

连盐高速公路在省、市高指的严格管理下,投资得到有效控制。在造价控制方面,省、市高指重点做了以下工作:

(1)加强设计管理。根据《江苏省高速公路工程勘察设计质量考核办法》《江苏省高速公路工程设计变更管理办法》等多项设计管理制度和办法,一方面严格设计审查程序,对设计的经济合理性进行把关,多方案比选控制好工程投资、标准和规模;一方面严格按设计变更程序审核办理变更。由于设计周期短,工期紧迫,连盐高速公路施工合同均采用初步设计或招标图纸进行招标,路面、房建、绿化工程虽然是施工图招标,但在实施时因施工图优化,变化较大。对全部设计文件工程数量表进行了重新核算和校勘,及时调整了工程量清单,做好事先预控;并在严格遵守合同条款的基础上,按照实事求是的原则,省、市高指均进行联合审查,加强专项审计严格核定工程量及单价,做好合同变更费用控制。

(2)规范财物制度、严格财物管理。

①工程用款严格按照合同文件和省高指《江苏省高速公路建设指挥部计量支付管理办法》等文件执行,以总监签字认可的付款申请和拨款单,定期上报省高指审定后作为支付依据。工程建设期间,为了加快建设资金周转,充分发挥资金效益,根据总体实施计划和年度投资计划,按标段建立总账、明细账,每月凭签认的计量拨款单进行工程计量款拨付,有效杜绝了超计量支付现象。

②制度监督。本项目财物管理实行制度管理和审计监督,严格按照省高指《会计核算办法》《项目财务管理办法》《项目内部审计办法》和《项目物资管理办法》等一系列财务、审计、物资管理办法,认真做好财物管理基础工作,实行财务支付会签制度,多次对计量支付、房建、征迁、线外工程等项目组织了内部专项审计,全过程、全方位监督本项目资金使用情况,保证了建设资金足额到位、专款专用和资金使用安全。

4)施工安全管理

安全管理是建设管理的重中之重。针对本项目建设工期紧、点多面广、桥梁高空作业险、施工机械多、工序交叉复杂、危险源点多的特点和难点,省、市高指高度重视安全工作,做到领导重视,安管网络健全,安全投入加大,过程中强化安全教育,加强检查监督,逐级落实安全责任,并严格奖惩考核,及时督促整改事故隐患,确保了工程建设的顺利推进。

5)工程档案管理

工程档案资料的质量是工程整体质量的重要组成部分,必须一开始就十分重视工程资料的整理归档工作,坚持工程质量内外业并举,要求各项目部和监理组档案管理必须达到"七个"标准,即"四一""三同步"。"四一"指建立一套规范而又可操作的工作程序,建立一套自下而上的管理制度,配备一支专职档案管理人员队伍,配备一套相应的软、硬件设施,并制定下发档案资料管理办法。"三同步"指施工与建档同步、评奖与评定同步、查工程与查资料同步。

(三)复杂技术工程

1. 软弱地基处理数量多、难度大

项目所经过的连云港及盐城市均位于江苏省海积平原地区,地面高程较低,广泛分布海相沉积的软土,特殊地基处理工程量大,全线仅水泥搅拌桩处理的数量就达2100万延米以上,其他如土工织物、格栅、等超载预压、真空联合堆载预压、塑排板、砂垫层、CFG桩、水泥旋喷桩、管桩等各类处理方法均在本线路上得到大量运用。

2. 特大型桥梁众多,结构新颖复杂

大型桥梁多,其中特大桥、大桥68座,大大增加了工程建设的难度。尤其是灌河特大

桥结构新颖,为主跨径达340m的双塔钢筋混凝土结合梁斜拉桥,大跨超宽,施工难度甚至超过全国著名的同类型桥梁——上海杨浦大桥。主塔高121m,32根95m长、直径2.5m钻孔桩,每个主塔承台的混凝土为7747m³,是南京长江二桥主塔承台混凝土方量的151%。该桥是连盐高速公路的标志性工程,也是控制性工程。该桥的每道工序都慎之又慎,一是专门成立了专家顾问组,过程中对桥梁总体设计、下部结构施工组织设计、桩基自平衡试验、索塔承台基坑围堰支护、主塔施工方案、钢梁运输、拼装方案等都逐一组织评审;二是对灌河桥的结构受力特点、剪力滞效应、索力优化、混凝土桥面板抗裂、锚拉板受力等关键技术展开课题研究,通过科研解决灌河斜拉桥结构安全与耐久性问题,指导本桥的设计优化;三是采用计算机网络技术开发了针对灌河特大桥的远程监控系统,省、市高指人员可以在办公室中通过网络24小时全方位监控施工现场,确保现场信息的及时反馈,进一步加强对现场的监管。

(四)科技创新

1. 高速公路建设科技创新

1)"低路堤"高速公路试点路

连盐高速公路经过江苏省东部海陆交互沉积的海积平原区,全线分布深厚的软土层,且地下水位高、软土的力学指标很差,软土层有一定流变、触变性,极易导致路基沉降和失稳。为降低特殊路基处理的工程造价,节约土地资源,积极开展了"合理降低路基填土高度"的科研攻关,全线路基平均填高仅2.85m,填土高度低于2.5m的路段占总里程的25%。

2)路面技术开拓创新之路

针对沿海高速公路通车后交通量大、重载多、所处区域夏季气温高等特点,为提高路面的使用品质和使用寿命,对路面技术展开多项课题研究,大力推广运用新技术、新工艺:

(1)在路面结构设计中,大胆引进国内外先进技术,全省首次将沥青面层厚度增加到20cm,并对沥青路面面层结构和混合料级配设计进行了优化与改进,并分段探索试铺筑多种结构厚度和结构形式的组合,还在省内局部路段首次采用了沥青级配碎石柔性基层结构,并积极开展ATB基层施工工艺的探讨和研究。

(2)创新使用多种外掺剂,提高沥青路面高温稳定性、低温抗裂性和抗车辙性能、疲劳耐久性等路用性能。如在部分沥青中、上面层级配设计中以2%消石灰粉替代2%矿粉,在部分中面层采用聚酯纤维类添加剂。

(3)参考国外橡胶沥青的成功应用经验,以连盐高速公路为依托工程,开展废橡胶粉(CRM)改性沥青在应力吸收薄膜夹层(SAMI)和抗滑磨耗层中的应用课题研究,铺筑了橡胶沥青试验路。

(4)为延长沥青路面使用寿命,对我国重载交通高速公路半刚性基层沥青路面普遍存在的早期损坏问题(尤其是严重车辙和水损坏)进行攻关,国内首次铺筑了"粗集料断级配 SAC 系列混合料"试验段。

(5)开展 SMA 采用旋转压实仪成型设计的应用课题研究,引进国外 SMA 设计经验,完善江苏省 SMA 沥青混合料设计体系。

(6)优化和完善了改性沥青改进型 AC-251、201,改性沥青 AK-13,改性沥青 SMA-13 等的级配。

2. 重大科研课题

(1)开展"水泥搅拌桩处置高含盐量软土地基试验研究"。

(2)开展"采用刚性桩进行软土地基处治的科研研究"。

(3)开展"水泥搅拌桩桩土相互作用理论与工程应用研究"。

(4)开展"重载交通长寿命沥青路面关键技术的研究"。

(5)开展"橡胶改性沥青在高速公路上的应用研究"。

(6)开展"合理降低路基填土高度综合技术研究"。

(7)开展"SMA 采用旋转压实仪成型设计的应用研究"。

(8)开展"排水固结加固软基新型排水材料应用研究"。

(9)开展"地场温度及土层变化对湿喷桩复合地基影响的研究"。

(10)开展"连盐高速灌河桥结合梁斜拉桥关键技术研究"。

3. 主要科技成果

(1)开展"水泥搅拌桩处置高含盐量软土地基试验研究"。根据室内成果表明:①矿渣硅酸盐水泥的成桩质量较普通硅酸盐水泥的成桩质量要好得多;②掺入 SN-Ⅱ 等外掺剂可以改善水泥土和易性,并能提高水泥土强度。通过试验结果表明,采取上述措施施工的水泥搅拌桩成桩质量效果好、投资减少。2006 年 4 月,该课题通过鉴定。

(2)开展"采用刚性桩进行软土地基处治的科研研究"。结合工程实体,分别选择试验段进行 CFG 桩(水泥粉煤灰碎石桩)、PTC 管桩($D400mm$ 和 $D500mm$ 预应力管桩)科研试验,通过现场试验总结分析,提出刚性桩合理施工工艺与质量控制标准,并建立有效的设计计算方法,为软土地区地基处理提出了新的方向和处治方法。2006 年 7 月,课题通过鉴定。

(3)开展"水泥搅拌桩桩土相互作用理论与工程应用研究"。研究主要内容有:配比研究;成桩过程对桩周土的影响;不同桩间距的处理效果(承载力、沉降等)以及随着龄期增长和荷载增加,桩、土在不同时期的应力分担比;桩周土随时间各种物理性能的变化。

着重研究最佳水泥用量和最佳桩间距,建立数学模型,为以后设计提供合理依据。2007年12月,课题通过鉴定。

(4)开展"重载交通长寿命沥青路面关键技术的研究"。通过2.2km"粗集料断级配SAC系列混合料"路面试验段的研究,对我国重载交通高速公路半刚性基层沥青路面普遍存在的早期损坏问题(尤其是严重车辙和水损坏)进行攻关,延长沥青路面使用寿命。

(5)开展"橡胶改性沥青在高速公路上的应用研究"。通过室内外试验,成功铺筑了3.1km橡胶沥青试验段,确定了橡胶沥青的各项技术标准,并对橡胶沥青应用于应力吸收层、开级配磨耗层及断级配沥青面层进行系统的研究,证明利用废旧轮胎磨制橡胶粉,按照一定比例添加到沥青中形成橡胶沥青,用其作为胶结料进行断级配和OGFC混合料抗滑表层的设计和施工,能提高沥青面层的综合性能,尤其是改善了沥青的延展性、耐久性,减少了路面噪声,解决了裂缝问题。并以此为契机,将环保问题与路面技术相结合,开拓我国废旧轮胎利用的新空间,发展我国橡胶沥青技术。2007年12月课题通过鉴定。

(6)开展"合理降低路基填土高度综合技术研究"。通过对江苏省及国内外已建典型高速公路路基高度的调研,研究探索建设区域内地形地貌、工程地质水文条件以及人口分布、社会经济发展、自然生态环境等各类因素与路基高度之间的关系及影响程度,建立合理路基高度的评价体系,研究降低路基高度后需采取的工程技术措施。从工程实施的可行性和适应性等方面合理确定填土高度,为今后江苏省高速公路建设提供指导性建议。并通过本工程的实践为国内推广建设"低路堤"高速公路积累经验。2007年12月,课题通过鉴定。

(7)开展"SMA采用旋转压实仪成型设计的应用研究"。在江苏省近几年SMA技术应用和研究的基础上,针对江苏省高速公路重载交通的特点,立项开展采用旋转压实仪成型设计SMA沥青混合料组成设计的研究,对比采用马歇尔击实成型和旋转压实成型对SMA混合料性能的影响,编制采用旋转压实设计SMA沥青混合料的设计指南,对完善江苏省SMA沥青混合料设计体系具有重要意义。2007年11月,课题通过鉴定。

(8)开展"排水固结加固软基新型排水材料应用研究"。将塑料盲沟、钢丝软式透水管等新型排水材料首创性应用于高速公路软基加固工程,取代水平砂垫层,降低工程成本,解决本地区砂石材料缺乏的问题,完善了排水加固的设计计算理论和方法,同时通过施工工艺的研究,证明施工技术方便且本技术的推广具有良好的社会经济效益。2006年7月,课题通过鉴定。

(9)开展"地场温度及土层变化对湿喷桩复合地基影响的研究"。该研究对正确评价湿喷桩复合地基的工程特性、完善湿喷桩复合地基理论体系、控制施工质量等均有积极作用,并对湿喷桩复合地基在高速公路软基处理中的应用起到很好的推动作用。2006年7月,课题通过鉴定。

(10)开展"连盐高速灌河桥结合梁斜拉桥关键技术研究"。结合本桥的结构特点,研究钢筋混凝土组合结构在各种荷载作用下桥面板的剪力滞分析方法及桥面板计算的理论方法,提出适合该桥索力优化的理论和方法。一方面解决灌河斜拉桥的结构安全与耐久性问题,优化斜拉桥的索力和初始张拉力,为灌河斜拉桥的设计优化提出建议;另一方面,总结的理论和方法可以用于国内大跨度、超宽度结合梁斜拉桥,为以后同类型桥梁的建设提供良好的技术支持。2008年1月,课题已通过鉴定。

(五)运营及养护管理

1. 运营管理

为管理好、养护好、使用好连盐高速公路:使其发挥出最佳效益,真正体现出江苏交通现代化风貌,江苏沿海高速公路管理有限公司在管理方面主要完成了如下几项工作:

(1)建立现代企业制度,完善管理机构。江苏沿海高速公路管理有限公司于2006年10月正式对连盐高速公路实施经营、管理、养护。两年来公司严格管理,优化服务,初步形成了"责、权、利"相结合的精干高效的管理机构。

(2)建立健全各项规定制度,逐步实行规范管理。狠抓各种规章制度建设,从建章立制入手,优化管理手段,促进管理规范化、程序化、科学化。

(3)建立健全养护管理体系,采用社会化、市场化养护体制,加强道路初期维护。坚持"预防为主、防治结合"的养护方针,选择了专业的养护队伍,较好地保持了道路使用品质。

(4)狠抓行风建设,树好文明形象。认真开展文明收费站、服务区、养护排障中心的创建活动,不断提高高速公路服务质量,努力树立连盐高速公路在社会上的文明形象。

2. 养护管理

公司始终坚持以道路质量为生命的科学养护管理理念,本着"预防为主,防治结合"的养护方针,强化养护制度建设与执行,优化监管体系,加强计划编制和指导,积极推进制度化、规范化、科学化养护。

针对交通流量和养护工程量的不断增大,尤其是连云港等路段处于软弱地基、沉降病害较为严重,公司根据养护工作需要,逐年加大道路养护投入,充分保证日常养护,适时开展专项整治,加强标准化养护工区建设,推进养护"新材料、新工艺、新技术、新设备"的研究和运用,保障了管辖路段内各项工程设施的良好品质。

为防止道路桥梁发生重特大安全事故,公司专门编制了《道路桥梁突发事件应急预案》,从事故分类、响应、人员及设备与技术的保障、处置流程等方面予以周密考虑,详细制订应对措施,确保事故灾难信息及时报告、准确传递、快速处置。

3. 服务区

围绕提高服务水平和大流量接待能力等工作目标,积极推进服务区的科学化、规范化、精细化管理。一是大力加强服务区的环境改善,根据生产经营需要先后对部分服务区餐厅、卫生间、广场、加油站等硬件设施进行优化改造,合理利用资源和空间,增加就餐位、厕位、停车位,提高加油速度,有效地改善了全线服务区的环境,增强了应对大流量的接待服务能力。二是积极探索多样化、特色化经营,在对餐饮菜肴和商品实行基本统一的基础上,充分激发各服务区的积极性和创造性,根据时令特色、地方特色推出新品种,较好地满足了广大驾乘人员的需求。三是大力推进和完善服务区原辅料集中配送工作,认真总结多年来集中配送的经验,完善集中配送标准、验收标准、卫生标准、质量标准,通过公开招标择优选择供应商为全线服务区进行集中配送,有效地规范了采购行为,降低了采购成本,在交通控股系统作为亮点进行了推广;四是把好服务区食品的安全关口,通过实行索证制、建立检测体系和开展"放心餐饮、放心消费"餐饮原辅料公示活动等有效措施,加强食品安全的控制和监督,充分保证了食品卫生安全,从未发生过食品中毒事件,各服务区都被当地食品卫生监督部门评为食品卫生 A 级单位。五是全面实施大众商品"同城同价",对 150 种规定的大众商品实施同城同价,得到了广大驾乘人员的好评和肯定,让广大驾乘人员享受到了实实在在的优惠。

三、盐城至南通高速公路(建设期:2003—2005 年)

(一)项目概况

1. 基本情况

1)建设依据

沿海高速公路盐城至南通段(以下简称"盐通高速公路"),是国家"7918"高速公路网中沈阳至海口高速公路在江苏省境内的重要路段,也是江苏省规划建设的"五纵九横五联"高速公路网中"纵一"的重要组成部分,它北连沿海高速公路连云港至盐城段,南接南京至启东高速公路,与在建的苏通长江公路大桥相连。其建设有利于进一步优化区域干线路网布局,促进国家和江苏省东部沿海大通道的形成和完善,缓解国道主干线的交通运输压力;有利于加强江苏省大江南北的沟通,密切苏南、苏中、苏北地区的联系,主动接受上海的辐射,促进区域经济共同发展。本项目的建设对推动沿海开发战略,培育江苏省新的经济增长极,实现"两个率先"具有十分重要的意义。

2)建设规模及主要技术指标

盐通高速公路北起盐城市亭湖区南洋镇,途经盐城市亭湖、大丰、东台 3 个县(市、区)以及南通市海安、如皋、通州 3 个县(市),止于南通通州市兴仁镇。路线全长

166.763km,其中亭湖段21.471km,大丰段38.357km,东台段35.357km,海安段18.038km,如皋段33.804km,通州段19.339km。

全线采用高速公路标准设计,双向六车道,路基宽35m。全线设计行车速度120km/h,桥涵设计车辆荷载为汽车—超20级、挂车—120。

3)项目投资及来源

本项目由江苏交通控股公司进行项目资金筹措,工程批复概算投资为85.22亿元,实际决算66.15亿元。

4)工程建设条件

盐通高速公路(盐城市境)线路所经区域在地形地貌上属于滨海平原,东为黄海,西为苏北里下河潟湖洼地,南与长江三角洲衔接。滨海平原为我国东部滨海大平原的一部分,由黄海及滨岸湖泊联合作用而成(冲海积)。由于全新世大西洋期海侵及海退的堆积作用,线路附近及西侧断续分布3～4道海贝壳沙堤,其顶面高程高出地表2.5m左右,后因农田垦殖及雨水冲刷,逐渐被移平,并于其上发育有土壤层。贝壳沙堤组分为细粉沙,含贝壳,走向为西北,与海岸线基本平行。沙堤的存在不仅是距今6000年以来海岸变迁的标志,也是里下河浸湖洼地形成的主要因素之一。从工程角度考虑,贝壳堤用作天然路基其稳定性良好,且不易受水涝及潮汐威胁。路线所经地段,路线高程一般多在2.2～4m变化,且北部略低,南部略高。

盐通高速公路(南通市境)位于长江三角洲平原区,北西侧为里下河潟湖洼地,北东侧为滨海平原,三角洲南侧即长江河道的北岸及其邻近地域为次生堆积岗地。地势由西向东微倾,长江南北两侧向江心微倾,底面高程3.0～4.5m,一般地段地面坡降约0.02%。由于基岩断块差异升降运动作用结果,在南通市附近,基层出露,构成低山残丘,最高高程小于100m。路线所经地区,地势低平,由平原圩洼构成。区内水网密布,沿线河道纵横、沟渠稠密。各级河道、沟渠、池塘密布成水网。海安县和如皋市境段村庄分布规则,多沿河沟建设。通州市境村庄分散,无明显规律。

盐通高速公路沿线水系发育,河、渠纵横,为水网化地区,所经主要河流有串场河、西潮河、北伍佑港、伍龙河、新斗龙港、十二总河、十总河、八灶河、新团河、七灶河、三十里河、五十里河、新王港河、江界河、丁溪河、川东港、东台河、梁垛河、三仓河、安弶河、方塘河、通榆运河、北凌河、栟茶运河、南凌河、丁堡河、如泰运河、通扬运河、戴港河、刘新河、九圩港、英雄竖河等。由于路线经过区域位于淮河、长江下游,临近海域,地势平坦,地表水流缓慢,河流冲刷作用微弱,岸坡稳定。

路线所经区域为北亚热带气候区,气候温和,四级分明,年均气温约15℃,极端最低气温为-4.6℃,最高温度为36℃;年均降水量1000～1100mm,降雨集中期为6—8月,雨量占全年降水量的40%～50%。区内季风明显,全年多东南风,冬季有西北风,台风年均达20次，对本地区基本无影响。

盐通高速公路盐城市境所处基岩构造单元为苏北坳陷区，主体构造由洪泽—建湖隆起及金湖—东台坳陷组成。前者地层以白垩系浦口组砂砾岩为主，后者以下第三系阜群紫红色砂泥岩、泥质砂岩为主。由于新构造运动作继承性长期沉降，上第三系沉积较厚，尤其金湖—东台坳陷内，上第三系与第四系松散沉积厚度大于1500m，其中第四系厚度亦在200m以上。

盐通高速公路南通市境内基底构造单元，大致以栟茶运河断裂为界（沿栟茶运河方向），北为苏北坳陷部分，南为宁通隆起东段。因断块差异运动的继承性活动，各单元内派生出不同规模的次级凹陷及凸起，尤其宁通隆起区更为明显。区内断裂构造多沿隆起与坳陷的边界发生，据勘察资料分析，断凹与断凸分布处均有不同次级的断裂存在。依据《盐通高速公路工程场址地震基本烈度复核工作报告》，区内主要断裂特征有栟茶运河断裂、南通—新余断裂、南通—上海断裂。

据《盐通高速公路工程场址地震基本烈度复核工作报告》，大致以白蒲互通和九圩港特大桥之间为界，北段地震基本烈度为Ⅶ度区，南段为Ⅵ度区。

本区的不良地质主要为软土，滨海平原区全新统中段多软土层，主要分布于大丰、东台段，连续分布，其他段落软土厚度较薄；南通段软土分布多为零星状，受微地形控制，多位于沟塘处。

5）工程进度

2001年7月，盐通高速公路大丰先导试验段正式开工，2002年底盐通高速公路全线开工建设。工程原计划于2006年10月建成通车，为积极落实省委、省政府的实事项目，缓解京沪高速公路和204国道的交通压力，并为沿海开发提供重要的基础设施保障，工程提前至2005年10月建成通车，实际工期为三年。

6）主要工程数量

全线共征用土地19899.11亩，拆迁房屋69.78万m^2，移埋电力电信管线4261道。填挖路基土方2482万m^3。全线设特大桥、大桥41座/13069m，中、小桥127座/7069m，互通匝道桥梁12座/2881m，支线上跨分离式立交28座/6163m，通道159道，涵洞365道。共设互通式立交12处，服务区3处，匝道收费站12处。路面沥青混凝土面层1547.31万m^2。房屋建筑面积49024m^2。全线同步建成安全设施、监控、通信、收费、供电、照明等设施及景观绿化工程。

2. 决策过程

2002年7月3日，国家发展计划委员会以计基础〔2002〕1047号文《印发国家计委关于审批江苏省盐城至南通公路项目建议书的请示的通知》批复本工程项目建议书。

2002年8月30日，江苏省发展计划委员会以苏计基础发〔2002〕946号文《关于盐城至南通高速公路盐城段可行性研究报告的批复》以及苏计基础发〔2002〕854号文《关于盐城至南通高速公路南通段可行性研究报告的批复》批复了本项目(四车道)的可行性研究报告。

2002年12月12日,江苏省发展计划委员会以苏计基础发〔2002〕1423号文《关于盐城至南通高速公路盐城段初步设计的批复》以及苏计基础发〔2002〕1424号文《关于盐城至南通高速公路南通段初步设计的批复》批复本项目(四车道)初步设计。

2002年12月,江苏省交通厅分别批准了盐通高速公路盐城段和南通段开工报告。

2003年3月30日,江苏省环境保护厅以苏环管〔2003〕65号文《关于对盐城至南通高速公路工程环境影响报告书的批复》批复了本项目的工程环境影响报告书。

2003年7月8日,江苏省发展计划委员会以苏计基础发〔2003〕769号文《关于盐城至南通高速公路盐城段可行性研究调整报告的批复》以及苏计基础发〔2003〕770号文《关于盐城至南通高速公路南通段可行性研究调整报告的批复》批复本项目由四车道标准实施调整为四车道实施、六车道预留。

2004年10月10日,江苏省发展和改革委员会以苏发改交能发〔2004〕680号文《省发改委关于盐城至南通高速公路盐城段调整初步设计的批复》以及苏发改交能发〔2004〕681号文《省发改委关于盐城至南通高速公路南通段调整初步设计的批复》批复了本项目六车道一次性实施的初步设计。

2005年7月13日,江苏省高速公路建设指挥部以苏高传字〔2005〕80号文《关于调整盐通高速公路部分标志信息设计的通知》明确盐通高速公路变更为沿海高速公路。

(二)建设情况

1. 项目准备阶段

按照新的建设管理模式的要求,在盐通高速公路建设的前期阶段,两市高指就下大力气挑选精兵,强积极开展工程建设的各项准备工作,盐城市于2001年6月成立了盐通高速公路盐城段大龙工作组,2002年7月成立了盐通高速公路盐通项目办,南通市于2002年7月成立了南通市盐通高速公路建设指挥部,配备了相应的专业技术和管理人员、交通办公设施和检测试验设备,制定了相关工作职责和各项管理制度。2001年7月18日及7月28日,省政府分别在大丰市和通州市举行了隆重的开工典礼。

2. 项目实施阶段

在工程实施过程中,省市高指根据项目动态进度控制情况,分别及时召开了征地拆迁动员会、土方攻坚战动员会、桥梁攻坚战动员会、路面攻坚战动员会和决战决胜动员大会,施工组织管理有力,保证了各阶段工程的顺利完成。

工程建设的阶段完成情况如下:

2001年7月—2004年12月,完成先导试验段路基、桥涵工程施工;

2002年9月—2005年9月,完成路基、桥涵工程施工;

2004年5月—2004年11月,完成路面底基层、基层施工;

2004年6月—2005年8月,完成防护及排水工程施工;

2004年12月—2005年9月,完成绿化工程施工;

2004年12月—2005年10月,完成房建、装修工程施工;

2005年3月—2005年10月,完成交通安全设施工程施工;

2005年3月—2005年10月,完成三大系统工程施工;

2005年4月—2005年9月,完成沥青路面工程施工;

2005年10月28日顺利通过由省高指组织的交工验收。

(三)科技创新成果与应用

1. 高速公路建设科技创新

(1)科学技术是第一生产力,积极采用新材料、新技术、新设备、新工艺,是提高工程质量和建设水平的重要手段。针对盐通高速公路交通量大、重载车辆多等特点,以提高路用性能、体现以人为本、融合人文特色为指导思想,组织开展了一系列的科研攻关,取得了良好的效果。

(2)低路堤高速公路在平原地区的探索实践取得新成果:结合工程沿线路网、水系及居民居住、劳作、出行等方面的情况,并针对盐通高速公路工程沿线人多地少的特点,在盐城、南通两市境内分别选择15~20km路段采用低路堤设计,对横向通道进行归并,代之以支线上跨桥,利用施工便道作为辅道,使路基平均填筑高度只有2.6m,从而达到了节省工程投资、节约土地资源、减少运营养护费用、提高环境景观等效果。

(3)深层软基处理工艺取得新经验:针对深层软基搅拌难度大、效果差的问题,加强了对深层软基处理工艺的研究,对28m湿喷桩采取一次钻进、分段复搅的施工工艺,对30m塑插板采用小电流电阻测试仪测定塑插板长度,从而确保了深层软基搅拌均匀和塑插板深插长度达到设计要求,也为深厚软土地基的处理积累了宝贵的经验。

(4)小构施工做了新尝试:在箱形构造物施工中,对模板制作与安装进行了一些尝试。模板制作改过去元钉拼装为反绞螺丝拼装,取消了混凝土表面的钉印;立模改过去用对拉拉杆固定为内顶外撑,取消了拉杆孔洞,模板采用1.8cm厚优质竹胶板,并且不周转使用,力求清洁光亮,基本上达到了"尺寸准确、线形顺直、轮廓清晰、色泽均匀、内实外光"的效果。

(5)排水路面技术得到新应用:为提高路基路面排水性能及沥青路面的抗水损坏能力,解决路面渗水给路基带来的不良影响,在 YT-YC24 标铺筑了约 12km 的沥青碎石排水基层(ATPB),达到预期的效果,也为指导今后的沥青路面施工提供了依据;在 YT-NT22 标上海—连云港方向全段单幅开展排水性沥青面层(PAC)试验,长度 16.9km。该路段具有降噪效果好、透水性好、抗滑性好、安全性高、强度高和耐久性好等特点。

(6)浅碟式排水沟创新了集中排水新形式:盐通高速公路工程沿线粉砂性土路段多,为防止边坡冲刷,提高路面边坡稳定性,保障生态防护的效果,排水设计采用了浅碟式路肩边沟,使路面集中排水,同时边坡全生态防护。采取了滑模施工,提高了生产效率。成形后的边沟,混凝土色泽一致,线形流畅。

(7)沿线绿化景观提升了新亮点:绿化工程注重造景与生态相统一,功能与环境相协调。在植物配置上强调选用当地适生植物。中央分隔带绿化饱满,有色彩,成板块。互通区范围内全部采用喷播植草防护,并充分结合原地形地貌(内侧边坡全面放缓),做到堆丘自然、水域宽广,水面曲线柔和自然、主景明确、环境协调。突出集群效应,乔木成群,灌木成片,地被覆盖,集中体现工程沿线的地方特色。全线桥头高填土路段采用挂网喷播,一般高填土路段采用喷浆喷播(砂性土段需挂网),条件好的直接喷播。

(8)新型隔离栅造就了沿线新视觉:为使盐通高速公路与周边景观环境协调一致,引进采用了法国德瑞克斯的新型无边框防盗隔离栅,改变了江苏省高速公路以往常用的片网隔离栅方案,采用了乳白色无边框隔离栅,设计高度由原来 1.8m 降低为 1.5m,同时也使该项目的成本有了明显的降低。

(9)门架新形式带来了沿线新景观:鉴于全新标志门架和情报板门架分属 10 家施工单位加工安装,可能对全线门架的质量保证和统一性带来问题,省、市高指对此采取相应措施,通过样品加工、比价采购方式,选择一家专业厂家承担全线所有 84 个门架的加工和安装,使全线门架的加工质量、外观处理都得到了很大提高。

(10)实时监控系统提高了服务水平:在南通段 10km 路段开展了实时监控试验,即时反馈路面及沿线交通信息,实现以人为本的理念,为驾乘人员提供更周到的服务。

(11)电力监控提升了运营管理水平:全程实现了电力监控,配电房实现无人值守,提升管理水平,降低运营成本。

2.重大科研课题

(1)软土地基处理取得新技术:积极开展混凝土薄壁筒桩(PCC)软土地基处理技术在高速公路的应用研究,摸索并制定了完整的施工规范、规程和质量控制标准。2004 年 12 月,受省科技委委托,省交通厅主持对本科研项目进行了鉴定,鉴定委员会认为,该项成果取得了以下几方面创新:①提出了一种处理深厚软土地基新的实用方法,在控制软基变形这一点上成效显著,具有刚性桩的效果、柔性桩的成本;②探索总结了 PCC 桩处理软土地基的应力与沉降变形规律;③系统地提出了 PCC 桩加固机理、设计方法、施工工艺、工程检测、组织管理和质量控制措施;④提出了 PCC 桩加固软土地基的工程实用计算方法。并认为本科研项目施工工艺先进,桩身质量可靠,地基承载力明显增加,沉降得到有效控制,经济效益显著,达到了国际先进水平。

(2)边坡防护加固应用了新材料:高速公路路基填筑通常采用掺石灰处理,但粉性土地区掺灰时防冲刷效果不佳,且易对环境造成污染。与东南大学交通学院合作对 SEU-2 型固化剂稳定粉土路基和 SEU-1 型固化剂稳定粉土边坡进行现场试验研究,通过现场试验观测,进行效果评价,并提出合理有效的施工工艺。课题于 2006 年 7 月通过了由省科技厅组织的成果鉴定,并认为该研究:①针对南通地区粉质土的工程特性,全面深入地研究和揭示了稳定粉质土路基的固化机理;②通过大量试验研究,自主研制了环保型粉质土路基固化剂(SEU-2 型),并对其加固机理及应用效果进行了系统研究,成功解决了粉质土路基边坡的生态防护难题,提高了路基边坡的稳定性,研究成果总体上达到了国际先进水平。

(3)高速公路服务区规划设计与功能布局技术标准研究填补了国内在该领域的空白,课题于 2006 年 11 月通过了省交通厅组织的科技成果鉴定,并认为该研究:①通过大规模的调查分析,建立了高速公路服务区使用者行为特征数据库;②通过对车辆、驾乘人员等个体特性的研究及总体统计规律的研究,创造性地提出了单个车辆驶入率的预测模型,解决了服务区规模适用性计算的工程实际问题;③运用总量统计和频率计数方法,在采用实证法对建立的模型进行验证的基础上,提出了确定服务区规模的定量分析方法;④首次编制了高速公路服务区规划设计与功能布局设计指南。

3. 主要科技成果

(1)混合料转运车提升了沥青路面施工技术:以消除级配离析和温度为宗旨,在 YT-NT21 标开展了混合料转运车的试验研究。2006 年 5 月,该研究通过了省交通厅组织的科研结果鉴定,并认为使用沥青混合料转运车可以明显改善沥青混合料在运输、摊铺过程中产生的温度离析,对于沥青混合料级配离析有所改善,尤其对于冬季施工,温差较大、运距较远的地区,最大公称粒径较大的沥青混合料等施工时,沥青混合料转运车具有良好的推广前景,对提高沥青路面质量具有重要的使用价值和指导意义,社会、经济效益明显。经鉴定,该成果达到国内领先水平。

(2)成熟沥青路面技术得到新延伸:全线沥青中、上面层均采用 SBS 改性沥青,部分重交通路段下面层也使用了 SBS 改性沥青。黏层油和下封层均使用改性乳化沥青。为改善沥青与石料黏附性,提高沥青路面的抗水损坏能力,在部分标段沥青路面中下面层掺消石灰;并在 YT-NT23 标下面层采用硬质沥青(AH-50 道路石油沥青)代替 AH-70 道路石油沥青。为提高沥青路面抗裂、抗车辙的能力,延长沥青路面使用寿命,在全线中面层掺聚酯纤维。

(3)桥面铺筑技术取得新进展：与同济大学共同进行大跨度预应力混凝土连续梁桥桥面铺筑关键技术研究，通过对桥梁结构与沥青混凝土桥面铺筑工艺结合研究，测定不同的铺筑方式对大跨度预应力混凝土连续梁桥的影响，建立分析模型，确定最佳的桥面摊铺碾压工艺，提出该工艺的具体推广意见和范围。同时本研究项目得到的最佳桥面摊铺碾压工艺，将为以后同类型桥梁桥面摊铺提供良好的技术支持。

(四)运营及养护管理

1. 运营管理

为管理好、养护好、使用好连盐、盐通高速公路，使其发挥出最佳效益，真正体现出江苏交通现代化风貌，江苏沿海高速公路管理有限公司在管理方面主要完成了如下几项工作：

(1)建立现代企业制度，完善管理机构。江苏沿海高速公路管理有限公司于2005年11月正式对盐通高速公路实施经营、管理、养护。公司严格管理，优化服务，初步形成了"责、权、利"相结合的精干高效的管理机构。

(2)建立健全各项规定制度，逐步实行规范管理。狠抓各种规章制度建设，从建章立制入手，优化管理手段，促进管理规范化、程序化、科学化。

(3)建立健全养护管理体系，采用社会化、市场化养护体制，加强道路初期维护。坚持"预防为主、防治结合"的养护方针，选择了专业的养护队伍，较好地保持了道路使用品质。

(4)狠抓行风建设，树好文明形象。认真开展文明收费站、服务区、养护排障中心的创建活动，不断提高高速公路服务质量，努力树立盐通高速公路在社会上的文明形象。

2. 养护管理

公司始终坚持以道路质量为生命的科学养护管理理念，本着"预防为主，防治结合"的养护方针，强化养护制度建设与执行，优化监管体系，加强计划编制和指导，积极推进制度化、规范化、科学化养护。

针对交通流量和养护工程量的不断增大，尤其是连云港等路段处于软弱地基、沉降病害较为严重，公司根据养护工作需要，逐年加大道路养护投入，充分保证日常养护，适时开展专项整治，加强标准化养护工区建设，推进养护"新材料、新工艺、新技术、新设备"的研究和运用，保障了管辖路段内各项工程设施的良好品质。

根据控股公司有关规定并结合司近几年来工程养护管理的实际，公司认真梳理了各项养护管理制度，对《日常养护管理办法》《大中修养护工程管理办法》和《桥梁养护管理办法》等5项制度进行了重新修订完善；新制定了《桥梁养护管理工作制度》《绿化保洁养护管理办法》《小修保养工程质量验收标准》；拟定了坑槽修补、开槽灌缝、伸缩缝混凝土维修、桥梁裂缝封闭等日常养护项目的作业指导书，统一了《日常养护施工与管理用表》，使公司管理制度得到了进一步的完善。同时狠抓制度宣贯，通过建立配套考核办法、加强检查督促等有效途径，进一步提高了制度执行力。

坚持依据工程检测数据、各类信息系统的综合评价和相关规范标准，逐级编制和审核工程养护计划。公司每半年委托专业检测单位，对路面弯沉、平整度、摩擦系数、车辙、破损等进行检测，每两年对所有桥梁进行一次定期检测，并对特殊桥梁建立长期监测系统，建立基础信息资料，为制订养护方案提供了科学依据。在此基础上，全面建成了路况和桥梁数据库，运用"路面管理系统"和"桥梁管理系统"科学制订养护方案，实现了数据采集自动化、养护分析系统化、养护计划科学化，有效地解决了以往养护资金与维修需求之间不平衡的矛盾。同时根据每季度路况调查时发现的病害，按照时效性要求和病害严重程度，适时分析、适时调整养护计划，使年度养护计划始终处于可控状态。

建立完善公司、道管中心和养护单位三级路况巡查制度，及时发现和处治道路病害。加大日常保洁力度，使路容路貌始终保持整洁美观。积极推行预防性养护，加强雨雪冰冻恶劣天气前后路况检查，针对路基边坡砂性土易受水毁的情况，在雨雪冰冻恶劣天气前后及时进行整固，抑制水毁面积的扩大；对路面裂缝、桥头搭板托空、路面大于 1.5cm 的车辙等病害，通过采取路面灌缝、压浆、热再生、雾封层、铣刨摊铺等预防性措施，及时处治，有效改善了路面的使用性能。

随着交通流量的大幅增长与路况病害的日益发展，沿海高速公路近年来大中修工程项目增多。为了规范大中修工程项目的管理，公司严格执行《大中修养护工程管理办法》，并针对重大工程项目制定实施了《重大工程实施管理办法》，对重大工程项目立项、管理机构及职责、委托设计、招投标、施工管理、资金控制和廉政建设都作出了明确的规定，使公司重大工程项目的建设管理统一有序、风险可控。《重大工程实施管理办法》出台后，在收费站拓宽改造、灌溉总渠特大桥维修加固等项目建设中全面运用，达到了预期效果，保证了项目的质量、安全、进度和资金均得到了严格控制和管理。在把关工程质量方面，公司全面推行首件认可制，隐蔽工程、关键工序旁站监理制，技术交底制，严格按照《公路工程质量检测评定标准》规定的检测方法和频率，对所有检测项目全部委托有资质的独立第三方检测机构进行质量检查与评定，较好地控制了工程质量。

推进养护科研及"四新"的运用。联合交通部公路科学研究所对南通段排水沥青路面预防性性养护进行了研究，推广应用了聚合反应型材料 GL1、黏结增强型材料 CEM、还原型材料 RJ、黏结增强型材料 UEM 四种预防性养护材料，有效解决了飞散病害问题，延长了排水路面的使用寿命；积极推广沥青路面就地热再生、沥青路面 SUPREME 雾封层、Perma-Patch 永久性多功能冷补料等新技术、新材料、新工艺，并取得较大进展。

为防止道路桥梁发生重特大安全事故,公司专门编制了《道路桥梁突发事件应急预案》,从事故分类、响应、人员及设备与技术的保障、处置流程等方面予以周密考虑,详细制定应对措施,确保事故灾难信息及时报告、准确传递、快速处置。

3. 服务区

围绕提高服务水平和大流量接待能力等工作目标,积极推进服务区的科学化、规范化、精细化管理。一是大力加强服务区的环境改善,根据生产经营需要先后对部分服务区餐厅、卫生间、广场、加油站等硬件设施进行优化改造,合理利用资源和空间,增加就餐位、厕位、停车位,提高加油速度,有效地改善了全线服务区的环境,增强了应对大流量的接待服务能力。二是积极探索多样化、特色化经营,在对餐饮菜肴和商品实行基本统一的基础上,充分激发各服务区的积极性和创造性,根据时令特色、地方特色推出新品种,较好地满足了广大驾乘人员的需求。三是大力推进和完善服务区原辅料集中配送工作,认真总结多年来集中配送的经验,完善集中配送标准、验收标准、卫生标准、质量标准,通过公开招标择优选择供应商为全线服务区进行集中配送,有效地规范了采购行为,降低了采购成本,在交通控股系统作为亮点进行了推广。四是把好服务区食品的安全关口,通过实行索证制、建立检测体系和开展"放心餐饮、放心消费"餐饮原辅料公示活动等有效措施,加强食品安全的控制和监督,充分保证了食品卫生安全,从未发生过食品中毒事件,各服务区都被当地食品卫生监督部门评为食品卫生 A 级单位。五是全面实施大众商品"同城同价",对 150 种规定的大众商品实施同城同价,得到了广大驾乘人员的好评和肯定,让广大驾乘人员享受到了实实在在的优惠。

四、苏通长江公路大桥及接线(建设期:2003—2008 年)

(一)项目概况

1. 基本情况

1)建设依据

苏通长江公路大桥(简称"苏通大桥")位于江苏省东部的南通市和苏州(常熟)市之间,是交通部规划的国家高速公路沈阳至海口通道的组成部分,也是江苏省高速公路网规划"五纵九横五联"中"纵一"赣榆至吴江高速公路的重要组成部分,为跨越长江的重要公路交通要道。

本项目的建设有利于加强苏南、苏北的交通与经济联系,促进江苏省南北社会经济均衡发展;合理布置过江交通通道,减轻过江交通压力;进一步完善江苏省公路骨架网;强化京沪两中心地区的交通联系,补充和完善国家沿海大通道的功能。

2)建设规模及主要技术指标

苏通大桥路线全长32.4km,由跨江大桥工程和南、北岸接线工程三部分组成。苏通大桥主桥全长2088m,采用跨度为100m+100m+300m+1088m+300m+100m+100m的连续钢箱梁双塔双索面斜拉桥,采用φ2.8m/2.5m变直径大型钻孔灌注桩高桩承台基础,主梁采用扁平流线型钢箱梁结构。辅桥长923m,为跨径140m+268m+140m的预应力混凝土连续刚构桥,南、北引桥长5510m,由现浇30m、50m和节段预制拼装75m跨径的多跨连续梁组成。北接线(含张江互通)设大桥8座(含立交桥梁),中、小桥14座,通道12道,涵洞45道,互通式立交2处,填挖路基土方280.6万m³。南接线设大桥5座(含立交桥梁),中、小桥11座,通道15道,涵洞23道,互通式立交1处,路基填挖土方185.4万m³。

3) 项目投资及来源

根据江苏省审计厅苏审直二决〔2010〕38号文《江苏省审计厅关于苏通长江公路大桥建设项目竣工决算审计的审计决定》项目总投资为80.51亿元。项目资本金由江苏省交通厅(含交通部专项资金)出资10%,南通市人民政府与苏州市人民政府各出资20%,江苏交通控股有限公司出资50%,其余通过国内银行贷款解决。张江互通项目资本金由苏通大桥项目各股东按原出资比例出资认缴,其余由贷款解决。

4) 工程建设条件

苏通大桥位于长江下游,临近长江入海口,地处中纬度地带,属北亚热带南部湿润季风气候。气候温和,四季分明,雨水充沛。桥位地区年平均气温为15.40℃,年极端最高气温为42.20℃,年极端最低气温为-12.70℃,最高月平均气温为30.10℃,最低月平均气温为-0.20℃。年平均下雨日为120天左右,最多150天;年平均下雾日和雷暴日均为30天左右,最多可达60天。每年7月上旬至9月中旬为台风多发期,年均出现台风2.3~2.7次。受季风气候影响,桥位地区盛行西北风,下半年以东南风为主,全年以偏东风出现频率最高。

桥址所在河段为弯曲与分叉混合型中等强度的潮汐河段,水文条件复杂,江宽、流急、浪大,涨落潮流速流向多变。桥位附近最大水深达50m,-10m等深线宽约2km,-20m等深线宽约1.0km,实测垂线最大流速达3.86m/s,点流速4.47m/s。桥位河段主要受径流、潮流水流动力因素的影响,以雨洪径流为主,每年的5—10月为汛期,11月至翌年4月为枯水期,洪峰多出现在6—8月,1月或2月水位最低。高潮位主要受风暴潮影响,在汛期当台风和天文大潮遭遇时,长江河口会出现很高的潮位,造成严重灾害。

桥位处工程地质差,河床覆盖层厚达300m,表层以淤泥和粉砂为主,全新统颗粒较细,沉积时间短,较好的持力层在-80m以下。

通航密度高,平均日通过船只3400多艘,高峰时日通过船只近5000艘,万吨级以上船舶日通过量有100多艘。受潮汐影响明显,桥区长江航运与大桥施工的安全矛盾突出。

5) 工程进度

自2003年6月27日主桥基础开工建设以来,针对工程难点和特点,指挥部会同总监代表和施工单位,深入研究技术方案和工艺,建立了快捷高效的施工组织体系,克服了水上复杂的施工建设条件,强化资源和设备投入,狠抓现场质量管理,成功完成了主桥基础、索塔封顶、边跨合龙、超长斜拉索安装、中跨合龙、桥面铺装等关键节点工程,最后提前一年建成通车。全桥进度如下:

2004年5月,完成主桥基础和冲刷防护。

2005年7月,完成75m跨径引桥箱梁节段预制和30m跨径引桥施工。

2006年10月,南、北主塔封顶,完成75m跨径引桥箱梁节段拼装。

2007年1月,主桥边跨合龙。

2007年5月,辅桥连续刚构合龙。

2007年6月,主桥中跨合龙,完成50m跨径引桥施工。

2007年10月,完成主桥行车道环氧沥青混凝土铺装。

2008年3月,沿线房建、绿化相继完成,大桥机电工程完成调试。

2008年4月,通过交工验收。

2008年5月,全桥正式建成通车。

2010年2月,完成档案专项验收。

2010年9月,完成环保专项验收。

6)主要工程数量

苏通大桥主桥全长2088m,跨度为100m+100m+300m+1088m+300m+100m+100m,索塔高300.40m,主桥钢桥面铺装面积约6.5万m^2。北接线(含张江互通)设大桥8座(含立交桥梁),中、小桥14座,通道12道,涵洞45道,互通式立交2处,填挖路基土方280.6万m^3。南接线设大桥5座(含立交桥梁),中、小桥11座,通道15道,涵洞23道,互通式立交1处,路基填挖土方185.4万m^3。全线设有完备的标志标线、防撞护栏、隔离栅等安全设施。沿线设服务区1处、主线收费站(单向)2处、互通匝道收费站3处。南桥区设有管理公司办公楼、苏通大桥展览馆。房建工程建筑面积3.0万m^2,绿化工程14.5万m^2,收费大棚5座。

2. 决策过程

2001年6月,国家计委以计基础〔2001〕1089号文《印发国家计委关于审批江苏省苏通长江公路大桥项目建议书的请示的通知》批准了苏通大桥项目建议书,苏通大桥项目正式立项。

2001年12月,交通部以交水发〔2001〕763号文《关于苏通长江公路大桥通航净空尺度和技术要求的批复》批准了苏通大桥通航净空尺度和技术要求。同年12月,长江水利委员会以长江务〔2001〕568号文《关于苏通长江公路大桥建设利用长江岸线水域的批复》批准了苏通大桥建设利用长江岸线水域。

2002年9月,国土资源厅以国土资厅函〔2002〕282号文《关于苏通长江公路大桥建设用地预审意见的复函》批准苏通大桥建设用地通过预审。

2002年11月,经国务院批准,国家发展计划委员会以计基础〔2002〕2330号文《印发国家计委关于审批江苏省苏通长江公路大桥可行性研究报告的请示的通知》批复了苏通大桥工程可行性研究报告。同年12月,交通部组织专家对初步设计文件进行了全面审查,并于2003年3月以交公路发〔2003〕95号文《关于苏通长江公路大桥初步设计的批复》正式下达批复意见。

2003年2月,国家环保总局以环审〔2003〕67号文《关于苏通长江公路大桥工程环境影响报告书审查意见的复函》批复了苏通大桥工程环境影响报告书。

2003年4月,江苏省国土资源厅以苏国土资发〔2003〕87号文《关于苏通大桥建设用地土地利用计划的批复》批复了苏通大桥建设项目土地利用计划。

2003年5月,上报苏通大桥开工报告申请;6月16日,交通部批准了项目开工报告;6月23日,江苏省发展与改革委员会受国家发展与改革委员会委托,以苏计投资函〔2003〕123号文《关于苏通长江公路大桥开工的函》同意苏通大桥开工建设。

2003年11月,江苏省计委以苏计基础发〔2003〕408号文《省计委关于苏通长江公路大桥张江互通立交可行性研究报告的批复》批复了苏通大桥张江互通立交可行性研究报告。

2004年5月,江苏省交通厅以苏交计〔2004〕62号文《关于苏通长江公路大桥技术设计的批复》批复了苏通大桥技术设计。

张江互通是江苏省批准的苏通大桥配套的独立项目。

2004年8月,江苏省国土资源厅以苏国土资函〔2004〕393号文《关于苏通大桥张江互通立交用地的预审意见》批准项目通过土地预审。同年9月,省发改委以苏发改交能发〔2004〕652号文《省发改委关于苏通大桥张江互通式立交初步设计的批复》批复了工程初步设计。

2005年8月,江苏省交通厅批复了张江互通立交项目开工报告。同年12月,省国土厅以苏国土资发〔2005〕382号文《关于下达2005年度第四批省及省以下独立选址建设项目用地农用地转用计划的通知》下达了农用地转用计划。

2006年6月,江苏省国土资源厅以苏国土资地函〔2005〕553号文《关于批准苏通长江公路大桥张江互通立交工程建设用地的通知》批复了张江互通立交工程建设用地。

(二)建设情况

1.项目准备阶段

1999年11月1日,省交通厅以文件形式《关于成立苏通长江公路大桥工程可行性研究专题管理小组的通知》(苏交计〔1999〕193号)明确了苏通长江公路大桥专题管理小组的组织形式、性质、主要职能、工作内容、研究委托工作计划、委托实施细则和专题研究过程管理原则等。

2001年11月26日,江苏省人民政府办公厅、交通部办公厅印发《关于成立苏通长江公路大桥省部建设协调领导小组的通知》(苏政办发〔2001〕137号),成立苏通长江公路大桥省部建设协调领导小组,组长回良玉,副组长黄镇东(交通部)、季允石(江苏省)、梁保华(江苏省)、胡希捷(交通部),成员由江苏省政府、省级有关部门,苏州、南通两市政府领导,交通部总工、有关司领导组成。

1) 勘察设计研究单位招标情况

江苏省交通厅于2000年通过招标确定中交公路规划设计院、江苏省交通规划设计院、同济大学组成联合体为工程可行性研究总报告编制单位,2001年7月,工程可行性报告编制和工程可行性研究阶段的所有专题研究全部结束。江苏省交通厅于2001年7月通过招标确定中交公路规划设计院、江苏省交通规划设计院和同济大学组成的联合体为跨江大桥初步设计单位,2003年通过招标确定江苏省交通规划设计院有限公司、中咨泰克交通工程有限公司、江苏省交通科学研究院有限公司和香港理工大学联合体分别承担交通安全设施和机电工程施工图设计,2005年通过招标确定江苏时代建筑设计有限公司、东南大学建筑设计研究院承担房建、收费大棚等沿线设施施工图设计。

2002年3月,苏通大桥筹备组成立并负责项目前期工作,2002年12月,初步设计文件完成并提交交通部审查。2003年1月,开始启动跨江大桥工程技术设计和施工图设计,2003年3月全面展开。设计单位分批、分阶段完成技术设计和施工图设计工作,2004年6月,完成主桥基础及墩身施工图设计。

设计管理上采用两院制,委托中铁大桥勘测设计院进行跨江大桥独立审核,西安公路研究所承担机电工程的独立审核,中交第四航务工程勘察设计院承担房建、收费大棚等沿线设施工程的独立审核。

2) 施工、监理单位招标情况

施工、监理标段招标均在中国招投标网、中国采购与招标网、《CHINA DAILY》和《中国交通报》上发布招标公告,对通过资格评审的施工与监理标投标单位发出投标邀请。各次投标、开标会江苏省公证处都进行公证,江苏省交通厅招标办和驻指挥部纪检办也派员进行现场监督。由部、省专家库专家和招标人代表组成的评标委员会依法评审,并形成评标结果。招标工作领导小组对各标段《评标报告》进行认真审议,形成决议。指挥部与施工、监理单位签订合同的同时也签订廉政合同和安全合同。

3) 其他招标情况

积极引入国际先进的大桥建设和管理经验与理念,经请示交通部和省政府同意,认真组织并完成国际技术咨询单位的招选工作,最终选定丹麦 COWI 公司为苏通大桥国际技术咨询单位,全过程参与并为苏通大桥的建设提供技术服务。会同 C3 标项目经理部联合招标选定中铁山桥有限公司承担钢锚箱制造,通过招标或议标形式选定江苏省交通科学研究院组建中心试验室、河海大学土木工程学院组建测量中心等工作。

4）施工用地及海事、渔业、航道等协调情况

积极推进征地拆迁工作的开展,会同两市对广大拆迁户进行广泛的宣传和动员活动,及时交付了施工用地。超前开展"三通一平"的各项工作实施,全面完成 4.9km 进场道路建设、交通专用码头建设、10kV 双回路供电线路及 $2\times3500kV\cdot A$ 开闭所建设、300mm 供水管路建设及监理用房改建等工作,各项工程均于大桥开工前通过验收并交付使用。"三通一平"实施的同时,构建了气象环境监测及预警、水情监测预报和现场监控三大信息保障系统。

加强与航道、海事、水利部门的联系与协调,落实临时施工码头、施工水域和水上安全监督管理。南通海事局成立苏通大桥海事处,专门负责施工水域安全管理,南京航道局负责在桥区和施工水域配布航标和警戒浮标。同时与水利部门协调解决建设期堤防和相关水域占用并办理相关手续,与海事、航道部门签订通航安全维护协议和航标设备的维护协议。

5）参建单位主要情况

设计单位:中交公路规划设计院、江苏省交通规划设计院、同济大学、东南大学建筑设计研究院。

施工单位:中交集团第二航务工程局、上海宝钢集团公司、江苏法尔胜新日制铁缆索有限公司、中铁集团大桥局、中交集团第二公路工程局、山东省路桥集团有限公司、中国路桥(集团)新津筑路机械厂、北京毛勒伸缩缝公司、北京蓝湖机电公司、中国船舶重工集团第七二五研究所、路桥集团第一公路工程局第三工程公司、江苏省交通工程有限公司、路桥集团国际建设股份有限公司、路桥二公局第三工程有限公司、南京苏澳桥梁附件有限公司、苏州交通工程集团有限公司、通州建总集团有限公司、江苏南通二建集团有限公司、南通建工集团股份有限公司、南通五建建设工程有限公司、南京林业大学科技发展总公司、常州市绿美艺园林绿化工程有限公司、江苏恒基路桥总公司、江苏耀鑫交通设施有限公司、常州钢构建设工程有限公司、江苏八达园林建设有限公司。

监理单位:武汉大通公路桥梁咨询监理公司、江苏省交通工程监理咨询有限公司、大桥工程建设咨询监理有限公司(武汉)、江苏东南交通工程咨询监理公司和东南大学联合体、南京工苑建设监理咨询有限公司、南通市交通建设咨询监理有限公司、江苏盛华工程监理咨询有限公司、江苏振星工程监理有限公司。

检测单位:河海大学土木工程学院。

监督管理单位:江苏省交通厅工程质量监督站。

6) 征地拆迁情况

工程建设永久用地共343.81公顷,其中南通市176.28公顷,苏州市(常熟市)167.52公顷。南通市拆迁建筑物90458.49m^2,三线迁移818道。苏州市(常熟市)拆迁建筑物113295.07m^2,三线迁移465道。

2. 项目实施阶段

2004年5月19日,指挥部在南通召开审查会,审查通过了"苏通大桥冲刷防护工程技术设计及施工图设计(变更)"。

2004年8月23日,指挥部在南京召开审查会,审查通过了"苏通大桥引桥75米跨径连续梁施工方案及施工图变更设计"。

2005年1月6日,指挥部(总监办)在南通主持召开了"苏通大桥C1、C2标承台变更设计技术交底会"。

2005年10月14日,"苏通大桥辅桥连续刚构上部结构施工图设计变更"在南通通过专家组审查。

(三)复杂技术工程

1. 大体积承台施工技术

主塔墩钢吊箱平面面积5500m^2,重5880t的哑铃形结构,施工采用计算机控制、液压千斤顶同步下放技术,成功实施了40台250t和350t千斤顶联动,下放位移同步性控制在1cm以内,在国内外首次实现水上超大钢吊箱使用液压千斤顶在复杂工况条件下的安全下放。

钢吊箱底板135个直径2.8m的钢护筒孔洞,底板上防撞桁架以及众多吊杆等复杂结构,试配成功高流动、自流平、自密实、缓凝型混凝土,实现了封底混凝土浇筑的一次性成功。

承台底层和顶层斜坡面为高配筋,达400kg/m^3,采用分块分层浇筑方案,底层降低分层高度,顶层斜坡面采用压模施工,除常规混凝土"双掺"技术、冷却降温措施、混凝土浇筑振捣、养生等综合技术手段外,采用计算机实时温度跟踪控制技术,有效解决了高配筋、4.2万m^3的大体积承台施工质量控制难题。

2. 索塔锚固区钢混组合结构

索塔锚固区是斜拉桥索塔受力的关键部位,受力、传力机理复杂,施工难度大,结构耐久性要求高。苏通大桥研发了新型索塔锚固区钢混组合结构,该结构能有效解决巨大索力传递问题,同时可以有效解决高耸结构刚度小、抗风安全性低、施工困难、结构耐久性难以保证的技术难题。

(四)科技创新

1.高速公路建设科技创新

1)立足"主线收费站分设"的超限运输管理措施

利用江苏省联网收费体制和计重收费系统的技术措施,综合考虑超限运输车辆的管理手段,提出了"收费站入口控制管理"的苏通大桥超限运输管理总体方案,为特大型桥梁的超限运输管理探索新的解决思路。

2)自然、和谐的全线景观

依托水乡文化背景,超前开展了以道路、桥梁、建筑景观、交通工程一体化的环境景观概念设计。使全线环境景观、道路建筑风格浑然一体、和谐统一,与地方自然人文、地形地貌水乳交融,充分展现了独特的江南水乡高速公路新风貌。

2.过江通道建设科技创新

1)超大群桩基础施工技术

采用 P.H.P 优质泥浆集中制浆和循环净化技术,成功保证跨江大桥全部1786根钻孔灌注桩在松软地质条件下成桩质量,减少了泥皮和沉渣厚度,所有桩基全部为Ⅰ类桩。

首次采用永久钢护筒支承钻孔施工平台,有效解决了主塔墩施工水域35m水深、4m/s流速、28m集中冲刷深度下,常规钢管桩平台难以实施的难题,保证了平台的顺利搭设和安全使用,大大减少了临时结构用钢量。

在国内大型桥梁工程中首次对主塔墩实施"袋装砂铺底、碎石反滤、块石罩面"的永久冲刷防护工程,通过多波速跟踪和水下地形快速成图技术指导防护施工,成功解决了长江河口段深水区难以直观检测的难题,经定期监测,防护结构稳定,达到预期效果。

2)超高索塔施工技术

针对300m高塔风环境和混凝土技术要求高等特点,开展索塔施工技术研究,建立了基于全过程温度和风环境监测与修正的混凝土索塔形态测控技术,取得了索塔形态控制的良好精度。

3)钢箱梁制造技术

采用了精准胎具控制和反变形焊接技术,提高钢箱梁板单元制造精度;首次采用长线连续拼装技术实现板块全过程匹配拼装;按照几何控制法的要求,建立钢箱梁制造全过程线形精密测控技术,为施工控制提供准确数据;优化焊接工艺,提高焊缝疲劳性能。

4)斜拉索制造技术

研制斜拉索用1770MPa高强钢丝产品,首次实现盘条国产化;采用标准长度钢丝进行超长斜拉索长度精度控制,对每根斜拉索均进行长度和弹模测量,为施工控制提供依据;采用多种工艺,研制50年使用寿命的斜拉索。

3. 主要科技成果

大桥建设过程中,通过100多项专题研究、近30项省科研计划项目、交通部重大攻关专项和国家科技支撑计划项目的实施,成功解决了多项关键技术难题,开发了3项新结构、1项新材料、4套新设备、10项新技术和新工艺,形成了千米级斜拉桥、大跨度预应力混凝土连续刚构与多跨长联预应力混凝土连续梁桥建设成套技术。

大桥建设各方高度重视技术总结和成果申报工作。申请交通科研计划立项27个,已全部通过了成果鉴定,均达到了国际先进水平,多项技术达到国际领先水平;22个项目获得省、部级科技进步奖,其中2个项目获得中国公路学会特等奖,3个项目获得省级科技进步一等奖;完成了22项工法编制,6项被批准为国家级工法,9项被批准为省级工法,这在交通行业尚属首次;已发表论文175篇,其中在国内核心期刊上发表70多篇,在国外期刊和论文集上发表30多篇,近40篇被EI检索;已编辑出版技术丛书1套、专著16部、标准5项、指南7项和论文集3辑;形成了27项专利、4套软件、5个试验和示范基地。

2008年6月,苏通大桥获得国际桥梁大会(IBC)乔治·理查德森大奖,是我国第一个获得该奖项的桥梁工程,是继法国诺曼底大桥和希腊里翁桥后获得该奖项的又一座大型桥梁工程。会上,评奖委员会主席卡尔·安吉洛夫先生指出:苏通大桥是中国桥梁的杰出代表,它的顺利建成是对世界桥梁工程的巨大贡献,能将乔治·理查德森奖授予苏通大桥是国际桥梁会议的荣幸。

2009年,苏通大桥获得公路交通优质工程一等奖和江苏省"扬子杯"优质工程奖。

2010年3月,在美国土木工程师协会(ASCE)2010年度颁奖大会上,苏通大桥工程在最后一刻胜出同时入围的隧道、地震基地重建等其他四项工程,一举获得2010年度土木工程杰出成就奖。这也是中国工程项目首次获此殊荣,国外也仅希腊瑞昂大桥和美国金门大桥分别于2005年和2007年获得该奖。颁奖委员会认为,苏通大桥是全球首座超千米跨径斜拉桥,在线性优美和技术领先的同时,在施工和环保方面保持了完美的平衡,是对现代桥梁建设理念很好的诠释,对今后桥梁建设和管理都有极大的促进作用。

项目创新技术取得的大量研究成果在苏通大桥工程得到了实践和检验,并在其他类似工程中推广应用,创造了巨大的经济效益和社会效益。如糅合了欧美与日本两大技术流派的技术特点的高强度、高韧性1770MPa钢丝,填补了国内空白,打破了市场长期以来被国外企业垄断的局面,已在国内北盘江大桥、天兴洲大桥等大型桥梁工程中推广应用,同时走出国门,在印度孟买桥、美国旧金山奥克兰海湾大桥上应用;能有效解决宽重钢箱梁节段匹配变形差较大难题的多功能双桥面起重机,已在沪崇越江通道等多个特大型桥梁工程上推广应用;深水急流环境下大型群桩基础施工成套技术已被长江中下游大型桥梁(如鄂东长江公路大桥、青岛海湾大桥等)、港航、探矿等工程广泛采用;千米级斜拉桥设计成套技术被鄂东长江公路大桥借鉴;半漂浮结构体系已在沪崇越江通道、荆岳大桥、金塘大桥等大型桥梁工程中推广应用;索塔锚固区钢混组合结构已在沪崇越江通道、荆岳大桥、金塘大桥等多个大型桥梁工程中推广应用。

(五)运营及养护管理

1. 运营管理

苏通大桥自2008年6月30日建成通车以来,积极贯彻落实科学发展观,努力提升管理水平,全力做好大桥的运营管理工作和工程养护工作,在公司全体人员的努力下,较好地完成了"保通保畅保安全"的工作目标,取得了良好的社会经济效益。

江苏苏通大桥有限责任公司于2002年10月成立,负责工程建设的投融资,自2007年底转入运营管理筹备工作,并于2008年初全面进入运营管理阶段。公司设综合部、党群部、运营安全部、工程技术部、财务审计部、人力资源部、经营开发部共7个部门及调度指挥中心、养护中心、机电中心、服务区、排障大队、北线收费站、南线收费站和后勤管理中心共8个执行机构,员工600余人。

苏通大桥建设期时对主线收费站采取南北分设方式,对超限运输车辆实行入口管制,对"三超"车辆进行分流。自开通以来,为避免超限运输车辆对大桥形成结构性破坏,通过加强超限运输管理,使得超限运输车辆明显呈下降趋势;第二,为积极应对恶劣气候,提前预防,积极调研学习兄弟路桥单位管理处置经验,加强交巡警、路政部门的协调沟通力度,明确交通管制程序、管控点设置等内容,做好人员安排、信息发布等前期准备工作;第三,为了保障桥梁水上的结构安全和稳定,严格按照不同的管理权限,配合海事部门不断改善桥区通航安全环境,通过共建联席会议机制,打造了有效地信息交流平台,实现了优化的资源共享和协作。

2. 养护管理

养护管理实行二级管理模式;公司总部设置工程技术部,负责养护管理工作;下设养护中心、机电中心两大执行机构负责具体养护维护工作。工程技术部负责工程养护制度、工作流程、技术标准、考核指标等制定工作;负责监管养护执行单位及日常养护工作;负责养护计划制定和考核工作;负责工程项目招投标、概预算、统计、科研和新技术研究等工作。养护执行机构负责跨江大桥、南北接线、机电设备、沿线设施等日常巡查、检查、保洁、养护和维护工作,应急事件处置,负责养护工程实施的现场管理工作,接受工程技术部及其他部门的业务指导、检查、考核。

桥梁检查模式采用自检和委外相结合的方式。日常巡查、经常检查、常规定期检查由养护中心完成，专业性强的定期检查及特殊检查由公司根据情况择优选择或委托具有相应经验和能力的设计、科研或专业检测机构承担，实时监测由公司委托具有相应检测资质和业务能力的专业检测单位实施。养护工程实行自养和外委相结合的模式，以外委为主，养护中心负责桥梁养护工程的现场管理工作。通车以来，桥梁技术状况始终保持在一类水平。

3. 服务区

苏通长江公路大桥设有1个服务区，为苏通大桥服务区；拥有5处收费站，分别为竹行、北主线、南通开发区、常熟开发区和南主线。车流量稳步增长，日平均流量从2008年的24528pcu/d增长到2014年的65348pcu/d。

苏通大桥服务区建筑占地面积为6190m²，总建筑面积为9328m²，货车停车位64个，客车停车位60个，小车停车位138个，超长车停车位14个，危险车停车位4个。

第四节 G15W（常熟—台州）江苏段

常熟至台州高速公路（G15W）江苏境内已全线通车，起自常熟（董浜），经苏州市区，止于盛泽（苏浙界）。江苏境内全长100km。全线各路段基本情况见表7-4-1。

G15W全线各路段基本情况　　　　　表7-4-1

序号	路段	里程(km)	建设期	备注
1	苏嘉杭高速公路（常熟至苏州段）	45	2000—2004年	
2	苏嘉杭高速公路（苏州至吴江段）	54	2000—2004年	

一、苏嘉杭高速公路（常熟至苏州段）（建设期：2000—2004年）

（一）项目概况

1. 基本情况

1）建设依据

苏嘉杭高速公路是江苏省第一条"省市共建、以市为主、股份制建路"高速公路，是国家高速公路网"七射九纵十八横"主骨架中纵向"沈海高速公路"（沈阳至海口G15）的并行线，在国家高速公路中命名为"常台高速公路"（G15W），同时又是苏州"一纵三横"高速公路主骨架中唯一的一条纵向线。它北接苏通长江公路大桥，南连浙江省乍嘉苏高速公路，以沪宁高速公路为界分南北两段，北段为常熟至苏州段，2000年7月28日开工，

2003年11月8日建成实现全线通车。

2）建设规模及主要技术指标

苏嘉杭高速公路常熟至苏州段工程全长45.7km，沿线设董浜枢纽、小董浜、常熟、沙家浜、阳澄湖、相城6处互通式立交，阳澄西湖服务区1处，养护工区1处。全路段按全封闭、全立交高速公路标准设计，双向四车道，设计行车速度120km/h，路基顶宽28m，桥涵设计车辆荷载为汽车—超20级、挂车—120。

3）项目投资及来源

苏嘉杭高速公路是全省第一条省市共建、以市为主建设的高速公路，公司按照资本市场运作方式，拓展融资渠道，以高速公路收费权作为抵押，向银行贷款为工程项目筹集资金。1999年6月，江苏省建设委员会以苏建重〔1999〕249号文对南段项目初步设计有关线路走向、设计方案、建设规模、概算及工期等作出批复。核定初步设计概算为248000万元。工程投资控制在概算范围内。

4）工程建设条件

苏嘉杭高速公路所在区域为长江三角洲太湖平原地区，区内河网、湖荡密布，地势低平、开阔，总体呈西北略高、东南低，地面高程1.0~3.5m。区内地貌可分为一级湖积阶地及河、湖漫滩与湖荡区。一级湖积阶地地区主要是平坦水网化平原，其北界位于苏州—昆山一线（现沪宁高速公路一带），南界位于甪直—车坊一线（K57+200），河、湖漫滩与湖荡区主要是低洼湖荡平原区，位于路线的南部，北界为甪直—车坊一线。

本路段所在区域位于太湖下游，是太湖洪水下泄归海必经廊道。区域内水域广阔、地势低平、河港纵横交织、密如蛛网、湖荡众多，按区域分区水系为娄江、沪宁铁路以南，太浦河以北属淀泖水系，以南属杭嘉湖水系（浦南水系）；按水文分区属平原水网区。区内河流按其作用来分可分为流域性河道、区域性河道、县级河道、乡级河道、圩内生产河道五大类。流域性河道和区域性河道是区内河网的主干框架，主要有娄江、斜港、吴淞江、大窑港、太浦河、京杭大运河，其中太浦河是太湖洪水东泄的主要河道。区内湖泊主要有太湖、阳澄湖、澄湖、阳澄湖群、淀山湖、淀山湖群、浦南湖群。

路线经过区域气象。苏州位于北亚热带湿润季风气候区，温暖潮湿多雨，四季分明，冬夏季长，春秋季短。境内因地形、纬度的差异，形成各种独特的小气候。太阳辐射、日照及气温以太湖为高中心，沿江地区为低值区，降水量分布也具有同样规律。区域内河流较多，灌溉沟渠密布，苏州全市有大小河道2万余条，总长1457km，其中县级以上河道147条，通江河道主要有张家港、十一圩港、望虞河、常浒河、白茆、七浦塘、杨林塘、浏河、娄江、吴淞江、太浦河等；内部主骨干河道有江南运河、元和塘、横泾塘、盐铁塘等。大小湖荡323个，计421万亩，其中500亩以上的湖荡129个，千亩以上的湖荡87个。除太湖外，较大的湖泊有阳澄湖、淀山湖、澄湖、昆承湖、元荡、独墅湖等。区内水位受气象和水文因素制约,一般埋深 0.5~2.0m,水位动态随着季节有明显的变化,属典型的蒸发入渗型动态特征。

路线所经区域地质构造。位于新华夏第二巨型隆起带与秦岭东西向复杂构造带东延的复合部位,构造形迹错综复杂,印支运动所形成的褶皱形迹遭受后期断块和岩浆作用破坏支解比较严重。区内有六种构造体系和构造形式,即华夏式构造、东西向构造、北西向构造、推覆构造、新华夏构造和弧形构造。主构造为西南~北东向,次构造为西北~东南向。路线所处平原区,各构造断裂均为隐伏状,区内无全新世活动断裂存在。区内主要断裂带有湖—苏断裂(F11)、南浔—芦墟断裂(F14)、吴江—千灯断裂(F13)。

F11 是区内主要断裂,F11 断裂对苏州地区东西两大地质单元的分布起控制作用,F13、F14 断裂以 F11 为起点,向东延伸,间隔分布于项目区,对区内地层分布起控制作用。据场地地震研究,本地区地震基本烈度为Ⅵ度,对一般构造物按Ⅵ度设防,由于软土抗震性能较差,对软土发育地带的大型桥梁按提高一级设防,即Ⅶ度。

沿线工程地质特征:沿线地层为第四系松散沉积物,按其成因类型和物理力学性质划分为 5 个工程地质层,各层分布状况及工程地质性质特征详见《工程地质勘察报告》。其中Ⅱ2 层淤泥质亚黏土,Ⅲ3 层亚黏土对路基沉降和稳定性危害很大,必须进行区别处理。通过处理后,上述地层能够达到道路设计要求,对中部普遍发育的厚层硬土层宜尽量利用,但必须对下卧软土层进行必要的试验、验算或处理。

沿线中下部的Ⅳ1 层、Ⅳ2 层和深部Ⅳ6 层、Ⅴ1 层的黏性土和粉砂,工程性质较好,可作为桥涵地基的持力层。

5)工程进度

苏嘉杭高速公路常熟至苏州段工程分二期实施,常熟互通以南为一期工程,于 2000 年 7 月 28 日开工建设,2003 年 11 月 8 日建成通车;常熟互通以北为二期工程,于 2001 年 8 月开工,2004 年 8 月 15 日与沿江高速公路同步建成通车。

6)主要工程数量

全线征用土地 8517 亩,拆迁房屋 145653m²;完成路基土石方 887 万 m³,软基处理 31.2km;主线桥梁 76 座计 9766 延米,其中,特大桥 7 座、大中小桥 69 座;互通式立交 6 处,分离式立交 6 处;涵洞 25 道,通道 42 道;路面底基层 132 万 m²,基层 126 万 m²,沥青混凝土面层(含匝道)136 万 m²,水泥混凝土路面层 4 万 m²;房屋建筑 2.4 万 m²,服务区停车场水泥混凝土路面 6.7 万 m²,绿化 76 万 m²,同步建成交通安全设施、收费、通信、监控、供电、照明等设施。

2. 决策过程

苏嘉杭高速公路常熟至苏州段于 1998 年 12 月经江苏省计划与经济委员会以苏计经交发〔1998〕2574 号文《关于苏嘉杭公路常熟至苏州段项目建议书的批复》批准立项。

2000 年 1 月,以苏计经交发〔2000〕126 号文《关于苏嘉杭高速公路常熟至苏州段项目工程可行性研究报告的批复》批准工程可行性研究报告。

2000年6月,江苏省建设委员会以苏建重〔2000〕231号文《关于苏嘉杭高速公路常熟至苏州段初步设计的批复》批准工程初步设计。

2000年8月,江苏省环境保护局以苏环然〔2000〕35号文《关于对苏嘉杭高速公路常熟至苏州段工程环境影响报告书的批复》批准工程环境影响报告书。

2000年11月,江苏省审计厅以苏审意投开〔2000〕34号文《江苏省审计厅关于苏嘉杭高速公路常熟至苏州段建设项目的开工前审计意见》通过开工前审计。

2000年11月,江苏省交通厅批准了开工报告。

(二)建设情况

1.项目准备阶段

(1)成立苏州市高速公路暨绿色通道建设领导小组,对苏嘉杭高速公路进行决策领导

为加强苏州市高速公路建设特别是苏嘉杭高速公路建设工作的领导,加快苏州市交通基础设施建设部步伐,促进苏州市各项社会经济事业健康发展,苏州市人民政府于1999年7月成立苏州市高速公路建设领导小组,由市长任组长,由分管副市长、副秘书长、有关直接责任单位负责人任副组长,市属相关部门、沿线市(区)政府为组员。苏州市高速公路建设领导小组作为一个综合决策机构主要是对苏州市高速公路规划、建设、管理进行宏观领导,协调各部门之间的关系,对有关重大事项作出决策。

(2)成立苏州市苏嘉杭高速公路建设指挥部,负责苏嘉杭高速公路的建设管理

为高标准、高质量完成苏嘉杭高速公路建设任务,1999年9月苏州市人民政府成立苏嘉杭高速公路建设指挥部,负责苏嘉杭高速公路的建设管理工作。

苏嘉杭高速公路建设指挥部下设综合处、总工办、工程处、计划处、财务处、交通工程办公室、试验检测中心等7个职能处室负责具体的建设管理工作。指挥部以工程质量为核心,做好工程建设、征地拆迁、机关建设三个方面的工作。

指挥部成立以来就牢固树立质量意识,以"如临深渊、如履薄冰"的态度抓好建设管理工作,把"建一流工程、育一流人才、树一流廉政"作为指挥部日常工作目标。

为加强工程管理,指挥部严格按照国家有关法律、法规建立了一系列规章制度,规范自身行为,强化质量管理,正确处理与施工、监理单位的关系,指挥部各处室以工程建设之急为所急,以工程建设之想为所想,团结一致,奋力拼搏,强化质量管理,加快工程进度,为工程建设提供了有力的组织保障。

(3)组建苏嘉杭高速公路有限公司

根据国家有关重大基础设施建设应组建项目公司实施的规定,由江苏交通产业集团、

第七章
高速公路项目简介

苏州市基础设施投资管理有限公司、苏州高速公路有限公司、苏州市国际经济发展控股集团公司、苏州苏嘉杭农民持股协会共同投资组建了苏州苏嘉杭高速公路有限公司,负责经营、管理苏嘉杭高速公路。公司注册资本金为16.50亿元,其中江苏省方面占1/3,苏州市方面占2/3。

在工程建设紧张展开的同时,按"一流设施、一流管理、一流服务"的要求,基本完成苏嘉杭高速公路有限公司运营管理的组建工作。

(4)开展四大攻坚战役,进行社会主义劳动竞赛,掀起施工建设高潮

为加快工程建设进度,掀起施工建设高潮,苏州市交通局、市总工会、指挥部成立了苏嘉杭高速公路社会主义劳动竞赛领导小组,先后开展土方、桥梁、路面、交通工程四大攻坚战役,进行社会主义劳动竞赛活动。

社会主义劳动竞赛以干劲,赛按期完成工程进度;比质量,赛严格遵守设计标准和施工规范;比文明,赛规范管理、文明施工;比安全,赛无各类事故发生;比风格,赛顾全大局,以搞好内外团结协作为竞赛内容,各施工监理单位也成立相应的竞赛领导机构,建立完善的组织网络,加强宣传发动,制定保障措施,精心组织、狠抓落实。竞赛领导小组要求各施工、监理单位在现场布置劳动竞赛和质量创优宣传标语,营造全面攻坚的氛围。对于在工程建设中涌现出来的典型人物、优胜单位、先进事迹进行大张旗鼓的宣传表彰,使全线始终呈现出一派"比、学、帮、赶"的生动局面。在社会主义劳动竞赛活动中,广大参建人员充分发挥交通职工特别能吃苦、特别能战斗的英勇精神,不断涌现出团结拼搏、无私奉献、攻坚克难、挑战极限、创造奇迹的动人场面。

广大参建人员在社会主义建功立业、社会主义劳动竞赛中提高了思想觉悟,鼓舞了斗志,激发了热情,充分发挥了全体建设者的主观能动性,增强了责任感和使命感,不断战胜各种艰难险阻,提前完成了各项任务目标,以实际行动实践了"三个代表"重要思想。

(5)省市纪检监察部门成立驻苏嘉杭联络办公室

苏嘉杭高速公路是省市重点实事重点工程之一,是江苏省"四纵、四横、四联"以及苏州市"一纵三横一射一环"高速公路网的重要组成部分,作为苏州境内唯一一条南北向的高速公路,北经沿江高速公路接苏通长江公路大桥,南经沪宁、绕城高速公路与浙江乍嘉苏高速公路相连,是苏州市高速公路路网中的重中之重,建成后将对苏州乃至江苏全省的社会经济事业的发展起到极大的推动作用,其经济意义和社会意义都非常重大。

高速公路项目数额巨大,流转频繁,若不及时规范管理、加强监控,稍有不慎极易发生腐败问题。因此,在苏嘉杭高速公路开工建设之初,苏州市纪委、监察局就成立了驻苏嘉杭联络办公室帮助解决高速公路纪检监察、廉政建设等问题。2001年10月江苏省纪委驻省高指苏州派出小组正式挂牌成立,主要指导苏嘉杭高速公路的纪检检查工作。

省市纪检机构入驻苏嘉杭高速公路标志着苏嘉杭高速公路纪检监察工作关口前移,

对所有工程项目从招投标到交工验收环节实行全过程、全方面监控,针对容易滋生腐败问题的薄弱环节和关键部位加强监督,不断推进体制、机制、制度创新,从源头上预防腐败。

省市纪检监察部门的同志与指挥部工作人员一道,经常深入施工一线,现场协调解决一些比较突出的地方矛盾,通过耐心细致的解释工作为施工单位创造了良好的施工环境,加快了工程建设进度。

(6)建立健全各类组织机构,系统高效开展工作

苏嘉杭高速公路是一项纷繁复杂的系统工程,具有量大、面广、点多的特点,要在千头万绪中理清一条清晰的工作思路,首先要建立健全各项具体事务的组织领导机构。

为了较好地完成质量督查工程管理、档案管理、科研攻关等工作,指挥部相继成立了办公室、科研攻关、档案管理、优监优酬考核领导小组,设立了交通工程总监代表,派驻了督查工程师,这些部门、机构的设立在指挥部各处室之间架设了一道相互协调、联络的桥梁。使各处室之间能够更好地加强交流,互换信息,能为指挥领导的各项决策提供充分确凿的依据。使指挥部成为苏嘉杭高速公路建设高效、快速的指挥中心。

①施工、监理单位招标情况

招标管理按江苏省交通厅批准的"苏嘉杭高速公路(江苏段)工程施工招标投标管理办法"执行。工程施工招标方式采用国内公开招标,始终坚持"公开、公平、公正"的原则,严密标底编制,加强资格审查,严格组织评标,依法签订合同,严肃工作纪律。招标过程由苏州市公证处进行公证,并接受江苏省交通行业与产业项目招标投标管理办公室及江苏省纪委驻省高指苏州市高指纪检监察组监督。

②参建单位主要情况

设计单位:中交第二公路勘察设计研究院、交通部第二公路勘察设计院、上海交通设计所。

施工单位:中铁第二十工程局、路桥集团第一公路工程局、江苏省交通工程总公司、东盟营造有限公司、陕西公路交通科技开发咨询公司等。

设备安装单位:陕西公路交通科技咨询公司、江苏燕宁公路工程技术公司、亿阳集团有限公司等。

监督单位:苏州市交通质量监督站。

监理单位:苏州路达交通工程咨询监理有限公司、镇江市润通交通工程监理咨询有限公司、上海同济公路工程监理咨询公司、苏州建设监理公司、南京安通监理有限公司、中咨兆信监理公司等。

③征地拆迁情况

全线共拆迁房屋145653m^2,征用土地8517亩。

2. 项目实施阶段

针对苏嘉杭高速公路质量要求高、任务重、工期紧的特点,从一开始就全面制订总体目标计划,明确阶段目标,特别是精心组织了路基、桥梁、路面、交通工程四大攻坚战。严格目标管理。从指挥部到监理组、项目部,层层落实四大攻坚战中每一个分项工程目标,使工程从单位到分项均有章可循,工程进展始终处于受控状态。建立风险激励机制,加强阶段目标考核。指挥部在四大攻坚战中,建立了风险激励机制,监理组、项目部向指挥部缴纳风险抵押基金,对照阶段目标,由考评小组分阶段考核。同时将进度计划的完成情况作为考核施工单位"优质优价"、监理单位"优监优酬"的重要指标。对完成阶段目标任务的单位及时加倍返回抵押金以资奖励,对进度滞后的标段采取"监帮促"措施,对不能满足进度目标的标段强制性采取"切割合同工作量",加强项目组织领导等措施来保证。倒排计划、抓好预控、细化目标、抓好日进度。指挥部在每一单位工程开工前均要求监理组、项目部制定进度控制网络图,细化到每一道工序,指挥部通过工程一线巡查考核,重点审查施工单位的人员、机具设备、材料到场情况、施工条件的完备性来及时发现并分析可能制约工程进度的关键节点,对症下药,做好预控。同时建立日报制度,确保日产量,以日产量来保证分项工程目标。抓好驻地监理组的管理。苏嘉杭高速公路采取了总监、驻地监理二级监理体系,指挥部相关部门兼总监办事机构,驻地监理实行社会监理。重点把好招聘关、把好进场验收关、坚持持证上岗、严格监理考评、贯彻预防为主思想、严格监理程序、坚持四级检测制度。

苏嘉杭建设一开始便认真贯彻执行"企业自检、社会监理、政府监督"的三级质量管理体系,严格承包人自检、驻地监理平行抽检,市高指抽检和省高指检测中心巡回检测的四级检测制度,明确提出质量总目标为"学沪宁、创国优、争一流"。

从组织上保证:①建立健全质量责任制。按照全国及省基础设施建设工程质量会议精神和交通部《公路工程质量管理办法》,在指挥部、监理、施工、设计单位以责任状形式建立层层负责的质量责任制体系,落实省交通厅、省监察厅实行的各级、各参建单位领导项目法人、监理质量责任制和质量终身制,建立责任档案。②建立健全质保体系。为加强工程质量管理,指挥部成立了质量创优领导小组,建立了质量举报制度、质量事故报告制度、质量事故追究制度、质量情况通报制度、红黄牌制度等。各监理组、项目部必须在开工前建立可操作的质保体系和岗位责任制,并经常检查。对出现的质量问题,认真排查质保体系运作中的症结,举一反三,从根本上解决质量问题。③划分质量控制单元,成立"工程质量通病防治领导小组"。全面开展"质量在我手中"活动及质量创优活动,划分质量控制单元,以分项保分部、以分部保单位,以单位保整个工程质量创优。组织各监理、施工单位一起编写了《苏嘉杭高速公路质量通病防治手册》,并成立防治领导小组,精心组织质量创优活动。

从施工管理上保证：①强化首件工程认可制。在第一次工地会议上指挥部便下发"首件工程认可制"，贯彻预防为主、先导试点的原则。明确了首件工程评定标准、评价办法、责任体系、实施程序。对每一分项首件工程进行评定，只有优良工程才允许推广生产。同时要求正常生产后的工程质量不得低于首件示范工程质量，否则将被勒令停工重新退回到首件认可阶段，对不合格产品则坚决予以废弃。②强化现场检查、监督。为掌握工程建设第一手资料，指挥部在土方、桥梁攻坚战中在吴江平望成立了现场指挥部，通过每天的现场检查，及时解决一线现场问题，对落实要求、提高质量、督促现场工作起到了很大的作用。指挥部还聘请了督查工程师，及时发现质量隐患，监管施工、监理单位，落实整改措施。指挥部明确取消双休、节假日，集中精力抓管理。指挥长经常利用双休日带领全体中层干部从南到北进行现场办公及拉网式检查，既督促了工程质量进度，也为施工单位解决了实际困难。工程处经常进行明察暗访，组织夜间抽查，及时检查监督隐蔽工程质量，确保工程质量不留下隐患。③强化考核管理工作。项目经理、监理组长作为施工、监理单位项目代表必须常驻工地一线，指挥部制定了专门的考核条例进行考勤，对擅自离岗的按3000元/日进行经济处罚，严重影响工程质量、进度的则开除。④强化试验、检测工作。工程质量的控制依靠试验数据，加大施工前、施工中、施工报验时的试验检测力度是控制工程质量的强有力手段。在很多关键工序上，指挥部、监理组检测频率均大于要求值，如为了保证二灰碎石基层质量，检测中心对每天的施工段落均进行了钻芯检测，发现有不成型的坚决铣掉重来。在沥青混凝土施工期间，监理组每天都与承包人一起做平行检测试验，达到了100%的检测频率。在测量方面，指挥部专门聘请了测量专家进行控制把关，对全线控制测量专门委托具有甲级资质的西南勘察设计院进行复测控制，以保障水准点、导线点万无一失。

从工程技术上保证：①加强施工作业指导。为了进一步规范施工行为，明确施工质量要求，确保质量创优，指挥部参照省内外高速公路施工经验，结合自身特点和要求出台了粉喷桩、塑插板处理软基、95区灰土施工、二灰土底基层、二灰碎石基层、下封层、Superpave高性能沥青混凝土路面中、下面层及上面层等8个施工作业指导意见书，使施工、监理、管理有章可循，为创精品工程打下了坚实的基础。②强化施工方案的预控。施工方案作为工程项目技术性指导文件，直接关系到整个工程质量创优的大局。指挥部对此坚持"预防为主"方针，在开工前进行认真审查，对一些重要的分项工程，还邀请专家、设计单位联合审查。三向预应力连续结构悬浇箱梁的施工方案，指挥部召开了不下五次研讨论会，对0号块施工临时支架方案、边跨合龙、中跨合龙方案均进行了仔细讨论，部分方案还请设计院进行了受力验算，对临时支架、中跨合龙刚性支撑均进行了加固处理，对挠度控制也重新进行了计算。③强化现场施工工艺控制。指挥部坚持质量控制从每一道施工工序、施工工艺抓起，通过举办大量的施工现场会、专题会，如取土坑闷灰、河塘清淤回填、软基处理、95区施工、台背回填、立柱、T梁浇筑、防护工程中分带施工、二灰碎石摊铺等来优化施工工艺;聘请同济大学教授前来指导Superpave沥青混凝土拌和、摊铺、碾压等施工工艺,并组织施工、监理、管理人员参加市交通局、省交通厅举办的桥梁、路基、路面等施工技术研讨会,提高参建人员的专业技术水平和管理水平。

建设过程中,经建设主管部门批准,主要的变更设计有:

在苏嘉杭高速公路B1~B8标段施工实施过程中,在省、市高速公路指挥部统筹管理领导下,因工期缩短,地质资料设计变更等原因,施工图设计按照江苏省规定的变更程序,对苏嘉杭北段进行了以下主要设计变更:

(1)B1标盐铁塘特大桥(K6+000)第一联设计变更;

(2)B1标董浜互通C匝道桥设计变更;

(3)B1标桥梁墩柱尺寸统一设计变更;

(4)B2标古董大桥设计变更;

(5)B4标常昆路分离式立交地方路软基处理设计变更;

(6)B4标草荡东小桥设计变更;

(7)B5标局部路段纵坡调整设计变更;

(8)B5标马圩中桥设计变更;

(9)B6-1标外塘河2号大桥、王行村中桥设计变更;

(10)B6-2标局部路段设计变更;

(11)B8标太平互通设计变更;

(12)路面结构设计变更;

(13)防护工程、防护形式设计变更土路肩排水设计变更。

(三)科技创新成果与应用

从开工伊始,指挥部就制定了苏嘉杭高速公路要走"科研之路",建一流精品工程的目标,以"科技是第一生产力"作为高速公路建设指导思想,提出向科技要进度、要质量、要效益,成立了科研工作领导小组,进行了如下三个课题研究:

1. 真空路堤联合堆载预压法处理软土地基

指挥部与河海大学高等级公路研究中心合作,确定了"真空路堤联合堆载预压法处理软土地基"科研课题(该课题已在苏州市科技局立项)。在K28+550~K28+650段软土厚度最大18m处采用真空路堤联合堆载预压方案。真空路堤联合堆载预压抽真空的时间从2001年6月2日至2001年11月24日,最大沉降量达117cm,经观测分析,路面工后沉降几乎为零,路堤已全部稳定,真空路堤联合预压取得了圆满成功。

2.沉降动态观测与分析

由于苏嘉杭北段地质条件极其复杂,是典型的软土地基,控制好路基沉降稳定质量是工程成败的关键。为此指挥部联合河海大学,对全线路基进行沉降动态观测与分析,并指导生产实践。通过动态沉降观测与分析,指挥部对路基填土速率、桥台桩开钻时间、路基堆载土预压时间及上路面时间进行了控制,确保了北段提前通车及工程质量。

3.沥青混合料优化设计与应用研究

苏嘉杭高速公路地处暖温多雨潮湿地区,又是南北大通道,交通量大,重载车多,传统面层结构、级配很难满足实际需要,为此指挥部委托同济大学进行路面结构设计的优化与应用研究。通过对沥青、集料及沥青混合料试件的各项试验研究,提出采用 Superpave 沥青混凝土结构作为面层的方案,并提供混合料目标配合比,制订了施工指导意见,有效地控制了施工质量。

(四)运营及养护管理

1.运营管理

(1)苏嘉杭公司从成立之日起就明确提出了"四个一流"的奋斗目标,2005年更是明确提出了成为国内著名的高速公路专业化管理品牌的企业愿景。长期以来,公司紧紧围绕既定目标,大力推进企业文化建设,狠抓基础管理、规范管理和优质服务,着力提升员工综合素质和专业化管理水平,着力打造行业文明服务品牌,各项工作取得了长足的进步和发展。

(2)掌握方法要领,抓好关键环节。扎实推进对标管理,深入开展对标活动,考虑到对标管理关注更优方法、更优流程、更优模式,追求目标、流程、成本、计划、信息、技术、知识、绩效的精细化标准创造,在开展对标管理过程中始终坚持:①准确定位,选好标杆。②选准项目,定准目标。③研究对策,制定措施。④落实责任,强化考核。⑤健全机制,持续改进。

(3)正确处理主导与主体、单对与全对、扬长与克短、学标与创标四个关系,增强了对标管理的实效。

2.养护管理

(1)建立并完善社会化养护管理机制,养护单位社会化。公司坚持"社会化、专业化、规范化、机械化"的方向,日常保洁养护、养护巡查与小修、交通安全设施维修、绿化养护、基础设施(含供配电设施)维护、专项大中修工程全部通过社会招投标选择有资质的单位,建立了以合同管理为中心的社会化养护管理新模式。

(2)建立并完善养护管理体系。公司通过质量、环境、职业健康安全管理体系的建立,在养护管理上制定了《养护控制程序》和十二个管理规定,规范了养护工作流程、制度和考核体系。

(3)委托专业检测机构,做好技术状况评定工作。公司委托专业检测机构,采用自动化检测设备,按《公路技术状况评定标准》规定的频率,每年对路面进行检测和技术状况分析,公司根据《公路桥涵养护规范》规定的频率,每两年进行桥梁定期检查评定。公司每季度组织路况调查,结合专业机构的检测资料,每季度对高速公路技术状况进行评定,并将评定结果上报省交通主管部门。

(4)围绕主营业务,进一步加强道路基础设施的维护。公司严格按照程序文件和管理规定标准要求开展日常养护管理工作,重点加强日常稽查、检查和考核,督促养护承包单位加强资源配置,加强路面病害和交通安全设施损坏的检查维护工作,注重桥涵构造物的检查维护,注重绿化养护管理,重点保障站区设施的检查维护,注重养护作业安全监管,注重应急抢险,保障高速公路良好品质和安全畅通。根据《日常养护管理规定及评分考核细则》,公司对养护承包单位全面加强日常稽查和考核管理。通过严格考核,进一步强化了日常养护管理,提高了日常养护成效。

(5)切实落实"桥梁工程师"管理制度,加强桥梁构造物养护管理。公司根据《公路桥梁养护管理工作制度》《公路桥涵养护规范》制定了《苏嘉杭高速公路桥梁养护管理工作制度》,进一步完善了《桥梁灾害应急处置预案》,建立了桥梁养护工程师制度,建立桥梁管养网络,配置专职桥梁工程师,明确了责任追究制度。

(6)加强预防性养护工作,注重"四新"技术的应用。公司依托专业检测单位的路况检评资料,注重开展预防性养护工作以及"四新"技术的应用,将日常维修养护新技术、现场热再生技术、桥梁维修加固处理新技术、太阳能供电技术、节能环保技术等实用技术及专用养护设备运用到实际的养护工作中,努力实践科学养护。

路面裂缝开槽施工工艺、综合养护车热再生路面修补工艺、路面现场热再生工艺、ECA 路面工艺、桥梁结构低压注射裂缝修补及纤维加固工艺、FSS 系列伸缩缝、伸缩缝快速混凝土维修工艺、连续箱梁同步顶升技术,都得到了很好的应用。桥梁航标灯增设采用了太阳能航标灯及遥测装置。收费站照明设施实施了节能降耗改造,采用专用节能设备、T5 节能荧光灯、LED 光源,有效节约能源,满足建设资源节约型和环保型社会的需求。

3.服务区

苏嘉杭高速公路常熟至苏州段包含阳澄西湖 1 个服务区。服务区以经营餐饮、超市为主体,以加油、汽修为配套,以休闲娱乐为补充,为顾客提供多功能全方位服务。

阳澄西湖服务区位于苏嘉杭高速公路北段,苏州以北8km处,著名的阳澄湖畔。整个服务区占地200余亩,按四星级标准设计建造,主体建筑11000m^2,外形独特美观,内饰突出吴文化设计主题,使建筑与自然环境和谐统一。服务区绿化占地67000m^2,绿树成荫,花坛锦簇,环境优美。沿湖亭、台、廊、阁错落有致,木结构亲水平台和观湖栈桥更添闲情雅趣。

阳澄西湖服务区集停车、加油、餐饮、客房、会议、超市、汽修、水产品市场等功能于一体。6万m^{2}停车场,可同时停泊330辆小车、130辆大货车。餐饮提供以阳澄湖水产品为主的美味佳肴,特别是每年稻香黄秋风起时,享誉中外的阳澄湖大闸蟹使广大美食者赞不绝口。快餐厅可同时供400人用餐,宴会厅设40桌席位。同时还设有4个大中小会议厅、多功能厅,近50个标准床位。是会议、度假、休闲、美食的理想之地。

二、苏嘉杭高速公路(苏州至吴江段)(建设期:2000—2004年)

(一)项目概况

1.基本情况

1)建设依据

苏嘉杭高速公路是江苏省第一条"省市共建、以市为主、股份制建路"高速公路,是国家高速公路网"七射九纵十八横"主骨架中纵向"沈海高速公路"(沈阳至海口G15)的并行线,在国家高速公路中命名为"常台高速公路"(G15W),同时又是苏州"一纵三横"高速公路主骨架中唯一的一条纵向线。它北接苏通长江公路大桥,南连浙江省乍嘉苏高速公路,以沪宁高速公路为界分南北两段,南段为苏州至吴江段,于1999年7月28日开工,2002年12月8日建成通车。

2)建设规模及主要技术指标

苏州至吴江段北起苏嘉杭高速公路与沪宁高速公路的连接点,即苏州北枢纽互通,沿途穿越苏州工业园区、吴中区、吴江市9个乡镇,终点为江浙两省界河麻溪港桥,全长54.208km。全线桥梁占路线总长的31%;设苏州北枢纽互通1处,苏州、吴中、吴江、黎里、盛泽5处互通式立交,盛泽主线收费站1处和白洋湖服务区1处。整个路段配置了完善的收费、监控、照明、安全、景观绿化、声屏障等交通工程和管理服务设施。全路段按全封闭、全立交高速公路标准设计,双向四车道,设计行车速度120km/h,路基顶宽28m,桥涵设计车辆荷载为汽车—超20级、挂车—120。

完成工程量:全线征用土地9810.46亩,拆迁房屋180050.18m^2;完成路基土石方656.5万m^3,软基处理36km;桥梁46座16880延米,其中高架桥1座8515延米,特大桥7座6567延米;互通式立交6处,分离式立交2处,涵洞51道,通道59道;路面底基层125

万 m^2,基层 128 万 m^2,沥青混凝土路面层 395 万 m^2,水泥混凝土路面层 2.5 万 m^2;房屋建筑2.6 万 m^2,绿化 90 公顷,声屏障 1.2km 以及全路段的安全设施、收费、通信、监控、供电、照明等设施。

3)项目投资及来源

苏嘉杭高速公路是全省第一条省市共建、以市为主建设的高速公路,公司按照资本市场运作方式,拓展融资渠道,以高速公路收费权作为抵押,向银行贷款为工程项目筹集资金。1999年6月,江苏省建设委员会以苏建重〔1999〕249号文对南段项目初步设计有关线路走向、设计方案、建设规模、概算及工期等作出批复。核定初步设计概算为 270107 万元。工程投资控制在概算范围内。

4)工程建设条件

苏嘉杭高速公路所在区域为长江三角洲太湖平原地区,区内河网、湖荡密布,地势低平、开阔,总体呈西北略高、东南低,地面高程 1.0~3.5m。区内地貌可分为一级湖积阶地及河、湖漫滩与湖荡区。一级湖积阶地地区主要是平坦水网化平原,其北界位于苏州—昆山一线(现沪宁高速公路一带),南界位于甪直—车坊一线(K57+200),河、湖漫滩与湖荡区主要是低洼湖荡平原区,位于路线的南部,北界为甪直—车坊一线。

本路段所在区域位于太湖下游,是太湖洪水下泄归海必经廊道。区域内水域广阔、地势低平、河港纵横交织、密如蛛网,湖荡众多,按区域分区水系为娄江、沪宁铁路以南,太浦河以北属淀泖水系,以南属杭嘉湖水系(浦南水系);按水文分区属平原水网区。区内河流按其作用来分可分为流域性河道、区域性河道、县级河道、乡级河道、圩内生产河道五大类。流域性河道和区域性河道是区内河网的主干框架,主要有娄江、斜港、吴淞江、大窑港、太浦河、京杭大运河,其中太浦河是太湖洪水东泄的主要河道。区内湖泊主要有太湖、阳澄湖、澄湖、阳澄湖群、淀山湖、淀山湖群、浦南湖群。

路线经过区域气象:苏州位于北亚热带湿润季风气候区,温暖潮湿多雨,四季分明,冬夏季长,春秋季短。境内因地形、纬度的差异,形成各种独特的小气候。太阳辐射、日照及气温以太湖为高中心,沿江地区为低值区,降水量分布也具有同样规律。区域内河流较多,灌溉沟渠密布,苏州全市有大小河道 2 万余条,总长 1457km,其中县级以上河道 147 条,通江河道主要有张家港、十一圩港、望虞河、常浒河、白茆、七浦塘、杨林塘、浏河、娄江、吴淞江、太浦河等;内部主骨干河道有江南运河、元和塘、横泾塘、盐铁塘等。大小湖荡 323 个,计 421 万亩,其中 500 亩以上的湖荡 129 个,千亩以上的湖荡 87 个。除太湖外,较大的湖泊有阳澄湖、淀山湖、澄湖、昆承湖、元荡、独墅湖等。区内水位受气象和水文因素制约,一般埋深 0.5~2.0m,水位动态随着季节有明显的变化,属典型的蒸发入渗型动态特征。

路线所经区域地质构造:位于新华夏第二巨型隆起带与秦岭东西向复杂构造带东延

的复合部位,构造形迹错综复杂,印支运动所形成的褶皱形迹遭受后期断块和岩浆作用破坏肢解比较严重。区内有六种构造体系和构造形式,即华夏式构造、东西向构造、北西向构造、推覆构造、新华夏构造和弧形构造。主构造为西南~北东向,次构造为西北~东南向。路线所处平原区,各构造断裂均为隐伏状,区内无全新世活动断裂存在。区内主要断裂带有湖—苏断裂(F11)、南浔—芦墟断裂(F14)、吴江—千灯断裂(F13)。

F11是区内主要断裂,F11断裂对苏州地区东西两大地质单元的分布起控制作用,F13、F14断裂以F11为起点,向东延伸,间隔分布于项目区,对区内地层分布起控制作用。据场地地震研究,本地区地震基本烈度为Ⅵ度,对一般构造物按Ⅵ度设防,由于软土抗震性能较差,对软土发育地带的大型桥梁按提高一级设防,即Ⅶ度。

沿线工程地质特征:沿线地层为第四系松散沉积物,按其成因类型和物理力学性质划分为5个工程地质层,各层分布状况及工程地质性质特征详见《工程地质勘察报告》。其中Ⅱ2层淤泥质亚黏土、Ⅲ3层亚黏土对路基沉降和稳定性危害很大,必须进行区别处理。通过处理后,上述地层能够达到道路设计要求,对中部普遍发育的厚层硬土层宜尽量利用,但必须对下卧软土层进行必要的试验、验算或处理。

沿线中下部的Ⅳ1层、Ⅳ2层和深部Ⅳ6层、Ⅴ1层的黏性土和粉砂,工程性质较好,可作为桥涵地基的持力层。

5)工程进度

苏嘉杭高速公路苏州至吴江段工程计划工期四年,即自1999年7月至2003年7月。经过苏嘉杭高指和设计、监理、施工单位的共同努力,顺利实现并提前了工期目标,实际工期为3年5个月。

6)主要工程数量

苏嘉杭高速公路苏州至吴江段工程:全线征用土地9810.46亩,拆迁房屋180050.18m²;完成路基土石方656.5万m³,软基处理36km;桥梁42座16892延米,涵洞51道,通道59道;路面底基层125万m²,基层128万m²,沥青混凝土路面层395万m²,水泥混凝土路面层2.5万m²;房屋建筑2.6万m²,绿化90公顷,声屏障1.2km以及全路段的安全设施、收费、通信、监控、供电、照明等设施。

2. 决策过程

1998年8月,江苏省计划与经济委员会以苏计经交发〔1998〕1531号文批准立项。

1998年11月,以苏计经交发〔1998〕2193号文批准。

1999年6月,江苏省计划与经济委员会以苏计经发〔1999〕912号文批复同意增设苏州城区互通。

1999年6月,江苏省建设委员会以苏建重〔1999〕249号文批准初步设计,核定总概算270107万元。

1999年11月,江苏省环境保护局以苏环然〔1999〕61号文批准工程环境影响报告书。

1999年12月,江苏省审计厅以苏审意投开〔1999〕66号文通过开工前审计。

1999年12月,江苏省交通厅批准开工报告。

(二)建设情况

1.项目准备阶段

(1)成立苏州市高速公路暨绿色通道建设领导小组,对苏嘉杭高速公路进行决策领导

为加强苏州市高速公路建设特别是苏嘉杭高速公路建设工作的领导,加快苏州市交通基础设施建设部步伐,促进苏州市各项社会经济事业健康发展,苏州市人民政府于1999年7月成立苏州市高速公路建设领导小组,由市长任组长,由分管副市长、副秘书长、有关直接责任单位负责人任副组长,市属相关部门、沿线市(区)政府为组员。苏州市高速公路建设领导小组作为一个综合决策机构主要是对苏州市高速公路规划、建设、管理进行宏观领导,协调各部门之间的关系,对有关重大事项作出决策。

(2)成立苏州市苏嘉杭高速公路建设指挥部,负责苏嘉杭高速公路的建设管理

为高标准、高质量完成苏嘉杭高速公路建设任务,1999年9月苏州市人民政府成立苏嘉杭高速公路建设指挥部,负责苏嘉杭高速公路的建设管理工作。

苏嘉杭高速公路建设指挥部下设综合处、总工办、工程处、计划处、财务处、交通工程办公室、试验检测中心等7个职能处室负责具体的建设管理工作。指挥部以工程质量为核心,做好工程建设、征地拆迁、机关建设三个方面的工作。

指挥部成立以来就牢固树立质量意识,以如临深渊、如履薄冰的态度抓好建设管理工作,把"建一流工程、育一流人才、树一流廉政"作为指挥部日常工作目标。

为加强工程管理,指挥部严格按照国家有关法律、法规建立了一系列规章制度,规范自身行为,强化质量管理,正确处理与施工、监理单位的关系,指挥部各处室以工程建设之急为所急,以工程建设之想为所想,团结一致,奋力拼搏,强化质量管理,加快工程进度,为工程建设提供了有力的组织保障。

(3)组建苏嘉杭高速公路有限公司

根据国家有关重大基础设施建设应组建项目公司实施的规定,由江苏交通产业集团、苏州市基础设施投资管理有限公司、苏州高速公路有限公司、苏州市国际经济发展控股集团公司、苏州苏嘉杭农民持股协会共同投资组建了苏州苏嘉杭高速公路有限公司,负责经营、管理苏嘉杭高速公路。公司注册资本金为16.50亿元,其中江苏省方面占1/3,苏州市方面占2/3。

在工程建设紧张展开的同时,按"一流设施、一流管理、一流服务"的要求,基本完成

苏嘉杭高速公路有限公司运营管理的组建工作。

(4) 开展四大攻坚战役,进行社会主义劳动竞赛,掀起施工建设高潮

为加快工程建设进度,掀起施工建设高潮,苏州市交通局、市总工会、指挥部成立了苏嘉杭高速公路社会主义劳动竞赛领导小组,先后开展土方、桥梁、路面、交通工程四大攻坚战役,进行社会主义劳动竞赛活动。

社会主义劳动竞赛比干劲,赛按期完成工程进度;比质量,赛严格遵守设计标准和施工规范;比文明,赛规范管理、文明施工;比安全,赛无各类事故发生;比风格,赛顾全大局,以搞好内外团结协作为竞赛内容,各施工监理单位也成立相应的竞赛领导机构,建立完善的组织网络,加强宣传发动,制定保障措施,精心组织,狠抓落实。竞赛领导小组要求各施工、监理单位在现场布置劳动竞赛和质量创优宣传标语,营造全面攻坚的氛围。对于在工程建设中涌现出来的典型人物、优胜单位、先进事迹进行大张旗鼓的宣传表彰,使全线始终呈现出一派"比、学、帮、赶"的生动局面。在社会主义劳动竞赛活动中,广大参建人员充分发挥交通职工特别能吃苦、特别能战斗的英勇精神,不断涌现出团结拼搏、无私奉献、攻坚克难、挑战极限、创造奇迹的动人场面。

广大参建人员在社会主义建功立业、社会主义劳动竞赛中提高了思想觉悟,鼓舞了斗志,激发了热情,充分发挥了全体建设者的主观能动性,增强了责任感和使命感,不断战胜各种艰难险阻,提前完成了各项任务目标,以实际行动实践了"三个代表"重要思想。

(5) 省市纪检监察部门成立驻苏嘉杭联络办公室

苏嘉杭高速公路是省市重点实事重点工程之一,是江苏省"四纵、四横、四联"以及苏州市"一纵三横一射一环"高速公路网的重要组成部分,作为苏州境内唯一一条南北向的高速公路,北经沿江高速公路接苏通长江公路大桥,南经沪宁、绕城高速公路与浙江乍嘉苏高速公路相连,是苏州市高速公路路网中的重中之重,建成后将对苏州乃至江苏全省的社会经济事业的发展起到极大的推动作用,其经济意义和社会意义都非常重大。

高速公路项目数额巨大,流转频繁,若不及时规范管理、加强监控,稍有不慎极易发生腐败问题。因此,在苏嘉杭高速公路开工建设之初,苏州市纪委、监察局就成立了驻苏嘉杭联络办公室帮助解决高速公路纪检监察、廉政建设等问题。2001年10月江苏省纪委驻省高指苏州派出小组正式挂牌成立,主要指导苏嘉杭高速公路的纪检检查工作。

省市纪检机构入驻苏嘉杭高速公路标志着苏嘉杭高速公路纪检监察工作关口前移,对所有工程项目从招投标到交工验收环节实行全过程、全方面监控,针对容易滋生腐败问题的薄弱环节和关键部位加强监督,不断推进体制、机制、制度创新,从源头上预防腐败。

省市纪检监察部门的同志与指挥部工作人员一道,经常深入施工一线,现场协调解决一些比较突出的地方矛盾,通过耐心细致的解释工作为施工单位创造了良好的施工环境,加快了工程建设进度。

(6)建立健全各类组织机构,系统高效开展工作

苏嘉杭高速公路是一项纷繁复杂的系统工程,具有量大、面广、点多的特点,要在千头万绪中理清一条清晰的工作思路,首先要建立健全各项具体事务的组织领导机构。

为了较好地完成质量督查工程管理、档案管理、科研攻关等工作,指挥部相继成立了办公室、科研攻关、档案管理、优监优酬考核领导小组,设立了交通工程总监代表,派驻了督查工程师,这些部门、机构的设立在指挥部各处室之间架设了一道相互协调、联络的桥梁。使各处室之间能够更好地加强交流,互换信息,能为指挥领导的各项决策提供充分确凿的依据。使指挥部成为苏嘉杭高速公路建设高效、快速的指挥中心。

①施工、监理单位招标情况

交通工程按专业划分进行招标。三大系统于2001年12月进行,由陕西公路交通科技开发咨询公司等3家单位中标;交通安全设施于2002年3月进行,由徐州安达交通设施有限公司等6家单位中标;供电照明于2001年12月进行,由无锡照明工程总公司等4家单位中标;房建及其装饰工程于2001年12月进行,由苏州市第一建筑工程总公司及苏州市金螳螂装饰有限公司等7家单位中标。绿化工程于2002年2月进行,由苏州市金阊区园林建筑绿化工程处等2家单位中标。

②参建单位主要情况

设计单位:中交第二公路勘察设计研究院、交通部第二公路勘察设计院、交通部上海船舶运输研究所。

施工单位:中国路桥集团总公司、江苏省交通工程总司公司、苏州交通工程集团公司、陕西公路交通科技开发咨询公司等。

设备安装单位:陕西公路交通科技咨询公司、江苏燕宁公路工程技术公司、亿阳集团有限公司等。

监督单位:苏州市交通质量监督站。

监理单位:苏州路达交通工程咨询监理有限公司、镇江市润通交通工程监理咨询有限公司、上海同济公路工程监理咨询公司、苏州天师建设监理公司、南京安通监理有限公司、中咨兆信监理公司等。

③征地拆迁情况

全线共拆迁房屋180050.18m^2,征用土地9810.46亩。

2.项目实施阶段

针对苏嘉杭高速公路质量要求高、任务重、工期紧的特点,从一开始就全面制订总体目标计划,明确阶段目标,特别是精心组织了路基、桥梁、路面、交通工程四大攻坚战。严格目标管理。从指挥部到监理组、项目部,层层落实四大攻坚战中每一个分项工程目标,使工程从单位到分项均有章可循,工程进展始终处于受控状态。建立风险激励机制,加强

阶段目标考核。指挥部在四大攻坚战中,建立了风险激励机制,监理组、项目部向指挥部缴纳风险抵押基金,对照阶段目标,由考评小组分阶段考核。同时将进度计划的完成情况作为考核施工单位"优质优价"、监理单位"优监优酬"的重要指标。对完成阶段目标任务的单位及时加倍返回抵押金以资奖励,对进度滞后的标段采取"监帮促"措施,对不能满足进度目标的标段强制性采取"切割合同工作量",加强项目组织领导等措施来保证。倒排计划、抓好预控、细化目标、抓好日进度。指挥部在每一单位工程开工前均要求监理组、项目部制定进度控制网络图,细化到每一道工序,指挥部通过工程一线巡查考核,重点审查施工单位的人员、机具设备、材料到场情况、施工条件的完备性来及时发现并分析可能制约工程进度的关键节点,对症下药,做好预控。同时建立日报制度,确保日产量,以日产量来保证分项工程目标。抓好驻地监理组的管理。苏嘉杭高速公路采取了总监、驻地监理二级监理体系,指挥部相关部门兼总监办事机构,驻地监理实行社会监理。重点把好招聘关、把好进场验收关、坚持持证上岗、严格监理考评、贯彻预防为主思想、严格监理程序、坚持四级检测制度。

在苏嘉杭高速公路 A1~A10 标段施工实施过程中,在省、市高速公路指挥部统筹管理领导下,因工期缩短,地质资料设计变更等原因,施工图设计按照江苏省规定的变更程序,对苏嘉杭南段进行了以下主要设计变更:

(1)K59+420 汽通积水设计变更;

(2)A5-2 标地方路改建积水设计变更;

(3)路面结构设计变更:上面层采用 Sup-13,中面层 Sup-19,下面层 Sup-25,下封层采用施保妙乳化沥青;

(4)A8-1 标黎里互通匝道与 318 国道拼接段路面排水设计变更;

(5)郭巷高架桥施工范围内水泥混凝土路面及郭新河两侧挡墙修复的审报设计变更;

(6)明道、明涵的中央分隔带设计增加设计变更;

(7)关江、盛泽、黎里防护工程、防护形式设计变更;

(8)土路肩排水设计变更;

(9)盛泽互通与 205 国道平交口设计变更;

(10)A7-1、A7-2 标、方尖港中桥、油车港、金家桥小桥台前人道设计变更;

(11)苏嘉杭南段北线中央分隔带开口设置位置的调整设计变更;

(12)路基排水边沟调整设计变更;

(13)A10 标、盛泽主线收费站增加回头车道设计变更;

(14)A10 标、杨家中桥改路(因通道变更为中桥改路)设计变更;

(15)A6 标、K65+620 关江开发区中桥增加设计变更;

(16)A9~A10 标、超高路段、路缘石、纵向排水沟、集水井设计变更;

(17) A6 标、吴淞江特大桥桥长设计变更；增长路基地基处理采用"真空堆载预压"法。

(三)科技创新成果与应用

从开工伊始，指挥部就制定了苏嘉杭高速公路要走"科研之路"，建一流精品工程的目标，以"科技是第一生产力"作为高速公路建设指导思想，提出向科技要进度、要质量、要效益，成立了科研工作领导小组，进行了如下七个课题研究：

1. 真空路堤联合预压法处理软土地基

由于传统粉喷桩处理深度仅在 12m 左右，对深厚软基塑插板加堆载处理稳定时间较长，且需要大量堆载土方。为了寻找一种处理深厚软基既快又省又好的方法，指挥部与河海大学、中化南京岩土公司合作攻关，在吴淞江特大桥南桥头 K63+105~K63+296 软土厚度深达 35m 处，采用"真空路堤联合预压法处理软基"，既缩短了桥长 175m，节约了大量资金，又凭借真空负压形成的向心压力不致使路基快速填土形成失稳的优势，快速填土，节约了施工工期，同时真空压力 80kPa 相当于 5m 高的填土，加快了沉降稳定，又节约了大量堆载土方。目前沉降观测结果显示，该处路基沉降已稳定。该法在 A8-1 标前村荡（K83+640~K83+768）、A9 标苏嘉运河北桥头（K88+614~K88+707.56）处也得到了成功运用。

2. 沉降动态观测与分析

由于苏嘉杭南段地质条件极其复杂，软基占路基的 92%，指挥部联合河海大学、苏州城建环保学院展开对全线路基进行沉降动态观测与分析，并指导生产实践。通过动态沉降观测与分析，指挥部对路基填土速率、桥台桩开钻时间、路基堆载土预压时间进行了控制。

3. 桥梁钻孔灌注桩静载试验研究

苏嘉杭南段桥梁 46 座，长 16880 延米，全部为钻孔灌注桩，为了验证地质情况，指挥部委托南京水科院进行了钻孔桩静载试验。通过对太浦河、吴淞江、苏州高架桥三处的钻孔灌注桩静载试验，表明设计采用的土层摩阻力偏小，经与设计院磋商，对未开工的桥梁钻孔桩桩长进行了优化，节约了大量资金。

4. 软基处理工程检测

苏嘉杭南段软基处理的主要形式有"碎石桩+堆载""塑排板+堆载""粉喷桩+堆载"，为了从技术、经济角度比较其优越性，为今后工程建设积累经验，指挥部会同中化南京岩土公司选取了南石港中桥两桥头地段，开展了对三种不同的软基处理方式进行检测观测。通过对粉喷桩、塑排板、碎石桩处理后软基的空隙水压力、分层水平位移、沉降等动态观测分析，取得了各种软基处理方法的成果。

5.粉体搅拌桩水泥黑土试验研究

苏嘉杭高速公路南段吴江段地表下 2m 左右埋藏有 0.6～1.8m 厚的有机腐殖质黑土,为了研究水泥粉喷搅拌处理不同含水率、不同土质地基的适用性及一般规律,指挥部联合苏州城建环保学院通过不同水泥掺量、不同含水率的不同土质,配制了上千组不同龄期的水泥土试块,通过试验总结出适用不同土质情况下的水泥的最佳用量,用来指导工程实践。

6.桥梁设计复核及施工图审查

指挥部委托同济大学对设计院提交的部分桥梁施工图进行复核、审查并优化设计。通过对苏州至吴江段桥梁典型结构及板梁通用图设计复核、审查,同济大学提交了详细审查报告,提出了复核、计算结论及优化建议,为工程的顺利实施提供了有力的保障。

7.沥青混合料优化设计与应用研究

苏嘉杭高速公路地处暖温多雨潮湿地区,又是南北大通道,交通量大,重载车多,传统面层结构、级配很难满足实际需要,为此指挥部委托同济大学进行路面结构设计的优化与应用研究。通过对沥青、集料及沥青混合料试件的各项试验研究,提出了 Superpave 沥青混合料目标配合比,制定了施工指导意见,有效地控制了施工质量。

(四)运营及养护管理

1.运营管理

(1)苏嘉杭公司从成立之日起就明确提出了"四个一流"的奋斗目标,2005 年更是明确提出了成为国内著名的高速公路专业化管理品牌的企业愿景。长期以来,公司紧紧围绕既定目标,大力推进企业文化建设,狠抓基础管理、规范管理和优质服务,着力提升员工综合素质和专业化管理水平,着力打造行业文明服务品牌,各项工作取得了长足的进步和发展。

(2)掌握方法要领,抓好关键环节。扎实推进对标管理,深入开展对标活动,考虑到对标管理关注更优方法、更优流程、更优模式,追求目标、流程、成本、计划、信息、技术、知识、绩效的精细化标准创造,在开展对标管理过程中始终坚持:①准确定位,选好标杆。②选准项目,定准目标。③研究对策,制订措施。④落实责任,强化考核。⑤健全机制,持续改进。

(3)正确处理主导与主体、单对与全对、扬长与克短、学标与创标四个关系,增强了对标管理的实效。

2.养护管理

(1)建立并完善社会化养护管理机制,养护单位社会化。公司坚持"社会化、专业化、规范化、机械化"的方向,日常保洁养护、养护巡查与小修、交通安全设施维修、绿化养护、基础设施(含供配电设施)维护、专项大中修工程全部通过社会招投标选择有资质的单位,建立了以合同管理为中心的社会化养护管理新模式。

(2)建立并完善养护管理体系。公司通过质量、环境、职业健康安全管理体系的建立,在养护管理上制定了《养护控制程序》和十二个管理规定,规范了养护工作流程、制度和考核体系。

(3)委托专业检测机构,做好技术状况评定工作。公司委托专业检测机构,采用自动化检测设备,按《公路技术状况评定标准》规定的频率,每年对路面进行检测和技术状况分析,公司根据《公路桥涵养护规范》规定的频率,每两年进行桥梁定期检查评定。公司每季度组织路况调查,结合专业机构的检测资料,每季度对高速公路技术状况进行评定,并将评定结果上报省交通主管部门。

(4)围绕主营业务,进一步加强道路基础设施的维护。公司严格按照程序文件和管理规定标准要求开展日常养护管理工作,重点加强日常稽查、检查和考核,督促养护承包单位加强资源配置,加强路面病害和交通安全设施损坏的检查维护工作,注重桥涵构造物的检查维护,注重绿化养护管理,重点保障站区设施的检查维护,注重养护作业安全监管,注重应急抢险,保障高速公路良好品质和安全畅通。根据《日常养护管理规定及评分考核细则》,公司对养护承包单位全面加强日常稽查和考核管理。通过严格考核,进一步强化了日常养护管理,提高了日常养护成效。

(5)切实落实"桥梁工程师"管理制度,加强桥梁构造物养护管理。公司根据《公路桥梁养护管理工作制度》《公路桥涵养护规范》制定了《苏嘉杭高速公路桥梁养护管理工作制度》,进一步完善了《桥梁灾害应急处置预案》,建立了桥梁养护工程师制度,建立桥梁管养网络,配置专职桥梁工程师,明确了责任追究制度。

(6)加强预防性养护工作,注重"四新"技术的应用。公司依托专业检测单位的路况检评资料,注重开展预防性养护工作以及"四新"技术的应用,将日常维修养护新技术、现场热再生技术、桥梁维修加固处理新技术、太阳能供电技术、节能环保技术等实用技术及专用养护设备运用到实际的养护工作中,努力实践科学养护。

路面裂缝开槽施工工艺、综合养护车热再生路面修补工艺、路面现场热再生工艺、ECA路面工艺、桥梁结构低压注射裂缝修补及纤维加固工艺、FSS系列伸缩缝、伸缩缝快速混凝土维修工艺、连续箱梁同步顶升技术,都得到了很好的应用。桥梁航标灯增设采用了太阳能航标灯及遥测装置。收费站照明设施实施了节能降耗改造,采用专用节能设备、T5节能荧光灯、LED光源,有效节约能源,满足建设资源节约型和环保型社会的需求。

3. 服务区

苏嘉杭高速公路包含白洋湖服务区。服务区以经营餐饮、超市为主体,以加油、汽修为配套,以休闲娱乐为补充,为顾客提供多功能全方位服务。

白洋湖服务区位于苏嘉杭高速公路南段苏州以南5km处,总占地面积99000m², 主体建筑外形独特美观,跨线天桥连接东西两侧,内饰突出江南水乡设计主题,使自然环境与建筑和谐统一,外场绿化占地35000m²,花坛锦簇,环境优美,沿湖亭、台、廊、阁错落有致。主要服务项目有:餐饮、加油、购物、汽修等,设有快餐厅、自助餐厅、特色小吃,商品种类丰富,是驾乘人员购物、休闲、美食的理想之地。太湖服务区用地规模约180亩,建筑设施面积约9400m²,停车场约6000m²。

第五节 G15W2(常熟—嘉善)

常熟至嘉善高速公路(G15W2)江苏境内已全线通车,起自常熟(董浜),经昆山,止于芦墟(苏浙界)。江苏境内全长75km。全线各路段基本情况见表7-5-1。

G15W2全线各路段基本情况汇总表　　　　表7-5-1

序 号	路 段	里程(km)	建设期	备 注
1	苏州绕城董浜枢纽至石牌枢纽段	20	2007—2009年	
2	苏昆太高速公路	27	2003—2005年	
3	甪直至芦墟(苏浙界)段	28	在建	

一、苏州绕城董浜枢纽至石牌枢纽段(建设期:2007—2009年)

(一)项目概况

1. 基本情况

1)建设依据

苏州绕城董浜枢纽至石牌枢纽段起点自董浜南枢纽段与苏嘉杭高速公路主线共线,向南经白茆东,与204国道和锡太一级公路交叉后,接苏州绕城高速公路石牌枢纽,是苏通大桥至杭州湾跨海大桥高速公路的重要组成部分,是连接长江三角洲的一条便捷快速通道。

2)建设规模及主要技术指标

全线路段全长20.281km,按照双向六车道高速公路标准建设,路基宽度34.5m,设计行车速度120km/h,桥涵设计汽车荷载等级采用公路—Ⅰ级。

第七章 高速公路项目简介

路基、桥涵设计洪水频率:特大桥1/300,其余均为1/100。

主线、匝道路面全部采用沥青混凝土路面,具体路面结构为:上面层4cm厚Sup-13改性沥青混凝土,中面层6cm厚Sup-20改性沥青混凝土,下面层8cm厚Sup-25普通沥青混凝土,主线基层38cm厚水泥稳定碎石,底基层20cm厚低剂量水泥稳定碎石。

主要技术标准如下:

(1)设计行车速度:100km/h。

(2)主线路基宽度:35.00m。

(3)路基宽度组成为:行车道$2\times(3\times3.75m)$,中间带4.50m(0.75m+3.00m+0.75m),硬路肩$2\times3.25m$(含右侧路缘带$2\times0.50m$),土路肩$2\times0.75m$。

(4)桥面净宽:大中桥为35.00m,外侧与路基同宽;小桥为35.00m,外侧与路基同宽。

(5)路面:沥青混凝土路面,设计使用年限15年,标准轴载100kN;水泥混凝土路面,设计使用年限30年,标准轴载100kN。

(6)路基、桥涵设计洪水频率:特大桥1/300,其余均为1/100。

(7)荷载标准:公路—Ⅰ级。

3)项目投资及来源

苏州绕城董浜枢纽至石牌枢纽段,项目概算总投资17.13亿元。本项目建设资金由常昆高速公路有限公司负责筹集。

4)工程建设条件

项目建设严格遵守国家基本建设程序,依据国家规范,吸收国内外高速公路的成功经验,针对沿线交叉道路、航道、河塘、鱼塘密布,农田、经济林、企业工厂众多等特点,进行了认真的选线、地质勘测和分析,广泛听取沿线群众和地方政府的意见,高效、高质量地完成了设计;通过国内公开招标,选择了信誉好、能力强、水平高的施工和监理单位;对工程质量、进度、投资进行全方位的科学管理和严格控制,经过市高指和广大建设者的艰苦拼搏,高质量、高标准提前完成了工程建设任务。

5)工程进度

本项目于2007年3月27日正式开工建设,2009年9月提前建成。

6)主要工程数量

全线共新建互通2处,改建互通1处,新建枢纽1处,扩建枢纽1处,新建服务区1处。全线主线桥梁共21座,匝道桥梁9座,支线桥梁3座,其中共有特大桥2座,大桥15座,中小桥16座。共有通道44道(其中利用桥孔22处)、涵洞57道。全线河塘清淤51.44万m^3,湿喷桩243.98万延米,预应力管桩64.29万延米,素混凝土桩3.68万延米,路基填筑总量358.34万m^3,路面底基层55.20万m^2,基层54.90万m^2;沥青混凝土面层(三层合计)185.00万m^2,混凝土面层4.24万m^2。

2.决策过程

2006年3月6日,江苏省发改委印发苏发改交能发〔2006〕153号文《关于苏州常熟至昆山高速公路项目建议书的批复》,批准立项。

2006年9月18日,江苏省发改委印发苏发改交能发〔2006〕984号文《关于苏州常熟至昆山高速公路可行性研究报告的批复》,批准工程可行性研究报告。

2006年12月22日,江苏省发改委印发苏发改交能发〔2006〕1444号文《关于苏州常熟至昆山高速公路初步设计的批复》,批准初步设计。

2007年3月27日,正式开工建设,于2009年9月提前建成。

(二)建设情况

1.项目准备阶段

苏州市高速公路建设指挥部(以下简称"市高指")为本项目建设管理单位,市高指下设综合处、财务处、计划处、技术质量监督处、征地拆迁处、常昆项目办等六个职能部门,分别按照各自的职能对本项目进行建设管理。市高指党总支和省派驻苏州纪检组履行党建和廉政建设方面相应职责的工作。为确保本项目顺利推进,常熟市、昆山市也相应成立了指挥部,设立了专门机构,由专人负责相关地方问题的协调工作。

本项目采用二级监理模式,由常昆项目办履行总监办公室职责,总监办公室和驻地监理组根据相关合同条款以及各自的分工职责,分别对工程质量、进度、投资控制、合同管理、安全生产、文明施工、交通组织、地方矛盾协调等方面的全方位监督管理。总监办公室下设4个驻地监理组。

1)施工、监理单位招标情况

苏州绕城董浜枢纽至石牌枢纽段招标工作根据交通部《公路工程施工招标管理办法》《工程建设项目施工招标投标办法》《公路工程施工监理招投标管理办法》及省有关规定,在省交通建设工程招标投标领导小组领导下,由市高速公路建设指挥部组织实施。

苏州绕城董浜枢纽至石牌枢纽段主体工程分为10个招标合同,其中路基桥梁6个,路面3个,监理1个标。经招标评标委员会评定,10家施工、监理单位中标。交通附属工程按专业划分进行招标,附属工程共分11个招标合同,经招标评标委员会评定,11家施工、监理单位中标。

2)参建单位主要情况

设计单位:江苏省交通规划设计院有限公司。

施工单位:中交二公局第三工程有限公司、苏州交通工程集团有限公司、常州交通工程有限公司。

监理单位：北京华通交通工程咨询监理有限公司。

检测单位：苏州交通工程试验检测中心有限公司。

监督管理单位：南京市公路管理处公路科学研究所，江苏省交通规划设计院有限公司工程质量检测中心，江苏省交通科学研究院股份有限公司，北京中交工程检测技术有限责任公司。

3）征地拆迁情况

根据江苏省人民政府办公厅苏政办发〔2005〕125号文件、苏州市高速公路暨绿色通道建设领导小组苏高绿〔2006〕1号文件精神，市高指与常熟市、昆山市签订了征地拆迁包干协议。由常熟、昆山市负责具体的征地拆迁工作。

本项目征地拆迁工作于2006年10月进入实施阶段。在苏州市委、市政府的领导下，市高指严格履行征地拆迁的各项政策规定，及时完成了征地拆迁任务，为施工、监理单位进场施工创造了良好的条件。

本项目共完成征用土地2346.39亩。拆迁房屋66273.95m^2（其中厂房3622.15m^2，楼房45638.49m^2，平房17013.31m^2），三线迁移586道。

征地拆迁工作是一项牵涉面广、政策性强、工作量大的艰巨工作，房屋拆迁、三线迁移、征用土地的补偿和土源的落实、线外三改工程及地方道路出行保证等，都是与地方政府和老百姓切身利益直接相关。在实施过程中，坚持群众利益无小事的原则，市高指积极协调，及时处理地方问题，并得到了地方政府的积极配合和大力支持，为工程建设营造了良好的外部环境。

2. 项目实施阶段

2006年10月，征地拆迁进入实施阶段。

2007年3月27日，正式开工建设。

2007年10月16日、17日，市高指对常昆高速公路试验检测工作进行专项检查。

2007年11月1日，交通部质监总站关振军处长及6位专家组成的试验检测专项检查组，对常昆高速公路开展试验检测专项检查。

2007年11月8日，常昆高速公路李市互通主线桥梁跨越锡太一级公路主体完工，恢复改段落交通。

2008年12月3日，市高指组织召开了常昆高速公路路面标第一次工地会议，路面进入全面施工阶段。

2008年12月24日，市高指组织召开了常昆高速公路房建工程第一次工地例会，房建工程正式启动。

2009年9月，通车。

(三)科技创新

(1)软基采用预应力管桩处理,对较深厚软基处理取得了较好效果,沉降量小,沉降时间短,沉降基本稳定。

(2)根据本项目施工现场的一些具体困难和复杂性,在净空高度较小的高压线、跨线桥下的软基处理,采用了小直径素混凝土桩、接管式湿喷桩的施工方案;在苏嘉杭拼宽段边坡管桩的施工过程中,由于作业空间不足,采用了夯锤式桩机,重锤轻打施工,尽量减少对苏嘉杭高速公路正常运营的影响。

(3)与苏嘉杭高速公路老桥上部结构的拼接采用了植筋技术,解决了新老桥梁拼接问题。

(4)董浜南枢纽B匝道特大桥跨越苏嘉杭高速公路,为减少征地,减小施工过程对苏嘉杭高速公路正常运营的影响,大胆采用了大斜度钢混凝土叠合梁结构,该结构形式在国内尚无可借鉴的成功经验。在施工过程中,市高指委托了同济大学进行全过程监控、指导。

(5)为保证桥梁预应力孔道压浆的密实性,提高结构耐久性,本项目预应力孔道压浆全部采用了真空辅助压浆技术。

(6)水泥稳定碎石基层易产生收缩裂缝,市高指采取"三控制一养护"措施,即严格控制水泥剂量、控制混合料的最佳含水率、控制4.75以下的细集料含量、加强水泥稳定碎石早期覆盖保湿养护,结合施工季节,有效减少了水稳稳定碎石基层的裂缝。

(7)沥青路面全部采用Superpave路面,既经济又提高了路面性能,采用改性沥青新材料提高路面性能指标,进一步优化了沥青路面施工工艺,加强边、角碾压,取得了很好的效果。

(四)运营及养护管理

1. 运营管理

苏州绕城高速公路有限公司是2002年10月17日注册成立的国有股份企业,公司主要负责苏州绕城高速公路建设和维护管理、公路收费、与绕城高速公路有关的广告、商贸、房地产、宾馆、餐饮、客货运输、加油站、汽车修理、土地开发和技术信息咨询等。公司按现代企业制度规范设立,实行董事会领导下的总经理责任制,公司设综合部、人力资源部、营运部、计划财务部、工程部、企管部、安保部和党群部8个部门,采取大站带小站模式设9个建制收费站和2个建制服务区。

公司自运营以来,积极探索高速公路经营管理创新之路,全面实施现场管理体系建设,开展企业物质文明和精神文明建设,全力打造绕城的品牌形象。

2. 养护管理

(1)以"三位一体"管理体系贯标为手段,夯实各项管理基础。通过质量、环境、职业健康安全"三位一体"管理体系贯标工作,建立质量、环境、职业健康安全一体化综合管理体系,实现公司各项管理工作的标准化、规范化、高效化。

(2)开发建设养护管理平台,提高养护管理科学化水平。通过建设网络平台,将分散的信息有机地整合在一起,极大地提高了工作效率。同时,通过逐年累积形成的庞大的养护管理数据库,为公司业务部门提供养护分析所需的数据资源,也为公司进一步加强全线道路桥梁的预防性养护工作和公司领导层决策的科学性、准确性、可靠性提供了坚实的技术支撑。

(3)加强日常养护工作管理,着力提升"规范化、精细化"管养水平。通过加强巡查,强化监管力度、履约考核管理等,进一步做好日常养护管理工作的规范化、精细化,进一步提升管理水平。

(4)以"路面、桥梁"为重点,加强预防性养护降低全寿命周期养护成本。积极探索高速公路预防性养护策略和措施,牢固树立全寿命周期养护理念,围绕"路况检测、分析评价、养护决策和工程实施"四个关键环节,科学制订预防性养护方案,以较小的养护投入使道路桥梁保持优良的技术状况,延长高速公路的使用寿命。

(5)健全预案体系,不断提高突发事件应急处置能力。为积极应对恶劣天气、自然灾害以及各类突发事件,确保高速公路的畅通,进一步建立健全应急预案体系,使突发事件应急处置能力不断提高。

(6)提高收费服务水平,树立良好企业形象。积极开展培训和创建活动,提升优质服务水平。严厉打击偷逃费行为,维持良好运营秩序,并能积极应对《江苏省高速公路条例》实施,保证平稳过渡。

(7)坚持防控结合,努力保障安全生产形势稳定。通过公司"三创三比"活动的深入开展,进一步加强各参与方的沟通联系,形成了"分工明确、落实到位、沟通及时、运转灵活高效"的联动机制,有效应对养护现场出现的各种新情况、新问题,进一步提高管养水平,确保全线的安全畅通。

3.服务区

G15W2(苏州绕城董浜枢纽至石牌枢纽段)设有1个服务区,为石牌服务区,占地面积为82亩,总建筑面积为4508m^2。

二、苏昆太高速公路(建设期:2003—2005年)

(一)项目概况

1.基本情况

1)建设依据

苏州绕城高速公路苏昆太段呈T字形,分东西向的C线和南北向的D线。苏昆太高速公路C线接绕城高速公路西北段相城枢纽,线路向东穿越苏州市相城区,昆山市巴城镇、周市镇、太仓市双凤镇,跨204国道、沿江高速公路,经太仓市岳王镇止于太仓港区沪浮璜公路,全长46.2km;D线起自绕城高速公路苏沪段甪直枢纽,线路往北穿越甪直镇、张浦镇、正仪镇、巴城镇,止于C线的石牌枢纽,全长27.3km。苏昆太段全长73.5km,全线设有阳澄湖北、周市、双凤、岳王、甪直、吴淞江工业园、巴城7处互通,枢纽3处,分别为石牌枢纽、沿江枢纽和正仪枢纽。该项目的建设对有效疏解苏州节点的过境交通,合理组织城市的出入交通,加快推进城市化发展进程,促进沿线区域社会经济发展等具有十分重要的意义。

2)建设规模及主要技术指标

苏昆太高速公路中65.7km采用双向六车道的高速公路标准,路基宽35m,其中沿江枢纽以东7.8km为双向四车道,路基宽28m。苏州绕城高速公路苏昆太段设计行车速度100km/h,桥涵设计车辆荷载为汽车—超20级、挂车—120。

主要技术标准如下:

(1)设计行车速度:100km/h。

(2)主线路基宽度:35.00m;路基宽度组成为:行车道$2\times(3\times3.75m)$,中间带4.50m(0.75m+3.00m+0.75m),硬路肩$2\times3.25m$(含右侧路缘带$2\times0.50m$),土路肩$2\times0.75m$。

(3)桥面净宽:大中桥为35.00m,外侧与路基同宽;小桥为35.00m,外侧与路基同宽。

(4)路面:沥青混凝土路面,设计使用年限15年,标准轴载100kN;水泥混凝土路面,设计使用年限30年,标准轴载100kN。

(5)路基、桥涵设计洪水频率:特大桥1/300,其余均为1/100。

(6)荷载标准:公路—Ⅰ级。

3)项目投资及来源

苏州绕城高速公路苏昆太段,项目概算投资55.3亿元。采用"省市共建,以市为主,股份制建路"的模式,由苏州市高速公路建设指挥部负责建设。

4)工程建设条件

项目建设严格遵守国家基本建设程序,依据国家规范,吸收国内外高速公路的成功经验,针对沿线交叉道路、航道、河塘、鱼塘密布,农田、经济林、企业工厂众多等特点,进行了认真的选线、地质勘测和分析,广泛听取沿线群众和地方政府的意见,高效、高质量地完成了设计;通过国内公开招标,选择了信誉好、能力强、水平高的施工和监理单位;对工程质量、进度、投资进行全方位的科学管理和严格控制,特别是通过开展土方、桥梁、路面、交通工程四大攻坚战活动,取得了明显成效。在省市两级党委、政府正确领导下,在江苏省交通厅、省高指、省厅质监站关心支持下,在沿线各级政府及群众大力配合下,经过市高指和广大建设者的艰苦拼搏,高质量、高标准地提前完成了工程建设任务。

5)工程进度

本工程计划建设工期4年,实际工期2年6个月,提前完成了工程建设任务。

6)主要工程数量

全线征用土地10886亩,拆迁房屋509070m²;完成路基土石方1457万m³,全线路基均进行了软基处理;主线桥梁48座,其中包括特大桥15座,大中小桥33座,共计22988延米;互通式立交7处,涵洞155道,通道64道;路面底基层215万m²,基层218万m²,沥青混凝土面层(含匝道)763.54万m²,水泥混凝土路面层18m²;同步建成交通安全设施、收费、通信、监控、供电、照明等设施。

2. 决策过程

苏州绕城高速公路苏昆太段项目由江苏省发展计划委员会批准了立项、工程可行性研究报告和初步设计,由江苏省环境保护厅批准了工程环境影响报告书,由江苏省国土资源厅对公路建设用地提出了预审意见,由江苏省交通厅批准了开工报告。

(二)建设情况

1. 项目准备阶段

为加强苏州市高速公路建设工作的领导,加快苏州市交通基础设施建设步伐,促进苏州市各项社会经济事业健康发展,苏州市人民政府于1999年7月成立苏州市高速公路建设领导小组,由市长任组长,由分管副市长、副秘书长、有关直接责任单位负责人任副组长,市属相关部门、沿线市(区)政府为组员。领导小组主要是对苏州市高速公路规划、建设、管理进行宏观领导,协调各部门之间的关系,对有关重大事项作出决策。

为高标准、高质量完成苏州绕城高速公路建设任务,2001年11月苏州市人民政府成立苏州绕城高速公路建设指挥部,负责苏州绕城高速公路的建设管理工作。指挥部由分管副市长任总指挥,由市交通局局长任第一副总指挥。2003年1月归并为苏州市高速公路建设指挥部。指挥部下设综合处、征迁处、工程处、计划处、财务处、技术监督处、招标处等7个职能处室负责具体的建设管理工作。指挥部通过公开招标,择优选择驻地监理。总监办及驻地监理组根据相关合同条款对工程进度、质量、费用、合同等进行全方位的监理。

为了加强苏州绕城高速公路西南段建设的纪检监察工作,2001年10月江苏省交通重点工程建设项目纪检监察领导小组驻苏州市高指纪检监察组正式挂牌成立,对苏州市高速公路建设起到保驾护航作用。

1)施工、监理单位招标情况

苏州绕城高速公路苏昆太段招标工作根据交通部《公路工程施工招标管理办法》《工

程建设项目施工招标投标办法》《公路工程施工监理招投标管理办法》及省有关规定,在省交通建设工程招标投标领导小组领导下,由市高速公路建设指挥部组织实施。

苏州绕城高速公路苏昆太段主体工程分为23个招标合同,其中路基桥梁14个,路面4个,监理5个。经招标评标委员会评定,23家施工、监理单位中标。交通附属工程按专业划分进行招标,附属工程共分45个招标合同,经招标评标委员会评定,44家施工、监理单位中标。

2)参建单位主要情况

设计单位:主体设计、机电、安全设施、供电照明等工程由江苏省交通规划设计院承担;房屋建筑由东南大学建筑设计研究院、江苏省交通规划设计院、河海大学设计院共同承担;房建装饰工程由苏州建筑装饰设计研究院有限公司承担。施工图设计由中交第一公路勘察设计研究院、西安立德公路工程咨询有限公司、同济大学建筑设计研究院共同负责设计咨询。

施工单位(主体工程):江苏省镇江路桥工程总公司,路桥集团国际建设股份有限公司,路桥集团第一公路工程局天津工程处,中铁十三局集团有限公司,路桥集团第二公路工程局,路桥集团第一公路工程局第五工程公司,中铁十九局集团第一工程有限公司,江苏润扬工程集团有限公司,路桥集团第二公路工程局第三工程处,中港第三航务工程局,中铁二十局集团有限公司,上海铁路局承发包公司,吉林省交通建设集团有限公司,路桥华南工程有限公司,苏州交通工程集团有限公司,江苏省交通工程有限公司。

监理单位(主体工程):苏州路达交通工程咨询监理有限公司,江苏东南交通工程咨询监理有限公司,苏州路达工程监理咨询有限公司。

3)征地拆迁情况

全线征用土地10886亩,拆迁房屋509070m^2。

2. 项目实施阶段

苏昆太段于2003年5月28日开工,2005年11月08日建成通车。

2004年4月14日—19日,市高指配合省厅质监站对苏沪、苏昆太高速公路工程进行中间质量监督检查。

2005年6月16日—18日,市高指技监处配合省厅质监站对苏州绕城高速公路西北段、苏沪、苏昆太的中、下面层路面工程进行了中间质量监督检查。

2005年10月20日,市高指组织召开绕城高速公路西北段、苏昆太工程项目交工档案专项验收会。

2005年10月22日,市高指组织召开绕城高速公路西北段、苏昆太工程项目房建、绿化交工验收会。

2005年10月25日,市高指组织召开绕城高速公路西北段、苏昆太工程项目三大系统机电工程交工验收会。

2006年11月08日,由苏州市审计局委派的5家会计师事务所组成的审计组,进驻绕城高速公路绕城西北段、苏沪、苏昆太高速公路开始全面审计。

(三)运营及养护管理

1.运营管理

苏州绕城高速公路有限公司是于2002年10月17日注册成立的国有股份企业,公司主要负责苏州绕城高速公路建设和维护管理、公路收费、与绕城高速公路有关的广告、商贸、房地产、宾馆、餐饮、客货运输、加油站、汽车修理、土地开发和技术信息咨询等。公司按现代企业制度规范设立,实行董事会领导下的总经理责任制,公司设综合部、人力资源部、营运部、计划财务部、工程部、企管部、安保部和党群部8个部门,采取大站带小站模式设9个建制收费站和2个建制服务区。

公司自运营以来,积极探索高速公路经营管理创新之路,全面实施现场管理体系建设,开展企业物质文明和精神文明建设,全力打造绕城的品牌形象。

2.养护管理

(1)以"三位一体"管理体系贯标为手段,夯实各项管理基础。通过质量、环境、职业健康安全"三位一体"管理体系贯标工作,建立质量、环境、职业健康安全一体化综合管理体系,实现公司各项管理工作的标准化、规范化、高效化。

(2)开发建设养护管理平台,提高养护管理科学化水平。通过建设网络平台,将分散的信息有机地整合在一起,极大地提高了工作效率。同时,通过逐年累积形成的庞大的养护管理数据库,为公司业务部门提供养护分析所需的数据资源,也为公司进一步加强全线道路桥梁的预防性养护工作和公司领导层决策的科学性、准确性、可靠性提供了坚实的技术支撑。

(3)加强日常养护工作管理,着力提升"规范化、精细化"管养水平。通过加强巡查、强化监管力度、履约考核管理等,进一步做好日常养护管理工作的规范化、精细化,进一步提升管理水平。

(4)以"路面、桥梁"为重点,加强预防性养护降低全寿命周期养护成本。积极探索高速公路预防性养护策略和措施,牢固树立全寿命周期养护理念,围绕路况检测、分析评价、养护决策和工程实施四个关键环节,科学制订预防性养护方案,以较小的养护投入使道路桥梁保持优良的技术状况,延长高速公路的使用寿命。

(5)健全预案体系,不断提高突发事件应急处置能力。为积极应对恶劣天气、自然灾害以及各类突发事件,确保高速公路的畅通,进一步建立健全应急预案体系,使突发事件应急处置能力不断提高。

(6)提高收费服务水平,树立良好企业形象。积极开展培训和创建活动,提升优质服务水平。严厉打击偷逃费行为,维持良好运营秩序,并能积极应对《江苏省高速公路条例》实施,保证平稳过渡。

(7)坚持防控结合,努力保障安全生产形势稳定。通过公司"三创三比"活动的深入开展,进一步加强各参与方的沟通联系,形成了"分工明确、落实到位、沟通及时、运转灵活高效"的联动机制,有效应对养护现场出现的各种新情况、新问题,进一步提高管养水平,确保全线的安全畅通。

第六节 G1515(盐城—靖江)

盐城至靖江高速公路(G1515)已全线通车,线路起自 G15 沈海高速公路特庸枢纽,经盐城市区、大丰、东台、海安、如皋、南通市区,终于 G2 京沪高速公路、G40 沪陕高速公路广陵枢纽,全长 169km。全线各路段基本情况见表 7-6-1。

G1515 全线各路段基本情况汇总表　　　表 7-6-1

序号	路段	里程(km)	建设期	备注
1	宁靖盐高速公路盐城北段	16	2005—2008 年	
2	盐靖高速公路一期工程	86	1998—2001 年	
3	盐靖高速公路二期工程	67	1999—2002 年	

一、宁靖盐高速公路盐城北段(建设期:2005—2008 年)

(一)项目概况

1. 基本情况

1)建设依据

宁靖盐高速公路盐城北段是江苏省规划的"四纵四横四联"高速公路网中"联一"的重要组成部分,西接宁靖盐高速公路盐城西绕城段,东连沿海高速公路。

宁靖盐高速公路盐城北段于 2005 年 11 月开工建设,2008 年 8 月建成通车,计划工期 4 年,实际工期 2 年 9 个月。

本项目衔接了宁靖盐西绕城段、沿海两条高速公路,对实现盐城高速公路环,进一步发挥宁靖盐高速公路的服务效能、实现我省高速公路的联网畅通、完善区域路网结构、促进沿线区域经济发展等具有非常重要的意义。

2)建设规模及主要技术指标

全线为双向四车道、全封闭、全立交高速公路,全长 16.3km,路基宽度 26m,设计行车速度 100km/h。全线设桥梁 7 座,分离式立交 3 处,互通式立交 3 处,涵洞 53 道、通道 39 道。路面设计使用年限 15 年,标准轴载 100kN,路基、桥涵设计洪水频率:特大桥 1/300,其余为 1/100 桥涵,设计荷载标准为公路—Ⅰ级。

3) 项目投资及来源

本工程自 2005 年 8 月开工建设到 2010 年 9 月 19 日止,累计资金来源 73112.603564 万元,由江苏省交通控股有限公司负责投融资,其资金分年度到位情况如下:2005 年资金到位 16302.168173 万元;2006 年资金到位 20918.458239 万元;2007 年资金到位 12720.147181 万元;2008 年资金到位 17329.077396 万元;2009 年资金到位 3939.442246 万元;2010 年资金到位 1903.310329 万元。

4) 工程建设条件

宁靖盐高速公路盐城北段位于江苏省苏北平原中偏东部,位于盐城境内串场河以东,地貌上属于滨海平原区的滨海低地区(即盐城洼地区)。该区地势平坦低洼,地面标高一般小于 2m,地貌形态简单,河渠纵横。

路线所经区域地段土质多为粉砂、亚黏土、亚砂土、软土等,水稳性差。由于水系发达,地下水位偏高,所以软土地基较多,需作软基处理。

项目所处区域水系属淮河水系,北部的射阳河以及南部的新洋港河、斗龙港河为三条自然河流,均源于里下河地区,受南高北低之地势控制均由东北部入海。其余各河如串场河、中西河、中心河等均为治淮过程中开挖疏浚而成的排涝河,主要功能为防洪与灌溉,其次是为了防止水质咸化河闸口冲淤。通榆运河是为南北向水上运输而开挖的人工运河。这些河流雨季是里下河地区泄洪入海通道,在旱季靠抽提里下河地区积水河长江水供灌溉之用。各河水位、流量变化均较大,汛期(7—9 月)水位较高,枯水期(1—3 月)水位较低。

5) 工程进度

宁靖盐高速公路盐城北段于 2005 年 11 月开工建设,2008 年 8 月建成通车,计划工期 4 年,实际工期 2 年 9 个月。

6) 主要工程数量

全线共征用土地 3359 亩,拆迁房屋 38092m^2;路基土石方 243 万 m^3;湿喷桩处理 176.6161 万延米,三灰土底基层 44.9 万 m^2,路面水稳碎石基层 39 万 m^2,沥青混凝土上面层 42.6 万 m^2。

2. 决策过程

2004 年 12 月 1 日,江苏省国土资源厅以《关于宁靖盐高速公路盐城北段工程用地的预审意见》(苏国土资函〔2004〕639 号)提出预审意见。

2005 年 6 月 17 日,江苏省发展和改革委员会以《关于宁靖盐高速公路盐城北段项目建议书的批复》(苏发改交能发〔2005〕565号)同意建设宁靖盐高速公路盐城北段。

2005年6月17日,江苏省发展和改革委员会以《省发展改革委关于宁靖盐高速公路盐城北段可行性研究报告(含项目建议书)的批复》(苏发改交能发〔2005〕565号)批复项目可行性研究报告。

2005年8月31日,江苏省环境保护厅以《关于对宁靖盐高速公路盐城北段工程环境影响报告书的批复》(苏环便管〔2005〕151号)批复项目工程环境影响报告书。

2005年9月30日,江苏省发展与改革委员会以《省发展改革委关于宁靖盐高速公路盐城北段初步设计的批复》(苏发改交能发〔2005〕937号)批复宁靖盐高速公路盐城北段初步设计。

2005年11月5日,江苏省交通厅批准宁靖盐高速公路盐城北段开工建设。

(二)建设情况

1. 项目准备阶段

1)参建单位主要情况

设计单位:江苏交通规划设计院有限公司。

施工单位:路桥集团第一公路工程局天津工程处、南京交通工程有限公司、江苏江南路桥工程有限公司、江苏恒基路桥总公司、路桥集团第一公路工程局第三工程有限公司、江苏省建筑工程集团有限公司、徐州市现代钢结构有限公司、南通市城市照明管理处、江苏板桥厨具有限公司、盐城市鑫源电力工程有限公司、宜兴市运通机械设备有限公司、江苏道康发电机组有限公司、江苏鑫富达集团公司、江苏大自然园林绿化有限公司、宜兴市陶都绿化工程有限公司、苏州市木渎园林工程有限公司、常州市交通设施有限公司、江苏中路交通工程有限公司、江苏华夏交通工程集团有限公司、成都市新筑路桥机械股份有限公司、南京凌云科技发展有限公司。

监理单位:江苏交通工程咨询监理有限公司、江苏盛华工程监理咨询有限公司、南京风景园林工程监理有限公司、江苏纬信工程咨询有限公司。

监督管理单位:江苏省交通厅工程质量监督站。

2)征地拆迁情况

征地拆迁情况统计见表7-6-2。

征地拆迁情况统计表　　　　表7-6-2

征地拆迁安置起止时间	征用土地(亩)	拆迁房屋(m²)	支付补偿费用(元)	备 注
	3359.04	38593.34		

2. 项目实施阶段

本项目建设过程中,经建设主管部门批准,主要的变更设计有:

(1)宁靖盐高速公路盐城北段在施工图设计结束后,由于地方部门调整了沿线的农田水利和路网规划,为使宁靖盐高速公路盐城北段构造物设置及线外工程与沿线农田水利和路网规划进一步协调配套,对部分线形构造物和线外工程进行了必要的调整(移位、取消、增加等)。

(2)针对宁靖盐高速盐城北段沿线均为粉性土路基的情况,结合路肩明沟的设置,考虑尽可能采用生态防护,对路基防护进行了变更,互通区结合景观设计进行了排水及防护的相应变更。

(3)对新兴互通改造时废方进行了利用,提出利用老路基石灰土填筑新路基、石灰土二次利用的可行性,同时采用了对老路废弃路面及圬工材料轧碎作为路基填料的方案,达到了减少取土征地、保护环境的目的。

(4)对特殊路基设计进行了优化,使设计方案与本项目的工期更加吻合,同时充分考虑了现场的施工条件,节约了工程造价,适应了现场的实际条件。

(5)路面结构进行设计优化,沥青路面上面层将4cm SMA-13改性沥青玛蹄脂碎石混合料变更为4cm AK-13S沥青抗滑表层,中、下面层6cm中粒式沥青混凝土(AC-20I)+8cm粗粒式沥青混凝土(AC-25I)变更为6cm中粒式沥青混凝土(AC-20S)+8cm粗粒式沥青混凝土(AC-25S)。

(6)路面底基层将35cm水泥稳定碎石变更为36cm水泥稳定碎石,施工时在路基预压期结束后,96区最后一层将高程下降1cm。

(7)为减少拆迁,对主线跨204国道及新长铁路大桥桥头进行挡土墙的设计,避免了加油站的拆迁。

(8)对两座支线上跨桥进行了景观桥的变更,青长公路分离式立交中承式钢管混凝土飞鸟拱桥桥型新颖,盐中村支线上跨变截面连续箱梁结构形式美观,对宁靖盐高速公路的景观效果起很好的提升作用。

(三)科技创新

(1)开展"抗裂嵌挤型水稳基层应用的深入研究"课题研究。为减少水泥稳定碎石基层裂缝,在宁靖盐高速公路盐城北段开展了抗裂嵌挤型水稳基层应用的深入研究,通过优化水泥稳定碎石级配范围,采用振动成型方法进行水泥稳定碎石混合料设计,施工中改进振动压实工艺,增加振动压实设备,从而提高水泥稳定碎石的压实度和抗裂性能。经过2008年初大雪的考验,抗裂嵌挤型水稳基层在减少裂缝方面具有明显优势。

(2)针对宁靖盐高速公路盐城北互通建设改造过程中产生的路面宕渣,积极与上海交通大学合作,分析路面宕渣材料的组成,借鉴填石路基施工的经验,开展质量检测的研究,摸索了一套系统的宕渣路堤填筑的施工及检测方法,为今后高速公路改造过程中路面宕渣的再生利用起到了一定的示范作用。项目共利用3万多立方米宕渣,节约了取土和深埋用地约40亩,节省了工程造价,减少了环境污染。该成果获得2006年度江苏省交通职工十大优秀合理化建议奖。

(3)开展"高速公路降噪林带设计及建造技术研究"课题研究。本项目结合宁靖盐高速公路盐城北段降噪林带的实际工程,主要研究了不同结构、宽度组成的绿化林带,在不同季节的降噪特性,林带声衰减数字模型研究,在降噪目标值下所适宜林带的结构、宽度及不同植物组合,并研究降噪林带的结构发展方向以及对不同树种进行优化组合,在分析林带造价以及在取得最小成本的条件下,对降噪林带进行优化设计,以取得最优的降噪效果。

(4)开展基于GTM的沥青路面混合料设计与施工技术研究。GTM法是江苏省继SMA、Superpave技术后,针对沥青混合料的又一重要探索,GTM法是针对沥青混合料抗车辙能力设计的方法,采用力学推理方法进行混合料的力学分析和设计,可更真实地模拟实际路面材料的受力状况及服务期限末的应力应变力学性质。

(5)新技术、新材料、新设备、新工艺的采用。

①底基层施工时采用路拌机拌和,碾压前检测石灰含量及拌和的均匀性,碾压成型后检测其强度、平整度等指标,养生采用塑料薄膜覆盖保温养生,避免养生车辆碾压,以减少开裂、走坡、松散等通病的出现,确保底基层施工质量。

②针对基层交叉施工造成的污染严重情况,在下封层施工前自行对清扫工具进行改进,将砂浆磨光机改装成钢丝刷清扫机,同时加大投入,引进"山猫"清扫机,大大节省了人力投入,提高了功效,使下封层施工质量与进度得到了保证。

③对施工运输料车进行侧壁保温层的安装,有效地防止了运输过程中混合料温度的损失。

④对所有胶轮压路机安装了倒车可视装置,提高了胶轮压路机施工的安全性及加强了边部碾压,减少了路肩拦水带与路缘石的损坏。

⑤针对组合箱梁和现浇箱梁桥面调平层设计厚度仅有6cm,容易产生混凝土干缩和温缩裂缝,施工质量较难控制的情况,对全线6cm桥面调平层掺加了聚丙烯纤维,基本避免了裂缝的产生,有效保证了施工质量。

⑥对超高路段路面排水进行了特殊设计,排水沟设置在中央分隔带,采用暗埋式,既保证了正常排水,又保证了美观且不占用中央分隔带的绿化用地。

(四)运营及养护管理

1.运营管理

一是严格执行收费政策,确保"应收不漏,应免不收"。二是积极推进电子不停车联网收费工作。三是加强收费业务管理,不断提升收费管理水平。通过完善操作程序,规范收费工作行为,研发运用运营管理系统,实现了值机台账电子化、运营管理信息化、稽查管理智能化、设备管理精细化。四是加强收费现场管理,制定了《重大节假日免收小型客车通行费管理办法》《节假日免收小型车辆通行费特情处置预案》《交通大流量安全保畅应急处置预案》《便携式收费设备使用管理办法》等制度,保障了道口的畅通。积极组织开展收费站突发事件应急预案的编制与演练工作,先后制定了《道口故意冲卡应急预案》等10个预案,并定期开展预案演练,确保收费站安全保障措施到位。五是通过加强设备改造投入,软件升级,安装车道授权系统、电子值机系统、收费稽查系统,积极采取有效措施,依法打击偷逃通行费行为。

2. 养护管理

养护管理实行二级管理模式,公司本部设立工程技术部,负责养护管理协调工作,下设一个养护巡检大队负责盐靖高速公路盐城北段具体养护维护管理工作。为进一步提升安全畅通保障能力,公司在社会化、专业化养护的基础上,继续探索深化养护体系。通过招标、竞争性谈判等方式,选择具有相关资质及业绩的单位,从事养护巡查、检测、施工、监理等养护工作。将日常养护、应急抢险工作委托省交通控股系统内高速公路工程养护企业承担。养护费用支付,从初期小交通量情况下的计量支付,调整为包干使用、考核支付。同时根据交通控股公司的要求和盐靖高速公路盐城北段养护管理实际,及时完善修订了《道路日常养护管理办法》和《养护巡检与检查制度》,增加了《养护巡检大队工作职责和养护巡检大队岗位职责》等养护管理规章制度,养护管理水平有了进一步提升。

二、盐靖高速公路一期工程(建设期:1998—2001年)

(一)项目概况

1. 基本情况

1)建设依据

宁靖盐高速公路全长169km,是江苏省规划的"四纵四横四联"公路骨架中的"联一"公路,北起盐城市境内204国道新兴,经盐都、兴化、姜堰、泰兴,南接泰州境内宁通、广靖高速公路广陵枢纽,是贯穿苏北里下河腹部地区,连接苏南、上海的重要通道。

2)建设规模及主要技术指标

一期工程分南北两段,北段长41km,起点位于盐城市新兴镇,与204国道相接,经盐城市城区、盐都县,止于泰州市兴化安丰镇(含二期工程提前建成同步通车的1.55km);南段长45km,起点位于泰州市姜堰区,止于泰州境内广陵区,接广靖和宁通高速公路;南北两段全长86km,其中K0+000～K15+068段原为盐城西绕城高速公路,由盐城市西绕城项目管理处负责建设。

主要技术标准为双向四车道、全封闭、全立交,路基宽25.5m,设2m宽中央分隔带;桥涵设计车辆荷载为汽车—超20级、挂车—120;全线桥梁占路线总长度的10.1%;全线设主线收费站1处,互通式立交8处,分离式立交9处,服务停车区3处,管理中心、分中心各1处,房建、通信、收费、监控、安全设施等交通工程项目同步建成。

3)项目投资及来源

宁靖盐高速公路一期工程批复总概算为24.69亿元(含西绕城高速路),竣工决算为24.15亿元。

4)工程建设条件

路线处于苏中平原地带,属亚热带温润气候区,受大陆和海洋气候影响,具有明显的季风性,四季分明、雨量充沛、日照充足。年平均气温13～15℃,月平均最低气温-2.5℃(1月),月平均最高气温为32.5℃(7月),极端最低温度-14.9℃,极端最高温度39.2℃。冬季主风向为北风,干燥少雨,夏季主风向为东南风,风速14～18m/s。年平均降雨量900～1398mm,降水相对集中在6—9月,干旱年份严重缺水,年均蒸发量1414.2mm。无霜期年平均为215天。

沿线地下水位埋藏较浅,一般在地面以下2.5～4.0m,受季节的影响较大,汛期一般在地面以下0.5～1.0m,地下水属孔隙潜水,主要由大气降水补给并与河渠排灌互为影响。水质较好,对混凝土无侵蚀性。

沿线地区河渠纵横,湖塘星罗棋布,内河船运便利。河渠大部分为人工开挖河道,各河水位受干河下游水闸和长江水位的影响,河床坡度、流速甚小。

5)工程进度

一期工程于1998年7月28日开工,1998年基本完成软基处理、部分桩基及路基土方;1999年基本完成路基和桥梁工程;2000年完成底基层、基层;2001年10月完成沥青混凝土面层施工,同时完成房建、绿化工程;2001年11月全部完工。

6)主要工程数量

征用土地16447亩,拆迁房屋19万m^2,路基土石方1352万m^3,软基处理路段28km,涵洞205道,通道104道,大桥3342m/21座,中桥1939m/33座,小桥1834m/56座,互通式立交9处,分离式立交桥9处,服务(停车)区3处,路面底基层168万m^2,基层204万m^2,沥青混凝土面层210万m^2,房建31762m^2。全线配置完善的收费、监控、通信、供电、照明、安全等交通工程和管理设施。

2.决策过程

1997年,省计经委以苏计经交发〔1997〕695号文《关于盐城西绕城公路可行性研究报告(含项目建议书)的批复》,省建委以苏建重〔1997〕586号文《关于盐城西绕城公路初步设计的批复》分别对盐城西绕城高速公路工可报告及初步设计进行了批复。

1998年,省计经委、省建委分别以苏计经交发〔1998〕583号文《关于宁盐公路盐城至广陵段项目(一期工程)可行性研究报告(含项目建议书)的批复》、苏建重〔1998〕282号文《关于宁靖盐公路盐城至安丰、姜堰至广陵段初步设计的批复》对宁靖盐高速公路一期工程工可报告及初步设计进行了批复;同年10月30日,省交通厅批复了宁靖盐高速公路一期工程开工报告;省审计厅以苏审意投开〔1998〕16号文《江苏省审计厅关于宁靖盐高速公路盐城至安丰、姜堰至广陵段工程建设项目的开工前审计意见》对宁靖盐一期工程进行了开工前审计。

2000年,省计经委以苏计经交发〔2000〕649号文《关于宁靖盐高速公路X标段(原盐城西绕城高速公路)可行性研究调整报告的批复》对盐城西绕城高速公路纳入省管后的项目可行性报告进行了批复。

2001年11月20日,省交通厅组织交工验收,宁靖盐高速公路一期工程通过交工验收委员会验收。

(二)建设情况

1.项目准备阶段

1)参建单位主要情况

设计单位:中交第二公路勘察设计研究院、江苏省交通规划设计院。

施工单位:武进交通建设工程部公司、公路二局第三工程处、铁道部第十一工程局、中国江苏国际经济合作公司、盐城市交通工程处、铁道部第十四工程局、中铁十二局集团有限公司、中铁地质工程有限公司、吉林省公路工程集团、中国第十七冶金工程公司、贵州省公路工程总公司、江苏省交通工程总公司、锡山市公路工程总公司、江苏三江建设有限公司、武进交通建设工程总公司、武进建筑安装工程总公司、江苏正太建设集团有限公司、南京第六建筑安装工程公司、扬州华扬交通工程有限公司、句容市交通设施有限公司。

监理单位:镇江润通交通工程咨询监理公司、江苏交通工程咨询监理总公司、盐城交通工程咨询监理公司、南京公路工程监理有限公司、江苏纬信工程咨询有限公司。

2)征地拆迁情况

全线征用土地16447亩,拆迁房屋191978m^2,迁移三杆1162道;征地拆迁经费支付,执行省政府苏政发〔1997〕14号文件规定的补偿费用标准。征地拆迁情况统计见表7-6-3。

征地拆迁情况统计表

表 7-6-3

征地拆迁安置起止时间	征用土地(亩)	拆迁房屋(m²)	支付补偿费用(元)	备 注
	16447	191978		

2. 项目实施阶段

在宁靖盐高速公路一期工程北段实施过程中,由于规划调整、工期缩短及地质条件等原因,经建设主管部门批准,施工图设计有以下主要的变更:

(1)根据省高指《关于我省高速公路沥青路面结构设计变更的函》,对路面厚度、结构类型及材料变更。全线沥青路面厚度全部采用17cm,上面层厚4cm,中面层厚6cm,下面层厚7cm,上面层采用 SMA-16 结构,中面层全部采用 AC-20I 型结构,下面层全部采用 AC-25I 型结构。

(2)根据省高指《关于盐城西互通变更设计方案的函》变更盐城西互通方案。

(3)取消 W2 标主线收费站。

(4)V1 标老圩停车区移位及方案变更。

(5)为方便群众过路交通和生产,利于农田灌溉和排涝,经主管部门批准,在 K124+684 位置增设 4m×2.2m 箱形人通 1 处,在 K130+255.2 位置增设 4m×2.8m 箱形机通 1 处,在 K117+093.8 位置增设 4m×2.2m 箱形人通 1 处;同时取消 K117+322 和 K124+550 两位置的人行天桥。

(6)为使古马干河大桥的桥型更好地适应实际地形,经主管部门批准,将古马干河大桥的桥型方案由 5-20m 宽幅式空心板变更为 2-20m 宽幅式空心板+1-30m T 梁+10m 空心板+20m 宽幅式空心板的桥型。

(7)根据江苏省交通厅苏交计〔1998〕182 号文《关于宁靖盐高速公路姜堰、梁徐两互通式立交有关部门问题的通知》,梁徐互通方案由双喇叭变为单喇叭形式。

(8)据省高指〔1999〕341 号文件精神,将原设计路基防护工程形式全线变更。

(9)北新互通原设计为分期修建,后根据省高指意见变更为同步实施。

(三)复杂技术工程

(1)委托河海大学对宁靖盐高速公路一期工程 W、V1 标软土地基设计进行了全面评估和优化;在施工过程中委托河海大学跟踪进行沉降观测,动态掌握路基沉降情况,科学指导工程施工。通过缺陷责任期一年的观测,路堤、结构物、桥头实测工后沉降值远小于设计值,沉降稳定,满足高速公司质量要求。

(2)针对泰州段广泛分布低塑性粉土的特点,委托东南大学开展综合稳定土的研究,采取水泥、石灰综合稳定方案,进行路面底基层的施工,为减少起皮和干缩裂缝进行了 14 次工艺试验,取得了显著的效果,为粉性土的底基层施工积累了经验。

(3) 针对盐城段多为高液限黏土,对翻晒周期长、路基施工掺灰、粉碎难度大的特点,组织施工、监理单位研讨路基填筑方案,对路基施工掺灰、粉碎等 8 个环节进行了技术优化,在保证质量的前提下加快了路基填筑进度。

(4) 针对里下河地区缺乏石料、粉砂土路堤容易被冲刷的特殊情况,泰州段采用了六角预制块的防护措施,既起到路基防护作用,又美化了高速公路外观。

(5) 为提高下封层施工质量,施工、监理开展科技攻关,采取双层布法进行下封层的施工,有效地提高了下封层与二灰碎石的黏结,改善了密水性能。

(6) 委托江苏省交通科学研究院,对全线沥青路面设计进行优化,开展延长沥青路面使用寿命的课题研究。全线路面上面层分别采用改进型 AK-13A 和 SMA-13 两种新型结构,将中面层由原来 5cm AC-25I 改为 6cm AC-20I 型。通过改进施工工艺,调整级配等手段,使路面压实度双控指标分别达到 93% 和 98%。

(7) 为增强三层沥青路面的黏结性能,最大限度地减少污染,泰州段克服困难,将三层沥青路面安排在一年施工,加快节奏,缩短工期,确保了沥青路面的施工质量。

(四) 科技创新

1. 高速公路建设科技创新

工程勘察设计过程中,应用 GPS 技术,进行导线控制测量和联测,通过便携机与全站仪通信,进行外业中桩坐标和高程的采集和传输。运用数字地图进行路线方案的比选及纵断面、土方量计算。运用计算机三维模型对路线平、纵面组合效果及与环节的协调性进行检验与评价等。

为了提高路面使用性能,延长路面使用寿命,全线沥青混凝土上面层使用了目前世界上应用最为广泛的、具有良好热稳定性和低温抗裂性的 SBS 改性沥青。

在桥梁结构方面,应用新的结构形式和设计方法,同时更加注重了桥梁的美观效果。互通式立交匝道桥采用 P.C. 斜弯坡桥。同时,桥梁下部结构采用了独柱式墩梁固结及 P.C. 盖梁设计,结构新颖,轻巧美观。

2. 重大科研课题

沥青混凝土上面层采用了 SBS 改性沥青、改进型 AK-13A 级配和 SMA-13 级配,并全线使用了抗剥离剂;中面层采用改进型 AC-20I 级配;下面层采用 AC-25I 改进型级配。针对沿线分布低塑性指数粉性土的特点,采用水泥、石灰、粉煤灰稳定土底基层。桥梁防水层采用 FYT-1 新型材料,提高了防水效果。全线通信管道采用了硅芯管,并改进了吹缆工艺,加快了光电缆敷设进度。

3. 主要科技成果

沥青混凝土上面层采用了 SBS 改性沥青、改进型 AK-13A 级配和 SMA-13 级配,并全线使用了抗剥离剂;中面层采用改进型 AC-20I 级配;下面层采用 AC-25I 改进型级配。

针对沿线分布低塑指粉性土的特点,采用水泥、石灰、粉煤灰稳定土底基层。

桥梁防水层采用 FYT-1 新型材料,提高了防水效果。

(五)运营养护管理

1. 运营管理

一是严格执行收费政策,确保"应收不漏,应免不收"。二是积极推进电子不停车联网收费工作。三是加强收费业务管理,不断提升收费管理水平。通过完善操作程序,规范收费工作行为,研发运用运营管理系统,实现了值机台账电子化、运营管理信息化、稽查管理智能化、设备管理精细化。四是加强收费现场管理,制定了《重大节假日免收小型客车通行费管理办法》《节假日免收小型车辆通行费特情处置预案》《交通大流量安全保畅应急处置预案》《便携式收费设备使用管理办法》等制度,保障了道口的畅通。积极组织开展收费站突发事件应急预案的编制与演练工作,先后制定了《道口故意冲卡应急预案》等10 个预案,并定期开展预案演练,确保收费站安全保障措施到位。五是通过加强设备改造投入,软件升级,安装车道授权系统、电子值机系统、收费稽查系统,积极采取有效措施,依法打击偷逃通行费行为。

2. 养护管理

养护管理实行二级管理模式,公司本部设立工程技术部,负责养护管理协调工作,下设 2 个养护巡检大队负责宁靖盐高速公路一期工程具体养护维护管理工作。为进一步提升安全畅通保障能力,公司在社会化、专业化养护的基础上,继续探索深化养护体系。通过招标、竞争性谈判等方式,选择具有相关资质及业绩的单位,从事养护巡查、检测、施工、监理等养护工作。将日常养护、应急抢险工作委托省交通控股系统内高速公路工程养护企业承担。养护费用支付,从初期小交通量情况下的计量支付,调整为包干使用、考核支付。同时根据交通控股公司的要求和宁靖盐高速公路一期工程养护管理实际,及时完善修订了《道路日常养护管理办法》和《养护巡检与检查制度》,增加了《养护巡检大队工作职责和养护巡检大队岗位职责》等养护管理规章制度,养护管理水平有了进一步提升。

三、盐靖高速公路二期工程(建设期:1999—2002 年)

(一)项目概况

1. 基本情况

1)建设依据

盐靖高速公路二期工程是江苏省规划建设的"四纵四横四联"高速公路主骨架中"联

一"的重要组成部分。起点位于安丰互通南,海沟河大桥北桥头,通过一期工程安丰互通A匝道及钓安公路与老宁盐高速公路相接,经兴化、姜堰两个市的乡镇,向南接一期工程姜堰互通,路线总长66.651km,是贯穿苏北里下河腹部地区,连接苏南、上海的重要通道。

本项目的建设按照省委、省政府"奋战五年、决战苏北,实现全省高速公路联网畅通"的战略部署,省交通厅、省高指积极督办,在1999年7月开工建设。项目建设严格执行基本建设程序,加快完成征地拆迁、设计、招投标等工作。建设过程中省交通厅多次进行督查和专项检查,省厅工程质量监督站对工程进行了质量监督。参建各方瞄准"创国优、争一流、超一期"的质量目标,学习先进的建设管理经验,严密组织、严格监理、精心施工、科学管理、大胆创新、顽强拼搏,在沿线党委、地方政府和群众的大力支持和配合下,于2002年9月底按期优质完成了全部工程建设任务。

2)建设规模及主要技术指标

宁靖盐高速公路二期工程全长66.651km,双向四车道,全封闭、全立交,路基宽25.5m,设2m宽中央分隔带,设计行车速度100km/h,桥涵设计车辆荷载为汽车—超20级、挂车—120。

路线在兴化市境内划分为V2~V7共6个标段,在姜堰市境内划分为U1~U3共3个标段。沿线跨越泰东河(3级)等9条等级航道,戴毛线等4条等外级航道。全线互通式立交3处,设置兴化、戴南、溱潼收费站3处,养护区1处,兴泰服务区1处;通信、收费、监控、环境建设、安全设施等交通工程同步建成,并实现联网收费,于2002年10月24日通过省交通厅组织的交工验收,由江苏宁靖盐高速公路有限公司接受,负责运营管理。

3)项目投资及来源

宁靖盐高速公路二期工程批复总概算为205981万元。

项目竣工审计决算总投资为180990.9544万元,较概算节余投资24990.0456万元。

4)工程建设条件

宁靖盐高速二期工程地质条件复杂,本路段表层黏土层厚1~2m,下为2~6m厚度不等的淤泥质土,其下为亚黏土及粉砂互层,软土地基及砂土液化地质。软土处理长度50.2km,占整个道路施工长度的92.6%。软基处理施工困难,处理形式复杂。因此软基处理是项目施工质量和进度保障的基础。本路段软基处理采用的主要工艺有塑料排水板结合砂垫层,土工布预压和粉体喷射搅拌桩等。在施工过程中定期进行路基沉降以动态掌握路基沉降速率。

本路段位于苏中里下河平原水网区,地势低洼,地面高程一般在2~3m,区域内河流纵横交错,湖塘星罗棋布,是著名的苏北水网化地区,结构物分布密集,主线桥梁为112座,全长共12.118km,占主线的18.19%,因此结构物的施工质量及台背回填土的压实度及预压是整个项目工程质量的关键。

5）工程进度

本项目于1999年7月28日全线开工,当年基本完成软基处理和部分桩基。2000年12月底完成桥梁主体工程,并进行路基等超载预压;2001年4月开始路基、底基层、基层及防护工程施工,启动交通工程施工;2002年4月开铺沥青混凝土下面层;9月中旬全面完成沥青混凝土面层施工,同时完成房建、通信、收费、监控、安全设施、场区绿化等交通工程设施。本项目实际工期为3年2个月。缺陷责任期1年。

6）主要工程数量

本期实施建设主线里程:66.65km(不含2001年提前建成并与一期工程同步通车的安丰段1.55km),路基填挖土方总量816万m^3,处理软基长度50.2km,占全长75.3%,主线桥梁12.44km/112座,桥梁长度占主线的18.66%;互通式立交3处(不含安丰互通及收费站),收费设施3套,服务区1处。

2. 决策过程

1997年9月19日、20日,江苏省交通厅受省计经委委托,在南京召开了工程可行性研究审查会,并形成会议纪要。

1998年11月18日,江苏省计经委以苏计经交发〔1998〕2083号文《关于宁靖盐公路盐城至广陵段项目(二期工程)可行性研究报告(含项目建议书)的批复》批复了宁靖盐高速公路(二期)的工可报告(含项目建议书)。

1999年4月7日,江苏省建委以苏建重〔1999〕125号文《关于宁靖盐公路(二期工程)安丰至姜堰段初步设计的批复》批复了宁靖盐高速公路(二期)的初步设计,同意采用四车道高速公路标准建设,建设工期按四年控制。

1999年7月8日,江苏省审计厅以苏审意投开〔1999〕30号《关于宁靖盐公路(二期工程)安丰至姜堰段工程项目的开工前审计意见》进行了开工前审计。

1999年7月10日,江苏省交通厅批复了本项目开工报告。

2002年10月24日,江苏省交通厅组织交工验收,宁靖盐高速公路二期工程通过交工验收委员会验收。

(二)建设情况

1. 项目准备阶段

1）施工、监理单位招标情况

本项目所有工程的施工和监理都采取公开招标、抽签挑选专家评标的办法,先后确定江苏省交通工程总公司等29家施工单位和南京公路工程监理有限责任公司等7家监理公司,分别参与工程施工和监理。坚持公开、公正、公平的原则,坚持招投标各项制度,严密标底编制,加强资格审查,依法签订合同,严格工作纪律,并邀请公正部门依法对招标过程进行公证,省、市纪检部门监督,合法确定中标单位,保证了招标工作的顺利开展。

2)参建单位主要情况

设计单位:中交第二公路勘测设计研究院、北京泰克公路技术研究所、江苏省交通规划设计院、东南建筑设计院、扬州花木盆景公司、武进八达市政园林建筑公司、无锡市滨湖区园林绿化处。

施工单位:锡山市交通工程总公司、江苏省交通工程总公司、中港三航局、泰兴市交通建设工程处、扬州市路桥工程总公司、中国第十七冶金建设公司、铁道部第二十工程局第一工程处、交通部第二公路局第三工程处、上海市第一市政有限公司、南通市路桥工程总公司、江苏省交通工程总公司、常州市交通工程总公司、江都建设工程有限公司、南通二建集团有限公司、江苏省无锡船厂、扬州华光照明工程有限公司、北京深华科交通工程有限公司、河北科力交通设施有限公司、中国公路工程咨询监理总公司、扬州市公路管理处机械厂、宿迁市通达交通运输设备有限公司、北京汉威达交通运输设备有限公司、扬州华扬交通工程有限公司、中国建筑装饰工程总公司、陕西公路交通科技开发咨询公司、江苏燕宁公路工程技术公司。

监理单位:镇江润通交通工程监理咨询总公司、江苏交通工程咨询监理总公司、山东省交通工程监理咨询公司、南京公路工程监理有限责任公司、江苏省华厦建设监理有限公司、无锡市园林绿化监理站、江苏纬信工程咨询有限公司。

监督管理单位:江苏省交通厅工程质量监督站。

3)征地拆迁情况

征地拆迁情况统计见表7-6-4。

征地拆迁情况统计表 表7-6-4

征地拆迁安置起止时间	征用土地(亩)	拆迁房屋(m²)	支付补偿费用(元)	备注
	11897	51920		

2. 项目实施阶段

施工过程中的设计变更是在省、市高指统筹管理领导下,尊重原设计,本着科学原则、实事求是的精神,按照省高指规定的变更程序进行的。较大的设计变更项目如下:

(1)全线下面层统一为7cm AC-25I改进型,中面层为6cm AC-20I改进型,其中UV22标全幅23.75km的中面层;上面层试验性铺筑Sup-19UV23标全幅22.685km采用4cm SMA-13型;UV21、22标全幅采用4cm AK-13型;上面层均采用了SBS改性沥青。

(2)V3、V5、U2三段路改桥,共计3.4km高架桥。

(3)7座桥梁增加孔径。

(4)11座涵洞移位。

(5)小甸址分离式立交桥台由肋板台改为承台分离式桥台。

(6)溱潼、戴南、大垛三处互通边坡防护形式变更。

(7)V5、V7、U1、U3部分砂性土路堤段落防护形式改变。

(8)全线软基处理优化设计。

(9)U2、U3两处地方路变更设计。

(10)土路肩硬化改绿化变更。

(11)上跨主线的分离式桥面铺装由沥青混凝土改为防水钢筋混凝土。

(12)桥头搭板及埋板下28cm二灰碎石改为15号混凝土。

(三)科技创新

(1)委托河海大学对本项目软土地基进行专题设计,依据工期要求、地基情况,采用沉降速率控制标准,进行全面评估和优化,并跟踪进行沉降观测,动态掌握路基沉降情况,科学、有效地指导了工程施工。

(2)根据省高指延长沥青路面使用寿命的研究课题,委托江苏省交通科学研究院,对本项目提供沥青混凝土路面级配的组成设计及现场服务工作。全线下面层统一为7cm AC-25I改进型,中面层为6cm AC-20I改进型,其中UV22标全幅23.75km的中面层、上面层试验性铺筑Sup-19;UV23标全幅22.685km采用4cm SMA-13型;UV21、UV22标全幅采用4cm AC-13型;上面层均采用了SBS改性沥青。

(3)在本项目中与河海大学合作,首次在高速公路上开展"软土路基真空联合路堤加载排水预压加固法综合技术"的应用研究,并完成试验段,节省了投资和时间,达到了预计效果,相似条件下推广前景良好。通过研究分别形成了该方法在高速公路软基处理施工和质量控制的指导意见。

(4)对路面施工实施了信息化管理。为便于随时掌握施工质量动态,进行实时控制,在第一时间及时发现问题、及时处理,把加强现场管理作为质量动态控制的切入点,运用信息管理技术建立排查与预防、控制与治理、修复与反馈等三大防范控制措施。沥青路面摊铺施工中,在全线各标段建立工程质量动态数据库,将路面理论压实度等12个主要指标的检测数据输入数据库后,自动绘成直方图、正态分布曲线等各种图表,形象直观地反映检测结果,通过网络传输,各级管理人员可在第一时间掌握质量控制情况,及时调整施工状态,有效避免缺陷的发生。

(5)本期工程对部分路肩设计进行了优化,铺植草皮,改善了外观形象。对三处互通、一处服务区的环境建设作了尝试,引进模拟自然生态群落与图纹结合的设计理念,优化了绿化设计,适量移植了较大树木,借鉴造园手法,各具特色。兴化互通地处郑板桥的故乡,互通绿化寓指郑板桥的竹、石、松;戴南互通绿化突出淡雅宁静的格调;溱潼以会船节闻名遐迩，溱潼互通绿化以会船节会标为主图案，体现沿线的民俗文化底蕴。中央分隔带绿化一改以往的单一形式，采用蜀桧、龙柏、法青等多种苗木，通过单株、三株一排、三株一丛种植形式的变换，减轻驾驶员的视觉疲劳，以期达到更好的视觉效果，提升了高速公路环境形象。

(四)运营及养护管理

1. 运营管理

一是严格执行收费政策，确保"应收不漏，应免不收"。二是积极推进电子不停车联网收费工作。三是加强收费业务管理，不断提升收费管理水平。通过完善操作程序，规范收费工作行为，研发运用运营管理系统，实现了值机台账电子化、运营管理信息化、稽查管理智能化、设备管理精细化。四是加强收费现场管理，制定了《重大节假日免收小型客车通行费管理办法》《节假日免收小型车辆通行费特情处置预案》《交通大流量安全保畅应急处置预案》《便携式收费设备使用管理办法》等制度，保障了道口的畅通。积极组织开展收费站突发事件应急预案的编制与演练工作，先后制定了《道口故意冲卡应急预案》等10个预案，并定期开展预案演练，确保收费站安全保障措施到位。五是通过加强设备改造投入，软件升级，安装车道授权系统、电子值机系统、收费稽查系统，积极采取有效措施，依法打击偷逃通行费行为。

2. 养护管理

养护管理实行二级管理模式，公司本部设立工程技术部，负责养护管理协调工作，下设三个养护巡检大队负责盐靖高速公路二期工程具体养护维护管理工作。为进一步提升安全畅通保障能力，公司在社会化、专业化养护的基础上，继续探索深化养护体系。通过招标、竞争性谈判等方式，选择具有相关资质及业绩的单位，从事养护巡查、检测、施工、监理等养护工作。将日常养护、应急抢险工作委托省交通控股系统内高速公路工程养护企业承担。养护费用支付，从初期小交通量情况下的计量支付，调整为包干使用、考核支付。同时根据交通控股公司的要求和宁靖盐高速公路二期工程养护管理实际，及时完善修订了《道路日常养护管理办法》和《养护巡检与检查制度》，增加了《养护巡检大队工作职责和养护巡检大队岗位职责》等养护管理规章制度，养护管理水平有了进一步提升。

第七节 G1516(盐城—洛阳)

盐城至洛阳高速公路(G1516)，线路起自大丰港区，经盐城市区、建湖、淮安市区、泗阳、泗洪，终于韩桥(苏皖界)。江苏境内规划全长268km。全线各路段基本情况见表7-7-1。

G1516 全线各路段基本情况汇总表　　　　　　　　　　　　　　表 7-7-1

序　号	路　　　段	里程(km)	建设期	备　注
1	大丰港区至盐城段	37	在建	
2	淮安至盐城高速公路	104	2002—2006 年	
3	马甸(淮安)至淮安西段	39	2001—2006 年	与 G2513 共线
4	淮安西至宿城段	40	2001—2005 年	与 G2513 共线
5	宿城至泗洪段	40	规划	
6	泗洪至韩桥(苏皖界)段	8	规划	

(一)项目概况

1. 基本情况

1) 建设依据

淮安至盐城高速公路(以下简称"淮盐高速公路")是国家重点公路天津至汕尾公路的支线,是江苏省规划建设的"四纵四横四联"高速公路主骨架中徐州至盐城大丰港(H2)高速公路的重要组成部分,连接了淮安、盐城两个省辖市,直接沟通京沪、宁靖盐和沿海三条纵向高速公路,是横穿苏北腹地的一条重要的东西向交通要道。淮盐高速公路的建设对于完善路网结构,实现南北交通合理分流,加强苏北省辖市之间的联系,加强与上海及苏南经济发达地区的联系,促进区域经济共同发展;加快"海上苏东"战略的实施,推动海洋经济发展,加快"两个率先"和"富民强省",均具有十分重要的意义。

2) 建设规模及主要技术指标

淮盐高速公路工程西起京沪高速公路东侧的淮安市楚州区马甸镇,与宿淮高速公路淮安段相接,经过溪河镇、车桥镇、泾口镇、流均镇,在流均镇头桥村穿越射阳湖荡区,进入盐城市建湖县蒋营镇、颜单镇,在建湖县城南约 7km 处跨建宝公路,沿东偏南方向,经沿河镇北、芦沟镇南跨过盐河进入盐都区,经盐都区秦南、龙岗、北蒋、郭猛、潘黄、大冈和亭湖区伍佑、步凤等乡镇,与沿海高速公路共同构成盐城东枢纽。

本期路线全长 104.01km,其中,淮安段长度 30.9km,盐城段长度 73.11km(另加上沿海高速公路划入淮盐 YC15 标共建的 2.5km,实际施工总长度 106.5km)。全线采用四车道高速公路标准,路基宽度 28m,设计行车速度 120km/h,桥涵设计车辆荷载为汽车—超 20 级、挂车—120。全线设车桥、建湖、秦南和盐城南互通式立交(收费站)4 处,盐城西(宁靖盐高速公路)、盐城东(沿海高速公路)2 个交通枢纽、九龙口服务区 1 处,车桥停车区、郭猛停车区共 2 处。淮盐高速公路概算总投资为 44.9768 亿元,全线平均每公里造价约 4324.7 万元,批复工期 5 年。

3) 项目投资及来源

根据江苏省发展计划委员会以《关于淮安至盐城高速公路项目建议书的批复》苏计

基础发〔2002〕495号,同意建设淮盐高速公路项目,概算总投资为44.9768亿元。资本金占项目总投资的35%,由江苏省和淮安、盐城市按80%和20%比例共同承担出资,其余投资为国内银行贷款。

4)工程建设条件

项目区域为苏北平原的一部分,自西向东分属黄泛冲积平原区、里下河古潟湖平原区和海积平原区,东部濒临黄海地区。整个勘察区内地势低平,海拔高程从4.0m向2.5m过渡,其中射阳湖荡洼地高程0.5~1.0m。勘察区内湖荡密布,河道纵横,圩田连片,具有河网平原和河网圩田平原的特点。

项目区域气候以苏北灌溉总渠为界,以北属南暖温带气候,以南属北亚热带气候。年平均气温在13.6~14.7℃,最冷月(1月)平均气温0~1℃,最热月平均气温26.7~27.5℃,气温分布特征为南高北低,西高东低。年降水量淮安地区为887~997mm,盐城地区为900~1060mm,南部多于北部,东部多于西部,夏季降水充沛,东部地区受梅雨及台风影响,占全年降水量的54%~56%,冬季雨量较少。

项目区域内主导风冬季以北风为主,夏季以东南风为主,年平均风速2.9~3.9m/s。

项目区域地处淮河中下游和里下河地区,暴雨、洪涝等灾害性天气频繁,盐城东部地区受海洋性气候影响,台风、龙卷风、冰雹等灾害性天气每年有2~3次,对工程实施有一定影响。

淮盐高速公路经过区域属淮河水系里下河地区的中北部,通榆运河以西为里下河腹部圩区,东部为沿海垦区。区内水系均为里下河排涝入海的天然或人工河道构成,跨越主要河流为:射阳河、蔷薇河、西塘河、盐河、蟒蛇河、朱沥河、串场河、通榆运河等。

项目通过地区为华北地震区长江中下游南黄海地震带盐城潜在地震区。项目场址区以射阳—兴华为界,分为两个烈度区,以西为Ⅵ度地震区,以东为Ⅶ度地震区。

5)工程进度

淮盐高速公路于2002年8月开工;2005年8月路基、桥梁工程基本完成;2005年12月路面底基层、基层完成;2006年6月景观绿化工程完成;2006年9月房建、二次装修、照明、收费大棚、三大系统等工程完成;2006年9月沥青混凝土面层及交通安全设施全面完成。2006年11月建成通车。

6)主要工程数量

本项目路基土石方1456.46万m^3;桥梁34951延米/213座;全线共设有互通枢纽6处(车桥互通、建湖互通、秦南互通、潘黄枢纽、盐城南互通、步凤枢纽);服务区3处,为车桥服务区、九龙口服务区、郭猛服务区;通道32处,涵洞124道。同时同步完成道路收费、监控、通信、照明、安全设施、绿化、服务等设施。

2. 决策过程

2002年5月10日,江苏省发展计划委员会以苏计基础发〔2002〕495号文《关于淮安至盐城高速公路项目建议书的批复》同意建设淮盐高速公路项目。

2002年7月16日,江苏省发展计划委员会以苏计基础发〔2002〕784号文《关于淮安至盐城高速公路可行性研究报告的批复》批准了该项目的可行性研究报告。

2002年8月16日,江苏省发展计划委员会以苏计基础发〔2002〕872号文《关于淮安至盐城高速公路初步设计的批复》批复了该项目初步设计,核定了项目总概算。

2002年8月28日,江苏省政府在淮安举行了淮盐高速公路建设开工典礼,宣布淮盐高速公路正式开工建设。

2003年3月30日,江苏省环境保护厅以苏环管〔2003〕64号文《关于对淮安至盐城公路环境影响报告书的批复》批复了该项目的环境影响报告书。

(二)建设情况

1. 项目准备阶段

各项工作均按国家基本建设程序进行。在项目建设过程中,省、市高指严格遵守基本建设程序,依据国家规范,参照国际通用的"菲迪克"条款和交通部通用招标文件范本制定了江苏省高速公路各项目施工、监理招标文件,通过国内公开招标选择承包商和驻地监理组。所有招投标工作均由专家独立评标,合法确定中标单位,依法签订合同,纪检部门全过程监督,公证部门对招投标过程和结果进行了严格的监督和公证,确保招标工作"公开、公平、公正、择优"。

1)施工、监理单位招标情况

淮安至盐城高速公路路基、桥涵标于2002年12月完成招标签约工作;路面工程标于2005年4月完成招标签约工作;安全设施、绿化、房建以及大棚、三大系统等均于2005年底前完成招标签约工作。

2)参建单位主要情况

设计单位:中交第一公路勘察设计研究院、中国公路工程咨询监理总公司、无锡市建筑设计院、江苏省交通规划设计院、常州市建筑设计研究院、淮安市城市建设设计院、江苏东方建筑设计有限公司、盐城市市政规划设计院、江苏柏森实业有限责任公司、南京柏森实业有限公司、南京金陵建筑装饰有限公司、江苏大千景观、南京林业大学林产工业设计院、江苏纬信工程咨询有限公司、西安公路研究所、兴化市飞虹厨房设备厂、无锡市建筑设计院。

监理单位:北京路桥通工程监理咨询有限公司、江苏东南交通工程咨询监理有限公司、中国公路工程咨询监理总公司、江苏交通工程咨询监理总公司、南通交通建设监理咨询有限公司、镇江市润通交通工程监理咨询有限公司、江苏交通工程咨询监理有限公司、南京安通交通工程咨询监理有限公司、扬州苏发照明安装工程有限公司、江苏振星工程监理有限公司、江苏盛华工程监理咨询有限公司、江苏宏嘉建设监理有限公司、江苏农垦建设有限公司、江苏宁达工程建设监理有限公司、常州市风景园林建设工程监理有限公司、苏州景原工程设计咨询监理有限公司、南京交通建设项目管理有限责任公司、南京交通建设监理咨询有限公司。

施工单位：中铁十三局集团有限公司、江苏捷达交通工程集团有限公司、中铁十九局集团有限公司、山东公路工程总公司、中港第三航务工程局、东盟营造工程有限公司、镇江市路桥工程总公司、江苏东辰公路工程总公司、无锡路桥工程总公司、江苏省交通工程有限公司、中铁四局集团有限公司、江苏交通建设集团有限公司、中铁十四局集团有限公司、吉林省交通建设集团有限公司第一公司、中铁十九局集团第二工程有限公司、江苏润扬交通工程集团有限公司、路桥集团第一公路工程局第三工程公司、徐州市公路工程总公司、吉林省交通建设集团有限公司第二公司、路桥集团公路一局华祥公司、常州交通工程有限公司、江苏华夏交通工程集团有限公司、江苏耀鑫交通设施有限公司、南京公路防护设施工程有限公司、常州常新道路工程材料有限公司、无锡市中路交通工程有限公司、江苏华夏交通工程集团有限公司、常州新区三有交通设施有限公司、扬州远通交通工程有限公司、宿迁市通达交通设施有限公司、南通市城市照明管理处、江苏顺通建设工程有限公司、江苏农垦建设有限公司、南通四建集团有限公司、江苏江中集团有限公司、江苏省建筑工程公司、江苏南通六建建设集团有限公司、江苏宏嘉建设监理有限公司、无锡市建设机械施工有限公司、江苏火花钢结构集团有限公司、中国建筑装饰有限公司、江苏信达装饰工程有限公司、深圳海外装饰工程公司、新光钵池山园林工程建设有限公司、常州市华辰园林绿化工程有限公司、江苏省武进公路苗圃、常州市嘉泽园林绿化有限公司、常州市武进华夏花木园林集团有限公司、盐城市富邦园林建设有限公司、常州市第二园林建设工程总公司、常州市武进园林建筑安装工程总公司、江苏智运科技发展有限公司、江苏高速公路信息工程有限公司、江苏长天智远交通科技有限公司、苏州盟通利机电设备有限公司、江苏板桥机械有限公司、厦门市榕兴新世纪石油设备制造有限公司、江苏南京地质工程勘察院、淮安市楚明电力实业开发有限公司、江苏彬鹏环保有限公司、江苏依斯特制冷有限公司、扬州新扬开关设备有限公司、东莞市康菱机电设备工程有限公司、沈阳沈变中型变压器有限责任公司、宜兴市运通机械设备有限公司、江阴市富仁高科有限公司、江苏板桥厨具有限公司、常熟市万宝桥梁构件有限公司、成都市大通路桥机械有限公司、宁波路宝科技实业集团有限公司、四川新路桥机械有限公司。

3）征地拆迁情况

该项目的征地拆迁政策按照江苏省人民政府苏政发〔2000〕77号文《省政府批准省国

土资源厅等部门关于全省公路水运等重点交通基础设施建设项目征地拆迁工作的意见的通知》执行,土地征用工作由江苏省国土资源厅统一包干负责。征地资金由省高指委托江苏省国土资源厅进行拨付,各地方高指设立专门账户进行核算。全线共拆迁房屋 134530m^2,征用土地 24747.44 亩。

2. 项目实施阶段

本项目建设过程中,经建设主管部门批准,主要的变更设计有:

(1)根据省高指苏高计〔2002〕360 号文《关于印发〈宿淮、淮盐高速公路交通工程初步设计优化方案审查会纪要〉的通知》,编制出版了《沿线设施规模变更》图纸一册,包含互通收费站收费车道数增加,车桥停车区、九龙口服务区、郭猛停车区占地增加的变更内容。

(2)根据盐城市高指盐淮项目办关于六支河、七支河、团结河改河方案设计变更说明及 2003 年 5 月份省高指下发的《关于对淮盐高速公路(盐城段)六支河、七支河、团结河设计变更的立项批复》。于 2003 年 5 月出版了相应的变更设计图纸。

(3)根据苏高项管三〔2003〕8 号文《关于印发〈淮盐高速公路淮安段、盐城段 YC1、YC12-14 标施工图设计审查会专家意见〉的通知》、苏高项管三〔2003〕18 号文《关于印发〈淮盐高速公路软基处理方案专家研讨会专家意见〉的通知》和苏高项管三〔2003〕25 号文《关于淮盐高速公路部分标段施工审查落实意见的函》。部分设计变更如下:

①增加 K25+585 二桥村特大桥,取消原设计 K27+648 处 3-13m 中桥、K25+899.5 处 3-16m 中桥及 K25+371 处 1-6m 箱涵。

②增加 K27+144 东横河特大桥,取消原设计 K27+406.5 处 8-25m 东横河大桥、K26+976.5 处 5-13m 中桥及 K26+803 处 1-5m 箱涵。

③增加 K29+962.5 永兴特大桥,取消原设计 K29+525 处永兴特大桥、K30+097 处 1-6m 箱涵、K30+419 处 1-6m 箱涵及 K30+663 处 1-8m 通道。

④淮安四合同段终点桩号调整为 K30+887.5。

⑤K29+341.48~K31+417.443 之间纵坡调整。

⑥射阳湖特大桥淮安侧延长 1 孔。

⑦伍佑特大桥盐城侧延长 9 孔,取消原设计 K94+045 处 5-16m 中桥。

⑧通榆特大桥淮安侧延长 8 孔,取消原设计 K94+715 处 1-8m 通道。

⑨增加 K99+203 小桥,取消原设计 K99+198 处 1-13m 通道。

⑩盐城一合同段起点桩号调整为 K30+887.5。

⑪盐城十二合同段与盐城十三合同段分界桩号调整为 K94+700。

⑫K29+341.48~K31+417.443 之间纵坡调整。

⑬K93+105.65~K95+412.375 之间纵坡调整。

(4)根据苏高项管三〔2003〕45 号文《关于印发〈淮盐高速公路软基处理方案专家意

见〉的通知》。及江苏省高速公路建设指挥部《关于淮盐高速公路淮安四标 3 段以桥代路问题的请示》的复函。部分设计变更如下：

①K23+682.52～K23+750.08 路段，将原 K23+711.3 处 2-10m 小桥变更为 5-16m 中桥。

②K24+107.51～K24+471.72 路段，将原 K24+073 处 5-13m 中桥及 K24+485.5 小桥中间路段采用以桥代路方案，改为 19-25m 大桥。

③K26+031.2～K26+245.00 路段，将原二桥村大桥向东延长 8-25m。

(5)根据淮高指淮盐〔2003〕24 号文对车桥互通内 K16+030、AK0+790 增设箱形通道。

(6)由于江苏省高速公路即将在路网内实行计重收费，淮安至盐城高速公路在交通工程施工图设计之前提供给主体工程的收费岛岛长(28m)已不能满足计重收费的要求，需对收费岛岛长进行调整。因此于 2003 年 10 月出版了相应的收费广场水泥混凝土路面变更设计图纸一册。

(7)根据江苏省高速公路建设指挥部《关于淮盐高速公路盐城九标主线跨越宁靖盐高速公路修正设计的通知》(苏高传字〔2003〕179 号)，对主线跨宁靖盐高速公路进行了修正设计。

(8)根据省高指 2004 年 4 月 7 日淮盐高速公路防护、排水设计方案研讨会的精神汇总发言的四点意见，在为研讨会提供的路基防护、排水设计初步变更方案的基础上进一步优化和完善，并据此修改设计分标段出版了防护及排水变更设计图纸。

(9)2005 年 5 月 25 日，江苏省高速公路建设指挥部在南京组织召开了淮盐高速公路沥青路面结构优化设计评审会。根据会议精神和专家建议，充分考虑公路的功能、使用要求及所处地区的气候、水文、地质等自然条件，结合该地区高等级公路路面施工经验和材料供应，本着技术先进、经济合理、安全适用、合理取材、方便施工、利于养护的原则进行了路面结构优化设计，并按路面标段划分编制出版了路面及排水优化设计图纸。

(10)根据江苏省高速公路建设指挥部《关于淮盐高速公路盐城段部分标段线外工程变更立项的批复》(苏高项管三〔2003〕85 号)，对淮盐高速公路盐城段线外桥设计进行了全面复查，对于尚未施工的小桥，依据《关于淮盐高速公路盐城部分标段线外工程变更立项的批复》中第 8.1 条"原设计线外桥(涵)标准较高，请设计院按 1-4m、1-6m、1-8m、3-6m、3-8m 五种类型，宽度统一按 4.0m，荷载标准与现有被拆除的桥(涵)相同或汽车—10 级原则，重新编制设计图纸。对沿线未施工的线外工程一律按此要求执行"的意见，对这五种类型线外桥涵按汽车—10 级标准，重新进行了计算、配筋，并编制出版了线外桥涵通用图变更设计图纸。

(三)科技创新成果与应用

1.软土地基处理

(1)第一次在工程建设禁区修建高速公路

淮盐高速公路穿越里下河、射阳湖水源湿地区域,地基以淤泥、沼泽为特征,湖荡密布,河道纵横,圩田连片,具有河网平原和河网圩田平原的特点,地势低洼,海拔从 4.0m 向 2.5m 过渡,其中射阳湖荡洼地高 0.5~1.0m,每年夏季的洪水都是采用动力式排水,是江苏省地势最低的地区,为工程建设禁区,历史上从未修建过等级公路。

软基处理是淮盐高速公路建成的根本性难题,是江苏高速公路修建以来未遇到过的最复杂的软土之一,是古潟湖相软土的典型代表,是修建淮盐高速公路的"拦路虎",是必须解决的关键问题,为此,省、市高指迎难而上,开展科研攻关,取得成功,为内在质量一流打下了坚实的基础。

(2)科研成果达到国际领先

"排水粉喷桩复合地基法加固软土地基试验研究"第一次提出了排水粉喷桩复合地基法加固软土地基的新工法,是软土地基的一种新工法,大大推动了我国高速公路软土地基处理研究的水平。

粉喷桩是一种利用压缩空气输送粉体固化材料,并通过搅拌叶片使固化材料与软土搅拌混合到一起形成水泥土体加固软土地基的方法。粉喷桩施工时产生的一种短时侧向压力,对周围土体和孔隙水增加压力,导致粉喷桩加固软土地基后粉喷桩会突然下沉等病害。本课题提出将粉喷桩与排水固结法有机结合起来,利用竖向排水体的排水导气作用,使粉喷桩施工过程的超孔隙水压力能迅速得以消散,从而联合粉喷桩与竖向排水体处理软土地基,充分发挥各自的优点,同时把一些不利的因素转换为有利于软土固结的因素来考虑,是为排水粉喷桩复合地基法。课题经省科技厅鉴定,以中国工程院吴中如院士为组长的鉴定委员会对此评价是"成果总体处于国际先进水平,其中排水粉喷桩复合地基加固软土地基新工法(2D工法)达到了国际领先水平"。采用该成果对淮盐高速公路淮安段的设计进行优化,节约地基处理的投资达 5000 万元左右,节省率约为 30%。

"长板-短桩法复合地基加固机理与应用研究"。第一次提出对海积平原软基处理采用塑料排水板排水固结法与水泥土搅拌法的联合处理方法(长板-短桩工法,或 D-M 工法),通过试验段的设计、测试和现场量测来研究联合处理后复合地基在预压条件下的固结特性;探索地基土固结参数的确定方法;建立定量评价复合地基固结度和强度增长的理论和方法;并最终建立适合深厚层软土地基特点的长板-短桩工法复合地基实用设计方法。该项目提出的长板-短桩工法通过施打搅拌桩来提高地基土强度,以解决路堤施工期和预压期的稳定性问题,并部分消除软基沉降;通过长塑料排水板来加速下部地基土的排水固结,尽可能多地消除工后沉降。成果总体达到国内先进水平,D-M 工法达到国际领先水平。

"CFG 桩复合地基加固高速公路深厚软基技术研究"。CFG 桩又称水泥粉煤灰碎石桩,是在碎石桩的基础上掺加适量砂石、粉煤灰和水泥加水拌和,制成一种黏结强度较高的半刚性桩体。CFG 桩和褥垫层、桩间土一起组成复合地基,通过调整桩长、桩距和褥垫层厚度,可以较好地满足地基承载力要求,减少地基沉降量。该成果引进 CFG 桩复合地基法首次在江苏省高速公路高含水量深层软土地基处理中应用,揭示了路堤荷载下 CFG 桩复合地基的荷载传递和固结变形规律,特别是浮桩的变形和承载力的特性,建立了控制路堤工后沉降 CFG 桩复合地基的实用设计计算方法。课题经省科技厅鉴定,以中国工程院吴中如院士为组长的鉴定委员会对此评价是"总体达到了国际先进水平"。

"高速公路超软路基排水预压固结法试验研究"。真空预压法(真空联合堆载预压法)是排水固结预压法的一种,主要由排水系统和加压系统两部分组成:排水系统主要包括竖向排水体和水平排水体,竖向排水体常用塑料排水板、袋装砂井、透水软管等,水平排水体采用砂垫层或土工合成材料。在实施真空预压法的同时在地基上部进行堆载(包括堆土、充水等),真空预压与上部堆载联合作用就形成了真空联合堆载预压法,发挥真空预压和堆载预压各自的优势,可提高加荷速率、缩短工期、增大加固深度,使地基沉降在施工期内得以基本完成,从而有效减少地基工后沉降。通过研究,建立了真空联合堆载预压处理软基停泵标准新方法及工后沉降计算方法,完善和发展了真空预压处理软基的理论和技术。课题经省科技厅鉴定,以中国工程院吴中如院士为组长的鉴定委员会对此评价是"成果总体处于国际先进水平"。

"淮盐高速公路潟湖相软土粉煤灰水泥搅拌法加固技术研究"。淮盐高速公路穿越过地区分布典型的古潟湖沉积软土,与其他高速公路所遇到的软土地基不同。古潟湖沉积软土含水量高、有机质含量高,采用普通水泥搅拌桩处理后其桩身强度较低,达不到设计要求。该课题提出了在水泥搅拌桩中掺加适当的外掺剂(粉煤灰、木钙、石膏等),从加固机理、加固效果以及现场施工工艺和质量控制进行了系统的研究,拓宽了粉喷桩的应有范围,并提出了具体施工工艺和质量控制体系等,同时节约了建设成本。采用该成果对淮盐高速公路盐城段进行地基处理,节约投资近 1000 万元。课题经省科技厅鉴定,对此评价是"成果总体处于国际先进水平"。

出版了《高速公路超软地基处理设计与施工》(人民交通出版社,2006 年 9 月)一书,淮盐高速公路经过的地区属于苏北平原,全线河湖密布,分布有平原、湖荡、滩涂等多种地貌单元。其中,穿越里下河古潟河湖相平原区和盐东海积平原区地段,广泛分布有深厚的流塑至软塑状淤泥质软土地层,含水率高,孔隙比大,具有高压缩性,在长江中下游沿江地区软土中具有很强的代表性。这类深厚超软地基处理设计与施工,对确保工程质量和安全、节约投资等方面至关重要。该书全面系统地总结了淮盐高速公路建设过程中,有关软基处理的科研、设计、施工及管理4方面所取得的丰硕成果,重点介绍了真空联合堆载预压排水固结法、CFG桩复合地基法、水泥拌和桩复合地基与塑料板排水固结综合处理法等地基处理技术的深入分析、合理设计和取得的突破,体现了当前我国地基处理技术的发展趋势,不仅满足了本工程的建设需要,而且对处理其他类似超软地基工程具有重要的指导和借鉴作用。

2. 路面工程

路面结构先进,按照工程质量全寿命新理论的要求,淮盐高速公路104.01km的路面中、下面层均采用了Superpave新型路面结构,上面层采用了SMA13型结构,这是江苏省第一次在整条高速公路上大规模采用的全新路面结构,是路面全寿命周期使用的具体落实,是科学发展观的具体体现。为改善沥青与集料间的黏结性能,提高路面抗剥落及低温抗裂性,掺入适量的沥青抗剥落剂。同时,对水泥稳定碎石基层和路面结构开展了课题进行研究。

(四)运营及养护管理

1. 运营管理

淮盐高速公路是宿淮盐高速公路的组成路段之一,由江苏宿淮盐高速公路管理有限公司负责运营管理。

江苏宿淮盐公司着眼于"畅行高速路,温馨在江苏"的企业愿景,践行"路是我们的家园、驾乘是我们的亲人、我们是路的主人"核心价值理念,从抓运营主营、队伍建设、党团建设、企业文化方面入手,不断夯实管理基础,努力提高经营水平,企业逐步实现规范化、精细化管理目标,各项工作呈现良好的发展势头。安全稳定、企业文化、文明创建、队伍建设等均取得可喜成绩,被授予"江苏省文明单位"荣誉称号,实现了企业社会效益和经济效益双丰收。

2. 养护管理

宿淮盐公司确立了"规范化、制度化、科学化、精细化"养护管理思路,建立健全特情处置应急机制、桥梁道路定期检测机制、日常养护巡查保障机制,贯彻全寿命养护周期理念,切实加强对计划、过程、质量等关键环节的管控,坚持走管养分离的道路,建立健全了管理公司、养护中心、养护单位三级养护管理体系,养护管理的科学化、制度化、规范化、社会化、信息化水平不断提升。

公司不断修订、完善桥梁养护、道路保洁、养护巡查、中修工程、小修保养以及相应的管理考评办法等规章制度,以制度作为保障,促进养护工作科学规范,通过检查考评推进养护工作水平的全面提升。

坚持"防治结合,预防为主"的养护方针,积极开展预防性养护,及时消除和整治路面病害。抓好小修保养和中修工程,重视路面坑槽、交通设施、标志标线、路肩边坡的日常维护,常修常新,保持路容路貌美观完好;对路面裂缝、桥头跳车、路面车辙等病害及时进行压浆灌缝、铣刨重铺、热再生等综合处置,有效改善路面使用性能,维护道路品质,确保道路行驶质量。

重点加强桥梁养护管理,落实桥梁养护十项制度,不断探索桥梁养护新方法。坚持每日一次道路日常巡查,每月一次桥涵通道检查,每两年一次定期检测;强化桥梁安全隐患的排查与整改,对桥梁病害进行及时处置,通过设置警示标志、限高龙门架、及时清除桥下堆积物等设施,切实保障全线桥梁安全运行。

公司坚持科学发展,突出科技创新,倡导人路和谐,重视新材料、新技术、新工艺、新设备的研究与使用。公司联合科研机构和技术人员开展了高速公路组合箱梁病害治理关键技术研究;与高等院校和养护单位合作,开展泡沫温拌沥青技术项目的研究;推广使用沥青路面就地热再生新技术,实现了科技优先、低碳环保、循环利用、经济养护的目的;公司先后开发了"道路养护管理系统"和"桥梁养护管理系统",在多年的使用过程中,系统不断得到完善,道路和桥梁的健康档案等数据不断得到更新和充实,在信息化条件下,创新了养护管理手段和方式,发挥了很好的作用。

3.服务区

本项目包含车桥、九龙口、郭猛三个服务区。

沿线三个服务区构成了集生态、环保、旅游、景观于一体的淮盐高速公路上一道亮丽的风景线。服务区以经营餐饮、超市为主体,以加油、汽修为配套,以休闲娱乐为补充,为顾客提供多功能全方位服务。

(1)车桥服务区

车桥服务区位于淮盐高速 K134+424(S18)处,坐落于全国历史文化名城淮安市淮安区车桥镇,距离淮安城区约20km,占地总面积39600m^2,建筑总面积4860m^2,工程总造价3430万元。车桥停车区于2006年11月2日开始正式运营。设有餐饮、加油、汽修、商场、ETC充值、多媒体路况查询、免费休息、免费停车、免费公厕、免费加开水等多项服务。停车区共设有车位102个,其中客货车位40个,轿车位56个,危险品车位6个。

(2)九龙口服务区

九龙口服务区坐落在以湖荡湿地资源为主的省级自然风景名胜区——九龙口旅游度假区附近,总占地面积48000m^2,建筑面积5242m^2,主体建筑的外形似一条大鱼,体现里下河地区"鱼米之乡"的特点,室内外设计风格以弘扬九龙口的"龙"文化为特色。

九龙口服务区于2006年11月开始运营,具有餐饮、加油、超市、汽修等服务功能,目前有大小停车位158个,并专门设立危化品、牲畜停车位,设置母婴室和室外临时休息场所,餐厅可同时容纳480人就餐,主要经营地方特色菜,如盐水鸭、糯米肉圆、当地河鲜等,超市有近600种商品供顾客选购,24小时营业。

九龙口服务区秉承"顾客至上、服务第一"的服务宗旨,围绕服务于全省"两个率先",服务于地方经济发展,建设"平安江苏"的奋斗目标,深入开展"畅行高速路、温馨在江苏"为主题的创先争优实践活动,坚持以"顾客需求"为关注点,完善服务设施,创新服务理念,打造温馨、和谐、安全的休息驿站,为顾客提供周到、热情、温馨的服务。

此外,服务区针对顾客消费心理和特点,采取灵活多样的经营方式,根据需要适时拓展和调整服务功能和品种,增加服务项目,做好延伸服务,"想顾客之所想,急顾客之所急"。

九龙口服务区在2008年顺利通过"文明平安服务区"验收,2011年通过"A级放心消费单位"评审。2014年,被江苏省省部属企事业工会授予"工人先锋号"称号,连续多年被公司评为"先进单位"和"先进集体"。

(3)郭猛服务区

郭猛服务区位于宿淮盐高速公路K66+961(S18)处,地处盐城市盐都区郭猛镇境内,占地面积43.7亩,建筑面积5250m²,东邻宁靖盐高速公路和沿海高速公路,为宿淮盐高速最东面的服务区。

郭猛服务区集餐饮、车辆加油、超市、汽修等功能为一体,宽敞的就餐大厅,干净整洁的卫生环境,热情周到的服务,精致可口的菜肴,品种多样的超市商品,给客人留下美好的回忆。服务区内有小型车停车位55个,大型车停车位56个,拖挂车停车位69个,竭诚为所有来宾提供优质的服务。

服务区向东约7km与宁靖盐高速公路互通,向东约25km与沿海高速公路互通,一直向南可直达苏通大桥,向东约16km有盐城南收费站,向西约15km有秦南收费站,服务区距离盐城市中心约18km的路程,交通十分便捷。

周边旅游景区有麋鹿国家级自然保护区,位于江苏省大丰市境内,面积3000公顷,1986年建为省级自然保护区,1997年晋升为国家级,主要保护对象为麋鹿及其生态环境。麋鹿俗称"四不像",角似鹿非鹿,头似马非马,身似驴非驴,蹄似牛非牛,是我国的特产。麋鹿原是苏北沿海的野生动物,历朝皆列为献给皇帝的贡品。

第八节 G25(长春—深圳)

长春至深圳高速公路(G25)江苏境内已全线通车,起自苏鲁省界(班庄),经赣榆、连云港市区、灌云、灌南、涟水、淮阴、淮安市区、洪泽、盱眙进入安徽省天长,随后再次进入江苏境内经六合、南京长江四桥、南京市区、江宁、溧水、溧阳、宜兴等节点，进入浙江省湖州境内。江苏境内全长534km。全线各路段基本情况见表7-8-1。

G25全线各路段基本情况汇总表　　表7-8-1

序号	路段	里程(km)	建设期	备注
1	连云港至临沂高速公路江苏段	51	2007—2010年	
2	淮安至连云港高速公路	113	1999—2000年	
3	淮安北至淮安西段	22	2002—2006年	
4	淮安西至淮安南段	14	2002—2006年	与G2513共线
5	南京至淮安高速公路马坝至武墩段	65	1999—2006年	
6	南京至淮安高速公路雍庄至马坝段	75	2002—2006年	
7	南京至淮安高速公路南京江北段	35	2002—2006年	
8	程桥至横梁段	27	2010—2012年	
9	南京长江第四桥及接线	29	2008—2012年	
10	南京绕越高速公路东南段	14	2005—2008年	
11	沪瑞国道主干线溧水至南京高速公路	68	2006—2008年	
12	沪瑞国道主干线支线宜兴(苏浙界)至溧水高速公路	114	2000—2004年	

一、连云港至临沂高速公路江苏段（建设期：2007—2010年）

（一）项目概况

1. 基本情况

1）建设依据

临沂至连云港高速公路江苏段是国家高速公路网中长春至深圳国家高速公路的重要组成部分，也是《江苏省高速公路网规划》中"五纵九横五联"中纵四的一部分。起点与连临高速公路山东段相连，终点与宁连高速公路相接。

连临高速公路于2007年11月全面开工建设，2010年10月建成，计划建设工期3年，实际工期2年11个月。

该项目建成后成为连接连云港市与鲁西南的快速通道，对于策应国家沿海大开发战略，进一步拓展连云港港口的后方腹地，改善港口集输运条件，完善江苏省高速公路路网结构，改善区域交通条件和投资环境，加强苏、鲁两省的经济联系，加快沿海开发和振兴苏北等具有重要意义。

2）建设规模及主要技术指标

临沂至连云港高速公路江苏段路线全长51.33km，本项目分别由汾灌公司和高管中心管养，汾灌公司管养里程50.424km，沿线设苏鲁省界、班庄、赣榆南、宋庄、大浦5个收费站,1个沙河服务区。设计行车速度120km/h,其中苏鲁起点至宋庄互通段35.17km,采用双向六车道高速公路标准,路基宽度34.5m;宋庄互通以东16.16km,采用双向四车道高速公路标准,路基宽度28m,全线桥涵设计汽车荷载等级采用公路—I级。

3)项目投资及来源

临沂至连云港公路江苏段是规划国家高速公路网中的"纵四",即长春至深圳国家高速公路的组成部分。国家安排中央专项基金、江苏交通控股有限公司代表政府出资约占35%,其余向银行贷款为工程项目筹集资金。2007年1月,国家发展和改革委员会以发改交运〔2007〕2130号文对临沂至连云港公路江苏段建设规模、技术标准和总投资等作出批复。2008年5月交通部以交路政发〔2008〕78号文对临沂至连云港公路江苏段初步设计路线走向、概算等作出批复。初步设计总概算核定为32亿元。工程投资控制在概算范围内。

4)工程建设条件

临连高速公路路线自西北向东南经过构造丘陵区、冲积平原区、冲海积平原区、海积平原区,地质条件由坚硬岩石变化至全新统海相软土10~12m厚连续分布,滨海路段广泛分布中弱氯盐渍土。海积平原区路段沿线河塘密布,先后跨越超过4km的连片鱼塘区和潮汐河流;项目区域属半湿润的暖温带季风气候区,兼有海洋性气候特点。四季降水量不均,降水集中在夏秋两季,同时受台风等恶劣天气影响较为严重。年平均降水量937.2mm,历年平均蒸发量1550.1mm,地表水资源不丰富。

全年风向频率以偏北风最多,四季风向变化十分显著,表现为典型的季风气候,大风主要出现于春季。年平均气温14℃,最冷在1月,最热在8月,极端最高气温为40℃,极端最低气温-15.4℃,温度的月际变化以春秋最为剧烈。

线路所在地区地震动峰值加速度为0.085~0.175g,相当于地震设计基本烈度Ⅶ~Ⅷ度。Ⅶ度与Ⅷ度分界线在班庄互通与青班公路之间,里程桩号约为K10;K10以西为Ⅷ度区,以东为Ⅶ度区。

本项目穿越赣榆县城郊、养殖场、部队农场、陇海铁路、连云港经济技术开发区、科教园区,沿线居民区密集,经济林连片、杆线、道路纵横,地方水系复杂,评估拆迁项目较多。

5)工程进度

临连高速公路于2007年11月开工建设,于2010年10月建成。

6)主要工程数量

临连高速公路全线征用土地5926亩,取土场1162亩,拆迁房屋26595m²;完成路基土石方633万m³;全线桥梁51座,其中,特大桥1座,大中小桥50座;互通式立交15处,分离式立交5处;涵洞107道,通道45道;路面底基层155.386万m²,基层143.44万m²,沥青混凝土面层(下面层)120.6万m²,沥青混凝土面层(中面层)178.39万m²,沥青混凝土面层(上面层)178.43 万 m²,水泥混凝土路面层 4.79 万 m²;房屋建筑 2.1 万 m²,声屏障 1368 延米,绿化 75.75 万 m²,同步建成交通安全设施、收费、通信、监控、供电、照明等设施。

2. 决策过程

2006 年 8 月,国家发展和改革委员会以发改交运〔2006〕1680 号文批复项目建议书同意建设临连高速公路。

2006 年 10 月,国家环境保护总局以环审〔2006〕512 号文《关于长春至深圳国家高速公路临沂至连云港公路(江苏段)工程环境影响报告书的批复》批复了该项目的环境影响报告书。

2007 年 8 月,国家发展和改革委员会以发改交运〔2007〕2130 号文《国家发展和改革委员会关于临沂至连云港公路江苏段可行性研究报告的批复》批复了该项目的可行性研究报告。

2008 年 5 月,交通运输部以交公路发〔2008〕78 号文《关于临沂至连云港公路江苏段初步设计的批复》批复了该项目的初步设计。

2009 年 5 月,国土资源部以国土资函〔2009〕713 号文《国土资源部关于临沂至连云港公路(江苏段)工程建设用地的批复》批复了该项目建设用地。

2009 年 6 月,交通运输部批复了该项目施工许可。

(二)建设情况

1. 项目准备阶段

连临高速公路工程项目实行"省领导小组决策、省交通运输厅监管、省交通工程建设局和地方共同建设、公司筹资"的建设管理模式。由连临高速公路工程项目管理办公室具体负责现场建设;省交通工程建设局开展工程建设管理各项监管工作;连云港市政府根据现场具体情况组建了市高速公路建设指挥部,负责开展征地拆迁及地方矛盾协调等相关工作。省交建局、连临项目办按合同对施工、监理单位进行监督、管理,结合江苏省及本工程的具体实情,制定严格的工程管理制度和技术指导性文件,对工程的进度、质量、投资进行全方位的科学管理与严格控制。

1)施工、监理单位招标情况

在项目建设过程中,省交建局严格遵守基本建设程序,依据国家规范,参照国际通用"菲迪克"条款和交通运输部通用招标文件范本制定了江苏省高速公路工程项目施工、监理招标文件,通过国内公开招、投标选择施工和监理单位。

2)参建单位主要情况:

设计单位:江苏省交通规划设计院有限公司、江苏纬信工程咨询有限公司、南京金陵国际装饰设计工程实业有限公司。

施工单位(道路主体):江苏润扬交通工程集团有限公司、山东省公路建设(集团)有限公司、无锡市交通工程有限公司、江苏捷达交通集团有限公司、江苏省镇江市路桥工程总公司、江苏省盐城市交通建设工程有限公司、苏州交通工程集团有限公司、中铁二十局集团第一工程有限公司、中铁十四局集团第三工程有限公司、南京交通工程有限公司、中交一公局第三工程有限公司。

施工单位(房建及配套):南通新华建筑集团有限公司、江苏顺通建设工程有限公司、江苏中兴建设有限公司、徐州市钢结构建设有限公司、南京伟伯机电有限公司等单位。

施工单位(绿化):江都市古典园林建设有限公司、江苏润杨园林建设有限公司、无锡市园林工程有限责任公司等单位。

施工单位(安全设施、三大系统及其他):江苏中路交通工程有限公司、江苏博纳华交通科技有限公司、江苏强洁环境工程有限公司、北京公科飞达交通工程发展有限公司等单位。

监理单位:江苏纬信工程咨询有限公司、江苏东南交通工程咨询有限公司、盐城市交通工程咨询监理有限公司、江苏振星工程监理有限公司、北京中交路通交通工程咨询有限公司。

3)征地拆迁情况

全线共拆迁房屋26595m^2,征用土地5926亩。

2. 项目实施阶段

按照江苏省高速公路建设质量"必须确保全国领先,力争全国第一"的总体要求,围绕"实现六个一流,争创新的示范工程"的总体目标,牢固树立科学发展观,坚持以人为本、环保优先、节约优先,深入开展"两创三比"活动,不断创出新亮点,全面提高工程建设质量,努力实现提升"十年路面百年桥"江苏交通新品牌,打造江苏交通新的示范工程建设目标。

1)工程质量管理

为全面实现临连高速公路总体质量目标,省交建局、连临项目办严格遵循"优质的工程=科学的设计+优质的材料+精细的施工+严格的监管+科技创新"的质量管理公式,以科学设计为前提,以优质材料为基础,以精细施工为关键,以严格监管为核心,以科技创新为动力,比精细、比节约、比环境,更新质量管理理念,加大质量管理力度,强化质量管理措施,以"一流的内在质量、一流的外观质量、一流的沿线设施、一流的环境景观、一流的档案资料、一流的工程管理"为新的标杆,推动工程质量在高水平上再上新台阶。

2)工程进度管理

工程开工前,对照"超前谋划、精心组织、周密安排"的目标,认真编制了"总体实施计划大纲",对工程征地拆迁、招标投标、资金筹措、施工计划等作了总体上的安排,分解目标,落实措施。施工、监理单位按照省交建局年度、季度计划,结合工程实施的实际情况,认真编制实施计划,采取调整人员、机具,改善工艺水平等措施,以旬计划保月计划,以月计划保年计划,同时建立了合同清单指标、概算指标和形象进度指标等计划指标体系和旬报、工程量对照表制度,动态地反映工程进展情况,同时加强检查和考核。

3) 合同管理与工程投资控制

严格按照合同约定定期核查各施工、监理单位人员、机械设备配备情况,对中标单位项目经理到岗、变更情况进行登记,建立档案。采取专项检查或不定期巡查的方法,加大对施工、监理单位日常工作规范性的检查,将各参建单位合同履约情况与"优质优价""优监优酬"考核相挂钩,有效地维护了合同的严肃性和统一性。针对工程建设中存在的不确定因素,特别是涉及施工图设计考虑不周、地方通行、水系的调整、地方矛盾等方面而引发的设计变更、损失补偿等事宜,始终坚持以积极、认真、谨慎的态度,寻求科学的解决办法,及时按照合同文件及相关规定妥善处理,重大变更组织会审会或专家会讨论确定。

4) 工程安全管理

安全生产是工程建设管理的重中之重,省交建局高度重视连临高速公路建设过程中的安全工作,坚持"安全第一,预防为主"的安全控制方针,严格按照合同赋予的监管责任,精心部署,建立健全安全生产保证体系和安全生产责任制,强化安全教育,逐级落实安全责任,加强检查督促,规范安全投入,严格奖惩考核,督促危险性较大的关键工序和工程部位的安全隐患整改,确保了工程建设的顺利推进。

5) 工程环境保护

本项目建设过程中,高度重视生态环境的保护,把对生态环境的破坏程度降低到最低,按照以人为本、落实科学发展观和可持续发展的要求,引入"环境管理信息化、周边环境景观化"的理念,坚持建设项目环保措施与主体工程同时设计、同时施工、同时验收使用的"三同时"制度,努力实现工程项目与环境、生态、景观相协调,建设和谐工程。

6) 工程档案管理

工程档案资料的质量是工程整体质量的重要组成部分,围绕"创优质工程,建一流档案"目标,从工程一开始就十分重视工程资料的整理归档工作,要求项目部和总监办必须做到"四个一",即建立一套规范而又可操作的工作程序,建立一套自下而上的管理制度,配备一支专职档案管理人员队伍,配备一套相应的软、硬件设施,并制定下发了档案资料管理办法。同时,还通过组织各参建单位培训学习、邀请专家进行专题讲座等形式,提高档案管理人员的业务水平,连临项目办档案室顺利通过验收,达到四星级档案室要求。

7)科技创新

连临高速公路建设过程中全面落实科学发展观,提高交通行业的创新能力,十分重视"三新"应用,针对连临高速公路质量要求高、地质条件复杂多变以及桥涵通道多等难点和重点,加大创新创优力度,组织专家现场论证有关设计方案,建立方案会审制度,加强科研攻关,全面提升连临高速公路工程的整体质量。

本工程各项工作均按国家基本建设程序进行。在总体建设目标和要求的基础上,按照省交建局、连临项目办每个年度和季度计划会议要求,对照年度和季度建设指导计划,落实到各标段。同时检查前一阶段的计划执行情况,分析计划执行中存在的问题,提出解决的措施和办法,结合工程实施的实际情况,认真编制实施计划,并按该计划组织优化资源配置,采取调整人员、机具,改善工艺水平等措施,以旬计划保月计划,以月计划保年计划,工程建设紧张有序、整体推进。连临高速公路连云港先导段(桥梁标)于2007年9月开工建设,后续路基、桥梁标段于2007年11月进入全面开工建设阶段。路面标段于2009年8月开工建设,房建主体工程于2009年10月进场,绿化工程、交通工程、房建附属工程于2009年11月陆续开工建设,整个连临高速公路连云港段工程于2010年11月建成通车。在工程实施过程中,施工单位根据工程进度,制订详尽的施工计划,以计划为龙头,将目标层层分解,采取各种措施确保计划的贯彻和实施。对于节点工程的关键工序建立了日报制度,及时反馈各标段施工进度,动态地反映工程进展情况,同时加强检查和考核;连临项目办在工程关键时期,开展劳动竞赛,制订包括比进度在内的奖惩措施,将工程进度作为各标段、各监理组劳动竞赛考核的一个重要指标,将劳动竞赛结果与其优质优价、优监优酬挂钩;各项目经理部在各种形式的劳动竞赛中,充分调动积极性,加快工程进度,充分利用优质优价和劳动竞赛等考核手段来加强工程进度管理。在整个施工过程中,各承包人的计划执行情况良好,按时完成了上级各阶段下达的计划任务。

连临高速公路工程在整个施工过程中得到了江苏省委、省政府、省交通厅、省交建局的高度重视,得到了沿线市、县人民政府的大力关心和支持。省、市各领导多次视察工地一线,极大地激励了广大施工单位人员奋战热情,推进了工程建设。各施工单位结合先进的设计理念,运用了崭新的施工工艺,将"质量创优、质量创新"落到实处,规范施工流程、精细化组织施工,强化施工工艺总结,及时整改不足,使工程建设得到顺利有序地进行。经过3年多的攻坚战,优质高效地完成了连临高速公路工程的各项施工任务。

(三)科技创新成果与应用

科学技术是第一生产力,依靠科技进步和创新,提高公路建设的科技含量,是确保公路质量的重要手段。针对临连高速公路工程的高标准、高定位,在施工中高度重视科技创新工作,力图通过科技创新全面提升工程的整体质量。临连高速公路工程的新技术、新材料、新工艺应用主要有以下几个方面的课题研究:

1)2D工法(排水粉喷桩复合地基法)在临连高速公路的应用研究

承担该课题实施的连临高速LL-5A标2D工法粉喷桩经检测桩身质量优良,满足设计要求。实践证明,2D工法的使用能够保桩体的施工质量,与原设计的方案进行经济比较,处理该工程同样面积的软土地基,2D工法将比原粉喷桩设计方案节约费用约200万元。

2)新型粉喷桩加固高速公路高含水率软土地基技术研究

承担该课题实施的连临高速公路LL-8标双向搅拌粉喷桩经检测桩身质量优良,满足设计要求。实践表明,双向搅拌粉喷桩能够保证桩身整体搅拌均匀,桩身质量较高,与原设计的常规粉喷桩方案进行经济比较,处理该工程同样面积的软土地基,双向搅拌粉喷桩将比常规粉喷桩节约费用385万元。

3)连临高速公路江苏段滨海软土地基水泥土搅拌桩多波段检测技术

为解决水泥土搅拌桩检测中存在的技术问题,通过波速波频和振源研究,找出水泥土搅拌桩敏感波段和可行有效振源,研究成果具有重要的理论意义和推广的实际应用价值。

4)滨海盐渍土环境中结构物耐久性分析与对策研究

针对连云港地区盐渍土含盐量高且近地表的特点,研究保证结构物耐久性的对策,根据研究采用适度提高保护层厚度及强度等级等方法,确保混凝土结构物在使用年限内部钢筋避免发生腐蚀。

(四)运营及养护管理

临连高速公路含沙河1个服务区。沙河服务区位于长深高速公路的1666km处,占地面积74亩,建筑面积6675m^2,分南北两区。主要经营百货销售、饮食服务、车辆加油、车辆修理等。服务区于2010年11月3日12时正式运营,在当时商品部已投入正常的运营管理,南北区商品部营业面积为360m^2,商品品种约320余种,24小时营业。商品部主要经营商业物资经销、食品、图书、烟酒、零售等服务,还推出具有本地特色的水晶、贝类工艺品、海鲜等土特产。服务区的餐厅、宴会包间及停车场、公共卫生间已投入使用,其中南北区共有宴会包间6个,可同时接纳300余人就餐,餐厅主推淮扬菜系,总面积为1800m^2,停车场总面积共为17000m^2,其中大车停车位共112个,小车停车位共108个,南北区公共卫生间总面积为384m^2,共有男小便池32个、大便池28个,女便池36个。于2013年初修理厂、加油站正式对外运营,加油站共有加油枪24个,加油机16个。

自2010年11月开通运营以来,沙河服务区秉承"服务社会,顾客至上"的宗旨,坚持走特色化经营之路,竭诚为广大驾驶员乘旅客提供文明优质服务。

二、淮安至连云港高速公路(建设期:1999—2000年)

(一)项目概况

1. 基本情况

1)建设依据

宁连公路淮连段是江苏省"八五"期间建设的主要干线公路,对改善江苏省的交通基础设施状况,促进全省特别是苏北地区经济社会发展发挥了积极的作用。为了确保高速公路联网畅通目标的实现,进一步完善全省路网结构,最大限度地发挥交通基础设施的整体效益,省委、省政府决定对宁连公路淮连段实施高速化改造。为了加快改造步伐,尽早竣工发挥效益,省委、省政府年初将其列为2000年要办的20件实事内容之一。要求确保2000年11月28日建成,进一步推动全省高速公路路网建设。依据省计经委计经交发〔1999〕184号文、苏计经交发〔1999〕1201号文对本工程可行性研究报告的批复,省建委以苏建重〔2000〕173号文对本工程初步设计的批复。于1999年11月10日开工建设宁连公路北段高速化完善工程。

2)建设规模及主要技术指标

宁连公路北段高速化完善工程南起淮阴市王兴乡,北至连云港市宋跳立交桥,全线长113km,按高速公路技术标准,桥涵设计车辆荷载为汽车—超20级、挂车—120,设计行车速度100km/h。全线共设置29座路线桥,其中互通式立交1处、半互通1座、分离式立交桥9座、机耕桥17座、人行天桥1座,互通式立交桥涵设计车辆荷载为汽车—20级、挂车—100,设计行车速度80km/h,路基宽度15.0m,桥梁与路基同宽;分离式立交桥涵设计车辆荷载为汽车—20级、挂车—100,设计行车速度60km/h,路基宽度分别采用23.0m、15.0m、9.0m,桥梁与路基同宽;机耕桥设计车辆荷载为汽车—10级、履带—50级,路基宽度分别采用7.0m、5.5m,桥梁与路基同宽;人行天桥荷载等级为人群3.5km/m^2,桥梁宽度为3.0m;桥下净高5.0m。

建设内容包括淮阴王兴至连云港宁海段的收费、通信、监控机电工程及其配套工程、路面养护维修工程、交安设施完善和更换工程、沿线绿化工程。

主要技术标准如下:设计行车速度100km/h;主线路基宽度24.50m;路基宽度组成为:行车道2×(2×3.75m)+应急车道2×3m+中间带2.00m+硬路肩2×0.75m;路面为沥青混凝土路面。

3)项目投资及来源

宁连公路北段高速化完善工程,概算投资6.85亿元。建设资金由江苏省交通厅筹措(收费还贷),由宁连公路北段高速化完善工程建设总指挥部负责建设。

4）工程建设条件

项目建设严格遵守国家基本建设程序,依据国家规范,将原为开放型一级公路改造成为封闭型的高速公路,针对沿线村庄、干线道路交叉、隔路农田、乡村道路接头等众多不利因素,采取综合治理、行政措施和经济补偿相结合,地方利益服从大局等宣传措施,并进行了认真选线、地质勘测和分析,高效、高质量地完成了设计;通过国内公开招标,选择了信誉好、能力强、水平高的施工和监理单位;对工程质量、进度、投资进行全方位的科学管理和严格控制。在省市两级党委、政府正确领导下,在江苏省交通厅、省高指、省厅质监站关心支持下,在沿线各级政府及群众大力配合下,经过指挥部和广大建设者的艰苦拼搏,高质量、高标准提前完成了工程建设任务。

5）工程进度

本工程计划建设工期2年,实际工期13个月,提前完成了工程建设任务。

6）主要工程数量

路线桥工程完成工程量:路基土石方101.5万m^3;跨线桥5342.12延米/29座,接线长14048.07m,匝道长2442.4m,沥青混凝土路面126755.16m^2,沥青表处面积45968.67m^2,水泥混凝土76625.51m^3,涵洞1483.84延米/78道。

机电工程完成工程量:完成淮阴王兴至连云港宁海段100.914km的收费、通信、监控三大系统。收费系统主要建成收费中心1处、主线收费点2处、匝道收费点6处;共有32条入口车道、40条出口收费车道;14个收费广场。监控系统完成监控中心地图板、大屏幕投影系统、室内LED显示屏、闭路电视子系统及中心计算机网络系统;全线在互通式立交、收费站区和外场设备等重要区域设道路遥控智能摄像机14台;在互通式立交等重要路段敷设车辆检测器9套;全线设可变情报板6套、可变限速标志8套。

房建工程完成工程量:完成建筑面积28210m^2,场区建设207200m^2,贯通道路13690m^2;共完成8个收费站、4个服务区、1个管理中心、14个收费大棚及其灯具、空调、污水处理、加油站等配套设施。

其他配套工程完成工程量:完成标志牌394套,标线127000m^2,护栏养护修复52.7km,隔离栅补缺41.5km,新增有框点焊网53.1km,无框点焊网84.4km,新钢板网10km,玻璃纤维网6204m^2,路面清洗279712m^2,黏层油270332.34m^2,沥青混凝土280000m^2。

2. 决策过程

1998年9月,江苏省交通科学研究所提交《宁连公路(淮阴王兴至连云港宋跳段)高速化完善工程可行性研究报告》。

1999年2月,江苏省计划与经济委员会以《关于宁连公路淮阴王兴至连云港宋跳段高速化完善工程可行性研究报告(含项目建议书)的批复》(苏计经交发〔1999〕184号)批准立项。

1999年5月,中国公路工程咨询监理总公司提交《江苏省南京至连云港一级公路(淮阴王兴至连云港宋跳段)交通工程系统可行性研究报告》。

1999年8月,江苏省建设委员会以《关于印发宁连、宁通公路高速化完善工程初步设计审查会纪要的通知》(苏建函重〔1999〕440号)提出了预审意见。

1999年9月,江苏省计划与经济委员会以《关于宁连公路淮阴王兴至连云港宋跳段高速化完善工程可行性研究报告(含项目建议书)交通工程部分的批复》(苏计经交发〔1999〕1201号)批准立项。

1999年12月,江苏省交通厅批准了开工报告。

2000年1月,江苏省交通厅、淮阴市人民政府、连云港市人民政府以《关于成立宁连公路北段高速化完善工程领导小组和指挥机构的通知》(苏交政〔2000〕12号)成立项目领导指挥机构。

2000年5月,江苏省建设委员会以《关于宁连公路王兴至宋跳段高速化完善工程初步设计的批复》(苏建重〔2000〕173号)批复了初步设计。

2000年11月,江苏省交通厅以《关于宁连公路北段高速化完善工程变更设计及调整概算的批复》(苏交计〔2000〕234号)调整了初步设计概算。

(二)建设情况

1. 项目准备阶段

为实现省委、省政府提出的加快发展苏北、促进区域共同发展的战略目标,以及2000年底前完成宁连公路高速化,适应全省高速公路联网畅通的需要,经研究,成立"宁连公路北段高速化完善工程领导小组"。由省交通厅厅长任组长,由连云港市副市长、淮阴市副市长、省交通厅副厅长、省交通厅副总工任副组长,市副秘书长、省交通厅相关部门、沿线市(县)政府部门为组员。领导小组主要是对宁连公路北段高速化完善工程规划、建设、管理进行宏观领导,协调各部门之间的关系,对有关重大事项作出决策。

为了高标准、高质量完成宁连公路北段高速化完善工程的建设任务,2000年1月成立宁连公路北段高速化完善工程建设总指挥部,由省交通厅公路局副局长任总指挥兼总监理工程师、省交通厅建设处原处长任常务副总指挥兼副总监、市公路管理处部门领导任副总指挥。主要负责工程建设实施、路政和投资、进度、质量控制。另外,成立宁连公路北段高速化完善工程服务总指挥部,由连云港市副秘书长、淮阴市副秘书长任总指挥,沿线市(县)政府部门领导任副总指挥,主要负责征地、拆迁、协调解决地方矛盾和交通安全、治安等。成立宁连公路北段高速化完善工程现场设计指挥组,由省交通科研院副院长任组长,中咨总公司泰克所领导为副组长,主要负责工程设计和现场设计服务。省交通厅还特派宁连公路北段高速化完善工程质量监督组,由省交通厅质监站副站长任组长,主要负责代表政府对工程进行质量检查。

指挥部通过公开招标,择优选择监理单位。总监及驻地监理组根据相关合同条款对工程质量、进度、费用、合同等进行全方位的监理。

1)施工、监理单位招标情况

宁连公路北段高速化完善工程建设总指挥部根据交通部《公路工程施工招标投标管理办法》及省有关规定,严格执行招标制度,采用国内公开招标,始终坚持"公开、公平、公正"的原则,严肃工作纪律,严密标底编制,加强资格审查,严格组织评标,依法签订合同。择优选择了江苏捷达交通工程公司、扬州市路桥总公司、无锡市市政建设工程总公司、南通市路桥工程总公司、交通部第一公路工程总公司第五分公司、连云港市交通工程建设总公司、南京东部路桥公司7家实力强、信誉好的单位为跨线桥工程承包单位;选择西安公路研究所江苏安防科技有限公司联营体为机电工程总包单位;择优选择了江苏省建筑工程公司、江苏三兴建工集团有限公司、泰兴市第四建筑公司、连云港市港务总公司、江苏天地钢结构集团有限公司等26家施工单位为房建工程及其子系统工程承包单位;交通安全设施、路面大修等配套工程,指挥部通过招标选择了徐州众安交通设施有限公司、扬州市公路管理处机械厂、徐州安达交通设施有限公司、淮安末广交通安全设施有限公司、北京深华科交通工程有限公司、南京东部路桥公司6家施工单位为承包单位。全线共有42家施工单位5000多名建设者参加了工程建设。

宁连公路北段高速化完善工程监理参照国际通用的"菲迪克"条款,结合国情和本工程实际情况编制了监理办法和监理细则,实行建设单位领导下的工程监理制度,采用了指挥部和驻地监理两级监理体系。跨线桥工程三个监理组分别由省交通工程咨询监理总公司、淮阴市公路工程咨询监理有限公司、东南交通工程咨询监理有限公司担任,共有86名工程技术人员担任工程监理,达到了2.6人/桥的密度。机电工程由北京泰克公路科研所承担,共有14名技术人员担任工程监理。房建工程监理由江苏建星咨询监理有限公司担任,共有36名工程技术人员担任工程监理。交通工程、路面大修等配套工程由省交通工程咨询监理总公司、连云港交通工程咨询监理有限公司承担,共有23名工程技术人员担任工程监理。从本工程执行情况来看,监理人员的密度基本能满足施工现场和合同管理的要求。实践证明,结合国情采用业主领导下的两级监理模式是行之有效的。

2)参建单位主要情况

设计单位:路线桥、收费站、安全设施等工程设计由江苏省交通科学研究院承担;房屋工程设计由江苏省交通规划设计院、南京交通勘察设计院共同承担;机电项目设计由北京市泰克公路科学技术研究所承担。

施工单位(主体工程):扬州市路桥总公司、江苏捷达交通工程公司、无锡市市政建设工程总公司、南通市路桥工程总公司、交通部第一公路工程总公司第五分公司、连云港市交通工程建设总公司、南京东部路桥工程总公司、徐州众安交通设施有限公司、扬州市公路管理处机械厂、淮安末广交通安全设施有限公司、北京深华科交通工程有限公司、江苏省建筑工程公司、江苏三兴建工集团有限公司、泰兴市第四建筑公司、连云港市港务总公司、江苏天地钢结构集团有限公司、东南大学装饰安装工程公司、江苏盛名实业有限公司、江苏中惠建筑装饰公司、西安公路研究所、哈尔滨亿阳信通服务有限公司。

监理单位（主体工程）：江苏东南交通工程咨询监理公司、江苏交通工程咨询监理总公司、淮阴市公路工程咨询监理有限公司、连云港市交通工程咨询监理有限公司、江苏建星监理咨询有限公司、北京泰克公路科研所。

3）征地拆迁情况

全线征用土地1603亩。

2. 项目实施阶段

宁连公路北段高速化完善工程共分四个部分实施：第一部分为跨线桥部分，其中，陆庄互通式立交桥于1998年12月正式开工，2000年10月建成，其余跨线桥于1999年11月10日陆续开工，2000年11月15日全部建成；第二部分机电工程于2000年4月5日正式开工建设，10月中旬完成全部管道工程及系统设备的安装调试工作，10月26日系统完成全部自检及联网调试工作，进入试运行期，历时6个月；第三部分房建工程（包括收费大棚）于2000年4月23日正式开工建设，2000年11月26日建成；第四部分其他配套工程（交通安全设施及路面养护维修等工程），于2000年9月陆续开工，2000年11月陆续完工。

（三）运营及养护管理

1. 运营管理

江苏省宁连高速公路北段管理处成立于2000年11月，隶属于江苏省高速公路经营管理中心，管理处机关内设综合管理科、道路管理科、计划财务科以及调度中心4个部门；下辖涟水、高沟、灌南、灌云南、灌云西、宁海6个匝道收费站和王兴、连云港2个主线收费站，以及淮阴王兴、涟水蒋庵、灌南六塘3个服务区，主要负责本路段道路日常养护管理、公路收费、清排障、汽车修理等。

自运营以来，管理处始终围绕"收好费、管好路、服好务、带好队伍"的基本定位，不断强化文明征收建设，努力推进信息化进程，稳步提升管养水平，全力打造"畅、洁、绿、美、安"的行车环境，为驾乘人员提供优质温馨的服务，努力打造"平安高速、人文高速、和谐高速"，取得了良好的经济效益和社会效益。

2. 养护管理

(1) 以"三位一体"管理体系贯标为手段,夯实各项管理基础。通过质量、环境、职业健康安全"三位一体"管理体系贯标工作,建立质量、环境、职业健康安全一体化综合管理体系,实现公司各项管理工作的标准化、规范化、高效化。

(2) 开发建设养护管理平台,提高养护管理科学化水平。通过建设网络平台,将分散的信息有机的整合在一起,极大地提高了工作效率。同时,通过逐年累积形成的庞大的养护管理数据库,为管理处业务部门提供养护分析所需的数据资源,也为管理处进一步加强全线道路桥梁的预防性养护工作和处领导层决策的科学性、准确性、可靠性提供了坚实的技术支撑。

(3) 加强日常养护工作管理,着力提升"规范化、精细化"管养水平。通过加强巡查,强化监管力度、履约考核管理等,进一步做好日常养护管理工作的规范化、精细化,进一步提升管理水平。

(4) 以"路面、桥梁"为重点,加强预防性养护降低全寿命周期养护成本。积极探索高速公路预防性养护策略和措施,牢固树立全寿命周期养护理念,围绕路况检测、分析评价、养护决策和工程实施4个关键环节,科学制订预防性养护方案,以较小的养护投入使道路桥梁保持优良的技术状况,延长高速公路的使用寿命。

(5) 健全预案体系,不断提高突发事件应急处置能力。为积极应对恶劣天气、自然灾害以及各类突发事件,确保高速公路的畅通,进一步建立健全应急预案体系。使突发事件应急处置能力不断提高。

(6) 提高收费服务水平,树立良好企业形象。积极开展培训和创建活动,提升优质服务水平。严厉打击偷逃费行为,维持良好运营秩序,并能积极应对《江苏省高速公路条例》实施,保证平稳过渡。

(7) 坚持防控结合,努力保障安全生产形势稳定。通过管理处"三创三比"活动的深入开展,加强各参与方的沟通联系,形成了"分工明确、落实到位、沟通及时、运转灵活高效"的联动机制,有效应对养护现场出现的各种新情况、新问题,进一步提高管养水平,确保全线的安全畅通。

3. 服务区

宁连高速公路北段设有3个服务区,为淮阴王兴、涟水蒋庵、灌南六塘服务区,服务区内设有综合服务楼、加油站、维修间、配电房、泵房、停车场、贯穿车道。

4. 收费站点

宁连高速公路北段设有8个收费站,分别为王兴、涟水、高沟、灌南、灌云南、灌云西、宁海、连云港收费站。

三、南京至淮安高速公路马坝至武墩段(建设期:1999—2006年)

(一)项目概况

1. 基本情况

1)建设依据

宁淮高速公路是江苏省高速公路网中"纵三"的重要组成部分,马武段是国家重点规划建设公路"十三纵十五横"中"纵四"(天津至汕尾公路)的重要组成部分,同时亦是江苏省高速公路网规划"四纵四横四联"主骨架中"纵三"公路的重要路段,在国家重点公路以及江苏省高速公路网中均具有重要地位。

2)建设规模及主要技术指标

宁淮高速公路马武段南起淮安市盱眙县境内的盱马一级公路,止于清浦区境内的宿淮高速公路淮安南互通,路线全长65.23km。采用六车道,全封闭、全立交,路基宽度35m,设3m宽中央分隔带,设计行车速度120km/h,桥涵设计车辆荷载为汽车—超20级、挂车—120。全线共设置互通式立交4处,收费站3处,服务区1处,管理处1处。

3)项目投资及来源

江苏省发展计划委员会苏计基础发〔2003〕755号文《关于南京至淮安高速公路马坝至武墩段初步设计的批复》批准了该项目的初步设计,核定了项目总概算。该项目概算总投资为297880.04万元,该项目由国有资本出资建设,另外还有银行贷款。

4)工程建设条件

宁淮高速公路起于江浦县姚庄,向北依次穿过低山丘陵、残丘岗地和平原区,终止于淮阴王兴庄。低山丘陵区地势较高,最高可达海拔442m,向平原逐渐降低,平原区一般海拔4～12m。区内水系发达,河道纵横交错,湖荡星罗棋布。本公路区域位于华中地区,属于亚热带向温带过渡性气候带中,并且有明显季风气候特征。本区域四季分明,雨量充沛,寒暑变化显著,冬季干冷,夏季酷热,春夏之交多梅雨,夏秋季节多台风。并且伴有干旱、雨涝、冰雹、寒潮等灾害性天气。

5)工程进度

本工程于2002年8月正式开始施工,2006年9月建成通车。

6)主要工程数量

本项目路基土石方1007.5万 m^3;桥梁12318m/75座;全线共设有互通式立交4处;通道130处,涵洞172道。同时同步完成道路收费、监控、通信、照明、安全设施、绿化、服务等设施。

2. 决策过程

2002年5月17日,江苏省发展计划委员会以苏计基础发〔2002〕849号文《关于南京至淮安高速公路马坝至武墩段项目建议书的批复》同意建设南京至淮安高速公路马坝至武墩段工程项目。

2002年12月12日,江苏省发展计划委员会以苏计基础发〔2002〕1442号文《关于南京至淮安高速公路马坝至武墩段可行性研究报告的批复》批准了该项目的可行性研究报告。

2003年7月1日,江苏省发展计划委员会以苏计基础发〔2003〕755号文《关于南京至淮安高速公路马坝至武墩段初步设计的批复》批准了该项目的初步设计,核定了项目总概算。

2003年12月23日,江苏省环境保护厅以苏环管〔2003〕237号文《关于对南京至淮安高速公路马坝至淮安北环段工程环境影响报告书的批复》批准了该项目的环境影响报告书。

2005年7月29日,江苏省发展和改革委员会以苏发改交能发〔2005〕726号文《省发展改革委关于南京至淮安高速公路马坝至武墩段按六车道一次性实施的批复》批复了该项目,并重新核定了项目总概算为30.789亿元。

(二)建设情况

1. 项目准备阶段

各项工作均按国家基本建设程序进行。在项目建设过程中,省、市高指严格遵守基本建设程序,依据国家规范,参照国际通用的"菲迪克"条款和交通部通用招标文件范本制定了江苏省高速公路各项目施工、监理招标文件,通过国内公开招标选择承包商和驻地监理组。所有招投标工作均由专家独立评标,合法确定中标单位,依法签订合同,纪检部门全过程监督,公证部门对招投标过程和结果进行了严格的监督和公证,确保招标工作"公开、公平、公正、择优"。

1)参建单位主要情况

设计单位:江苏省交通规划设计研究院、淮安市城市建设研究有限公司、北京交通科学公路勘察设计研究院交通部公路所。

施工单位:江苏省交通工程总公司、路桥集团第一公路工程局、徐州市公路工程总公司、江苏三凯路桥工程有限公司、中铁十二局集团第四工程有限公司、中铁十九局集团第二工程有限公司、江苏省盐城市交通建设工程有限公司、江苏恒基路桥总公司、南通路桥工程有限公司、溧阳市路桥工程有限责任公司、路桥集团第一公路工程局厦门工程处、江苏武进建筑安装工程有限公司、江苏兴港建筑安装工程有限公司、江苏南通六建建设集团有限公司、江苏火花钢结构集团有限公司、徐州通域空间结构有限公司、中国建筑第八工程局、江苏彬鹏环保有限公司、江苏依斯特制冷有限公司、北京长吉加油设备有限公司、江苏南京地质工程勘察院、江苏道康发电机组有限公司、淮安苏源集团公司、江苏板桥机械有限公司、毛勒桥梁附件有限公司、南京苏澳桥梁附件有限公司、常州市武进园林建筑安装工程总公司、江苏山水园林建设有限公司、南京珍珠泉园林绿化工程公司、苏州市新城建设工程有限公司、江苏现代园林建设工程有限公司、无锡市天合景观工程有限公司、南京玄武园林绿化工程有限责任公司、无锡南长园林绿化工程有限公司、苏州市安泰交通安全设施工程有限公司、江苏省句容市交通设施有限公司、南京公路防护设施工程有限公司、宿迁市孚瑞交通设施有限公司、苏州市交通工程集团有限公司、江苏耀鑫交通设施有限公司、宜兴市公路交通设施总厂、苏州市安泰交通安全设施有限公司、扬州苏发照明安装工程有限公司、南京联宏自动化系统工程有限公司、陕西公路交通科技开发咨询公司、北京公科飞达交通工程发展有限公司。

监理单位：苏州市路达交通工程咨询监理有限公司、江苏东南交通工程咨询监理有限公司、江苏育通交通工程咨询监理有限公司、江苏交通工程咨询监理有限公司、常州市交通建设监理咨询有限公司、江苏振星工程监理有限公司、南京风景园林工程监理有限公司。

2) 征地拆迁情况

征地拆迁情况统计见表7-8-2。

征地拆迁情况统计表 表7-8-2

征地拆迁安置起止时间	征用土地（亩）	拆迁房屋（m²）	支付补偿费用（元）	备 注
2003年8月—2004年10月	15765.8	90997		

2. 项目实施阶段

本项目虽于2003年10月开工，但永久征地解决缓慢，主线用地和取土坑用地提交严重滞后。

2004年2月，召开开工动员大会，与市、区政府签订责任状，限时完成征地拆迁。

2004年5月，省交通厅与南京市政府召开了征地拆迁专题协调会。

2004年10月，全线征地拆迁工作完成。

2005年5月，路面工程施工单位进场。

2005年8月，完成一期路基桥梁施工。

2005年11月，完成路面基层施工。

2006年8月,完成路面面层施工。

2006年9月,完成附属交通工程施工。

2006年9月25日,完成交工验收并建成通车。

(三)运营及养护管理

1. 运营管理

江苏省宁淮高速公路淮安管理处认真执行养护规范和管理制度,扎实创建宁淮高速公路特色,以"规范化、标准化、精细化管理"为导向,加强队伍建设,强化运营管理,坚持科学养护,拓展经营思路,经营业绩持续增长。

2. 养护管理

(1)坚持预防性养护,道路品质不断提升。认真做好道路日常养护工作,强化监管力度,健全养护质量保证体系。梳理完善规章制度,实现规范化管理。加强路桥检测,保障桥梁结构物安全。精心组织,严格管理,按期保质做好养护专项工程。同时,加强预算管理,严控养护经费。

(2)提高收费服务水平,树立良好企业形象。积极开展培训和创建活动,提升优质服务水平。严厉打击偷逃费行为,维持良好运营秩序。

(3)坚持软、硬件两手抓,服务环境明显改善,行业形象显著提升。巩固创建成果,形成长效管理机制;完善经营模式,规范租赁管理;强化制度落实,绩效考核体系初显成效;改善服务设施,完善服务功能。

(4)健全预案体系,突发事件应急处置能力不断提高。为积极应对恶劣天气、自然灾害以及各类突发事件,确保高速公路的畅通,先后制定或梳理了部分规章制度,进一步建立健全应急预案体系。面对突发事件和事故等的发生,预案周密、组织有序、指挥有方、行动迅速、处理得当。做到注重分析总结,积累处置经验,使突发事件应急处置能力不断提高。

(5)加强成本控制,挖掘潜力,企业降本增效效果明显。一方面拓宽经营思路,努力增加非主营收入;另一方面狠抓成本控制,寻求节约空间。

(6)坚持防控结合,努力保障安全生产形势稳定。始终把道路保畅作为重点工作来抓。开通以来,坚持一路三方协调联动,快速清障形成共识,突发事件应变处置能力不断提高,文明平安收费站建设凸显成效。

3. 服务区

本项目沿线设有洪泽湖服务区。

四、南京至淮安高速公路雍庄至马坝段(建设期:2002—2006年)

(一)项目概况

1. 基本情况

1)建设依据

宁淮公路是江苏省高速公路网中"纵三"的重要组成部分,雍庄至马坝段还是"纵三"与"纵四"的共线路段,宁淮公路与"横二""横三""横四""纵二"均有交叉,因而新建宁淮高速公路,有利于完善苏北地区高速公路网,有利于高速公路网中各流向车流快速转换,从而降低运输成本,加快物资和资金的周转。宁淮高速公路的南端还是南京市规划二环的重要组成部分,是完善南京市域公路网布局和解决淮安市交通枢纽问题必需的一环。

宁淮高速公路作为苏北腹地的重要交通走廊,是适应南京—淮安—连云港以及徐州、宿迁以及安徽省东北部地区经济发展的需要,并可提高连云港港口的集疏运能力,大大改善以上地区投资环境,增加吸引外资能力,对发展外向型经济将起到更大的推动作用。

2)建设规模及主要技术指标

宁淮公路雍庄至马坝段路线全长75.400km,对应桩号为K37+600~K113+000。其中安徽天长段路线长14.100km,对应桩号为K73+000~K87+100。江苏境内分为六合段35.400km和盱眙段25.900km,总长61.300km。采用六、四车道高速公路标准,设计行车速度120km/h,路基宽度28.0~35.0m。

全线共设置互通式立交4处(其中2处预留)、服务区1处,并设置有完善的安全防护设施、管理设施和服务设施。

3)项目投资及来源

交通部交公路发〔2004〕302号文《关于马坝至六合公路江苏段初步设计的批复》批准了该项目的初步设计,核定了项目总概算。该项目概算总投资为24.09亿元(不含安徽段),该项目由国有资本出资建设,另外还有银行贷款。

4)工程建设条件

宁淮高速公路起于江浦县姚庄,向北依次穿过低山丘陵、残丘岗地和平原区,终止于淮阴王兴庄。低山丘陵区地势较高,最高可达海拔442m,向平原逐渐降低,平原区一般海拔4~12m。区内水系发达,河道纵横交错,湖荡星罗棋布。本公路区域位于华中地区,属于亚热带向温带过渡性气候带中,并且有明显季风气候特征。本区域四季分明,雨量充沛,寒暑变化显著,冬季干冷,夏季酷热,春夏之交多梅雨,夏秋季节多台风,并且伴有干旱、雨涝、冰雹、寒潮等灾害性天气。

5)工程进度

本工程于2002年11月正式开始施工,2006年6月建成通车。

6)主要工程数量

本项目路基土石方1074.9万 m^3;桥梁7775m/65座;全线共设有互通枢纽4处,通道103处,涵洞114道。同时同步完成道路收费、监控、通信、照明、安全设施、绿化、服务等设施。

2. 决策过程

2002年9月18日,交通部以交规划发〔2002〕439号文《关于马坝至六合公路江苏段项目建议书的批复》批准了该项目的项目建议书。

2003年8月13日,交通部以交规划发〔2003〕233号文《关于马坝至六合公路江苏段可行性研究报告的批复》批准了该项目的可行性研究报告。

2004年6月9日,交通部以交公路发〔2004〕302号文《关于马坝至六合公路江苏段初步设计的批复》批准了该项目的初步设计,核定了项目总概算。

2004年9月8日,江苏省环境保护厅以苏环管〔2004〕157号文《关于对南京至淮安高速公路马坝至六合江苏段工程环境影响报告书的批复》批复了该项目的环境影响报告书。

(二)建设情况

1. 项目准备阶段

各项工作均按国家基本建设程序进行。在项目建设过程中,省、市高指严格遵守基本建设程序,依据国家规范,参照国际通用的"菲迪克"条款和交通部通用招标文件范本制定了江苏省高速公路各项目施工、监理招标文件,通过国内公开招标选择承包商和驻地监理组。所有招投标工作均由专家独立评标,合法确定中标单位,依法签订合同,纪检部门全过程监督,公证部门对招投标过程和结果进行了严格的监督和公证,确保招标工作"公开、公平、公正、择优"。

1)勘察设计研究单位招标情况

宁淮高速公路雍庄至马坝段勘察设计采用公开招标,于2002年11月完成招标签约工作。

2)施工、监理单位招标情况

项目路基桥梁标于2003年底前完成招标签约工作;路面工程标于2004年3月底前

完成招标签约工作;三大系统标于2004年年底前完成招标签约工作;绿化、房建均于2004年年底前完成招标签约工作;安全设施、照明、装修等于2005年上半年完成招标签约工作。

本项目路基路面监理标于2003年底前完成招标签约工作;三大系统监理标于2005年底前完成招标签约工作;安全设施、房建、绿化等监理标均于2005年底前完成招标签约工作。

3) 参建单位主要情况

设计单位:江苏省交通规划设计院、江苏雄国设计院、上海大同设计院、江苏纬信工程咨询有限公司、江苏省院、常州市建筑设计院有限公司、北京中华建筑规划设计院、常州市建筑设计研究院有限公司、北京交科公路勘察设计研究院。

施工单位:中交二公局第四工程处、中铁三局集团第五工程有限公司、路桥集团国际建设股份有限公司、中铁二十局集团第一工程有限公司、南京市交通工程总公司、中铁十三局集团有限公司、路桥集团第一公路工程局厦门工程处、江苏省镇江市路桥工程总公司、江苏恒基路桥总公司、路桥集团第一公路工程局第五工程公司、江苏武进检出安装工程有限公司、江苏省淮海建设集团有限公司、江苏火花钢结构集团有限公司、南京金鸿装饰工程有限公司、南通五建建设工程有限公司、江苏苏兴建设工程有限公司、深圳瑞和装饰工程有限公司、无锡市建设机械施工有限公司、南京公路防护设施工程有限责任公司、无锡交通设施有限公司、江苏捷达交通工程集团有限公司、江苏耀鑫交通设施有限公司、无锡市中路交通工程有限公司、江苏华夏交通工程集团有限公司、无锡市锡广高速公路养护有限公司、南京市江宁区水电设备安装有限公司、南京苏泰电力设备安装工程有限公司、南京鑫镭铸通讯科技有限公司、淮安市星光道路明明有限公司、亿阳信通股份有限公司、江苏智运科技发展有限公司、陕西公路交通科技开发咨询公司、北京公科飞达交通工程发展有限公司、江苏大自然园林绿化有限公司、无锡市园林工程有限责任公司、苏州市顺和景观绿化建设有限公司、南京园林建设总公司、苏州市吴中区光福花木有限公司、江都市古典园林建设有限公司、南京市新世纪草坪科技有限公司、南京林业大学科技发展总公司、南京市园林经济开发有限责任公司、江苏尧塘园林绿化有限公司。

监理单位:北京路桥通工程监理咨询有限公司、扬州华建交通工程咨询监理有限公司、江苏省振星工程监理有限公司、南京工大建设监理咨询有限公司、江苏东南交通咨询监理公司、江苏交通工程咨询监理有限公司、江苏纬信工程咨询有限公司、南京风景园林工程监理有限公司、无锡市园林建设监理有限公司。

4) 征地拆迁情况

征地拆迁情况统计见表7-8-3。

第七章
高速公路项目简介

征地拆迁情况统计表 表 7-8-3

征地拆迁安置起止时间	征用土地(亩)	拆迁房屋(m²)	支付补偿费用(元)	备注
2003年8月—2004年10月	13090	90461		

2．项目实施阶段

本项目虽于2003年10月开工,但永久征地解决缓慢,主线用地和取土坑用地提交严重滞后。

2004年2月,召开开工动员大会,与市、区政府签订责任状,限时完成征地拆迁。

2004年5月,省交通厅与南京市政府召开了征地拆迁专题协调会。

2004年10月,全线征地拆迁工作完成。

2005年5月,路面工程施工单位进场。

2005年8月,完成一期路基桥梁施工。

2005年11月,完成路面基层施工。

2006年8月,完成路面面层施工。

2006年9月,完成附属交通工程施工。

2006年12月中旬,完成交工验收并建成通车。

(三)运营及养护管理

1．运营管理

江苏省宁淮高速公路淮安管理处认真执行养护规范和管理制度,扎实创建宁洛高速特色,以"规范化、标准化、精细化管理"为导向,加强队伍建设,强化运营管理,坚持科学养护,拓展经营思路,经营业绩持续增长。

2．养护管理

(1)坚持预防性养护,道路品质不断提升。认真做好道路日常养护工作,强化监管力度,健全养护质量保证体系。梳理完善规章制度,实现规范化管理。加强路桥检测,保障桥梁结构物安全。精心组织,严格管理,按期保质做好养护专项工程。同时,加强预算管理,严控养护经费。

(2)提高收费服务水平,树立良好企业形象。积极开展培训和创建活动,提升优质服务水平。严厉打击偷逃费行为,维持良好运营秩序。

(3)坚持软、硬件两手抓,服务环境明显改善,行业形象显著提升。巩固创建成果,形成长效管理机制;完善经营模式,规范租赁管理;强化制度落实,绩效考核体系初显成效;改善服务设施,完善服务功能。

(4)健全预案体系,突发事件应急处置能力不断提高。为积极应对恶劣天气、自然灾害以及各类突发事件,确保高速公路的畅通,先后制定或梳理了部分规章制度,进一步建立健全应急预案体系。面对突发事件和事故等的发生,预案周密、组织有序、指挥有方、行动迅速、处理得当。做到注重分析总结,积累处置经验,使突发事件应急处置能力不断提高。

(5)加强成本控制,挖掘潜力,企业降本增效效果明显。一方面拓宽经营思路,努力增加非主营收入;另一方面狠抓成本控制,寻求节约空间。

(6)坚持防控结合,努力保障安全生产形势稳定。始终把道路保畅作为重点工作来抓。开通以来,坚持一路三方协调联动,快速清障形成共识,突发事件应变处置能力不断提高,文明平安收费站建设凸显成效。

五、南京至淮安高速公路南京江北段(建设期:2002—2006年)

(一)项目概况

1. 基本情况

1)建设依据

宁淮高速公路是国家高速公路网"7918"中"一纵"(长春至深圳)的重要组成部分,也是江苏省干线公路网规划中"四纵四横四联"主骨架中"纵三"的重要组成部分,路线起于南京长江三桥接线,经安徽省天长市,终点位于江苏省淮安市,是省会南京通往苏北腹地的一条重要高速公路。

该项目是苏北腹地经济发展的重要交通干线和基础支撑,它的建成大大缩短了苏北五市(徐州、宿迁、淮安、连云港、盐城)与省会南京的时空距离,对促进苏北地区经济发展有着极其重要的作用。

2)建设规模及主要技术指标

本项目全长34.645km,全线采用双向六车道高速公路标准建设,全封闭、全立交,路基宽35m,设3m宽中央分隔带,设计行车速度120km/h(其中路线起点至老山隧道二号出口段设计行车速度为100km/h)。设计洪水频率:特大桥1/300,其余1/100。桥涵设计车辆荷载为汽车—超20级、挂车—120。共设长大隧道3595m/2座;互通式立交3处,其中1处为枢纽互通;设分离式立交7座、服务区1处。

3)项目投资及来源

江苏省发展计划委员会以苏计基础发〔2003〕1553号文《省计委关于南京至淮安高速公路南京江北段初步设计的批复》批准了该项目的初步设计,核定了项目总概算。该项目概算总投资为23.68亿元,由国有资本和民营资本共同出资建设,另外还有银行贷款。

4)工程建设条件

路线所经区域处于北亚热带季风气候区,四季分明,温暖湿润,日照充足,雨量充沛。

路线穿越老山国家森林公园,植被茂密,风景优美;老山—江浦互通—花旗营一线为丘陵岗地,为国内最大的苗木生产基地和果园区,自然生态良好;花旗营以北属苏北平原地形,区内地形平坦开阔,河渠纵横,是重要的农业产区,也是南京市高新技术开发区。

5)工程进度

本工程于2003年10月正式开始施工,2006年10月完工,2006年11月建成通车。

6)主要工程数量

本项目路基土石方690.34万m^3;隧道3595m/2座;桥梁25座;全线共设有互通枢纽3处(江浦互通、花旗营互通、六合南互通);服务区1处,为老山服务区;通道34处,涵洞75道。同时同步完成道路收费、监控、通信、照明、安全设施、绿化、服务等设施。

2.决策过程

2002年12月25日,江苏省发展计划委员会以苏计基础发〔2002〕1496号文《关于南京至淮安高速公路南京江北段可行性研究报告的批复》批准了该项目的可行性研究。

2003年12月10日,江苏省发展计划委员会以苏计基础发〔2003〕1553号文《省计委关于南京至淮安高速公路南京江北段初步设计的批复》批准了该项目的初步设计,核定了项目总概算。

2004年7月21日,江苏省环境保护厅以苏环管〔2004〕115号文《关于南京至淮安高速公路南京江北段工程环境影响报告书的批复》批准了该项目的环境影响报告书。

(二)建设情况

1.项目准备阶段

各项工作均按国家基本建设程序进行。在项目建设过程中,省、市高指严格遵守基本建设程序,依据国家规范,参照国际通用的"菲迪克"条款和交通部通用招标文件范本制定了江苏省高速公路各项目施工、监理招标文件,通过国内公开招标选择承包商和驻地监理组。所有招投标工作均由专家独立评标,合法确定中标单位,依法签订合同,纪检部门全过程监督,公证部门对招投标过程和结果进行了严格的监督和公证,确保招标工作"公开、公平、公正、择优"。

1）勘察设计研究单位招标情况

宁淮高速公路南京江北段项目勘察设计采用公开招标,于2002年11月完成招标签约工作。

2）施工、监理单位招标情况

项目路基桥梁标于2003年底前完成招标签约工作;路面工程标于2004年3月底前完成招标签约工作;三大系统标于2004年底前完成招标签约工作;绿化、房建均于2004年底前完成招标签约工作;安全设施、照明、装修等于2005年上半年完成招标签约工作。

本项目路基路面监理标于2003年底前完成招标签约工作;三大系统监理标于2005年底前完成招标签约工作;安全设施、房建、绿化等监理标均于2005年年底前完成招标签约工作。

3）参建单位主要情况

设计单位：中交第二公路勘察设计研究院、江苏省交通规划设计院、江苏东方建筑设计有限公司、江苏雄国装饰工程有限公司、江苏纬信工程咨询有限公司、北京交科公路勘察设计研究院。

施工单位：中铁一局集团公司、中铁十八局集团公司、路桥一局三公司、中铁十二局集团公司、南京市交通工程总公司、江苏润扬交通工程集团、中港三航局、中铁十五局集团公司、南京市路桥联合总公司、江苏江南路桥工程有限公司等。

监理单位：铁四院工程监理咨询公司、江苏东南交通咨询监理公司、解放军理工大学监理公司、江苏宁达工程建设监理有限公司、江苏纬信工程咨询有限公司、江苏振星工程监理有限公司。

4）征地拆迁情况

征地拆迁情况统计见表7-8-4。

征地拆迁情况统计表 表7-8-4

征地拆迁安置起止时间	征用土地(亩)	拆迁房屋(m²)	支付补偿费用(元)	备注
2003年8月—2004年10月	4328.107	102286		

2. 项目实施阶段

本项目虽于2003年10月开工,但受国家宏观调控影响,主线用地和取土坑用地提交严重滞后。

2004年2月,召开开工动员大会,与市、区政府签订责任状,限时完成征地拆迁。

2004年5月,省交通厅与南京市政府召开了征地拆迁专题协调会。

2004年10月,全线征地拆迁工作完成。

2005年6月,路面工程施工单位进场。

2005年11月,路基工程基本完成。

2006年10月,路面工程及附属工程完工。

2006年11月,完成交工验收并建成通车。

(三)复杂技术工程

老山隧道套拱配合长管棚早进洞施工方案

为了保护国家级森林公园老山,宁淮高速公路以隧道方式穿越老山。老山隧道为江苏有史以来最长最大的隧道,因环保要求苛刻,地质情况复杂,缺乏施工经验,技术要求严格,所以工程建设难度大。该隧道建设规模在全国隧道工程中名列前茅。老山隧道套拱配合长管棚早进洞施工方案及假拟洞门施工,减少对山体的大刷大挖,有力地维护了老山风景区的自然景观、生态环保,真正实现了隧道开挖"零进洞",凸显了江苏高速公路建设"生态、环保、人文与自然和谐"的主题思想。

(四)科技创新成果与应用

(1)中央分隔带铺设防水板借鉴隧道防水技术。在全线中央分隔带铺设一层PVC防水板,替代传统的水泥砂浆、乳化沥青和土工布三合一防水设计。实践表明,这种新的防水方法,防水效果明显、施工工艺简单、质量控制容易,虽然造价略有提高,但为中央分隔带防水层设计提供了新的方法。

(2)创新路面结构组合形式。全线采用的沥青路面结构组合形式即4.5cm SMA-13S + 6cm AC-20S + 9.5cm AC-25S结构形式,铺装层总厚度比以往增加了2cm,极大地减少了施工离析,有效地提高了面层铺装质量,延长了沥青路面的使用寿命。

(3)首次在我国采用假拟洞门进洞工法。进洞施工时摒弃了大刷大挖的传统做法,采取"零开挖"进洞工法,这样保全了洞口山坡及原生植被免遭破坏,大大减少洞口仰坡开挖及防护工程量,同时这也是保证仰坡稳定最为理想的方法。"零进洞"施工工法被评为2005年度南京市十大职工优秀创新技术成果之一。

(4)首次在我国大规模采用傍山棚洞结构形式。老山二号隧道右线傍山出洞,设计时舍弃了传统的高挖方边坡方案及明洞方案,采用傍山棚洞方案,长度376m,实现了少刷坡,减少开挖面积,最大限度地保护老山原生态植被和茂密森林。结构新颖、设计独特的傍山棚洞既保证了边坡的稳定和结构安全,又成为宁淮高速公路一道亮丽风景线。棚洞结构还缩短了隧道通风照明实际长度,减少了隧道通风需风量,使"以人为本、生态环保、节省能源、可持续发展"的建设理念在该项目设计中得到真正的体现。

(5)全面引入绿色洞门设计理念,优化进出口洞门设计。一号隧道进口洞门根据山体走势因地制宜,采用了削竹式洞门,对洞门仰坡及两侧坡面移植了老山地区的原生植物,真正做到了洞门与周围生态环境的有机融合。一号、二号隧道间垭口的4个洞门由于采用隔栅环框式洞门,加之采用了假拟洞门的施工工法,洞门周围基本保持了原有植被。二号隧道左线出口根据山体地形走势,延长了明洞,最大可能减少了刷坡量,同时通过适当的地形整治和恢复绿化,实现了源于自然、融于自然的生态景观效果。

(6)为了实现省高指提出的隧道至少5年不漏水的目标,省、市高指创新隧道防排水设计与施工,充分吸纳国内外防排水设计的先进理念,在初期支护与二次衬砌之间敷设EVA/ECB共挤防窜流复合土工布防水层,施工缝采用缓膨胀止水条防水及中埋式橡胶止水带,沉降缝采用中埋式橡胶止水带止水。在挂设防水板时采用国内目前最先进的无钉挂设工艺。

(7)应用绿化环保声学材料K-13作为衬砌喷涂材料,达到吸音、降噪目的,为驾乘人员提供舒适满意的行车环境。

(8)创新隧道路面结构形式。开展"长大公路隧道路面结构形式研究",按照全寿命周期成本理论,在我国首次提出了永久性隧道路面,即连续配筋混凝土+沥青混凝土路面的结构形式。

(9)隧道内的沥青混凝土摊铺采用以下创新施工工艺:连续配筋混凝土表面采用铣刨机进行打毛,然后用清扫机清除表面灰尘,再用真空抛砂设计进行吸尘。洒布纯沥青$0.3kg/m^2$、砂$2\sim3kg/m^2$然后进行沥青混凝土的摊铺。

(10)针对老山隧道棚洞工程桩基施工中遇到溶洞情况,采用科学而简便的桩基承载力自平衡法进行静载试验,有效地验证了桩基承载力,确保了棚洞结构的安全。

(11)鉴于通车后的隧道标线维修难度大,老山隧道采用混合了树脂、骨材及反光材料的粉体涂料。该热熔型涂料具有良好的耐久性和防滑效果,可防止龟裂的发生。

(五)运营及养护管理

1. 运营管理

江苏省宁淮高速公路南京管理处认真执行养护规范和管理制度,扎实创建宁淮高速公路特色,以"规范化、标准化、精细化管理"为导向,加强队伍建设,强化运营管理,坚持科学养护,拓展经营思路,经营业绩持续增长。

2. 养护管理

(1)坚持预防性养护,道路品质不断提升。认真做好道路日常养护工作,强化监管力度,健全养护质量保证体系。梳理完善规章制度,实现规范化管理。加强路桥检测,保障桥梁结构物安全。精心组织,严格管理,按期保质做好养护专项工程。同时,加强预算管理,严控养护经费。

(2)提高收费服务水平,树立良好企业形象。积极开展培训和创建活动,提升优质服务水平。严厉打击偷逃费行为,维持良好运营秩序。

(3)坚持软、硬件两手抓,服务环境明显改善,行业形象显著提升。巩固创建成果,形成长效管理机制;完善经营模式,规范租赁管理;强化制度落实,绩效考核体系初显成效;改善服务设施,完善服务功能。

(4)健全预案体系,突发事件应急处置能力不断提高。为积极应对恶劣天气、自然灾害以及各类突发事件,确保高速公路的畅通,先后制定或梳理了部分规章制度,进一步建立健全应急预案体系。面对突发事件和事故等的发生,预案周密、组织有序、指挥有方、行动迅速、处理得当。做到注重分析总结,积累处置经验,使突发事件应急处置能力不断提高。

(5)加强成本控制,挖掘潜力,企业降本增效效果明显。一方面拓宽经营思路,努力增加非主营收入;另一方面狠抓成本控制,寻求节约空间。

(6)坚持防控结合,努力保障安全生产形势稳定。始终把道路保畅作为重点工作来抓。开通以来,坚持一路三方协调联动,快速清障形成共识,突发事件应变处置能力不断提高,文明平安收费站建设凸显成效。

3.服务区

本项目沿线设有老山服务区、浦口收费站、花旗营收费站、六合南收费站、六合南主线收费站。服务区以经营餐饮、超市为主体,以加油、汽修为配套,以休闲娱乐为补充,为顾客提供多功能全方位服务。

老山服务区位于G25宁淮高速公路南京段K12处,于2006年11月正式投入运营。老山服务区为双侧服务区,分东、西两个区,用地规模约110000m^2(约165亩),建筑设施面积约13207.93m^2。

六、南京长江第四大桥及接线(建设期:2008—2012年)

(一)项目概况

1.基本情况

南京长江第四大桥(以下简称"南京四桥")是国务院批准的南京市城市总体规划中"五桥一隧"过江通道之一,是沪蓉国道主干线——南京绕城高速公路的过江通道和重要组成部分。南京四桥位于长江江苏南京区段内,在南京长江第二大桥下游约10km处,距长江入海口约320km。项目总投资68.57亿元,核批建设工期5年。南京四桥的建成将与南京三桥一起共同形成真正意义上的南京高速公路环线,极大地缓解南京过江交通的压力,进一步拉近南京与西部经济的沟通与联系。

在省委省政府、交通运输部的关心下,在省交通运输厅的热情指导下,在南京市委市政府的高度重视和全力支持下,南京四桥经过全体建设者的努力,克服了南锚"∞"字形地连墙、北锚超大规模沉井、主桥主缆架设、钢箱梁吊装、钢桥面浇注式沥青铺装、引桥节段预制箱梁安装、接线软基处理等诸多技术和安全难关，高效优质的完成全部合同段施工内容，实现了"工程质量零遗憾、安全生产零事故、廉政工作零投诉"。全桥各合同段的交工验收已全部完成，工程质量等级均为优良。

1) 建设依据

2005年8月26日，国家环保总局以环审〔2005〕715号文《关于南京长江第四大桥环境影响报告书的批复》批复工程环境影响报告。

2005年11月1日，国土资源部以国土资预审字〔2005〕424号文《关于南京长江第四大桥项目建设用地预审意见的复函》批复建设用地报告。

2006年4月14日，交通部以交水发〔2006〕164号文《关于南京长江第四大桥通航净空尺度和技术要求的批复》批复主桥技术设计文件。

2007年5月11日，交通部以交函规划〔2007〕174号文《关于南京长江第四大桥可行性研究报告的审查意见》批复初步设计。

2007年11月19日，国家发改委以发改交运〔2007〕3107号文《国家发展改革委关于江苏省南京长江第四大桥可行性研究报告的批复》批复可行性研究报告。

2008年6月26日，交通运输部以交公路发〔2008〕150号文《关于南京长江第四大桥初步设计的批复》批复初步设计文件。

2008年11月5日，江苏省交通运输厅以苏交计〔2008〕252号文《关于南京长江第四大桥跨江主桥北锚及南北塔施工图设计的批复》批复施工图设计文件。

2008年11月13日，交通运输部及江苏省交通运输厅批复南京四桥施工许可申请书。

2010年1月14日，江苏省交通运输厅以苏交计〔2010〕16号文《关于南京长江第四大桥南锚碇等主体工程施工图设计的批复》批复施工图设计文件。

2) 建设规模及主要技术指标

南京长江第四大桥(以下简称"南京四桥")位于南京长江二桥下游10km处，起自南京市六合区横梁镇东，接南京绕越高速公路东北段和南京至南通高速公路，经红光村、龙袍镇，于石埠桥跨越长江，经仙林，止于南京市江宁区麒麟镇，接南京绕越高速公路东南段和沪宁高速公路，全长28.996km，其中跨江大桥长5.448km，南北接线长23.548km。全线采用双向六车道高速公路标准建设，在横梁、龙袍、栖霞、麒麟设置4处互通式立交，预留红光、仙林2处互通式立交。与南京二桥、三桥斜拉桥桥型不同，南京四桥是南京市建设的第一座悬索桥，也是当时国内跨径最大的三跨悬索桥，主跨为1418m，通航净空标准为50m，主通航孔净宽890m，可通过5万吨级巴拿马海轮，在同类型桥梁中居世界第三，被誉为"中国的金门大桥"。项目获交通部批复初步设计概算68.56亿元，调整后批复概算为76.70亿元。

全线采用双向六车道高速公路标准建设，主桥跨径布置为(166m+410.2m)+1418m+(363.4m+118.4m)=2476m。设计行车速度100km/h，桥面宽度33m(不含吊索区及风嘴)，车辆荷载等级采用公路—Ⅰ级,桥面最大纵坡<3%,横坡为2%,设计地震烈度Ⅶ度,设计洪水频率1/300,最高通航水位7.98m,最低通航水位0.44m,设计风速100年一遇10m高处风速31.2m/s。南索塔设计船舶撞击力横桥向120MN,纵桥向60MN,北塔设计船舶撞击力横桥向50MN,纵桥向25MN。

主塔基础采用高桩承台结构,南塔基础为48根2.8~3.2m变直径钻孔灌注桩,梅花式布置,按端承桩设计,桩底高程-60m,桩长约70m,桩尖持力层为微风化砂砾岩,承台为哑铃形,平面尺寸80.5m×35.0m,厚9.0m。北塔基础为38根直径2.8m钻孔灌注桩,梅花式布置,桩尖土层为微风化粉砂岩,桩底高程-110m,桩长107m,承台为哑铃形,平面尺寸72.5m×27.0m,厚8.5m。主塔基础采取了永久防撞套箱与施工临时套箱结合设计的方案。塔座为圆台形,顶面半径为7.5m,底面半径为9.5m,高度1.5m;索塔采用混合式结构形式,塔底设计高程+7.0m,塔顶设计高程+230.6m,塔冠顶设计高程+236.4m,分为塔座、下塔柱、下横梁、上塔柱、上横梁及拱形城门式结构6部分,其中拱形城门式结构包括钢箱拱梁和5根竖杆,通过竖杆与上横梁连为一体共同受力,主梁以下设一道下横梁,塔柱为钢筋混凝土结构,上、下横梁为预应力混凝土结构,拱梁拱脚段为钢筋混凝土结构,拱梁(拱脚段除外)、竖杆为钢结构。

3)项目投资及来源

按照相关规定要求及国家发改委对南京四桥工程可行性研究报告的批复(发改交运〔2007〕3107号),南京四桥资本金占总投资的35%,另外的65%由国内银行贷款。项目资本金中,除了交通部的中央专项资金(车购税)3.96亿元外,其余由南京市交通建设投资控股(集团)有限责任公司代表南京市政府出资。2007年5月,南京市交通建设投资控股(集团)有限责任公司出资成立了南京长江第四大桥有限责任公司,首期注册资本2亿元,负责南京长江第四大桥的筹资及建成后的管理与养护工作等。2008年6月,南京长江第四大桥有限责任公司与以国家开发银行为首的贷款银团签订了42亿元的项目贷款合同,项目建设的资金基本落实。至2012年8月底,南京四桥已到位建设资金约58.84亿元。其中,公司资本金15.81亿元,车购税专项资金3.96亿元,银行贷款39.07亿元。

4)工程建设条件

南京河段位于长江下游,上起七坝与上游新济洲河段衔接,下迄三江口进入镇扬河段的仪征水道,主河道全长65km。南京河段属分汊河型,平面形态宽窄相间,呈藕节状。桥位位于龙潭水道过渡段的石埠桥附近,该段河床和岸滩相对较稳定。龙潭水道深泓的摆幅趋小,总体河势较为稳定。

桥位区域北岸属长江下游冲积平原,由北向南地貌单元由长江高漫滩渐变为长江低漫滩,地势开阔、平坦,水网发育,地面高程4.0~5.0m,地表岩性为第四纪全新世黏性土;近长江水域附近,枯水期裸于地表,丰水期被江水淹没,地表岩性为砂类土,地形微向长江倾斜。

北锚碇区域属于漫滩地貌,表层发育分布有:①₀层软塑~硬塑状亚黏土、黏土,工程地质性能一般;①₁层流塑~软塑状淤泥质亚黏土,其含水率高,孔隙比大,具高压缩性、低强度等特征,工程地质性能很差;①₂层全新统松散~中密状粉细砂为可液化土层,工程地质条件差;②₁层稍密~中密状粉砂、细砂为可液化土层,工程地质条件差;②₂层中密~密实状粉细砂,厚度大,层位稳定,工程地质条件稍好;④层上更新统密实状卵砾石层、砾砂、粗砂夹粉细砂,分布稳定,工程地质条件良好。

北塔基础处覆盖层从上到下依次为:①₂层全新统松散~中密状粉细砂为可液化土层;①₃层流塑状淤泥质亚黏土;②₁层稍密~中密状粉砂、细砂为可液化土层;②₂层中密~密实状粉细砂;②₃层亚黏土,软塑~流塑,局部夹较多粉砂薄层,为软弱土层;上更新统④₁层和④₃层砾砂、卵砾石层承载力高,但厚度变化较大,层位不稳定;④₂层粉、细砂,呈断续透镜体状分布于④₁层中;④₄夹层亚黏土,软塑状;第四系土层无较好的桩基持力层。下伏基岩地层为白垩系浦口组砂岩、泥岩,基岩面起伏小,分布稳定,为软岩~极软岩,岩石强度较低,胶结性差,为较好的桩基持力层。

南塔基础处覆盖层从上到下依次为:①₁层全新统淤泥质亚黏土,局部亚砂土,流塑状;①₂层全新统松散~中密状粉细砂为可液化土层;②₁层稍密~中密状粉砂、细砂为可液化土层;②₂层中密~密实状粉细砂;②₃层亚黏土,软塑~流塑,局部夹较多粉砂薄层,为软弱土层;上更新统④₂层粉细砂,分布稳定,呈密实状;第四系土层无较好的桩基持力层。下伏基岩地层为白垩系葛村组砂岩、砂砾岩和泥岩,基岩面较平缓,分布稳定,岩石强度高,胶结性能好,无明显断裂形成的破碎带,裂隙不甚发育,自上而下岩石强度逐渐增加,为较理想的桩基持力层。

南锚碇基础处覆盖层从上到下依次为:①₀层全新统粉质黏土,可塑~软塑;①₁层全新统淤泥质亚黏土,夹粉砂薄层,流塑状;①₂层全新统松散~中密状粉细砂为可液化土层;②₁层稍密~中密状粉砂、细砂,自北向南逐渐变薄,直至缺失,为可液化土层;②₂层中密~密实状粉细砂;②₃层粉质黏土,软塑~流塑,局部夹较多粉砂薄层,为软弱土层;上更新统④₂层粉细砂,呈密实状,北侧厚,南侧基本缺失;④₃层密实状砾石层和④₄层可塑状粉质黏土仅个别孔揭露,分布很不稳定。下伏基岩地层为白垩系葛村组砂岩、砂砾岩,局部夹泥岩,由北向南基岩面起伏 $-38.120 \sim -29.230$m,岩石强度高,胶结性能好,无明显断裂形成的破碎带,裂隙不发育,自上而下岩石强度逐渐增加。

5)工程进度

根据交通运输部对南京四桥初步设计的批复,指挥部结合南京四桥的特点和前期工程方案研究情况,制订了工程总体实施计划。

2008年主桥开工之年:全线征地拆迁基本完成,主桥正式开工。

2009年全面开工之年:重点建设南京四桥主桥下部工程,北锚碇完成沉井接高、下沉到位;南锚碇完成地连墙墙体浇筑、基坑开挖、内衬施工和底板浇筑;主塔完成基础桩基及承台施工,完成主塔塔座浇筑及20%下塔柱施工;开始塔锚钢结构、鞍座、主缆钢丝制造和加工;完成管理中心房建施工;实现南北引桥及接线全面开工。

2010年攻坚之年:全面建设跨江大桥。基本完成南北锚碇锚体混凝土施工,完成主塔施工;完成主缆、鞍座等制造加工,年内完成30%钢箱梁节段制造。南北引桥、接线结构物完成桩基承台施工,争取完成50%墩身施工和50%混凝土箱梁节段预制,完成50%路基施工。

2011年决战之年:年初完成主塔主索鞍及锚碇散索鞍安装,开始猫道架设,完成主缆架设及主缆起重机安装架设。力争完成钢箱梁节段制造;引桥完成80%上部箱梁节段拼装及浇筑;接线完成路面基层和结构物80%上部结构施工。开始沿线其他房建设施建设。

2012年通车之年:完成钢箱梁桥面吊装焊接工作,实现全桥贯通;完成锚碇第二次进场浇筑;完成全线路面铺装施工和主桥钢桥面铺装。全面完成交通工程、绿化以及全部附属工程建设。完成荷载试验和工程交工验收,具备通车条件。

6)主要工程数量

(1)标段划分情况

根据不同结构部位的技术特点,结合工程施工图设计和工程招标工作需要,全线按照结构部位和区域划分为58个施工标段(不含二次招标项目),11个监理标段,30个材料设备采购标段,3个设计标段。

(2)各标段主要工程数量

全桥共计用钢材240000t,其中钢筋158569t,钢绞线12768t,镀锌钢丝18118t,Q345D钢板39887t,其他钢板10658t;水泥混凝土1336788m^3。

2. 决策过程

2005年8月26日,国家环保总局以环审〔2005〕715号文《关于南京长江第四大桥环境影响报告书的批复》批复了项目环评。

2005年11月1日,国土资源部以国土资预审字〔2005〕424号文《关于南京长江第四大桥项目建设用地预审意见的复函》出具了建设用地预审意见。

2007年11月19日,国家发改委以发改交运〔2007〕3107号文《国家发展改革委关于江苏省南京长江第四大桥可行性研究报告的批复》批复可行性研究报告。

2008年6月26日,交通运输部以交公路发〔2008〕150号文《关于南京长江第四大桥初步设计的批复》批复项目初步设计。

2008年11月5日,江苏省交通运输厅以苏交计〔2008〕252号文《关于南京长江第四大桥跨江主桥北锚及南北塔施工图设计的批复》批复施工图设计文件;

2010年1月14日,江苏省交通运输厅以苏交计〔2010〕16号文《关于南京长江第四大桥南锚碇等主体工程施工图设计的批复》批复施工图设计文件。

(二)建设情况

1. 项目准备阶段

1)勘察设计研究单位招标情况

南京四桥可行性研究招标工作于2003年3月举行,共有江苏省交通规划设计院、中国公路工程咨询监理总公司、中交公路规划设计院参加了该项目的投标,经过评标委员会评审,中交公路规划设计院中标承担南京四桥可行性研究工作。2006年3月,南京四桥筹建处对南京四桥勘测设计进行招标,共有江苏省交通规划设计院、中交公路规划设计院、上海市政工程设计研究院、中铁大桥勘测设计院有限公司与湖南省交通规划勘察设计院联合体4家单位参加了勘察设计投标;通过方案比选和评标工作,最后确定了由中交公路规划设计院承担南京四桥设计任务。

2)施工、监理单位招标情况

南京四桥招标工作严格履行招投标监管程序,所有招标项目均秉承"公平、公正、公开"原则,坚持阳光操作,所有土建工程和大宗材料、设备等项目的招标,都由指挥部根据工程或设备的具体情况组织招标工作。委托有资质的招标代理单位编制招标文件,并由指挥部组织专家和相关人员及时予以审查把关。由招标代理承担招标过程中与投标人的有关联系交流工作,有效防止了招标过程中外界因素的影响。严格按照招投标行业监督机构的规定,所有项目均上网进行公开招标,并全程接受省厅招标办、市纪委、监察局、公证部门的监督管理。在认真清标的基础上,通过专家库随机抽取的专家组成评标委员会,严格按照程序进行评标,评标后及时对评标结果进行公示,并根据评标委员会建议对中标候选人进行答疑澄清后才下发中标通知书。

通过严格的招标,指挥部累计完成58个施工标段、11个监理标段、30个材料设备采购标段的招标工作,南京四桥所有招投标项目均严格遵守"三公"原则,规范程序,坚持阳光操作,择优选择中标队伍,保证了工程建设的顺利进行,并受到了上级部门和社会各界的好评。

3)征地拆迁情况

2008年7月16日,国土资源部办公厅以《关于南京长江第四大桥控制工期的单体工程先行用地的复函》(国土资厅函〔2008〕511号)批复主桥先行用地53.199亩。2010年2月,南京四桥建设用地获得国土资源部正式批复。2008年3月7日,南京市规划局颁发了地字第320100200810016号建设用地许可证。2008年9月9日,南京市国土资源局以宁征拆字〔2008〕030号文批准了指挥部上报的征地房屋拆迁方案。南京四桥征地拆迁涉及栖霞、六合和江宁等三个行政区,房屋拆迁协议采用包干形式,指挥部与各区房屋拆迁部门、乡镇政府签订包干总协议,再由各区房屋拆迁部门、乡镇政府组织拆迁工作;征地协议采用按前期调查资料预估,指挥部与各区土地部门签订代征地事务协议,最终按实结算。

第七章
高速公路项目简介

截至2012年1月31日,南京长江第四大桥实际征地、用地4769.252亩,拆迁或补偿房屋159030.51m^2,迁移通信光缆168条,380V电力线11条,10kV电力线15条,35kV电力线3条,110kV电力线1条,220kV电力线5条,10kV电缆38条,35kV电缆4条,自来水改造13处,新建杆塔302根,新建路灯杆8根。

2012年2月6日—5月15日,南京市审计局对南京四桥征地拆迁费进行了审计,审计结果表明指挥部按照国家基本建设程序和相关政策,办理了建设用地手续,征地拆迁工作中能够执行市、区政府及国土部门的相关政策,征地拆迁合同的签订和履行程序合法。在建设工程中,有效兼顾了工程建设、沿线群众以及地方政府的利益,为四桥工程的顺利实施创造了和谐的施工环境。在建设资金的使用管理上,指挥部根据工程建设项目和征地拆迁工作制定了《南京重大路桥建设指挥部财务管理制度》和《建设资金内部控制管理规范》,财务核算能按照《基本建设会计制度》和现行财务管理制度的要求执行,审计中未发现重大违规违纪问题。

2. 项目实施阶段

1) 项目管理机构设置及职能

受南京市政府委托,南京长江第四大桥建设协调指挥部(以下简称"指挥部")(2011年市政府重新成立了南京重大路桥建设指挥部,统筹、协调南京市重大路桥工程建设工作)负责南京长江第四大桥建设的组织、管理和综合协调,落实国家政策性资金补助。江苏省交通运输厅对南京四桥进行行业管理,省厅工程质量监督局代表政府对南京四桥进行质量监督。指挥部以工程管理为基础,有效把握工程三大控制,保证了整个工程在优质、高效的前提下有条不紊地推进。

工程实施前指挥部通过招投标选择了江苏省交通规划设计院组建南京四桥中心试验室、河海大学土木工程学院组建南京四桥测量中心,分别代表指挥部进行工程试验、测量的管理。

2) 质量控制措施与效果

按一级监理模式,建立健全质量保证体系,完善管理制度,落实质量责任制,认真进行质量管理。

按照交通部2006年颁布实施的《公路工程施工监理规范》,在南京四桥建设中实行一级监理管理模式。

严格落实"企业自检,社会监理,政府监督"的三级质量保证体系,按照一级监理模式,通过公开招标选择了国内具有特大型桥梁监理经验的社会监理单位,同时成立中心试验室和测量中心加大工程质量控制手段。积极要求政府监督,申请省交通厅对四桥建设进行专项检查监督。

指挥部工程处负责工程现场质量的日常管理工作,指挥部对社会监理单位充分授权,成立相应总监办公室,负责日常监理工作。总监办公室根据承担工程特点制定相应工程监理细则。日常监理工作实行开工申请制度、工序报验制度、交工和竣工验收制度、工地例会制度。高度重视重点、难点项目的施工方案研究,特别注意防治研究解决工程质量通病。

主桥施工工序时间紧，工艺要求高，而且工序衔接非常紧密，工序转换多，大多工序无重复性，必须保证一次成功。这需要高素质的监理队伍，重点把握关键工序，对所有工程进行旁站监督，重点工程重点检查，确保工程没有质量隐患。指挥部在监理招标时充分考虑监理的重要性，选择了专业水平高、经验丰富、工作负责的监理队伍，保证了主桥施工质量。工程建设中，指挥部注重对监理人员素质的培养和要求，专门组织了监理业务知识培训工作，进一步提高了到场监理人员做好南京四桥建设监理工作的能力。

中心试验室和测量中心在做好5%的质量抽检工作的同时，负责定期检查承包商试验和测量管理情况以规范相关工作，还根据施工不同阶段的特点组织专项检测。指挥部中心试验室、总监办定期进行工地巡视检查，每月进行一次全面检查，按相关规定对内业、外业进行检查评分、排序，并将检查结果作为考评的重要依据。检查结果及时通报，要求相关单位对存在问题限期整改。在全桥推广着眼于防检结合、预防为主的基于工序质量控制的"分层次、按工序、责任到人"的质量保证体系，和参建单位及其负责人签订质量终身制责任状，并要求各单位将质量责任分解到人。

高水平的管理必须要以严密的制度为前提。在工程建设之初，指挥部充分吸纳以往工程建设管理中取得的成功经验，通过合同文件、相关法律法规和制定各项管理制度来约束监理和承包商的行为。根据工程建设需要，制定了《南京四桥工程管理办法》，主要内容包括：《南京四桥监理管理办法》《南京四桥质量管理办法》《南京四桥科研管理办法》《南京四桥安全施工管理办法》《试验检测管理细则》《测量管理细则》《文明施工管理办法》《安全管理办法》《计量支付管理办法》《设计变更管理办法》等一系列管理制度和办法，较好地满足了新的模式下现场管理需要，对项目管理的各个重要环节进行了规范，为整个工程全方位管理提供了依据，实现了对工程质量、进度、费用等目标的全面有效管理控制。主桥开工以后，严格落实了指挥部建立的工地例会制度、监理工作会议制度、质量工作会议制度、施工和监理月报制度、安全施工文明施工定期检查制度、重要节点工程进度日报制度、廉政座谈会制度等，明确各单位的权利和义务，使参与南京四桥建设的一桥四方在共同的制度约束下正常开展工作。

工程建设过程中，严格贯彻部和省厅关于质量责任制的相关要求。根据交通运输部交公路发〔2008〕116号文《关于严格落实公路工程质量责任制的若干意见》和江苏省交通运输厅苏交质〔2008〕34号文《关于转发〈关于严格落实公路工程质量责任制的若干意见〉的通知》要求，指挥部组织进行了建设从业单位和从业人员质量责任表的登记、初审、审核工作。

3）严格程序管理

制度是基础，程序是保证，制度再完善，如没有严格的程序作为保障，则必将成为一纸空文。为使制度落到实处，大到工程招投标、设备采购、工程变更、工程计量支付，小到指挥部文件的传阅，指挥部都有明确的程序和文件审批制度，为牢牢把握工程的关键环节，指挥部着重对以下几个方面进行严格的程序管理。

（1）坚持设计审查，坚持设计双院制。主桥引桥的设计由中交公路规划设计院进行，指挥部专门委托国内同样具有特大桥设计经验的中铁大桥设计研究院进行主桥引桥的设计复核工作,每个设计分项均出具审查报告,审查完毕后,由指挥部组织专家审查。

(2)严格关键材料准入制度。对于关键材料厂家的选择,由指挥部经过优选确定准入名单,要求在准入名单范围内进行选择厂家。

(3)坚持施工组织设计和施工方案报审、专家评审制。施工方案和施工组织设计必须报总监批准,重大施工方案和施工组织设计必须报指挥部批准。除在每年一度的南京四桥技术专家组会议上,将当年要开展工序的技术方案向专家组做汇报外,每当现场重大工序开始前,均组织知名专家对施工组织设计和技术方案进行评审。如指挥部分别组织了专家会对南锚地连墙施工方案、基坑施工方案、帷幕注浆方案、反演分析方案、监控方案、北锚监控方案、排水下沉方案、不排水下沉方案、降水及大堤防护预案、封底方案等一系列方案进行了专家评审。对工序质量实现真正的预控。

(4)严格工程变更程序管理。工程变更方案必须报经总监办、指挥部批准,工程变更数量由总监办、测量中心、指挥部工程处层层把关;变更工程的单价由总监办初审,指挥部计划处审定,最终变更指令由总监签发,总监办、指挥部各部门共同把关,各负其责,有效解决了工程变更管理这一难题。

(5)严格工程计量支付。计量支付是工程的重要环节,指挥部各部门每月严格审核各标段的计量支付资料,做到公平、公正、快速完成计量支付手续,保证工程资金的正常流动,为工程施工顺利推进提供有力的保证。

(6)严格监理制程序。工程质量工作需要强有力的施工监理工作来保障。指挥部在日常管理中反复要求严格监理、严格程序。指挥部和总监办一道切实加强对工程质量的全过程管理和监理,坚持质量一票否决制,严格把好材料、设备进场、施工工艺、现场管理、试验检测、工程验收等各个重要关口。按要求坚持推行"分层次、按工序、责任到人"的质量保证体系,把工程质量控制的关口前移,重点做好工序控制的事前控制工作,做到"防检结合,以防为主"。

(三)复杂技术工程

北锚碇沉井基础施工

南京长江第四大桥的北锚碇采用大型深沉井基础方案,平面尺寸为69m×58m,下沉深度为52.8m,其平面规模为目前世界桥梁陆地沉井之首。

沉井所处位置濒临长江大堤不足百米,地质条件极为复杂,沉井基础底部支撑在层厚很薄的圆砾石层上,这都给北锚碇沉井的下沉施工带来诸多不确定因素,在沉井下沉施工中存在以下诸多难点:①本沉井基础的平面尺寸庞大,下沉规模居世界前列,现场施工组织难度大;②沉井位置处地质以砂层为主,且粉砂和细砂层较厚,易出现涌砂等不利状况;③在沉井下沉后期,须穿过较厚的密实砂层,地基承载力较大,最终沉井支撑在密实的圆砾石层,仅靠自重下沉困难;④沉井为钢筋混凝土沉井,每次浇筑的混凝土方量较大,对混凝土外观质量、浇筑设备及工艺的要求较高,且浇筑过程中不能产生过大的下沉和偏斜;⑤沉井下沉施工过程不可见,下沉过程中降排水对长江大堤及附近结构物有不同程度影响,必须采用先进的监控措施和施工控制手段。

沉井规模庞大,浅表地基承载能力差,为确保下沉稳定,采用砂桩复合地基加固方法进行处理,主要经历砂桩施工、轻型井点降水、基坑开挖、砂垫层制作及素混凝土垫层施工等5个关键部分。北锚碇沉井为矩形结构,共分20个井孔,总高度为52.8m,共分为11节,其分节高度分别为$6m+9×5m+1.8m=52.8m$,除第一节为钢壳混凝土沉井外,其余10节均为钢筋混凝土沉井。沉井钢壳为矩形布置,长69m,宽58m,高6m。沉井井壁宽2.1m,高6m。沉井隔墙宽1.6m,高5.4m。沉井钢壳经历了施工准备、钢壳节段拼装胎架制作、进场材料检验、钢材预处理、放样号料及下料、水平桁架及小单元件制作、内外壁及底板单元件制作、节段在胎架上拼装成型、钢壳现场安装等诸多施工过程。在加固好的地基上拼装首节沉井钢壳,浇筑首节沉井混凝土并接高第二至四节沉井,确保砂桩复合地基能承受前四节沉井的自重。降排水下沉沉井19m,累计下沉沉井19m。接高第五、六节沉井10m,不排水下沉沉井10m,累计下沉沉井29m。接高第七、八节沉井10m,下沉沉井10m,累计下沉沉井39m。接高第九、十、十一节沉井11.8m,下沉沉井13.8m至设计高程-48.5m,累计下沉沉井52.8m。北锚碇沉井封底厚度10.5m,经计算水下封底C30混凝土总方量约31800m^3,分4个区4次进行对称施工。封底混凝土施工采用刚性导管法浇筑。每根导管均采用集中料斗通过溜槽灌注混凝土。首批混凝土施工完成后,通过溜槽继续进行水下混凝土浇筑的常规施工直至该区封底施工完成。完成Ⅰ区封底施工后,封底混凝土施工的平台、导管及料斗均周转使用,依次逐个进行Ⅱ、Ⅲ、Ⅳ分区封底,Ⅰ、Ⅱ区施工布置基本相似,Ⅲ和Ⅳ区施工的布置基本相似。沉井封底抽水8m深进行试验,24小时内水位无明显变化,封底非常成功。

在沉井基础施工过程中,项目综合运用了多种手段和方法,对工程技术难题进行全面研究,取得了一系列创新研究成果,这些研究成果成功应用于沉井施工工程实践,解决了工程建设中的技术难题,形成了成套关键技术,为工程建设提供了技术支撑和安全保障,同时也为同类工程提供了成套技术参考和借鉴,为进一步提升我国同类型桥梁建设水平奠定了坚实的基础。

(四)科技创新

指挥部按照"科研成果共享,科研资源共享,产、学、研一体化"的总体思路考虑,重点突出关键技术和工程质量通病的研究,结合工程建设需要进行技术创新,确保工程技术方案的可靠性,以有效规避工程建设的风险。指挥部高度重视科研工作,在工程可行性研究阶段,就开始酝酿和组织科研工作计划并逐步开展有关科研工作。通过分析南京四桥工程特点,落实最新科研成果应用于工程实践的办法,找出工程实施的难点和重点,确定南京四桥关键技术项目,重点开展了以下7个课题的研究工作。

1)复杂地质条件下的"∞"字形地下连续墙基础设计施工技术研究

根据南锚碇场区分布状况及基岩埋深浅且起伏大等地质特点,南锚碇在国内首次采用了长82m、宽59m的"∞"字形深基坑地连墙支护结构,基坑开挖深度约50m。通过对结构及受力特性研究,掌握了"∞"字形地连墙深基础的力学性能;首次研发了"Y"形特殊槽段成套施工技术;通过施工过程的数值模拟、荷载识别技术、支护体系受力敏感性分析、合理布设监测点和基坑开挖安全预警预报等技术研究,形成了全过程自适应的施工控制技术;在大型深基坑开挖施工领域,采用了物理反演与正演计算相结合的方法,评价基坑的安全性,确保了深基坑工程的安全、优质和高效施工目标。该技术成果获得了2010年度中国公路学会科学技术特等奖。

2)北锚碇大体积整体沉井基础施工技术研究

北锚碇采用了国内平面尺寸最大的超大规模矩形沉井(69m×58m),沉井竖向共分11节,下沉深度达52.8m。为解决工程建设过程中面临的关键技术难题,首次在超大规模沉井井壁外表面采用凹凸齿坎的新井壁形式,加强导向和助沉作用;首次在陆域超大规模沉井施工中应用了"半排水下沉"施工工艺的创新技术,提高功效;研发了预加沉井自重、预设空气幕和砂套的"组合式助沉"技术,主动控制沉井下沉的效率和精度;对沉井几何姿态、结构应力应变、侧壁土压力及施工下沉的预测等实施全过程的监控,保证了距离大堤仅80m的沉井施工安全和大堤的安全,提高了下沉效率和精度。该技术成果获得了2010年度中国公路学会科学技术一等奖。

3)分布传力式锚固系统设计施工关键技术研究

南北锚碇锚固系统创新采用分布传力式锚固体系,该项技术首次提出并实践了"以钢筋混凝土榫传剪器群作为主要传力元件,将主缆拉力渐次分布到锚碇混凝土"的悬索桥主缆分布传力锚固系统,形成了新型分布传力锚固系统设计施工成套技术;通过足尺模型试验,首次探明了分布传力锚固系统的传力机理,验证了分布传力锚固系统的理念,揭示了深埋钢筋混凝土榫传剪器的承载机理,提出了锚固系统简化有限元分析方法和荷载-滑移变形协调理论计算模型,为分布传力锚固系统的设计和计算提出了新的方法;基于锚固板制造-安装一体化的理念,首次提出了锚固板平面预拼与空间叠层定位技术,解决了锚固板精细化制造和精确定位问题,提出了芯棒钢筋桁架定位、锚固区混凝土的单侧、多层浇筑工艺,解决了密集传剪器群的施工技术难题。该项技术以传剪器作为主要传力元件,将集中传递的主缆拉力分散到锚碇混凝土中,同时通过设置末端承压板,提供结构整体足够的安全储备,从而达到改善锚固区混凝土的应力分布、解决锚下应力集中、提高悬索桥主缆锚固系统的安全性、耐久性和可维护性的目的。

4)复合浇注式钢桥面铺装技术研究

由于国内在大跨度悬索桥钢桥面铺装上尚无成功经验,南京四桥从2006年起就超前开始复合浇注式沥青铺装技术的研究。系统开展了钢桥面铺装的原材料性能研究、混合料生产配合比设计研究、施工机械设备研发、施工工艺研究、施工质量标准和控制参数研究;首次系统地进行了复合浇注式沥青钢桥面铺装施工研究、系统地开展了钢箱梁铺装温度场和应力场的测试分析工作。该技术成果为高质量完成南京四桥钢桥面铺装奠定了基础。

5) 大跨度三跨连续弹性支承悬索桥上部结构关键技术研究

南京四桥跨度为576.2m+1418m+481.8m,为当时国内最大跨径的三跨连续弹性支承体系悬索桥。三跨连续体系比简支体系受力状态复杂,对设计及架设精度的要求更高,对施工监控和线形调整的技术要求更严格,施工难度较大;而且塔处弹性支承比全飘浮结构更加复杂。通过系统开展三跨连续弹性支承悬索桥上部结构的设计、制造、施工及监控关键技术研究,并将该技术成果应用于南京四桥的上部结构设计、制造、施工及监控,确保了大桥顺利、安全、优质、高效的建成,同时也丰富了桥梁结构体系处理上的选择,为今后同类桥梁的规划、设计与施工积累经验,提供参照。

6) 体内—体外混合配束节段预制拼装箱梁桥关键技术研究

南北引桥上部结构采用节段预制拼装混凝土箱梁结构,体内体外预应力索共同受力,通过工厂标准化制造和可更换的预应力体系最大限度解决混凝土质量通病问题。通过理论分析、足尺模型试验、数值仿真和新型设备研发等手段,对节段预制拼装箱梁桥的结构总体性能、局部构造设计和关键施工技术开展了深入系统的研究,解决了多功能架桥机的设计与拼装技术、节段预制拼装桥梁线形控制技术、体外预应力换索工艺、现浇湿接头水化热控制技术,并在南京四桥引桥建设中得到成功应用。

7) 悬臂施工波形钢腹板组合梁桥力学性能与施工关键技术研究

滁河大桥是目前国内最大跨径的预应力波形钢腹板连续箱梁桥之一,采用的节段悬臂施工方法在国内同类桥梁中的工程实例还很少,在设计与施工中缺乏先导经验与研究成果的积累。针对其设计和施工方面的一系列问题,首次提出了悬臂施工变截面波形钢腹板组合箱梁的空间力学性能分析方法,改进了波形钢腹板混凝土组合箱梁的横向分析和设计方法,建立了悬臂施工波形钢腹板混凝土组合梁桥的挠曲线计算方程,明确了剪切刚度对挠度变形的影响规律等一系列相关理论,形成了较为完善的悬臂施工期波形钢腹板组合梁桥理论体系,确保了滁河大桥优质高效建成,为今后该类桥型的设计与施工提供了技术支撑和理论依据。

(五)运营及养护管理

1. 运营管理

南京长江第四大桥有限责任公司是经南京市人民政府批准,由南京市交通集团投资设立的全资子公司,注册资本26.84亿元。负责南京长江第四大桥的融资建设和运营管理。

公司机关设"六部一室",即综合办公室、人力资源部、党群工作部、计划财务部、营运安全部、工程技术部、监察审计部。公司下设总值班室、排障中心、栖霞收费站、主线收费站、龙袍收费站、横梁收费站等基层单位。四桥公司现有在岗员工195人,劳务派遣员工15人。在岗职工中,男职工 103 人,女职工 92 人,中共党员 14 人。

南京长江第四大桥自 2012 年 12 月 24 日建成通车以后,南京长江第四大桥有限责任公司积极贯彻落实科学发展观,努力提升管理水平,全力做好运营管理工作和工程养护工作,在公司全体人员的努力下,较好地完成了"保通保畅保安全"的工作目标,取得了良好的社会经济效益。

2. 养护管理

(1)坚持预防性养护,道路品质不断提升。认真做好道路日常养护工作,强化监管力度,健全养护质量保证体系。梳理完善规章制度,实现规范化管理。加强路桥检测,保障桥梁结构物安全。精心组织,严格管理,按期保质做好养护专项工程。同时,加强预算管理,严控养护经费。

(2)提高收费服务水平,树立良好企业形象。积极开展培训和创建活动,提升优质服务水平。严厉打击偷逃费行为,维持良好运营秩序,并能积极应对《江苏省高速公路条例》实施,保证平稳过渡。

(3)坚持软、硬件两手抓,服务环境明显改善,行业形象显著提升。巩固创建成果,形成长效管理机制;完善经营模式,规范租赁管理;强化制度落实,绩效考核体系初显成效;改善服务设施,完善服务功能。

(4)健全预案体系,突发事件应急处置能力不断提高。为积极应对恶劣天气、自然灾害以及各类突发事件,确保高速公路的畅通,先后制定或梳理了部分规章制度,进一步建立健全应急预案体系。面对突发事件和事故等的发生,预案周密、组织有序、指挥有方、行动迅速、处理得当。做到注重分析总结,积累处置经验,使突发事件应急处置能力不断提高。

(5)加强成本控制,挖掘潜力,企业降本增效效果明显。一方面拓宽经营思路,努力增加非主营收入;另一方面狠抓成本控制,寻求节约空间。

(6)坚持防控结合,努力保障安全生产形势稳定。始终把道路保畅作为重点工作来抓。开通以来,坚持一路三方协调联动,快速清障形成共识,突发事件应变处置能力不断提高,文明平安收费站建设凸显成效。

3. 服务区

南京长江第四大桥设有 1 对服务区,为四桥服务区。四桥服务区用地面积为 91859m^2,总建筑面积为 5670m^2。

七、南京绕越高速公路东南段(建设期:2005—2008 年)

(一)项目概况

沪蓉国道主干线南京绕越高速公路东南段是途经南京市的国道主干线公路、国家重点干线公路和国省干线公路过境交通的共线段,同时也是南京市城市总体规划中确定的"五桥一隧,两环两横十二射"对外交通布局中"二环高速"的重要组成路段,是突出南京市国家级枢纽城市功能,构筑城市发展框架,服务城市现代化进程的重要交通基础设施项目。

路线起点位于南京市西南部西善桥镇刘村,与已建南京长江第三大桥东南岸接线相接,起点桩号 K0+240.000。路线向东南,由岱山公墓和"73686"部队之间穿过,沿古凤专用铁路和东周公路北侧、牛首祖堂风景区南缘布线,至宁丹公路进入江宁经济技术开发区,经东善桥变电站南、南庄、殷巷变电站南至秦淮河,路线跨越秦淮河后,由江宁科学园区民营科技园与大学城之间的预留走廊通过,经上坊镇东侧、十里长山西侧、跨越老宁杭路,到达工程终点南京市东部麒麟镇塘山附近的沪宁高速公路处,与南京长江第四大桥南岸接线相接,终点桩号 K41+344.000,项目全长 41.215km。全线共与 4 条国道、5 条省道、11 条城市道路相交,并四跨铁路,需迁改大量的高低压电力线、通信线路、煤气管道、自来水管道、航油管道等多种杆管线,并途经各个朝代的文物点和墓葬群,建设条件之复杂、建设难度之大,堪称南京高速公路建设史上之最。

南京绕越高速公路东南段建成后,将促进南京市公路交通网络的进一步完善,显著提高南京市公路交通现代化水平,有效缓解南京市过境交通和过江交通压力,通过支撑和引导等功能的发挥,将促进南京市发展空间的拓展、城市功能布局调整,引导工业用地规划和产业集群,推进城市化进程,提升城市总体竞争力。为加快促进"跨江发展",建设"五大中心",实现"全面达小康、建设新南京"目标提供重要保障。

作为国道主干线及省市重点交通基础设施工程,绕越东南段项目具有建设模式新、投资规模大、征迁环境难、外部环境紧、交叉作业多、施工难度高等特点。由于受规划及长江三桥、四桥线位的控制,绕越项目必须从江宁、雨花人口密集经济发达区域穿越,建设过程中征地拆迁矛盾异常尖锐复杂。全线需迁改杆管线 870 余道,升高电杆塔 239 个,涉及铁路、水利、航空、电力、部队、市政、房地产等 50 余家单位,界面之多、矛盾之复杂为南京高速公路建设史上前所未有。同时,由于沿线区域已趋城市化,交通项目主要填筑材料的土源也十分紧张。工程自 2007 年 10 月实质性建设以来,全体建设者克服征迁难度大、原材料价格大幅上涨、灾害和不利天气多、施工环保要求高、交叉施工复杂等诸多不利因素,科学管理,精心施工,抢抓时间,交叉安排,千方百计负重前进,全力以赴推进工程建设,圆满完成了各项任务目标。绕越项目的建设得到了省、市各方面的充分肯定,先后被授予"江苏省五一劳动奖章"和江苏省、南京市"工人先锋号"等称号。

1. 基本情况

1) 建设依据

绕越项目的建设,在省市的大力支持及行业监督下,严格按照国家基本建设程序进行。国家环保总局以环审〔2005〕874 号文《关于沪蓉国道主干线南京绕越公路东南段环境影响报告书的批复》批复项目环评。

国土资源部以国土资预审字〔2005〕408号文《关于沪蓉国道主干线南京绕越公路东南段工程建设用地预审意见的复函》批复土地预审。

国家发改委以发改交运〔2006〕1152号文《国家发展和改革委员会关于沪蓉国道主干线南京绕越公路东南段可行性研究报告的批复》批复项目工程可行性报告,并明确国家安排中央专项基金(车购税)2.68亿元作为项目资本金。

交通部以交公路发〔2006〕556号文《关于沪蓉国道主干线南京绕越公路东南段初步设计的批复》批复项目初步设计,明确了项目线路走向、建设规模、投资概算及收费方式。

南京市政府以宁府办文〔2007〕527号文批准绕越项目提前用地、提前实施补偿安置。

江苏省交通厅以苏交计〔2008〕32号文《关于沪蓉国道主干线南京绕越高速公路东南段主体工程施工图设计的批复》批准施工图设计。

江苏省交通厅以苏交财〔2008〕26号文《关于南京绕越高速公路东南段建设资金落实情况的审计意见》审查了资金来源。

国土资源部办公厅以国土资厅函〔2010〕283号文《关于南京绕越高速公路东南段控制工期单体工程先行用地的复函》批准先行用地。

国土资源部以国土资函〔2011〕624号文《国土资源部关于沪蓉国道主干线南京绕越公路东南段工程建设用地的批复关于南京绕越公路东南段调整概算的批复》批准项目用地。

交通运输部以交公路发〔2012〕213号文《关于南京绕越公路东南段调整概算的批复》批准概算调整。

2)建设规模及主要技术指标

绕越项目全长41.215km,工程全线建设用地5671.893亩,设计为双向六车道高速公路,设计荷载等级为公路—Ⅰ级,路基宽度34.5m,设计行车速度120km/h,全线设有刘村、东善桥、南庄、殷巷、科学园、东山枢纽、宁杭路、麒麟八座互通,桥涵设计车辆荷载为汽车—超20级,设计洪水频率特大桥为1/300,其余为1/100。

3)项目投资及来源

绕越项目按照国家、部省关于工程建设的法律法规的要求,在建设过程中严格执行了项目法人制、招投标制、工程监理制、合同管理制。2006年7月,南京市政府以宁政发〔2006〕175号文《关于明确南京绕越高速公路东南段工程项目法人及资本金来源的批复》授权南京市交通集团出资组建南京绕越高速公路东南段有限责任公司,作为项目业主负责项目的投资、建设和运营管理。

根据发改交运〔2006〕1152号文《国家发展改革委关于沪蓉国道主干线南京绕越公路东南段可行性研究报告的批复》,项目投资估算为38.23亿元(静态投资为35.42亿元)。根据交通部交公路发〔2006〕556号文《关于南京绕越公路东南段初步设计的批复》,概算批复为

39.84亿元(含建设期贷款利息为2.29亿元)。绕越项目资本金比例为35%,其中有2.68亿元为中央专项基金(车购税),其余部分为银行贷款。2012年5月,交通运输部以交公路发〔2012〕213号文《关于南京绕越公路东南段调整概算的批复》批准绕越项目调整后概算为48.27亿元。

4)工程进度

绕越项目于2006年12月举行了开工典礼,2007年10月实质性开工建设。在南京市委、市政府及省交通厅的大力支持和正确领导下,绕越项目公司及项目管理公司组织带领万名参建者,经过三年时间的顽强拼搏,在时间紧、工程量大、要求高的情况下,克服了征地拆迁、工程技术复杂等诸多不利因素和困难,于2010年9月底建成通车。环境保护工程于2012年5月底完成。

5)主要工程数量

绕越项目调整概算投资48.27亿元,土石方1014.84万m^3(其中填方646.15万m^3,挖方368.69万m^3),软弱地基处理178万延米,全线桥梁总长13061.42延米/67座(其中特大桥、大桥11370.92延米/24座,中桥1417延米/25座,小桥273.5延米/18座)。全线共设有互通枢纽8处,服务区1处,通道60处,涵洞139道。

2. 决策过程

2005年10月,江苏省环境保护厅以环审〔2005〕874号文《关于沪蓉国道主干线南京绕越公路东南段环境影响报告书的批复》批复项目环评。

2005年10月,江苏省国土资源厅以国土资预审字〔2005〕408号文《关于沪蓉国道主干线南京绕越公路东南段工程建设用地预审意见的复函》出具了建设用地预审意见。

2006年6月,江苏省发展和改革委员会以发改交运〔2006〕1152号文《国家发展改革委关于沪蓉国道主干线南京绕越公路东南段可行性研究报告的批复》批复项目工可。

2006年10月,江苏省发展和改革委员会以交公路发〔2006〕556号文《关于南京绕越公路东南段初步设计的批复》批复项目初步设计。

2008年2月,江苏省交通厅以苏交计〔2008〕32号文《关于沪蓉国道主干线南京绕越高速公路东南段主体工程施工图设计的批复》批复主体工程施工图设计。

2010年9月6日,交通运输部以交公路施工许可〔2010〕35号文核准项目施工许可。

(二)建设情况

1. 项目准备阶段

1)勘察设计研究单位招标情况

绕越项目主体设计单位的招标由南京市交通局组织实施,分主体工程和交通工程、景观工程等两阶段。房建工程设计单位的招标由绕越公司组织实施。招投标由江苏省交通行业与产业项目招投标管理办公室全程进行了现场监督。派驻纪检组全过程参与,招标信息均在中国招投标网上公开发布,评标专家均从专家库中抽取产生,开标、评标、合同签订等公证处均全程公证,确保招标工作的公开、公正和公平。

(1)主体工程设计招标

委托江苏交通工程投资咨询事务所有限公司于2003年9—10月开展并完成了沪蓉国道主干线南京绕越公路东南段主体工程和交通工程的勘察设计招投标。中交公路规划设计院和中国公路工程咨询监理总公司(现更名为北京中咨正达交通工程科技有限公司)分别中标。

(2)景观工程勘察设计招投标

委托江苏苏咨工程咨询有限责任公司,于2004年2—3月开展并完成了沪蓉国道主干线南京绕越公路东南段景观工程的勘察设计招投标。本次招投标由江苏省交通行业与产业项目招投标管理办公室进行现场监督。江苏纬信工程咨询有限公司中标。

(3)房建工程设计招标

绕越房建工程招标根据省内惯例采用方案征集的方式进行,委托江苏交通工程投资咨询有限公司于2008年2—5月进行了房建工程方案征集工作。本次招投标由江苏省交通行业与产业项目招投标管理办公室进行现场监督。河海大学设计院、江苏省交通规划设计院有限公司、北京中建恒基工程设计有限公司分别中标。

2)施工、监理单位招标情况

南京绕越高速公路东南段招标工作自2006年11月开始,2012年3月结束,累计招标40次,施工单位70家,监理单位12家。除个别项目二次公告后报名单位少于三家未能评标,采取竞争性谈判方式确定中标人,其余所有招标均为国内公开招标,省交通厅招标办全过程行业监督,纪检组全过程参与,招标信息均在中国招投标网上公开发布,评标专家均从专家库中抽取产生,由南京市公证处对开标、评标、合同签订等过程全程公证。

3)参建单位主要情况

绕越项目的投资方为南京绕越高速公路东南段有限责任公司;项目管理方为南京交通建设项目管理有限责任公司;行业监管为江苏省交通运输厅。

4)征地拆迁情况

绕越项目路经南京市江宁区、雨花台,该两区经济发达,城市配套设施齐全,人口密集。沿线企业、村庄密布,道路交织、水系复杂,各种杆管线纵横交错。征迁不仅涉及大量民宅,还涉及部队、文物、铁路、航空、水利、矿山、房地产、化工厂等50多家工企单位。全线共征用土地5671.893亩,取土用地1484.68亩,拆迁房屋138252.9m^2;地下输油管道、天然气管道、热力管道、尾矿管道、雨污水管道、军用民用通信光缆、自来水管道、高低压供电杆管线等迁移870余道。征迁工作量之大、涉及面之广、矛盾协调之复杂为南京市高速公路建设史上所罕见。

根据市服指第一、二次会议的精神,绕越项目征地拆迁采用大包干模式,即由江宁区政府负责辖区内征地拆迁和施工过程中的地方矛盾的协调处理;市国土局负责雨花台区征地的工作,雨花台区政府负责辖区内拆迁工作和施工过程中地方矛盾的协调处理。市国土资源局负责征地工作的领导、业务指导及监督,并负责整个项目的用地手续的办理和报批工作。项目管理公司根据项目公司要求全过程督办征地拆迁单位落实土地征用、房屋拆迁等工作,并负责协调地方矛盾及施工矛盾等具体事宜,负责办理施工许可等各项审批手续,牵头组织杆管线的迁移工作。

为了确保拆迁调查结果的科学、公正、公平、公开,绕越项目首创了八方联合调查的新模式,即区服指(国土分局)、纪检组、项目公司、项目管理公司、设计单位、街道、社区及农户个人等共同参加调查,通过"八方联合调查制",既控制了拆迁费用又保证了被拆迁户利益不受损害。全线征地拆迁调查从2007年3月开始,于6月在东山街道开始了民房拆迁工作,2007年底,完成了约95%的民房拆迁工作。

由于受到规划控制,绕越项目必须穿越江宁、雨花的人口密集区和开发区,使杆管线迁改极为困难。其一是地下管线迁移难度大,如梅山矿业高压尾砂管、禄口机场航空煤油管、协鑫热电蒸汽管等特种管道的迁改,无论是技术上还是协调工作难度都很大;其二是高压电力线路的迁改,涉及500kV超高压输电线路4条及大量的220kV、110kV、35kV线路,保供与停电的矛盾突出;其三是军用光电缆的迁改,也困难重重。

项目公司依托沿线两区政府和相关街道,会同项目管理公司、设计单位、纪检人员和区服务指挥部,以"钉子"精神和超常规的勇气魄力,成功解决了以房地产用地、西村部队用地、梅山尾砂管、板桥砖瓦厂为代表的一系列征迁难题,2009年底,土地征用及拆迁工作基本完成。征地拆迁工作的强力推进为工程大规模建设奠定了坚实基础。

2. 项目实施阶段

1)项目管理情况

本着"政府导向,市场化运作"的指导思想,在国家发改委工可批复后,按照国家投融资体制改革的要求和南京市政府的授权,2006年9月20日,南京市交通集团出资组建了南京绕越高速公路东南段有限责任公司,作为项目业主,负责项目的投资、建设和运营管理。工程建设按照"项目法人投资、专业机构代建、政府行业监管"的新模式组织实施。

2)质量控制措施

工程质量是整个工程建设的灵魂和基础,是工程价值的最终体现。绕越项目始终将质量作为主要考核指标之一,实行一票否决制。在具体的质量管理中全面结合省交通厅"十一五"建设期间倡导的"两创三比"有关精神,深入开展质量创优创新活动,比节约、比环保、比精细化施工贯穿整个建设过程,绕越工程质量因此始终处于良好的受控状态。通过完善传统的质量控制流程,切实开展两级监理、五级检测的新型检测控制体系。此外,项目公司还选择了省内经验丰富的专家学者组成智囊团,在方案论证阶段就全方位、全过程介入,确保质量切实控制到位；按照市场化运作的原则，通过公开招标在全国范围甄选工程质量检测能力水平高、信誉业绩优秀的有资质的外部质量检测单位，为项目的工程质量进行全过程的适时"飞检"。这一系列措施为本工程营造出一个更加浓厚的"人人讲质量、事事讲质量、时时讲质量"的良好氛围。

3) 安全生产工作

强化安全管理，搞好安全生产，不仅关系到公路建设工程的进度，更关系到每一个参建者的生命安全。绕越项目业主与管理单位十分重视建设期安全管理工作，在开工之初双方签订了安全责任书，明确安全管理责任。此外管理单位在与监理、施工单位签订工程合同的同时，也同步签订安全责任书，将建设工程中的安全责任逐级分解，确保整体安全。工程建设过程中，绕越项目始终把安全管理作为一项事关全局的大事，抓紧抓好。由于各级领导重视，制度健全，责任明确，措施有力，广大参建者人人讲安全，个个重视安全，整个工程建设过程中没有发生一起人员伤亡和安全责任事故，实现了安全生产零事故。

4) 进度管理

开工伊始，绕越项目根据总体工期科学制订了总体计划及年度计划，并根据计划进行管理，重点抓好以下四方面工作：

(1) 计划到月，责任到人。根据总体计划合理地确定进度控制目标，包括总体建设目标、年度、季度和月度分目标。对总体进度目标进行层层分解，逐级落实。要求施工、监理单位建立完善的工程进度管理体系，明确相关责任人，同时建立相应的奖惩制度。制定进度协调工作制度，健全进度记录和报告制度。

(2) 加强沟通，动态监控。加强信息沟通管理，及时收集实际施工进度数据，与计划进度进行比较，定期更新进度计划，及时调整偏差。通过进度计划滚动（分标段工程年度、季度、月度及周的进度计划编制）编制过程的远粗、近细，实现对工程进度计划动态控制。加强对工程监理月报、旬报、周报的管理。充分掌握工程进展情况，了解影响工程进度的问题并及时采取相应措施。采取有效措施加强对施工单位生产能力的监督考核，确保其能够满足相应进度计划的要求。

(3) 保障重点与节点，奖罚分明。对工程总进度计划中的关键项目进行重点跟踪控制，达到确保工程建设工期的目的。绕越项目开展了一系列的"绕越杯"劳动竞赛活动，总计投入竞赛奖励资金1500万元，有效地促进了施工单位掀起"大干快上"的建设氛围。施工单位攻坚克难，迎难而上，切实完成了预定的各项进度目标。

(4) 技术把关，方法出新。加强与设计部门的沟通，对设计图纸中的疑点和问题及时以书面形式向设计代表反映。采取先进、可靠、成熟的施工方法、技术；积极推进新技术、新材料、新工艺的应用，加快工程建设进度。

5) 工程变更

设计变更是合同管理的重点，绕越项目为了更好地做好设计变更工作，主要从以下几方面着手：一是认真阅读招投标文件、设计图纸，招投标文件、设计图纸是变更工作的基础，只有在充分理解招投标文件、设计图纸的基础上，才有可能做好变更审核工作，对设计图纸进行审查，发现问题及时提出，避免因图纸错误引起变更。二是事前控制，只有做到事前控制才有可能把好设计变更关，特别是对隐蔽工程预控工作则显得更为重要。在工程开工前组织施工、监理单位对全线原地面进行了全面复测，要求施工、监理单位运用CAD软件对土石方数量进行了严格的核算，对所有段落的填挖方总量做到预先控制。河塘清淤一直是设计变更控制的一大难点，项目管理公司根据以往的经验，在施工、监理单位进场后就立即下发了《南京绕越高速公路东南段路基河塘清淤控制办法》，管理办法中对清淤数量与确认程序、权限进行了明确规定，有效地指导了河塘清淤变更工作。三是科学地使用计量单位和计算方法，有效地提高了计量水平；四是加强新增单价的审核，在认真做好现场调查的基础上，本着实事求是的态度，严格按照招标文件作价原则进行审核。

项目通车后，各施工、监理单位均已撤场，办理项目建安费方面的变更工作难度加大。为了加快剩余变更的审批，会同管理公司组织了多次剩余变更专项审核会议。会议请施工、监理、管理公司相关人员全部到场，逐个标段逐个变更会审，现场完成审核。对于会审中发现的疑难问题，邀请纪检、跟踪审计、项目公司、管理公司相关领导召开变更决策会，共同研究确定处理意见。这一措施极大地推进了变更与决算工作。本项目在通车后一年就完成了所有变更的审批，完成了决算与审计。

6）工程造价控制

绕越项目建设的全过程始终坚持以创新方式实现有效的投资控制的理念。在工程建设前期，本着"满足功能、兼顾美观、经济适用"的原则，通过"双院制"深度优化设计，从源头控制建设规模；在招投标阶段，通过采用"双系数、双清单"的方式，一方面控制总体投资规模，另一方面大大减少了工程实施过程中变更量；在工程实施阶段，通过严格把握征地拆迁政策标准降低征地拆迁成本，不断开展设计工作回头看，从深挖设计潜力、严格控制设计变更、加大资金调度安排、减少资金沉淀、降低财务成本等多方面措施降低建设成本。虽然面对着原材料的大幅涨价，由于征迁、规划等因素而形成的大量重大变更的压力，绕越东南段项目的建安费投资规模仍严格控制在概算批复标准内。

7）环境保护

环境保护是我国的一项基本国策，而公路建设是在自然地表上构筑的一条线状人工建筑物，它不可避免地对自然环境如空气环境、水环境、植被环境、地貌地形、生态环境以及声环境等产生暂时的和永久性的破坏，为保证环境保护工作落到实处，加强施工中的环境监管必不可少。在项目开工建设初期，根据项目建设情况要求，由业主委托具有环境保护专业资质的单位成立环境监理小组，进驻现场参与项目实施阶段环境监督管理，并采用相对独立的专职式的环境监理模式。南京绕越项目环境监理小组由5名专职人员组成，并另有专门环境监测部门做监测支撑。绕越项目加强环境保护主要采取了以下措施：

(1)结合当地政府土地规划,整治取、弃土场

充分与地方政府及国土管理相关部门沟通,使取土场布局与当地农田水利建设相衔接配套,以挖平山地土坡、开挖鱼塘沟渠来取土,并在取土完成后与当地相关部门共同验收、移交地方农业生产或恢复生态绿化。弃土场则杜绝乱挖乱弃行为,充分利用沿线废弃砖厂及原开挖取土坑塘来弃土回填和恢复地貌,使土地再次得以利用,环境得到美化。

(2)充分利用路基红线内城市杂填土

全线路基施工时在原地面以下,发现总量为几十万立方米的杂填土,主要成分是建筑垃圾、石块、混凝土块、砖块及黏土等,如全部挖出再回填土方,不利于资源节约和环境保护。设计院根据多次现场勘测结果,进行了优化设计。采取分区域分别设计,一些地段反开挖掺石灰拌和后再分层回填,而有些地段则采用强夯、浆喷桩处理的方法。经检验验证,完成后路基填筑的质量良好,做到了环保与工程投资、质量、进度控制的统一。

(3)软基处理方案与环保结合

原常规河塘路基处理的方法是废弃开挖淤泥,回填优质土。本项目中,设计院依据工程地质情况及有利于资源节约的环保要求,优化设计方案,改为河塘排水固结淤质土,上层回填部分黏土,再直接用水泥浆喷桩处理软土地基及上层河塘淤泥方法,减少了清淤弃方对环境的污染,也加快了工程进度,做到了环境保护与工程技术的有机结合。

(4)景观绿化工程与环境保护相结合

路基主体设计单位与绿化景观设计单位相衔接沟通,路基借方填筑充分利用互通区人造水景土方,减少借土场征用数量,既利于绿化养护用水,又美化环境,并改善了周边排水系统,保护水土流失,真正把高速公路建成为风景带、景观带,做到环保绿化与工程建设的结合统一。

(5)建设施工现场环境监测

根据国家相关标准规定,由环境监测专业检测人员利用专用设备到施工现场重点区域路段,对"声、光、水、大气"进行监测,使建设单位对噪声、大气、水污染有量化概念,对超标准事项及时告知相关责任单位整改,以便优化施工方案,选用良好设备机械,采用好的工艺。重视夜间施工时的噪声环保,重视施工环境扬尘洒水处治。拌和站设排水沉淀池,杜绝污水随意排放。因此,南京绕越公路全线41km,虽紧靠城市却未出现环保投诉事件,变被动接受处罚为主动预防,提升了建设项目环境保护、文明施工的形象。

8)廉政建设

为实现绕越项目建设"工程优质,干部优秀"目标,绕越项目开工建设以来,深入开展以教育晓"廉"理、以制度立"廉"威、以监督践"廉"行、以活动兴"廉"风活动。一是以廉政教育大会、廉政讲座、观看警示教育录像片、廉政建设宣传教育月系列活动等形式,开展了一系列的廉政建设活动,进一步增强了广大干部职工的廉洁自律意识;二是结合绕越工程建设实际,编印了《廉政手册》,与各施工监理单位签订了《廉政责任状》,与建设人员签订了《廉政承诺

书》,建立了较完善的廉政制度体系;三是强化廉政监督,会同市派驻纪监组一起参与工程招投标、大宗物资采购、征地拆迁、工程资金使用、设计变更以及农民工工资支付等重大和关键环节的监督,并在绕越全线的醒目位置设立了廉政公示牌,有效地防患了腐败现象的发生;四是组织开展了廉政知识测试、廉政征文、廉政公益广告设计以及节日"廉政提醒"等活动,广泛开展廉政建设宣传教育活动,营造了浓厚的廉政建设氛围;五是制定了一系列防范措施,与参建的各个施工、监理单位分别签订了《廉政合同》,制定下发了施工、监理单位管理人员廉洁自律"十不准"规定以及工程招投标、征地拆迁、工程分包、物资管理和财务管理等规定,从制度上约法三章,规范了干部的廉洁行为,对违背《廉政合同》和有关规定,有吃、请、送行为的,一经查实,按管理权限,给予党纪、政纪或组织处理;六是为把干部廉洁自律的一系列规定落到实处,工程建设期间,纪检监察组进驻现场,对干部的廉洁自律情况经常进行监督检查,同时设立了举报箱和举报电话。

通过这些有效措施,增强了干部的廉洁自律意识,筑牢了思想道德防线。广大干部廉洁自律,勤勤恳恳地战斗在各个岗位上,组织带领施工人员顽强拼搏,克服了一个个困难,加快了工程进度,确保了工程质量,实现了"工程优质、干部优秀"的双优目标。绕越项目公司获得了省级廉政文化示范点称号。整个项目没有发生一次廉洁问题。

9) 工程档案管理

工程档案资料的质量是工程整体质量的重要组成部分。开工之初,项目公司就高度重视工程档案的编制工作,紧紧围绕"建一流交通工程,创一流工程档案"的目标,认真做好各项档案资料的收集整理工作,确保了档案编制工作与工程建设齐头并进。开工之初,各施工监理单位均成立了以主要负责人为组长的档案管理工作领导小组,形成了纵向到底、横向到边的管理网络,确保了工程档案的规范性、真实性和准确性。各单位配备一套软、硬件设施,并制定下发了档案管理规定和办法,组织档案管理人员培训学习、邀请专家讲座、召开现场会及相互参观学习等形式,提高档案管理人员的业务水平。同时绕越项目将档案管理工作作为一项重要内容纳入劳动竞赛活动中,与竞赛其他内容同时检查、考核、评比、表彰,确保绕越工程档案管理工作真正落实。同时统一使用了"工程档案竣工资料管理系统"软件,工程档案数字化使档案检索更加便利,更有利于档案的长效管理。本项目形成的交工档案质量好,签署完备,工程设计、施工、监理各类文件齐全、完整及真实,全面反映了项目设计、施工、监理及管理的全过程。

10) 其他情况

面对征地拆迁矛盾大、原材料涨价等错综复杂的建设困难局面,为充分调动建设者的积极性,和省市劳动竞赛活动相接轨,绕越项目深入开展了劳动竞赛活动,加快推进工程建设。自本工程具备大规模施工条件开始,建设过程中分六段持续开展了以"八比八赛"为主题的"绕越杯"劳动竞赛——即比领导重视,赛组织管理;比质量创优,赛工程优良率;比完成任务,赛工程进度;比技术攻关,赛科技创新;比信息化管理,赛实际运用;比团结友谊,赛协作精神;

比现场管理、赛安全生产、文明施工;比勤政廉洁、赛精神文明建设。通过劳动竞赛,调动和激发了全体参战者的劳动积极性和创造性,"公路人"敢打硬仗、顽强拼搏、不怕疲劳、连续作战、无私奉献的优良传统和优良作风进一步发扬,涌现了一大批的劳模和立功单位。通过劳动竞赛,绕越项目工程建设的管理水平得到了明显提升,推进了工程建设。工程建设的质量创优得到了有力保障。绕越项目先后荣获了江苏省和南京市廉政文化示范点称号,并被授予"江苏省五一劳动奖章"、省市"工人先锋号"和省"青年文明号"的荣誉。

(三)复杂技术工程

(1)沿线近16km涉及厚度2~5m不等的红粉砂岩,逾22km、深度4~6m不等的建筑、生活垃圾,均非路基适宜填料,如全部换填严重影响建设成本和工程进度,经专家、设计多次现场踏勘、反复论证,最后采用了管桩、湿喷桩、强夯等地基加固相结合的处理方案;对红粉砂岩采用了适度换填、添加水泥、石灰改良土壤相结合的处理方案。

(2)宁杭路互通既与老宁杭路、京沪高速铁路相交,又与东麒路相接,还要充分考虑地方规划道路芝嘉东路位置预留,故互通形式及指标的稳定,对于工程进度至关重要。实施期间,设计院与京沪高速铁路的设计单位铁四院积极互动,多次现场踏勘论证,文来函往,最终以书面形式稳定了互通区京沪高速铁路的平纵线形,为该互通方案的稳定提供了有利的条件。

(3)刘村枢纽下穿绕城、宁马高速公路,并连接长江三桥;南庄枢纽下穿机场高速公路;殷巷互通下穿宁栗高速公路;麒麟枢纽下穿京沪高速公路,并与下穿的京沪高速公路同步建设推进。上述枢纽互通的形式设置、指标设定,对于工程进度至关重要,对宁马高速公路、绕城高速公路、三桥高速公路、机场高速公路、宁栗高速公路、沪宁高速公路的正常运营影响较大。在初步设计阶段,多次组织设计单位、影响道路产权管理单位、道路相关专家,进行协调沟通,提出多种方案比选论证,最终以书面形式稳定了枢纽互通的位置、方案和平纵线形,为上述枢纽互通的稳步推进夯实了基础。

(四)科技与管理创新

1. 科技攻关

为全面提升绕越高速公路工程质量管理水平,绕越项目在建设过程中十分重视科研对高速公路建设的指导作用,先后开展了高速公路建设代建制模式、公路工程施工环境保护监理规范、耐久性水泥稳定碎石基层沥青路面、代建制下交通工程的安全监管模式及运行等课题的研究工作。

(1)高速公路建设代建制模式研究,由江苏省交通运输厅立项,通过结合目前我国投资管理体制的改革方向,依托南京绕越高速公路东南段项目,从微观的层面探索适合高速公路项目的代建制的具体实施方法,研究代建制模式下的风险分析、评价、降低风险的对策以及代建费用、绩效考核等问题,为后续的高速公路项目实行代建制模式提供参考,促进高速公路项目投资管理体制的改革。2011年8月29日,江苏省交通运输厅组织有关专家对该课题进行了研究成果鉴定,认为研究成果对促进代建制模式推广,提高高速公路建设管理水平,具有较高的理论和实际应用价值。研究成果达到了国内领先水平。

(2)公路工程施工环境保护监理规范,由省交通运输厅立项,以南京绕越高速公路东南段项目为依托工程,立足于省内交通特点和环境监理发展现状,对公路工程施工环境监理规范进行研究和探讨,以期为建设项目开展工程环境监理工作提供有力依据,使环境监理工作标准化、规范化,更好地把建设项目环保审批和竣工验收结合起来,有效控制建设项目施工期的生态破坏和环境影响,促进交通建设与环境保护协调发展。2011年8月29日,江苏省交通运输厅组织有关专家对该课题进行了研究成果鉴定,认为该研究成果丰富,具有较强的实用价值,社会与环境效益显著,应用前景广阔。研究成果达到了国内领先水平。

(3)耐久性水泥稳定碎石基层沥青路面,由南京市科技局与交通运输厅立项,耐久性路面是在国外总结具有长期使用寿命(40年以上)的实体工程基础上提出的一种沥青路面设计新理念,其理念在于将路面病害限制在路面上层,避免"由下至上"的结构性维修,实现路面的长期、循环使用。通过优化路面结构设计、采用新型水泥稳定碎石混合料设计方法、采用高效的抗裂措施、结合层位功能优化沥青混合料设计等手段,研究耐久性半刚性基层沥青路面的修筑技术。2011年12月15日,南京市科委组织有关专家对该课题进行了研究成果鉴定,认为该研究成果内容完整、技术先进、实用性强,具有推广价值和应用前景。研究成果达到国际先进水平。

(4)代建制下交通工程的安全监管模式及运行,由江苏省安全生产监督管理局立项,通过分析影响安全的各种因素,研究代建制下的安全控制理念和安全控制体系,安全生产经费的投入比重及研究安全经费的使用范围和监管,探索建立健全"预案、预控、预报、预警"的安全监管,实现代建制模式下交通工程安全运作方面的有效监管。该研究成果获得了省安监局颁发的2010年度江苏安全生产科技项目成果奖三等奖。

2. 管理创新

绕越项目是江苏省首条按代建制模式实施的高速公路建设项目。按照国家投融资体制改革的要求,结合国家关于政府投资项目推广代建制的相关要求,在项目筹建阶段,项目公司即开始组织了对项目建设管理组织模式和构架的思索,在对上海、成都、深圳等地的代建制实施情况进行充分调研的基础上,提出了"项目法人投资,专业机构代建,政府行业监管"这种新的结合南京特点的委托代建管理模式,即通过委托专业化的机构作为项目管理单位,实施工程项目具体建设管理工作。这种建设模式是广义代建制的一种延伸,确保了"投资、建设、运营、监管"四分开,一举改变了传统的"透建合一""既当运动员又当裁判员"的模式,筑起了一道"防火墙",从而把交通建设这一极易产生腐败的高危领域变成廉政建设的示范行业。这是江苏重大交通基础设施建设中首次采用代建方式的建设管理模式,在投资主体日益多元化、社会分工专业化的背景下,这种建设模式的探索将对今后的江苏高速公路建设具有重要的积极意义。在整个工程建设与管理中,根据实际情况,绕城项目采取了一系列的创新。

(五)运营及养护管理

1. 运营管理

2006年,公路集团受市交通集团委托,负责绕越高速公路东南段项目筹备和建设工作。南京绕越高速公路东南段有限公司于2006年9月由市交通集团全额投资成立,主要负责绕越高速公路东南段的融资、投资、建设、运营和管理,在当时到位资本金13.93亿元。该项目于2010年9月30日建成通车,全长41.215km,交通部批复原初步设计概算39.84亿元,调整后批复概算为48.27亿元,决算总投资45.72亿元。它是迄今为止南京自主投资规模最大、里程最长,第一条以代建制模式组织建设并纳入省高速公路南网联网运营的高速公路,也是市交通集团第一条自主投资建设、运营管理的高速公路。公司机关设"六部一室",即:综合办公室、人力资源部、党群工作部、计划财务部、营运安全部、工程技术部、监察审计部。公司下设总值班室、排障中心以及开城路、科学园、殷巷、南庄、东善桥、西善桥、刘村、天后村共8个收费站和10个收费站点等基层单位。东南段公司现有在岗员工260人,劳务派遣员工13人,在岗职工中,男职工115人,女职工145人,中共党员24人。绕越东南段管理中心共有车辆18辆,其中公务车8辆,各类救援设备、除雪设备共10台,包括60T沃尔沃重型清障车1台、8T豪沃中型清障车1台、3T五十铃平板背拖式小型清障车2台、14M高空作业车1台、多功能照明车1台、洒水车1台、尼桑皮卡1辆和多功能铲雪车2台。

南京绕越高速公路东南段自2010年9月30日建成通车以后,南京绕越高速公路东南段有限责任公司积极贯彻落实科学发展观,努力提升管理水平,全力做好运营管理工作和工程养护工作,在公司全体人员的努力下,较好地完成了"保通保畅保安全"的工作目标,取得了良好的社会经济效益。

2. 养护管理

(1)坚持预防性养护,道路品质不断提升。认真做好道路日常养护工作,强化监管力度,健全养护质量保证体系。梳理完善规章制度,实现规范化管理。加强路桥检测,保障桥梁结构物安全。精心组织,严格管理,按期保质做好养护专项工程。同时,加强预算管理,严控养护经费。

(2)提高收费服务水平,树立良好企业形象。积极开展培训和创建活动,提升优质服务水平。严厉打击偷逃费行为,维持良好运营秩序,并能积极应对《江苏省高速公路条例》实施,保证平稳过渡。

(3)坚持软、硬件两手抓,服务环境明显改善,行业形象显著提升。巩固创建成果,形成长效管理机制;完善经营模式,规范租赁管理;强化制度落实,绩效考核体系初显成效;改善服务设施,完善服务功能。

(4)健全预案体系,突发事件应急处置能力不断提高。为积极应对恶劣天气、自然灾害以及各类突发事件,确保高速公路的畅通,先后制定或梳理了部分规章制度,进一步建立健全应急预案体系。面对突发事件和事故等的发生,预案周密、组织有序、指挥有方、行动迅速、处理得当。做到注重分析总结,积累处置经验,使突发事件应急处置能力不断提高。

(5)加强成本控制,挖掘潜力,企业降本增效效果明显。一方面拓宽经营思路,努力增加非主营收入;另一方面狠抓成本控制,寻求节约空间。

(6)坚持防控结合,努力保障安全生产形势稳定。始终把道路保畅作为重点工作来抓。开通以来,坚持一路三方协调联动,快速清障,形成共识,突发事件应变处置能力不断提高,文明平安收费站建设凸显成效。

3. 服务区

南京绕越高速公路东南段设有 1 对服务区,为方山服务区。方山服务区用地面积为 80000m^2,总建筑面积为 6800m^2。

八、沪瑞国道主干线溧水至南京高速公路(建设期:2006—2008 年)

(一)项目概况

1. 基本情况

1)建设依据

沪瑞国道主干线溧水至南京高速公路是国家高速公路网"五纵七横"主干线中上海至云南瑞丽国道主干线宁波—杭州—南京支线的重要组成部分,也是江苏省高速公路网规划"五纵九横五联"中"纵四"的组成部分。

该项目与南京绕城公路、南京绕越高速公路、宁杭高速公路一期工程、宁常高速公路相连,与南京城区及周边公路网衔接,并可通过南京长江三桥与苏北高速公路网衔接,是省会南京通往苏南苏北的一条快速通道,也是苏浙省会之间的联系通道。

2)建设规模及主要技术指标

本项目工程全线采用平原微丘区全封闭、全立交高速公路标准,其中起点高桥门枢纽至东山枢纽 6.627km 路段由于兼有城市出入口道路功能,采用双向八车道高速公路标准建设,路基宽度42m;东山枢纽至桂庄枢纽段,采用双向六车道高速公路标准建设,路基宽度34.5m。设计行车速度120km/h,桥涵设计车辆荷载为汽车—超 20 级、挂车—120。设计洪水频率:特大桥 1/300,其余 1/100。

3)项目投资及来源

根据交通部交公路发〔2005〕245 号文《关于沪瑞国道主干线支线溧水至南京公路初步设

计的批复》,该项目概算总投资为 31.32 亿元,本项目竣工决算核定总投资为 26.5 亿元,节约概算投资 4.8 亿元,节约概率为 15%。该项目资本金占项目总投资的 35%,由江苏宁杭高速公路有限公司出资,其余投资为国内银行贷款。

4) 工程建设条件

路线所经区域处于长江下游的热带季风气候区,四季分明,温暖湿润,年平均气温 15.4℃。全年无霜期达 220~230 天之多,雨量充沛。

线路自北向南经过 4 个地质构造单元,即南京凹陷、上坊—刘家边凸起、句容凹陷及溧水北部隆起。根据各单元中地形地貌类型及工程地质特征划分为以下工程地质区:长江漫滩区、倪塘村—刘家边高亢平原夹垄岗区、刘家边—姚家村高亢平原区、姚家边—馒头山冲积平原区、馒头山—朱家岗高亢平原夹残丘区、朱家岗—桂庄垄岗、残丘。

沿线水系较发育,地表水丰富,河网纵横,鱼塘、水库较多,主要河流有秦淮河、前进河、梁台河、二干河,均属秦淮河水系,秦淮河由南向北穿过南京市流入长江。

5) 工程进度

本工程于 2005 年 11 月完成全线路基桥梁施工招标,2006 年 3 月底进场,做施工前各项准备工作。2006 年 9 月 8 日工程正式开工,2008 年 8 月建成通车。

6) 主要工程数量

本项目路基土石方 1091 万 m^3 (其中填方 748 万 m^3 ,挖方 343 万 m^3);桥梁 64 座共 12392 延米;全线共设有互通枢纽 7 处(高桥门枢纽、上坊枢纽、东山互通、湖熟互通、郭庄互通、溧水北互通、桂庄枢纽);服务区 1 处,为江宁服务区;通道 38 处,涵洞 143 道。同时同步完成道路收费、监控、通信、照明、安全、绿化、服务等设施。

2. 决策过程

1998 年 4 月,交通部以交计发〔1998〕256 号文《关于宜兴(苏浙界)至溧水公路项目建议书的批复》批准同意立项建设。

2004 年 11 月,交通部以交规划发〔2004〕673 号文《关于沪瑞国道主干线支线溧水至南京公路可行性研究报告的批复》批复工程可行性研究报告。

2005 年 6 月,交通部以交公路发〔2005〕245 号文《关于沪瑞国道主干线支线溧水至南京公路初步设计的批复》批准初步设计。

2005 年 8 月,国土资源部以《关于沪瑞国道主干线支线溧水至南京公路项目建设用地预审意见的复函》同意通过用地预审。

2005 年 9 月,国家环保总局以环审〔2005〕759 号文《关于沪瑞国道主干线支线溧水至南京公路环境影响报告书的批复》批准环境影响报告书。

2006 年 8 月,国家发改委印发发改交运〔2006〕1760 号文《国家发展改革委关于江苏省溧水至南京公路项目核准的批复》。

2009年3月,国土资源部以国土资函〔2009〕351号文《国土资源部关于沪瑞国道主干线溧水至南京高速公路工程建设用地的批复》批准了溧水至南京公路项目用地。

(二)建设情况

1.项目准备阶段

各项工作均按国家基本建设程序进行。在项目建设过程中,省、市高指严格遵守基本建设程序,依据国家规范,参照国际通用的"菲迪克"条款和交通部通用招标文件范本制定了江苏省高速公路各项目施工、监理招标文件,通过国内公开招标选择承包商和驻地监理组。所有招投标工作均由专家独立评标,合法确定中标单位,依法签订合同,纪检部门全过程监督,公证部门对招投标过程和结果进行了严格的监督和公证,确保招标工作"公开、公平、公正、择优"。

1)勘察设计研究单位招标情况

本项目公路工程、交通工程(含三大系统工程)及沿线设施(含安全、养护、服务、房屋建筑等)勘察设计采用公开招标,于2003年12月完成招标签约工作。

2)施工、监理单位招标情况

本项目路基桥梁标于2005年底前完成招标签约工作;路面工程标于2007年4月底前完成招标签约工作;三大系统标于2008年2月底前完成招标签约工作;绿化、房建均于2007年底前完成招标签约工作;安全设施、照明、装修等于2008年上半年底前完成招标签约工作。

本项目路基路面监理标于2005年底前完成招标签约工作;三大系统监理标于2008年2月底前完成招标签约工作;安全设施、房建、绿化等监理标均于2007年底前完成招标签约工作。

3)参建单位主要情况

设计单位:江苏省交通规划设计院、江苏东方建筑设计有限公司、河海大学设计院。

施工单位:江苏捷达交通工程集团有限公司、江苏恒基路桥公司、路桥二公局第三工程有限公司、中港第三航务工程局、大庆油田路桥工程有限公司、苏州交通工程有限公司、南京交通工程有限公司、中铁一局集团有限公司、江苏捷达交通工程集团有限公司、无锡路桥集团有限公司、溧阳市路桥工程有限责任公司、单位。

监理单位:江苏交通工程咨询监理有限公司、镇江市润通交通工程监理咨询有限公司、理工大学工程兵工程学院南京工程建设监理部、江苏润通交通工程监理咨询有限公司、江苏纬信工程咨询有限公司、江苏振星工程监理有限公司、北京中交路通交通工程咨询有限公司、江苏宁达工程建设监理有限公司。

检测单位:江苏信达工程咨询有限公司、江苏省南京交通职业技术学院勘测设计所、江苏省交通科学研究院有限公司、江苏省高级技工学校、江苏省通科交通安全技术服务中心。

监督管理单位:江苏省交通厅工程质量监督局。

4)征地拆迁情况

本项目征地拆迁按江苏省人民政府苏政办发〔2005〕125号文《省政府办公厅转发省国土资源厅、省交通运输厅(关于省交通重点工程项目征地拆迁补偿安置实施意见)的通知》,其中耕地开垦费执行苏政办发〔2006〕32号文《省政府办公厅转发省国土资源厅等部门关于调整耕地开垦费征收标准请示的通知》。省高指(省交建局)根据征地拆迁进度分阶段支付资金,实行拆迁资金专款专用。

2. 项目实施阶段

本项目建设过程中,经建设主管部门批准,主要的变更设计有:

(1)施工图设计结束后,由于地方调整了沿线的农田水利和路网规划,为使高速公路南京至溧水段构造设置及线外工程与沿线农田水利和路网规划进一步协调配套,对部分小型构造物和线外工程进行了必要的调整(移位、取消、增加等)。

(2)针对本项目工程要建设成为新的省门第一路要求,对沿线排水和防护进行了优化设计。

(3)为避让精益铸造厂并与南京城市快速干道纬七路方案对接,对高桥门枢纽进行变更。

(4)为避让东武高压线,对南京五标 K31+745~K33+745 主线纵断面进行变更设计。

(5)根据南京市年票制实施计划调整,南京主线收费站由4进9出改为6进12出。

(6)根据地方路网规划实施进度情况,增加校前路分离式立交、学淳路分离式立交和解溪路支线上跨,调整了东头村机耕天桥和经家边机耕天桥的位置。

(7)为进一步提升路面使用品质,对路面结构进行了优化设计。

(8)溧水北互通被交路(规划乌东公路)实施计划未定,为实现溧水北互通功能,增加溧水北互通被交路完善段的变更设计。

(9)针对房建施工中需要处理的问题,及时去现场了解情况并给予修改。

(10)为进一步优化监控外场设备布设,对通信监控供电管道施工图设计进行了相应的变更。

(三)科技创新成果与应用

1)开展高速公路软土地基过渡段处理技术课题研究

当路线受到大型结构物控制时,则存在桥头与一般路基的过渡问题;当工程造价限制和软土土性差异时,工程中会采用不同地基处理方法进行处理,进而形成不同地基处理的过渡;在新老路基拼接段,存在新老地基处理的过渡。本课题以本项目工程等为依托,通过现场试验、室内模拟、数值模拟和理论分析等方法,分析软基过渡段的沉降变形特性,深入研究过渡段地基处理合理过渡方式和路基加强形式,进而提出过渡段设计方法,提出过渡段差异沉降控制标准,为江苏省高速公路软基过渡段的修筑提供可靠有效的科学依据和工程实践指导。

2) 铺筑橡胶沥青面层

橡胶沥青是用橡胶粉改性的沥青结合料，主要是通过一定的生产加工工艺，将橡胶粉加入至沥青当中，其改性结果在某些方面还优于 SBS 等改性沥青。用橡胶沥青混合料铺筑的高速公路有平稳、舒适、噪声低等优点，能明显改善路面的质量并延长其使用寿命。本项目开展橡胶沥青的应用研究，并运用这项技术铺筑橡胶沥青路面 10.62km。

3) 开展降噪环保沥青路面应用技术课题研究

以本项目近城段为依托，深入剖析沥青路面交通噪声产生机理和降噪环保路面降噪机理；研究降噪环保路面造价的新型胶结料类型，如橡胶沥青、复合改性橡胶沥青等，立足于降噪、排水功能，提出降噪环保路面合适的设计空隙率、击实标准等；并铺筑降噪路面，开展降噪环保路面的施工工艺和质量控制的研究，探索合理的开级配混合料施工工艺，最终形成《降噪环保路面施工技术指南》，以推广应用。

4) 铺筑橡胶 SAMI 应力吸收薄膜夹层

SAMI 不仅能有效防治水稳基层的反射裂缝，还能加强基层与沥青面层的整体性，阻止路面水继续下渗，且作为桥面防水黏结层，可减少桥面铺装层的损坏和桥面板钢筋的锈蚀，本项目全线采用橡胶 SAMI 取代常规的下封层和桥梁防水层。

5) 铺筑高黏度沥青排水路面

本项目大规模推广排水路面技术，50% 以上路段铺筑高黏度沥青排水路面，总长度约 20.7km。

6) 运用低路堤高速公路建设理念

施工图阶段，省高指专门组织设计单位对路线方案进行了低路堤优化，将初步设计推荐的主线上跨规划道路的方案优化为支线上跨为主的低路堤方案，既节约了造价，控制了工程规模，也提升了景观效果。

7) 开展专业的道路景观设计

在景观设计时，根据沿线的自然特征、文化特色，确定起点延续城市风格，逐渐过渡到宁杭一期的风格；植物景观多姿多彩，同时因地制宜地选用生态防护形式，努力实现"绿色第一路"的建设目标；排水设计灵活多样，充分考虑原有地形地貌，并结合景观营造湿地效果。

8) 创新利用开发区废弃土及垃圾土

创新利用垃圾土，将建筑垃圾和工业垃圾先作为路基预压荷载，后运至枢纽范围内作整治地形之用。减少了外借土方，节省了取土坑用地，变废为宝，节省投资近 700 万。

9) 采用抛丸技术处理桥面

本项目主线桥梁均采用抛丸处理技术，不仅可以提高基层构造深度、均匀去除表面浮浆、起砂层，提高防水层的黏结强度和抗剪切力，防止防水层剥离，而且表面清洁度很高，能做到无尘、无污染施工，提高了桥面铺装层整体性能。

(四)运营及养护管理

1. 运营管理

宁杭公司认真执行养护规范和管理制度,扎实创建宁杭高速公路特色,以"规范化、标准化、精细化管理"为导向,加强队伍建设,强化运营管理,坚持科学养护,拓展经营思路,经营业绩持续增长。

2. 养护管理

(1)坚持预防性养护,道路品质不断提升。认真做好道路日常养护工作,强化监管力度,健全养护质量保证体系。梳理完善规章制度,实现规范化管理。加强路桥检测,保障桥梁结构物安全。精心组织,严格管理,按期保质做好养护专项工程。同时,加强预算管理,严控养护经费。

(2)提高收费服务水平,树立良好企业形象。积极开展培训和创建活动,提升优质服务水平。严厉打击偷逃费行为,维持良好运营秩序,并积极应对《江苏省高速公路条例》实施,保证平稳过渡。

(3)坚持软、硬件两手抓,服务环境明显改善,行业形象显著提升。巩固创建成果,形成长效管理机制;完善经营模式,规范租赁管理;强化制度落实,绩效考核体系初显成效;改善服务设施,完善服务功能。

(4)健全预案体系,突发事件应急处置能力不断提高。为积极应对恶劣天气、自然灾害以及各类突发事件,确保高速公路的畅通,先后制定或梳理了部分规章制度,进一步建立健全应急预案体系。面对突发事件和事故等的发生,预案周密、组织有序、指挥有方、行动迅速、处理得当。做到注重分析总结,积累处置经验,使突发事件应急处置能力不断提高。

(5)加强成本控制,挖掘潜力,企业降本增效效果明显。一方面拓宽经营思路,努力增加非主营收入;另一方面,狠抓成本控制,寻求节约空间。

(6)坚持防控结合,努力保障安全生产形势稳定。始终把道路保畅作为重点工作来抓。开通以来,坚持一路三方协调联动,快速清障形成共识,突发事件应变处置能力不断提高,文明平安收费站建设凸显成效。

3. 服务区

本项目沿线设有江宁服务区、南京主线收费站、湖熟收费站、句容西收费站和溧水北收费站,各收费站大棚顶覆盖面积:宁杭主线 2028m^2,句容西 348m^2,溧水北 348m^2,湖熟 548m^2,江宁服务区 $548 \times 2 = 1096 m^2$。服务区以经营餐饮、超市为主体,以加油、汽修为配套,以休闲娱乐为补充,为顾客提供多功能全方位服务。

江宁服务区位于宁杭高速公路南京段 K12 处,与风景秀丽的方山、人文荟萃的大学城、科学园相畔,于2008年9月正式投入运营。江宁服务区为双侧服务区,分东、西两个区,用地规模约120亩,建筑设施面积约6800m²,停车场共有车位200个,其中小型车位80个,客车车位40个,货车车位60个,挂车车位14个,危险品停放车位6个。

九、沪瑞国道主干线支线宜兴(苏浙界)至溧水高速公路(建设期:2000—2004年)

(一)项目概况

1. 基本情况

1)建设依据

沪瑞国道主干线支线宜兴(苏浙界)至溧水高速公路是我国"五纵七横"国道主干线上海至云南瑞丽段的重要组成部分,也是江苏省高速公路网规划"五纵九横五联"中"纵四"的组成部分。

本项目连接沪宁杭长江三角地区南京、杭州两个重要的省会城市,是苏浙省际通道,也是江苏省首条尝试"生态、环保、景观、旅游"理念的高速公路。

2)建设规模及主要技术指标

项目起于溧水县宁高高速公路骆家边互通,通过5.545km连接线在桂庄枢纽与主线相接,主线经过南京的溧水县、常州的溧阳市、无锡的宜兴市,与宁常高速公路、镇溧高速公路、锡宜高速公路相交,止于苏浙两省交界处的宜兴父子岭,全长113.964km。

本项目设计行车速度120km/h(连接线为100km/h)。溧水至新昌枢纽段48.616km为双向四车道,路基宽28.0m(连接线宽26.0m);新昌枢纽至宜兴父子岭段65.348km为双向六车道,路基宽34.5m。路面设计标准轴载100kN。桥涵设计车辆荷载为汽车—超20级、挂车—120。隧道采用整体式双跨连拱方案,按高速公路设计标准设计,净宽30.5m,净高8.15m。

3)项目投资及来源

2000年7月,交通部以交公路发〔2000〕390号文《关于沪瑞国道主干线宜兴(苏浙界)至溧水公路初步设计的批复》对初步设计的有关技术指标及建设规模等实施方案作了批复,项目概算总投资44.6197亿元。其中,交通部补助资金4.65亿元,省交通厅出资1亿元,交通控股出资7.986亿元,沿线市地方出资4.312亿元,基建借款为20.452亿元。

4)工程建设条件

本项目位于苏南南部宁镇山脉和宜兴山地之中,地形起伏,植被完整,沿线自然风光秀丽,人文景观荟萃,旅游资源十分丰富。项目沿线地形、地质条件复杂多变,生态环境良好,路线穿经了东庐山、瓦屋山、横山、父子岭等山体,毗邻沿线众多水库和太湖广阔的水域,跨越芜太运河、蠡河等干线通航河流。

（1）溧水段

宁杭高速公路溧水段属于宁镇低山丘陵波状平原区和山前倾斜平原区，地形复杂，多起伏，低山、丘陵、岗地、洼地交替分布，溧水东芦山及茅山余脉花山分布在路线附近。

茅山山脉构成本区天然分水岭，其西侧属于秦淮河水系，东侧属于太湖水系。沿线附近地势较为高亢，自然河流不甚发育，人工水系如渠、塘、坝及水库相对密集。

（2）溧阳段

宁杭高速公路溧阳段路线展布于茅山东侧平原和溧阳南部火山岩丘陵山地北缘，地势相对平坦，其中东西两侧地势较高，中段地势低平。

本段地形呈波状起伏，既有长条状垄岗与洼地相间分布，也有冲积平原和丘陵岗地。从地貌单元分析，全段可分为4个分区：山前波状平原区（瓦屋山林场—前马水西）；现代冲积平原区（前马水西—新昌胡桥）；火山岩剥蚀残丘、岗地区（新昌胡桥—横山—后罗庄长阳）；现代冲积平原区（后罗庄长阳—累河）。

本段路线位于茅山东侧，自然水系属太湖水系，其境内北河、中河、南河、溧戴河和茶亭河均汇入太湖。

（3）宜兴段

宁杭高速公路宜兴段路线经过区域位于长江三角洲堆积平原与苏浙皖边区宜溧南部构造剥蚀低山丘陵交界处，路线穿越于平原与低山丘陵之间，地形复杂多变。

平原地形主要分布于起点至宜广公路段，主要为平原圩区，地形平坦，地面高程一般为2.5~3.5m。在蠡河以东及以南为湖边过渡带，东面紧邻太湖，地面高程一般在2.2~3.3m。

低山丘陵主要分布于宜广公路与蠡河之间，地形起伏，坡降大，且植被繁茂，总体呈南高北低趋势，山间沟谷多为间歇性地表径流，基本为南北流向。

5）工程进度

工程分两段建设，其中溧水（骆家边）至溧阳（上兴）段34.695km，于2000年7月开工建设，2003年9月底建成通车；溧阳（上兴）至宜兴（父子岭）段79.269km，于2001年6月开工建设，2004年9月建成。

6）主要工程数量

工程共征地15188.598亩，征用取土场6699.441亩，拆迁房屋248054m²；完成路基土石方3115.1898万m³，涵洞433道，通道184处，互通式立交11处（新昌枢纽未计入，新昌枢纽计入镇溧高速公路），桥梁117座共21338.7m，隧道1座322m；分离式立交39处，路面底基层352.3651万m²，水稳碎石基层321.481万m²，沥青混凝土路面351.982万m²，房建面积总计32916.7m²；交工时同步完成收费、监控、通信、照明、安全、绿化、服务等设施。

2. 决策过程

1998年4月，交通部以交计发〔1998〕256号文批复同意项目立项。

1999年9月,交通部以交规划发〔1999〕476号文批复工程可行性研究报告。

2000年7月,交通部以交公路发〔2000〕390号文批复同意初步设计。

2001年3月,国家环保总局以环审〔2001〕46号文批复了环境影响评价报告书。

(二)建设情况

1. 项目准备阶段

各项工作均按国家基本建设程序进行。在项目建设过程中,省、市高指严格遵守基本建设程序,依据国家规范,参照国际通用的"菲迪克"条款和交通部通用招标文件范本制定了江苏省高速公路各项目施工、监理招标文件,通过国内公开招标选择承包商和驻地监理组。所有招投标工作均由专家独立评标,合法确定中标单位,依法签订合同,纪检部门全过程监督,公证部门对招投标过程和结果进行了严格的监督和公证,确保招标工作"公开、公平、公正、择优"。

1)施工、监理单位招标情况

溧水至溧阳段路基桥梁标于2000年底前完成招标签约工作;路面工程标于2001年底前完成招标签约工作;安全设施、绿化、房建以及大棚、三大系统等均于2003年初前完成招标签约工作。

溧阳至宜兴段路基桥梁标于2001年底前完成招标签约工作;路面工程标于2002年底前完成招标签约工作;安全设施、绿化、房建以及大棚、三大系统等均于2004年初前完成招标签约工作。

溧水至溧阳段路基桥梁监理标于2000年底前完成招标签约工作;路面工程监理标于2001年底前完成招标签约工作;安全设施、绿化、房建等监理标均于2003年初前完成招标签约工作。

溧阳至宜兴段路基桥梁监理标于2001年底前完成招标签约工作;路面工程监理标于2002年底前完成招标签约工作;安全设施、绿化、房建等监理标均于2004年初前完成招标签约工作。

2)参建单位主要情况

设计单位:江苏省交通规划设计院、东南大学建筑设计研究院、上海城乡建筑设计院、北京交科公路勘察设计院、英国伟信顾问集团等单位。

施工单位:江苏交通建设集团、中铁二十局第一工程处、宜兴市交通工程总公司、中铁第十四工程局、常州市交通工程总公司、江苏恒基路桥工程总公司、路桥集团第二公路工程局第三工程处、山东省交通工程总公司、路桥集团第一公路工程局第一工程公司、攀枝花公路建设公司、江苏省交通工程总公司、无锡市交通工程总公司、中铁十八局集团有限公司、吉林省交通建设集团、江苏恒基路桥公司、无锡路桥工程总公司、路桥集团第二公路工程局等单位。

监督单位:江苏省交通厅工程质量监督站。

检测单位:江苏省交通工程有限公司检测中心、江苏省南京交校勘测设计所、江苏交通高级技工学校检测中心、江苏省交通科学研究院有限公司、江苏省通科交通安全技术服务中心。

3)征地拆迁情况

该项目的征地拆迁政策按照江苏省人民政府苏政发〔2000〕77号文《省政府批准省国土资源厅等部门关于全省公路水运等重点交通基础设施建设项目征地拆迁工作的意见的通知》执行,土地征用工作由省国土资源厅统一包干负责。征地资金由省高指委托省国土资源厅进行拨付,各地方高指设立专门账户进行核算。2004年11月,国土资源部以《关于沪瑞国道宜兴至溧水公路工程建设用地的批复》(国土资函〔2004〕456号)批复了该项目用地。全线共拆迁房屋248054m^2,征用土地15188.598亩,全线共使用取土坑6699.441亩。

征地拆迁情况统计见表7-8-5。

征地拆迁情况统计表　　　　表7-8-5

征地拆迁安置起止时间	征用土地(亩)	拆迁房屋(m^2)	支付补偿费用(元)	备　注
2000—2004年	15188.598	248054	623174626	

2. 项目实施阶段

本项目建设过程中,经建设主管部门批准,主要的变更设计有:

(1)宁杭高速公路在定测结束后,由于地方部门调整了沿线的农田水利和路网规划,为使宁杭高速公路构造物设置及线外工程与沿线农田水利和路网规划进一步协调配套,对部分小型构造物和线外工程进行了必要的调整(移位、取消、增加等)。

(2)根据省高指苏高计〔2001〕387号文《关于江苏省高速公路沥青路面结构研讨会专家意见的函》、苏高计〔2002〕73号文《关于宁杭、沿江、常澄、盐通高速公路沥青路面结构变更设计方案的批复》精神,将宁杭高速公路路面结构变更为4cm细粒式沥青混凝土(改性沥青SMA-13)+6cm中粒式沥青混凝土(AC-20I改进型)+8cm粗粒式沥青混凝土(AC-25I改进型)+沥青下封层+36cm水泥稳定碎石基层+20cm二灰土底基层。

(3)根据宁杭高速公路建设生态路、环保路、景观路、旅游路实施意见,将原设计的路堑边坡防护形式进行变更,取消了浆砌片石工程,采用客土喷播、轮胎固土、草袋固土、草棍固土等种植技术进行生态防护。

(4)路基排水防护工程的变更:路堑路段的主线边沟调整为地表草沟、暗埋式边沟,填方路段路基边沟采用弧形断面形式;路基边坡防护采用混凝土预制块进行组装施工。

(5)中央分隔带缘石由原设计的竖形调整为"L"形,为提高缘石外观质量,采用滑模工艺施工。

(6)梯子山大挖方改为梯子山隧道,原104国道上跨桥取消。

(7)宜兴兰佑山大桥取消,改为填方路段。

(8)根据交通部办公厅文件厅公路字〔2003〕512号文《关于同意沪瑞国道主干线宜兴(苏浙界)至溧水公路溧阳西互通立交与主线同步实施的批复》和江苏省高速公路建设指挥部苏高项管一传字〔2004〕62号文《关于宁杭高速公路溧阳西互通路基、桥涵项目纳入LY-4标合同范围的批复》,原预留的溧阳西互通段进行了变更设计,增加的互通路基、桥涵与主线同期实施。

(9)交通主要变更有:增设轴重限制标志、最高最低限速标志、限高限宽标志;增设振荡标线和突起路标;局部路堑路段取消外侧护栏、中分带开口采用移动式护栏等。

(三)科技创新成果与应用

(1)在国内首次较为全面地提出"生态、环保、景观、旅游"高速公路的建设宗旨,高起点高标准地对高速公路生态、环保、景观工程进行了系统全面设计,联合中科院江苏植物研究所开展了"宁杭高速公路环境景观设计研究",对省内外高速公路的环境景观建设起到启发借鉴作用。

(2)与南林大联合进行"江苏省高速公路生态防护技术研究"的科研攻关,对宁杭高速公路边坡立地条件、植物群落及生态适应性、土壤侵蚀规律和效益(生态、景观、经济)等进行系统研究、综合评价。

(3)打破常规,对全线排水系统设计进行创新,取消了大部分浆砌片石排水、防护工程,挖方段一律采用暗埋式排水沟,明暗排水结合,填方路段根据实际需要采用盆式流线型边沟,在土路肩设置无砂混凝土代替纵向盲沟,互通区模拟自然排水系统放缓边坡,不设边沟,并营造湿地效果,淡化人工痕迹,为今后高速公路的排水防护设计做了示范。

(4)对交通安全设施做了有益的创新探索,在连续长度大于200m的挖方段和路基高度小于1m的填方段取消防撞护栏;外侧车道标线采用振荡标线;大部分路段波形梁护栏采用了纳米自洁防腐保护涂层新技术。

(5)天目湖服务区的生活污水处理设施采用了中水回用系统,是节约用水、一水多用的重要环保举措。

(6)在湿喷桩施工中,省内首次使用了流量仪与自动密度仪相结合的工艺,与铁道第四勘察设计院软土基研究所合作进行了"水泥添加剂及土壤固化剂在软土地基处理中的应用"的课题研究。

(7)在中分带路缘石的施工中应用了水泥混凝土滑模施工技术,并对路面工程进行技术创新。

(8)在江苏省高速公路上首次采用了国内目前跨度最大的连拱隧道——梯子山隧道。

(9)监控、通信、收费系统总体性能达到国内领先、国际先进水平,房建工程采用了新型结构和材料,造型新颖,结构独特。

(四)运营及养护管理

1. 运营管理

宁杭公司认真执行养护规范和管理制度,扎实创建宁杭高速公路特色,以"规范化、标准化、精细化管理"为导向,加强队伍建设,强化运营管理,坚持科学养护,拓展经营思路,经营业绩持续增长。

2. 养护管理

(1)坚持预防性养护,道路品质不断提升。认真做好道路日常养护工作,强化监管力度,健全养护质量保证体系。梳理完善规章制度,实现规范化管理。加强路桥检测,保障桥梁结构物安全。精心组织,严格管理,按期保质做好养护专项工程。同时,加强预算管理,严控养护经费。

(2)提高收费服务水平,树立良好企业形象。积极开展培训和创建活动,提升优质服务水平。严厉打击偷逃费行为,维持良好运营秩序,并积极应对《江苏省高速公路条例》实施,保证平稳过渡。

(3)坚持软、硬件两手抓,服务环境明显改善,行业形象显著提升。巩固创建成果,形成长效管理机制;完善经营模式,规范租赁管理;强化制度落实,绩效考核体系初显成效;改善服务设施,完善服务功能。

(4)健全预案体系,突发事件应急处置能力不断提高。为积极应对恶劣天气、自然灾害以及各类突发事件,确保高速公路的畅通,先后制定或梳理了部分规章制度,进一步建立健全应急预案体系。面对突发事件和事故等的发生,预案周密、组织有序、指挥有方、行动迅速、处理得当。做到注重分析总结,积累处置经验,使突发事件应急处置能力不断提高。

(5)加强成本控制,挖掘潜力,企业降本增效效果明显。一方面拓宽经营思路,努力增加非主营收入;另一方面,狠抓成本控制,寻求节约空间。

(6)坚持防控结合,努力保障安全生产形势稳定。始终把道路保畅作为重点工作来抓。开通以来,坚持一路三方协调联动,快速清障形成共识,突发事件应变处置能力不断提高,文明平安收费站建设凸显成效。

3. 服务区

本项目包含东庐山、天目湖、太湖3个服务区。

沿线3个服务区构成了集生态、环保、旅游、景观于一体的宁杭高速公路上一道亮丽的风景线。服务区以经营餐饮、超市为主体,以加油、汽修为配套,以休闲娱乐为补充,为顾客提供多功能全方位服务。

1）太湖服务区

太湖服务区位于宁杭高速公路宜兴段 K144 处，地处苏浙两省交界，宜兴市丁蜀镇洑东兰山风景区。因位于太湖西岸仅百米之余而得名。2004 年 9 月投入使用，分东西两个区域，建成初期为单侧服务区（东区为服务区，西区为停车区）。2007 年服务区征地 12.76 亩，兴建职工宿舍楼。2009 年，为满足双侧服务的需求，太湖服务区在原征地范围内进行改扩建，调整东、西区广场布局，西区新建综合服务区楼，增加餐饮服务，扩大停车场，目前停车场共有车位 232 个，其中小型车位 75 个，客车位 68 个，货车位 48 个，超常车位 27 个，危险品停放车位 14 个。西区新服务楼于 2009 年 12 月竣工，投入运营。

太湖服务区用地规模约 180 亩，建筑设施面积约 9400m^2，停车场约 6000m^2。

太湖服务区背靠宜兴太湖，环境优美，凭借着得天独厚的自然风光，一流的硬件设施，每天迎来上万人次的驾乘人员驻足停留，成为江苏南大门的形象窗口。

2）天目湖服务区

天目湖服务区位于宁杭高速公路 K97 处，地处溧阳市的西南郊，以田园风光为主题，环境优美，布局合理，建筑风格别致，于 2004 年 9 月投入运营，分南北两个区。天目湖服务区用地规模约 96 亩，建筑设施面积约 5000m^2，停车场约 3000m^2。2006 年征地 18.88 亩，兴建员工宿舍，宿舍楼已于 2009 年 5 月建成投入使用。服务区对应主线断面日均流量约 25000 辆。现有停车场共有停车位 138 个，分别是小型车位 55 个、客车车位 40 个、货车车位 43 个。

2010 年，为扩大与台资合作，支持溧阳市地方经济，在控股公司的指导和支持下，与江苏省溧阳经济开发区管委会签订了租赁合同，江苏省溧阳经济开发区管委会租用天目湖服务区现有场地、建筑物（加油站及部分生活用房、通信机房除外），并转租给天福控股集团有限公司，租期 23 年，从 2010 年 12 月 1 日至 2033 年 11 月 30 日，天福控股集团有限公司已于 2010 年 12 月 1 日正式开始经营和管理天目湖服务区。根据天福控股集团有限公司的规划，天福将以宁杭高速公路天目湖服务区为窗口，建设天福集团—宁杭高速公路天目湖服务区。并在服务区周边征租不少于 500 亩土地，以在保留现有服务区功能的基础上征地拓展功能，将服务区打造为集茶业生产、加工、销售、科研、旅游为一体的国家 AAAA 级风景区，以此带动溧阳茶产业的升级和发展。

为加强外租监管与协调，设立天目湖联络办，现有 4 名管理人员及 1 名驾驶员。

3）东庐山服务区

东庐山服务区位于宁杭高速公路南京段 K53 处，于 2003 年 10 月投入使用，分南北两个区域，南区为服务区，北区为停车区，设有无人标识站，车辆可在该服务区掉头。因东庐山服务区初建为单侧设置的服务区，几乎所有的服务设施（包括主要建筑物和主要停车场均布置在南区,北区仅设置了一个加油站和少量停车场地。随着车流量迅速增加,服务设施已无法同时满足双向服务的需求。2010年3月,东庐山改扩建工程启动,在现有用地范围内,新建北区综合服务楼和汽车修理间、调整优化场区道路,增加停车场并完善配套设施。

经多方的共同努力,该项目已于2011年4月28日正式投入使用。东庐山服务区用地规模约136亩,建筑设施面积约5200m^2,停车场约9000m^2。停车场共有车位150个,其中小型车停车位80个,货车停车位44个,大客车停车位26个。

第九节　G2513(淮安—徐州)

淮安至徐州高速公路(G2513)全线均位于江苏境内,起自淮安(马甸),经淮安市区、泗阳、宿迁市区、睢宁,止于徐州(大黄山)。江苏境内全长223km。全线各路段基本情况见表7-9-1。

G2513全线各路段基本情况　　　　　表7-9-1

序号	路段	里程(km)	建设期	备注
1	宿迁至淮安高速公路淮安段	56	2001—2005年	
2	宿迁至淮安高速公路宿迁段	54	2001—2005年	
3	徐州至宿迁高速公路	95	2000—2003年	
4	林东至大黄山段	19	2000—2003年	京福徐州东段

一、宿迁至淮安高速公路淮安段(建设期:2001—2005年)

(一)项目概况

1.基本情况

1)建设依据及意义

宿迁至淮安高速公路是江苏省规划建设的"四纵四横四联"公路主骨架中"横二"的重要组成部分,是连接通过苏北地区的四条高速公路国道主干线(同三、京沪、京福、连霍)、沿海通道及宁靖盐、宁宿徐等省干线高速公路的区域连接线,是苏北腹地经济发展的重要交通干线和基础支撑。本项目建设对于构筑江苏省高速公路网络,实现连贯东西、沟通南北、高速公路"联网畅通"的目标,适应江苏省未来经济社会和交通发展的需求,推动苏北地区经济发展具有十分重要的作用。

宿淮盐高速公路淮安段于2002年9月开工建设,在省委、省政府正确领导下,在江苏省交通厅和淮安市委、市政府高度重视下,省、市高指带领全体参建人员经过近3年的艰苦奋战,克服了连续阴雨、"非典"疫情、特大洪涝灾害和原材料价格突涨等诸多不利因素的影响,始终按照"四个零"的工作要求,不断创新工作思路,不断提升建设理念,努力打造"精品高速,生态宿淮"的品牌工程,实现了"五个一流"的总体建设目标,工程全面优质,提前建成。

宿淮高速公路淮安段的顺利建成通车,对缓解淮安市过境交通和城市出入境交通压力,改善苏北地区交通状况,拓展苏北地区经济辐射能力,加强与上海、苏南经济区的密切联系,促进苏北地区经济的均衡发展具有十分重要的意义。它的建成是省委、省政府提出的决战苏北战略部署的重要体现,对加快实现"两个率先"和"富民强省"的战略目标将产生积极的作用。

2)建设规模及主要技术指标

本项目为宿淮高速公路的淮安段。西起淮安市与宿迁市交界处的淮阴区三树乡三坝村附近,与宿淮高速公路宿迁段相接,终点位于淮安市楚州区马甸镇乾益村附近,与京沪高速公路相交叉并与盐淮高速公路相接,路线全程55.6km。

主要技术标准为:全线采用四车道和六车道高速公路标准建设,其中淮安西互通至淮安南互通12.6km,为宿淮、宁淮两条高速公路的共线段,采用六车道高速公路标准,路基宽度35m,其余路段采用四车道高速公路标准,路基宽度28m,设3m宽中央分隔带,设计行车速度120km/h,桥涵设计车辆荷载为汽车—超20级、挂车—120,其他技术标准按《公路工程技术标准》(JTJ 001—97)执行。全线设互通式立交5处,收费站4处,停车区1处,管理中心1处。本项目批复概算为29.85亿元。

3)项目投资及来源

江苏省发展计划委员会苏计基础发〔2001〕1220号文《关于宿淮公路淮安段项目建议书的批复》同意建设宿淮高速公路淮安段项目,该项目概算总投资为29.85亿元。该项目资本金占项目总投资的35%,由江苏省和淮安市按80%和20%比例共同承担出资,其余投资为国内银行贷款。

4)工程建设条件

宿淮公路淮安段所处地区为平原河网区,属黄泛冲积平原和淮河冲湖积平原地貌。黄泛冲积平原主要分布于路段起点到蛇家坝干渠,淮河湖积平原位于蛇家坝干渠至路线终点与京沪公路交叉处。总体地势上具有西北高、东南低的特点,地面海拔从12.6m渐向7.0m倾斜,地面坡降约为1/10000。路线所在的平原区地形平坦,村镇密集,人工河流、沟渠纵横交错,池塘星罗棋布,水田毗邻。

路线所经区域位于华北地震区郯城—营口地震带南段边缘和长江中下游—南黄海地震带西北段。发震规律受华北地震群规律支配,地震活动具有明显的分段性、分期性特点。根据《中国地震烈度区划分图》(1990年)和中国地震局地壳应力研究所完成的《地震安全性评价报告》(2000年3月),区段内地震烈度自西向东逐渐减弱,地震烈度划分如下:淮阴区三树乡—清浦区武墩镇为Ⅶ度区,清浦区武墩镇—楚州区马甸镇为Ⅵ度区。

路线经过地区属黄泛冲积平原区和淮河冲湖积平原,地势平坦,由西北向东南微倾。从工程地质角度可分为两大段落。

(1)起点(京杭运河东岸)至蛇家坝干渠,该路段地表为黄河泛滥冲积形成,地表土质依次为粉土质砂(含砂低液限粉土)、含砂低液限黏土、高液限黏土(含大量铁、锰质结核,深层含少量钙质结核)。地下水位一般为1.0~1.8m,砂土液化较为严重。

(2)蛇家坝干渠至终点(楚州枢纽互通),为冲湖积相堆积。该路段地表土质主要为河湖冲积、淤积形成,地表土质多为高液限黏土,具有膨胀性,局部路段有浅层软土,地下水位高。

5)工程进度

宿淮高速公路淮安段于2002年9月开工;2004年7月路基、桥梁工程基本完成;2004年12月路面底基层、基层完成;2005年6月景观绿化工程完成;2005年10月房建、二次装修、照明、收费大棚、三大系统等工程完成;2005年11月上旬沥青混凝土面层及交通安全设施全面完成;2005年12月建成通车。

6)主要工程数量

本项目路基土方868.49万m^3(其中填方813.63万m^3,挖方54.86万m^3);桥梁129座共24005延米;全线共设有互通枢纽5处(凌桥互通、淮安西互通、淮安南互通、马甸互通、楚州枢纽),服务区1处(古盐河服务区),通道34处,涵洞89道。同时同步完成道路收费、监控、通信、照明、安全设施、绿化、服务等设施。

2. 决策过程

2001年11月29日,江苏省发展计划委员会以苏计基础发[2001]1220号文《关于宿淮公路淮安段项目建议书的批复》同意建设宿淮高速公路淮安段项目。

2001年12月30日,江苏省环境保护厅以苏环管[2001]176号文《关于对宿淮高速公路淮安段环境影响报告书的批复》批复了该项目的环境影响报告书。

2002年1月16日,江苏省发展计划委员会以苏计基础发[2002]400号文《关于宿淮高速公路淮安段可行性研究报告的批复》,批准了该项目的可行性研究报告。

2002年8月16日,江苏省发展计划委员会以苏计基础发[2002]871号文《关于宿淮高速公路淮安段初步设计的批复》批复了该项目初步设计,核定了项目总概算。

(二)建设情况

1. 项目准备阶段

各项工作均按国家基本建设程序进行。在项目建设过程中,省、市高指严格遵守基本建设程序,依据国家规范,参照国际通用的"菲迪克"条款和交通部通用招标文件范本制定了江苏省高速公路各项目施工、监理招标文件,通过国内公开招标选择承包商和驻地监理组。所有招投标工作均由专家独立评标,合法确定中标单位,依法签订合同,纪检部门全过程监督,公证部门对招投标过程和结果进行了严格的监督和公证,确保招标工作"公开、公平、公正、择优"。

1) 施工、监理单位招标情况

宿迁至淮安高速公路淮安段路基、桥涵标于2002年8月完成招标签约工作;路面工程标于2004年3月完成招标签约工作;安全设施、绿化、房建以及大棚、三大系统等均于2005年初前完成招标签约工作。

2) 参建单位主要情况

设计单位:中交第一公路勘察设计研究院、西安公路研究所、江苏省交通规划设计院、河海大学设计院、盐城市政设计院、南京柏森实业有限公司、南京林业大学科技发展公司园林分公司、江苏纬信工程咨询有限公司、江苏大千景观工程有限公司、淮安园林设计院。

监理单位:江苏交通工程咨询监理总公司、北京路桥通工程监理咨询有限公司、泰州市远通交通工程监理咨询有限公司、南京工苑建设监理咨询有限责任公司、徐州市交通工程咨询监理有限公司、扬州市建苑工程监理有限责任公司、江苏宁达工程建设监理有限公司。

施工单位:中国冶金建设集团公司、江苏捷达交通工程集团有限公司、连云港华祥国际工程有限公司、江苏润扬交通工程集团有限公司、中港第二航务工程局、中铁十四局集团有限公司、中铁第二十工程局第一工程处、无锡路桥工程总公司、二公局(洛阳)第四工程处、江苏省交通工程总公司、路桥集团第一公路工程局第三工程公司、江苏省镇江路桥工程总公司、江苏路成工程有限公司、苏州市安泰交通安全设施工程有限公司、宜兴市公路交通设施总厂、无锡交通设施有限公司、徐州光环交通设施有限公司、徐州众安交通设施有限公司、常州市交通设施有限公司、江苏省句容市交通设施有限公司、南京常荣噪声控制环保工程有限公司、南通市路灯管理处、宜兴市宏力灯杆灯具有限公司、淮安市星光道路照明有限公司、江苏武进建筑安装工程有限公司、江苏顺通建设工程有限公司、中国建筑第八工程局、宜兴市运通机械设备有限公司、江苏依斯特制冷有限公司、厦门市榕兴新世纪石油设备制造有限公司、江苏省水文地质工程地质勘察院、江苏鑫富达集团公司、江苏飞月厨具股份有限公司、盐城市大鹏交通电力有限公司、常州市园林建设总公司、南京市雨花台园林建设有限公司、无锡市绿化建设有限公司、江苏尧塘园林绿化有限公司、苏州环艺园林工程有限公司、扬州花木盆景公司、常熟市万宝桥梁构件有限公司、成都市新筑路桥机械股份有限公司、江苏华东路桥构件科技有限公司、毛勒桥梁附件有限公司、江苏扬安机电设备工程有限公司、江苏科绿茵格信息工程有限公司、北京市泰克公路科学技术研究所。

3)征地拆迁情况

该项目的征地拆迁政策按照江苏省人民政府苏政发〔2000〕77号文《省政府批准省国土资源厅等部门关于全省公路水运等重点交通基础设施建设项目征地拆迁工作的意见的通知》执行,土地征用工作由江苏省国土资源厅统一包干负责。征地资金由省高指委托江苏省国土资源厅进行拨付,各地方高指设立专门账户进行核算。2001年8月,江苏省国土资源厅以苏国土资函〔2001〕214号文《关于宿迁至淮安高速公路建设项目用地的预审查意见》批复了该项目用地。全线共拆迁房屋103675m^2,征用土地14689.159亩。

2. 项目实施阶段

在宿淮高速公路淮安段实施过程中,由于规划调整、工期缩短及地质条件等原因经建设部门批准,主要的变更设计有:

(1)根据宿淮高速公路淮安段施工图设计审查会专家意见,对宿淮高速公路淮安段特殊路基处治两阶段施工图设计变更设计。

(2)根据宿淮高速公路淮安段施工图设计有关桥梁专题审查意见以及宿淮高速公路淮安段两阶段施工图设计咨询意见,将SH-HA5标五墩特大桥主桥(左幅桥22.06m+3×32.5m+3×32.5m;右幅桥3×32.5m+3×32.5m+22.06m)现浇箱梁顶板厚度由20cm调整为25cm。

(3)根据宿淮高速公路淮安段施工图设计审查会专家意见,取消SH-HA11标E匝道桥(2)(6)(7)(13)(14)号墩和G匝道桥(2)(6)(7)(12)号墩的支座,变更为墩梁固结。

(4)根据江苏省交通规划设计院《宿迁至淮安高速公路淮安段两阶段施工图设计咨询报告(淮安八合同段)》和东南大学《宿迁至淮安高速公路淮安段两阶段施工图设计咨询报告(淮安八合同段)》将SH-HA8标苏北灌溉总渠及淮河入海水道特大桥主墩(38)(39)号墩基础由原设计4ϕ2.5m、桩长76m变更为8ϕ1.8m、桩长64m;承台平面尺寸由原设计10.5m×10.5m变更为12.4m×11.2m。

(5)根据苏高项管三〔2002〕33号文《关于印发〈宿淮高速公路淮安段审查会专家意见〉的通知》、苏高项三传〔2002〕22号文《关于宿淮高速公路淮安段施工图审查的补充意见》,将SH-HA1标K152+194.5(1-10m)、K162+343(1-8m)两座桥梁分别变更为1-6×4m和1-5×3.2m箱形通道。

(6)根据苏高项管三〔2002〕33号文《关于印发〈宿淮高速公路淮安段审查会专家意见〉的通知》、苏高项三传〔2002〕22号文《关于宿淮高速公路淮安段施工图审查的补充意见》,将SH-HA7标K183+714.5(1-10m)、K187+969(1-16m)、K188+347(1-16m)三座桥梁分别变更为3-10m、3-13m和3-13m。

(7)根据苏高项管三〔2002〕33号文《关于印发〈宿淮高速公路淮安段审查会专家意

见〉的通知》、苏高项三传〔2002〕22号文《关于宿淮高速公路淮安段施工图审查的补充意见》,将SH-HA10标K193+542(1-16m)、K197+040.5(1-10m)两座桥梁均变更为3-10m。

(8)结合现场实际情况,经主管部门批准,将SH-HA7标K187+001中桥中心桩号由原设计的K187+001变更为K186+996.20。

(9)经主管部门批准,在部分地表含水率较大、清表后无法达到填前压实度要求的路段,增设碎石垫层。

(10)根据淮高指〔2003〕125号文《关于请求宿淮高速公路头河特大桥设计方案变更的请示》、苏水管〔2003〕42号文《关于宿淮高速公路头河特大桥设计方案的批复》,将SH-HA5标头河特大桥第三联由原设计的6×30m变更为33m+3×28m+3×33m,第四联由原设计的6×30m变更为7×30m。

(11)根据淮委建管〔2003〕147号文《关于宿淮高速公路淮河入海水道特大桥建设项目的批复》,为避免将桥墩设在入海水道远期河堤迎水面及堤顶,将SH-HA8标苏北灌溉总渠及淮河入海水道特大桥6~22号墩之间的上部结构由原设计6×30m+5×30m+5×30m变更为7×30m+2×20m+50m+6×30m;27~37号墩之间的上部结构由原设计5×30m+4×30m+25m变更为5×30m+2×32.5m+50m+30m;其中50m跨径采用预应力混凝土T形梁。并且在河堤迎水面上游50m、下游100m范围采用浆砌块石护坡。

(12)根据工期要求需增加施工面,经主管部门批准对SH-HA3标MR1主线桥、SH-HA6标宁淮公路跨主线桥连续梁浇筑顺序进行变更。

(13)为方便群众过路交通和生产,经主管部门批准增设2×1.8m人行通道2处,6×4.5m汽车通道1处。

(14)为利于农田灌溉和排涝,经主管部门批准增设$\phi1.5$m圆管涵4道。

(15)经主管部门批准,对全线路基防护与排水方案进行优化设计,砌护材料由浆砌片石变更为混凝土预制块,拱形骨架护坡变更为空心预制块防护。

(16)根据宿淮高速公路淮安段路面设计方案研讨会精神,对全线路面结构进行变更,其中宿淮与宁淮共线部分路面上面层厚度由原设计的4cm变更为4.5cm;全线水泥稳定碎石基层厚度由原设计的40cm变更为38cm。

(17)根据苏高项三传〔2005〕76号文《关于宿淮高速公路淮安段沥青面层有关设计变更的通知》,在SH-HA8标苏北灌溉总渠及淮河入海水道特大桥和SH-HA9标京杭运河特大桥沥青混凝土桥面铺装下层掺加聚酯纤维。

(18)通过进一步调查,经主管部门批准,对与高速公路相关的地方水系和地方道路进行全面规划与调整。

(三)复杂技术工程

宿淮高速公路关键控制性工程五河口斜拉桥(现淮安大桥),是宿淮、宁淮高速公路共用段上的一座特大桥,桥梁全长2062m,工程投资约3.2亿元,主桥为152m+370m+152m双塔双索面预应力混凝土斜拉桥。荷载标准:汽车—超20级,挂车—120;设计行车速度120km/h;按双向六车道设计。其下部结构采用国内罕见的超大规模的群桩及近1万m³承台作为基础,索塔为混凝土箱形断面结构,呈H形,采用新型材料环氧涂层钢绞线作为斜拉索,主梁为预应力箱混凝土双边断面结构,其宽度为38.6m,为目前国内已建成的同类型桥梁中最宽的混凝土斜拉桥。

五河口斜拉桥是一座非常有技术特色的混凝土斜拉桥,它具有以下特点:

(1)混凝土主梁宽度国内第一。主梁宽度为38.6m,该桥为当时国内已建成的同类型桥梁中最宽的混凝土斜拉桥,也是向混凝土梁宽度的挑战。

(2)主梁混凝土强度等级高、施工控制难度高。该桥主梁采用的是C60混凝土。高强度等级混凝土在施工过程中极易出现裂缝,所以如何主梁避免裂缝产生、控制线形技术难度非常高。

(3)超大规模钻孔桩、超大体积混凝土承台、超大数量的斜拉索。五河口斜拉桥的每个塔下布置直径为250cm、46根、桩长为95m的钻孔灌注桩,这种大数量、大直径、超长桩、小间距、深厚老黏土的施工在国内非常罕见。主墩承台为目前国内已建成桥梁中最大的承台,承台尺寸为49.5m(横桥向)、33.1m(纵桥向)、6.0m(厚)。每个塔肢斜拉索数量高达31对。

(四)科技创新成果与应用

(1)创新路面结构组合形式。全线三个路面标段,2(1)23标采用4cm SMA 13+6cm AC20+8cm AC,2(5)22标采用4cm SMA+6cm Superpave20+8cm superpave25结构形式(双向六车道段上面层采用4.5cm SMA13),这两种结构组合形式为苏北地区沥青路面结构设计提供了新的工程实践。

(2)推广应用SBS沥青加预拌碎石桥面防水层新技术。在五河口斜拉桥开展了SBS改性沥青加预拌碎石桥面防水层技术的试验,通过后期检测,该防水层不论是抗拔、抗剪还是防水效果都大大超过了FYT防水层。从试件取芯来看,该防水层基本与沥青混凝土铺装层融为一体,与原桥面混凝土黏结牢固。

(3)推广使用纤维沥青混凝土桥面铺装技术。针对宿淮高速公路淮安段特大桥多、技术含量与施工难度大的特点,为防止因桥面铺装早期损坏造成桥梁使用期养护难度和成本增大的可能,引进了纤维沥青混凝土桥面铺装技术,在HA(4)HA(8)和HA(9)标特大桥梁沥青混凝土铺装中掺入聚酯纤维,从检测结果来看,路面使用性能有了很大的提高,并在混合料压实、拌和等工艺取得新突破。

(4)从沥青路面设计到施工,全过程采用Superpave质量控制标准和技术要求。在22

标中、下面层沥青路面设计、施工过程中,在施工、监理、市高指中心试验室全部配备旋转压实仪,完整、全面使用了 Superpave 设计、施工和质量控制技术,并改进了试验操作、数据采集等做法。

(5)在 HA22 标沥青路面施工中,试验应用了高频振动压路机。试验结果表明高频振动压路机对于薄层路面和次薄层路面的压实有着良好的适用性,在沥青面层压实领域中有着良好的应用推广前景。

(6)在 HA(4)HA(8)HA(9)标特大桥梁沥青混凝土桥面铺装中尝试应用了振荡压路机,效果显著。不仅明显减小了对桥梁的振动伤害,而且对混合料的有效压实也要优于普通压路机,为高速公路沥青混凝土桥面铺装提供了宝贵的经验。

(7)在 HA21 标部分沥青混凝土桥面铺装添加路孚 8000,为改善混合料性能和新材料的应用积累经验。

(8)开发并应用实用高效、传输方便、安全可靠的高速公路建设网络信息管理系统,通过网络管理平台,在宿淮高速公路淮安段建设管理中率先实现了工程进度、质量管理、费用控制、建设动态、管理文件等方面内容实时上传、智能处理、动态查询。

(五)运营及养护管理

1. 运营管理

宿淮高速公路淮安段是宿淮盐高速公路的组成段之一,由江苏宿淮盐高速公路管理有限公司负责运营管理。

江苏宿淮盐公司着眼于"畅行高速路,温馨在江苏"的企业愿景,践行"路是我们的家园、驾乘是我们的亲人、我们是路的主人"核心价值理念,从抓运营主营、队伍建设、党团建设、企业文化方面入手,不断夯实管理基础,努力提高经营水平,企业逐步实现规范化、精细化管理目标,各项工作呈现良好的发展势头。在安全稳定、企业文化、文明创建、队伍建设等方面均取得可喜成绩,被授予"江苏省文明单位"荣誉称号,实现了企业社会效益和经济效益双丰收。

2. 养护管理

宿淮盐公司确立了"规范化、制度化、科学化、精细化"养护管理思路,建立、健全特情处置应急机制、桥梁道路定期检测机制、日常养护巡查保障机制,贯彻全寿命养护周期理念,切实加强对计划、过程、质量等关键环节的管控,坚持走管养分离的道路,建立健全了管理公司、养护中心、养护单位三级养护管理体系,养护管理的科学化、制度化、规范化、社会化、信息化水平不断提升。

公司不断修订、完善桥梁养护、道路保洁、养护巡查、中修工程、小修保养以及相应的管理考评办法等规章制度,以制度作为保障,促进养护工作科学规范,通过检查考评推进养护工作水平的全面提升。

坚持"防治结合,预防为主"的养护方针,积极开展预防性养护,及时消除和整治路面病害。抓好小修保养和中修工程,重视路面坑槽、交通设施、标志标线、路肩边坡的日常维护,常修常新,保持路容路貌美观完好;对路面裂缝、桥头跳车、路面车辙等病害及时进行压浆灌缝、铣刨重铺、热再生等综合处置,有效改善路面使用性能,维护道路品质,确保道路行驶质量。

重点加强桥梁养护管理,落实桥梁养护十项制度,不断探索桥梁养护新方法。坚持每日一次道路日常巡查,每月一次桥涵通道检查,每两年一次定期检测;强化桥梁安全隐患的排查与整改,对桥梁病害进行及时处置,通过设置警示标志、限高龙门架、及时清除桥下堆积物等措施,切实保障全线桥梁安全运行。对纳入交通部重点检查的同类型特大桥梁的淮安大桥,还专门制定了《淮安大桥养护管理手册》,委托高层次的省交通科研院所每年对主桥进行专项检查,公司还重点关注创新试点,建立了新型健康监测系统,并纳入江苏省长大桥梁数据管理中心进行长期跟踪管理,对运行数据实时采集、监测、联网分析和预警,随时反应大桥健康状况。

公司坚持科学发展,突出科技创新,倡导人路和谐,重视新材料、新技术、新工艺、新设备的研究与使用。公司联合科研机构和技术人员开展了高速公路组合箱梁病害治理关键技术研究;与高等院校和养护单位合作,开展泡沫温拌沥青技术项目的研究;推广使用沥青路面就地热再生新技术,实现了科技优先、低碳环保、循环利用、经济养护的目的;公司先后开发了道路养护管理系统和桥梁养护管理系统,在多年的使用过程中,系统不断得到完善,道路和桥梁的健康档案等数据不断得到更新和充实,在信息化条件下,创新了养护管理手段和方式,发挥了很好的作用。

3. 服务区

本项目包含古盐河1个服务区。

古盐河服务区构成了集生态、环保、旅游、景观于一体的宿淮高速公路淮安段上一道亮丽的风景线。服务区以经营餐饮、超市为主体,以加油、汽修为配套,以休闲娱乐为补充,为顾客提供多功能全方位服务。

古盐河服务区位于淮徐高速公路21km(G2513)处,坐落于全国历史文化名城淮安市城南清浦区盐河镇,距离淮安市区约10km,紧邻京沪高速公路和宁淮高速公路,距南京不足2小时车程,距上海不足4小时车程。古盐河服务区占地总面积约82.2亩,水域面积约20亩,建筑面积3600m^2,营业面积1935m^2,客车停车位34个,货车停车位45个,危化品停车位14个。古盐河服务区于2005年11月开始正式运营,现有员工90余人。设有快餐小吃、便捷超市、加油、汽修、免费休息、免费停车、免费公厕、免费开水等多项服务。

古盐河服务区拥有一支高素质的管理团队和一流服务技能的服务人员,全体员工秉承"精品高速,共创和谐"的企业宗旨,牢固树立"路是我们的家园,驾乘是我们的亲人,我们是路的主人"的企业价值理念,竭诚以一流的设施、一流的管理、一流的服务,不断提升服务质量、完善服务项目,全力满足广大驾乘人员的各种需求。

当您驱车路过古盐河服务区时,如略感疲劳,可以来此小憩,餐厅旁的池塘边那一排垂柳,婀娜多姿,和池水交映,令人心旷神怡,惬意无比,一定会让您心情大悦,疲劳顿消;如略感饿乏,欢迎您来此休整,美丽的姑娘和帅气的小伙定会为您送上纯正的淮扬美食,好让您填饱肚子,饱满精神,继续前行。

二、宿迁至淮安高速公路宿迁段(建设期:2001—2005年)

(一)项目概况

1. 基本情况

1)建设依据及意义

宿淮高速公路宿迁段是江苏省规划建设的"四纵四横四联"高速公路主骨架中"横二"的重要组成部分,本项目建设对于构筑江苏省高速公路主骨架,实现连贯东西,沟通南北,高速公路"联网畅通"的目标,适应江苏省经济社会和交通发展的需求,进一步促进苏北地区经济发展具有十分重要的作用,是苏北腹地经济发展的重要交通干线和基础支撑。

宿淮盐高速公路宿迁段于2001年12月先导段开工建设,2002年6月全面开工建设,在省委、省政府和宿迁市委、市政府的正确领导下,省、市高指带领全体参建人员经过近4年的艰苦奋战,克服突如其来的"非典"疫情、百年一遇的洪涝灾害、始料不及的原材料涨价和飓风冰雹等诸多不利因素的影响,攻克了强震区对桥梁建设的影响等多项科技难关,科学安排,精心组织,咬紧"五个一流"的建设目标,始终按照"四个零"的工作要求,全面按期优质建成"精品高速,生态宿淮"这一品牌工程。

该项目建成极大缓解了宿迁市过境交通和城市出入境交通压力,策应了省委、省政府提出的决战苏北的战略部署。该项目是宿迁市策应沿江、接应长三角和环渤海经济区的重要通道,也是徐连产业带放大的南延,拓展了宿迁城区的经济辐射功能,为促进宿迁地区的经济社会发展和苏北区域经济一体化创造了条件,加速推进了"两个率先"的进程。

2)建设规模及主要技术指标

本项目起点位于宿迁市三棵树乡以南,埠子镇以北的宿洪公路处,与徐宿高速公路宿迁南枢纽东出口相接,终点位于宿迁市与淮安市交界处京杭运河以东与宿迁至淮安高速公路淮安段起点相接,路线全长54.124km(含淮安市境内0.82km)。

第七章
高速公路项目简介

主要技术标准为:双向四车道、全封闭、全立交,路基宽度28m,设3m宽中央分隔带;设计行车速度120km/h,桥涵设计车辆荷载为汽车—超20级、挂车—120。全线设互通式立交3处,分离式立交7处,收费站3处,停车区1处,服务区1处。本项目批复概算为17.99亿元。

3)项目投资及来源

江苏省发展计划委员会以苏计基础发〔2001〕740号文《关于宿迁至淮安高速公路宿迁段项目建议书的批复》同意建设宿迁至淮安高速公路宿迁段项目,该项目概算总投资为17.99亿元,本项目竣工决算核定总投资为17.72亿元,节约概算投资0.27亿元,节约概率为1.5%。该项目资本金占项目总投资的35%,由江苏省和宿迁市按80%和20%比例共同承担出资,其余投资为国内银行贷款。

4)工程总体设计概况

宿淮高速公路宿迁段设计是根据沿线自然地形、地貌、地质等条件,确定相应的设计原则,努力做到总体方案优、技术标准高、投资省、效益高,安全、舒适、经济、美观,做到"五个一流",即一流的内在质量、一流的外观质量、一流的沿线设施、一流的环境景观、一流的档案资料。

2001年4月,江苏省交通规划设计院编制了《宿淮高速公路宿迁段初步成果咨询意见报告》;2001年6月,由中交第二公路勘察设计研究院总工办组织,对宿淮高速公路宿迁段两阶段设计进行内部评审和定测事先指导会;2001年8月,江苏省交通规划设计院编制了《宿淮高速公路宿迁段两阶段初步设计咨询报告》。2011年11月,江苏省计划发展与改革委员会下发了《关于宿迁至淮安高速公路宿迁段初步设计的批复》。测定和施工图设计阶段,设计院认真研究了相关会议纪要和专家咨询报告,并遵照部颁技术标准和技术规范,结合本路段的实际情况,深入具体地进行了总体设计。在不过多增加工程量的前提下,尽量采用较高指标,施工图设计路线平、纵面线形顺畅,构造物设置合理,满足公路技术指标和设计规范,并依据《公路工程基本建设文件编制办法》,编制完成宿淮高速公路宿迁段施工图设计文件。

线形是高速公路设计的灵魂,线条流畅、曲线多姿是平面线形设计的主旋律。路线设计中除了强调自身平纵横断面协调、降低工程造价外,还要遵循"保护耕地、节约用地、少拆房屋、方便群众、依法保护环境、保护古迹"的原则,充分考虑与自然、人文、景观相结合,在满足使用功能前提下考虑地形、地质及桥位选择等因素,对不同的路线方案进行技术经济比较,择优选定。努力做到不仅不破坏自然环境,还要适度改善沿线生态环境;不仅考虑道路线形美观,还要考虑行人的心理和视觉感受;道路曲直因形就势,植被景观浑然天成,驾乘人员可观赏宿迁地区苏北田园风光,使高速公路真正做到源于自然、融于自然、高于自然。

5）工程建设条件

宿迁至淮安高速公路宿迁段西起宿迁市宿豫县三棵树乡以南、埠子镇以北的宿洪公路东侧,与在建徐宿高速公路宿迁南枢纽相接,东至淮安市西面三树乡小闸村王庄附近,与同步实施的淮安段相连。沿线经过埠子镇、南蔡乡、罗圩乡、陈集镇、洋河镇、仓集镇、中扬镇、临河镇、城厢镇、李口镇及三树乡,全线长54.124km。

路线经过地区基本地貌单元为黄泛冲积平原区,地势总体上较为平坦,略呈西北高、东南低之势,属于黄淮平原中东部,是黄河冲积平原地貌的主要组成部分。沿线海拔高程平均为10～15m,最高约20m,最低不足5m。宿迁段主要处在黄泛平原地貌区内,高程变化约在10～20m之间。沿线村庄密集,人工河流、沟渠、湖泊星罗棋布,桑田规整。

沿线地质构造属于中朝地台与扬子淮地台的过渡区域。结晶基底由太古界、下元古界胶东群及中原古界海州群组成,盖层有白垩系、第三系、第四系。按地质力学划分,本区处于新华夏系第二巨型隆起带与秦岭东西向复杂构造带的复合部位,东部和淮阳山字形东翼反射弧相连接。现代构造格局、地貌格局主要受新华夏构造体系控制,并制约着地震活动。宿迁段沿线经过的主要次级新构造单元有：宿迁—泗洪坳陷、关庙断凸、泗阳断凸。

宿迁段位于地震烈度Ⅸ与Ⅶ度区。

宿迁段路线所处地区属温暖带鲁淮季风气候向海洋性气候区过渡带,兼南北气候特征,具明显的季风环流特性,冬干冷、夏湿热、四季分明。由于处在两气候带的过渡带,冷暖气团经常交汇,导致气候多变,造成暴雨、干旱、霜冻、冰雹、大风等自然灾害频繁。

6）工程进度

本项目先导段于2001年12月开工建设,路基工程于2002年6月全线施工,于2003年底完成路基主线桥梁、通道以及路面底基层的施工。路面施工单位2003年7月进场,2004年完成水泥稳定碎石基层、下封层、沥青混凝土下面层及中分带工程的施工,2005年6月初完成沥青混凝土中面层施工,9月初完成沥青上面层施工。2005年12月建成通车。

7）主要工程数量

本项目路基土方748.70万m^3(其中填方723.79万m^3,挖方24.91万m^3);桥梁94座共10876延米;全线共设有互通枢纽3处(洋河互通、泗阳互通、李口互通);服务区2处,为洋河服务区、成子湖服务区;通道54处,涵洞96道。同时同步完成道路收费、监控、通信、照明、安全设施、绿化、服务等设施。

2. 决策过程

2001年8月31日,江苏省发展计划委员会以苏计基础发〔2001〕740号文《关于宿迁至淮安高速公路宿迁段项目建议书的批复》同意建设宿迁至淮安高速公路宿迁段项目。

2001年11月9日,江苏省发展计划委员会以苏计基础发〔2001〕1086号文《关于宿迁至淮安高速公路宿迁段可行性研究报告的批复》批准了该项目的可行性研究报告。

2001年11月20日,江苏省发展计划委员会以苏计基础发〔2001〕1163号文《关于宿迁至淮安高速公路宿迁段初步设计的批复》批复了该项目初步设计,核定了项目总概算。

2002年6月21日,江苏省环境保护厅以苏环管〔2002〕58号文《关于对徐宿淮盐公路宿迁段高速公路环境影响报告书的批复》批复了该项目的环境影响报告书。

(二)建设情况

1. 项目准备阶段

各项工作均按国家基本建设程序进行。在项目建设过程中,省、市高指严格遵守基本建设程序,依据国家规范,参照国际通用的"菲迪克"条款和交通部通用招标文件范本制定了江苏省高速公路各项目施工、监理招标文件,通过国内公开招标选择承包商和驻地监理组。所有招投标工作均由专家独立评标,合法确定中标单位,依法签订合同,纪检部门全过程监督,公证部门对招投标过程和结果进行了严格的监督和公证,确保招标工作"公开、公平、公正、择优"。

1)施工、监理单位招标情况

宿迁至淮安高速公路宿迁段路基、桥涵标于2002年3月完成招标签约工作;路面工程标于2003年7月完成招标签约工作;安全设施、绿化、房建以及大棚、三大系统等均于2004年初前完成招标签约工作。

2)参建单位主要情况

设计单位:中交第二勘察设计研究院、西安公路研究所、江苏省交通规划设计院、河海大学设计院、淮安市城市建设设计院、上海景泰建筑装潢有限公司、徐州市园林设计院、江苏省交通科学研究院、南京林业大学林产工业设计院、江苏纬信工程咨询有限公司。

监理单位:江苏纬信工程咨询有限公司、江苏东南交通工程咨询监理有限公司、潍坊市交通工程监理中心、江苏振兴工程监理有限公司、徐州市天元园林建设工程监理有限公司、北京路桥通工程监理咨询有限公司。

施工单位:路桥集团第二公路工程局、吉林省交通建设集团有限公司、常熟市万宝桥梁构件有限公司、南通市交通建设工程总公司、中铁十四局集团有限公司、路桥集团第一公路工程局第二工程公司、成都市新筑路桥机械股份有限公司、路桥集团第二公路工程局第一工程处、南京市交通工程总公司、江苏捷达交通工程集团有限公司、江苏省句容市交通设施有限公司、中国公路工程咨询监理总公司、常州市交通设施有限公司、扬州华扬交通工程有限公司、南京公路防护设施工程有限责任公司、宿迁市通达交通设施有限公司、江苏省交通工程公司平山机修厂、宏力灯杆灯具有限公司、江苏邳建集团有限公司、江苏兴港建筑安装钢材有限公司、中国建筑第八工程局、无锡市山河钢结构有限公司、江苏彬鹏环保有限公司、江苏飞月厨具股份有限公司、江苏省设备成套有限公司、南京宏业通宝机电设备有限公司、南京海洋石油化工设备有限公司、南京金陵建筑装饰有限责任公司、中惠（江苏）装饰园林工程有限公司、南京林业大学科技发展总公司、常州市嘉泽园林绿化公司、南京玄武园林绿化工程有限责任公司、沭阳县苏北花卉有限公司、江苏扬安机电设备工程有限公司、江苏高速公路信息工程有限公司、北京市泰克公路科学技术研究院。

3）征地拆迁情况

该项目的征地拆迁政策按照江苏省人民政府苏政发〔2000〕77号文《省政府批准省国土资源厅等部门关于全省公路水运等重点交通基础设施建设项目征地拆迁工作的意见的通知》执行，土地征用工作由江苏省国土资源厅统一包干负责。征地资金由省高指委托江苏省国土资源厅进行拨付，各地方高指设立专门账户进行核算。2001年8月，江苏省国土资源厅以《关于宿迁至淮安高速公路建设项目用地的预审查意见》（苏国土资函〔2001〕214号）批复了该项目用地。全线共拆迁房屋95178m^2，征用土地4953.1亩，取土坑用地3772亩。

2. 项目实施阶段

本项目建设过程中，经建设主管部门批准，主要的变更设计有：

（1）根据省高指苏高项管三〔2002〕13号文及宿豫县人民政府宿豫发〔2002〕36号文、〔2002〕40号文、宿迁市高指宿高发〔2002〕079号文，修改了地方道路下穿二支渠大桥淮安岸桥孔的方案，将埠张线改至苏圩高架桥下穿过，即利用此处的苏圩至黄圩四级路，与原埠张线在二支渠和南蔡相接，并改铺沥青路面。二支渠大桥桥孔压缩两孔，由13-20m改为11-20m。

（2）根据省高计交传〔2002〕144号文《关于下发宿淮高速公路（宿迁段）房建区回填土方的通知》要求，对洋河停车区及泗阳服务区征地范围进行了调整，洋河停车区征地60亩，泗阳服务区征地80亩。由于停车区及服务区的面积扩大，相应的匝道也要调整，因此于2002年12月做了洋河停车区及泗阳服务区匝道补充设计文件。对匝道的平、纵、横断面及土方数量，路基防护及路基、路面排水进行了设计。

（3）根据省高指苏高项管三〔2004〕12号文《关于印发〈宿淮高速公路路面技术方案专家研讨会议纪要〉的通知》文件精神，对宿淮高速公路主线及洋河互通、泗阳互通、李口互通路面结构进行了调整，将原全路段上面层采用SMA-13，变更为SH-SQ21标上面层采用AK-13A型结构，SH-SQ22标上面层采用SMA-13型结构，全路段中面层维持原设计采用AC-20I改进型，全路段下面层维持原设计采用AC-25I改进型。为了便于施工，本路面标内的桥面、互通式立体交叉、被交路和服务区的路面上、中面层结构，与本标段主线的路面上、中面层结构一致，互通式立交交叉的匝道、被交路和服务区的路面基层厚度优化为30cm，收费广场水泥混凝土路面采用原设计厚度26cm。为了加强高速公路运营管理，使高速公路收费更加合理,高速公路收费一律实行计重收费,由于原收费广场的路面板块布置及收费岛的长度不适合计重收费的要求,同期对收费广场的路面板块布置及收费岛的长度进行了变更设计。

(三)科技创新成果与应用

1)板梁设计施工取得新技术

通过省、市高指和设计单位及东南大学共同对宽幅空心板梁预应力工艺及结构性能试验与改进研究,成功地解决了后张法预应力混凝土宽幅空心板在腹板中竖向放置的预应力扁锚体系其孔道摩阻系数不明确、预应力筋单根张拉的不均匀性使在混凝土中准确建立有效预应力难度增大、腹板内扁锚锚具内缩损失不明确、斜空心板梁底锚下混凝土在张拉过程中有时会出现裂纹等各阶段的结构性能存在的缺陷,并提出改进的设计构造和施工工艺,在兼顾经济性和耐久性的同时进一步探讨基于具有较好的结构综合性能的设计改进。这些对于发展预应力混凝土宽幅空心板梁桥梁结构,以及完善预应力混凝土空心板梁设计,获取规模经济效益极具现实意义。通过该研究课题,宿淮高速公路宿迁段京杭运河特大桥的一宽幅空心板梁长度超过了30m,居于国内领先水平。该研究课题获得中国公路协会科技进步三等奖。

2)强震区桩基研究取得新进展

本项目区域处于地震高烈度带Ⅸ度区,本项目穿越古黄河冲积区,沿线分布大量液化砂土、黏土,地质条件复杂,极大地增加了工程建设难度,特别是桥梁桩基处理难度。省市高指与东南大学合作进行了"强震区地基液化永久大变形对桥梁基础的影响与对策研究"的课题项目研究,对于强震区大量液化砂土、黏土永久大变形对桥梁桩基的影响进行全面研究和分析,成功制定出相应的解决对策,无论是理论上还是实践应用上都有了提高和创新。

3)桥面防水技术研究取得新成果

市高指和东南大学交通学院工程检测中心共同承担了高速公路桥面防水层材料及试验检测技术标准的研究。通过对FYT类桥面防水试验,卷材类桥面防水试验,热喷SBS改性沥青类桥面防水试验,乳化SBS改性沥青类桥面防水等防水层材料及试验检测技术标准进行了全面的研究,以延长桥面铺装层的使用寿命,有效保护桥面板及桥梁结构的构件,减少或避免钢构件锈蚀给桥梁结构带来的危害,降低桥梁维护及加固费用,为高速公路建设和维修节约大量资金,极大地推动了工程建设质量的提高。

4)绿化景观开辟新途径

本项目中分带绿化从设计开始,一改以往高速公路中分带绿化选用树种单一的现象,勇于探索,大胆革新,采用五种组合方式:"高大蜀桧+红枫""单排法青+红叶李""法青+木槿+黄杨球""蜀桧+石楠+金叶女贞""蜀桧+紫薇",地被辅以葱兰、酢浆小红花、麦冬草等花草,丰富了中分带的景观效果。

服务区绿化提出森林景观型概念,引入现代园林设计元素,在"森林"和"景观"上做足文章,做到建筑融于森林,森林拥抱建筑,让旅客置身于此如若画中,充分体现人性化设计理念。

沿线3个互通区绿化,以自然生态型为主,突出整体感、层次感、韵律感,体现互通区绿化与周边环境和谐、有机统一。互通区绿化景观与周围环境相协调,体现了地域文化特点。洋河互通区以地形造势和苗木搭配,烘托出酒香洋河的文化特色;泗阳互通以树木疏密相间的栽植方式,体现了生态宿迁、绿色江苏的特点;李口互通设计与周围环境相契合,以大片草皮孤植大树的简约手法,展现了苏北平原空旷的特色。

5)环境保护得到新延伸

边坡防护在实现边坡保护的功能基础上,宿淮高速公路宿迁段大胆创新,全面采用了生态防护的方式。以绿色防护取代以往高速公路混凝土硬路肩等,通过这些做法不仅使得防护功能符合要求,又起到生态环保的效果,丰富了沿线景观效果。

对服务区污水处理引入生物滤床污水处理技术,通过采用生物滤床技术和设备提高污水处理效果,显著降低污染,保护了生态环境。

(四)运营及养护管理

1. 运营管理

宿淮高速公路宿迁段是宿淮盐高速公路的组成段之一,由江苏宿淮盐高速公路管理有限公司负责运营管理。

江苏宿淮盐公司着眼于"畅行高速路,温馨在江苏"的企业愿景,践行"路是我们的家园、驾乘是我们的亲人、我们是路的主人"核心价值理念,从抓运营主营、队伍建设、党团建设、企业文化方面入手,不断夯实管理基础,努力提高经营水平,企业逐步实现规范化、精细化管理目标,各项工作呈现良好的发展势头。在安全稳定、企业文化、文明创建、队伍建设等方面均取得可喜成绩,被授予"江苏省文明单位"荣誉称号,实现了企业社会效益和经济效益双丰收。

2. 养护管理

宿淮盐公司确立了"规范化、制度化、科学化、精细化"养护管理思路,建立、健全特情处置应急机制、桥梁道路定期检测机制、日常养护巡查保障机制,贯彻全寿命养护周期理念,切实加强对计划、过程、质量等关键环节的管控,坚持走管养分离的道路,建立健全了管理公司、养护中心、养护单位三级养护管理体系,养护管理的科学化、制度化、规范化、社会化、信息化水平不断提升。

公司不断修订、完善桥梁养护、道路保洁、养护巡查、中修工程、小修保养以及相应的管理考评办法等规章制度，以制度作为保障，促进养护工作科学规范，通过检查考评推进养护工作水平的全面提升。

坚持"防治结合，预防为主"的养护方针，积极开展预防性养护，及时消除和整治路面病害。抓好小修保养和中修工程，重视路面坑槽、交通设施、标志标线、路肩边坡的日常维护，常修常新，保持路容路貌美观完好；对路面裂缝、桥头跳车、路面车辙等病害及时进行压浆灌缝、铣刨重铺、热再生等综合处置，有效改善路面使用性能，维护道路品质，确保道路行驶质量。

重点加强桥梁养护管理，落实桥梁养护十项制度，不断探索桥梁养护新方法。坚持每日一次道路日常巡查，每月一次桥涵通道检查，每两年一次定期检测；强化桥梁安全隐患的排查与整改，对桥梁病害进行及时处置，通过设置警示标志、限高龙门架，及时清除桥下堆积物等措施，切实保障全线桥梁安全运行。

公司坚持科学发展，突出科技创新，倡导人路和谐，重视新材料、新技术、新工艺、新设备的研究与使用。公司联合科研机构和技术人员开展了高速公路组合箱梁病害治理关键技术研究；与高等院校和养护单位合作，开展泡沫温拌沥青技术项目的研究；推广使用沥青路面就地热再生新技术，实现了科技优先、低碳环保、循环利用、经济养护的目的；公司先后开发了道路养护管理系统和桥梁养护管理系统，在多年的使用过程中，系统不断得到完善，道路和桥梁的健康档案等数据不断得到更新和充实，在信息化条件下，创新了养护管理手段和方式，发挥了很好的作用。

3. 服务区

本项目包含洋河、成子湖2个服务区。

沿线两个服务区构成了集生态、环保、旅游、景观于一体的宿淮高速公路宿迁段上一道亮丽的风景线。服务区以经营餐饮、超市为主体，以加油、汽修为配套，以休闲娱乐为补充，为顾客提供多功能全方位服务。

1）洋河服务区

洋河服务区位于宿淮盐高速公路宿淮段（G2513）K101处，坐落于西楚霸王项羽的故乡宿迁，名酒之都洋河古镇；占地总面积为63亩，建筑面积为4356m^2，绿化面积15304m^2，广场、道路面积为22490m^2；可同时接待250余人就餐，提供136个大小停车位，现有员工87人；是集餐饮、商品销售、加油、汽车修理为一体的高速公路驿站。

宿迁地处江苏北部，是1996年7月新设立的地级市。全市总面积8555km^2，总人口517万人，现辖沭阳县、泗阳县、泗洪县、宿豫区、宿城区、湖滨新城、洋河新区、宿迁经济技术开发区和苏州宿迁工业园区。宿迁历史悠久，人文荟萃。著名的有西楚霸王项羽，南宋抗金英雄刘世勋,晚清民族英雄杨泗洪,中国人民解放军炮兵奠基人朱瑞等。宿迁是革命老区,许多革命先辈都曾在这里留下足迹。

宿迁旅游资源丰富,景观众多,风光优美。曾被清代乾隆皇帝盛赞为"第一江山春好处"。项王故里建筑古朴,乾隆行宫金碧辉煌,三庄汉墓群气势恢宏。洪泽湖、骆马湖烟波浩淼,珍禽聚栖。洪泽湖湿地自然保护区是大鸨等珍稀濒危鸟类的栖息越冬地。省级峰山森林公园景色秀丽,风景宜人。近年来打造的著名旅游景点还有洋河酒厂工业园、宿北大战纪念馆、三台山公园、南大寺、彭雪峰纪念馆、朱瑞将军纪念馆、骆马湖湖滨公园、克拉嗨谷、运河文化城等。

宿迁资源丰富,潜力巨大。境内平原辽阔,土地肥沃,河湖交错,是全国唯一拥有两大天然淡水湖(洪泽湖、骆马湖)的地级市,京杭大运河、古黄河等十条大河穿境而过,优质水面达303万亩。宿迁是优质农副产品产区,所辖3县均为全国商品粮基地县和平原绿化先进县,是著名的"杨树之乡""水产之乡""蚕茧之乡""名酒之乡"和"玻璃城"。矿产资源丰富,非金属矿藏储量较大,主要有石英砂、蓝晶石、硅石、水晶、磷矿石以及黄砂等。

2)成子湖服务区

成子湖服务区位于盐徐高速公路K57+800m处,分南区和北区,每区各有停车位102个,其中小型车位40个,货客车位50个,危险品车位12个,总用地面积53333m²,总建筑面积5616m²,建筑占地面积3414m²,硬地面积28331m²,绿化面积25002m²,建筑密度6.4%,容积率0.105,绿化率49.9%,综合楼为框架结构二层,建筑面积为2510m²。

该综合楼主体为两层,平面由一段扇形和一个椭圆形连接而成,服务区需要向人们展示的是一个休闲娱乐的场所,因而希望给人以轻松自然的感觉,尽量做到尺度宜人,仿佛由大地上生长出的一般。服务区建筑设计现代流畅,简洁大气,引入了地方代表性元素(楚文化),体现人性化的设计理念,富有极强的文化时代气息。

建筑以体形明确的大体块构图,在造型上整个建筑以水平线条处理为主,通过材质的对比,显得平和、安逸、流畅,动感很强,与高速公路的特点很相符。力求处处遵循以人为本的原则,一切为了满足人们的精神物质的需要。

服务区污水处理以往都是采用化学处理,可能会产生二次污染,为此宿淮盐高速公路宿迁段首次引入了生物渗滤床污水处理技术,通过采用生物渗滤床技术和设备,改善污水处理效果,明显降低了污染,保护了生态。

通过对建筑物外观和绿化的组合搭配,用特制塑料围栏,取代以往的传统围封方式,提升了本项目的建设品位。通过合理的植物搭配,着力体现景观型服务区的整体效果。先进的设计理念使得服务区建筑彰显古典美和现代美,文化与自然相融,功能性与景观性和谐统一。

三、徐州至宿迁高速公路(建设期:2000—2003 年)

(一)项目概况

1. 工程概述

徐州至宿迁高速公路是江苏省规划建设的"四纵、四横、四联"公路主骨架中"纵四"(徐州—宜兴)和"横二"(徐州—盐城)公路的共线路段,也是同三、京沪、京福、连霍4条国道主干线的区域联络线。本项目地处淮海经济区域中心,西起徐州市铜山县,与连徐高速公路、京福国道主干线(徐州东绕城)相连,东止于宿迁市埠子镇,与徐宿高速公路和宿(迁)淮(阴)盐(城)高速公路相连。本项目及其向东延伸段从苏北纵深腹地穿越而过,沟通了沿黄海、沿陇海线、沿京杭运河3条经济轴线和徐州、宿迁、淮阴、盐城4个区域经济中心,向东、向南可至经济发达的沿海地区,向西可达中西部腹地,其建设对于沟通南北,连贯东西,联网贯通国道主干线,构架江苏省公路主骨架,进一步促进沿线地区经济发展具有十分重要的意义。

1)技术标准与工程规模

徐州至宿迁高速公路所采用的技术标准和工程规模,符合国家和部颁标准、规范的有关规定,符合工程可行性研究结论和上级批复意见。

路线全长94.7km,其中徐州境内82.1km,宿迁市境内12.6km。全线按全封闭、全立交高速公路设计标准设计,路基宽度28m,双向四车道,设计行车速度120km/h,桥涵设计车辆荷载为汽车—超20级、挂车—120。全线设互通立交(枢纽)5处,服务区1处,停车区1处;监控、通信、收费、照明、环境建设、绿化、安全设施等交通工程同步建成,并实现联网收费。

2)项目投资及来源

本项目资本金中省交通建设资金投入占3/4,其余1/4由宿迁、徐州两市按各自境内线路里程和规模共同出资。2000年7月,江苏省建设厅以苏建重〔2000〕258号文对徐州到宿迁高速公路工程初步设计有关线路走向、主要技术标准、设计方案、建设规模、工程用地、概算及工期等作出批复。核定初步设计概算为294652.76万元。本工程批复总概算为30.0215亿元。决算数为29.9420亿元。工程投资控制在批复总概算范围内。

3)工程建设条件

徐宿高速公路位于黄淮平原南缘,区内零星分布少量山丘,属沂蒙山脉的南延部分,山势低缓。基本地貌单元为黄泛冲积平原区,地势具有西北高、东南低的特点,地表海拔从38.5m渐向20.0m倾斜,地面坡降约为1/5000。沿线人工河流、沟渠、池塘较多,村庄大而密集。废黄河河床及河漫滩高出两侧地面5~10m,由西向东蜿蜒在微缓起伏的平原上,成为次一级的地表分水岭。

区域内次级地貌为废黄河河床及高漫滩区和冲积平原区。起点至K51为废黄河河床及高漫滩区,在K25+80和K30+026两次跨越废黄河,该区海拔38~35m,河道宽平,河床两侧为黄河泛滥时形成的故道高漫滩。上游堤内滩地比两侧地面高出5~10m,下游高出3~4m,成垄岗状位于黄泛冲、洪积平原之上,该区基岩埋深较浅,上覆更新世、全新世冲积、洪冲积物,厚度40~50m,K51至终点为黄河泛滥时形成的冲积平原区,海拔31~19m,该次级地貌单元还可进一步划分:侧沿洼地、冲积倾斜平原、黄泛微高地。侧沿洼地分布于废黄河故道两侧大堤外缘,为冲积平原中易涝之地;冲积倾斜平原地势平坦,微向洼地倾斜;由于黄河的经常决口及分支岔道的冲刷、切割,地貌上形成一些黄泛微高地,其地势低缓,是河垄和砂地的分布区,该区第四系沉积物较厚,达70~80m。

在大地构造位置上,该路段位于秦岭东西构造带分支南侧与新华夏系第二降起带西侧的复合部位,在大地构造上属中朝准地台。该区华夏式和东西构造特别发育,基本上控制着本区的地质构造格局。根据区域地质资料、《徐宿线工程地质遥感报告》《徐宿线地震安全性评估报告》,全线主要发育8条断裂,其中对于路线影响较大的是废黄河断裂和郯庐断裂带,其次为双向沟断裂。

路线经过地段全部被第四系冲洪积及湖相沉积的松散地层所覆盖,除路线起点至K30+200段基岩埋藏较浅,并见有零星基性岩体以外,大部分地区基岩埋藏较深,在勘察深度范围内未见基岩。

依据《徐州至宿迁高速公路工程现场地震安全评估报告》,该项目路段起点至K54+000为Ⅶ度区,K54+000~K84+000为Ⅷ度区,K84+000~终点为Ⅸ度区。

4) 工程工期

本项目工程先导段于2000年7月28日开工建设,2002年5月基本完成路基和桥梁工程;2002年10月完成基层、底基层及防护工程,2003年9月初完成沥青混凝土面层施工,同时完成房建、绿化、监控、通信、收费、供电、照明、安全设施等交通工程,经过参建各方的共同努力,提前15个月于2003年9月22日实现了通车目标,本工程实际工期为3年,缺陷责任期1年。

5) 完成的主要工程量(竣工决算数)

全线征用土地9612.2575亩,拆迁房屋43900m²,迁移三杆438道,全线完成路基土石方1454.6万m³,处理的不良地质段(包括软土、可液化土等)总长度77.8km。涵洞108道,通道135道;特大桥2座,总长1836.4m;大桥13座,总长2251.4m;中桥53座,总长3197.58m;小桥33座,总长907.27m;路面底基层241.70万m²,路面基层216.57万m²,沥青混凝土上面层250.59万m²,水泥混凝土路面1.06万m²;房建18397m²。全线完成安全设施、收费、供电、照明等设施及绿化工程。

2. 决策过程

1999年2月1日,江苏省计划与经济委员会以苏计经交发〔1999〕147号文《关于徐州至宿迁高速公路项目建议书的批复》同意建设徐州至宿迁高速公路。

2000年5月29日,江苏省计划与经济委员会以苏计经交发〔2000〕873号文《关于徐州至宿迁高速公路项目可行性研究报告的批复》通过了该项目的可行性研究报告。

2000年7月7日,江苏省建设厅以苏建重〔2000〕258号文《关于徐州至宿迁高速公路工程初步设计的批复》通过了该项目初步设计及概算。

2000年8月29日,江苏省审计厅以苏审意开〔2000〕20号文《江苏省审计厅关于徐州至宿迁高速公路建设项目的开工前审计意见》通过了该项目的审计报告。

2000年10月25日,江苏省交通厅批准徐宿高速公路开工。

苏环管〔2002〕61号文《关于对徐州至宿迁高速公路工程环境影响报告书的批复》批准了工程环境影响报告书。

(二)建设情况

1. 项目准备阶段

1)招标投标

本项目所有工程项目的施工和监理都采取公开招标、抽签选定专家评标的办法,先后确定交通部公路二局第三工程处、江苏省交通工程总公司、武进市交通建设工程总公司、路桥集团第一公路工程局、大庆石油管理局公路工程公司、吉林省交通建设集团有限公司等50多家施工单位和江苏省交通工程监理咨询总公司等19家监理公司。

由于坚持公开、公正、公平的准则,坚持实行招投标制度,严密招投标程序及标底编制,加强资格审查,依法签订合同,严肃工作纪律,并邀请公正机关对招标过程进行公正,纪检部门监督,合法确定中标单位,确保了招投标工作的顺利开展。

2)资金来源

本项目资本金中省交通建设资金投入占3/4,其余1/4由宿迁、徐州两市按各自境内线路里程和规模共同出资。

3)征地拆迁

征地拆迁情况统计见表7-9-2。

征地拆迁情况统计表　　　　　表7-9-2

征地拆迁安置起止时间	征用土地(亩)	拆迁房屋(m²)
2000年5月—2003年9月	9612.2575	43900

2. 项目实施阶段

本项目实行"省市高指在现场联合组建项目办组织建设、市高指服务协调保障"的建设管理模式。根据监理工作的需要,设立独立的总监办办事机构,驻地监理全部通过招标择优挑选社会监理承担。徐州、宿迁市高指在建设过程中主要承担协调处理地方矛盾、拆迁、协助征地、保障建设环境等工作。按照"建一流工程、树勤廉形象"的要求,业主与施工、监理单位分别签订了"廉政合同"。省纪委和省交通厅党组联合实行对工程项目纪检监察派驻制,并向项目办派驻了纪检监察小组,对工程建设进行监督。

本项目在施工实施过程中,在省、市高速公路指挥部统筹管理领导下,因工期缩短、地质资料设计变更等原因,按照江苏省规定的变更程序,徐宿高速公路进行了以下主要设计变更:

(1)由于K7+821分离式立交净空要求,使得立交桥两端路基填土较高,且两侧路基均位于水塘中,据施工开挖验证,具有古河道特征,为保证路基稳定,控制路基沉降,将水塘中的路基结合分离式立交、运料河大桥一并进行了改桥设计。

(2)为避免桥梁桩基进入岩溶地层危及桥梁安全,对废黄河Ⅰ、Ⅱ号大桥跨径、下部结构形式进行了修改。

(3)对位于岩溶区的桥梁基桩,依据逐桩钻探结果,逐一进行了承载力校核,调整了部分桩长设计。

(4)配合收费系统及收费站广场长度的变更所做的路基路面设计变更。

(5)对于用粉砂土填筑的路基,加强了边坡防护和绿化,采用了空心六角块加铺草皮防护。

(三)复杂技术工程

徐州至宿迁高速公路路线所经地区位于黄淮平原的南缘,区内零星分布少量山丘,属沂蒙山脉的南延部分,山势低缓。基本地貌单元为黄泛冲积平原区,地势具有西北高、东南低的特点。

在大地构造位置上,该路段位于秦岭东西构造带分支南侧与新华夏系第二降起带西侧的复合部位,在大地构造上属中朝准地台。该区华夏式和东西构造特别发育,基本上控制着本区的地质构造格局。根据区域地质资料、《徐宿线工程地质遥感报告》《徐宿线地震安全性评估报告》,全线主要发育8条断裂,其中对于路线影响较大的是废黄河断裂和郯庐断裂带,其次为双向沟断裂。该项目路段起点至K54+000为Ⅶ度区,K54+000~K84+000为Ⅷ度区,K84+000至终点为Ⅸ度区。

由于沿线岩溶和裂隙发育,对桩基基础及周边情况,采用了逐桩钻探,并首次在江苏省采用了地质CT检测,有效探明地质情况,确保了基础的安全。值得一提的是,根据检测结果,经专家论证,优化了废黄河1号、2号桥的设计方案,避开了不良地层,既节省了费用,又保证了工程的可靠性。

针对宿迁南枢纽处于地震高烈度带Ⅸ度区,总监办多次召开专家会,在国内首次使用了万向转动万向承载抗震减震球形钢支座;同时请河海大学对钢管立柱微膨胀混凝土进行了专门设计,并现场指导施工,对钢管焊接质量提高一个检测标准,进行探伤检测和X光片检测,确保了立柱的质量。

(四)运营及养护管理

1. 运营管理

徐宿高速公路于2003年8月份正式开通,作为G2513淮徐高速公路的一部分,徐宿高速公路自成立之日起就以标准化、精细化管理为目标,扎实做好运营管理基础工作。长期以来,徐宿高速公路在运营管理方面不断改进完善。第一,内业管理越来越细。在规范操作流程上,对通行费征收、解缴、废弃票处理、出入亭自查、特情处置、免费优惠车辆验证都作出详细明确规定,票据的申领、发放、盘存、保管等环节责任明确,操作规范,通行费的收缴、存放、交接、解缴等环节实现"无缝衔接"。在监督管理上,坚持四级稽查制度,构建收费岗位立体监督检查网络,编发月度《运营工作简报》,对全线通行费征收、票卡使用、文明服务路况信息、站务管理、运营工作动态及时进行通报公布,监控收费服务行为。在设备维护上,做到设备维护资料填写规范,存档及时,对机电设备使用情况坚持定期与不定期检查,发现问题,第一时间通知维护方,督促其在最短的时间内予以修复。第二,业务技能越来越熟。各收费站坚持每周业务学习、每周特情交流、每月定期组织业务技能测试,不断巩固提高业务技能,努力让工作特例转为普通事例。第三,打击逃费越来越严。对可能出现的各类偷逃通行费行为,各单位积极制订防逃、打逃、追逃预案,采取超宽车道定制水泥预制块、配置破胎器、拦车器等各种措施,宣教并举,打防结合;对各类优惠放行车辆对照政策认真检查其区间相符性、时间有效性、车辆运输物资真实性和证件准确性。第四,文明服务越来越优。在坚持"五个一"基础上,为进一步提高服务水平,各收费站多措并举,多管齐下,加大文明服务管理考核力度,将员工文明服务月度考核结果与绩效考核挂钩,开展月度"服务明星"评选活动,增强员工争先创优意识,做到为驾乘人员"诚心诚意办实事,尽心竭力解难事,持之以恒做好事",涌现出诸多好人好事。

2. 养护管理

在道路养护管理方面,认真贯彻"预防为主,防治结合"的养护方针,紧紧围绕"畅、洁、绿、美"的养护工作目标,在切实做好道路日常养护工作的同时,加强对道路状况的检查,发现问题及时处理,如对因盗窃和交通事故造成的安全设施的缺失和损坏及时进行恢复、对路基局部边坡冲沟及时进行修补、对中分带枯死苗木及时进行更换等,从而较好地保持了高速公路及其沿线设施的完好,保障道路的安全畅通。在2003年11月省交通厅组织的省级文明样板路初验和江苏交通产业集团组织的2003年下半年、2004年上半年两次养护检查及省交通厅质监站近期进行的全省高速公路养护质量监督检查中,徐宿高速公路的道路品质都受到了高度评价。同时,为了全面掌握徐宿路桥的技术状况,委托江苏高速公路工程养护公司于2004年7月对徐宿全线大中桥梁进行了一次普查,初步建立了全线桥梁的技术档案,为桥梁的日常管理和养护决策提供了可靠的依据。

3. 服务区

徐州至宿迁高速公路包含古黄河、高作2个服务区。服务区以经营餐饮、超市为主体,以加油、汽修为配套,以休闲娱乐为补充,为顾客提供多功能全方位服务。

古黄河服务区位于两汉文化的发源地——徐州市铜山区境内,G2513宁宿徐高速公路K193处,因地处古黄河而得名。服务区占地面积112亩,总建筑面积约12000m^2,按三星级标准建设,以宁宿徐高速公路为轴心,成南北对称布局。服务区建筑风格独特,设施先进齐全,环境清洁卫生,价格公正合理,服务热情周到。为广大驾乘人员提供餐饮、购物、加油、汽修、ETC充值等多项服务;同时免费提供停车、如厕、开水、针线包、手机充电、咨询等服务。

高作服务区位于G2513高速公路徐宿段K132处,在徐州市睢宁县高作镇境内,上行20km即是宿淮线和宁宿线的分界点,地理位置非常重要,是宁宿徐高速公路上最重要的服务区之一。服务区占地面积近80亩,广场面积10000m^2,拥有大型车位44个,小型车位54个,特种车位10个,房屋建筑面积5500m^2,主要功能区有餐厅、超市、公共厕所、休息区、母婴室、地方土特产专卖店、加油站、汽修厂等。餐饮部提供套餐、自选餐、零点服务,羊肉汤面馆是最具地方饮食文化特色的服务项目,服务区还长年提供高作老豆腐、辣皮等独具风味的美食。商品部销售的200多种大宗商品一律实行"同城同价"的定价方针,满足广大旅客正常的出行需求。100多种地方土特产、嘉兴粽子、洪泽湖骆马湖水产品、高作山水梨等果品可以满足顾客更多的选择。服务区提供ETC自助充值和道路信息查询服务,室内公共场所提供免费的Wi-Fi网络,24小时提供免费开水,配备了手机加油站、残疾人座椅等。2015年高作服务区通过了交通运输部认定的国家级优秀服务区标准。

第十节 G30(连云港—霍尔果斯)

连云港至霍尔果斯高速公路(G30)江苏境内已全线通车,起自连云港港区,经连云港市区、东海、新沂、邳州、徐州市区,止于老山口(苏皖界)。江苏境内全长241km。全线各路段基本情况见表7-10-1。

第七章 高速公路项目简介

G30 全线各路段基本情况　　　表 7-10-1

序号	路　段	里程(km)	建　设　期	备注
1	港区至连云港段	5	2009—2016 年	
2	连云港至徐州高速公路	236	1997—2003 年	

连云港至徐州高速公路(建设期:1997—2003 年)

(一)项目概况

1. 基本情况

1)建设依据

连云港至徐州高速公路(下称连徐高速公路)是国道主干线连(江苏连云港)霍(新疆霍尔果斯)公路的东龙头段,东起连云港墟沟镇,西至徐州苏皖省界老山口,经灌云、东海、新沂、邳州、铜山五县(市),全长 236.784km,担负着中西部地区出海通道及东西部交通的重任,对改善连徐经济带投资环境具有深远的意义。

2)建设规模及主要技术指标

连徐高速公路全线按全封闭、全立交、双向四车道高速公路标准建设,设计行车速度 120km/h,桥涵设计车辆荷载为汽车—超 20 级、挂车—120,路基宽度 28m。

连徐高速公路共分为两阶段实施。一期工程总里程 94.12km,分为东西两段,其中东起连云港境内宁海互通,穿越灌云、海州、东海、新沂四县区 9 个乡镇,与京沪高速公路相交,全长 74.91km;西段位于徐州铜山县,东起与 104 国道相交的潘塘互通,西止苏皖省界老山口,与连霍线安徽段相接,全长 19.21km。

3)项目投资及来源

连徐高速公路工程概算投资 71.5 亿元,其中中央专项基金 10.28 亿元,地方专项基金 16.22 亿元(其中地方财政预算内专项资金 1.5 亿元),开发银行贷款 25 亿元,建设银行贷款 20 亿元。

4)工程建设条件

连徐高速公路位于苏北平原北部,东临黄海、北接山东、南部为广阔的苏北平原,西则靠近安徽和河南。区域内地势较为平坦,起点至东海县为海积平原和冲海积平原地貌,其间有云台山、大岛山、哑叭山、锦屏山等剥蚀残丘。东海县以西至新沂市为剥蚀准平原地貌,地势较为平坦,总的地势特征为西高东低,北高南低,由西北向东南缓和倾斜。新沂市以西地貌单元为鲁南低山丘陵南缘的侵蚀残丘和黄海准平原过渡地带,其中包含黄泛冲积平原和丘陵～山间盆地。

项目所在地区跨越两大地质构造单元。以海州—泗阳断裂带为界,东侧为扬子地台,西侧为华北地台。据遥感地质资料调查分析,区内有多条断裂构造,根据《连云港至霍尔果斯国道主干线连徐段地震安全性评价报告》,连徐高速公路起点段至 K104+650 地震基本烈度为Ⅶ度,K104+650～K160+400 为Ⅷ度,K160+400 至路线终点为Ⅶ度。

地层和岩性:海州—泗阳断裂带东侧地层为武陵期混合花岗岩,中原古界海州群变粒岩、石英片岩组成锦屏山和云台山山体,海州—泗阳断裂带西侧至郯庐断裂带间,地层为太古界—下元古界胶东群片麻岩和五台山超越性岩、榴辉岩等;平原、准平原地区,连云港沿海一带为海相沉积地层,分布有厚层状软土。沂河和黄河古道两侧为河相冲积物,因河流的交替侵蚀与堆积,断续分布有软土和可液化土层。

项目所在地区地下水位埋深 0.9～1.5m,多表现为基岩裂隙水和松散类岩孔隙水,其中起点段松散岩类孔隙水由于受第四纪多次海侵影响,除坡洪积裙和沟谷地带有小范围淡水体外,均为半咸水和咸水,且由东向西逐渐变淡,近海地区地下水对混凝土具有中等结晶分解复合类腐蚀,其余地段地下水及河流均为淡水,对混凝土无腐蚀。

路线所在地区属温带半湿润季风气候,气候温和,四季分明,雨量较充沛,夏秋季雨量相对集中,易形成暴雨,造成水灾。年平均气温 14℃ 左右,历年日平均最高气温达 37℃,日平均最低气温 -12.5℃,极端最高气温 43.3℃,极端最低气温 -23℃,最大冻土深度 15～33cm,年平均降雨量 802mm,连云港地区历年风速最大为 12.7m/s,以东北风为主。

5)工程进度

连徐高速公路一期工程于 1997 年 3 月开工建设,2001 年 11 月通过交工验收。二期工程于 1999 年 5 月开工建设,徐州段于 2002 年 10 月通过交工验收,连云港段于 2003 年 6 月通过交工验收。

6)主要工程数量

工程共征地 44402.5 亩(含取土占地 20911.7 亩);拆迁房屋 97908m²;完成路基土石方 44209.95m³;涵洞 468 道;通道 249 处(不含桥孔);互通式立交 11 处;分离式立交 38 处;特大桥、大桥共 362 座(含互通式立体交叉 19 处);同步完成收费、监控、通信、照明、安全、绿化、服务等设施。

2. 决策过程

连徐高速公路工程项目严格执行国家基本建设程序。

1998 年,国家计划委员会以计交能〔1998〕327 号文批复立项。

1998 年 3 月,交通部第一勘察设计院完成《工程可行性研究报告》;1998 年 8 月,国家计委以计基础〔1998〕1603 号文《印发国家发展计划委员会关于审批连云港至霍尔果斯国道主干线连云港至徐州(苏皖交界)高速公路工程可行性研究报告的请示的通知》批准工可报告。

1998 年 8 月,江苏省交通厅向交通部上报初步设计;同年 10 月,交通部以交公路发

〔1998〕640号文批复同意初步设计。

1998年8月,国家计委发特急计投资〔1998〕1636号文下达了开工令。

本项目的环境影响评价研究由西安公路交通大学承担。1998年8月,国家环保总局以环发〔1998〕223号文批准了环境影响评价报告书。

(二)建设情况

1. 项目准备阶段

依据《江苏省工程建设项目招标范围和规模标准规定》(苏政发〔2004〕48号)的规定,设计、施工、监理、检测和重要材料设备采购等项目均采用公开招标方式,所有招标工作均由省交通工程建设局负责具体招标工作。招标工作坚持"公开、公平、公正"的原则,严格遵守招投标程序和工作纪律,严密标底编制,加强资格审查,随机抽选专家进行独立评标,合法确定中标单位,依法签订合同,纪检部门对招投标过程进行全过程监督,公证部门对招投标过程和结果进行了严格的监督和公证,确保了招标工作的顺利开展。

工程实施过程中,为保证征迁过程公开透明,并确保征地拆迁资金能够及时、足额、准确地拨付到位,一方面在主线用地附着物调查过程中坚持由市、县、镇、村四方共同调查,并对补偿数据及金额以村为单位进行公示,保证了调查数据及补偿金额的公正、准确;另一方面,对于征迁资金的拨付,严格执行有关管理规定,征地拆迁款由省交建局按照有关补偿政策拨付给市高速公路建设指挥部,再由市高速公路建设指挥部→县高速公路建设指挥部→镇政府→村委会→个人,逐级签订协议拨付,确保了征迁资金拨付的规范性。

征地拆迁情况统计见表7-10-2。

征地拆迁情况统计表 表7-10-2

征地拆迁安置起止时间	征用土地(亩)	拆迁房屋(m²)	支付补偿费用(元)	备注
1998—1999年	44402.5	97908		

2. 项目实施阶段

为确保连徐高速公路工程质量达到国内领先、国际先进水平,在建设过程中十分重视科学技术对高速公路的指导作用,针对连徐高速公路要求高、地质条件复杂,以及桥涵结构物多等建设难点和特点,在保证质量稳定的前提下力求技术创新,加强科研攻关,推动建设工程的不断提高。对设计图纸、重大施工技术方案、施工难点、科研攻关均提前组织专家论证,下达具体实施方案及专家审查意见。对重要施工工艺、工序建立方案会审制度,会同设计、监理、施工单位,召开技术交底会、方案论证会,对质保措施进行专题论证和落实。

本线路重点开展了以下项目的科研攻关:

(1)液化砂土地基处理:为了进一步优化高等级公路液化地基的综合处理技术,完善公路工程抗震设计理论和液化地基处理、设计、分析理论,省高指针对连徐高速公路徐州段地处高烈度地震区(Ⅶ~Ⅸ度),沿线砂土液化地基或可液化砂土类软土地基长达67.063km,在地震作用下易产生液化现象等特点,联合东南大学交通学院和国家地震局测防中心组成课题组,采用试验路段与室内试验分析相结合的方式,在14个试验区先后进行了"公路工程地基液化的实用评判方法""高速公路液化地基强夯法处理技术""高速公路液化地基干振碎石桩法处理技术""桥梁工程地基抗震处理原则""高速公路液化地基处理的施工控制和质量评定方法"等5个子课题的研究,取得了"SASW法测得的土层剪切波速与实测标准贯入击数之间具有良好的指数相关关系(即 $v_S = 30.2 N_{63.5}^{0.92}$)"等20项研究结果。根据课题组对液化地基处理标段进行的跟踪检测结果,所有处理标段的剪切波速均大于200m/s,标贯 $N_{63.5}$ 达到15~18击,全部达到设计要求。

(2)软土地基观测及海相软土地基研究:省高指联合省交通科研院成立了"连徐高速公路地质评估、软基设计评估、软基路段路基沉降观测"课题组,对连徐高速公路全线开展地质评估、软基设计评估、软基路段路基沉降观测,不同处理方案处理典型路段的详细观测对比,在施工过程中及时指导施工,合理推荐路基变更方案,确保了全线软基填筑施工质量。同时针对连云港港口段沿线分布的海相软土地基沉降量大、排水固结十分缓慢、低级稳定性差等特点,省高指联合东南大学成立课题组,开展"江苏沿海地区高速公路海相软土地基变形特征与应用研究",课题组通过对工程沿线软土特性的现场调查和水文、工程地质调查,对软土进行分类研究,在大量室内试验的基础上总结分析,得出海相软土的工程力学特性、变形特征和流变特征,同时引入软土的流变模型,提出了最佳的软土加固方案和设计、施工参数,有效地指导了本项目软土地基的设计和施工,且研究成果对海相软土地区高速公路的设计、施工具有重要的理论指导意义和工程使用价值。

(3)路面技术研究:为提高江苏省高速公路沥青路面面层的施工技术水平,确保路面的工程质量,延长路面使用年限,在总结江苏省以往高速公路路面施工经验基础上,对沥青面层施工采取了一系列新的技术措施。

①提高集料、填料、沥青等原材料的部分技术标准及指标,提高了原材料质量检测频率。对路用集料实行准入制。

②增加面层厚度,优选沥青混合料结构类型:为适应超重车辆的行驶,二期工程实施中将中面层厚度从5cm增加到6cm;为提高沥青的均匀性,使面层结构厚度与所采用沥青混合料集料的公称最大粒径之比,中、下面层不小于2.6,上面层不小于3.0。下面层结构厚度7cm,采用AC-25Ⅰ改进型或Sup-25型混合料;中面层6cm,采用AC-20Ⅰ改进型或Sup-20型混合料;上面层4cm,采用改性沥青AK-13A或SMA-13型混合料。

③工程实践中,大胆引进国内外的先进技术,修建了Superpave试验路。Superpave技术源自美国,其结构具有较好的颗粒嵌挤结构,表面均匀粗糙,抗水损害性能、抗车辙性能

优于传统的 AC 型混合料。

④加大压实功能,提高压实度标准,除适当提高碾压温度外,各施工单位均配置了 25t 胶轮压路机,压实标准采用马氏密度、最大理论密度双指标控制。

⑤改进传统的沥青混合料配合比设计:采用了省交科院最新成果 AC-25 Ⅰ 改进型级配和 AC-20 Ⅰ 改进型级配,小于 4.75mm 部分较规范值偏粗,在规范中值偏下,以避开 Superpave 的禁区,并避免出现沥青混合料试件空隙率过小的现象。

(三)科技创新成果与应用

(1)大跨径提篮式系杆拱桥技术研究:针对京杭运河特大桥为国内同类结构桥梁主桥跨径最长、结构复杂、施工难度大等特点,于 2000 年 5 月成立了"连徐高速公路京杭运河特大桥关键技术研究"课题组。施工过程中邀请了张联燕、陈宝春等国内拱桥方面知名专家召开了多次方案审查会、论证会,开展了"提篮式拱桥'八字拉结'竖转施工系统工艺""钢结构锌铝复合涂层防腐性能研究""现场总线技术在竖转实时控制系统中的应用""激光测距技术在竖转液压同步控制系统中的应用"等 10 个子课题的研究。其中,"钢管混凝土拱桥受力性能""利用超声波定量分析钢管混凝土密实度缺陷""钢构件'底锌面铝'涂层"等 3 项研究在我国尚属首例。由于准备充分,检查细致,指挥得当,主桥拱肋竖转的合龙误差只有 3mm,受到了业内外的好评。通过上述研究,使该类桥型施工技术更加成熟,提高了江苏省桥梁施工技术水平。

(2)长大桥沥青混凝土桥面铺装结构形式及施工工艺研究:依托京杭运河特大桥实体工程,针对桥面沥青混凝土不具备道路上坚强的路基与基层结构的支撑,受力却比一般道路复杂得多的特点,对桥面铺装进行了力学机理分析和试验路铺筑等大量研究,通过在沥青混凝土中掺入一定比例的聚酯合成纤维,较好地解决桥面铺装层要求不渗水、黏结好、高温稳定、低温抗裂、耐疲劳、便于施工等问题。

(3)水泥稳定碎石基层裂缝防治研究:水稳收缩裂缝问题成为目前江苏省公路建设中迫切需要解决的问题,省高指联合省交通科学研究院成立课题组,开展了"水泥稳定碎石基层裂缝防治的研究",在室内试验和理论研究的基础上,结合本工程实体,提出水稳碎石基层配合比设计以及施工控制的关键指标;同时,在几种反射裂缝处治方案经济及技术指标评价的基础上,提出适合江苏省内反射裂缝的处治措施。课题组依托连徐二期连云港段工程项目,在施工水稳碎石基层时,采取了预切缝后热沥青处治、预切缝上加铺玻纤格栅,使用改性乳化沥青作下封层、基层表面做 SAMI 应力吸收层试验等多种措施,尝试对水泥稳定碎石的收缩裂缝进行防治。在沉降量较大路段,还做了近 1km 的基层和下面层上满铺玻纤格栅和聚酯合成纤维沥青混凝土路面。各试验段对江苏省研究水稳碎石基层裂缝处治做出了有益的探索。

(4)全线通信管道采用硅芯管,并改进了吹缆工艺,加快了光缆的铺设进度。

(5)对于大桥桥面采用新型FYT-1型防水材料做防渗层,提高了防水性能。

(6)为解决长距离、大范围传统低压供电存在的问题,采用了中压电能传输技术。

(7)首次在省内成功铺筑改性乳化沥青下封层30km,提高了下封层对面层渗水的阻隔作用,增强了沥青下面层和基层之间的黏结力。

(8)辉绿岩路用性能研究:结合徐州当地分布有大量的辉绿岩的实际,对其岩性、路用性能进行分析鉴定后,首次在江苏省高等级公路路面使用辉绿岩石料。经铺筑试验路证实,辉绿岩路用性能优于江苏省高速公路路面沿用的玄武岩石料。由于就地开采利用,运距较短,大大节省了投资。

(四)运营及养护管理

江苏连徐高速公路有限公司隶属于江苏交通控股有限公司,成立于1999年2月,2001年11月开通运营,负责连霍(G30)、京台(G3)、淮徐(G2513)、济徐(S69)等江苏段共410km高速公路的经营管理。

公司本部设7部1室,下辖2个管理中心、24个收费站、10个服务区、6个排障大队、2个养护管理中心和1个调度指挥中心,共计45个基层单位。

公司始终坚持以"责任、诚信、和谐、自律"的核心价值观为引领,秉承"让社会更美好,让企业更兴旺,让员工更满意"的企业理念,发扬"艰苦奋斗,谦虚谨慎,求真务实,开拓创新"的企业精神,内部管理科学高效,服务水平持续增强,经济效益和社会效益显著提升。

公司先后获得全国厂务公开民主管理先进单位、江苏省文明单位、江苏省免检企业、省级文明样板路、江苏省首批廉政文化建设示范点等荣誉称号。"十二五"期间,公司及基层单位获得市级以上荣誉称号109项,公司员工获得市级以上荣誉称号101项。

连徐高速公路的运营管理主要包括收费管理、服务区管理、养护管理、交通安全管理等几个方面。在江苏交通控股有限公司的正确领导下,秉承"以人为本"和"让社会更美好"的企业理念,践行科学发展观,坚持以经济效益为中心、以道路品质为生命、以文明创建为主线,以"一流的设施、一流的管理、一流的服务、一流的效益"为目标,严格管理、科学养护、文明收费、优质服务,公司运营管理的各方面均取得了较好的成绩,受到社会各界的广泛好评。

在管理方面主要完成了以下几项工作:

(1)科学设置机构,建立管理体制。根据国家、地方和江苏交通控股有限公司的有关规定及运营管理工作的实际需要,经过深入调查研究,按照"精干、高效、节约"的原则,对公司管理资源进行了进一步优化调整,组建了连徐高速公路的各级运营管理机构,并通过面向社会招聘、公司内部竞聘等办法完成了沿线各基层站区员工队伍的建设,形成了责、权、利相结合的精干高效的管理机构。

(2)健全规章制度,实行规范管理。根据连徐高速公路的运营管理特点和需要,遵照国家和地方的有关管理办法和规定,结合多年来高速公路运营管理的工作经验,努力抓好规章制度建设,从建章立制入手,进一步优化管理手段,促进管理工作更加规范化、程序化和科学化,提升了公司的运营管理水平,提高了服务水平和服务质量。

(3)加强养护管理,确保道路品质。在道路养护管理方面,认真贯彻"预防为主,防治结合"的养护方针,紧紧围绕"畅、洁、绿、美"的养护工作目标,建立健全了养护管理体系,实行社会化、市场化养护,选择专业性强的养护队伍,加强了道路维护。设置了3个养护中心,按规定要求配备路面、交通安全设施、绿化、除雪防滑等专业机械化养护设备及专业养护技术人员。在切实做好道路日常养护工作的同时,加强对道路桥梁技术状况的巡查和检查,发现问题及时处理,对交通事故和盗窃造成的交通安全设施缺失和损坏及时进行了修复,对超高车辆易碰撞剐蹭的通道桥设置了限高门架等,从而较好地保持了高速公路及沿线设施的完好,保障了道路的优良品质。

为做好连徐高速公路的道路养护管理,根据项目特点和工作实际需要,下设两个养护管理中心,配备了专职管理人员和养护技术人员及相关车辆设备,对该工程养护进行全面管理。以合同方式委托江苏省高速公路工程养护有限公司(下简称"养护公司")3个养护中心,配备了相关养护人员、机械、设备、材料,及时维修保养,每季度检查评定,满足了养护管理需要。以合同方式委托具有相应资质的单位对道路和桥梁进行定期检查,形成完备的检查报告。公司按照养护规范和相关标准,及时开展了大中修工程,确保了道路技术状况始终处于优等水平。省交通主管部门每年定期对高速公路及其附属设施的完好情况和养护质量组织检查、复核,出具检查通报。

按照国家和省交通部门制定的技术规范和操作规程实施该工程项目养护,并安排相应的养护资金,2011年投入8528万元,2012年投入4635万元,2013年投入4968万元,2014年投入6636万元,实行预防性、周期性养护,保障了连徐高速公路始终处于良好的技术状况,道路技术状况指数(MQI)常年保持在95分以上,道路品质良好。

在质量缺陷责任期内,连云港、徐州市高速公路建设指挥部非常重视工程缺陷的修复工作,加强沟通与联系,定期与公司一起对工程进行回访,发现问题迅速进行了处理。公司也在认真做好日常养护管理工作的同时,积极参与和配合工程质量缺陷修复工作,并对某些项目进行了完善。

(4)紧抓行风建设,树立文明形象。为切实服务于社会、造福于人民,认真开展了文明收费站、服务区、养护中心、排障大队的创建活动,完善了高速公路服务系统,不断提高员工队伍素质,公司的文明、良好形象受到了社会广泛的好评。

第十一节 G36（南京—洛阳）

南京至洛阳高速公路(G36)江苏境内已全线通车，起自马群枢纽，经南京市区，止于新集(苏皖界)。江苏境内全长31km。全线各路段基本情况见表7-11-1。

G36全线各路段基本情况 表7-11-1

序号	路　段	里程(km)	建　设　期	备　注
1	南京长江二桥及接线	21	1998—2001年	
2	南京至洛阳高速公路江苏段	12	2001—2006年	

一、南京长江二桥及接线(1998—2001年)

(一)项目概况

1.基本情况

1)建设依据

在实施"以上海浦东开发开放为龙头，进而推动长江三角洲和长江沿江地区开发开放和经济发展"的重大战略决策中，南京作为长江下游的中心城市，正处于沿海、沿江开发开放经济带"T形"交叉的接合部，其地理位置、经济、交通条件得天独厚，在自身经济的发展中形成了很强的辐射力和吸引力，凭借长江黄金水道联系着我国东、中、西部三大经济带的经济最发达地区，并可与远洋相通，依托国道、省道干线公路网，引向纵深腹地的辐射和吸引范围。

南京是国家公路主枢纽之一，其时有1条主干线(上海至成都)和4条国道在此跨越长江。受长江天堑的阻隔，彼此之间只能依靠位于市区的南京长江大桥来维系，现有南京长江大桥(公铁两用桥)位于市区的北部，1968年建成，是南京市也是江苏省唯一的过江大桥。大桥不仅是南京地区大江南北交通运输的重要通道，更重要的是华东地区大江南北交通运输的咽喉。由于经济的加速发展和南北交流的日益密切，过江交通急剧增长。据1995年交通量观测，南京长江大桥汽车交通量已达到37189辆/日(中型车)，远远超过大桥设计通行能力。抓紧新建南京长江第二大桥十分必要、十分紧迫。

南京市的城市布局是以长江为轴，沿江展开。主城、卫星城镇、工业区、港站等沿90余公里江岸线分布，形成江南、江北两大部分。由于长江阻隔，跨江桥梁不足，已成为困扰南京经济发展的主要问题。南京长江第二大桥的建设，将把南京地区过往的国道、省道建成一体，完善国道路网总体布局，提高干线路网运输效率，有效地缓解南京地区南北交通"过江难"的问题，使南京交通真正形成"城内成环，城外成网"布局，有效解决南京城市交通压力,符合南京城市总体规划要求,使公路框架形成主城以外跨江成环的格局。同时提高城市基础设施水平,加强大江南北往来与交流,改善江苏省、南京市的投资环境,对促进南京中心城市的发展,乃至长江三角洲地区经济发展具有重要的作用和深远的意义。

2)建设规模及主要技术指标

南京长江第二大桥是国家"九五"重点建设项目,国道主干线"两横两纵"重要项目,位于现南京长江大桥下游11km处,全长20.963km,由南、北汊大桥和南岸、八卦洲及北岸引线组成。其中:南汊大桥为钢箱梁斜拉桥,桥长2938m,主跨为628m,该跨径当时居同类桥型中"中国第一,世界第三";北汊大桥为钢筋混凝土预应力连续箱梁桥,桥长2172m,主跨为3×165m,该跨径在国内亦居领先。全线还设有4座互通立交、3座特大桥、17座大桥。全线设有监控、通信、收费、照明、动静态称重等系统,并设有南汊主桥景观照明,南、北汊桥公园和八卦洲服务区。

(1)南汊大桥

南汊大桥为钢箱梁斜拉桥,桥长2938m,桥面宽38.2m,其中主跨为628m。

南汊大桥工程主桥基础施工采用外径36m、内径33m、双壁间距1.5m的双壁钢围堰;南北钢围堰高度分别为53.23m和65.5m,钢围堰封底采用25号水下混凝土,有效厚度为8m。南北塔桩基均采用直径3m的21根大直径钻孔灌注桩;桩长分别为102m和83m,30号混凝土灌注。承台为6m厚钢筋混凝土。索塔为钻石形钢筋混凝土索塔,下塔柱为双向变截面,尺寸从12m×7m变化至8.013m×4.785m,中、上塔柱为7.0m×4.5m的等截面,横梁为预应力钢筋混凝土,上塔柱设环向预应力。主塔高195.41m,建筑高度近300m,主梁由93块钢箱梁现场悬吊、悬拼、焊接组成,钢箱梁先在工厂制成板单元,在钢箱梁预拼场地组装成标准节段,通过水上船舶运输至桥位处,36块钢箱梁利用大型浮吊预先吊装到位,其余钢箱梁采用桥面液压吊机完成吊装。钢箱梁节段间除上顶板U肋接口采用高强螺栓连接外,其余均为全焊结构,钢箱梁节段的拼装精度要求高,焊接工艺复杂,对现场施工的条件要求极高。南汊大桥全桥有160根斜拉索,由高强度、低松弛的镀锌平行钢丝组成,最长索达330m,钢丝有265根,重30t。桥面采用5cm的环氧沥青混凝土直接铺装在钢板上,沥青性能要求兼顾低温抗裂、高温抗变形及抗疲劳破坏,属世界级的工程难题。

南汊大桥引桥基础为钻孔桩,承台为分离式矩形承台;墩身为薄壁墩;支座为盆式橡胶支座;上部预应力混凝土连续箱梁上下行分离、预应力采用两向群锚预应力体系。

(2)北汊大桥

北汊大桥为五跨连续的预应力连续梁桥,主跨为90m+3×165m+90m连续梁桥,桥长2172m,当时在同类桥型中居亚洲第一。

北汊主桥钻孔桩桩径为2.5m;主墩承台为整体式高桩矩形承台,边墩承台为分离式高桩承台；墩身为分离薄壁墩；支座为盆式橡胶支座；上部预应力混凝土连续箱梁上下行分离，为三向预应力体系。

北汊引桥基础为1.5m或1.8m的钻孔桩；承台为分离式矩形承台；墩身为柱式墩或薄壁墩；支座为盆式橡胶支座；上部预应力混凝土连续箱梁上、下行分离，为两向预应力体系。桥台为肋式埋置式桥台。

(3) 南岸引线

南岸引线南起绕城公路一期东扬坊互通，穿过扬坊山，跨沪宁铁路和宁栖公路，再经尧化采石场，然后依次下穿尧燕公路、莞基苯专用铁路，在柳塘上跨纬一路和地方专用铁路，向北在下庙村接南京二桥南引道。全线长5.1km。

该项工程为全封闭、全立交双向的六车道高速公路。设计行车速度100km/h，桥涵设计车辆荷载为汽车超—20级、挂车—120，路基宽度33.5m。

全线有东扬坊、柳塘互通立交2处，特大桥1座，大桥3座，分离立交11处，通道6道，涵洞40座，路基填方170万m^3，挖方110万m^3，护防排水工程59391m^3。全线设置完善的交通工程安全设施。全线中央分隔带设有9孔通信监控管道。绿化工程40万m^2。

(4) 南引道

南引道为南汊大桥引道，南起柳塘互通，北接南京长江第二大桥南汊大桥南引桥，全线长1.649km。

南引道工程路面面层原设计主线自上而下为4cm LH-25-I沥青混凝土抗滑层、5cm LH-25中粒式沥青混凝土、6cm LH-30粗粒式沥青混凝土、1cm沥青封层；匝道自上而下为4cm LH-25-I型沥青混凝土抗滑层、6cm LH-30粗粒式沥青混凝土、1cm沥青封层。桥面为6cm沥青混凝土或8cm沥青混凝土。根据已往成功经验和现场实际情况，变更设计为路面面层一律自上而下为5cm AC-16-I1沥青混凝土上面层、6cm AC-25I中粒式沥青混凝土中面层、7cm AC-25I中粒式沥青混凝土下面层、基层顶面为1cm沥青下封层，沥青混凝土层间撒布黏层油。沥青路面采用进口壳牌AH-70号沥青，上面层集料采用玄武岩，并外加抗剥落剂和博尼维纤维。桥面为10cm沥青混凝土，上面层为5cm AC-16-I1，下面层为5cm AC-25I中粒式沥青混凝土。路面基层原设计自上而下为34cm二灰碎石、20cm的10%石灰土；变更为自上而下为34cm二灰碎石、20cm的10%石灰土、40cm的50%石灰改良土。收费广场采用钢筋混凝土连续配筋路面。

(5) 北岸引线

南京长江第二大桥北岸引线作为南京二桥的重要组成部分，把雍六高速公路和经扩建的宁扬一级公路与南京长江第二大桥北汊主桥连成一体，且为104国道预留了接口。该工程北起雍六高速公路马汊河西岸，向南跨越南钢冶山铁矿专用铁路，经大厂区新华东路，跨南化公司催化剂厂人防工程及蒸汽、煤气管道及大纬路后，止于南京长江第二大桥北汊大桥北引桥桥台。线路全长3.715km，为全封闭、全立交、双向六车道高速公路。设计行车速度100km/h，桥涵设计车辆荷载为汽车超—20级、挂车—120，路基宽度33.5m。

该工程于1998年10月开工建设，于2000年12月建成，工期26个月。2000年12月26日经江苏省交通厅批准，完成该项工程的交工验收。

北岸引线经过长江北岸工业区和农渔业区，人密集，地表水塘、水田、暗塘、暗河等不良软土地质较多，地上、地下管线密集。地层自上而下以软~硬塑状亚黏土、黏土和泥岩为主。

北岸引线路基宽度33.5m，中央分隔带宽度2m，行车道宽度双向六车道6×3.75m，硬路肩宽度2×3m，土路肩宽度2×0.75m，左侧路缘带宽度2×0.75m；路基最大填土高度10m，最大挖方深度11m；填方边坡1:1.5，高填方设反压护道；挖方边坡1:1~1:2，设多级平台。权限以填方路堤为主。

北岸引线路面结构层自上而下采用：①ND-13标为基层34cm二灰碎石（7:13:80）、底基层20cm二灰土（10:30:60）；②ND-19标（雍庄互通）为基层40cm二灰碎石（7:13:18）、底基层54cm石灰土（8%）。全线铺设预应力土工布一层。路面分3阶段铺筑，自上而下为5cm AC-16I′型改性沥青混凝土、6cm AC-25I型沥青混凝土、7cm AC-25I型沥青混凝土；桥面自上而下为5cm AC-16I′型沥青混凝土抗滑层、6cm AC-25I型沥青混凝土。其中上面层AC-16I′采用SBS改性沥青、玄武岩，并掺博尼维纤维。

桥梁上部结构以预应力多跨连续箱梁为主。混凝土强度等级为C50；下部结构为薄壁墩、钻孔灌注桩。

全线设有雍庄互通立交1处，特大桥2座，大桥3座，中桥2座，板通8道，箱涵4道，圆管涵5道。

(6) 八卦洲引线

八卦洲引线起于北汊桥南桥台，先后跨越小江河、中心河、跃进河，止于南汊桥北桥台，全线长5.698km。

八卦洲引线全线有特大桥1座，大桥2座，中桥3座，涵洞10道，通道5道。桥梁上部结构以先简支后连续的预应力混凝土组合箱梁为主。下部结构为柱式墩、钻孔桩基础。路面底基层、基层采用54cm厚二灰碎石（7:13:80），全线铺设预应力土工布。沥青路面结构同南引道，桥面为11cm厚沥青混凝土。

(7) 收费站、管理区

南京二桥收费站、管理区位于南京二桥南引道，收费站主体建筑为钢结构，顶部膜结构，设有26个收费车道。管理区主体建筑基础采用桩基础，上部结构为4层框架（局部5层），建筑面积约6500m^2；附属建筑有公安楼、车库宿舍、变电站等，建筑面积约4000m^2。

管理区设有监控中心、收费中心、通信中心及部分办公用房，为南京二桥全线的养护管理中心。

(8) 服务区

服务区位于南京市八卦洲乡,分东、西区两侧建设,其中主体建筑采用桩基础,上部结构为2层框架(局部3层),建筑面积约8600m²;附属建筑有车库宿舍、变电站、加油站、空调站等,建筑面积约2400m²。

服务区设有休息厅、公厕、快餐厅、商店、客房、加油站、汽修站等。

3) 项目投资及来源

南京长江第二大桥于2001年3月26日建成通车,完成竣工决算后,由原南京二桥建设指挥部将二桥资产整体移交南京长江第二大桥有限责任公司。工程经决算审计,工程造价为35.794754亿元,其中部省投资7.865677亿元,累计贷款22.82亿元,其余皆为市财政、市建设费拨入资金。在2004年底,实施了项目市场化运作,公司注册资本金60000万元,两家股东分别为:深圳市中海投资有限公司股本3.9亿元,占65%股权;南京市交通建设投资控股(集团)有限公司股本2.1亿元,占35%股权。

4) 工程建设条件

南京长江第二大桥位于长江转折地带,长江在八卦洲分为南、北两汊,桥址区在地貌划分上分为三大地貌单元:北汊北岸为宽阔平缓的河漫滩,现多已改造为耕地和鱼塘,地形总体上倾向于长江,地面高程2.59~7.29m;北汊南、北两堤之间为现代河床,桥位处水面宽955m,河床地形微向南倾,平均坡度小于1°,深泓靠近南侧,最大水深13.15m(测时);北汊南岸为江心洲—八卦洲冲积平原,洲上河网纵横,地势开阔平缓,地面高程1.57~7.02m。

南京地处长江中下游平原,属亚热带湿润季风区,季风显著,四季分明,冬冷夏热,温差较大,春季风和日丽,夏季炎热,雨量充沛,秋季秋高气爽,日温差较大,冬季天气晴朗,寒冷干燥。

桥址处江面以上28m高度(约为桥面高度处)百年一遇的10min平均最大风速及风压分别为34.4m/s和0.74kN/m²。

5) 工程进度

工程于1997年10月6日正式开工,2001年3月26日建成通车。2002年6月22日通过国家竣工验收。

6) 主要工程数量

南京长江第二大桥是国家高速公路G36(南京至洛阳)的重要组成,全长20.963km,由南、北汊大桥和南岸、八卦洲及北岸引线组成。

南京长江第二大桥全线设有4座互通立交、3座特大桥、17座大桥。南汊桥两座索塔高达195.41m,有两个主墩,固定在水下50多米深的岩层下,其双壁钢围堰直径达36m,

高度 54～60m。南汊大桥为钢箱梁斜拉桥,桥长 2938m,主跨为 628m,该跨径建成时居同类桥型中国内第一,世界第三,仅次于日本多多罗大桥和法国诺曼底大桥,160 根拉索中最长的 313m,最短的有 160m。北汊大桥为钢筋混凝土预应力连续箱梁桥,桥长 2158.4m,主跨为 $3\times165m$。

南京长江第二大桥"两桥一路"项目征地 2417.81 亩,主要建设材料消耗:钢材 78458t,木材 2932m^3,水泥 178339t,沥青 8172t,环氧沥青混合料 5380t,钢绞线 7446t。配套南北引线工程征地 2130.35 亩,主要建设材料消耗:钢材 87559t,木材 1316m^3,水泥 59706t,沥青 8982t,钢绞线 1931t。

全线设有监控、通信、收费、照明、动静态称重等系统,并设有南汊主桥景观照明,南、北汊桥公园和八卦洲服务区。

2. 决策过程

1992 年 1 月 23 日,南京长江第二大桥正式开始项目前期筹建。

1993 年 2 月 12 日、13 日,江苏省计经委和省交通厅在南京召开了南京长江第二大桥可行性研究报告预审会,组织专家听取了交通部公路规划设计院对预可行性研究工作的汇报和有关单位关于地震、地质和河势 3 个专题研究工作的汇报。

1993 年 3 月 1 日,江苏省计经委和省交通厅向国家计委、交通部报送《南京长江第二大桥项目建议书》(苏计经基〔1993〕292 号)。

1993 年 5 月 28 日,国家计委予以批复(计交通〔1993〕887 号)。

1994 年 4 月 18 日、19 日,交通部环境保护办公室在南京主持召开《南京长江第二大桥环境影响报告书》预审会,并形成预审意见,于 1994 年 5 月 18 日将预审意见函告国家环保局(交环字〔1994〕101 号),国家环保局复函原则同意预审意见(环监〔1994〕400 号)。

为加快建设步伐,多方筹集资金,江苏省计经委、省交通厅于 1996 年 3 月 2 日向国家计委上报并抄送交通部的已初审有关南京二桥建设,包括《南京长江第二大桥工程可行性研究报告》(交通部公路规划设计院编制)在内的 3 份报告的请示(苏计经交〔1996〕335 号)及南京市计委、交通局《关于补报南京长江第二大桥新的筹资方案的请示》(宁计投资字〔1996〕265 号)。

1996 年 5 月 18 日,交通部致国家计委《关于南京长江第二大桥可行性研究报告审查意见的函》(交函计〔1996〕175 号)明确南京长江第二大桥的建设资金来源主要由江苏省和南京市自筹解决,交通部用车购费安排 4.64 亿元,建设工期为 4 年。

1996 年 10 月 24 日,国家计委上报国务院《国家计委关于审批南京长江第二大桥可行性研究报告的请示》(计交通〔1996〕2304 号),该请示经国务院批准后,于 1997 年 3 月 7 日印发通知(计交能〔1997〕300 号)。

1996 年 11 月 29 日,南京长江第二大桥建设指挥部正式成立。二桥工程建设列为江苏省"九五"交通重点工程。

1997年4月17日,交通部对江苏省交通厅《关于南京长江第二大桥初步设计的请示》(苏交计〔1997〕60号)进行批复(交公路发〔1997〕197号)。

1997年4月29日,江苏省审计厅对南京长江第二大桥项目开工前审计给出意见(苏审基开〔1997〕23号)。

1997年9月23日,国家计委批准项目开工报告(计投资〔1997〕1691号)。

1998年3月23日,南京长江第二大桥列入国家重点建设项目名单(计建设〔1998〕507号)。

(二)建设情况

1. 项目准备阶段

1996年11月29日,南京长江第二大桥建设指挥部正式成立(宁政发〔1996〕259号),明确职能配置、内设机构和人员编制(宁编字〔1997〕1号)。

1997年6月14日,中共南京市委成立由书记、市长担任顾问、组长,市委各部委、市府各委办局及市各直属单位领导组成的南京长江第二大桥建设协调领导小组(宁委〔1997〕135号),以加强对大桥建设的领导,确保工程顺利进行。

1997年6月18日,南京市政府成立南京长江第二大桥招标领导小组(宁政发〔1997〕165号)。

1997年9月30日,为加强大桥建设的组织领导,经省委、省政府同意,成立南京长江第二大桥建设领导小组(苏政办发〔1997〕140号)。

1997年11月17日,交通部成立由众多院士、设计大师等交通系统专家组成的南京长江第二大桥技术专家顾问组(交公路发〔1997〕733号)。

2. 项目实施阶段

1997年10月6日,南京长江第二大桥正式开工。

1997年12月14日,南汊大桥南主墩钢围堰着床。

1998年1月7日,南汊大桥北主墩钢围堰着床。

1998年1月13日,北汊大桥开工。

1998年2月17日,南汊大桥南主墩钢围堰着岩。

1998年3月11日,南汊大桥北主墩钢围堰着岩。

1998年4月11日,南汊大桥南主墩钢围堰封底成功。

1998年4月27日,南汊大桥北主墩钢围堰封底成功。

1998年8月27日,南汊大桥南主墩桩基完成。

1998年9月27日,南汊大桥北主墩桩基完成。
1998年10月21日,南引线完成交工验收。
1998年11月30日,南引线建成通车。
1999年4月16日,南汊大桥索塔开始施工。
1999年6月14日,北汊桥桩基础完成。
1999年10月9日,南汊大桥南索塔封顶。
1999年10月16日,南汊大桥北索塔封顶。
1999年12月5日,南汊大桥开始钢箱梁浮吊。
2000年2月20日,南汊大桥首对钢箱梁悬吊成功。
2000年4月23日,北汊大桥下部完成,开始悬浇施工。
2000年5月26日,南汊大桥南边跨合龙。
2000年6月2日,南汊大桥北边跨合龙。
2000年7月9日,南汊大桥主跨合龙。
2000年8月21日,北汊大桥合龙。
2000年9月22日,南汊大桥钢桥面环氧沥青混凝土铺装开始。
2000年10月14日,南汊大桥钢桥面环氧沥青混凝土铺装完成。
2000年11月25日,北汊大桥沥青混凝土铺装完成,二桥全线贯通。
2001年1月12日,南汊主桥静载试验完成。
2001年1月12日,南汊主桥动载试验完成。
2001年1月13日,北汊主桥静载试验完成。
2001年1月14日,北汊主桥动载试验完成。
2001年3月18日,南京长江第二大桥通过交工验收。
2001年3月26日,南京长江第二大桥建成通车。

3. 项目建设管理

1)南京二桥建设的组织管理体系

南京长江第二大桥建设指挥部和南京长江第二大桥建设有限责任公司,按照"两块牌子、一套班子"的方式进行运作,建设指挥部作为二桥建设项目的业主,是南京市人民政府的派出机构,具体组织实施负责二桥建设管理,这体现了市委、市政府对二桥建设的重视,也便于在建设过程中体现重大基础项目中的政府行为,使项目享受政府所能给予的优惠政策;同时为了适应社会主义市场经济的需要,指挥部又作为建设有限责任公司,是南京二桥的投资法人主体,具体负责建设资金筹措和融资。

南京二桥建设指挥部下设总工程师、办公室、计划处、工程监理处、财务处、物资处、开发处(征地拆迁)等职能部门。南京二桥建设指挥部内部的工程监理处、计划处、物资处、办公室、财务处既为指挥部(业主)的职能办事机构,又作为总监办公室的办事机构,执行南京长江第二大桥总监办公室的部分职能。总监办公室具体负责对各标段监理组(监理工程师代表办公室)进行管理和协调,承包商由各标段监理组(监理工程师代表办公室)负责具体管理和协调。

2)二桥指挥部资金筹集及概算控制

南京二桥经国家和省核批静态投资总额为 33.5 亿元,交通部和省交通厅补助 8.5 亿,市里筹措 5 亿,其余主要利用银行贷款和社会融资,以二桥建设指挥部(二桥建设有限责任公司)为主要发起人,负责二桥工程项目剩余资金的筹措,并作为投资主体,参与今后南京重大基础项目的投资和管理。

通过严格监理、严格招标、严格控制超标准的变更和各方面精打细算来控制造价,至目前为止,所有单项工程项目均没有突破国家批准的概算。

3)二桥指挥部建设材料采购与供应

南京长江二桥静态总投资 33.5 亿元,其材料费用占 60% 以上。建筑材料质量的优劣直接关系到南京二桥的工程质量。为了保证南京二桥材料的组织和供应,尤其确保主要材料的质量,专门设置了物资处(物资公司)负责二桥大量建筑材料的供应。

物资处作为甲供材料的唯一采供机构,主要供应钢材、钢绞线、水泥、木材、支座等主要结构材料。另外,对于大量的建筑用地材料,依靠情况熟、资质好,积极协助配合各施工单位进行调查采购,发挥组织协调功能。

对于甲供材料,采取如下措施来确保供应,确保材料的质量:

(1)实行严格的资格预审制;

(2)实行二桥物资采供协作网;

(3)实行招标,择优选择供应厂商;

(4)加强甲供材料供应的计划性、及时性;

(5)加大甲供材料质量的抽测频率和覆盖面。

在地材方面,由于施工队伍大多来自外省、市,对南京及周边地区地材品质及位置不甚了解。在这种情况下,物资部门向他们积极提供有关信息,帮助确定货源。从宏观控制入手,采取必要的管理措施,并协助厂家做好施工单位的服务工作。价格由双方自行商定,但所选用的地材必须经过检测和化验,通过现场施工监理检查,符合国家标准及二桥工程建设要求。

4)南京二桥建设的指导思想、质量方针和目标

指导思想:精心组织、精心设计、精心施工、严格监理、科学管理。动员二桥全体建设者,发扬"严谨、高效、团结、苦干"的优良作风,把南京长江第二大桥建设成标志性工程,建设成跨世纪的国优精品工程。

质量方面:"百年大计、质量为本"。无论在任何情况下和任何条件下,南京长江第二大桥建设指挥部都将始终如一坚持质量第一、质量优先的原则。

质量目标:通过全体建设者的努力,分项、分部工程检查一次合格率100%,优良品率为90%以上,交工验收单位工程优良品率达100%。通过国家组织的竣工验收,工程按交通部公路工程质量评定标准为优良级工程,评分值在90分以上,并使南京长江第二大桥工程设计、施工管理都达到国内一流先进水平。

(三)工程管理

南京二桥工程规模宏伟、工期安排较紧,牵涉专业广,技术难度高,施工风险大,建设任务艰巨。南京二桥建设指挥部在二桥建设过程中就二桥质量管理与控制采取了如下措施:

(1)严格项目法人制,充分发挥项目法人制在工程项目管理中的组织协调作用,采取各项措施,牢牢掌握工程建设的主动权。在南京二桥建设初期,结合南京二桥工程的具体情况,认真编制南京二桥总体实施方案,合理安排工期和各道工序衔接,明确各阶段质量、进度和投资的控制目标,始终把握工程建设主动权。在工程建设过程中,无论对施工的组织安排、协调,还是对施工中出现的难题及社会矛盾等,指挥部作为业主的派出机构,不推诿、不扯皮,充分发挥项目法人的主导作用,既运用政府的行政手段约束保证项目有良好的外部环境,使工程顺利实施,又依靠二级监理机构对工程的质量、进度及投资进行严格控制。

(2)认真编制招投标管理文件,严格贯彻工程招投标制,择优选择一流单位参与二桥建设。在工程开始实施前,就把选择好的队伍作为一项重要工作。因工程质量的主体是设计、施工单位,特别是施工单位,总体的质量意识如何,管理水平的高低,都将直接影响到工程质量、进度。为使南京二桥整个招投标过程做到规范化、程序化,指挥部首先依据交通部、江苏省交通厅有关招标投标规定、公路建设市场管理办法及南京市人民政府令等法规性文件,结合南京二桥工程标段划分的原则,制定了《南京长江第二大桥建设工程施工招标管理办法》《南京长江第二大桥建设工程项目标底编制及管理办法》。其次委托专业设计咨询单位,依据国家有关法令法规,结合二桥工程的实际情况,考虑与国际惯例接轨等因素,认真编制了一整套招投标文件,并经交通部审查通过。明确主体不许分包、转包,不准联合体投标,增加了反行贿条款,反对低价抢标。对重要标段的项目经理在招标文件中明确提出严格的要求,要求项目经理离开工地必须向指挥部和总监请假,更换项目经理必须取得指挥部同意。招标过程中,坚持按规定程序办,坚持择优选择队伍,不主张、不赞成低价中标,抵住人情关、说情关,不实行地方保护主义。实行全过程的纪检、公证参与,确保"公开、公平、公正"。在指挥部清标的基础上,邀请专家评标,最后由招标委员会讨论,采取无记名形式投票定标。通过严格的招标,分别选择了南、北汊桥的设计单位、施工单位、监理单位。将近3年的实践证明,设计、施工和监理单位没有选错,为工程质量和进度提供了保证。

(3)贯彻工程监理制,根据国际"菲迪克"条款、国情及南京二桥的实际情况,建立两级监理体系,聘请有丰富施工经验的施工监理。根据多年的工程管理实践,在工程监理组织体系上,指挥部进行了大胆创新,建立并完善了"两级监理"体制,一级监理由项目法人担任,主要负责工程的总体组织管理和计划安排,负责阶段目标和年度目标的考核、资金的筹措,检查并督促二级监理的工作;二级监理由社会监理担任,主要负责施工现场的三大目标控制。两级监理管理的最大特点就是两级监理都能根据自身条件发挥各自优势,使工程的各阶段始终处于受控状态。一级监理充分运用项目法人作为政府派出机构的优势,在工程的总体协调和创造良好的外部环境中发挥积极作用,使二级监理能够做到全过程、全方位、全天候实施对工程质量进行管理。二级监理也通过事前指导、事中控制、工后验收3道环节,通过坚持旁站和巡视,从而消灭质量管理上的盲点死角。

针对目前国内社会监理难以承担合同管理的全部内容问题,指挥部运用了两级监理的体制,特别是对工程的进度、投资及设计变更,由总监办提出主导意见,最后报业主审批。经过将近3年的实践,这种管理模式有利于充分发挥两级监理体制和指挥部总体协调、组织的作用,最终实现对工程三大目标的有效控制并强化对合同管理的力度。

(4)依靠科技作为抓好工程质量的保证。一是在交通部的支持下,成立了由全国交通系统14位专家组成的南京长江第二大桥技术专家顾问组,加强技术指导。从初步设计到目前的施工,先后召开了10多次专家审查会、咨询会,对设计方案、施工方案以及施工中遇到的技术难点进行审查、论证。二是委托美国工程院院士、著名桥梁专家邓文中先生作为指挥部技术咨询顾问,对设计、施工进行咨询。同时,通过设计单位委托日本长大公司对桥梁关键结构进行同步设计和咨询。目前,美、日专家已先后现场咨询6次,帮助进一步把好设计、施工的质量关、技术关、施工关。

同时利用在宁高校和科研机构的优势,聘请东南大学交通学院参与试验监理。作为指挥部中心试验室,聘请河海大学作为测量中心,在原南京化工学院进行混凝土集料碱活性试验。与同济大学、东南大学、浙江大学、西南交大等高校和设计、施工单位联合组织风洞试验、索塔节段足尺模型工艺试验、钢箱梁施工控制、钢桥面铺装试验、连续箱梁施工控制及温控试验、大吨位支座等专题研究,这些科研课题的研究工作对增加工程科技含量、保证工程质量、节约工程投资有重要意义。

(5)强化管理,加大投入。二桥主体工程施工中,指挥部鼓励施工单位加大现代化设备投入并在资金上予以支持。现代化的桥梁建设需要有现代化设备,今天的桥梁施工打的就是设备仗,只要施工单位购置现代化的大型施工机具,指挥部在资金上就予以支持,加大功率德国钻机、电脑控制全液压塔吊、混凝土输送泵、MSS 移动架桥机、VSL 全液压吊机、美国 160t 震拔锤等都是在指挥部的组织支持下购进的。指挥部还针对南汊桥索塔环向预应力半径小、钢筋密集施工难度大而受力又特别重要的特点,组织引进 VSL 公司真空辅助压浆的新工艺、设备及材料,尽量减少预应力损失和保证永久预应力,为索塔质量提供了保障措施。

(6)根据"优质优价"的原则,制定多项质量奖惩办法。根据省交通厅有关质量创优文件精神,设立质量专项奖励基金,对重视质量的单位给予精神及物质上的奖励,对轻视质量控制、工程管理混乱的单位给予批准与经济处罚,在"一桥四方"中形成重视质量、追求完美、精益求精的良好风气。如在南汊桥钻孔桩施工动员大会上提出的专项质量奖、索塔施工动员会提出的《南汊桥 A 标段索塔施工质量和工期控制奖考核办法》,指挥部承诺各施工单位为保证工程质量而增加的投入,将根据"优质优价"的原则给予奖励和一定的补偿。南京长江第二大桥建设指挥部还要求二桥建设质量的主体——施工单位建立质量工资体制,进一步加大工人工资中质量工资比例,形成重视质量、抓好质量的良好氛围和机制。

此外在二桥建设过程中,指挥部承诺任何单位和个人提出有利于提高、保证质量的建议都将给予支持和鼓励,对提高施工质量提出合理化建议并得到专家委员会确认的,指挥部将视实际情况给予适当奖励。同样,对工程质量、工程进度达不到指挥部计划要求的施工单位也绝不放过,真正做到在质量问题上铁面无私。如南京二桥北汊大桥一家施工单位因在二桥施工不能达到指挥部的要求,尽管是交通系统内的施工单位,指挥部还是将其清退出场,通过招投标选择了一家非交通系统的施工单位继续承担施工任务。

(7)工程质量管理是一个系统工程,业主的素质、"一桥四方"的团结协作、良好的外部环境,都是保证工程质量的重要环节。指挥部为参与二桥建设各单位创造良好的施工环境,在多次会议上指挥部明确向各单位表示:合同上规定甲方的义务,坚决做到;合同上没有规定的,只要指挥部能做到的,我们也努力做到,处处发挥项目法人的主导作用。充分利用建设指挥部作为政府派出的二桥建设专门机构,主动协调好方方面面的关系,让施工单位集中力量搞施工。如在钢围堰封底施工中,成功的关键是水下混凝土的供应和组织,指挥部出面协调,请南京军区舟桥旅部队架设舟桥,采取两栖供应水下混凝土的办法,请交警、港监、航道、供电、气象等部门做好配合和服务工作,使封底混凝土浇筑强度达到 $200m^3/h$,确保了封底混凝土的质量。

二桥建设指挥部在考虑交通不便等因素的基础上,为保证北塔封底施工和八卦洲引线的施工质量,专门在八卦洲上建立陆上混凝土拌和站,从而保证了封底混凝土的浇注量和八卦洲引线所有结构物的混凝土质量。在南塔封底施工期间,为抢修施工便道,指挥部还指定专人组织外单位的施工机械、施工材料对湖南路桥支援,为南塔封底施工赢得了时间。这些都是指挥部上上下下勤力同心创造良好施工环境和提供优质工程服务的实际行动。

(四)科技创新

党和国家的高度重视和鼓舞,使建设者坚持依靠科技,敢于攻关,尊重科学,努力把南京长江第二大桥打造成体现当代建桥风貌和世界建桥一流水平的精品工程。为此,交通部组织了由14位专家组成的专家顾问组,针对一些国内外桥梁界公认的热点和难点问题,组织了国内外20多个包含设计、施工、监理、科研院所等单位及9所大学(东南大学、浙江大学、同济大学、西南交通大学、河海大学、南京航空航天大学、解放军工程兵工程学院、南京化工大学、南京林业大学),对南京长江第二大桥建设中的14项关键技术展开了"一桥四方"科技攻关大会战,经多次论证,取得了一系列的重大科研成果。并在2003年11月获第三届詹天佑土木工程大奖,2004年2月获中国建筑工程"鲁班奖"。简介如下:

1)南京长江第二大桥钢桥面环氧沥青混凝土铺装技术及应用研究

钢桥面铺装技术是大跨径钢桥建设的主要关键技术,国内外尚未得到很好的解决。钢桥面铺装技术是南京长江第二大桥建设中最难攻克的难题。国内外许多大型桥梁工程建成通车后不久就发生了不同程度的桥面铺装破坏。桥面铺装在行车荷载、风载、温度变化及地震等因素影响下,其受力和变形远较公路路面或机场道面复杂,因而桥面铺装不但要具有优良的强度特性、热稳定性、疲劳耐久性,而且必须具有与钢板良好的黏结性和追从钢板变形的特性。南京长江第二大桥采用的是钢箱梁结构,桥面铺装的工作温度跨度很大,设计温度为 $-15 \sim 70^\circ C$。"南京长江第二大桥钢箱梁桥面铺装工程技术与实施方案研究"首次在国内研究了环氧沥青混凝土钢桥面铺装的成套技术,并在南京长江第二大桥钢桥面铺装中取得成功应用,工程建设质量达到世界一流水平。

"南京长江第二大桥钢箱梁桥面铺装工程技术与实施方案研究"项目的关键技术和主要研究成果在于:

(1)首次系统、全面、深入地研究了环氧沥青混凝土钢桥面铺装的成套技术,试验研究项目多达46大项,100多个小项。研究了环氧沥青混合料的组成设计、钢桥面铺装结构分析、环氧沥青混合料的性能、铺装层与桥面板的结合性能、施工工艺等,并对桥面铺装进行了相关的力学分析。

(2)对复合梁在低温、常温、高温时,在常规荷载和超载情况下的疲劳特性进行了全面系统的研究,在国内外,首次实现了复合梁疲劳寿命超过1200万次。拉拔试验高温和低温条件下超过了1.75MPa和2.75MPa的技术要求。

(3)通过试验段工程,首次详细研究并建立了环氧沥青混凝土铺装的施工组织计划和施工工艺,攻克了环氧沥青混凝土施工温度和施工时间极为苛刻的难关,制定了《南京长江第二大桥环氧沥青混凝土钢桥面铺装施工实施细则》。

(4)该项研究成果成功地指导了工程实践,南京长江第二大桥已成功地实施了环氧沥青混凝土钢箱梁桥面铺装技术,工程建设质量受到国内外专家的高度评价,大桥通车后,桥面使用性能很好。

该项研究提出的环氧沥青混合料钢桥面铺装成套技术填补了国内空白,研究成果整体上达到国际领先水平。同时,该技术在我国大跨径钢箱梁桥面铺装建设中具有重大的推广应用价值。环氧沥青混凝土钢桥面铺装是一种薄型铺装结构(5cm),这种铺装结构可大幅减轻桥梁上部结构自重,从而达到节省整个桥梁结构造价的目的。南京长江第二大桥环氧沥青混凝土桥面铺装工程目前已经经过冬季桥面 $-11℃$ 和夏季桥面高温 $69℃$ 的考验,桥面状况很好。该项成果可应用于正在建设和将要建设的跨海跨江的长大型钢桥桥面铺装工程。

2)南京长江第二大桥钢箱梁关键技术研究

大跨径钢箱梁节段之间的连接方式是涉及桥面结构安全性和耐久性的重大问题,南京长江二桥钢箱梁关键技术研究分为钢箱梁制造技术的应用研究及应用、大型公路钢箱梁正交异性板工地接头构造细节的改进及应用和锚箱腹板抗层状撕裂评定的研究及应用3个子课题。

"南京长江二桥钢箱梁关键技术研究"项目关键技术和主要成果体现在3个方面:

(1)钢箱梁制造关键技术,采用一系列新工艺新技术,满足设计要求的焊接质量及几何尺寸精度,提高生产效率,缩短制造周期,降低成本,满足南京长江二桥施工工期要求。

(2)新型箱梁节段连接关键技术在于采用新的连接方式,把桥面板焊接和U形肋栓接合理地用于同一接头,具有创新性。足尺模拟梁静力和疲劳试验以及有限元分析均表明这种连接方式具有足够的刚度、承载力和耐久性,并成功用于钢箱梁的制造和安装。

(3)锚箱与外腹板角焊连接的抗层状撕裂的关键技术,选择抗层状撕裂的钢材,研究角焊接头抗层状性能的评定及其标准,制订合理的焊接工艺及无损检测方法,确保不产生层状撕裂裂纹。

经鉴定,该项研究成果达到了国际先进水平。本项目研究的钢正交异性板新连接方式在国内首次成功运用并用于南京第二长江大桥钢箱梁制造和安装,今后可推广用于主梁采用钢箱梁的悬索桥和斜拉桥的工地对接接头。钢箱梁斜拉桥锚腹板抗层状撕裂评定的成果已成功用于南京长江第二大桥钢箱梁锚腹板的制造,对今后承受Z向拉力的钢桥构件具有重要指导意义和应用价值。

3)大跨度全焊接钢箱梁斜拉桥施工控制技术研究

本项研究针对南京长江第二大桥南汊桥的建设管理、设计和施工,建立施工控制技术体系和组织体系,应用先进的测试手段和计算分析软件,对斜拉桥施工过程进行数据采集、误差分析和精度控制,使斜拉桥的施工结果与设计预期相符合,保证了施工质量。

"大跨度全焊接钢箱梁斜拉桥施工控制技术研究"项目关键技术和主要成果为:

(1)在南汊斜拉桥的施工中,通过建立完善的施工控制体系,以主梁应力监控预警机制为保障,确定合理的施工容许误差。南汊桥主跨合龙前合龙段两侧的高程误差5mm,轴线误差2.4mm;经简单调整后合龙时的高程误差基本消除,轴线误差控制为0.1mm。与同桥型的已建斜拉桥相比较,该合龙精度反映出南汊桥施工控制达到国际先进的技术水平。

(2)应用神经网络控制技术对主梁高程、主梁轴线、索塔偏位、结构内力、焊接条件等进行多元目标控制,同时,引入桥梁施工现场模拟温度场概念进行斜拉桥施工中温度响应的测定和分析,达到了实现线形平顺、消除多次调索及减少施工周期的预期目标,成桥阶段结构的内力和线形与设计预期吻合。

经鉴定,该项研究成果达到国际领先水平。根据南汊桥设计和施工的具体特点而进行的施工控制过程实现了不在施工中进行多次索力调整来修正误差、调整内力状态的目标,从而有效地缩减了施工工期,经济和社会效益巨大。

4)南京长江第二大桥南汊大桥斜拉索锚头与钢箱梁的联结和安全可靠性研究

在斜拉桥的斜拉索与主梁锚固的区域,受力集中,结构复杂,是控制设计的关键部位。斜拉索的强大拉力斜向集中作用于主梁的锚节点,斜索锚固结构必须可靠顺畅地将索力传给主梁。本研究内容为南汊大桥斜拉桥拉索与主梁锚固的区域的结构受力特征及力学行为,包括锚固区(含锚箱自身)的静载性能试验研究和锚固结构的疲劳性能试验研究两部分。

"南京长江第二大桥南汊大桥斜拉索锚头与钢箱梁的联结和安全可靠性研究"项目关键技术和主要成果在于:

(1)首次在国内采用节点板式锚固形式,在耳板式锚固结构试验中,采用了1:2几何比尺模型,布置192个测点,在锚箱式锚固结构试验中,采用1:1足尺几何比尺模型,布置了169个测点。疲劳试验中最大荷载为125t。从试验研究的规模比较、技术难度和研究的深度来看,南汊桥锚固区试验研究和日本多多罗大桥锚固区域试验总体水平相当。揭示了两种锚固结构的传力特点和薄弱环节,为更大跨度钢主梁斜拉桥的索梁锚固设计解决了一系列技术难题,在试验过程中,解决了大型钢结构模型试验的诸多技术难题,如试验模型的确定、加载方式、试验支撑系统的设计与加固等,为大型钢结构的足尺模型试验积累了经验。

(2)提出了"销套"的索头-销孔连接方案,使力的传递更合理,也使索头与销孔具有更长的使用寿命。

(3)在模型制作中,采用实际的焊接工艺,提高了试验数据的可信度。

(4)疲劳加载次数达到200万次,未发现有裂纹产生,经核定,试验结果的数值远小于规范规定的指标,试件疲劳强度符合规范要求。

经鉴定,研究成果整体上达到了国际先进水平。研究结果对于南汊大桥本身的设计有着直接的指导意义。在今后的国内大跨度同类桥型建设中,也可参照本次科研的结果对锚固结构进行优化设计。

5)斜拉索抗风振、雨振措施研究

南京长江第二大桥南汊桥由于桥址处地势开阔,桥面离江面40多米,斜拉索经常受到风的作用,再加上拉索采用平行钢丝束加PE防护层的结构形式,拉索本身的阻尼很小,斜拉索在风、雨作用下会产生各种形式的振动。本项研究的内容包括:辅助索的减振效果研究,辅助索道数的选择,辅助索预张力的确定,阻尼器的减振效果分析,阻尼器的具体结构及安装方式设计,阻尼器的实际减振效果测试。

"斜拉索抗风振、雨振措施研究"项目关键技术和主要成果在于:

(1)分析了辅助索的减振效果,确定了辅助索道数及辅助索预张力。

(2)通过安装阻尼器提高结构的模态阻尼,有效抑制了拉索振动。

(3)对液压阻尼器结构形式及安装方式进行了具体设计,并在上海杨浦大桥上对南京长江第二大桥阻尼器样品的减振效果进行了现场测试,测试结果表明,样品阻尼器达到了预期的减振效果。

(4)对阻尼器的安装方式,特别是阻尼器的支架进行了优化设计,使整个减振装置与桥梁特别是拉索相适应,获得了良好的美学效果。

经鉴定,该项研究成果已达到国际先进水平。研究制作的液压阻尼器在南京长江第二大桥安装使用后,达到了预期的减振效果及良好的美学效果,对于需要应用辅助索与阻尼器这两种减振措施的斜拉桥都有很好的参考价值,对解决拉索振动减振措施有很好的应用前景。

6)桥用高性能粉煤灰混凝土制备、性能及机理研究

南京长江第二大桥是引人注目的重大混凝土工程,桥用高性能粉煤灰混凝土的制备与成功应用将对我国混凝土工程产生深远的影响。

"桥用高性能粉煤灰混凝土制备、性能及机理研究"项目关键技术和主要成果在于:

(1)提出了以强度、工作性和耐久性为一体的混凝土配合比设计新方法。应用模糊数学方法对外加剂的适应性和粉煤灰掺量及混凝土配合比进行评价,建立了新的评价指标体系。

(2)对高性能粉煤灰混凝土研究的成果证明,在Ⅰ级粉煤灰掺量为24%(取代20%水泥时),C50高性能粉煤灰混凝土,具有优良的物理力学性能和长期耐久性,混凝土收缩和徐变均变小,90d干缩率比对比组降低10%以上,360d徐变值比对比组减少26.7%,明显提高了桥用预应力混凝土抵抗变形的能力,否定了桥用预应力混凝土不能掺粉煤灰或只

能掺不超过10%粉煤灰的传统观点。

(3)通过冻融破坏机理的研究,定量分析了掺粉煤灰混凝土和引气混凝土的抗冻性的改善程度和机理,得出了C30和C50混凝土破坏主要是传统的结冰压力破坏和试件内外干湿温差应力引起破坏的明确结论,提出了除掺引气剂外适当减少中高强混凝土胶凝材料用量和热胀系数是提高抗冻性的有效措施。

(4)采用三维图像分析、孔结构分析等现代测试新技术,充分揭示了粉煤灰三大效应对改善混凝土性能、延长工程服务寿命的贡献和高性能粉煤灰混凝土高性能的形成细观与微观机理。

经鉴定,该项目研究成果达到国际先进水平。掺粉煤灰高性能混凝土在南京长江第二大桥南汊桥的沉井井壁、钢围堰封底、承台、桩基、墩身和索塔的C20~C50的混凝土中,北汊桥下结构及南北引桥、引线的C30、C50混凝土中得到了实际的应用,不仅提高了工程质量与寿命,而且还节省了能源、资源,减少了水泥生产和粉煤灰堆放带来的环境污染,具有巨大的技术经济和社会效益。

7)高精度GPS定位技术在特大桥工程中的应用

本项目基于先进的GPS定位技术,研究适用于大桥施工的GPS定位特种测量技术,建立了一套特大桥工程中以现代测绘技术为基础的新的先进测量方法,确保了南京长江第二大桥工程的高质量建设。

"高精度GPS定位技术在特大桥工程中的应用"项目关键技术和主要成果在于:

(1)研究和应用了高精度GPS定位技术,解决了特大型桥梁中精密平面控制和高程控制的技术难题。应用这些技术建立的南京长江第二大桥工程高精度控制网,平面定位中误差不大于±2mm,高程精度达到国家Ⅱ等水准,满足了大桥工程施工的需要。

(2)在高精度GPS控制网优化设计中,提出了多目标二次规划优化设计的新方法,实施控制网的优化,可同时顾及多个质量指标,克服了各级优化间相互矛盾的缺陷,弥补了现有方法的缺陷。

(3)研究了GPS定位加极坐标的测绘技术,测定了大桥高索塔周日变形和动态特征,建立了索塔变形模型,为大桥钢箱梁精密安装提供了技术保证,使南京长江第二大桥对接误差不大于±3mm。

经鉴定,该项目研究成果达到国际先进水平。研究成果已应用于南京长江第二大桥建设的全过程,不但节省了经费,而且大大缩短了首级控制网施测时间。

8)环形预应力束及真空辅助压浆技术在南京长江第二大桥索塔工程中的应用研究

该项目施国内首次针对大吨位、大曲率U形预应力筋的预应力施工成套工艺进行的系统研究,并取得了较高水平的成果,补充了现行规范的不足。

"环形预应力束及真空辅助压浆技术在南京长江第二大桥索塔工程中的应用研究"

项目关键技术和主要成果在于：

(1)上塔柱后张大曲率环形预应力施工工艺的研究,解决了大吨位大曲率这种特殊环形预应力筋张拉伸长的控制问题,并且为了减少这种大吨位大曲率特殊预应力筋的摩擦损失过大,首次在国内采用了塑料波纹管。

(2)确定了在桥塔施工中采用塑料波纹管、VSL 张拉锚固体系。塑料波纹管及真空辅助压浆技术的应用研究。

(3)探讨和制定了在塔柱工程中具体应用的技术措施和验收标准。

(4)研究并得出了预应力筋综合摩擦系数随曲率半径减小而增大的结论。

经鉴定,该项研究成果达到国际先进水平。在南京长江第二大桥南北两主塔 368 束大吨位、大曲率 U 形预应力束施工中,没有出现一根断丝现象,368 束的实际伸长值平均值与项目组提出的理论伸长值控制值相比仅差 0.74%,且波动性较少,解决了大吨位大曲率环形预应力筋的一系列施工难题,成果填补了国内在这方面的空白。

9)大跨径预应力混凝土连续梁施工控制研究

本项目重点研究预应力混凝土箱梁悬臂施工高程控制技术、箱梁截面混凝土应力监测技术、混凝土箱梁的温度场控制和箱梁高强混凝土水化热温度控制技术。研究成果保证了南京长江第二大桥北汊主桥混凝土箱梁的施工质量、适用性和耐久性,进一步完善了我国大跨径预应力混凝土连续箱梁的设计、施工控制技术。

"大跨径预应力混凝土连续梁施工控制研究"项目关键技术和主要成果在于：

(1)大跨径预应力混凝土连续箱梁悬臂施工的线形控制技术使得国内跨度最大的南京长江第二大桥北汊主桥成桥的箱梁线形达到设计要求,北汊桥箱梁共 10 个合龙段,合龙前合龙段两侧的高程控制误差最大仅为 7mm,合龙精度达到国内领先水平。

(2)公路双幅桥混凝土箱梁的温度分布特性研究。在国内首次进行日照温差作用下公路双幅桥无桥面铺装箱梁截面温度分布性状的观测与分析研究,根据实测资料研究,建议了箱梁沿截面高度温差分布曲线,提出了观测方案和实施方法。

(3)国内首次进行了箱梁高强混凝土水化热温度规律观测与分析,提出施工对策。本项目的研究不仅保证了北汊桥箱梁悬臂施工线形与设计吻合,并且为同类型桥梁悬臂施工提供了施工控制研究的宝贵技术资料和有益经验。

经鉴定,该项目研究成果达到国际先进水平。预应力混凝土梁桥占我国桥梁数量的绝大部分,也是大跨径桥梁广泛应用的桥型之一。研究成果可系统地应用于预应力混凝土连续梁桥、连续刚构梁桥箱梁的施工控制,具有广泛的工程应用前景并能获得良好的经济与社会效益。

10)大跨度斜拉桥结构安全监测系统研究与建立专家评判知识库

本项研究以特大型桥梁的长期监测与数据处理技术为突破口,通过系统地实施对南京长江第二大桥结构状态的检测,依据实测数据进行分析统计,建立起桥梁结构健康状态的评判系统,填补了我国对大跨径钢箱梁斜拉桥进行长期实时智能检测与评判的空白。

"大跨度斜拉桥结构安全监测系统研究与建立专家评判知识库"项目关键技术和主要研究成果在于:

(1)在国内首次实现依靠自主的力量,进行大型桥梁"结构安全检测系统"的设计与施工。首次提出了以高精度的静态检测进行结构状态的识别,而对动态检测技术在斜拉桥结构上的运用,采用实测、分析、再发展的检测措施与策略,确定了对大桥主体结构监测的方法、内容、监测系统的集成设计。

(2)首次提出了以统计特性和置信域的概念,对于检测数据和相应结构状态的认识,采取了更贴近实测过程的统计处理方法和波动的结构状态描述。明确提出了监测过程、检测数据处理、提取结构健康特征、建立专家评判数据库的技术路线。

(3)明确监测系统的目标之一是为大桥的养护管理提供指导,使系统的监测具有实用意义,如:在对钢箱梁温度检测的同时,提供对高温下桥面铺装降温措施及效果的检测评价。为专家关心的结构状态提供便利的查询组合。

经鉴定,本项目研究成果达到国际先进水平,填补了我国对大跨径钢箱梁斜拉桥进行长期实时智能监测的空白。该项研究取得了良好的经济效益和社会效益,在我国的大型桥梁设计、施工和维护管理上极具推广价值。

11)南京长江第二大桥八卦洲引线吹吸江砂填筑路堤技术研究

采用江砂吹填高等级公路路堤在国内尚属首次,研究成果为八卦洲引线工程节约了大量的土地资源和工程造价,为类似工程提供了重要的技术经验。

"南京长江第二大桥八卦洲引线吹吸填筑路堤技术研究"项目关键技术和主要成果在于:

(1)江砂物理性质的研究,得出江砂通过自然沉淀可达到中等以上的相对密度。

(2)通过围堰稳定性的研究,确定施工中围堰的尺寸(内坡坡比1:1,外坡坡比1:2),确保了施工期围堰的稳定性。

(3)通过对沥水设施的研究,提出了沥水设施设置的方案(每100m在围堰地步设置1个碎石包裹土工布盲沟,直径为60m),解决了施工中江砂沥水问题,保证吹填质量。

(4)总结了吹吸江砂的施工工艺,明确了吹吸管出水口离端部围堰距离应大于5.0m,吹吸江砂(接管)的分段距离控制在150m左右,保证了施工可操作性。

(5)江砂路基的适用范围研究,认为江砂在自然沉积状态下只能作为路基的下路堤使用,上路堤及路床宜用CBR值较高的山坡表层土来填筑。

(6)明确在吹吸江砂填筑路基过程中应采取的环保措施,如设置排水沟以利江水迅速排水,设置沉淀池以清洁回流江水等。

经鉴定,该项目研究成果总体上达到国内领先水平,其中在工程应用上达到国际先进水平。在二桥建设中吹吸江砂填筑路堤1.91km,完成路基填土约32.1万 m^3,节约了工程造价,节省了挖废土地。同时有效地缓解了施工期间材料进出八卦洲的压力,保证了工程质量,加快了施工进度,改善了施工条件。通车后路段使用状况良好,路基稳定、路面平整。本项目开辟了路基填筑新的思路,在我国沿江、沿海大通道建设中,采用吹吸江(海)砂来填筑路基不失为一个良好的方案,因此该项目具有良好的推广应用前景。

12) 预应力混凝土连续梁65000kN吨位支座研究

南京长江第二大桥北汊桥主桥采用变截面单箱单室三向预应力混凝土连续梁,主墩支座竖向反力达65000kN,为目前国内盆式橡胶支座之最。参照欧洲标准prEN 1337—5对国内技术进行补充研究,选用抗震性盆式橡胶支座,并将钢制紧箍圈替换为黄铜紧箍圈,在国内尚属首次,在国际上也为数不多。

"预应力混凝土连续梁65000kN大吨位支座研究"项目关键技术和主要成果在于:

(1) 支座反力65000kN,支座水平位移为±400mm,满足梁体在温度变化及混凝土收缩等作用下的变形。设计最大转角为0.0116rad,满足桥梁在荷载作用下支座处的转动要求,采用黄铜紧箍圈代替钢制紧箍圈,通过转动试验(往复转动63.492万次)磨耗率为5.54%,小于欧洲标准规定的10%,保证65000kN的盆式橡胶支座的工作性能。摩擦系数动力性能试验表明,65000kN抗震盆式橡胶支座能够满足摩擦系数和抗震性能的要求。

(2) 解决了大跨径连续梁支座选型、布置、设计参数选择、试验、制作、安装、检测、养护等一套关键技术问题。

经鉴定,该项目研究成果达到国际先进水平。研究成果已在南京长江第二大桥北汊大桥成功应用,盆式橡胶支座与铸钢支座相比,节约用钢量达60%,造价降低70%;另外由于其重量轻,安装容易,节约了安装费用,工期提前15天。预应力混凝土连续梁65000kN大吨位抗震盆式橡胶支座的科研成果具有良好的应用前景。

13) 长距离分散性负荷供配电关键技术研究

南京长江第二大桥及其连线,全长21.2km,全线设有监控、通信、收费、房建、照明等设施,供配电系统起着提供优质可靠电力的重要保障作用。根据南京长江第二大桥供配电线路长、负荷分散的特点,采用中压配电系统解决长距离分散性负荷配电的方案,不仅解决了南京长江第二大桥供配技术难题,还大幅度节省了投资与运营费用,在国内尚属首次。

"长距离分散性负荷供配电关键技术研究"项目关键技术和主要成果在于:

(1) 选择一个足够高的电压(5.5kV)来减小电缆截面及数量以降低其费用,而其绝缘要求小于7.2kV,又不会带来电气设备制造、安装和维护方面费用的增加。

(2) 引进一种适合我国国情的可插入连接、密闭防水、耐腐蚀、免维护、长寿命、可埋地安装或箱梁内安装的小容量变压器,研究了适合长距离分散性负荷特点而又控制简单、保护可靠的技术方案。

(3)设计了一种突破常规设计理念的中压配电系统,该系统具有免维护、高可靠性、供电半径可达20km、电网易扩展等优点,节省投资可达20%~35%,并可大幅度降低运营费用,特别适用于长距离分散性负荷的供配电。

经鉴定,该技术研究填补了我国在长距离分散性负荷供配电系统技术方面的空白,研究成果总体上达到国内领先、20世纪90年代末国际先进水平。南京长江第二大桥运用中压配电系统技术,全线只用了2个变电所,与传统的低压供配电方式相比,减少了变电所13个,减少了工程投资和维护人员。科研成果已于2000年8月28日相继投入试运行,效果良好,达到设计要求,取得了良好的经济效益和社会效益,在我国大型基础设施建设工程中极具推广价值。

14)南京长江第二大桥南汊桥基岩工程力学性试验研究

长江中下游建桥基础大多为软岩和极软岩。南京长江第二大桥由于工程规模大而采用大直径、深水中特大型超长桩,嵌入基岩内54~68m,承受载荷高,常规的研究方法和采用有关标准和规范已不能满足工程设计深度的需要。本课题在试验方法及研究路径上突破桩基工程沿袭的评估和试桩的模式,以研究基岩的力学性质出发,科学的确定桩基设计采用的桩周摩阻力和容许承载力等参数。研究成果补充完善了国内现行有关标准和规范,填补了岩石桩周摩阻力在实际工程中通过岩石力学试验研究取用的空白。

"南京长江第二大桥南汊桥基岩工程力学性试验研究"项目关键技术和主要研究成果在于:

(1)首次进行了原位大尺寸无泥浆护壁的桩周摩阻力的力学试验,获取桩周摩阻力从弹性范围到破坏极限的特征点参数,并采用三维有限元弹塑性计算分析,提出了混凝土桩周与岩石之间的摩阻力大小及其分布规律。

(2)设计采用的岩石力学参数突破现行相关规范的取值范围达一倍以上,提出和采用的有关岩石力学参数对有关标准和规范予以重要填补,对南京长江第二大桥桩基优化设计、缩短桩长、降低施工难度和缩短工期起到关键性作用。

经鉴定,该项目研究成果达到国际先进水平。研究成果在南京长江第二大桥成功运用,节省了费用,并且北塔基缩短施工工期35天,南塔基缩短施工工期25天。该项科研成果的应用提高了我国桥梁和桩基工程设计的研究水平。

南京长江第二大桥的14项关键技术研究紧密结合南京长江第二大桥的工程实践,成功地解决了二桥建设中的难点问题,具体指导了工程建设,同时也解决了代表同类桥梁共同的热点和难点问题,这14项关键技术研究成果的推广对于我国大跨径桥梁的建设具有重要借鉴作用,对整体提高我国大跨径桥梁的建设水平作出了重要贡献,使我国大跨径桥梁建设达到了新的水平。

(五)运营及养护管理

1. 运营管理

根据相关管理规定南京长江第二大桥有限责任公司具体负责南京长江第二大桥高速公路的管理、经营和养护。公司下设综合办公室、人力资源部、财务资金部、营运管理部、工程管理部、资产管理部、稽查管理部共7个部门,现有在编员工265人。2014年总车流量2634.97万辆,日均车流量7.22万辆。

自建成通车以后,公司努力提升管理水平,全力做好运营管理工作和工程养护工作,在公司全体人员的努力下,较好地完成了"保通保畅保安全"的工作目标,取得了良好的社会和经济效益。针对经营工作面临的诸多困难,公司积极深化内部管理举措,强化通行费征收和资产运作,积极拓宽增收创收渠道,努力提升经营效益。一是强化收费管理,堵塞收费漏洞。积极调动和集中公司资源向收费工作倾斜,加大收费设施保障力度,最大限度满足道口开放数量,保障道口快速通行。二是完善"一桥三方"协调联动机制。积极协调公安交警、路政部门,采取有力措施打击闯卡逃费、垫磅等违法行为,有效遏制通行费流失;改进完善大交通量应对措施,减少节假日小客车免费通行、恶劣天气、交通事故对收费工作的冲击影响,一着不让地抓好收费管理。三是积极拓宽增收创收渠道。争取有利外部经营环境,抓好服务区、加油站、广告的经营管理,盘活存量资产,增加整体收入。

2. 养护管理

南京长江第二大桥自通车以来,作为"精品工程"的南京二桥,在市政府、交通厅的正确领导关心下、在公司全体员工的辛勤工作和努力下,按照"一流的工程、一流的管理"的要求,认真做好各项养护管理、运营管理工作。经过5年来对高速公路及特大桥养护管理经验、方法的不断探索和实践,南京二桥逐步健全了"社会化养护、专业化维修、流程化检查、科学化管理"养护管理体系,在不断提升养护管理质量,努力降低养护成本和提高经济效益的基础上,实现了南京二桥全线安全畅通、路容整洁、环境优美的养护管理目标。得到了良好的社会评价和经济效益。

1)完善养护管理体系,全面提升养护管理水平

针对长江特大桥养护管理的特点,二桥公司重点完善了工程养护管理体系,使二桥全线养护工作更加科学化、规范化、流程化。

一是建章立制,组织编写并经专家审查完成《南京长江第二大桥养护大纲》《南京长江第二大桥工程养护实施细则》,为南京二桥工程养护制定了科学养护管理的技术指导性文件。

二是建立健全了"日巡查、月检查、季特检、年普查"的工程检查制度,坚持按计划进行病害检查与维修。加强对全线路基、路面及结构物的预防性检查维修,严格对全线绿化、保洁、交通工程、钢结构及混凝土结构等社会化养护工程项目的质量跟踪监督,及时做好交通安全设施的抢修更新。通过检查与巡视相结合,监测、修复和养护相配套,路段沉降稳定;高速公路行车安全、畅通、舒适;沿线桥梁、涵洞基础稳定,排水畅通,安全通畅;公路沿线防撞护栏线形平顺,交通标志设置合理,房建设施美观适用;南汊大桥钢桥面环氧沥青铺装使用情况良好,没有发现问题;监控、通信、收费、供电等系统设备均运行情况正常,功能满足使用要求。创造了良好的交通运行环境。

三是建立健全了工程养护档案的规范化管理,建立完善了工程档案管理体系,为二桥长期养护管理积累技术参数并提供决策依据。依靠二桥结构安全检测系统、综合管理系统以及委托大专院校、科研院所对二桥各类结构的监测、检查数据、报告,结合二桥日常巡查、维修报表、记录等,进行分类整理、分析,并按国家一级档案管理要求归档,为将来长期养护管理收集了连续、科学、真实的技术数据和决策依据。

四是加强沿线绿化及保洁的管理。建立了目标评分制,对全线绿化进行全面集中整治、清理,有效地保证了二桥沿线的优美环境。对全线 110 万 m^2 绿地、190 万株苗木进行普查、登记造册,建立绿化养护档案,并挂牌养护。通过公开招标绿化养护单位,引进专业绿化养护技术,提高了绿化养护水平,有效改善二桥的行车环境。

2)依托科技力量,探索科学养护之路

长江特大桥的养护管理,有技术含量高、检测难度大、专业养护要求高的特点。二桥经过不断探索并积极向同类型桥梁管理单位学习,确立了"委托专业单位专项检测、社会化专业队伍维修"的管理模式。充分依靠院校及科研单位的技术优势,加强重点部位的监测监控,不断提高养护管理技术含量。先后完成了桥区河床冲刷观测、路面桥涵检测、桥面温度及桥面伸缩变化观测,定期对钢箱梁内部焊缝、高强度螺栓、主桥伸缩缝、索塔斜拉索锚头等组织进行专项检查。委托专业单位对机电系统设备硬件部分维护,收费系统和供配电系统改造完善,机电设备的防雷检测、软件调测及管线改造迁移等大量工作,确保了全线机电工作系统稳定运转。

3)工程养护与治超相结合,强化预防性养护意识

工程养护与治超相结合,加强执法力度,全力保障路产路权,是保障二桥良好运行状态的重要举措。按照省、市查处超载超限工作统一部署,坚持疏、堵并举,采取多种措施,巩固治理工作成果。把集中打击集体闯关、恶意闯关和重复超限车辆作为路政执法工作重点,坚持依法行政,文明执法,认真履行路产路权维护职责,全力营造南京二桥良好交通运营环境,取得了明显收效。由于治超力度的加大,有效地延缓路基路面的损坏,保障了二桥全线的安全、畅通。对于道路常见病害,积极强化预防性养护意识,发现病害后及时

维修为主动检查、预防养护为主。坚持对全线进行长期性的结构监测及宏观技术指标控制,每季度对全线路基路面结构监测(路面摩擦系数、路面构造深度、弯沉值、平整度),每年对二桥首级控制网维护及复测,对南、北汊桥沉降、位移及挠度观测,每半年对二桥桥墩区河床冲刷变化及河床断面变化观测。通过每季度对普通桥涵及路基路面病害普查报告,提出有针对性的预防性养护措施,及时维护,把道路病害控制在萌芽状态。通车五年多来,二桥道路病害较少,工程结构损坏较少,有效节约了工程养护维修费用,有力地保障了二桥的运行畅通。

4) 注重科技、探索特大桥养护管理的科学新路

长江特大桥的养护管理,是全国桥梁管理单位都在不断探索的新课题。尤其是钢桥面环氧沥青铺装的养护管理与维护方法,更是一个值得研究的难点和亮点。南京二桥率先在国内特大桥桥面使用了环氧沥青铺装技术,在运营过程中,不断总结经验,依托东南大学等科研单位,设立专项研究课题,探索钢桥面铺装养护方法。专门制订了《南京长江二桥桥面铺装维修试验方案及实施计划》,对环氧沥青混凝土铺装进行长期的铺装健康调查及维护,每月步检并出具调查报告;超前做好今后五年的病害预防的方案;针对南京气候特点专门制订南汊主桥高温洒水养护、低温降冰雪预案,派专人长期观测桥面温度及桥面伸缩量变化,为钢桥面沥青养护积累数据。经过多年的运行、养护及观测,路面质量优良、尚未出现路面破坏现象。钢桥面的养护管理已成为二桥科学养护管理的亮点。

5) 强化科学运营管理,文明创建成效显著

为了适应迅猛增加的交通流量并满足社会各界对南京二桥提出的更高服务需求,坚持把不断改进完善管理制度、推进文明创建水平作为抓运营管理的出发点和落脚点,科学应对运营管理出现的新情况新特点,认真汲取文明创建新做法,呈现了经济效益和社会效益同步发展的良好态势。

一是加强道口调度管理,全力保障收费需要。针对交通流量不断攀升、收费人员减少、管理工作难度加大的情况,坚决把保证道口畅通摆在突出工作位置,积极采取措施,应对大交通流量的冲击。加强监控调度,立足内部挖潜,高峰时段抽调管理人员加强收费力量,确保了道口畅通。

二是强化制度建设,全面规范收费管理考核。坚持把收费管理各个具体工作环节纳入制度化、规范化建设轨道,认真落实《重大事项报告制度》《收费长短款等问题的处理规定》《对废弃票的处理规定》《收费道口操作规范》《数字录像审带和稽查实施办法》《监控考核奖励规定》等一系列规定办法,严格执行月评比、季考核和年度考评制度,改进完善IC卡发行办法,提高通行收费效益,保证了收费工作按章有序开展。

三是继续大力推进文明创建深入开展。紧紧围绕创建全国青年文明号的目标,结合二桥工作实际,扎实推进以建树二桥品牌,创造管理业绩为主要内容的争先创优活动。继

续认真抓好"青年文明号"服务站、双语收费通道、为受处罚司机提供细致人性化服务等便民利民措施的落实,广泛开展评选"二桥之星示范岗""巾帼文明示范岗""微笑服务示范岗",维护了南京二桥省级"青年文明号"的良好形象。

3. 服务区

服务区位于南京市八卦洲乡,分东、西区两侧建设,其中主体建筑采用桩基础,上部结构为2层框架(局部3层),建筑面积约8600m^2;附属建筑有车库宿舍、变电站、加油站、空调站等,建筑面积约2400m^2。服务区设有休息厅、公厕、快餐厅、商店、客房、加油站、汽修等。

二、南京至洛阳高速公路江苏段(建设期:2001—2006年)

(一)项目概况

1. 基本情况

1)建设依据

宁洛高速公路是"7918"国家高速公路网中南京至洛阳高速公路的重要组成部分,是我国东部地区通往中原腹地的一条重要快速通道。宁洛高速公路江苏段东起南京长江二桥延伸段雍庄互通,向西跨越马汊河、宁启铁路、滁河圩区,止于苏皖省界滁河,与宁洛高速公路安徽段相接,全长10.23km。本项目与宁淮高速公路南京江北段交叉于六合南互通,与之共同构成南京市外二环的西北环线。

该项目的建成,标志着国家高速公路网中南京至洛阳高速公路全线建成,这大大缩短了中部地区与长三角经济发达地区的时空距离,对促进区域经济协调发展有着极其重要的作用。该项目与今年底即将建成的宁淮高速公路南京江北段将共同使南京市外二环最终实现封闭成环,这对充分发挥南京长江二桥、三桥的交通辐射功能、缓解南京过境交通和城市出入境交通压力、促进沿江开发及拓展南京都市经济圈都将发挥重要的作用。

2)建设规模及主要技术指标

本项目全长12.23km,全线采用双向六车道高速公路标准建设,全封闭、全立交,路基宽35m,设3m宽中央分隔带,设计行车速度120km/h。设计洪水频率:特大桥1/300,其余1/100。桥涵设计车辆荷载为汽车—超20级、挂车—120。全线设大、中型桥梁8座,桥梁总长6505m;改扩建互通立交1处。

3)项目投资及来源

江苏省发展计划委员会以苏计基础发〔2003〕1554号文《关于宁蚌高速公路(江苏段)初步设计的批复》批准了该项目的初步设计,核定了项目总概算。该项目概算总投资为6.67亿元,该项目由国有资本和民营资本共同出资建设,另外还有银行贷款。

4) 工程建设条件

宁洛高速公路整个区域地势平坦沟渠密布,大小水体众多,项目区域属副热带~暖温带,具有明显的季风气候特征,雨量充沛,寒暑变化显著。自然景观多为农田、水体,自然植被以意杨林、农作物为主。主要种植水稻、小麦、玉米、薯类、大豆、花生、芝麻等农作物;圩区平原低洼地带,河渠纵横。池塘多生长狐尾藻、苔草和竹叶眼子菜等沉水水生植物,浅水处主要有浮萍、野菱、空心莲子草、芦苇、莲藕、慈姑等浮水、挺水植物;在路旁、水边及村庄密植有杨、刺槐、水杉、梧桐等绿化树种。

路线所经地区开发历史悠久,受长期人类经济活动的影响,该区典型的自然植被已不复存在,为次生植被和人工植被所替代。

5) 工程进度

本工程于2003年11月正式开始施工,2006年9月建成通车。

6) 主要工程数量

本项目路基土石方64.18万 m^3;桥梁8座共6505m;全线共设有互通枢纽1处;通道4处,涵洞17道。同时同步完成道路收费、监控、通信、照明、安全设施、绿化、服务等设施。

2. 决策过程

2002年12月25日,江苏省发展计划委员会以苏计基础发〔2002〕1497号文《关于宁蚌高速公路江苏段可行性研究报告(含项目建议书)的批复》同意建设宁蚌高速公路江苏段工程项目。

2002年12月25日,江苏省发展计划委员会以苏计基础发〔2002〕1497号文《关于宁蚌高速公路(江苏段)可行性研究报告的批复》批准了该项目的可行性研究报告。

2003年12月10日,江苏省发展计划委员会以苏计基础发〔2003〕1554号文《宁蚌高速公路(江苏段)初步设计的批复》批准了该项目的初步设计,核定了项目总概算。

2004年9月9日,江苏省环境保护厅以苏环管〔2004〕136号文《关于对宁蚌高速公路江苏段工程环境影响报告书的批复》批准了该项目的环境影响报告书。

(二)建设情况

1. 项目准备阶段

各项工作均按国家基本建设程序进行。在项目建设过程中,省、市高指严格遵守基本建设程序,依据国家规范,参照国际通用的"菲迪克"条款和交通部通用招标文件范本制定了江苏省高速公路各项目施工、监理招标文件,通过国内公开招标选择承包商和驻地监理组。所有招投标工作均由专家独立评标,合法确定中标单位,依法签订合同,纪检部门全过程监督,公证部门对招投标过程和结果进行了严格的监督和公证,确保招标工作"公开、公平、公正、择优"。

1）勘察设计研究单位招标情况

宁洛高速公路江苏段项目勘察设计采用公开招标，于2002年11月完成招标签约工作。

2）施工、监理单位招标情况

项目路基桥梁标于2003年底前完成招标签约工作；路面工程标于2004年3月底前完成招标签约工作；三大系统标于2004年底前完成招标签约工作；绿化、房建均于2004年底前完成招标签约工作；安全设施、照明、装修等于2005年上半年完成招标签约工作。

本项目路基路面监理标于2003年底前完成招标签约工作；三大系统监理标于2005年底前完成招标签约工作；安全设施、房建、绿化等监理标均于2005年底前完成招标签约工作。

3）征地拆迁情况

项目征地拆迁情况统计见表7-11-2。

征地拆迁情况统计表 表7-11-2

征地拆迁安置起止时间	征用土地（亩）	拆迁房屋（m²）	支付补偿费用（元）	备注
2003年8月—2004年10月	876.8	14712.64		

2．项目实施阶段

本项目虽于2003年10月开工，但永久征地解决缓慢，主线用地和取土坑用地提交严重滞后。

2004年2月，召开开工动员大会，与市、区政府签订责任状，限时完成征地拆迁。

2004年5月，省交通厅与南京市政府召开了征地拆迁专题协调会。

2004年10月，全线征地拆迁工作完成。

2005年5月，路面工程施工单位进场。

2005年8月，完成一期路基桥梁施工。

2005年11月，完成路面基层施工。

2006年8月，完成路面面层施工。

2006年9月，完成附属交通工程施工。

2006年9月中旬，完成交工验收并建成通车。

（三）科技创新成果与应用

（1）在马汊河特大桥主桥悬浇施工中，为确保挂篮行走安全并提高行走效率，对挂篮的常规行走方式进行了改进，保证了工程安全和质量，此工艺还在市高指组织的劳动竞赛中获得了"六小"活动的三等奖。

（2）在长城圩特大桥76号～115号墩桩基和系梁施工中，为克服流沙地质的不良影响,采用轻型井点降水施工工艺,很好地保证了工程质量。

(3)在大型桥梁盖梁施工中,为减轻模板固定对墩柱的损伤,采用"抱箍法"施工,很好地保证了墩柱的外观质量。

(4)雍庄互通改扩建工程涉及大量的桥梁拼接、路面拼接技术,施工单位会同设计单位制订专项处理方案报高指审批。桥梁拼接采用凿齐老桥拼缝后植筋处理,提高新老桥的联结性、整体性;路面拼接采用挖除老路面的路肩部分,用水泥浇筑至基层顶,提高下承层强度,并在接缝处设玻纤格栅,防止水泥与沥青拼缝延伸至面层。

(5)中分带施工由于工序较多,容易遗留质量隐患,通过取消原设计砂浆抹面、沥青防渗层、防渗土工布,采用PVC板对中分带进行防水处理,取得了很好的应用效果,既有利于现场管理,又保证了中分带的施工质量。

(6)针对宁洛高速公路江苏段特大桥多的特点,按照省高指要求对长度大于500m的桥梁中面层沥青混合料中添加聚酯纤维,以提高其整体抗车辙能力。

(7)创新路面结构组合形式。全线采用的沥青路面结构组合形式即4.5cm SMA-13S + 6cm AC-20S + 9.5cm AC-25S结形形式,铺装层总厚度比以往增加了2cm,极大地减少了施工离析,有效地提高了面层铺装质量,延长了沥青路面的使用寿命。

(四)运营及养护管理

1. 运营管理

江苏省高速公路经营管理中心认真执行养护规范和管理制度,扎实创建宁洛高速公路特色,以"规范化、标准化、精细化管理"为导向,加强队伍建设,强化运营管理,坚持科学养护,拓展经营思路,经营业绩持续增长。

2. 养护管理

(1)坚持预防性养护,道路品质不断提升。认真做好道路日常养护工作,强化监管力度,健全养护质量保证体系。梳理完善规章制度,实现规范化管理。加强路桥检测,保障桥梁结构物安全。精心组织,严格管理,按期保质做好养护专项工程。同时,加强预算管理,严控养护经费。

(2)提高收费服务水平,树立良好企业形象。积极开展培训和创建活动,提升优质服务水平。严厉打击偷逃费行为,维持良好运营秩序。

(3)坚持软、硬件两手抓,服务环境明显改善,行业形象显著提升。巩固创建成果,形成长效管理机制;完善经营模式,规范租赁管理;强化制度落实,绩效考核体系初显成效;改善服务设施,完善服务功能。

(4)健全预案体系,突发事件应急处置能力不断提高。为积极应对恶劣天气、自然灾害以及各类突发事件,确保高速公路的畅通,先后制定或梳理了部分规章制度,进一步建立健全应急预案体系。面对突发事件和事故等的发生,预案周密、组织有序、指挥有方、行动迅速、处理得当。做到注重分析总结,积累处置经验,使突发事件应急处置能力不断提高。

(5)加强成本控制,挖掘潜力,企业降本增效效果明显。一方面拓宽经营思路,努力增加非主营收入;另一方面,狠抓成本控制,寻求节约空间。

(6)坚持防控结合,努力保障安全生产形势稳定。始终把道路保畅作为重点工作来抓。开通以来,坚持一路三方协调联动,快速清障形成共识,突发事件应变处置能力不断提高,文明平安收费站建设凸显成效。

3.收费站

本项目沿线设有苏皖主线收费站(安徽境内)。

第十二节 G40(上海—西安)

上海至西安高速公路(G40)江苏境内已全线通车,起自大兴(苏沪界),经启东、海门、南通市区、如皋、靖江、泰兴、镇江市区、扬州市区、仪征,止于星甸(苏皖界)。江苏境内全长397km。全线各路段基本情况见表7-12-1。

G40全线各路段基本情况　　　　　　　表7-12-1

序号	路　段	里程(km)	建设期	备注
1	崇启长江大桥及接线	21	2008—2011年	
2	南通至启东高速公路海门至启东段	44	2001—2004年	
3	南通至启东高速公路南通至海门段	64	2001—2004年	
4	宁通高速公路高速化改造	118	2001—2004年	
5	江都至六合高速公路	96	2008—2012年	
6	雍庄至六合南段	4	1997—2001年	
7	六合南至张店段	34	2003—2006年	
8	张店至星甸(苏皖界)段	17	1997—1999年	

一、崇启长江大桥及接线(建设期:2008—2011年)

(一)项目概况

1.基本情况

1)建设依据

崇明至启东长江公路通道工程地处长江入海口,起自上海崇明县陈家镇,止于江苏省启东市北,南与上海崇明越江通道相连,北与宁启高速公路相接。崇启大桥工程于2009年2月28日开工建设,于2011年11月30日全部完工。计划工期42个月,实际工期33个月。崇明至启东长江公路通道工程地处长江入海口,起自上海崇明县陈家镇,止于江苏省启东市北,南与上海崇明越江通道相连,北与宁启高速公路相接。该项目的建设,对完善国家和区域高速公路网,改善过江交通条件,满足交通量增长的需求,加强上海对苏中、苏北地区的经济辐射作用,促进长三角经济一体化,服务江苏沿海开发战略实施,都具有十分重要的意义。

2) 建设规模及主要技术指标

崇明至启东长江公路通道工程全长51.763km,跨江大桥长6.84km,是江苏与上海直接对接的首座特大型跨长江大桥,由江苏省与上海市共同建设。其中上海段长30.735km,由28.439km接线和2.296km跨江大桥组成;江苏段长21.028km,由4.544km跨江大桥和16.484km接线组成。

崇明至启东长江公路通道工程(江苏段)跨江大桥南引桥为48×50m节段梁拼装混凝土连续梁桥,主桥为102m+4×185m+102m六跨变截面连续钢箱梁桥,北引桥为12×50m节段梁拼装混凝土连续梁桥和20×30m现浇混凝土连续梁桥;接线工程路基宽度34.5m,中分带3m,设互通式立交3处,分离式立交3处。全线按双向六车道高速公路标准建设,跨江大桥设计行车速度100km/h,接线设计行车速度120km/h,汽车荷载等级采用公路—I级。全线设置1处通信监控分中心、1处主线收费站(与上海段分地合建)和3处匝道收费站、1处服务区。

2. 决策过程

2006年11月,国家发展和改革委员会以发改交运〔2006〕2459号文《国家发展改革委关于崇明至启东长江公路通道项目建议书的批复》同意建设本项目。

2007年4月,建设部以苏建规选字第200721号《中华人民共和国建设项目选址意见书》批准了本项目的选址。

2007年11月,水利部长江水利委员会以长许可〔2007〕147号文《关于崇启长江公路大桥涉河建设方案的批复》同意了本项目涉河建设方案。

2007年12月,交通部以交水发〔2007〕712号文《关于崇启长江公路大桥通航净空尺度和技术要求的批复》同意本项目通航尺度和技术要求。

2007年12月,国家环境保护总局以环审〔2007〕582号文《关于上海至西安国家高速公路崇启通道环境影响报告书的批复》批复了本项目的环境影响报告书。

2008年4月,国家发展和改革委员会以发改交运〔2008〕942号文《国家发展改革委关于崇明至启东长江公路通道工程可行性研究报告的批复》批复了本项目的可行性研究报告。

2008年12月,交通运输部以交公路发〔2008〕551号文《关于崇明至启东长江公路通道工程初步设计的批复》批复了本项目初步设计文件。

2009年3月,江苏省交通厅以苏交计〔2009〕52号文《关于崇明至启东长江公路通道工程(江苏段)接线施工图设计的批复》批复了接线施工图设计。

2009年3月,交通运输部批准同意了本项目的施工许可。

2009年8月,江苏省交通厅以苏交计〔2009〕234号文《关于崇明至启东长江公路通道工程(江苏段)主桥下部结构和引桥施工图设计的批复》批复了主桥下部结构和引桥施工图设计。

2009年10月,国土资源部以国土资函〔2009〕1202号文《国土资源部关于崇明至启东长江公路通道工程江苏段建设用地的批复》批复了本项目的用地。

2010年2月,江苏省交通运输厅以苏交计〔2010〕29号文《关于崇明至启东长江公路通道工程(江苏段)主桥钢箱梁施工图设计的批复》批复了主桥钢箱梁施工图设计。

2011年8月,江苏省交通运输厅以省交建〔2011〕37号文《关于崇启大桥(江苏段)交通安全设施、机电、房建、绿化施工图设计的批复》批复了相关附属工程的施工图设计。

3. 项目投资及来源

本项目总投资约75.89亿元(静态投资约70.91亿元),其中国家安排中央专项基金(车购税)4.7亿元(上海段约2.32亿元,江苏段约2.38亿元),上海长江隧桥建设发展有限公司代表上海市政府投入12.2亿元,江苏省高速公路管理中心代表江苏省政府投入9.66亿元,共计26.56亿元作为项目资本金,约占总投资的35%;其余49.33亿元利用国内银行贷款解决。

4. 工程进度

崇启大桥工程于2009年2月28日开工建设,于2011年11月30日全部完工。计划工期3年半,实际工期33个月。

(二)项目建设管理

1. 组织机构

崇启大桥工程项目建设管理实行"省交通厅和省交建局决策,崇启桥指建设,省高管中心筹资,地方服务协调"的建设管理模式,省交通运输厅批准在现场成立江苏省崇启大桥建设现场指挥部(以下简称"崇启桥指"),负责工程项目招标、质量、进度、费用、安全管理等各项具体工作;南通市成立服务指挥部,负责征地拆迁和服务保障等工作;省厅质监局负责本项目的质量监督;省交通重点工程纪检监察领导小组派驻崇启大桥纪检组负责纪检监察工作。

崇启桥指设立总工室、综合处、工程处、计划处、财务处5个处室,并根据工程特点,委托专业单位成立试验中心、测量中心、安全环保中心、钢结构检测中心、气象中心,对崇启大桥工程建设实行全方位的管理和服务。崇启桥指全体管理人员紧紧围绕"安全、优质、高效、创新、环保"的总体目标和"尊重科学、崇尚劳动、严格管理、规范运作、团结奉献、勇创一流"的建设方针,攻坚克难、创优创新,全力把崇启大桥打造成为时代精品工程。

2. 招标管理

崇启桥指严格遵守基本建设程序,依据国家规范,参照国际通用FIDIC条款和交通部通用招标文件范本制定了崇启大桥各项目设计、施工、监理、采购、检测招标文件,通过国内公开招标选择相关单位。

崇启桥指委托江苏交通工程投资咨询有限公司作为招标代理全过程负责招标工作,并与招标代理实行"相互协作、互相监督"的工作机制。

全部招标项目实行限额招标,合理确定投标限价并在投标前予以公布。投标、开标活动依法公开举行,并依法组织评标,主动接受省厅建设办和江苏省交通重点工程纪检监察领导小组驻崇启大桥项目办公室全过程监督,并专门聘请南京市石城公证处进行全过程公证。

评标结果在网上公示后报省交建局招标工作领导小组定标,定标结果报省厅厅务会审查,崇启大桥所有合同项目均由评标委员会推荐的第一中标候选人中标。

3. 施工协调

积极推进征地拆迁工作的开展,与地方服务指挥部共同研究项目建设用地、临时用地、房屋拆迁、杆线迁移工作。在工作中,以科学发展观为指导,充分体现以人为本的理念,从征迁补偿政策到征迁工作开展,实地考察,调查民意,宣传政策,取得群众对崇启大桥建设的支持,及时交付了建设用地与施工临时用地,营造了良好的建设环境。主动与供电、供水部门联系,解决大桥施工用电、用水难题,提前做好"三通一平"工作。

加强与水利、海事、航道、安全等部门联系,建立完善的安全监管体系,积极开展大桥施工防洪评估、通航安全评估,完成桥区水域施工临时航标配布工作,及时办理施工行政许可手续。因前期协调工作充分,2009年2月12日,大桥施工单位进场,2月28日即打下第一根工艺试桩,项目驻地3月底完成,4月大桥全面展开,形成大干快上的施工场面,在国内桥梁建设史上是比较罕见的。

4. 质量管理

为全面实现崇启大桥总体质量目标,崇启大桥在建立健全质量管理体系的基础上,以

"两创三比"活动为契机,细化质量管理措施,强化质量管理手段,以工序化控制为基础、以精细化施工为抓手,以治理质量通病为突破口,扎实推进工程建设管理,确保工程质量上水平、上层次。

1)工程总体质量目标

确保达到交通部优质工程一等奖标准,分项工程优良率达到98%以上,单位工程优良率达到100%,争创国优鲁班奖工程;坚持把提高工程品味和结构耐久性放在突出位置,树立精细管理的质量理念,提升质量管理技术水平,保护并改善环境。

2)细化管理制度,规范施工行为

为做到工程建设的规范化、科学化,崇启桥指在严格贯彻执行交通部《公路建设市场管理办法》《公路工程质量管理办法》等一系列法规、规章的同时,结合江苏省及崇启大桥管理实际,制定了《崇启大桥工程项目质量管理办法》《崇启大桥工程项目施工监理管理办法》《崇启大桥工程项目施工测量管理办法》《崇启大桥工程项目试验检测管理办法》《崇启大桥工程项目材料采供管理办法》等一系列管理办法和制度。各参建单位根据职责范围,按照崇启桥指的要求,细化各自质量管理文件。

根据工程不同阶段的重点和特点,崇启桥指陆续印发了《崇启大桥工程项目路基精细化施工控制要点》《崇启大桥工程项目桥涵结构物精细化施工控制要点》《崇启大桥工程项目水稳基层精细化施工实施细则》等206个文件以及《关于明确海工混凝土耐久性现场检测工作的通知》《关于要求使用钢筋保护层专用水泥砂浆垫块的通知》等444个传真,规范施工行为。

3)加强设计管理,严格方案审查

为保证崇启大桥的设计质量,除了按照设计咨询双院制的要求委托江苏省交通规划设计院对设计进行全面审查以外,又委托了专业咨询单位日本长大公司对崇启大桥钢箱梁的设计、制作、运输、架设等开展技术咨询;委托东南大学对接线的软基处理方案进行了咨询和优化;委托同济大学对50m逐跨预制节段拼装施工引桥体内、体外合理配束进行优化咨询。

开工以来,崇启桥指组织开展了试桩、钢管桩制作沉设,承台钢吊箱及墩身、上部结构制作安装,总体施工控制等一系列重要分项、分部工程施工技术方案和工艺的深化研究和试验工作。对关键工序,如吊索具的制造,严格要求设备出厂前必须完成荷载试验,提供正式报告;对大型临时结构和重要技术方案,均由独立的第三方先行咨询和审核验算,在此基础上形成切实可行的施工方案。崇启大桥主桥钢箱梁的施工,涉及结构设计、施工、焊接、重型起重、船舶等多个专业。为保证施工技术方案的安全可靠,崇启桥指积极整合社会技术力量,发挥各方专长,除设计、施工、监理已有技术力量外,又积极引入了日本长大、同济大学、西南交大、武汉理工大、江苏科大、新加坡耀华公司等单位,相继完成了相关专业设计和计算复核工作。仅2010年,日本长大公司就现场咨询5次,提供技术咨询报告25份,参与技术方案审查或咨询的专家约100人次,崇启桥指技术顾问共提供书面意见约30份,为科学决策提供了有力的技术保障,也为保证工程质量奠定了基础。

4) 严格首件认可,推行标准化施工

立足"预防为主,先导试点"的原则,全面实行足尺试件制度和首件工程认可制。在编制方案前对可能存在的施工技术难点和部位实行足尺试件制。通过试验结果编制施工方案、培训人员、完善施工工艺。开工以来,已先后开展了陆域和水上试桩工程,施工了混凝土墩身、钢箱梁墩顶段等足尺试件。全面实行"首件工程认可制度",各分项工程在施工前都要上报首件工程方案,在首件工程结束后均专项编写施工总结,主要通过首件工程对施工工艺、设备、配套能力、施工方法、工效和质量控制措施等进一步进行验证,取得直接的认识和经验,对方案和施工组织设计编制阶段考虑不充分的内容及工程实施过程中遇到的新问题进行分析,研究解决对策,及时在方案和施工组织设计中进行调整完善。对重要的分项工程还专门制定完善的实施规程和施工操作指南指导工程实施。同时在实施过程中不断总结完善,最终研究编制形成工法,规范工序流程。

崇启大桥地处长江入海口,建设条件差,为此,跨江大桥钢管桩、钢箱梁、50m节段梁等大量结构件采用了工厂预制的施工方式,为施工的"工厂化、规模化、标准化"创造了极其有利的条件。崇启桥指把握这一契机,按照车间生产的要求,高标准开展质量管理。从严制定了崇启大桥钢管桩、钢箱梁、50m节段梁的质量评定标准和验收规则;对所有的焊缝规格和类型进行了工艺评定,明确了制作流程、焊接工艺规程;编制了50m节段梁标准化作业指导书;应用全过程、自适应、无应力制造线形控制技术,实现钢箱梁和节段梁最终成桥线形和内力的控制。另外,接线工程也制定了路基桥梁、边沟防护、路面基层、桥面铺装等一系列标准化施工指导书,结合现场质量会、专项检查等方式,在全线掀起了工程规范化、标准化施工的高潮。

5) 强化过程控制,实行全封闭管理

质量产生于施工的每一个过程,过程中的每一个环节、每一个人、一台设备、一点原材料出现问题都可能对最终质量带来不可弥补的影响。为此,崇启桥指认真分析了可能产生质量问题的每一个环节,从源头抓起,自下而上地主动控制。

一是从原材料入手,认真把关。材料进场之前,对产地要进行深入调查,现场了解料源地生产厂家的质保体系、生产流程、试验检测情况等,并现场取样进行试验,对各产地材料之间的差异性进行分析,从源头上加强材料的质量控制。在材料进场的过程中,严格按照送样、抽检程序进行各项试验检测工作,对材料的使用、加工进行严格把关,对于不合格的材料一查到底,做好材料质量的事中控制。对材料出现的异常情况进行分析,对于材料的异常波动,分析其原因及对工程实体的不良影响,研究对策交由厂家改进,从而消除材料波动的影响,做好材料质量的事后控制。通过事前、事中、事后的全过程控制,严把原材料质量关。

二是强化对合同履约的监督考核。严格督促承包人认真履行合同和投标承诺,确保人员和设备按合同承诺按时进场,不得随意降低标准更换设备和人员,不得随意离开施工现场,同时要求施工单位要善待农民工,完善保险,不拖欠工资,确保队伍稳定。

三是严格实行施工工序技术交底和作业班组上下工序交接核查制度,对每一道工序都进行详细的技术交底,明确质量标准、工艺要求、控制方法,确保在施工前人人明确知道自己需做什么、该做什么,同时在班组施工交接时,实行交接核查制度,以确保不因为工作交接而导致施工脱节,影响质量,并形成下道工序对上道工序的质量检查制度。

四是加强过程质量检测控制,在施工单位自检,总监办复检,崇启大桥试验中心、测量中心抽检外,先后委托专业单位开展了桩基超声波检测、取芯检测、混凝土氯离子渗透系数检测、钢管桩和主桥钢箱梁焊缝的无损探伤检测。

五是推广全封闭的质量管理模式。全封闭质量管理的关键在于事前预防到位、过程控制得力和处理结果封闭。通过一整套台账或记录,实现工程实体质量的可追溯和分析评估。

六是严格执行施工异常情况报告和处理程序制度,主要是督促施工、监理单位加强施工过程中的质量管理,认真、严格地抓好各个环节,及时研究和处理施工过程中出现的异常情况,确保工程质量。

6) 开展"两创三比",治理质量通病

崇启桥指根据施工不同阶段,先后组织了混凝土质量通病治理活动、质量月活动等质量创优活动,专题组织召开质量工作会议,组织了混凝土质量通病、路基桥梁标准化施工、预应力施工、排水防护工程、路面基层、路面面层等专项检查,并将检查结果与施工、监理信用等级评价、劳动竞赛挂钩,对项目部、总监办进行奖惩,推动崇启大桥创优目标的实现。

在省交通运输厅总体部署下,省厅、省交建局将崇启大桥工程作为混凝土质量通病治理典型示范项目,明确要求钢筋保护层工前合格率达到100%,工后合格率达到90%以上。为了确保这个目标的实现,崇启桥指结合工程的难点和特点,组织编写了《墩身、现浇箱梁、预制箱梁精细化作业指导书》《混凝土钢筋保护层控制施工指导意见》等一系列规范化文件,编录了《混凝土钢筋保护层控制》宣传片,首次大规模采用成品控制保护层的高强砂浆垫块,从钢筋加工及垫块预制、模板制作及安装、钢筋绑扎及垫块定位、混凝土浇筑、工后检查等五个方面着手,狠抓混凝土钢筋保护层合格率。同时,崇启桥指还把钢筋保护层合格率作为劳动竞赛考核的重要指标。省厅质监局的检查结果显示:崇启大桥钢筋保护层总体合格率为95%,超出交通部要求10个百分点,在全省处于领先水平,起到了示范作用。

崇启大桥建设3年来,"精细优质"的理念一直贯穿始终,工程质量均达到了既定质量目标,原材料抽检总合格率为100%,软基处理单桩检测优良率98.9%;路基土方压实度一次报验抽检合格率97.4%;水稳碎石无侧限强度合格率100%,平均裂缝间距达160m(正常水稳裂缝间距10~15m);桥梁钻孔桩桩基检测A类桩100%;构造物混凝土强度合格率和支座垫石高程合格率100%;钢箱梁制造无损探伤一次报验合格率99.4%;路面工程渗水指标抽检合格率为98.7%,其余指标抽检合格率均为100%;房建及交安设施工程抽检总合格率为100%。工程从始至终未发生一起质量事故。

5. 安全管理

崇启大桥所处长江入海口,江面水域宽阔,一日两潮,风大、雾多、水急,施工环境极为复杂,加之施工作业面广,高空作业多,施工船型种类多,给大桥建设安全工作带来了许多不利因素和严峻挑战。崇启桥指全面落实安全生产责任制度,通过制定《危险源告知和跟踪整改规定》《安全环保检查制度》《安全生产风险抵押金制度》等,进一步规范全员安全生产行为。结合施工特点,组织危险源排查、治理,重点对水上施工、高空作业、施工船舶、大型设备、临时用电、消防等进行了逐项逐条排查、治理。要求各有关单位和部门务必科学编制施工安全技术方案。特别是大跨径钢箱梁的上船、运输、吊装,混凝土节段梁的安装和现浇箱梁等关键工序,针对性地编制施工安全技术方案,委托国内外专业机构复核审查,并多次召集有关专家审查,通过多层次、全过程的严格把关,确保安全技术方案的可靠。积极开展"平安工地"建设活动,不断强化安全生产意识,定期或不定期组织安全环保大检查,召开安全生产工作会议,及时总结,落实整改。在崇启大桥建设中,安全态势平稳,实现了"零事故""零伤亡"的目标。

6. 进度管理

为便于统一和规范崇启大桥计划管理工作,崇启桥指在项目实施前,编制下发了《崇启大桥工程项目计划管理实施办法》,制订了"半年基础、一年半墩台、一年半上部及收尾,总工期三年半"的总体实施计划。

自跨江大桥工程全面开工建设以来,崇启桥指紧抓关键线路,科学组织,推出一系列行之有效的管理措施,签订阶段目标和年度建设任务责任状,定期组织检查,优化施工方案、改进施工工艺以及施工单位各种资源的合理配置,充分利用劳动竞赛和履约考核这个杠杆作用,发现问题及时整改,积极引导和帮助所有标段科学组织,均衡推进,使得工程建设较原总体实施计划有所提前。2010年6月崇启桥指根据已开工标段实际进度,综合工程建设条件、施工技术难度等因素,通过进一步挖掘潜力,优化资源配置,增加平行交叉作业工序,编制了34个月的总工期、确保2011年12月28日建成通车的《崇启大桥总体实施内部指导计划》,并以此作为大桥建设期间内部控制的主要依据和奋斗目标,确保工程有序推进。

7. 费用管理

加强计量支付管理。一是制定了《崇启大桥工程项目计量支付管理实施细则》《崇启大桥工程项目计量支付管理工作要点》,明确了工作流程和审核原则;二是对工程全部设计文件和工程数量表进行了重新校勘和核算,作为计量支付控制依据;三是严格按实计量的原则,加强对计量支付准确性、规范性的审核;四是计量支付实行网络化管理,实行网上申报、审核和审批,有效避免了计算过程中的错误,也便于查询。

加强设计变更和索赔管理。一是制定了《崇启大桥工程项目设计变更管理办法》《崇启大桥工程项目索赔管理办法》,明确了工作流程和审核原则;二是坚持客观公正、实事求是,以合同文件为准绳,严格变更数量和单价审核。三是所有设计变更均由崇启桥指经跟踪审计单位复查后,办公会集体研究、民主决策,超出崇启桥指权限的报上级部门审批。

加强财务管理。严格按照交建局《会计核算办法》《项目财务管理办法》《项目内部审计办法》等一系列财务、审计管理办法,认真做好财务管理基础工作,实行财务支付会签制度。

加强资金监管。崇启桥指在费用审批上均采取一笔费用多部门审核会签的措施,对权力实施有效地制约,同时引入社会审计中介单位,实行内部跟踪审计,保证了建设资金足额到位,专款专用和资金使用安全。

8. 环境保护

在项目建设过程中,充分考虑生态环境保护,把对生态环境的破坏降低到最小,体现以人为本、可持续发展的要求,努力实现工程项目与环境、生态、景观相协调,建设生态、和谐工程。

在设计阶段,崇启桥指高度重视设计与自然景观及周围环境的协调,着重做了以下几个方面的工作:一是在路线平面和纵断面设计时,综合考虑沿线地形、地物、地质、桥位、水利设施、路网和地方发展等因素,尽量做到少拆房屋,少占良田,少砍伐树木,并尽可能保持原有水利排灌设施和地方路网的完整性。二是注重路线平纵断面线形的组合设计及道路与自然景观的协调设计,使道路成为大自然的一条新的风景带。三是注重桥梁构造物、房建和收费设施等工程的美化设计;优化路基防护等附属工程效果设计,边坡尽量采用植草防护;中央分隔带和土路肩采用植树(草)绿化等;互通区、房建区加强绿化设计,通过多层次的绿化措施,增加美化效果,以达到项目的总体景观效果。四是道路排水自成一体,减少对鱼塘和水域的直接污染。五是注重标准化设计,减少对周围环境和水域的污染。六是完善声屏障、隔声窗等保护措施,施工图设计过程中根据沿线声敏感点建筑物分布调查情况,及时完善了声污染保护设计。

工程建设过程中,崇启桥指认真贯彻相关法律、法规和各项制度,加强理念创新,提高科技含量,注重资源节约、环境保护。一是健全机构,崇启桥指委托专业机构成立崇启大桥安全环保中心,负责对施工期间的环保工作进行指导和检查,各总监办负责各标段内的环保监理工作,委托南通市环境检测站对建设期间施工区域大气、噪声、粉尘、水质进行定期检测,委托交通运输部环保中心开展施工期环境保护管理与措施的核查。二是完善制度,崇启桥指专门制定了《崇启大桥工程项目施工环境保护手册》和《崇启大桥工程项目文明施工管理实施细则》,以指导施工期的环境保护工作。三是按照"崇启大桥工程环境影响报告书"的各项要求,积极开展环境保护工作,督促各参建单位落实各项环境保护措施,主要包括:

(1)结合地方经济发展规划落实取土坑,结合地方水利和路网改造,综合利用土源,节约土地资源,减少耕地开挖。

(2)对拆迁房屋尽量采用整体平移,减少资源浪费。

(3)节段梁和主桥钢箱梁,均采用工厂化制作,再运输至工地现场,即确保了工程质量,又省去了现场预制场用地,避免了对当地环境的影响。

(4)主桥钢箱梁由原设计小节段预制、现场大节段拼装改为大节段预制、现场整体吊装,取消了原设计江中拼装平台,减少对水域的污染。

(5)加强施工点和施工营地的环境管理,施工营地设置了生活污水处理系统,生活垃圾集中存放、处理;水上工点的垃圾、废油料进行集中收集、岸上处理,减少了对江面环境的影响。

(6)在跨江大桥水域实施增殖放养,保护渔业资源,恢复水域自然生态。

(7)对全线声屏障与主体工程同步设计、同步施工,现已全部完成,并在道路两侧种植苗木,形成绿色通道,既美化环境又起到降噪作用。

9.档案管理

崇启桥指从工程一开始就十分重视工程资料的整理归档工作,紧紧围绕"建设精品工程,创精品档案"的工作目标,在抓好工程建设的同时,狠抓工程档案的管理,创新思路、积极实践,建立了一套完整的档案管理组织体系、规章制度和考核机制。根据国家、交通运输部、省档案管理规范,制定了具有指导性和可操作性的《崇启长江公路通道(江苏段)工程项目竣工文件编制办法》,并委托中交海德公司作为技术服务单位协助崇启桥指进行档案指导和检查。通过合同管理、制度保障、培训学习、检查考核等积极有效措施,强化了项目档案工作的全过程控制,保证了档案工作与工程建设同步推进和规范化管理;通过推行预立卷、首件认可制,分部工程档案进度、质量检查和后期集中整理审查等机制和手段,将交通运输部文件材料立卷归档管理的新要求落实到位,保证了竣工文件编制和项目档案质量。本项目工程档案资料应用了工程档案管理软件,建立了文件目录数据库,对综合类文件和竣工图类文件进行了全文数字化,并跟踪、同步收集了大量影像、图片及电子文件,形成的交工档案齐全、完整、签署完备,分类科学,编目规范,案卷质量优良。竣工图编制规范、图面清晰,能够反映工程建设的实际情况。

10. 廉政建设

崇启大桥建设一开始就树立"工程优质,干部廉洁,资金安全,群众满意"的廉洁崇启目标,着力构建崇启桥指党政统一领导,参建单位、部门各负其责,派驻纪检监察机构全面监督和跟踪审计专门监督的党风廉政建设体系,积极探索切合工程实际的教育、制度、监督并重的惩防体系,有力地保证了工程建设与廉政建设同步协调推进。通过开展告知教育、警示教育、现身说法、电教月等教育活动,筑牢参建人员的思想道德防线,增强全体干部职工的廉政勤政意识。制定了廉洁自律准则以及招投标、征地拆迁、工程分包、财金管理、物资管理、内部审计制度等多项规定,加强关键环节的监督,并与各施工单位签订了《廉政合同》,把廉政工作作为工程建设的一项重要内容常抓不懈,为建成精品优质工程提供纪律保证。全力推进《廉政风险防控手册》在崇启大桥项目推广应用工作,重点排查梳理了招投标、计量支付、设计变更、物资采供、转包分包、资金拨付、质量控制、安全管理、征地拆迁、交竣工验收等10多个环节,共排查出59个工作环节的160多个风险点,提出了240多项针对性防控措施,专门开发了一套应用软件对各个环节流程防范情况进行记录和监督。崇启大桥工程建设中尚未发现违法违纪现象和不廉洁行为。

(三)科技创新成果与应用

崇启大桥所在地域自然条件复杂,工程建设难题多、风险大,而国内可借鉴的设计、施工经验不足,为此崇启桥指坚持"大桥建设、科研先行"的方针,根据工程建设特点,坚持科技创新,攻坚克难,形成了多项科技和工艺创新,给工程建设以有力支撑。

(1)开展"崇启大桥江海交汇环境下结构混凝土耐久性技术"课题研究。崇启桥指与东南大学、省科研院合作,基于桥区水域水质条件,研究了混凝土劣化机理和损伤规律,确定了各部件混凝土配合比参数;根据混凝土工作性能、力学性能和耐久性的综合要求,提出了混凝土施工质量控制指标和控制要点,实体混凝土质量优良,实测 Cl^- 渗透系数均低于标准,有效地提高了混凝土结构的耐久性。

(2)开展"崇启大桥50m逐跨预制节段拼装施工引桥体内体外合理配束关键技术"研究。崇启大桥引桥为跨径50m预应力混凝土连续箱梁,采用预制节段全悬挂拼装施工,崇启桥指与同济大学合作,研究了体外预应力束的合理比例及锚固结构、全悬挂拼装技术,并开展了体外束体系可靠性的疲劳试验研究。

(3)开展"崇启大桥大跨度连续钢箱梁设计关键技术"课题研究。崇启大桥是我国首座特大跨度连续钢箱梁公路桥,由于钢箱梁属于薄壁箱形结构,其在整体荷载、局部荷载作用下的受力行为非常复杂,许多技术重点和难点需要深入研究。崇启桥指与中交公路规划设计院有限公司、中国铁道科学研究院合作,对崇启大桥钢箱梁制造、架设方法、钢箱梁各板件局部稳定性、钢箱梁正交异性钢桥面板疲劳性能等进行了分析研究。

(4)开展"崇启大桥整体吊装大跨度连续钢箱梁施工关键技术"课题研究。崇启桥指与中交第二航务工程局有限公司、中铁山桥集团有限公司合作,以大跨度变截面钢箱连续梁桥——崇启大桥为工程背景,开展了整体吊装大跨度连续钢箱梁的施工和控制等关键技术研究,最终形成一套适用于大跨度钢箱梁连续梁桥施工与控制成套技术,对我国桥梁建设向"大型化、工厂化、装配化"迈进起到重要的示范作用。目前已形成了《大跨度变截面钢箱梁整跨梁段制作、装船运输工法》《整跨(大节段)钢箱梁吊装施工工法》两套省级工法。

(5)开展"崇启大桥多孔大跨径连续钢箱梁桥面铺装体系"课题研究。跨江大桥主桥采用6跨变截面连续钢箱梁,与国内外大跨度钢桥多采用的悬索、斜拉受力模式不同,桥面铺装需要解决跨中挠曲变形、负弯矩区大面积拉应力、车辆荷载叠加效应等新的技术难题,为此崇启桥指与江苏省交通科学研究院合作,开展多孔大跨径连续钢箱梁桥面铺装体系研究,从结构设计、材料设计、施工工艺、质量控制等多个环节,研究确定了适合崇启大桥特点的桥面清洁、防锈处理、层间黏结层、桥面铺装材料和结构设计方案,并形成了《崇启大桥钢桥面铺装施工技术指南》。

(6)开展"海陆交互相新近沉积土地区高速公路建设地基处理关键技术"课题研究。崇启大桥接线工程位于长江入海口,又处于长江三角洲冲积平原,形成了复杂的海陆交互相新近沉积层,同时软土地基埋藏深厚。崇启桥指与东南大学合作,结合地质条件和路段特点,综合采取降低桥头填土高度、轻质路堤、水泥搅拌桩、堆载预压及PHC管桩等地基处理措施,有效解决了海陆交汇区软土地基修建高速公路的沉降、稳定等难题。

(7)首次在省内跨江大桥建设中大规模采用钢管桩技术。跨江大桥在离岸宽阔水域施工,水文气象条件恶劣、有效作业天数少。因此,崇启大桥基础结构采用了施工高效、质量可靠的钢管桩施工成套技术。崇启大桥总计844根超大直径钢管桩,总用钢量约5.2万t,其中主桥基础钢管桩单根桩直径1.6m,管壁厚2.8cm,桩长85m,重87t,均居国内前列;通过收集水质资料和近1年的观测,分析丰水期和枯水期涨落潮的水质变化,确定了钢管桩的防腐技术。

(8)首次在国内大规模采用短线匹配预制逐跨悬挂拼装的施工工艺,并研制了TP50型专用架桥机,跨径创国内之最,研制了液压模板系统,用于50m混凝土箱梁的短线匹配预制,并形成《节段梁全悬挂施工工法》省级工法一套。

(9)首次在国内采用"整跨工厂无应力制造、滚装装船、整体架设、全过程实时监控"

的先进施工技术。成功实现了最长185m、起吊重量最大2690t的整跨钢箱梁制造安装。

（10）首次在国内采用两艘起重船联合抬吊整跨钢箱梁，并创造性地在两艘起重船间布置垫挡船，保证了钢箱梁吊装过程中起重船移动的同步性。

（11）首次在国内采用自平衡体系的吊索具系统及定位架系统，实现了吊具和吊点的受力均衡，保证了钢箱梁吊装的安全性和可控性，两项系统均获得了国家专利。

（12）针对崇启大桥主梁结构频率、阻尼特点和成桥风洞试验结果，开展了TMD质量比、频率和阻尼比等参数分析优化，提出了主要技术指标和安装调试控制精度，为我国大型桥梁抑振探索了一套有效的TMD系统减振设计方法。

（13）首次在混凝土桥面大规模采用单组分环氧沥青桥面防水黏结层（NKY），提高桥面沥青混凝土的黏结力和防水能力，有效防止桥面沥青混凝土的早期破坏。

（14）进一步开展抗裂水稳碎石基层的应用研究，通过进一步优化级配、控制粉尘含量、含水率和严格的养护措施，水稳基层平均裂缝间距达160m（正常水稳裂缝间距10～15m），真正达到了抗裂的目标。

（四）项目大事记

2006年11月10日，国家发改委以发改交运〔2006〕2459号文正式批复崇明至启东长江公路通道项目建议书。

2007年12月7日，交通部签发了《关于崇启长江公路大桥通航净空尺度和技术要求的批复》。

2007年12月27日，国家环保总局签发《关于上海至西安国家高速公路崇启通道环境影响报告书的批复》。

2008年1月15日，交通部签发了《关于崇明至启东长江公路通道可行性研究报告的审查意见》。

2008年1月29日，中国国际工程咨询公司完成了《关于上海至西安国家高速公路崇明至启东长江公路通道（可行性研究报告）的咨询评估报告》，报国家发改委。

2008年2月28日，国土资源部正式批准崇启大桥土地预审手续。

2008年4月17日，国家发改委签发发改交运〔2008〕942号文《关于崇明至启东长江公路通道工程可行性研究报告的批复》。

2008年8月1日，江苏省和上海市人民政府在江苏省启东市崇启大桥桥址所在地联合举行了崇启大桥奠基仪式。

2008年10月9日—11日，交通运输部在启东和上海召开崇明至启东过江通道初步设计审查会。

2009年2月28日，崇启大桥打下第一根工艺试桩。

2009年4月27日,崇启大桥建设现场指挥部在南京主持召开了"崇启大桥大跨度连续钢箱梁关键技术研究"专题成果评审会。

2010年3月9日,崇启大桥管理中心房建工程经交工验收组全面检查评定,顺利通过交工验收。

二、南通至启东高速公路海门至启东段(建设期:2001—2004年)

(一)项目概况

1. 基本情况

1) 建设依据

宁启高速公路海门至启东段是江苏省规划的"四纵四横四联"路网中"横三"的重要组成部分,担负着江苏省沿江开发江北地区交通主骨架的重任,是苏中地区和上海联系的一条重要纽带,对构筑"东西贯通、南北联动、水陆并举、通江达海"的沿江交通新格局具有重要意义。"一路连三桥",连接在建的苏通大桥和即将建设的崇启、崇海大桥;"一路连三路",连接宁通高速公路、在建的盐通高速公路和规划中的沿海高速公路,将沿海、沿江城市连为一体,形成一个以电子、纺织、建筑等行业为主的沿江、沿海带经济区域,加快江苏省推进"两个率先"和沿江开发重要战略部署的步伐。

2) 建设规模及主要技术指标

本项目全长43.97km,西起海门市常乐镇,与宁启高速公路南通至海门段终点相接,途经海门、启东两市,东止启东市汇龙镇。设计行车速度120km/h,桥涵设计车辆荷载为汽车—超20级、挂车—120,路基宽度28m。

3) 项目投资及来源

根据苏计基础发[2002]30号《关于南京至启东高速公路海门至启东段初步设计的批复》,该项目概算总投资为137278.62万元,工程结算为112463.33万元。该项目建设资金由省定额投入资金3.77亿元,宁连宁通管理处定额投入1.51亿元,其余部分由宁连宁通管理处通过国内银行贷款解决。

4) 工程建设条件

经调查,沿线区域筑路材料缺乏,所需材料均需外购,但运输条件良好、各种材料可以利用便利的水运和陆运到达各工点。

海门、启东两市政府及沿线百姓均对本段高速公路的建设持积极支持的态度,施工环境良好。

沿线河流较多,分布广泛、均匀、取水方便,大部分为季节性雨源型河流,且通达江、海。水量充足。生活用水多为井水,及村办自来水供应系统,沿线村庄密布,生活用水不存在困难。

随着经济的发展,沿线各市、县电业亦在飞速发展中,但由于大中型企业受区域限制,未得到进一步发展,停产、半停产状况明显,富余量较大,经调查证实,沿线电力供应部门对公路建设用电反应积极,并提出了切实的优惠措施。对重点建设工程(互通、特大桥)均与供电部门的进行过协调,明确了供电线路。

沿线公路网及机耕路网纵横,基本能满足施工机械直接上路,其余稍加拓宽便能满足施工要求,运输及作业较为便捷。

5)工程进度

本工程于2001年10月全面开工建设,2004年9月30日通过交工验收,2004年10月1日正式通车。

6)主要工程数量

本项目完成二灰碎石底基层118.745万 m^3、水稳碎石基层111.443万 m^2、水泥混凝土路面2.536万 m^2、沥青混凝土路面111.115万 m^2、房建总面积7411m^2;全线主线特大桥、大桥1928m/4座,中、小桥1355m/27座,互通匝道桥394m/2座,通道67道,涵洞120道;全线设置互通式立交2处(悦来、大生),分离式立交4处,停车区1处(麒麟),匝道收费站2处,主线收费站1处;设有完善的收费、监控、通信、照明、安全、绿化等设施。

2. 决策过程

2001年4月,苏计基础发〔2001〕336号文《关于海门至启东公路项目建议书的批复》同意立项建设。

2001年8月,苏计基础发〔2001〕763号文《关于南京至启东高速海门至启东段项目可行性研究报告的批复》批准工可报告。

2002年1月,苏计基础发〔2002〕30号文《关于南京至启东高速海门至启东段初步设计的批复》批准初步设计。

2002年4月,江苏省交通厅核准了本项目开工报告,批准项目开工建设。

(二)建设情况

1. 项目准备阶段

宁启高速公路海门至启东段工程的施工、监理实行国内竞争性公开招标。招投标工作严格按照国家和省有关招投标的法令和规章进行,所有项目均采用中国招投标网上公开发布信息的方式,通过资格预审或资格后审,实行公开招标。严格执行招标投标工作纪律,邀请公证机构对招标全过程进行公证,纪检、监督部门全过程监督,做到公平、公正、公开对待所有投标人。按照总体实施计划,及时组织了27个施工合同段、8个监理合同段的招标投标工作,确保项目按计划组织实施。

2. 项目实施阶段

(1)质量管理。本项目自开工建设以来,即把质量控制当成头等大事来抓,明确了工程总体要求:精心组织,精心实施;严格管理,严格监督,确保工程质量创优。同时,明确了质量总体目标:所有分项工程合格率100%、优良率达95%以上、整体工程质量达优良级。以及具体要求:土方不留瑕点,桥梁打造经典,通道争创精品,护砌提高明显,档案国家一级,总体质量省内前沿、全国领先、国际先进。

(2)工程监理。本项目工程建设管理参照国际先进经验,工程施工监理采用了三级监理体系和承包人自检、驻地监理平行抽检、中心试验室抽检三级检测制度。

(3)设计变更。指挥部制定了程序明确、控制严格的设计变更管理办法。在严格遵守双方签订合同的基础上,按照实事求是的原则,对涉及设计变更及工程量的增减,区分其性质,属于工程项目范围的,按设计变更程序办理;凡超出工程项目范围的,须经总监理工程师与承包人协商后采取合同补充协议的方式在通启建指批准后实施。在合同变更的费用控制上,严格按招标文件规定进行工程量及单价审核。

(4)投资控制。严格执行招标文件及建设总指挥部制定的一系列管理规定,对工程费用的支付,通过对招投标确定的合同工程量清单及实施阶段发生的设计变更等进行控制,不仅保证了优质完成工程施工任务,而且控制了投资。

(三)科技创新成果与应用

为确保工程质量国内领先、世界先进,本项目在工程建设中十分重视科学技术、新材料、新工艺的应用,针对技术要求高、地质条件复杂的实际情况,组织专家对重大施工技术方案、施工质量控制提前研讨论证,加强科研攻关。本工程项目重点组织了以下科研攻关和创新项目:

(1)本工程项目在国内首次采用全程集中监控系统。建设总指挥部组织科技攻关,成功开发了具有自主知识产权的远距离图像传输设备,解决了实现高速公路远距离图像传输瓶颈技术难题,并节约建设经费近1000万元。该设备在第六届中国公路科技大会上获得极大反响,多家单位当场表示愿意购买或代理。

(2)长江口北侧区域高速公路软质土处置研究。长江三角洲平原长江口北侧区域主要分布冲击相、海相、海陆交互相沉积的软土。与一般软土不同,长江口北侧区域软土具有显著区域特性,且工程特性也与一般饱含软土显著不同,具有显著的粉质中间土特征。关于粉质中间土的基本性质、力学特性以及处置技术的研究和认识在国内是空白,在国外研究也较少,同时在岩土工程学科研究方面具有重要的理论价值。通过此次研究,在理论、工程应用中等方面都取得了丰硕的成果,具体表现在:①通过专项课题研究,正确认识了长江口北岸软土的特殊工程特性,对长江口北岸软土处置工程设计与施工具有重要的工程指导意义。②课题研究首次采用多元统计理论主要成分与主分量分析,量化多指标反映土性信息的变化规律性,提出了长江口北岸软质土中粉质中间土与一般黏性土不属同一类的结论。首次应用灰色理论中灰色关联度分析,量化了土的物理状态指标与力学指标间的关联度,并建立了灵敏度为1压缩曲线的定量表达式,简化了灵敏度为1压缩曲线的定量表达式。同时将势能最小原理变分法群桩计算理论首次应用于竖向固体复合地基沉降计算,实现了完整意义上的复合地基加固体与基体共同作用沉降分析,具有重要的理论价值。③研究使工程减少了土工合成材料、砂垫层厚度等结构加强措施工程量,相应增加了常规素土等填筑量;减少了塑料排水体,增加了结构物两侧粉喷桩有效控制差异沉降,同时缩短工程建设周期半年多,节省资金超1亿元。

(3)长效性沥青路面试验段研究。通启高速公路在路面结构优化设计中,充分应用了江苏省沥青路面的研究成果,主要成果有:①优化沥青路面面层结构类型。通启高速公路所经南通地区雨水充足,部分路面交通量繁重,要求路面既要密水,又要抗车辙能力强。针对这种情况,通启高速公路上面层采用改性沥青的SMA13,确保通启高速公路面层的抗滑和耐久性能。针对目前超、重载的交通条件,为了减少沥青路面发生车辙病害的概率,通启高速公路全线中下面层均采用了Superpave沥青路面结构,并在交通量较大路段,沥青路面中上面层采用SBS改性沥青,并将改性剂SBS的掺量增加到5.5%,大大提高了沥青路面抗车辙能力。②优化路面结构设计。针对通启高速公路与沿海大通道共线段交通量比较大的特点,为了延缓沥青路面反射裂缝的出现,延长沥青路面的使用寿命,根据国内和江苏省高速公路建设的经验,将原设计共线段的路面结构厚度由18cm增加到20cm,上、中、下面层厚度分别为4cm、7cm和9cm,这是江苏第一条新建高速公路(半刚性基层)的沥青面层厚度达到20cm。③优化水稳基层的组成设计。通启高速公路路面基层采用了水稳碎石基层,为了尽量避免水泥稳定碎石基层的裂缝问题,指挥部优化了水稳碎石基层的组成设计,级配尽量偏粗,控制0.3mm、0.6mm以下通过率,并将水稳碎石基层7天无侧向抗压强度的代表值要求降低到3.6MPa,控制水泥用量,减少水稳碎石基层的裂缝。事实证明,通过优化基层的组成设计,基层的裂缝数量和密度明显减少。

(4)在施工过程中积极运用成熟的新技术、新工艺、新材料,在全线范围内开展了职工合理化建议、技术攻关等活动,不但对南通地区的地质特点进行研究,还对各种常见病进行技术难点攻关。如:南通地区地质条件差,地下水位高,在钻孔桩施工中,本项目会同施工、监理单位及专家认真研究、不断总结缩颈、扩孔等问题;采取井点排水的施工方案,很好地解决了结构物工程施工中的"工程水害"问题,这些都为本地区的其他高速公路的工程建设提供了宝贵的经验。

(四)运营及养护管理

1. 运营管理

1)突出温馨服务重点

一是紧紧围绕"畅行高速路、温馨在高管"的征管目标,扎实开展"征管温馨品牌创建""岗上文明礼仪专题培训""特情处置再培训"等活动,着力提升文明服务的水准,树立良好的品牌形象。二是在特色服务上做足文章,推出"四心"服务(即:解答问题细心、听取意见耐心、对待车主诚心、为民服务真心),拉近收费人员与车主之间的距离,进一步强化服务意识,提升服务能力和服务质量,促使收费人员由单纯的"收费员"向"收费员+服务员"角色转换,努力构建和谐收费环境,提升收费站对外服务形象。

2)抓好日常纪律监管

按照中心"四个强化,促进四个提升"的征管要求,重点强化值班主管履职管理,狠抓值班主管的业务水平和工作实绩,进一步加大征收监管力度,提高一线整体作战能力。同时,进一步落实责任追究机制,加大检查考核力度,开展纪律专题教育、爱岗敬业培训等活动,进一步规范收费工作流程,提高全员遵章守纪意识,杜绝责任投诉事件的发生。

3)开展打击逃费活动

自实施货车计重收费后,逃费现象呈不断上升的趋势。为加强管理、堵漏增收,结合实际不断强化征管手段,有计划、有步骤地开展打击各种违章行为的专项活动。一方面,长期坚持与交警、路政部门保持密切联系,多次召开交警、路政部门协调会,研究制定共同打击方案;另一方面,利用可变情况板、标牌标语、宣传车广播等多种方式进行广泛宣传。同时,根据具体情况,制定了《查处假冒军车有关规定》《查处逃费车辆有关工作要求》等工作制度,试行了《收费站逃费车辆处置预案》,严格规定了收费员、收费班长、监控员、值班员在查处逃费嫌疑车辆时的处理程序。

4)规范站级管理要求

(1)加强职业教育,提升综合素质。注重职工教育学习,努力创建人人学习、积极进步的学习型收费站,通过开展"岗位能手""服务标兵""工作无差错"等活动,不断地提升员工的文化知识和业务水平,营造了学先进、赶先进的良好竞争氛围,增强了职工队伍的综合素质。

(2)完善内业资料,提高管理水平。一直以来,以创建文明窗口为目标,多次开展业务研讨会,规范和完善了各项管理规定和内业台账、报表,建立健全了各类台账报表的填制要求,对全线的内业资料进行了整理归档。

(3)强化信息沟通,交流管理经验。积极利用征收简报、信息报道等方式强化收费站管理,及时在全线交流先进管理经验,进一步收集和了解一线收费工作动态,及时处理和解决征收工作中的各类问题。

（4）美化征费环境，完善服务设施。以创建标准化收费站为契机，逐步改善服务设施，进一步完善服务功能，绿化、美化、净化征费环境，增设服务指南，设置便民服务台、饮水器、意见簿等，为过往驾乘人员提供了优美、舒适的征费环境。

2. 养护管理

（1）坚持预防性养护，道路品质不断提升。认真做好道路日常养护工作，强化监管力度，健全养护质量保证体系。梳理完善规章制度，实现规范化管理。加强路桥检测，保障桥梁结构物安全。精心组织，严格管理，按期保质做好养护专项工程。同时，加强预算管理，严控养护经费。

（2）提高收费服务水平，树立良好企业形象。积极开展培训和创建活动，提升优质服务水平。严厉打击偷逃费行为，维持良好运营秩序，并能积极应对《江苏省高速公路条例》实施，保证平稳过渡。

（3）坚持软、硬件两手抓，服务环境明显改善，行业形象显著提升。巩固创建成果，形成长效管理机制；完善经营模式，规范租赁管理；强化制度落实，绩效考核体系初显成效；改善服务设施，完善服务功能。

（4）健全预案体系，突发事件应急处置能力不断提高。为积极应对恶劣天气、自然灾害以及各类突发事件，确保高速公路的畅通，先后制定或梳理了部分规章制度，进一步建立健全应急预案体系。面对突发事件和事故等的发生，预案周密、组织有序、指挥有方、行动迅速、处理得当。做到注重分析总结，积累处置经验，使突发事件应急处置能力不断提高。

（5）加强成本控制，挖掘潜力，企业降本增效效果明显。一方面拓宽经营思路，努力增加非主营收入；另一方面，狠抓成本控制，寻求节约空间。

（6）坚持防控结合，努力保障安全生产形势稳定。始终把道路保畅作为重点工作来抓。开通以来，坚持一路三方协调联动，快速清障形成共识，突发事件应变处置能力不断提高，文明平安收费站建设凸显成效。

三、南通至启东高速公路南通至海门段（建设期：2001—2004 年）

（一）项目概况

1. 基本情况

1）建设依据

宁启高速公路南通至海门段是江苏省规划的"四纵四横四联"路网中"横三"的重要组成部分，担负着江苏省沿江开发江北地区交通主骨架的重任，是苏中地区和上海联系的一条重要纽带,对构筑"东西贯通、南北联动、水陆并举、通江达海"的沿江交通新格局具有重要意义。"一路连三桥",连接在建的苏通大桥和即将建设的崇启、崇海大桥;"一路连三路",连接宁通高速公路、在建的盐通高速公路和规划中的沿海高速公路,将沿海、沿江城市连为一体,形成一个以电子、纺织、建筑等行业为主的沿江、沿海带经济区域,加快江苏省推进"两个率先"和沿江开发重要战略部署的步伐。

2)建设规模及主要技术指标

建设规本项目全长63.66km,在南通北互通与盐通高速公路相连,在小海互通与苏通大桥北接线相接,两互通之间的路段为"纵一"线共线段。设计行车速度120km/h。其中九华至南通北互通、小海互通至终点段为四车道,路基宽度28.00m;南通北互通至小海互通段为六车道,路基宽度35.00m。

3)项目投资及来源

根据苏发改交能发〔2005〕924号《省发展改革委关于南通至启东公路南通(九华)至海门段工程调整概算的批复》,该项目概算总投资为268975.1万元,工程结算为268376.6万元。该项目交通部和省交通厅共投入6.23亿元,宁连宁通管理处定额投入2.49亿元,其余部分由宁连宁通管理处通过国内银行贷款解决。

4)工程建设条件

路线所经区域处于北亚热带湿润季风气候区。受季风环流及海洋水体影响,区内气候温和,雨量充沛,光照充足,无霜期长,四季分明,年平均气温15℃。全年无霜期达220天之多,平均相对湿度80%。

沿线地层主要为全新统冲、海相地层,地层较简单,总体上全新统土质较差,特别是海相沉积的淤泥质亚黏土、亚黏土及底板埋深20m以浅的砂土工程地质性能较差,上更新统土层为一般至较好。

在路线走廊带内,众多南北向及东西向的河流与人工修筑的排灌渠道纵横交错,形成了区内网格状的水文网络,且河流密度较高,较大河流密度平均达1.5条/km,在有些地段甚至每200m左右就有一条排灌渠。水文网络中承担骨架作用的河流有通扬运河、九圩港、通吕运河、通启运河、新江海河等,这些河流均为通航河道,最高为五级航道,最低为六级航道。

5)工程进度

本工程于2001年7月28日全面开工建设,2004年9月30日通过交工验收,2004年10月1日正式通车。

6)主要工程数量

本项目完成二灰碎石底基层196.784万m^3、水稳碎石基层178.835万m^2、水泥混凝土路面1.146万m^2、沥青混凝土路面207.041万m^2、房建总面积36762m^2;全线特大桥、大桥7693m/16座,中、小桥2564m/57座,互通匝道桥7367m/29座,通道112道,涵洞170道;全线设置互通式立交5处(陈桥、南通北枢纽、兴仁、小海枢纽、海门),分离式立交4处,服务区1处(先锋),管理中心1处,匝道收费站5处;同步设有完善的收费、监控、通信、照明、安全、绿化等设施。

2. 决策过程

1997年7月,苏计经交发〔1997〕1087号文《关于南通(九华)至海门公路项目建议书的批复》同意立项建设。

2000年10月,中交第一公路勘察设计研究院完成《江苏省省道主干线南京至启东公路南通(九华)至海门段工程可行性研究报告》。

2001年4月,苏计基础发〔2001〕360号文《关于南京至启东高速南通(九华)至海门段项目可行性研究报告的批复》批准工可报告。

2001年4月,江苏省交通厅向江苏省发展计划委员会转报了初步设计。

2001年7月,苏计基础发〔2001〕659号文《关于南京至启东高速南通(九华)至海门段初步设计的批复》批准初步设计。

2001年7月,苏交计〔2001〕102号文《关于开工建设通启高速公路南通至海门段的批复》批准项目开工建设。

(二)建设情况

1. 项目准备阶段

宁启高速公路南通至海门段工程的设计、施工、监理实行国内竞争性公开招标。招投标工作严格按照国家和省有关招投标的法令和规章进行,所有项目均采用中国招投标网上公开发布信息的方式,通过资格预审或资格后审,实行公开招标。严格执行招标投标工作纪律,邀请公证机关对招标全过程进行公证,纪检、监督部门全过程监督,做到公平、公正、公开对待所有投标人。

2. 项目实施阶段

(1)质量管理。本项目自开工建设以来,即把质量控制当成头等大事来抓,明确了工程总体要求:精心组织,精心实施;严格管理,严格监督,确保工程质量创优。同时,明确了质量总体目标:所有分项工程合格率100%、优良率达95%以上、整体工程质量达优良级。以及具体要求:土方不留瑕点,桥梁打造经典,通道争创精品,护砌提高明显,档案国家一级,总体质量省内前沿、全国领先、国际先进。

(2)工程监理。本项目工程建设管理参照国际先进经验,工程施工监理采用了三级监理体系和承包人自检、驻地监理平行抽检、中心试验室抽检三级检测制度。

(3)设计变更。指挥部制定了程序明确、控制严格的设计变更管理办法。在严格遵守双方签订合同的基础上,按照实事求是的原则,对涉及设计变更及工程量的增减,区分其性质,凡属于工程项目范围的,按设计变更程序办理;凡超出工程项目范围的,须经总监理工程师与承包人协商后采取合同补充协议的方式在通启建指批准后实施。在合同变更的费用控制上,严格按招标文件规定进行工程量及单价审核。

(4)投资控制。严格执行招标文件及建设总指挥部制定的一系列管理规定,对工程费用的支付,通过对招投标确定的合同工程量清单及实施阶段发生的设计变更等进行控制,不仅保证了优质完成工程施工任务,而且控制了投资。

(三)科技创新成果与应用

为确保工程质量国内领先、世界先进,本项目在工程建设中十分重视科学技术、新材料、新工艺的应用,针对技术要求高、地质条件复杂的实际情况,组织专家对重大施工技术方案、施工质量控制提前研讨论证,加强科研攻关。本工程项目重点组织了以下科研攻关和创新项目:

(1)本工程项目在国内首次采用全程集中监控系统。建设总指挥部组织科技攻关,成功开发了具有自主知识产权的远距离图像传输设备,解决了实现高速公路远距离图像传输瓶颈技术难题,并节约建设经费近1000万元。该设备在第六届中国公路科技大会上获得极大反响,多家单位当场表示愿意购买或代理。

(2)长江口北侧区域高速公路软质土处置研究。长江三角洲平原长江口北侧区域主要分布冲击相、海相、海陆交互相沉积的软土。与一般软土不同,长江口北侧区域软土具有显著区域特性,且工程特性也与一般饱含软土显著不同,具有显著的粉质中间土特征。关于粉质中间土的基本性质、力学特性以及处置技术的研究和认识在国内是空白,在国外研究也较少,同时在岩土工程学科研究方面具有重要的理论价值。通过此次研究,在理论、工程应用中等方面都取得了丰硕的成果,具体表现在:①通过专项课题研究,正确认识了长江口北岸软土的特殊工程特性,对长江口北岸软土处置工程设计与施工具有重要的工程指导意义。②课题研究首次采用多元统计理论主要成分与主分量分析,量化多指标反映土性信息的变化规律性,提出了长江口北岸软质土中粉质中间土与一般黏性土不属同一类的结论。首次应用灰色理论中灰色关联度分析,量化了土的物理状态指标与力学指标间的关联度,并建立了灵敏度为1压缩曲线的定量表达式,简化了灵敏度为1压缩曲线的定量表达式。同时将势能最小原理变分法群桩计算理论首次应用于竖向固体复合地基沉降计算,实现了完整意义上的复合地基加固体与基体共同作用沉降分析,具有重要的理论价值。③研究使工程减少了土工合成材料、砂垫层厚度等结构加强措施工程量,相应增加了常规素土等填筑量;减少了塑料排水体,增加了结构物两侧粉喷桩有效控制差异沉降,同时缩短工程建设周期半年多,节省资金超1亿元。

(3)长效性沥青路面试验段研究。通启高速公路在路面结构优化设计中,充分应用了江苏省沥青路面的研究成果,主要成果有:①优化沥青路面面层结构类型。通启高速公路所经南通地区雨水充足,部分路面交通量繁重,要求路面既要密水,又要抗车辙能力强。针对这种情况,通启高速公路上面层采用改性沥青的SMA13,确保通启高速公路面层的抗滑和耐久性能。针对目前超、重载的交通条件,为了减少沥青路面发生车辙病害的概率,通启高速公路全线中下面层均采用了Superpave沥青路面结构,并在交通量较大路段的沥青路面中上面层采用SBS改性沥青,并将改性剂SBS的掺量增加到5.5%,大大提高了沥青路面抗车辙能力。②优化路面结构设计。针对通启高速公路与沿海大通道共线段交通量比较大的特点,为了延缓沥青路面反射裂缝的出现,延长沥青路面的使用寿命,根据国内和江苏省高速公路建设的经验,将原设计共线段的路面结构厚度由18cm增加到20cm,上中下面层厚度分别为4cm、7cm和9cm,这是江苏第一条新建高速公路(半刚性基层)的沥青面层厚度达到20cm。③优化水稳基层的组成设计。通启高速公路路面基层采用了水稳碎石基层,为了尽量避免水泥稳定碎石基层的裂缝问题,指挥部优化了水稳碎石基层的组成设计,级配尽量偏粗,控制0.3mm、0.6mm以下通过率,并将水稳碎石基层7天无侧向抗压强度的代表值要求降低到3.6MPa,控制水泥用量,减少水稳碎石基层的裂缝。事实证明,通过优化基层的组成设计,基层的裂缝数量和密度明显减少。

(4)在施工过程中积极运用成熟的新技术、新工艺、新材料,在全线范围内开展了职工合理化建议、技术攻关等活动,不但对南通地区的地质特点进行研究,还对各种常见病进行技术难点攻关。如:南通地区地质条件差,地下水位高,在钻孔桩施工中,本项目会同施工、监理单位及专家认真研究,不断总结缩颈、扩孔等问题;采取井点排水的施工方案,很好地解决了结构物工程施工中的"工程水害"问题,这些都为本地区的其他高速公路的工程建设提供了宝贵的经验。

(四)运营及养护管理

1.运营管理

1)突出温馨服务重点

一是紧紧围绕"畅行高速路、温馨在高管"的征管目标,扎实开展"征管温馨品牌创建""岗上文明礼仪专题培训""特情处置再培训"等活动,着力提升文明服务的水准,树立良好的品牌形象。二是在特色服务上做足文章,推出"四心"服务(即解答问题细心、听取意见耐心、对待车主诚心、为民服务真心),拉近收费人员与车主之间的距离,进一步强化服务意识,提升服务能力和服务质量,促使收费人员由单纯的"收费员"向"收费员+服务员"角色转换,努力构建和谐收费环境,提升收费站对外服务形象。

2）抓好日常纪律监管

按照中心"四个强化,促进四个提升"的征管要求,重点强化值班主管履职管理,狠抓值班主管的业务水平和工作实绩,进一步加大征收监管力度,提高一线整体作战能力。同时,进一步落实责任追究机制,加大检查考核力度,开展纪律专题教育、爱岗敬业培训等活动,进一步规范收费工作流程,提高全员遵章守纪意识,杜绝责任投诉事件的发生。

3）开展打击逃费活动

自实施货车计重收费后,逃费现象呈不断上升的趋势。为加强管理、堵漏增收,结合实际不断强化征管手段,有计划、有步骤地开展打击各种违章行为的专项活动。一方面,长期坚持与交警、路政部门保持密切联系,多次召开交警、路政部门协调会,研究制定共同打击方案;另一方面,利用可变情况板、标牌标语、宣传车广播等多种方式进行广泛宣传。同时,根据具体情况,制定了《查处假冒军车有关规定》《查处逃费车辆有关工作要求》等工作制度,试行了《收费站逃费车辆处置预案》,严格规定了收费员、收费班长、监控员、值班员在查处逃费嫌疑车辆时的处理程序。

4）规范站级管理要求

(1)加强职业教育,提升综合素质。注重职工教育学习,努力创建人人学习、积极进步的学习型收费站,通过开展"岗位能手""服务标兵""工作无差错"等活动,不断地提升员工的文化知识和业务水平,营造了学先进、赶先进的良好竞争氛围,增强了职工队伍的综合素质。

(2)完善内业资料,提高管理水平。一直以来,以创建文明窗口为目标,多次开展业务研讨会,规范和完善了各项管理规定和内业台账、报表,建立健全了各类台账报表的填制要求,对全线的内业资料进行了整理归档。

(3)强化信息沟通,交流管理经验。积极利用征收简报、信息报道等方式亮化收费站管理,及时在全线交流先进管理经验,进一步收集和了解一线收费工作动态,及时处理和解决征收工作中的各类问题。

(4)美化征费环境,完善服务设施。以创建标准化收费站为契机,逐步改善服务设施,进一步完善服务功能,绿化、美化、净化征费环境,增设服务指南,设置便民服务台、饮水器、意见簿等,为过往驾乘人员提供了优美、舒适的征费环境。

2.养护管理

(1)坚持预防性养护,道路品质不断提升。认真做好道路日常养护工作,强化监管力度,健全养护质量保证体系。梳理完善规章制度,实现规范化管理。加强路桥检测,保障桥梁结构物安全。精心组织,严格管理,按期保质做好养护专项工程。同时,加强预算管理,严控养护经费。

(2)提高收费服务水平,树立良好企业形象。积极开展培训和创建活动,提升优质服务水平。严厉打击偷逃费行为,维持良好运营秩序,并能积极应对《江苏省高速公路条例》实施,保证平稳过渡。

(3)坚持软、硬件两手抓,服务环境明显改善,行业形象显著提升。巩固创建成果,形成长效管理机制;完善经营模式,规范租赁管理;强化制度落实,绩效考核体系初显成效;改善服务设施,完善服务功能。健全预案体系,突发事件应急处置能力不断提高。

(4)为积极应对恶劣天气、自然灾害以及各类突发事件,确保高速公路的畅通,先后制定或梳理了部分规章制度,进一步建立健全应急预案体系。面对突发事件和事故等的发生,预案周密、组织有序、指挥有方、行动迅速、处理得当。做到注重分析总结,积累处置经验,使突发事件应急处置能力不断提高。

(5)加强成本控制,挖掘潜力,企业降本增效效果明显。一方面拓宽经营思路,努力增加非主营收入;另一方面,狠抓成本控制,寻求节约空间。

(6)坚持防控结合,努力保障安全生产形势稳定。始终把道路保畅作为重点工作来抓。开通以来,坚持一路三方协调联动,快速清障形成共识,突发事件应变处置能力不断提高,文明平安收费站建设凸显成效。

四、宁通高速公路高速化改造(建设期:2001—2004年)

(一)项目概况

1)建设依据

宁通公路(G40)是苏中地区的重要干线公路,建成于1996年。为进一步贯彻落实省委、省政府关于"高速公路联网畅通"和"实现市到市通高速公路"的战略决策,省交通厅于1998年开始组织实施宁通公路东段高速化完善工程。省委、省政府将宁通公路东段高速化完善工程列为2000年要着重抓的20件实事内容之一,要求确保2000年11月28日建成。

2)建设规模及主要技术指标

宁通高速公路东段高速化完善工程西起泰州广陵,东至南通市九圩港,全长53.77km。按四车道高速公路标准改造,设计行车速度100km/h,路基宽度24.5m/23m,路面宽度2×10.5m/2×10m,中央分隔带宽1.5m,桥涵设计车辆荷载为汽车—超20级、挂车—120。主要工程项目包括广陵东、季市、葛市、九华四座互通立交,10座跨线桥,1座通道;设置通信、监控、收费三大系统工程及其配套的九圩港主线收费站、广陵、季市、葛市、二案、204匝道收费站和九华管理中心、二案养护中心以及江广段的正谊、宣堡服务区,河失养护中心、刁铺、根思收费站房建工程;对57km(单幅)差级路进行路面中修;补充护栏,完善标线,调整标志,更换防眩板、轮廓标,更新隔离栅;补充完善边沟防护工程、绿化工程。

3) 项目投资及来源

宁通公路东段高速化完善工程总计完成投资6.479亿元。

4) 工程建设条件

路线所经区域处于北亚热带季风气候区,四季分明,温暖湿润,日照充足,年平均气温15.4℃。全年无霜期达232天之多,雨量充沛。

路线经过地区地势平坦,全部被第四系松散堆积层所覆盖,第四纪地层主要由全新统、晚更新统地层组成。

沿线水系较发育,地表水丰富,河网纵横、鱼塘、水库较多,河港纵横交错,湖荡星罗棋布,主要河流有引江河。

5) 工程进度

本工程于1998年开始组织实施,2000年11月21日该工程通过交工验收并交付使用。

6) 主要工程数量

土方84.1万m^3,浆砌片石14.9万m^3,处理老路面病害2.95万m^2,摊铺AC25-1沥青混凝土65.5万m^2,SMA-13为82万m^2,跨线桥梁总长度3109延米,标志牌147块,防眩板设置长度1.14km,护网107.4km,种植乔灌木34万株,花卉8万丛,铺植草皮28万m^2;房建工程,服务区2处,养护中心2处,管理中心1处,主线收费站1处,匝道收费站7处,建筑面积共2.6万m^2;通信、监控、收费三大系统工程,铺设电缆线70.8km,光缆线115.46km,安装紧急电话平台92个,可变情报板3块,可变限速标志9块。

(二) 建设情况

1. 项目准备阶段

一是成立工程领导小组,加强对宁通公路东段高速化完善工程的领导,确保建设目标的顺利实现。二是成立工程建设总指挥部,下设工程部、计划部、综合部、施工路段管理组、中心试验室和江广段房建工程办公室,明确各部门的工作职责,将任务和项目逐条分解到人。

宁通公路东段高速化完善工程严格按照交通部、交通厅的有关规定并以公开招标方式选择施工单位。所有招标工作均符合国家规定程序,即对投标单位进行资格预审,对符合要求的单位发招标邀请函、发售标书、组织现场察看、召开标前会、编制标底、投标、开标、评标、定标等步骤进行,且招标委员会由省交通厅、纪检部门有关人员参加,一切招标工作均遵循公开、公平、公正的原则,所有中标单位均具有相应的二级或二级以上资质。

2.项目实施阶段

设计变更情况：在工程建设中，牢牢树立"科技是第一生产力"的指导思想，坚持实事求是的工作作风，及时解决施工过程中的设计问题，在设计单位的配合下做了大量的设计变更工作，确保了工程的顺利进行。

根据泰州、南通地区的地理和气候情况，指挥部及时变更设计，加大投入，改清淤为抛石挤淤和碎石土填塘，改素土填筑路基为低剂量灰土填筑，加快了施工进度，确保工程质量。

考虑到各跨线构造物工作量不大，道路基层和底基层结构是泥结碎石或级配碎石，路面是沥青表面处治或沥青灌入，易渗水，为延长宁通公路的使用寿命，同时减少各施工单位投入，指挥部在征求各单位同意后，将泥结碎石改为二灰碎石，将沥青表处和灌入改为沥青混凝土，并采取集中拌和，集中摊铺。

（三）运营及养护管理

1.运营管理

宁通高速公路认真执行养护规范和管理制度，扎实创建宁通高速特色，以"规范化、标准化、精细化管理"为导向，加强队伍建设，强化运营管理，坚持科学养护，拓展经营思路，经营业绩持续增长。

2.养护管理

（1）坚持预防性养护，道路品质不断提升。认真做好道路日常养护工作，强化监管力度，健全养护质量保证体系。梳理完善规章制度，实现规范化管理。加强路桥检测，保障桥梁结构物安全。精心组织，严格管理，按期保质做好养护专项工程。同时，加强预算管理，严控养护经费。

（2）提高收费服务水平，树立良好企业形象。积极开展培训和创建活动，提升优质服务水平。严厉打击偷逃费行为，维持良好运营秩序，并能积极应对《江苏省高速公路条例》实施，保证平稳过渡。

（3）坚持软、硬件两手抓，服务环境明显改善，行业形象显著提升。巩固创建成果，形成长效管理机制；完善经营模式，规范租赁管理；强化制度落实，绩效考核体系初显成效；改善服务设施，完善服务功能。

（4）健全预案体系，突发事件应急处置能力不断提高。为积极应对恶劣天气、自然灾害以及各类突发事件，确保高速公路的畅通，先后制定或梳理了部分规章制度，进一步建立健全应急预案体系。面对突发事件和事故等的发生，预案周密、组织有序、指挥有方、行动迅速、处理得当。做到注重分析总结，积累处置经验，使突发事件应急处置能力不断提高。

(5) 加强成本控制，挖掘潜力，企业降本增效效果明显。一方面拓宽经营思路，努力增加非主营收入；另一方面，狠抓成本控制，寻求节约空间。

(6) 坚持防控结合，努力保障安全生产形势稳定。始终把道路保畅作为重点工作来抓。开通以来，坚持一路三方协调联动，快速清障形成共识，突发事件应变处置能力不断提高，文明平安收费站建设凸显成效。

3. 服务区及收费站

本项目沿线设有正谊、宣堡服务区、平潮收费站、九华收费站、如皋港收费站、葛市收费站、季市收费站、广陵收费站、泰兴东收费站、泰兴北收费站、泰州收费站、砖桥收费站。服务区以经营餐饮、超市为主体，以加油、汽修为配套，以休闲娱乐为补充，为顾客提供多功能全方位服务。

五、江都至六合高速公路（建设期：2008—2012年）

(一) 项目概况

1. 基本情况

1) 建设依据

江都至六合高速公路是国家高速公路网上海至西安高速公路的组成部分，也是江苏高速公路网规划中"横四"南京经南通至启东高速公路的重要组成部分。

本项目的建设对完善国家高速公路网络和江苏省高速公路网络布局、提升路网整体功能，沟通京沪、扬溧、南京绕越、宁通、雍六五条高速公路及国省道公路之间的联系，加快构建苏中现代综合交通运输体系，进一步加强省会南京和扬州的联系，推动沿线城镇产业带建设，实施江苏省沿江开发战略，加快苏中地区融入长三角经济圈具有十分重要的意义。

2) 建设规模及主要技术指标

江六高速公路起于江都市仙女镇正谊互通处，与京沪高速公路江广段顺接，经仙女镇、杭集镇、广陵产业园、汤汪乡接宁通公路扬州南绕城段，自八字桥互通后经新集镇、新城镇、马集镇、枣林湾、新篁镇、横梁镇、雄州镇止于南京市六合东互通处，接雍庄至六合高速公路，其中起点至汤汪互通段和八字桥互通至终点段长66.3km，采用双向六车道标准新建，路基宽度34.5m；汤汪互通至八字桥互通段长9.8km，利用宁通公路扬州南绕城段，采用双向八车道标准扩建，路基宽度42.0m。

全线采用高速公路标准建设，路线全长76.1km，其中起点至汤汪互通段和八字桥互通至终点段，设计行车速度120km/h；汤汪互通段至八字桥互通段，设计行车速度100km/h。

桥涵设计车辆荷载等级：公路—Ⅰ级（新建、拼宽部分）；汽车—超20级，挂车—120（旧桥部分）。设计洪水频率：特大桥1/300，大、中、小桥、涵洞1/100。桥梁净宽：净-2×15.25m（新建大中桥）；净-2×19.5m（旧桥加宽部分，每侧拼宽7.75m）。

3）项目投资及来源

根据交通运输部交公路发〔2008〕361号《关于江都至六合公路初步设计的批复》，该项目概算总投资为51.69亿元；根据交通运输部交公路发〔2012〕575号《关于江都至六合公路调整概算的批复》，该项目调整概算总投资为68.19亿元。其中，国家安排中央专项基金（车购税）、江苏交通控股有限公司代表江苏省人民政府以自有资金出资、南京市交通建设投资控股（集团）有限责任公司代表南京市人民政府以自有资金出资、扬州交通产业投资有限责任公司代表扬州市人民政府以自有资金出资作为项目的资本金，约占项目总投资的35%；其余资金申请国内银行贷款解决。

4）工程建设条件

本项目所在区域跨长江漫滩地貌单元和丘岗间坳沟地貌单元。境内地形西高东低，仪征境内丘陵山区为最高，由仪征龙河向东呈扇形逐渐倾斜。在构造上地处苏北—南黄海新生代盆地西南边缘。大体以宁镇山脉北缘为界，其南侧为宁镇隆起，隶属苏南—勿南沙隆起区。

项目区域属暖流温带向亚热带过渡的湿润季风气候区。气候温和湿润，四季分明，光照充足，雨量充沛。年平均气温为15.4℃。1月最冷，平均2.4℃，高温一般出现在6—9月，月最高温度39.7℃。年平均降水量1062.0mm。县境地处沿海，风日较多。春、夏季多东南风，秋季多东北风，冬季则以偏北风为主。年平均风速2.5m/s。

5）工程进度

江六高速公路批复工期3年，2008年12月12日省政府举行项目奠基仪式，先导段于2009年3月进场，工程于2010年6月基本具备大规模施工条件。工程于2012年11月建成，实际工期2年半。

6）主要工程数量

项目全线土方总量约1122万m^3；路面234.2万m^2；桥梁76座/19778.9m，其中特大桥6座/9252.4m，大桥32座/8116.5m，中小桥38座/2410m；分离式立交38处、通道158处（含利用桥孔）、涵洞225道；全线设互通式立交11处，主线收费站1处，匝道收费站8处；服务区1处，管理分中心1处，养护工区1处。同时同步完成道路收费、监控、通信、照明、安全设施、绿化、服务等设施。

2. 决策过程

项目前期和开工建设各项工作，均严格执行国家基本建设程序和江苏省有关规定，规范运作，依法推进。经历了规划、工程可行性研究、初步设计、施工图设计、用地预审、环评

等阶段,具体程序如下:

(1)项目建议书:2006年11月29日,国家发展和改革委员会以《关于江苏省江都至六合公路项目建议书的批复》(发改交运〔2006〕2962号)同意建设江都至六合公路。

(2)工程可行性研究:2008年4月23日,国家发展和改革委员会以《关于江苏省江都至六合公路可行性研究报告的批复》(发改交运〔2008〕1026号)批复可行性研究报告。

(3)初步设计及概算:2008年10月16日,交通运输部以《关于江都至六合公路初步设计的批复》(交公路发〔2008〕361号)批准初步设计,核定概算51.69亿元。

2012年11月2日,交通运输部以《交通运输部关于江都至六合公路调整概算的批复》(交公路发〔2012〕575号)批准调整概算为68.19亿元。

(4)项目用地:2006年12月25日,江苏省国土资源厅以《地址灾害危险性评估报告备案登记表(上海至西安国家高速公路江都至六合段工程项目)》准予备案。

2007年2月8日,江苏省国土资源厅以《关于上海至西安国家高速公路六合至江都段改扩建工程压覆矿产资源情况的复函》(苏国土资函〔2007〕89号)确认拟建江都至六合高速公路工程未压覆重要矿产资源。

2008年1月24日,国土资源部以《关于上海至西安国家高速公路江都至六合公路建设用地预审意见的复函》(国土资预审字〔2008〕13号)同意通过建设用地预审。

2010年5月27日,国土资源部以《国土资源部关于上海至西安国家高速公路江都至六合段工程建设用地的批复》(国土资函〔2010〕1071号)批准项目建设用地。

(5)环境保护:2007年,国家环境保护总局以《关于上海至西安高速公路江都至六合段工程环境影响报告书的批复》(环审〔2007〕580号)批复环境影响报告书。

(6)施工图设计:2009年,江苏省交通运输厅分别以《关于江都至六合高速公路仪征三标施工图设计的批复》(苏交计〔2009〕85号)、《关于江都至六合高速公路主体工程部分标段施工图设计的批复》(苏交计〔2009〕175号)、《关于江都至六合高速公路广陵二标施工图设计文件的批复》(苏交计〔2009〕339号)批复全线路基桥涵施工图设计。

2011年4月12日,江苏省交通厅以《关于江六高速公路路面施工图设计的批复》(苏交计〔2011〕11号)批复路面工程施工图设计。

2012年8月31日,江苏省交通厅以《关于江六高速公路交安设施、房建、绿化、机电工程施工图设计的批复》(苏交建〔2012〕49号)批复交安设施、房建、绿化、机电工程施工图设计。

(二)建设情况

1. 项目准备阶段

管理采用新模式,"以省为主"直管高速公路。

为顺应高速公路建管体制改革的新形势,进一步探索高速公路建管体制的新思路,江六高速公路建设管理模式较之以往,有着较大区别,全面实行"省领导小组决策,省市共建,以省为主,公司筹资"的建设管理模式,省交建局作为项目建设法人,在现场派驻工程项目建设管理办公室,项目办在省交建局领导下,负责组织开展工程项目建设管理的各项具体工作,直接负责项目的建设管理;工程沿线南京、扬州两市成立服务指挥部,负责征地拆迁和服务保障等工作。

江六高速公路的各分项目,都严格按照《江苏省交通工程建设局工程建设项目招标管理办法》,认真编制招标文件,按程序开展招标活动。为控制投资,在评标办法的选用上,基本上采用编制控制价上限的方法,并同时采用合理低价法引导投标人有序竞争,选择标价较低的单位作为中标人。

1)勘察设计研究单位招标情况

本项目公路工程、交通工程(含三大系统工程)及沿线设施(含安全、养护、服务、房屋建筑等设施)勘察设计采用公开招标,于2007年4月完成招标签约工作。

2)施工、监理单位招标情况

本项目路基桥梁标于2009年10月完成招标签约工作;路面工程标于2011年7月完成招标签约工作;三大系统标于2012年3月完成招标签约工作;绿化、房建均于2012年3月前完成招标签约工作;安全设施、照明、装修等于2012年7月完成招标签约工作。

本项目路基路面监理标于2009年6月完成招标签约工作;三大系统监理标于2012年3月完成招标签约工作;安全设施、房建、绿化等监理标均于2011年底前完成招标签约工作。

3)参建单位主要情况

设计单位:江苏省交通科学研究院股份有限公司、江苏省交通规划设计院股份有限公司。

施工单位:盐城市路桥建设工程有限公司、中铁十五局集团有限公司、无锡路桥集团股份有限公司、中交第二航务工程局有限公司、中铁大桥局股份有限公司、中交二公局第三工程有限公司、中交第一公路工程局有限公司、胜利油田胜利工程建设(集团)有限责任公司、中铁十四局集团有限公司、中铁二十局集团有限公司、江苏中间门路桥有限公司、徐州市公路工程总公司、中交二公局第四工程有限公司、江苏省交通工程集团有限公司、江苏捷达交通工程集团有限公司和无锡市交通工程有限公司等单位。

监理单位:江苏东南交通工程咨询监理有限公司、北京路桥通国际工程咨询有限公司、江苏交通工程咨询监理有限公司、扬州华建交通工程咨询监理有限公司、江苏智科交通工程咨询监理有限公司、江苏振星工程监理有限公司、江苏纬信工程咨询有限公司。

检测单位:江苏省交通科学研究院有限公司、江苏百润工程咨询有限公司、江苏省南京交通职业技术学院勘测设计所、江苏省高级技工学校、西安公路研究院。

监督管理单位：江苏省交通运输厅工程质量监督局。

4）征地拆迁情况

本项目征地拆迁按江苏省人民政府苏政办发〔2005〕125号《省政府办公厅转发省国土资源厅、省交通运输厅（关于省交通重点工程项目征地拆迁补偿安置实施意见）的通知》，其中耕地开垦费执行苏政办发〔2006〕32号《省政府办公厅转发省国土资源厅等部门关于调整耕地开垦费征收标准请示的通知》。省交建局根据征地拆迁进度分阶段支付资金，实行拆迁资金专款专用。征地拆迁情况统计见表7-12-2。

征地拆迁情况统计表　　　　表7-12-2

征地拆迁安置起止时间	征用土地（亩）	拆迁房屋（m²）	支付补偿费用（元）	备注
2009年—2011年12月	8106	473220	约17亿	

2. 项目实施阶段

（1）因地方规划要求新增及调整原设计桥梁，主要包括新增K17+235宝林路分离式立交主线上跨桥、新增K18+184京杭路分离式立交主线上跨桥、新增K21+844渡江南路分离式立交主线上跨桥、新增K22+709周庄河路分离式立交主线上跨桥、新增K30+989七里沟路分离式立交主线上跨桥、新增K32+226甘八路分离式立交桥、新增K51+374人行天桥、调整幸福河桥总跨数及桥长。

（2）根据2010年9月19日江六高速公路路面设计方案审查会精神，对原设计二灰土底基层和低剂量水稳碎石底基层方案进行比选，优化调整为低剂量水稳碎石底基层。

（3）根据现场路基填料情况及施工便道设置情况，对全线河塘回填、路基迎水面处理及路基中部填筑方案进行优化、细化设计。

（4）根据江六高速公路路基防护排水工程施工图设计专项审查会意见及精神，结合现场调查，进行了全线防护、排水的优化设计。

（5）扬州南绕城扩建段属于旧路拓宽改造工程，按照动态设计的原则，根据施工单位、监理以及设计单位三方联测的数据，重新进行了纵断面拟合，根据新的纵断面拟合结果，相应进行旧路路面加铺方案的优化调整。

（6）根据《江六高速公路南绕城扩建段PTC管桩专项研讨会议纪要》，结合现场施工机械及现场试桩情况，对PTC管桩处理段落的桩长、碎石垫层、钢塑格栅、素混凝土桩等进行了优化设计，对成品PTC管桩质量的控制指标、压桩力等进行了细化设计。

（7）根据相关最新规范及运营公司要求增设ETC收费车道，对全线所有收费广场道路主体工程施工图设计做相应调整。

（8）根据施工图技术交底会议纪要的要求，基于桥梁整体美观的考虑，对外侧墙式护栏与滴水檐的构造型式、配筋方式进行了优化变更。

（9）因八字桥 L 匝道原有蒋王收费站在施工期间无法拆除，进行了 L 匝道临时路面方案设计，蒋王收费站拆除后根据老路现状拟合老路平面，进行了 L 匝道施工图优化设计。

（10）根据 2011 年 11 月 30 日《六合东互通 328 国道与城东路交叉设计方案协调会纪要》精神，进行了六合东互通城东路平交口施工图变更设计。

（11）根据《江六高速公路六合东互通 328 国道开口方案审查会会议纪要》，对六合东互通 328 国道开口进行了优化设计。

（12）根据现场原有水系的调整及现场调查情况，优化调整了部分通道、涵洞及线外工程。

（13）因交通组织及外围分流方案调整临时交通措施，如八字桥互通临时交通转换方案和六合东互通临时交通转换方案。

（14）根据运营公司的相关意见，结合现场情况对部分站区房建工程进行了设计变更，主要包括：根据六合主线收费站房建调整方案，取消收费站监控室，收费站监控与监控中心功能合并；对仪征北收费站中的路政办公楼及六合主线收费站（管理分中心）综合楼内部使用功能进行了调整，在不改变原有布局及建筑体块的前提下完成了功能用房的变更；对八字桥收费站以东各房建区场地雨水排水系统进行了优化；对六合主线收费站（管理分中心）、八字桥收费站（养护工区）整体场区的设计高程进行了调整，减少了土方量；对挡土墙、围墙等进行了适当的优化设计等。

（三）复杂技术工程

京杭运河特大桥

京杭运河特大桥项目为江六高速公路广陵二标，位于扬州市广陵区境内，该项目东起广陵产业园高桥村，东岸为待闸停泊锚地区，路线向西跨越京杭运河后，西岸进入广陵汤汪乡，桥梁止于汤汪污水处理厂附近。

主桥为双塔双索面混凝土斜拉桥，主桥全长 464m。桥孔跨布置为 28.5m + 79.5m + 248m + 79.5m + 28.5m，边跨设有辅助墩。主塔采用 H 形钢筋混凝土桥塔，塔高：70.413m，桥面以上 33.3m 处设一道横梁。主墩承台为哑铃形，单个承台为 16.8m × 16.8m × 4.5m，用宽 4m 系梁连接。基础为 ϕ1.8m 钻孔灌注桩，桩底嵌岩 16.7m。辅助墩、边墩承台为分离式承台，基础为 ϕ1.5m 钻孔灌注桩。梁部为边主梁形式的双向预应力混凝土梁，桥面宽 37.1m。全桥共 144 根拉索。斜拉索采用 PESM7-151～PESM7-283 平行钢丝索，设计最大索力为 650t。

针对京杭运河特大桥工程规模大、施工环境复杂等特点，采取了因素分析、系统对策和网络化调控等技术和组织手段控制施工进度，制定了周密可行的生产计划，施工中严格执行，确保形象进度按计划进行。强化月计划的同时，坚持日计划、周计划的落实，以日保周、周保月、月保战役节点。在计划安排与实施上,落实大工序转换协调,狠抓重大工序转换的全员超前准备,坚持生产要素配置、施工技术方案优化与交底、安全与质量保障措施、工艺细化与标准化等,实现了持续均衡高效率施工。

(四)科技创新

在江六高速公路建设中大量运用了新技术、新材料、新工艺,提高了高速公路建设的技术含量,提升了高速公路的建设水平。

(1)依托京杭运河特大桥开展了"桥梁高强度低收缩徐变混凝土控制技术研究"

针对桥梁工程采用C50高强混凝土,研究低收缩徐变性混凝土质量控制与耐久性提升。项目研究成果提出了满足高强度和低收缩徐变性能要求的混凝土质量控制全套方法及评价指标,并提出了相应的养护措施和制度,对大桥的按期保质建成起到了重要的作用。同时,该成果对高强度混凝土工程建设的安全、耐久性具有较好的指导意义,具有积极的社会意义和经济效益。

(2)开展了"冷再生混合料在高速公路中的深入研究及推广应用"

针对江六高速公路改扩建工程中产生的大量沥青面层铣刨料和二灰碎石铣刨料,课题开展了低剂量水泥冷再生混合料和高性能乳化沥青厂拌冷再生混合料设计指标、性能评价、试验段铺筑和施工工艺方面的研究。工程实践表明,低剂量水泥冷再生混合料满足高速公路底基层相关技术要求,并在江六高速公路改扩建工程中进行了大规模的推广应用。总结了"低剂量水泥冷再生底基层施工指导意见"和"高性能乳化沥青厂拌冷再生施工指导意见",研究成果有利于冷再生技术在江苏省高速公路中进行推广应用。

(3)开展了"高速公路路堤拓宽稳定性控制技术研究"

针对江六高速公路扩建段新老路拼接问题,课题组以控制变形为目的,提出了新老路堤差异沉降控制标准,并基于这一标准提出了控制模量桩与土工格栅的功能性设计方法,在此基础上建立了控制模量桩地基的沉降及工后沉降计算方法。课题成果对绕城段拓宽工程质量的保证起到了重要作用。

(4)开展了"提高高速公路沥青路面抗车辙性能关键技术深入研究"

课题结合江六高速的交通、气候条件,开展了两种新型抗车辙沥青混合料取代原设计中面层Sup20的试验路铺筑,一种为低标号硬质沥青耐久性高模量沥青混合料EME14,另一种为70号沥青+0.4% AP-8添加剂沥青混合料Sup20。施工过程中均表现出了良好的施工和易性,形成了"耐久性高模量沥青混合料设计施工指导意见"和"外掺高性能添加剂的沥青混合料设计施工指导意见",有利于两种新型沥青混合料的推广和应用,以提高江苏省高速公路路面的抗车辙性能。

(五)运营及养护管理

江苏京沪高速公路有限公司于1999年2月8日注册成立,经营管理的高速公路里程372.6km。其中京沪高速公路(编号G2)沂淮江段261.5km于2000年12月15日开通运营。启扬高速公路(编号S28)扬州西北绕城段34.962km于2004年10月12日开通运营。江六高速公路(编号G40)全长76.1km,于2012年12月8日开通运营。

公司实行三级管理体制,本部设综合部、人力资源部、党群工作部、计划财务部、安全营运部、工程技术部、经营开发部7个部门,下辖徐宿、淮安、扬州、宁扬4个管理处,广告、置业2个法人公司,三级单位42个,其中29个收费站、8个服务区、5个清障大队。公司现有员工2506名。

公司秉承"让社会更美好"的理念,认真贯彻"积极进取,稳健经营,务实创新,持续发展"的经营方针,保持了经济效益的稳定增长和社会效益的不断提高,为社会经济发展作出了积极贡献。

1. 明确了"美好宁扬"建设理念

宁扬管理处自成立以来契合自身特点提出了"美好宁扬"建设,将各项工作统筹成为一块品牌,制定了"六大美好工程"建设方案,确保了工作的系统性、完整性和连续性。经过将近两年的打造,"美好宁扬"品牌口号已成为各部门单位工作出发点和落脚点,凝聚了文明服务人气,汇聚了创新发展力量,拓展了企业文化内涵。

2. 健全了"规范化管理"体系

宁扬管理处进一步细化充实制度规范,制定了《宁扬管理处票据员稽核管理细则》和《宁扬管理处报账员稽核管理细则》,开启票据员参与内控管理新模式;出台了《宁扬管理处清障服务费解缴管理实施细则》,有效推动内控管理向精细化管理迈进;完善了警卫任务、交通保障任务、交通管制等管控机制。

3. 注重免放平稳有序,把握延续与创新相结合

宁扬管理处始终把重大节假日小型客车免费放行工作当作重点抓紧抓实,在继承延续以往免放工作经验基础上,今年又创新推出"四个一"举措,圆满完成了上半年小型客车免费放行任务。一是亮出一种新手段。从春节小型客车免放开始,在各收费站31个小型客车专用通道龙门架外侧加装暖黄色彩条灯,形成"光门",保障夜晚条件下符合免放条件的车辆快速识别专用通道,安全通行。二是抓住一套流程。宁扬处先后制定了春节、五一节免费操作流程、小型客车专用通道模式设置操作流程、节假日免费系统指令下发说明,实现各收费站操作过程中准确无误。三是坚持一项机制。管理处以分中心为主导,坚持免放期间全程跟踪、实时报备机制。通过对程序测试,免放关键节点启动、实施、结束等

环节所涉及所有相关内容全程无间断关注,对出现的问题及时通知维护单位解决,达到程序稳定运行、操作准确流畅、放行平稳有序。四是依靠一个平台。紧紧依靠警民共建平台,高速交警在重点时段、重点收费站和服务区形成常态化执勤机制,路政大队加大路面及站区巡逻频率,实时将相邻路段的路况信息实时通报,强化对各类特情协助处置,维护了良好的运营秩序。

4. 注重道路品质保障,狠抓养护与管理相结合

道路品质三分靠管、七分靠养,宁扬管理处坚持"预防为主、防治结合"和"标本兼治、以治为主"的道路管养方针,狠抓道路管养。一是严密监控桥梁安全。建立和完善了桥梁养护系统,充分发挥桥梁养护系统在桥梁日常养护中的作用。桥检人员通过桥梁检查,并与养护中心的桥梁检查相对比,督促养护中心及时更新桥检资料,及时发现桥梁病害,保证了桥梁的良好状态。二是认真做好道路日常养护。宁扬管理处以道路巡查工作为抓手,强化巡查工作责任制,增强巡查人员责任心,加大对巡查人员的考核力度。通过实施多方跟踪检查,使路面养护更具针对性,很多病害在发展初期就得到及时处治,有效降低了后期养护的工作量和养护成本。三是加大绿化监管力度。通过定期和不定期检查,严格督促绿化委外单位遵照合同要求开展各项绿化管护、改造及保洁工作,对全线高速公路实施了"绿化、净化、美化、优化"四化工程,取得了显著成效。

六、雍庄至六合高速公路(建设期:1997—2001 年)

(一)项目概况

1. 基本情况

1)建设依据

1998 年 6 月,苏计经交发〔1998〕1090 号文《关于南京雍庄至六合东公路项目可行性研究报告(含项目建议书)的批复》。

1998 年 8 月,苏建重〔1998〕369 号文《关于南京雍庄至六合东公路工程初步设计的批复》。

2000 年,苏计经交发〔2000〕856 号文《关于南京雍庄至六合东公路项目可行性研究调整报告的批复》。

2000 年 9 月,苏建重〔2000〕338 号文《关于南京雍庄至六合东公路初步设计调整和工程总概算的批复》。

2000 年 9 月,宁计投资字〔2000〕767 号文《关于同意南京雍庄至六合东高速公路部分征地拆迁费用补充列入工程投资的批复》。

2) 建设规模及主要技术指标

雍六高速公路位于南京市大厂区和六合县境内,路线起自大厂区马汉河西岸,与南京长江二桥北岸接线雍庄互通立交相接,下穿扬子专用铁路线,经龙池(蒋湾),跨冶山铁矿专用线、滁河、瓜埠公路,止于六合县雄州镇西吴村,与宁通公路相接,全长18.864km(含与连公路连接线3.24km),其中雍庄至雄州镇蒋湾7.3km为双向六车道,路基宽33.5m,雄州镇蒋湾村至宁通公路以及宁连公路接线采用双向四车道,路基宽26m。全线在蒋湾设互通立交(通过连接线)与现有宁连公路龙池立交沟通,在终点设置灵岩互通立交与现有宁通公路沟通。设计行车速度100km/h,雍庄至蒋湾(六车道)路基宽度33.5m,其余路段(四车道)路基宽度26m,桥涵设计车辆荷载为汽车—超20级、挂车—120。

3) 项目投资及来源

雍六高速公路由省交通厅建设处进行行业管理,南京市交通局委托南京市公路建设处进行建设管理,南京公路工程监理有限责任公司承担施工质量监理。整个项目决算完成投资额6.9386亿元,资金来源由省交通厅给予定额补助,其余资金由南京市负责筹措。具体如下,南京雍庄至六合东高速公路项目批准总投资为74251.34万元。经审计,实际到位资金72000万元,其中厅拨款27000万元,银行贷款45000万元。项目送审总投资69478.00万元,审计核减91.61万元,确认项目总投资69386.39万元。

4) 工程进度

雍六高速公路工程是1998年9月15日在"宁马、宁高(一期工程)高速公路通车典礼"大会上,由时任省委主要领导宣布开工建设。之后,市政府于当年10月21日召开工程建设动员大会,宣布专门为雍六高速公路建设顺利进行而制定的153号文件,为工程建设的征地、拆迁、施工等方面营造宽松的环境。1998年10月组建了雍六高速公路项目指挥部,立即进驻施工现场,各种办公和检测设备迅速到位,同时加快设计交付、现场放样、征地拆迁、施工招标等工作,为工程施工做好各项准备工作。雍六高速公路于1998年10月31日在先行完成征地拆迁的路段进入实质性施工。2000年3月完成路基、桥涵工程;2000年6月完成路面底基层、基层等工程;2000年10月完成沥青混凝土面层;2000年11月完成通信管道、交通安全设施、服务区房建主体、绿化等辅助工程。2000年12月11日通过交工验收,并于2001年1月3日优质建成并交付使用。

5) 主要工程数量

雍六高速公路主要工程量:路基土方325.5万m^3,其中填方268.5万m^3,挖方57万m^3;软土地基处理6.71km(其中粉喷桩81.5万延米,塑料排水板24.7万延米,土工格栅22.3万m^2);沥青混凝土路面54.35万m^2;通道723延米/22道,涵洞51道(其中$\phi1.5m$圆管涵1788延米/36道,$\phi1.5m$倒虹吸122延米/2道,盖板涵529.3延米/5道,箱涵425延米/8道);小桥8座;中桥5座(乙烯大道、扬子石化、陈营、前王、陈吕沟);大桥5座(农场河、马汊河、跨瓜埠路、滁河、跨冶山矿大桥);互通立交3座(龙池互通、灵岩互通、通江路互通);分离立交1处(方水路)。

2. 决策过程

1998年6月,江苏省计经委下达苏计经交〔1998〕1090号文《关于南京雍庄至六合东公路项目可行性研究报告(含项目建议书)的批复》,批复项目立项与工可报告。

1998年8月,江苏省建委下达苏建重〔1998〕369号文《关于南京雍庄至六合东公路工程初步设计的批复》,批准初步设计。

1999年3月,江苏省交通厅批复同意补办雍六高速公路工程项目报建手续和公路工程开工报告。

1999年6月,江苏省交通厅下达苏建交〔1999〕38号文《关于对雍六高速公路和宁高一级公路(洪蓝至双牌石段)招标文件的批复》。

2000年9月,江苏省交通厅下达苏建重〔2000〕338号文《关于南京雍庄至六合东公路初步设计调整和工程总概算的批复》,南京市计委下达宁计投资字〔2000〕767号文《关于同意南京雍庄至六合东高速公路部分征地拆迁费用补充列入工程投资的批复》。

(二)建设情况

1. 项目准备阶段

1)施工、监理单位招标情况

雍六高速公路施工单位全部采取统一公开邀请招、投标的方式选择,特别是在1999年后续工程如二灰碎石、沥青混凝土路面、房建、交通工程、绿化等施工单位招标工作中,按照省、市纪委、监察,建设管理部门的要求,全部进入省、市有形建筑市场公开招标,公正、择优选择施工单位。雍六高速公路共有38家施工单位,计5000人次的施工者承担了工程建设的各项施工。

2)参建单位主要情况

设计单位:铁道部第三勘察设计院。

施工单位:山东省交通工程总公司、南京东部路桥工程总公司、中建八局机械化施工公司、南京市交通工程总公司、南京嘉盛基础建设工程公司、江苏省交通工程总公司第七分公司、铁道部第十四工程局一处、淮阴水利建设工程公司、湖南省路桥建设总公司、扬州三水建设集团、上海联圣建筑工程公司、南京公路防护设施公司等38家施工单位承担工程施工。

监理单位:南京公路工程监理有限责任公司。

监督管理单位:江苏省交通厅工程质量监督站。

3)征地拆迁情况

全线共征地约2130.6亩,拆迁各种建筑26537.57m²,迁移各种管线182道,迁移坟堆1854座,搬迁户161户。

2. 项目实施阶段

雍六高速公路于1998年10月31日在先行完成征地拆迁的路段进入实质性施工,2000年11月底完成全部工程,实际工期比原定与南京长江二桥同步建成通车的目标提前六个月。

1998年10月—2000年3月,完成路基、桥涵工程。

1999年7月—2000年6月,完成路面底基层、基层等工程。

2000年5月—2000年10月,完成沥青混凝土面层。

2000年4月—2000年11月,完成通信管道、交通安全设施、服务区房建主体、绿化等辅助工程。

2000年12月11日通过交工验收,2001年1月3日正式交付使用。

(三)复杂技术工程

1. 马汊河大桥

雍六高速公路马汊河大桥位于南京市大厂区境内,地处长江下游平原微丘区。雍六高速公路为六车道高速公路,但由于马汊河大桥地处南京长江二桥北接线雍庄互通立交与雍六高速公路交界处,共有四条加速车道在桥上,故该桥为一变宽斜交的曲线桥梁。大桥总体布置为25m+35m+50m+35m+25m预应力混凝土连续梁,桥墩采用圆端形薄壁桥墩,桥台采用桩柱式台。

1)主梁结构设计

(1)梁高的确定

因桥梁的平面几何形状复杂,为方便施工,全梁采用高2.4m的等高梁,中跨的高跨比为1/20.8。

(2)横断面形式

左、右幅箱梁均为双箱单室,两个箱体用变宽的桥面板相连,箱宽及箱顶两侧的悬臂长均为等值。左幅桥宽由24.15m变至20.07m,右幅桥宽由27.47m变至23.42m。左幅箱底宽6.0m,顶板厚0.24m,底板厚0.22m,跨中部位腹板厚0.36m,支承部位腹板厚0.52m;右幅箱梁除了箱底宽变为7.0m,顶板、底板及腹板的厚度与左幅箱梁同。

箱顶两侧悬臂为2.5m(远道路中心侧)和2.75m(近道路中心侧)。由于路线与河流斜交,桥梁按斜交斜做处理,每个斜墩上设斜横梁,5个斜横梁的长度及斜交角各不相同。

全桥共计10个横梁,长度自15.38m至22.27m。端横梁宽1.5m,中横梁宽2.0m,跨内不设横隔板。每个横梁下设2个盆式支座,即1个箱体下设1个支座。

(3)节段划分

因河道通航要求,左、右幅箱梁均采用边跨支架中跨悬浇的施工方法。在考虑全梁节段划分时,根据一般悬灌施工节段长度控制在4m以下,各节段重量不宜相差太大的原则,悬灌节段长度为2.7m一节。合龙段长:左幅梁跨中为2.12m,右幅梁跨中为1.93m,其余为1.8m。因桥梁变宽,各段的重量不等,左幅箱梁最重节段重84t,右幅箱梁最重节段重125t,挂篮设计重采用60t。0号段长度除考虑挂篮所需的长度等因素外,还考虑稳定及斜交的因素,节段长为10.2m。

(4)梁体预应力体系

连续梁按全预应力设计,考虑箱梁较高、较宽等因素,通过计算决定对梁体采用单向预应力布置。在进行纵向预应力设计时,考虑箱梁顶、底板不至于因布束困难而增大厚度,并考虑在箱梁节段划分较多的情况下,悬灌时每一节段张拉束数以及钢束在顶、底板的布置和锚固构造要求等,其纵向预应力钢束选用7-7ϕ5高强度、低松弛钢绞线(R_y=1860MPa),OVM15-7型锚具锚固,设计张拉控制应力$0.75R_y$。共计:左幅302束,右幅324束。其中:腹板96束,顶板124束,左幅底板82束,右幅底板104束。最长束55.45m,最短束12m。在纵向预应力钢束布置设计时,充分考虑了施工的方便,在腹板下弯束布束时,尽量考虑一根束的曲线部分分布在一个悬灌区段内,且节段之间管道连接为直线。2号、3号墩处设4根预应力结构的横梁,选用9-7ϕ5钢绞线,单端张拉,OVM15-9型锚具锚固。

(5)梁体施工顺序及体系转换

梁体施工顺序为先在2号、3号墩承台灌注临时支墩,在墩顶搭设托架立模灌筑0号段,每片腹板下设2个临时支座,纵向间距为7.2m,按正交布置。0号段达到强度要求后,用挂篮对称悬臂灌筑第1~7段,同时搭设支架灌筑边跨现浇段,先合龙边跨,再合龙中跨。

边跨合龙前,中跨为正交、对称的简支双悬臂结构,边跨在满布支架上。边跨合龙、中跨合龙前,全桥为两个斜交的两跨连续单侧悬臂梁结构。中跨合龙后,连成五跨连续的斜交箱梁。

2)主墩及基础结构设计

(1)主墩墩型选择

由于本桥为跨河桥梁,且为斜交,桥墩较高(最大19m),在选择桥墩时均需考虑上述因素,经过综合比较,确定选用圆端形薄壁桥墩,顺水流设置,每个支座下设置1个桥墩,这样既满足了水文的要求,又满足了桥墩刚度的要求。

(2)基础类型选择

由于本桥地层表面黏性土覆盖层较厚,不宜采用扩大基础,故采用钻孔灌注桩基础,桩径φ120cm,桩尖支承于砂质泥岩,这样就保证了全桥基本不发生沉降,大大减小了梁体因沉降产生的应力。

马汉河大桥跨度虽不大,但它集基深、墩高、弯、斜、坡、变宽于一体,是一座设计、施工均很复杂的公路桥梁,该桥于1998年12月开工,施工周期12个月。

(四)科技创新

依靠科技进步,追踪科研新成果,加大投入,在特殊、关键工程施工过程中,科学、大胆采用新技术、新材料、新工艺,以实施质量重点控制和提高各项工程的科技含量来促进工程整体质量达部优、创精品。主要实施项目有:

(1)在雍六高速公路沥青硅下面层摊铺中采用了美国TOPCON公司的Sonic声纳追踪器,在中、上面层摊铺中采用了非接触式平衡梁。从摊铺实践看,同传统的接触式平衡梁相比,此次采用的非接触式平衡梁的新技术,具有数字控制精度高,施工、运输方便,能在确保路面耐久性的基础上提高沥青混凝土路面摊铺的平整度约5%~8%等作用。2000年10月15日,省交通厅组织交通部、上海、陕西、安徽及本省有关专家对"路面摊铺质量控制新技术应用研究"课题进行了科技成果鉴定,与会专家通过实际对比,认为非接触式平衡梁新技术在雍六高速公路的应用中还具有不粘料、便于压路机及时碾压、结构更趋合理、适用于转弯半径小、起步收尾接缝处理平顺等特点。一致认为该课题的应用研究符合我国高速公路建设的发展需要,科技含量高,填补了国内空白,适应性和实用性强,能更精确的控制路面平整度,达到了国内领先、国际先进水平,具有示范作用和推广价值。

(2)SBS沥青改性路面的使用。

雍六高速公路建成之后交通量大、重车多,将经受严峻的考验。为提高路面面层的强度和耐久性,改善路面的热稳定性和抵抗永久变形的能力,在南京地区首次使用SBS改性沥青路面,并使用防水性能较好的AC-16I型级配面层。施工过程中严格控制沥青混合料的拌和温度,摊铺的均匀性、碾压温度、密实度和空隙率,经检测评定工程质量优良,确保满足沥青路面使用性能需要。

(3)改进施工工艺,提高防护及排水工程施工质量。

在实施前,提出防护及排水工程必须达到"内强外秀"的质量目标。项目指挥部组织相关人员参观学习在建的广靖、锡澄、淮江等苏北高速公路和已使用的机场、沪宁、沪杭等高速公路,从中汲取"精华",修正和完善设计方案,从整体形式到各种式样直至段落划分,因地制宜地对原设计进行一些合理的修改。如从安全、经济、美观施工的角度出发,将拱形坡和方格防护改为衬砌拱。再如将全线边沟底宽80cm,壁厚30cm的浆砌片石梯形沟改为全线底宽60cm的梯形混凝土预制边沟。在实施中,规定挖方段视线范围内的防护工程一律采用优质石料,镶面片石表面全部修整,凿出纹路以求美观。混凝土砂浆和低标号混凝土一律采用机械拌和,同时完善检测制度,加大检测频率。如对砌石厚度和砂浆强度须经破洞检查验证,频率为:锥形护坡中一桥4洞,小型构造物2洞,挡墙每50m或50m长/洞或断面,边沟及护坡每200m各侧面1洞。对表面勾缝处理采取匀凹缝形式,力求砌面平整。由于采取新工艺,加上严罚重奖的措施,往往不被重视的防护及边沟工程被做成雍六高速公路一道独特的风景线,在省交通厅数次中间质量检查中,防护及边沟工程质量的合格率均达100%。2000年9月14日,省交通厅召开全省交通工程质量创优现场会,与会代表专门来工地观摩,给予了很高评价。

(4)应用边坡植草新技术,降低造价,固土稳路,美化环境。

将边沟坡植草防护研究作为专项课题,与南京新世纪草坪科技有限公司共同合作,选用矮细型狗芽根优良体系C106(又名"爬地青")对雍六高速公路19.3万m^2的边坡试行铺种。雍六路平均填土高度3.5m,填方段占80%,施工中使用了较多的石灰土、粉煤灰、砾石等,土质盐分大,肥力差,不利于科生植物生长。加之边坡度较小,陡坡路段长,不利灌溉。可预见通车后交通流量大,废气、废声、汽油水污染相对集中,这些都对植物生长造成了极大威胁。C106"爬地青"是一种适应强、适应范围广的新型优良护坡铺地草种,通过在南京宁马高速公路等地试种,取得圆满效果。此次在路基边坡采用了茎播为主的建植方法,提高了施工效率,取得了固土防路基冲刷,美化公路两侧环境的效果,赢得了省内外前来参观的专家和同行们的好评。

(5)实施以绿化为主调的路肩硬化工艺。

以往高速公路建设中,常采用全部硬化的方案处理硬路肩,外观显得单调、呆板、没有生气。在雍六高速公路采用以绿化为主调的路肩施工工艺,其优点是:压顶宽度适宜,线形顺适;绿化效果较好,视觉美观;防冲刷,排水顺畅,边场稳定。

(6)攻克桥梁悬灌法施工中的难点。

在雍六高速公路马汉河大桥(长178.76m)的施工中,设计要求跨水部分采用悬灌法工艺,由于该桥分别有弯、坡、斜、由宽变窄等施工难点,在专家的指导下,对施工难点采取了以下处理方式:

①平弯、变宽

桥梁位于$R=1000m$圆曲线上,左右幅桥面均变宽,左幅变宽尺寸为4.08m,右幅变宽尺寸为4.05m。

左右幅桥梁中心线均为变曲线,为保证全桥线形的柔顺,施工中以道路设计$R=1000m$圆曲线的圆心作为全桥线形的控制中心。根据设计提供的桥面宽度计算公式计算出每一施工断面的桥面宽度,由每施工断面的经向方位角及桥宽即可施工出变断面。

在$R=1000m$圆曲线上,每一悬灌段$L=2.7m$所对应的强度为0.9mm,施工时不考虑曲线影响,每一段均按直线施工。每个箱均以该箱体的设计底板中线控制底模及主梁中线。主梁按放样出的中线方向走行到位。底模中线则用全站仪进行控制,受桥面变宽影响的箱体底模中线方向的调整幅度比较大,通过预留底模锚杆锚孔尺寸来调整。

②横坡

桥面横坡为4%,箱梁的梁体也有4%的倾斜度。受其影响,悬灌段箱梁对挂篮产生一定的横向力。为克服这一不利因素,尽量减少其影响,在每一套挂篮主梁的下方各垫两块钢板混凝土垫块,使两仆梁(同一挂篮)处于同一水平面,挂篮吊杆采用垂直直拉式,同时挂篮重心外移9cm。这样吊带及主梁均仅承受悬灌段梁体及自重的垂直拉力,因倾斜产生的横向分力则转化为对侧模的侧压力和扭矩。为此只需将侧模刚度加大即能解决。

③斜交

桥墩中线同设计道路中线经向线斜交角为10°,按设计要求0号块采用经向施工,设计0号块临时支座为经向布置。为保证施工安全,现场采用临时混凝土墩柱支承悬灌段梁体。临时墩直径为1.0m,位置与设计支座位置同承台相连,坐在承台上。

(7)沥青埋置式小变量伸缩缝。

雍六高速公路全线大中桥梁均采用毛勒缝,而对于跨径在40m以内的小型桥梁使用了改性沥青埋置式小变量伸缩缝。小变量伸缩缝目前在我国是一项刚刚起步的新技术,它具有弹性恢复力高、耐腐蚀能力强、施工简便快捷、行车舒适性好、投资省等特点。此次应用的是采用胺类表面活性物质,利用微电化各相共存理论,研制成功的新一代高性能黏结料,提高了高温黏附性,同原有路面黏结牢固,常温冷却后又不会被车轮黏带。

(8)力求桥梁刚性防撞墙的牢固和美观。

在部颁规范中,对墙式护栏正面的截面尺寸有着严格的规定,并给出了几种形式供参考。结合以往的成功经验和雍六高速公路车流量大的特点,选定了组合式桥梁护栏的形式。这种形式既能保证车辆冲撞防撞墙后不致冲出桥面,又能确保车轮接触到防撞墙正面后能够向前上方滚动,缓冲了车辆冲击力,使车辆回到车道上来,从而减少了因汽车直接碰撞防撞墙造成驾驶员伤亡的程度。雍六高速公路的刚性防撞墙在施工过程中和通车后,曾经历了数次大小车辆及施工机械的意外撞击,没有造成任何结构性破坏和人员伤害。以往防撞墙背面的设计比较经济,但因为施工线条控制和梁侧水迹的问题没有解决,整体效果不美观。这次借鉴外省高速公路的做法进行大胆创新,设计出雍六高速公路特有的防撞墙。背面采用向下包住翼缘板的折面形状,自然形成滴水檐,施工方便,整个墙身无论从正面和背面看,都显得坚实挺拔,线条简便顺适,梁侧和梁底几乎无水迹。桥梁两侧多采用铸铁圆形泄孔或L形矩形泄水孔。入水口小,大量布设又影响沥青路面摊铺碾压、易损坏。将入水口改为20cm×55cm的矩形铸铁格栅,并且在防撞墙底部设计了一个小型集水井,出水口改为向下或向外的PVC管。为方便沥青路面施工,在防撞墙根部土路肩位置沿桥梁纵向增设与路面等高的钢纤维混凝土平缘石,入水口铸铁格栅座预埋在平缘石中。这样,一方面在保证路面水顺利排出的前提下,相对地减少了泄水孔数量,方便后续工程施工;另一方面,钢纤维混凝土平缘石与路基土路肩混凝土平缘石平面位置尺寸一致,路线整体线形顺畅。

(9)按新国标设置交通标志。

雍六高速公路交通标志牌采用新国标(GB 5768—1999),在同以往相同版面尺寸的条件下,突出字和符号的醒目,底膜和字图采用高级反光膜,夜间反光效果更佳。制作上采用亚弧焊工艺,提高了版面平整度。对于小牌面标志,采用丝网印刷技术,防雨性能强,大、小标志预计使用寿命可达12年。同时,为更能发挥出交通标志应有的社会效益,此次在注重人文景观的前提下,第一次在南京地区采用了两种图文并茂的公益标志,即"严禁酒后驾车"和"请系好安全带"。此类标志共布设四块,分别位于来往进入的路段,以警觉驾驶员文明驾车、安全驾车,提高安全意识。同时,在变道路段专门设立变道标志,即根据车道数量的变化,在龙池互通附近布设了两种四块车道指示标志,一种为三车道变为两车道标志,一种为两车道变为三车道标志,此类标志配合线形诱导标志,可以提醒驾驶员按道行车,防止发生交通事故。

(10)采用新型防眩板

与北京汉威达交通设备公司合作,安置新研制开发的汉威达牌防眩板(HF-2000)。此板在设计上从空气动力学的角度出发,在板面上开设10°旋角的气窗,使车辆通过时的空气阻力有所减缓,降低了空气噪声。在外观上模仿松柏外形及色泽,与周边的生态环境协调一致。在外层防腐处理上,采用玻璃钢表面喷塑的新工艺,同以往喷漆、烤漆等相比更具耐强化、附着力强、板面色泽不褪色等特点。在确保防眩板效果的前提下,设置间距为1.6m,每公里用板556块,降低了工程造价。

(11)试用高固体低溶剂型交通标线。

溶剂型冷涂标线涂料使用寿命短、易变色,不能适应交通量大、重型车辆多的高等级公路的要求。2000年10月,在雍六高速公路与宁连公路2km长连接线上试用德国PAG公司溶剂型标线。本次采用的标线材料为低溶剂高固体型材料(HS-5),与国内使用的溶剂型漆相比,HS-5型产品具有固体含量高、线形立体感强、白度好、夜间反光效果明显、寿命长、干燥时间快(19分钟以内)等优点。与国内高速公路一般采用的热熔型标线相比,更具有防滑性强(尤其在雨天),施工方便快捷,经济性和环保性显著的优点。

(五)运营及养护管理

1. 运营管理

南京雍六高速公路有限责任公司:注册资本29282万元,其中公路集团出资14934万元,占51%,江苏省交通控股集团出资14348万元,占49%,该公司股权于2001年由市交通局划转至公路集团。截至2014年6月,雍六高速资产7.73亿元,负债10.04亿元,累计亏损5.24亿元。雍六高速全长18.8km,1998年10月开工建设,2001年3月建成通车。总投资7.43亿元。该项目无收费站,一直没有收费来源,早已资不抵债。2009年5月,省政府办公厅下发了专题会议纪要,同意将雍六高速公路纳入江六高速公路计费里程。2012年12月8日,江六高速建成通车,雍六高速也顺利纳入省高速公路网联网收取通行费,解决了困扰企业近12年的难题。目前,雍六高速日均通行费收入约8.1万元。

2. 养护管理

(1)坚持预防性养护,道路品质不断提升。认真做好道路日常养护工作,强化监管力度,健全养护质量保证体系。梳理完善规章制度,实现规范化管理。加强路桥检测,保障桥梁结构物安全。精心组织,严格管理,按期保质做好养护专项工程。同时,加强预算管理,严控养护经费。

(2)提高收费服务水平,树立良好企业形象。积极开展培训和创建活动,提升优质服务水平。严厉打击偷逃费行为,维持良好运营秩序,并能积极应对《江苏省高速公路条例》实施,保证平稳过渡。

(3)坚持软、硬件两手抓,服务环境明显改善,行业形象显著提升。巩固创建成果,形成长效管理机制;完善经营模式,规范租赁管理;强化制度落实,绩效考核体系初显成效;改善服务设施,完善服务功能。

(4)健全预案体系,突发事件应急处置能力不断提高。为积极应对恶劣天气、自然灾害以及各类突发事件,确保高速公路的畅通,先后制定或梳理了部分规章制度,进一步建立健全应急预案体系。面对突发事件和事故的发生,预案周密、组织有序、指挥有方、行动迅速、处理得当。做到注重分析总结,积累处置经验,使突发事件应急处置能力不断提高。

(5)加强成本控制,挖掘潜力,企业降本增效效果明显。一方面拓宽经营思路,努力增加非主营收入;另一方面,狠抓成本控制,寻求节约空间。

(6)坚持防控结合,努力保障安全生产形势稳定。始终把道路保畅作为重点工作来抓。开通以来,坚持一路三方协调联动,快速清障形成共识,突发事件应变处置能力不断提高,文明平安收费站建设凸显成效。

3. 服务区

雍六高速公路设有1对服务区,为龙池服务区;龙池服务区位于六合区龙池街道地段,占地约32742m^2,其中场区面积约17279m^2,建筑面积4047m^2。

七、南京至合肥高速公路江苏段(建设期:1997—1999年)

(一)项目概况

1. 基本情况

1)建设依据

宁合公路是312国道的组成部分,是江苏、上海连接安徽、湖北等省的通道。宁合公路南京段原路为一级公路,1992年7月建成,随着国民经济的发展,该路交通量迅速增长,建成通车近7年,已达日交通量11000多辆,而且载重车辆很多,导致原路面损坏比较严重,影响该路段的服务功能。

省交通厅为了贯彻省委关于"高速公路联网畅通"的战略决策,根据该路段实际情况,1998年决定对其进行高速化改造。

2)建设规模及主要技术指标

宁合公路南京段大修改善(高速化)工程东起江浦县城龙华环交,西讫苏皖交界处滁河大桥,全长25.292km。该工程在不改变平面线形和横断面布局的情况下,对原路面进行补强和加铺沥青混凝土面层,按四车道,设计行车速度100km/h的标准进行改造,路基宽为23m,全线砌筑护肩墙,路面宽为2×10.25m,中央分隔带宽1.5m,上、下行车道宽7.5m,紧急停车带宽2.25m。桥涵设计车辆荷载为汽车—超20级、挂车—120,路面结构为20~55cm二灰碎石补强,沥青混凝土面层为6cm AC-25I+5cm AC-20I+4cm SMA-13。全线更新设置防撞护栏、防护网、防眩板及标志标线和绿化工程。

3)项目投资及来源

根据省计经委、省交通厅苏计经投发〔1999〕407号文《关于下达1999年公路水运建设投资计划的通知》该项目概算总投资为17064万元,其中:省公路局建设资金12400万元,市银行借款配套资金3100万元,公路局借款1564万元。截至2000年12月,实际到位资金16629.716万元,其中:省公路建设资金到位12400万元,市借款配套资金到位3100万元,公路局借款到位1129.716万元。

4)工程建设条件

本项目为312国道江浦(珠江镇)龙华环交—江苏与安徽(周庄)交界段,全长25.292km,于1989年11月30日开工建设,1992年7月建成通车,总投资1.57亿元。建成的宁合公路江苏境内珠江镇至周庄段为平丘区一级汽车专用公路,路基全宽23m,行车道宽2×7.5m,中间带2.5m,路肩2×2.75m。以浦珠公路为起点,向南经庄东、五里桥北,小长朱南等,向西跨滁河,接安徽全椒至合肥的一级公路。沿线的通道与交叉设施数量较多,圩区路基设计高程9.293m,已超过百年一遇洪水位,路基质量差,为软土地基。

宁合汽车专用公路建设时,我国的高等级公路尚处于初始阶段,有关技术标准、规范、规程还不够完善,招投标制度和工程监理制度才开始推行,建设管理经验不足,施工设备、施工工艺、施工管理水平不高,特别是施工期间,遭受1991年特大洪涝灾害的袭击,圩区路基长时间受洪水浸泡,连续暴雨对路基施工质量造成严重影响,延误了工期,造成路面抢工的局面。宁合公路路面病害较多,服务水平逐年下降,已影响道路的正常使用,根据省厅领导指示,于1998年4月开始进行路况病害调查、弯沉检测等勘测工作。

5)工程进度

根据江苏省交通厅对工程的批复(苏交计〔1999〕58号),本项目实施工期1年。工程于1999年3月15日开工建设,历时10个月,于1999年12月5日建成,12月6日进行交工验收。

6)主要工程数量

宁合公路大修改善工程全长25.292km,批准概算1.7亿元,全线工程量主要分为五个部分:一是路基工程:全线护肩墙共25000m^3,护坡、挡土墙3320.7 m^3,加筋挡土墙388m;二是路面工程:处理老路面15.5万m^2,二灰碎石补强17.2万m^3,乳化沥青下封49万m^2,AC-25I型沥青混凝土2.96万m^3,AC-20I型沥青混凝土2.8万m^3,改性沥青(SMA-13)2.25万m^3;三是桥梁、通道工程:改造中小桥21座,722延米,通道15道,29.8延米;四是交通工程:新设置波形护栏(25.292×4)km,浸塑护网(25.292×2)km;五是绿化工程:中央分隔带完成防眩树1.25万株,草皮2.98万m^2,并对路基边坡两侧绿化带和互通区域进行绿化。新建服务区1处。

2.决策过程

1998年10月16日,江苏省交通厅公路局主持召开宁合公路高速化改造工程设计讨论会,就设计组织形式、指导思想、步骤及有关技术问题提出意见,形成会议纪要〔交公计〔98〕第244号〕。

1999年1月23日,江苏省交通厅同意公路局1999年1月18日所报"关于宁合公路大修改善(高速化)工程项目实施管理有关问题的请示",批准组建项目管理领导小组,并要求做好工程方案的制订、招投标等前期工作,做好开工前技术交底等施工前的准备工作,3月初开工,确保10月底完成工程。

1999年1月26日,江苏省交通厅公路局主持召开宁合公路大修改善(高速化)工程施工图预审会,听取设计单位的设计介绍并进行仔细审查,提出修改意见,形成会议纪要。

1999年3月11日,江苏省交通厅公路局组织召开312国道宁合段高速化改造工程施工图专家审查会议,听取设计单位对施工图设计的介绍并进行仔细审查,就一些具体项目提出修改意见,形成会议纪要。

1999年4月29日,江苏省交通厅批准公路局交公计〔1999〕13号文《关于实施312国道宁合段大修改善(高速化)工程项目的请示》,下达立项批复[苏交计[1999]58号文]。

(二)建设情况

1. 项目准备阶段

根据省厅领导指示,为加快该大修工程,力争1999年完成,公路局委托交通部第二公路勘察设计院南京分院、江苏省公路学会咨询部、南京市公路管理处科研所等单位从1998年4月开始,开展路况病害调查、弯沉检测等勘测工作,完成设计工作,先后组织工程设计讨论会,邀请专家对方案进行中间审查和施工图设计审查。1999年1月23日,由省交通厅公路局、南京市交通局、江浦县人民政府、江浦县交通局、南京市公路管理处和无锡市公路管理处的有关领导组成了项目管理领导小组,明确组长、副组长、成员、总监和总监代表等人选。确定领导小组负责工程的方案审定、资金筹措、市县关系协调、变更设计审定、进度管理、质量监督、计量支付、交工竣工验收等工作。商定开工前的工作时间表:2月9日上午设计单位施工图技术交底,下午工程开标,中标单位实地踏勘现场落实驻地;2月中旬,施工单位编写施工组织设计报审查;2月下旬,中心试验室、监理组、施工单位进场,施工单位进行备料、安装检修设备,上报开工报告。3月初各施工路段正式开工。

1)施工、监理单位招标情况

工程指挥部对路基路面工程、交通工程、绿化工程经公开招标择优选定实力较强、业绩较佳、信誉较好的南京市路桥工程联合总公司和无锡市交通工程公司作为路基路面主体工程的承包单位,分别承建工程的A、B标段。交通安全设施工程项目由郑州彩达交通设施工程有限公司、南京公路防护设施工程公司、上海华纬交通工程公司、常州市三友交通设施有限公司和常州交通设施器材厂等10家单位中标承建。绿化工程由南京市园林实业总公司等3家单位中标承建。工程委托交通部二院南京分院、南京市公路管理处科研所等单位设计,通过邀标方式选择无锡市交通工程监理公司、南京市公路管理处负责A标、B标的监理工作。

2)参建单位主要情况

设计单位:交通部第二公路勘察设计院南京分院。

建设单位:江苏省交通厅公路局。

施工单位:南京市路桥工程联合总公司、无锡市交通工程公司等。

南京市路桥联合总公司承建路面工程A标,无锡市交通工程公司承建路面工程B标。上海华纬交通工程公司、郑州彩达交通工程公司与江苏昆仑道桥工程公司中标防护网工程;常州三友交通设施公司中标标志工程;上海华纬交通工程公司与扬州华扬交通工程有限公司中标标线工程;南京公路防护设施工程公司、南京金龙高速公路工程物资有限公司、南京南轧护栏工程有限公司及南京落基山交通公用设施有限公司中标护栏工程。

监理单位:南京市公路管理处、无锡市交通监理咨询有限公司等。

监督单位:江苏省交通厅工程质量监督站。

3)征地拆迁情况

本项目是在原有平面线形和横断面形式不变的前提下,对全线进行高速化改造,故无征地拆迁。

2. 项目实施阶段

1999年3月15日,正式开工建设。

1999年10月22日,完成路面桥涵工程。

1999年11月18日,建成通车

1999年11月25日,完成交通工程。

1999年12月15日,完成绿化工程。

1999年12月5日,项目竣工。

1999年12月6日,交工验收。

(三)复杂技术工程

1. 首次采用改性沥青SMA,优化旧路改造

在工程建设中,树立"科技是第一生产力"的指导思想。大力采用新工艺。在充分调查和研究省内外旧路改造工程实例的基础上,优化改造方案。对不同类型的路面,采用不同的对策;即使同一种类型的路面,也针对不同病害,采取不同的处理方案。宁合公路上面层采用改性沥青SMA,设计了SMA-1(6)SMA-13两个配合比,为慎重起见,广泛征求专家们的意见,并做了试验路段,最终确立了SMA-13结构。成为全省首次在整条线路路面上,采用SBS改性沥青的SMA-13结构的路面。为今后江苏省高等级路面结构设计和施工经验积累了宝贵的经验。

2. 采用叠合梁技术,优化桥梁抬高方案

本工程涉及14座单孔小桥的抬高改造,原抬高改造设计方案是将所有桥梁的板梁用起重设备吊起,并运送到清理好的空旷场地,加高台帽后再重新安装板梁。考虑到这样的施工,工期得不到保证,在经过专家充分论证后,对于跨径13m以上的3座小桥的台帽进行抬高改造,其余11座小桥采用叠合梁的方法进行处理,将原桥面铺装凿毛清洗干净后浇筑钢筋混凝土空心板叠合梁。这样既避免了中断交通,又节省了经费。

(四)运营及养护管理

1. 运营管理

南京市公路管理处负责宁合高速公路的经营、管理和养护。

第七章
高速公路项目简介

南京市公路管理处下属江北收费站具体负责312国道宁合高速公路的车辆通行费征收工作。收费站设有办公室、财务股、征稽股、行政股四个部门。现有职工142人,其中劳务派遣职工91人,路桥借用职工4人,在岗职工中男职工72人,女职工70人;中共党员(含预备党员)47人。目前拥有公务车10辆。江北收费站1989年8月经省政府批准正式开征,名为桥北收费站;1992年8月经省政府批准增设宁合公路收费站,同年9月1日开征;1995年10月经省政府批准设立沿江二号公路、向阳路堵逃收费点,主要负责宁扬公路和浦珠公路的通行费征收工作。

根据省政府苏交公〔2005〕116号文件精神,桥北收费站于2005年12月1日实施迁移,分别成立宁合高速公路星甸收费站、104国道浦泗公路永宁收费站、六马公路马集收费站,根据宁编办字〔2006〕28号文件,统称为江北收费站。宁连宁通公路潘家花园收费站、十五里墩收费站为两个通行费代征点(已于2012年7月15日停征)。根据国家税费改革燃油政策,2009年2月28日,104国道浦泗公路永宁收费站和六马公路马集收费站停征。江北收费站实施双向16车道计重收费,其中设有2个ETC车道。收费站推行微笑服务,唱收唱付,积极为广大驾乘人员提供安全、快捷、温馨服务。

南京市公路管理处下属江北站宁合分站具体负责宁合高速(包含G312沪霍线K337+273~K345+603段及G40沪陕高速K452+250~K470+106段在内)的管理和养护。分站现有员工17人,其中劳务派遣14人,在岗职工中,男职工15人,女职工2人;中共党员1人。目前拥有各类车辆5辆,其中巡查车1辆,清扫车2辆,养护车1辆,小型自卸车1辆。

宁合分站贯彻"以人为本"的服务理念,以公众出行需求为导向,强化公路综合服务体系和服务能力建设,始终把"更好地为公众服务"作为工区养护管理工作的出发点和落脚点。全力做好养护和管理工作,努力提升管理水平,以"保通保畅保安全"作为全体人员的奋斗目标。

2. 养护管理

(1)规范管理与品牌建设,提升收费服务水平。宁合公路江北收费站通过建立各项管理制度,执行管理与考核,实行责任追究机制。大力推进"真情驿站"品牌建设,推出各类服务,诸如为驾乘人员提供饮用水、道路指南、常用药品、维修工具等服务,形成完善的便民服务体系。制定应对恶劣天气以及各类突发事件的应急预案,保证收费道口畅通。开展应急演练,加强员工应对突发事件的处置能力。大力推行微笑服务,以文明靓丽的窗口行业形象,获得驾乘人员的认可,提升了整体服务水平。

(2)以"精细养护"为标准,提高养护管理水平。以"精细养护"为标准,推行"精、准、细、严"的管理理念,利用卫星地图定位,以设计图纸和竣工图纸作为理论依据,按照"横向到边、纵向到底"的标准,将管养公路的实际情况进行逐项对照、分析,将区域范围内的公路基础数据、重要枢纽、桥梁、涵洞、事故易发地点等进行细化标识,以图文并茂的形式直观展示公路养护管理的范围。将科学化和精细化引入养护管理,进一步提升了养护管理水平。

(3)加大养护机械设备投入,进行科学量化管理。为减轻养护工人的劳动强度,降低劳动作业风险,分站依次购置清扫车、水车、割草机、破碎镐、吹风机等养护机具设备。在投入机械设备的同时,引入科学系统的管理,以公路站站部为后勤支持,确保网络系统24小时畅通,养护业务系统使用率达到100%,养护区域节点监控全年完好率达到90%以上,移动视频巡查车全年完好率在95%以上。此外,为清扫车安装GPS,操作手每天记录运行情况,指定专人每天进行数据采集,月底进行整合分析和反馈。

3. 服务区

根据省厅公路局的批复(交公养〔99〕第213号文),同意由南京公路处江北高等级公路站在宁合公路K19+400(312国道K368处)合肥至南京方向上行线建设高速公路服务区一处(另一侧利用原有的顺达公司作为服务区),服务区用地5亩(原建路时征用),服务区建设工程投资180万元。建成后为汤泉服务区,位于G40合肥往南京方向K464+100~K464+300,占地面积1129.58m^2,总建筑面积约为2500m^2。对外服务功能主要是加油、餐饮、修理、公共卫生间。

第十三节 G4011(扬州—溧阳)

扬州至溧阳高速公路(G4011)全线均位于江苏境内,已全线通车,起自扬州西北绕城高速,经扬州市区、镇江市区、溧阳,终于新昌枢纽,全长100km。全线各路段基本情况见表7-13-1。

G4011全线各路段基本情况　　　　　　　　　　　　　　　　　　表7-13-1

序号	路　段	里程(km)	建设期	备　注
1	润扬长江公路大桥及接线	36	2000—2005年	
2	镇江至溧阳高速公路	64	2003—2007年	

一、润扬长江公路大桥及接线(建设期:2000—2005年)

(一)项目概况

1. 建设依据

润扬长江公路大桥为国家重点工程,是继南京长江大桥、江阴长江大桥和南京长江二桥之后,在江苏省境内跨越长江南北的第四座大桥。润扬长江大桥位于江苏省镇江、扬州两市西侧,为中国第一大跨径的组合型桥梁,其建设过程中攻克多项世界性技术难题。该桥是当时国内工程规模最大、建设标准最高、投资最大、技术最复杂、技术含量最高的现代化特大型桥梁工程,是第一座刚柔相济的组合型桥梁。

2. 建设规模及主要技术指标

该桥全长为35.66km,桥面平均宽31.5m(行车道宽30m),全线采用双向六车道高速公路标准设计。

3. 项目投资及来源

本项目批复概算投资为53亿元。

4. 工程进度

润扬长江大桥即镇江—扬州长江公路大桥,于2000年10月20日开工建设。2004年4月17日上午10:18,润扬长江公路大桥南汊悬索桥最后一块钢箱梁在鞭炮声中缓缓吊起,平稳就位,宣告润扬长江公路大桥合龙贯通,标志着大桥主体工程全面完工。

(二)运营及管理

1. 运营管理

润扬长江大桥(图7-13-1)自2005年4月30日建成通车以后,积极贯彻落实科学发展观,努力提升管理水平,全力做好大桥的运营管理工作和工程养护工作,在公司全体人员的努力下,较好地完成了"保通保畅保安全"的工作目标,取得了良好的社会经济效益。

图7-13-1 润扬长江大桥

江苏润扬大桥有限责任公司于2002年10月成立,负责工程建设的投融资,2005年4月30日建成通车,进入运营管理阶段。公司现有正式员工约400名,内设7个职能部门:综合部、人力资源部、计划财务部、营运安全部、工程技术部、经营开发部和党群工作部、监察室(合署办公);下辖11个基层单位:指挥调度中心、主线收费站、瓜洲收费站、世业洲收费站、镇江西收费站、镇江南收费站、上党收费站、路桥养护工区、机电维护工区、排障大队和物业管理中心。

公司在江苏交通控股公司的正确领导下,始终坚持"责任、诚信、和谐、自律"的企业核心价值观,大力弘扬"凝心聚力、拼搏奉献、敢为人先、追求卓越"的"润扬精神",紧紧围绕"安全畅通、爱桥护路、优质服务"的运营管理主题,经过全体员工的共同努力,不断推进改革创新,努力提高规范化、精细化管理水平,为社会提供优质的高速公路通行服务和全天候的跨江大桥通行条件,取得了巨大的社会效益和良好的经济效益。公司将继续按照"科学发展、率先发展、和谐发展"的总要求,以争创"全省高速公路运营管理品牌"为目标,努力将润扬大桥打造成为优质、便捷、安全、高速、环保的绿色通道,实现公司又好又快发展,为服务江苏"两个率先"作出新的更大贡献。

2. 养护管理

养护管理实行二级管理模式;公司总部设置工程技术部,负责养护管理工作;下设路桥养护工区、机电维护工区两大执行机构负责具体养护维护工作。工程技术部负责工程养护制度、工作流程、技术标准、考核指标等制定工作;负责监管养护执行单位及日常养护工作;负责养护计划制定和考核工作;负责工程项目招投标、概预算、统计、科研和新技术研究等工作。养护执行机构负责跨江大桥、南北接线、机电设备、沿线设施等日常巡查、检查、保洁、养护和维护工作,应急事件处置,负责养护工程实施的现场管理工作,接受工程技术部及其他部门的业务指导、检查、考核。

桥梁检查模式采用自检和外委相结合的方式。日常巡查、经常检查、常规定期检查由养护中心完成,专业性强的定期检查及特殊检查由公司根据情况择优选择或委托具有相应经验和能力的设计、科研或专业检测机构承担,实时监测由公司委托具有相应检测资质和业务能力的专业检测单位实施。养护工程实行自养和外委相结合的模式,以外委为主,养护中心负责桥梁养护工程的现场管理工作。通车以来,桥梁技术状况始终保持在一类水平。

二、镇江至溧阳高速公路(建设期:2003—2007年)

(一)项目概况

1. 基本情况

1)建设依据

扬州至溧阳高速公路镇江至溧阳段(以下简称"镇溧高速公路")是国家高速公路网中上海至西安高速公路的联络线和江苏省规划建设的"五纵九横五联"中"纵五"的重要

组成部分。它北起润扬大桥南接线,南至溧阳境内与宁杭高速公路相接。路线全长65.64km,其中镇江市境23.412km,常州市境42.228km。

本项目联系了沪宁、沿江及宁杭高速公路,完善了高速公路网络结构,增强了润扬过江通道的地位。镇溧高速公路南延接皖南地区,增加了江苏省南部出省高速通道,对促进区域经济均衡发展具有十分重要的作用。

2)建设规模及主要技术指标

镇溧高速公路采用的技术标准和工程规模,符合国家和部颁标准、规范的有关规定,符合工程可行性研究结论和有关上级批复意见。按双向六车道设计,路面结构采用沥青混凝土,标准轴载100kN,设计行车速度120km/h,桥涵设计车辆荷载为汽车—超20级、挂车—120。

3)项目投资及来源

本项目批复概算投资为37.5亿元。

4)工程建设条件

本项目线路总体呈南北走向,西傍连绵蜿蜒的茅山山丘,东临平缓的长江冲积平原,呈现西高东低的地势格局,大约以常(州)溧(水)公路为界(K35附近),以北线路靠近茅山山麓,以岗地阶地为主,因其间受北西~南东向河沟切割,线路纵断面波状起伏,以南线路基本从茅东平原通过,地势平坦,但多水网地域。

本项目通过区域地处长江下游的北亚热带季风气候区,具有四季分明,温暖湿润,雨量充沛的特点。年平均气温15~15.5℃,年降雨量为1000~1200mm,并且多集中在7、8、9三个月,全年无霜期达220~230天,但随着地理位置的变化,降雨量日照分布也不均匀,自北向南,年均降雨量有增加趋势,而年日照百分率却逐渐降低。

本项目所经地区地处长江流域,属(太)湖西水系,跨越主要河流有胜利、通济河、薛埠河、北河、中河,河流流向东南,汇入太湖,以排灌功能为主,除中河以外一般通航能力较弱。

区内地下水可分为松散岩类孔隙水河火山岩碎屑沉积岩类裂缝水,在岗地松散岩类孔隙水主要赋存于上更新统下蜀组(亚)黏土层中,水位埋深1.0~5.6m,高岗地较深,低洼处浅,富水性弱,单井涌水一般小于10t/d,平原地区水位埋深浅0~0.2m。沿线基岩埋深一般15~25m,K4以北分布火山岩,以南分布碎屑沉积岩,裂缝发育程度不等,裂缝水富水性很不均匀,根据区域水文资料,水质良好(含金坛盐矿区),矿化度0.14~0.67g/L,侵蚀性CO_2未检出,对钢筋混凝土无侵蚀性影响。

本区所处大地构造位置位于扬子板块下扬子印支期前陆褶皱冲断带。区域地层属于下扬子地层区。

根据江苏省地震工程研究院,对镇溧高速公路工程场地进行地震危险性分析计算,给出镇江至溧阳段主要工点 50 年超越概率 10% 的地震烈度为Ⅶ度。

5）工程进度

镇溧高速公路于 2003 年底开工建设先导段，2004 年 7 月其他标段相继开工建设，2007 年 9 月底建成通车，实际工期 3 年半。

2004 年 7 月，全面开工建设。

2006 年 5 月，完成路基、桥涵主体工程。

2006 年 7 月，完成排水、防护工程。

2006 年 11 月，完成基层施工。

2007 年 6 月，完成绿化施工。

2007 年 9 月，完成路面以及房建、交通安全设施、三大系统、照明等配套工程。

2. 决策过程

2003 年 4 月，江苏省发展计划委员会以苏计基础发〔2003〕492 号文《关于扬州至溧阳公路镇江至溧阳段项目建议书的批复》同意建设扬州至溧阳公路镇江至溧阳段项目。

2003 年 8 月，江苏省发展计划委员会以苏计基础发〔2003〕1228 号文《关于扬州至溧阳公路镇江至溧阳段可行性研究报告的批复》批准了该项目的可行性研究报告。

2003 年 10 月，江苏省发展计划委员会以苏计基础发〔2003〕1229 号文《关于扬州至溧阳公路镇江至溧阳段先导段初步设计的批复》批复了先导段初步设计。

2004 年 8 月，江苏省国土资源厅以苏国土咨函〔2004〕400 号文《关于镇江至溧阳高速公路用地的预审意见》，同意该项目通过建设项目用地预审。

2004 年 10 月，江苏省发展和改革委员会以苏发改交能发〔2004〕683 号文《省发改委关于扬州至溧阳高速公路镇江至溧阳段可行性研究调整报告的批复》批复了该项目全线采用六车道高速公路标准一次实施。

2004 年 10 月，江苏省环境保护厅以苏环管〔2004〕188 号文《关于扬州至溧阳公路镇江至溧阳段工程环境影响报告书的批复》批复了该项目的环境影响报告书。

2004 年 11 月，江苏省发展和改革委员会以苏发改交能发〔2004〕773 号文《省发改委关于扬州至溧阳高速公路镇江至溧阳段初步设计的批复》批复了该项目初步设计。

（二）建设情况

在扬溧高速公路镇江至溧阳段的建设过程中，经建设主管部门批准，主要的变更设计有：

（1）镇溧高速公路在定测结束后，在构建和谐社会主义新农村的政策下，由于地方部门调整了沿线的农田水利和路网规划，新建了不少的农村公路，为使镇溧高速公路构造物设置及线外工程与沿线农田水利和路网规划进一步配套，对部分小型构造物和线外工程进行了必要地调整(移位、取消、增加等)。

(2)朱林互通原设计按照单喇叭设计、双喇叭预留进行了方案的优化,与支线道路相交处作渠化设计。由于地方经济和交通基础设施发展迅速,朱林互通被交路省道340计划于近期改造为一级公路。常州市人民政府以常政函[2005]7号文《关于商请对镇溧高速公路朱林互通"双喇叭"一次实施的函》致江苏省交通厅请求对朱林互通双喇叭一次实施。江苏省交通厅以苏交计[2005]228号文《关于转报镇溧高速公路朱林互通实施方案的函》致省发展与改革委员会请求明确朱林互通实施方案。省发改委以苏发改交能发[2005]1149号文的精神,将朱林互通变更为双喇叭方案一次性实施。

(3)根据苏高计设传[2005]2号传真,按《常州市内河航道网规划》,将薛埠河航道等级提升为Ⅵ级航道,通航净空标准由 $18 \times 3.5m$ 提高为 $22 \times 4.5m$,最高通航水位 3.73m 保持不变。按此通航净空要求抬升设计纵断面,调整段落为 K38+899 ~ K40+420。

(4)根据省高指以苏高计设传[2005]7号文、省高指以苏高项管二[2005]51号文批复同意在 K48+630 处增设金坛服务区,对金坛服务区施工图设计进行了变更。

(5)根据江苏省高速公路建设指挥部苏高项管二[2006]44号《关于印发镇溧高速公路沥青路面结构变更设计方案研讨会议纪要的通知》和苏高项管二[2006]29号文《关于明确镇溧高速公路路面试验段桩号的函》的要求,将镇溧高速公路路面结构变更设为三种结构形式,分别为:4.5cm 改性沥青玛蹄脂混合料(SMA-13S) + 6.0cm 中粒式改性沥青混凝土(Sup-20) + 9.5cm 粗粒式沥青混凝土(Sup-25) + 改性乳化沥青封层 + 38.0cm 水泥稳定碎石 + 20.0cm 低剂量水泥稳定碎石;4.5cm 改性沥青玛蹄脂混合料(SMA-13S) + 6.0cm 中粒式改性沥青混凝土(Sup-20) + 9.5cm 粗粒式沥青混凝土(Sup-25) + 改性乳化沥青封层 + 40.5cm 水泥稳定碎石 + 18cm 二灰土;4.5cm 改性沥青玛蹄脂混合料(SMA-13S) + 6.0cm 中粒式改性沥青混凝土(Sup-20) + 9.5cm 粗粒式沥青混凝土(Sup-25) + 改性乳化沥青封层 + 40.5cm 水泥稳定碎石 + 20.0cm 低剂量水泥稳定碎石。

(6)路基排水防护工程的变更:根据苏高项管二传字[2006]19号文《关于镇溧高速公路排水防护优化设计的通知》要求,将镇溧高速公路排水、防护工程变更为:土路肩采用集中排水、漫流排水两种形式。土路肩漫流排水适用于路基边坡防护高度 $H \leqslant 4.5m$ 的路基路段、路堑段,边坡防护采用普通客土喷播防护,混播植物种子(草籽、花木籽、低矮灌木籽)。土路肩集中排水适用于边坡防护高度 $H > 4.5m$ 路基路段,路面边缘拦水带采用 C25 水泥混凝土(滑模施工),每隔 25m 左右设一集水井,边坡防护采用普通客土喷播防护,混播植物种子(草籽、花木籽、低矮灌木籽)。路堑段、低填方段($h \leqslant 1.0m$)及填挖交界段结合暗埋式边坡设置放缓边坡,边坡与路堑间弧形连接,结合环境与景观整治采用普通客土喷播防护,混播植物种子(草籽、花木籽、低矮灌木籽)。

(7)根据江苏省高速公路建设指挥部《关于镇溧高速公路 K23+785 箱涵变更设计的

通知》(苏通项管二[2005]5号)将原设计 K23+785 箱涵取消,变更为 3×16m 中桥。

(三)科技创新

(1)开展"混凝土芯砂石桩复合地基加固深厚软基技术研究"课题研究。镇溧高速公路部分路段软土层厚度超过 20m,考虑到湿喷桩处理加固深度浅,如此深厚的软基施工质量难以控制,经过深入分析和论证,开展了国内外首创的混凝土芯砂桩复合地基加固深厚软基技术研究试验研究,探索深层软基的处理新方法和工艺。该方法综合了排水固结和复合地基的优势,具有桩间土固结速度快、桩承载力强,加固深度大(30~35m),施工质量容易控制、工程投资合理的特点。目前处理段落沉降稳定,效果良好。该项成果已申请国家专利。

(2)开展"土工编织袋在路基沟塘填筑中的应用"课题研究。高速公路河塘回填多采用清淤后填筑的处理方法,但费用较高和长期荷载作用后沉降变形较大的问题。土工编织袋的应用能够有效控制路基沉降变形和增强路基的承载力,降低路基建造成本,利用废旧水泥袋,起到了保护环境的效果。为此,在镇溧高速溧阳一标选取了部分河塘回填段进行了应用研究,目前沉降稳定,应用情况良好。该课题已通过江苏省交通厅组织的鉴定,经鉴定:该课题总体上达到国际先进水平,其中土工编织袋地基的减震理论和地基变形数值分析方法达到国际领先水平。

(3)组织实施了组合基层路面结构和柔性基层路面结构的试验段,开展 AASHTO 沥青路面设计方法的引进和开发的研究。镇溧高速公路贯彻交通部对全国高速公路提出的"全寿命周期成本"的设计理念以及"适当加厚路面、尝试使用柔性基层"的指导意见,对原设计路面结构形式进行了优化,全线路面面层厚度由 18cm 调整为 20cm,中下面层采用 Superpave 结构,上面层采用 SMA 结构,并铺筑柔性基层试验段,对柔性基层进行试验研究。并为 AASHTO 沥青路面设计方法的引进和开发提供基础性数据。目前试验仪器已埋设到位,并进行长期的数据采集和分析工作,取得的成果将对江苏省高速公路路面技术的突破作出新的贡献。

(4)对抗裂水泥稳定碎石基层进行了探索尝试,有效减少半刚性基层反射裂缝。镇溧高速公路在水稳基层施工中,从降低水泥用量、优化集料级配、控制碾压含水率、严格养生工艺入手,对抗裂水稳基层进行了探索和研究。抗裂水泥稳定碎石基层裂缝较以往减少了三分之二,取得了良好的效果,为抗裂水稳的推广应用,积累了宝贵的经验。

(5)开展"水泥土桩内水泥含量的测定方法"课题研究,通过相关检测指标与水泥含量的关系研究得出水泥土桩内水泥含量测定方法,从而控制水泥土桩施工质量是否满足设计要求。

(6)开展"太湖流域湖沼相沉积物结构性与高速公路地基固结沉降研究"课题研究,

以天然沉积土结构性宏观表征的结构性土力学为基础,科学评价太湖流域湖沼相沉积物结构性特征,以及其结构性变化对结构性强度、原位压缩规律、固结指标等的影响规律,为高等级公路路堤荷载作用下天然地基沉降和复合地基下卧层沉降计算与地基固结分析计算和路基沉降控制提供依据。

(7)新技术、新材料、新设备、新工艺的采用。

①针对组合箱梁和现浇箱梁桥面调平层设计厚度仅有6cm,容易产生混凝土干缩和温缩裂缝,施工质量较难控制的情况,对全线6cm桥面调平层掺和了聚丙烯纤维,基本避免了裂缝的产生,有效保证了施工质量。

②现浇箱梁施工过程中,率先采用了竹胶板加塑料地板革作为箱梁底模的施工方法,地板革与竹胶板满粘保证了底模的平整度,显著改善了混凝土表面的光洁度,不仅保证了混凝土的内实外光,且具有较好的镜面效果,同时竹胶板的周转次数增加2~3次,经济效益明显提高。

③在箱形构造物施工中,在模板制作与安装方面进行了一些尝试,采用"无拉杆"施工获得了成功,改过去模板用圆钉拼装为反绞螺钉拼装,取消了混凝土表面的钉印,立模改过去用对拉拉杆固定为内顶外撑,取消了拉杆孔洞,模板采用1.8cm厚优质竹胶板并且不周转使用,力求清洁光亮,基本上达到了"尺寸准确,线形顺直,轮廓清晰,色泽均匀,内实外光"的效果。

④针对基层交叉施工造成的污染严重的情况,在下封层施工前自行对清扫工具进行改进,将砂浆抹光机改装成钢丝刷清扫机,同时加大投入,引进"山猫"清扫机,大大节省了人力投入,提高了功效,使下封层施工质量与进度得到了保证。

⑤对施工运输料车进行侧壁和车顶保温层的安装,有效地保证了运输过程中混合料温度的损失,对所有胶轮压路机安装了倒车可视装置,提高了胶轮压路机施工的安全性及加强了边部碾压,减少了路肩拦水带与路缘石的破坏。在中下面层施工过程中,通过对摊铺机加设反向螺旋装置,缩短前车倒料结束和后车倒料开始时间,防止受料斗混合料被拉空,增加熨平板的长度等措施,有效地减轻混合料条带、块状的离析,使摊铺面均匀性有了明显提高。

(四)运营及养护管理

1. 运营管理

在运营管理方面,坚持抓好主要工作环节不放松,把保证道路安全畅通作为头等大事。"十二五"以来,随着社会车辆保有率的增长以及溧马高速的开通,两路特别是宁常线车流量增长迅猛,给运营管理工作带来新的挑战。为了完成"收好费"的工作任务,公司以管理提升为抓手,在科学预测的基础上,深化区域资源整合,优化应急保障机制。通过加强收费现场管理、加大日常巡查力度、做好现场安保、加强对车流及人员的引导、保持24小时保洁服务,圆满完成节日免费放行、青奥会、国家公祭日等各种服务保障任务,实现了收费道口无拥堵情况、无免费放行情况、无有理投诉事件发生、无重大交通事故、无责任性事故的保畅"五无"目标。

在打击偷逃通行费方面,公司全面推行"听声音、看车型、找证据、谈政策"四步工作法,完成了11个收费站共26个出口车道的秤台改造,实现了全线ECT车道的全覆盖。并集中开展防范和打击偷逃车辆通行费专项整治活动,协调路政、交警设立联合打逃点,效果明显,仅2014年就挽回通行费损失73万元。

在三大系统管理方面,公司努力提高管理的科技化水平。编制了宁常镇溧智能高速感知平台技术方案,建立了电话录音、电话业务统计和网络共享等功能;对三大系统备件库进行全面清理,配置条码机及扫描枪,建立了三大系统库房管理系统,实行动态控制、追溯管理。

在全员业务提升方面,公司立足扬长补短活动,以"全、实、活"为特色,组织全线值班员、收费员、清障员、服务员等岗位进行多次技能达标测试,还组织了理论、点钞、点卡、排障拖车倒库、扛锥筒折返跑等考核,做到月月有考试、考核、考评,达标成绩直接与员工评先推优、岗位晋升相挂钩,并在2014年底组织了收费技能擂台赛。通过一系列的业务培训、考核,全体员工业务水平都有了显著提升,公司运营等各项业务工作实行了全面升级。

在温馨服务方面,公司深入开展文明服务月等工作,进一步细化文明服务标准,规范文明服务举措。全线员工积极落实公司要求,结合雷锋服务日等主题活动,为广大驾乘人员指路、倒水,提供便民服务箱服务。各窗口单位服务质量稳步提升,文明用语使用率达到100%,服务满意率达到99%。近期,公司还聘请了专业培训师,对全体收费人员进行收费规范化及收费礼仪培训,使各窗口文明服务保持了深厚的群众基础和持久的发展动力。

在清排障管理方面,公司不断健全调度指挥体系,完善预案,规范流程,加大清障救援和调度指挥设施设备投入,经常组织事故处置演练和典型案例评析,强化各类信息的收集报送,灵活采取预控性交通管制措施。科学设置清障备勤点,优化清障作业方式,实现了5分钟出车率,30分钟到达率,2小时通车率"三率"达标,道路清障快速高效。迄今未发生一起清障二次事故。

"十二五"期间,安全管理一直是公司工作重点和大局。公司经历了高温、大雾、台风、暴雨和冰雪天气的考验,处理各类突发事件时预案齐全,出警迅速,处理得当,五年多来没有发生一起道路安全责任事故和内部安全责任事故。主要是做到了"三个到位":一是认识到位,牢固树立"安全第一、预防为主、综合治理"的方针,千方百计增强全员安全生产工作的责任感。二是坚持制度到位,不断完善和细化安全管理网络体系、安全管理规章制度、安全工作预案。三是检查整改到位,积极开展安全活动,抓好关键岗位、重点部位的动态监管;做好工程施工、恶劣天气、突发事件等情况的道路安全保障方案。

2. 养护管理

在工程养护管理方面,"十二五"期间公司始终坚持"以路为本"的指导思想,坚持"标本兼治,治本为主"的养护理念,以桥梁为重点,以路面为中心,全面开展道路养护工作,保持了优良的道路品质和服务水准,道路优良率达到100%。公司重点落实了日常养护与专项养护的长效管理机制,加快推进"标准化养护工区"建设,不断提高科学决策和养护管理水平,保持了两路良好的通行品质。修订完善了日常养护、专项治理、桥涵养护等制度,联合科研院所和专业机构对全线路面状况进行综合评估,编制科学、合理、经济的年度日常养护计划和大修养护方案,有计划、有步骤、有重点地对病害道路和桥梁进行大中小修。

在日常养护管理中,公司坚持每天一次日巡、每月一次夜巡,保证坑塘24小时修复,损坏护栏板48小时复原。根据病害种类和季节特点,积极开展预防性养护。采取一桥一牌、一桥一档的养护管理模式,将桥涵隧道纳入"事故隐患危险点监控"范围,实行了桥梁养护工程师制度,完善了桥涵群防群治体系,与实力强、信誉好的检测、养护单位建立长期稳定的合作关系。通过专业单位特殊检查、定期检测、各养护中心经常性巡查,保证了桥梁、隧道运营状况始终处于受控状态。

在专项养护管理中,公司完善养护工程质量检查评定机制、质量跟踪机制和责任追究机制,加强养护费用定额管理,加大工程计量支付审核程序控制。严格比选养护工艺、规范养护操作程序,注重节能环保,对施工旧料进行回收再利用,既降低了养护成本,又节约了社会资源。2014年,实施了薛埠苗圃专项工程,利用全线互通空置土地,建设道路绿化苗圃基地,培植蜀桧、龙柏、红叶石楠等道路绿化苗木4000余株,有效解决了苗木自给问题。

公司还积极对养护技术开展研究应用,鼓励员工自主研制了车载式中分带绿化修建机、夹注式园林树木刷白器、桥梁支座检视仪等多项发明,运用于实际的道路养护管理中,既节约了养护经费,又提高了工作效率,还多次获得控股系统合理化建议征集的优秀奖。

"十二五"期间,公司共投入养护经费1.1亿元,路面维修3350万元,护栏板维修6633片,灌缝16374.5m,铣刨治理路段折合单车道46.54km,道路病害48小时修复率始终保持在100%、养护质量优良率始终保持在100%。专项工程建设迅速推进,共完成宁常线中分带绿化改造、卧龙湖大桥加固维修、茅山隧道防火层加固维修等19项专项维修工程。宁常线养护质量指数(MQI)优良率为97.22,镇溧线为96.46,道路技术状况、环境卫生、绿化管养等综合指标始终保持在优良以上。

第十四节 G42（上海—成都）

上海至成都高速公路（G42）江苏境内已全线通车，起自花桥（苏沪界），经昆山、苏州市区、无锡市区、常州市区、丹阳、镇江市区、句容、南京市区，终于星甸（苏皖界）。江苏境内全长311km。全线各路段基本情况见表7-14-1。

G42 全线各路段基本情况   表7-14-1

序号	路　　段	里程（km）	建设期	备　　注
1	沪宁高速公路	248	1992—1996 年	
2	马群至刘村段一级路扩建	29	2003—2005 年	
3	刘村至张店段（南京长江三桥）	16	2003—2005 年	与 G2501 共线
4	张店至星甸（苏皖界）段	17	1997—1999 年	与 G40 共线
5	沪宁高速公路扩建工程	250	2003—2005 年	

一、沪宁高速公路（建设期：1992—1996 年）

（一）工程概况

上海至南京高速公路江苏段（以下简称"沪宁高速公路江苏段"），是我国"八五"跨"九五"期间重点建设项目，是江苏省第一条高速公路。该路东起上海，从昆山花桥进入江苏，西止于南京马群，连接上海、苏州、无锡、常州、镇江、南京6个大中城市。江苏段主线全长248.21km，镇江连接线（支线）长10.25km。主线按高速公路标准建设，设计行车速度120km/h，桥涵设计车辆荷载为汽车—超20级、挂车—120，路基宽26m，中央分隔带宽3m，双向四车道，每车道宽3.75m，外侧设2.5m宽的紧急停车带。镇江支线按一级汽车专用公路标准建设，设计行车速度100km/h，路基宽23m，中央分隔带宽1.5m。全封闭控制出入，有较为完善的收费、监控、通信、照明、安全等交通工程和服务设施，初步设计概算为47.0亿元，调整概算为70.4亿元，工程决算为62.098亿元。

沪宁高速公路江苏段是国家计委实行项目法人责任制试点的项目，由项目法人全面负责项目的筹资、建设、运营及还贷。在项目的建设过程中，严格遵守基本建设程序，依据国家规范，参照国内外已有的经验，结合本路的具体情况，适应江南水乡的地质特点，高质量地完成了设计。在此基础上，通过国内招标选择承包商，参照国际通用的"菲迪克"条款，结合具体国情，对工程的进度、质量、投资进行全方位的科学管理与严格控制。交工验收委员会的综合评价是：沪宁高速公路江苏段工程建设管理达到国内领先水平，创优工作成效显著，按照交通部工程质量评定标准，单位工程优良率100%，工程质量等级优良。

国内知名公路专家组评议认为：整体工程水平达到国内领先、国际先进水平。1996 年 11 月 28 日，李鹏总理视察后说：沪宁高速公路江苏段质量好、造价低、工期短，反映了我国在高速公路设计施工与管理方面的新水平，为我国水网地区修建高速公路提供了新的经验。

沪宁高速公路江苏段各项工作均按国家基本建设程序进行，1983 年 7 月，交通部组织编制上海至南京高速公路规划，1984 年底完成。1986 年 2 月至 1987 年 11 月，由国家计划委员会立项，交通部和日本国际协力事业团组织中日专家合作进行沪宁高速公路江苏段工程可行性研究。1988 年 6 月，江苏省向国家计划委员会上报项目建议书，1989 年底通过中国国际工程咨询公司组织的评估。1991 年 2 月 9 日，国家计划委员会批复了项目建议书。1991 年 3 月，江苏省向国家计划委员会上报设计任务书，同年 9 月，通过中国国际工程咨询公司的专家评估，同年 11 月 12 日，经国务院批准，国家计划委员会批复了设计任务书。

本项目的初步设计分为两段进行，1990 年 9 月江苏省交通厅组织了苏州至常州龙虎塘段的初步设计，分为苏州东、苏州西、无锡、常州东 4 个测设段，分别由交通部公路二院、江苏省交通规划设计院、铁道部第二勘察设计院承担，交通部公路二院为项目主体设计单位。1991 年 7 月完成了初步设计。1991 年 12 月，交通部组织了初步设计现场审查，同年 12 月 26 日以〔91〕交工字 817 号文对初步设计进行了批复。1991 年 3 月，省交通厅继续组织常州龙虎塘至南京段初步设计，分为常州西、镇江东、镇江西、南京 4 个测设段，由中交第二公路勘察设计研究院有限公司、江苏省交通规划设计院承担，仍由中交第二公路勘察设计研究院有限公司为主体设计单位。1991 年 12 月完成初步设计。1992 年 7 月，交通部组织现场审查，同年 8 月 30 日以交工发〔1992〕647 号文对初步设计进行了批复。

本项目的环境影响评价研究由交通部环境监测总站承担，1991 年 1 月编制完成报告书，同年 9 月通过交通部组织的专家预审，1991 年 10 月完成修改报告上报国家环保局。

江苏省委、省政府对本项目的建设十分重视，1991 年 4 月成立了江苏省高速公路领导小组，由省委书记陈焕友任组长，领导小组的职责为领导工程建设，审查工程总体部署，决定政策措施，协调解决重大问题，检查督促工程实施。同时成立江苏省高速公路建设指挥部，由常务副省长季允石任总指挥，省交通厅厅长徐华强、副厅长蔡家范任副总指挥，指挥部的职责为全面负责工程组织和建设，根据国家批准的工程建设规模、概算及有关政策，实行建设总承包，领导各市指挥部的工作。沿线苏州、无锡、常州、镇江、南京五市比照省模式相应成立领导小组和指挥部。江苏省委、省政府把本项目列为江苏省第一位的重点工程，要求各方面大力配合、全力支持。

为了拓展大型基本建设项目的资金渠道，落实项目业主责任制，经江苏省体改委于 1992 年 8 月批准成立江苏宁沪高速公路股份有限公司，1994 年 10 月国务院将江苏宁沪高速公路股份有限公司列为全国首家基本建设社会募集股份制试点单位。

本项目自开工建设以来,国务院、交通部领导多次到现场视察、指导,并对工程建设给予了充分的肯定,省委书记陈焕友多次对工程进展情况作重要批示,在工程初期就提出了"东西并进,一气呵成"的要求。1996年,省委两次召开常委会,专门听取工程建设情况的汇报,明确了"1996年9月15日建成通车、工程质量达国优标准、服务水平创一流"的工程三大目标,极大地鼓舞了全体建设者的斗志。经过全线数万名建设者的艰苦拼搏,各级地方政府、群众的大力配合,工程进展顺利,至1996年7月底,路桥工程基本完成,8月底交通安全、服务、过渡收费、通信系统全面完成,并于9月5日起内部试运行,以检验工程建设的硬件与运营管理、服务的软件,9月15日经交工验收后投入试运营,11月28日正式投入运营。全线完成工程情况如下:

1. 工程数量

完成路基土石方4 168.23万m^3,软基处理25.95km,沥青混凝土路面633万m^2,浆砌防护工程112万m^3,防撞护栏1037540延米,隔离栅541000延米,标志1735块,热溶反光路面标线30.7万m^2,边坡绿化257万m^2。完成各种桥梁431座,通道294道,涵洞616座,互通立交20处。完成省管理中心及5个市管理处和20个收费站的建设,完成6个服务区的建设,均可提供加油、餐饮、休息等服务,总建筑面积达59万m^2,完成28处照明系统安装,完成半自动封闭式收费系统,完成800MHz微波通信系统,完成紧急电话安装260对。项目共征用土地4.46万亩,拆迁房屋46.5万m^2。

2. 工程工期

本工程原定于1998年完成,1992年6月14日召开的江苏省高速公路第二次领导小组会议作出重大决策,要求全线提前2年于1996年底建成。1996年2月16日,江苏省委第65次常委会要求工程于9月15日建成通车,经全体建设者的顽强拼搏,顺利实现了工期目标。本工程实际工期为4年3个月,比预定工期提前2年3个月。

3. 工程质量

本项目自建设之日起,就建立了一套完整的"政府监督、工程监理、企业自检"的工程质量管理体系。经检测,路基合格率100%,桥梁混凝土强度合格率100%,桥梁钻孔桩无破损检测合格率100%,工程质量全部达到了设计要求,沥青路面平整度平均值为0.684mm,优于部颁规范1.8mm的标准值。

4. 工程投资

根据交通部〔1991〕交工字817号文及交工发〔1992〕647号文的批复,本项目的初步设计概算为47亿元,1995年因定额、编制办法的修订,材料价格、人工工资的调整,施工图设计工程数量的变化及政策性变化等因素的影响,交通部以交公路发〔1995〕830号文对本路的调整概算进行了批复,批复调整概算为70.4亿元,其中建设期贷款利息6.0亿元。本工程决算(草案),工程实际投资为62.098亿元(含建设期贷款利息),节省工程投资8.3亿元。

5. 工程形成资产

本项目形成主要资产:高速公路248.2km,一级汽车专用公路10.25km,桥梁工程431座(27307延米),通道工程294道[8867延米、涵洞工程616道(22096延米)],互通立交20座(2座为外资建设),通信、收费、监控设施1套,房屋建筑面积9.6万 m^2。

(二)建设管理情况

沪宁高速公路江苏段的施工实行国内竞争性公开招标,全线路桥工程分为58个招标合同。1992年3月路桥工程开始招标,全国共有200余家施工单位投标,经资格预审,87家施工单位(联合体)取得投标资格。招标工作共分六批进行,至1993年6月路桥工程招标全部结束,经省市联合组成的评标委员会评定,27家承包商中标。其中包括交通部第一公路工程总公司、天津市第五市政工程公司、江苏省交通工程总公司等一批国内知名施工企业。

1992年5月28日,国家计委以计投资[1992]720号文下达了本项目的开工计划,同年6月14日,本项目正式开工建设,国务院副总理邹家华、交通部部长黄镇东、省委书记陈焕友等同志为工程奠基。1995年下半年起又进行了交通安全设施、照明工程的公开招标,招标过程坚持了"公平、公正"的原则,制定了周密的工作程序和严格的工作纪律,并邀请公证机关对招标过程进行公证,工作细致、严谨、认真。

沪宁高速公路江苏段的建设管理参照国际先进经验,结合中国国情进行合同管理,实行工程监理制度。采用省指挥部、市指挥部两级建设管理体系及总监、总监代表、驻地监理三级监理体系。全线共有监理人员300余人,平均每公里1.2人以上。

1992年,江苏省委、省政府提出了动员全省人民积极投入沪宁高速公路江苏段建设,形成把沪宁高速公路建设成为一条标准高、质量优、投资省、效益好的现代化公路的总体目标和指导思想;省交通厅认真贯彻执行了"全面发动、各方支持、统一部署、分级负责、精心实施、争创全优"的建设方针,狠抓了工程建设管理,采取了一系列行之有效的方法。在进度控制上,编制了项目实施大纲,明确了分年度的任务,分年编制年度、季度计划,建立了有效的工程旬报制度,真正实现了对工程进度的动态管理,工程开工以来,实际进度年年完成或超额完成计划。在工程建设中,将全线工程划分为1800多个竣工目标单元,采用单元管理法,保证了工程的全面推进。在质量控制上,提出创国优工程的目标,制订了一套完整的质量保证体系,将全线工程分解为9700多个创优单元,以每个单元的优良保证整个工程的优质,对于路面等关键性的工程,除对设备能力、材料规格、生产工艺等方面提出明确要求外,还多次邀请知名专家为施工及管理人员举办讲座及培训班,及时召开现场会,推广好的经验与做法,提高了施工单位及管理人员的水平,建立健全了质量保证体系,严格执行了工程质量否决制,保证了工程质量。在投资控制上,严格实行合同管理,制定了设计变更程序,计量支付及合同管理办法。将全线工程划分为221个财务结算单元,对每个单元明确其合同投资,并依据工程进展情况动态控制其财务执行情况,做到工完账清。

本项目是国家计划委员会实行业主责任制试点的项目,建设过程中江苏宁沪高速公路股份有限公司对于拓展大型基本建设项目的资金渠道进行了有效探索,除争取银行贷款外,分别于1993年、1994年两次发行法人股5亿股,有效地缓解了资金紧张的局面,保证了工程建设的顺利进行。

(三)科研和新技术应用情况

针对沪宁高速公路江苏段经过的地区软土分布广,过湿土数量大,土源缺乏,有许多关键技术问题需要解决的实际情况,在工程筹建阶段,就十分重视现代科学技术对高速公路建设的指导作用,组织有关科研单位和大专院校共同进行攻关。

1. 软土地基处理

沪宁高速公路江苏段沿线分布有大量淤泥质黏土,软土层厚度变化很大,地基的稳定及变形问题突出,为了寻求合理的软基处理措施,降低公路使用期的残余沉降量,在苏州昆山选择了1.6km有代表性的路段作为试验路,进行了4大类13种方案的现场试验,基本摸清了不同地质条件、软土厚度、填土高度等条件下路基的沉降、稳定规律,并在全线软基段布设了700个沉降观测点,连续观测施工过程中发生的实际沉降。用统一评判标准和试验、计算方法,分析全线路基沉降,并对设计图纸的软基处理逐桩号进行评估、分析,对35个标段的软基处理作了设计变更,优化了软基处理设计。按变更后软基处理方案施工,更加符合沪宁高速公路江苏段地基特性,兼顾了工期与工艺的配合,工程通车一年后,最大沉降值达2.0m,98%的观测点,实测沉降已趋于稳定,且全部小于设计预期工后沉降值的规定。

2. 过湿土处理

本项目大部分路段处于苏南水网地区,气候多雨,地下水位高,填料含水率大,全线4000余万m^3填料中有约60%是含水率在30%左右的过湿黏土,含水率高、黏性大,处理不当很难压实,为了保证路基的压实度,提高路基强度,要求在路基底部60cm处及路槽底部80cm进行掺灰处理,其他层次的填料,由监理酌情进行掺灰处理。并及时总结推广了"勤翻晒、匀拌灰、多粉碎、薄铺筑"的施工经验,路基填筑坚持了重型击实标准压实度的质量标准。

3. 粉煤灰利用

粉煤灰自重轻,是软土地基上的轻质路堤填料。沪宁高速公路江苏段所在地区土地宝贵,全线需借土3000多万 m³,应用粉煤灰修筑路堤是解决取土困难的重要途径。1991年对高速公路使用粉煤灰的可行性、沿线电厂的分布、产灰、可供灰情况进行了调研,结果表明利用粉煤灰填筑路基在技术上是可行的,经济上也是可以接受的。在电力部门的支持、配合下,全线共利用粉煤灰350多万t。

4. 路面结构及施工的研究

选择日交通量大、路基条件与高速公路基本一致的现有公路1.5km,安排了12个试验段,进行路面材料、铺筑工艺、路面结构的多方案比较。试验路完工后,专家进行了评审,对路面材料、级配和施工技术提出了改进意见,为组织路面施工提供了技术依据。省市指挥部还邀请交通部有关专家来上课,讲解新规范,并根据试验成果,全面实施交通部高速公路沥青路面新颁规范。在各主要环节上提出施工指导意见,对材料、级配、施工机械、质量控制都提出了明确要求,路面全部采用低蜡沥青,上面层采用玄武岩,路面平整度、压实度、厚度、均匀度都提出了高于国家技术标准的施工标准,省市高指邀请沙庆林、林绣贤、沈金安等知名专家参与技术指导工作。经检测,平整度、压实度、坡度、平面尺度全部达到国家标准。

5. 加强管理科学的研究

本项目是一项规模宏大的系统工程,为有效地对项目的实施过程进行控制与管理,在工程实施初期,研究制定了由形象指标、概化指标和清单指标三级指标构成的工程管理指标体系,开发完成了"工程建设计算机管理信息系统",该系统在内容上包括了计划进度管理、合同管理、财务管理、质量评定管理等子系统,在实现方式上采用省市指挥部及省指挥部各处室的计算机联网,该系统的开发使用,极大地提高了工作效率和各种资料、数据的可靠性,可以及时向领导提供全面准确的工程信息,为正确决策提供依据。

"沪宁高速公路江苏段软土地基综合处理研究"与"沪宁高速公路江苏段路面结构研究"两个项目成果,经交通部鉴定达到国际先进水平。

(四)运营及养护管理

通车一年来,坚持严格管理、科学养护、文明收费、优质服务的工作方针,坚持以经济效益为中心,以公路质量为生命,通过加强职工队伍建设,提高职工队伍素质;引进先进机械设备,提高机械化、自动化程度;加强规章制度建设,提高管理效率,努力实现省委、省政府提出的"一流设施、一流管理、一流服务、一流效益"的奋斗目标。

重点加强软基段及路面的养护。沪宁高速公路江苏段沿线软土地段长达92km,平均路堤填筑高度为3.7m,最大路堤高度达12m,路基的变形和稳定问题十分突出,并将直接影响公路整体强度及行车的安全、舒适、快捷。路面是直接承受车辆荷载的部分,最易受到损坏,通车一年来,高速公路局部路段的路面因交通事故、"抛、洒、滴、漏"等原因出现不同程度的坑塘;局部路段因不均匀沉降也出现了极少数纵、横向裂缝;个别桥头不均匀沉降引起桥头路面纵、横坡不顺等。因此在日常养护工作中,始终把软基段和路面作为重点,加强观测与巡查,配备先进的养护设备,及时制订养护维修计划,提高养护管理与技术水平。一年来,路基沉降稳定,并能及时修复各种路面病害,保证了高速行车的安全、畅通、舒适。

坚持对桥涵、绿化、交通工程设施的日常维护。沪宁高速公路地处江南水网地区、桥涵数量多、构造复杂,修复了小变位量伸缩缝344条。绿化工程作为维护路基稳定、保护环境、美化环境的一项工程,坚持日常养护。交通工程及沿线设施完善是本项目的一个特色。

在精心管护下,沪宁高速公路江苏段保持了通车初期的风貌,并完善了部分功能。

沪宁高速公路江苏段通车一年,社会效益、经济效益显著。一年来交通流量一直稳步上升,年均日断面交通量为1.13万辆,1997年三季度比1996年四季度净增21%,一年中共收取通行费4.77亿元。交通量和收费额稳步上升,达到了预期值。本项目通车后,改善了苏南地区投资环境,推动了经济外向化进程,促进了沿线城市产业结构的合理调整,加快了规模经济发展,同时也推动了沿线农业现代化建设与社会事业的发展。

本项目是江苏省第一条高速公路,通过加强宣传与强化路政管理,有效地降低了事故率。通车一年中,平均每百万车公里死亡率为0.078,且呈逐季度下降的趋势。1997年二季度比1996年四季度下降了53%,是与之平行的宁沪二级公路的四分之一。沪宁高速公路江苏段已经越过了开通初期的事故多发期。

二、沪宁高速公路扩建工程(建设期:2003—2005年)

(一)工程概况

原沪宁高速公路江苏段于1992年6月开工建设,历时4年3个月,于1996年9月15日全线建成并投入运营。主线按部颁《公路工程技术标准》(JTJ 001—97)中平微区高速公路标准设计,采用双向四车道,设计行车速度120km/h,路基宽26m,主线全长249.45km。

沪宁高速公路江苏段位于长江下游南岸,起自苏沪交界的花桥,经昆山市南,在唯亭东跨越娄江、312国道和沪宁铁路,至阳澄湖边,沿沪宁铁路北侧,经苏州市陆慕、长青和无锡市硕放、东亭、西漳,至常州市龙虎塘,继续向北,跨德胜河、新孟河、九曲河,从丹阳市

第七章
高速公路项目简介

北跨沪宁铁路、京杭运河和312国道,向西至丹徒区,再经句容市北,越珠山垭口,过麒麟门,讫于南京东郊马群,与南京市绕城公路及入城干道相接。

沪宁高速公路江苏段自通车以来,就已成为苏南地区最重要的交通干道,是沿线城市产业带和城镇发展的主轴;对改善江苏省投资环境,扩大对外开放,确保经济持续、快速、健康发展作出了巨大贡献。

根据交通部国道主干线的规划,沪宁高速公路作为沪蓉国道主干线的重要组成部分,其中无锡至上海段也是京沪高速公路的共线段,同时也是江苏省"四纵、四横、四联"公路网主骨架中的关键部分。沪宁高速公路江苏段建成通车后交通量迅速增长,全线年均交通量平均增长率18.3%,2002年全线的年均日交通量为41143pcu/d。特别是大型车的交通量明显增加,导致沪宁高速公路交通负荷日益加重,服务水平日益下降,已达到和接近C级服务水平。

为了满足日益增长的交通需求,适应社会经济发展的需要,发挥通道资源优势,巩固沪宁路在路网中地位,恢复道路使用功能,更好地为区域经济发展服务,2003年5月,江苏省政府常务会议决定按"两侧拼宽为主、局部分离"的方案将沪宁高速公路江苏段扩建成八车道。项目于2004年1月全面开工,2005年底八车道建成,2006年6月通过交工验收,工程缺陷责任期已满,已具备竣工验收条件。

1. 建设依据

沪宁高速公路江苏段扩建工程的前期工作严格按照国家基本建设程序进行,经历了规划研究、预可行性研究、工程可行性研究、方案审批、初步设计等多个阶段。项目采取审批工程方案的方式立项,从2001年12月进行前期研究,至2004年6月初步设计通过交通部审查,历时约2年半。

2001年12月,经向行业主管部门申请,江苏宁沪高速公路股份有限公司(以下简称"宁沪公司")正式开展沪宁路扩容问题的规划研究。

2002年8月,完成《沪宁高速公路江苏段扩建工程预可行性研究报告》。

2003年3月,江苏省计划委员会和江苏省交通厅在南京联合召开了预可行性研究省内预审会,审查并通过了预可行性研究报告。

2003年5月,江苏省政府召开常务会议,会议决定沪宁高速公路改扩建采用全线八车道拼接方案。

2003年6月,江苏省计划委员会和江苏省交通厅在南京联合召开了可行性研究报告省内预审会,审查并通过了可行性研究报告。

2003年8月,交通部专家委员会与综合规划司在南京联合组织召开了扩建工程方案设计评审会,审查并通过了方案设计。

2003年11月,交通部向国家发改委出具了行业意见,同意采用"两侧拼接"的改扩建方案和全线八车道的改扩建标准对沪宁高速公路江苏段实施改扩建工程。

2004年2月,国家发改委以发改交运〔2004〕292号文报经国务院并正式批准了沪宁高速公路江苏段改扩建工程方案。

2004年2月,江苏省发改委与江苏省交通厅在南京联合组织召开初步设计省内审查会,同意该项目通过初步设计省内审查。

2004年6月,交通部在南京组织召开了初步设计审查会,通过了对初步设计文件的审查。

2004年8月,交通部以交公路发〔2004〕429号批复了扩建工程初步设计。

2. 建设规模及主要技术指标

沪宁高速公路江苏段扩建工程全线按照高速公路标准设计,双向八车道,扩建路线总长248.2km,设计行车速度120km/h,路基宽度42.5m,桥涵设计车辆荷载为汽车—超20级、挂车—120,其他技术指标符合部颁《公路工程技术标准》(JTJ 001—97)中的规定。以无锡枢纽为分界点,枢纽以东为沪蓉高速公路(G42)与京沪高速公路(G2)共线段,枢纽以西为沪蓉高速公路(G42)段。

3. 工程进度

2003年5月沪宁高速公路江苏段扩建工程昆山先导试验段正式开工,2004年1月全线开工建设,初步设计批复工期为三年,工程原计划2006年底建成,为积极落实江苏省委、省政府的有关精神,同时为缓解苏南地区的交通压力,减轻交通管制与分流对社会经济的影响,扩建工程采取了分段验收、分段解除交通管制的方式,提前至2005年底全线八车道建成并全面恢复货车通行,其中,常州横林枢纽以西路段于2005年9月底建成并恢复货车通行。

4. 项目投资及来源

全线工程概算总投资为108.86亿元,平均每公里造价4387.6万元;项目审计审定投资为101.12亿元,平均每公里造价为4074万元。

项目资金来源为自有资金及金融机构专项贷款。

5. 主要工程数量

扩建工程全线共征用土地12907亩,拆迁房屋54.37万m²,迁移各类杆线3130道。填挖路基土方2546万m³,软基处理:湿喷桩8920km、管桩166万m、素混凝土桩690km。全线改扩建主线桥梁233座/18252m,其中大桥、特大桥20座/8717m,另有互通匝道桥66座/9607m、支线上跨桥53座/9507m。改扩建互通22处,新增互通3处。通道364处、涵洞514道。改扩建服务区6处。主线收费站2处,匝道收费站18处。新做路面底基层647万m²,基层754万m²,上面层1100万m²。房建建筑面积89873m²。全线同步完成安全设施、收费、监控通信、供电照明等设施的新建和升级改造及景观绿化工程。

6. 主要参建单位

扩建工程全线共分为 18 个路基、桥涵合同段,11 个路面工程合同段,3 个新增互通施工合同段,3 个钢结构施工合同段,5 个桥梁伸缩缝合同段,2 个桥梁维修加固合同段,20 个绿化合同段,19 个交通安全设施合同段,5 个供电照明合同段,5 个机电工程合同段,18 个房建及配套工程合同段,5 个收费大棚合同段,29 个监理合同段。

本项目由江苏省交通厅质量监督站负责监督,江苏省交通科学研究院、中交第二公路勘察设计研究院有限公司、同济大学、江苏省交通工程质量检测中心、南大工程质量检测评估中心、东南大学岩土工程研究所共 7 家工程检测单位,分别对施工主材、路基、路面技术指标、桥梁结构物强度、基础桩工程的质量等项目进行检测,降低了采用新材料、新工艺的工程风险,保证了施工质量。

(二)建设管理情况

1. 前期工作

扩建工程实行严格的招投标制度。省扩指根据招投标的有关法律、法规和政策制定项目招标管理办法来规范招标工作,成立招标领导小组,负责扩建项目招标的领导和决策。

扩建工程对设计、施工、监理和物资采购等全面实行国内公开招标,以公开、公平、公正为原则,严格按照规定程序组织和实施招标。招标采用自主招标,在专业招标代理机构的协助下,以专家评标、法人定标、政府监管的方式进行。招标文件的编制充分考虑扩建工程的特点并进行严格细致的审查。公证部门对招投标过程和结果进行了严格的监督和公证,扩建工程所有的招投标活动都接受江苏省交通行业招投标管理办公室以及江苏交通控股有限公司纪检监察等部门的监督。

1)设计单位招标情况

沪宁高速公路江苏段扩建工程的设计单位招标过程可划分为三个阶段:

第一阶段是方案研究阶段,2001 年 12 月宁沪公司委托中交第二公路勘察设计研究院有限公司(以下简称"中交二公院")和江苏省百通工程顾问有限公司进行沪宁高速公路预可行性研究。

第二阶段是主体工程设计招标阶段,分 3 个设计标段,即苏州、无锡段(HNK-SJ1),常州段(HNK-SJ2),镇江、南京段(HNK-SJ3)。2003 年 4 月 29 日在中国采购与招标网和中国招投标网同时发布招标公告,通过招投标,于 2003 年 6 月 7 日确定了各合同段中标单位:中交二公院承担 HNK-SJ1 标测设;江苏省交通科学研究院承担 HNK-SJ2 标测设;

HNK-SJ3 标测设由中交二公院和江苏省交通规划设计院联合承担,其中初步设计由中交二公院承担。

第三阶段是交通工程和沿线设施设计招标阶段,2004年1月5日在中国招投标网发布招标公告,通过招投标,于2004年2月14日确定了中标单位:中交二公院承担全线交通工程及沿线设施初步设计工作;中交二公院、北京泰克所、江苏省交通规划设计院和西安公路所分别承担收费、监控、通信、供电、照明和交安设施施工图设计,其中中交二公院为项目的总体设计单位。

2)施工招标

沪宁高速公路江苏段扩建工程的路基、桥涵施工项目于2003年7月2日在中国采购与招标网和中国招投标网同时发布招标公告,于2003年7月20日选定并通过了A1~G2共18个合同段共36家申请人的资格预审,随后18个标段按4个批次分别进行招标。第一批次:2003年9月17日,完成A1~(3)G1共4个标段的评审工作并选定了中标单位;第二批次:2003年9月21日,完成B1~(2)C(4)D(3)F2共5个标段的评审工作并选定了中标单位;第三批次:2003年10月21日,完成C1~(3)D1~2共5个标段的评审工作并选定了中标单位;第四批次:2003年11月11日,完成E1~(2)F(1)G2共4个标段的评审工作并选定了中标单位。

沪宁高速公路江苏段扩建工程的路面施工项目于2004年3月18日在中国招投标网发布招标公告,于2004年4月8日选定并通过了LM1~11共11个合同段共32家申请人的资格预审,于2004年6月17日完成了11个标段的招标评审并选定了中标单位。

3)监理招标

沪宁高速公路江苏段扩建工程的路基、桥涵施工监理项目于2003年7月2日在中国采购与招标网和中国招投标网同时发布招标公告,于2003年7月20日选定并通过了JLA~G共7个合同段共28家申请人的资格预审,随后于2003年9月24日完成了7个标段的招标评审并选定了中标单位。

沪宁高速公路江苏段扩建工程的路面施工监理项目于2004年6月1日在中国采购与招标网和中国招投标网同时发布招标公告,于2004年6月25日开展了7个标段的招标评审并选定了中标单位。

2. 征地拆迁

根据江苏省政府苏政发〔2003〕47号文,沿线各市或县(市)人民政府负责扩建工程征地拆迁的实施工作,江苏省国土资源厅负责土地征用技术性、业务性工作并负责征用土地的审查报批。征地标准当时江苏省内重点工程建设永久征地补偿为1.2万元/亩,扩建工程采用永久征地补偿约3.4万元/亩,临时征地补偿0.4万元/亩,拆迁标准按江苏省内重点工程标准的上限套用。

征地拆迁经费以设计文件中的征地拆迁数量为基础经建设单位现场复核调查的数量和江苏省政府苏政发〔2003〕47号文规定的项目和补偿标准确定的补偿费用为基数,另加5%的不可预见费用,核定总费用由市包干完成,不足部分由市协调解决。

2005年8月31日,国土资源部以国土资函〔2005〕8号文对沪宁高速公路江苏段扩建工程用地进行了批复,批准建设用地376公顷。

3. 项目管理情况

1) 项目管理机构设置及职能

扩建工程建设管理采取"领导小组决策、项目法人负责、省扩指组织、各市分段建设"的方式。

江苏省政府成立了沪宁高速公路江苏段扩建工程领导小组,领导小组由省政府常务副省长任组长,省发改委、省交通厅等各有关部门负责人、沿线各市分管市长为领导小组成员。领导小组的职责是,协调解决建设过程中的重大问题,审查总体部署,研究制定政策措施,检查督促工程实施。

江苏交通控股有限公司成立了江苏沪宁高速公路扩建工程指挥部(以下简称"省扩指"),行使项目法人职能,组织实施沪宁高速公路江苏段改扩建工程,负责协调、监督和管理工作。具体工作是制定总体实施大纲,统一组织招标工作,实施全面工程监管,进行重大设计方案审查,控制工程规模、标准、质量、工期和投资等。省扩指以江苏宁沪高速公路股份有限公司的管理人员为主体,下设综合、计划、工程、财务、交通协调、交通工程、总工办和纪检监察等处室。江苏宁沪高速公路股份有限公司作为项目的投资主体,负责资金的筹措。

沿线各市政府相应成立扩建工程领导小组,加强组织领导,确保改扩建工程顺利实施。各市高速公路建设指挥部成立专门工作机构,根据与省扩指签订的协议,负责所辖路段工程的组织和实施工作,做好征地拆迁、施工现场管理以及其他各有关方面的工作。

为了更好地协调建设和运营的关系,还在江苏宁沪高速公路股份有限公司沿线各管理处设立了交通工程实施小组,负责房建和机电工程的建设管理。

2) 质量控制措施与效果

在工程建设中,省扩指始终以"如临深渊、如履薄冰"的谨慎态度对待工程质量,督促监理、承包人建立健全质量保证体系,狠抓关键问题、重点部位及措施落实,突出质量创优的关键点和质量上台阶的控制点,落实质量考核,坚决执行"质量一票否决制",确保工程始终处于受控状态。主要采取以下质量控制措施:

(1) 制定各项管理规定和标准,完善相关管理制度

为保障扩建工程顺利实施,结合本次扩建工程的建设管理模式特点,狠抓市高(扩)指、监理和施工单位的质保体系的建立、完善和运行,制定下发了涵盖工程建设管理、质量

管理、监理管理、试验检测管理、材料管理、工程监管等方面内容的50多项工程建设、质量管理办法及施工指导意见,如:《项目质量管理办法》《质量创优评定办法》《实验室管理办法》等。现场工程质量控制形成了以监理月报制度等8项制度为核心,包括工作联系单、现场质量问题通知单等。较完善的工程现场管理制度体系,加强了现场问题的处理力度,为扩建工程顺利实施提供可靠的制度保证。

(2)建立并完善四级检测体系,落实质量创优计划,把建立并有效运转质保体系作为工程质量管理的重要手段

省扩指按交通部试验室标准组建了"江苏沪宁高速公路扩建工程指挥部检测中心",并要求沿线苏州、无锡、常州、镇江、南京5个市高指成立了相应的检测中心。建立了施工、监理、市高指、省扩指四级质量检测体系,并实行质量检测周报和月报制。制定了具体的、分阶段的质量创优目标和创优计划,层层宣传发动,落实创优措施。省扩指定期对工程实体质量状况和内业资料以及工程管理情况进行检查,及时发布通报,对存在问题进行追踪整改,有效控制工程质量。

(3)加强工程一线的技术指导与培训,规范化施工,确保工程质量

为确保施工质量满足规范和设计要求,还分别对软基处理、路基桥涵和路面施工制定下发了管桩、湿喷桩、路基桥梁拼接、路面和钢桥施工指导意见和相应的质量检评标准。并组织开展了多项关键技术和新材料新工艺运用的技术培训。在路面施工阶段,为确保路面拼接施工质量,加快施工单位对SUPERAVE和SMA路面技术和质量控制的掌握和运用,专门组织了培训和考试。对于旋转压实仪的操作,专门组织了施工、监理单位和市高指试验检测人员进行集中培训。省扩指多次组织施工现场会,通过这种施工技术学习交流形式,推进现场施工的规范化,促进了实体工程质量水平的提高。

(4)全面推行工程质量首件认可制

省扩指认真分析了扩建工程各个阶段的施工技术特点和难点,提出全面推行工程质量首件认可制,分别针对施工准备及路基拼接施工、管桩及湿喷桩软基处理施工、小型构造物施工、桥梁拼接施工、路面第一及第二阶段施工等召开现场会,及时总结研讨,明确各阶段施工的具体要求。各阶段施工只有通过首件工程认可后方可全面展开,并由各现场组和市高指组织各市段实施推广各阶段施工首件工程认可制,全线各施工单位分项工程首件认可制的开展率达100%。

(5)攻坚克难,加强科研支持和技术创新工作

经过各方努力,扩建工程面临的各类技术难题均得到了解决。在土建工程上,开展了软土地基差异沉降控制与处治、路基拼接、桥梁拼接、钢桁架桥施工监控等研究。在路面项目上,省扩指开展了多项重点科研项目,有20多项科研项目成功运用到工程实际施工中。为了提高航道标准和缩短工期,无锡3座大桥首次在国内高速公路成功地大规模采

用宽幅式钢桁架桥。为给今后桥梁建设提供数据,扩建工程还首次在国内进行了桥梁承载极限试验,取得了圆满成功。

(6) 省扩指派驻现场工作组

为提高省扩指对现场质量的管理力度,省扩指派驻了3个现场工作组,在规定的职责权限内,代表省扩指在现场行使对工程实施中进度、质量、投资的控制职能,并加强各方协调,提高工作效率。现场工作组和各市总监办通过增加现场检查频率,加大了对现场旁站监理人员的监督,及时发现、纠正各类违章施工和质量问题。在两年的时间内,现场工作组共发出工作联系单178份、问题通知单104份(其中严重问题通知单4份)。

(7) 成立技术专家组,并委托科研单位进行现场技术服务

工程开始,省扩指就聘请了十位国内知名桥梁、路基、路面等方面技术专家,帮助、指导扩建工程。在路面施工期间专门成立了路面施工现场指导小组,对老路病害调查和确认工作进行现场指导时,及时处理了路床加固、新旧路面拼接方案等大量现场技术管理问题,本次扩建工程大规模采用了SMA和Superpave技术,指挥部委托江苏省交通科研院和同济大学成立了路面现场技术服务组,及时指导施工;在无锡三座钢桁架桥施工过程中,委托专业高级焊工技师监理,把关关键焊接工序,在细微工艺上进行质量控制。

(8) 行业主管部门派驻质量监督现场组

厅质监站在扩建伊始派驻质监现场工作组,根据工程进展情况及时进行中间质量检测共20余次,并发出检测通报,督促质量问题的整改;在各项工程结束后及时进行交工验收前质量检测,为沪宁高速公路扩建工程分段完成及时交付使用创造了条件。

(9) 严格材料管理

为进一步抓好扩建工程源头质量管理工作,对一些大宗进口物资和重要机电设备实行甲供,对桥梁伸缩缝、锚具、预应力管桩和土工格栅等重要的关键材料实行资格准入管理。业主直供沥青和沥青面层的石料,并要求各施工单位在施工一周前对沥青面层石料进行水洗,降低含泥量,提高路面施工质量。提高了材料供应指标,严格控制石料的规格、针片状指标和石质的要求,针片状指标严格控制在10%以内;严格控制改性沥青针入度及软化点等数据,以提高沥青混凝土的高温稳定性。加强材料检查,清理了4000多吨不合格石料,对沥青质量进行了500多次复检,暂停了1家单位供货。

(10) 保证路面施工质量和进度,强化了路面施工的设备要求

八车道高速公路路面施工对设备配备需求高于一般四车道高速公路,因此对各标段路面施工单位的主要设备提出了明确的要求,每个施工标段的拌和楼要求总拌和量达到6000型的标准(无锡HN-LM4标要求总拌和量达到7000型标准),摊铺机要求配置两台宽度12m以上摊铺机和一台宽度9m可液压伸缩的摊铺机,自重10~12t、轮宽2.0m的双振双钢轮压路机要求配置4台,自重25t以上轮胎压路机要求配置4台,重型振动压路机

要求自重 25t 以上,加激振力要求大于 40t,每个单位要求配置 2 台,在路面 Superpave 混合料的试验中,各施工、监理单位全面采用旋转压实仪,保证了 Superpave 的施工质量。

(11)引进国外先进管理方法,在路面项目中应用最终产品规范,实行优质优价,鼓励各施工单位采取措施提高质量

在 11 家路面施工单位中,付款系数最低的一次 0.96,最高一次 1.029,平均系数 1.008;从平均付款系数变化情况看,上、中、下面层的第 1、第 2、第 3 次系数依次增加,表明了路面质量不断提高。

(12)进行严格的考核与奖惩制度

为鼓励先进,省扩指配套了优质优价、劳动竞赛等奖励基金,分阶段对各单位进行质量、进度及综合管理考核,有效激励了各参建单位。同时严格按合同加强对施工、监理单位主要人员管理与考核,从而有效地保证了监理组长和项目经理在工地的时间,保证各项工作顺利推进。在工程建设期间共扣除了 11 家施工单位、3 家监理单位的违约金共 580 万元。省扩指对扩建工程中出现的质量问题也进行了严肃处理。如 B2 标在软基处理中出现短桩问题,省扩指对施工、监理单位进行了严肃处理,更换了相关责任人员,停工整顿,取消一年内扩建工程的投标资格,并分别处以罚金 100 万元、30 万元。

(三)交工验收及相关问题

1. 各合同段交工验收情况及主要存在问题

根据交通部《公路工程竣(交)工验收办法》(交通部令 2004 年第 3 号)、《关于贯彻执行公路工程竣交工验收办法有关事宜的通知》(交公路发〔2004〕446 号)有关规定和要求,江苏沪宁高速公路扩建工程指挥部于 2006 年 6 月 28 日组织了交工验收。交工验收委员会一致认为:沪宁高速公路江苏段扩建工程建设管理先进,科学创新、质量创优成效显著。同意江苏省交通厅工程质量监督站的质量检测评定意见,全线单位工程优良率 100%,质量评定总分 96.33 分,质量等级为优良。整体工程达到了国内领先、国际先进水平。

交工验收委员会提出的存在问题及处理意见为:

(1)抓紧完善新增互通相关审批手续。
(2)加强对道路、桥梁使用状况的监测,发现问题及时处理。
(3)进一步完善工程项目的全部档案资料,为项目竣工验收做准备。

2. 缺陷责任期出现的质量问题及处理结果

本工程于 2006 年 6 月 28 日顺利通过了交工验收,进入工程缺陷责任期。省扩指密切跟踪扩建工程在运行条件下的质量情况,定期对全线工程进行质量检查。在此基础上,

重点对工程的关键部位进行专项检查。对于发现的问题,督促相关施工单位及时妥善解决。

(1)对南京段少量上边坡塌方缺陷完善了排水设施,对坍塌的坡面进行了修复。

(2)对无锡段、常州段出现的少量路面车辙进行了铣刨重铺。

(3)对受损的桥梁伸缩缝进行了混凝土修补,对发现的桥梁混凝土裂缝定期观测并及时进行了修补。

(4)根据省政府对沪宁高速公路沿线绿色通道建议要求,补充完善了沿线绿化。

3. 出现重大安全事故情况

沪宁高速公路扩建工程期间未发生重大安全事故。

截至目前,沪宁高速公路日均交通量已达4.7万辆,并呈逐步上涨趋势。通车两年半,经受住了高温、低温、重载、雨季及50年罕见暴雪等条件的严峻考验,未发现重大质量安全隐患,达到了优质精品工程的建设目标。

4. 试运营期间的管养情况

沪宁高速公路自2005年底全线通车运营后,根据专业检测单位的检测和江苏省交通厅质量监督站2007年7月对扩建工程进行的交工一年来质量回访反馈意见,由于扩建工程施工质量控制措施得当,试运营期间的管养措施到位,目前道路总体品质和各项设施总体状况良好。

沪宁高速公路江苏段八车道建成通车时,省市高(扩)指、监理、施工单位及时成立了缺陷责任维护的管理机构,建立了缺陷责任期的各种工作制度和具体实施细则。施工、监理单位对所承担工程不定期进行巡查,对巡查发现的质量问题,认真编制维修方案,上报省市高(扩)指批准后立即实施整改到位。省市高(扩)指定期组织人员到路上巡查,特别对桥涵、边坡边沟等排水防护工程、桥梁伸缩缝等易损部位进行重点检查,及时进行维护。

省市高(扩)指还定期组织施工、监理单位对各市段的运营管理单位(江苏宁沪高速公路股份有限公司各管理处)进行质量回访,沟通情况交换意见,对管理处养护检查中发现的各类质量问题,组织现场调查,编制维修方案,并安排施工单位整改到位。

省扩指组织设计单位开展设计回访,对缺陷责任期内的维修方案进行专项设计。省市高(扩)指对存在的缺陷进行现场核查和研究,提出了质量问题的修复方案,维修时严格按照方案执行。在缺陷修复过程中,市高指及监理组进行了全方位、全过程旁站,并由市高指和监理组重新验收。

(四)科研和新技术应用情况

由于扩建工程是在大交通量且不中断交通的条件下实施,并且高速公路扩建不同于新建工程,面临着软基处治与差异沉降控制、新老路基和桥梁的拼接、老路面评价与铣刨料利用、路面病害处治与新老路面拼接、三大系统改造利用、交通组织与施工组织等诸多难点。为此,省扩指联合国内10多家有实力的科研院所进行联合攻关研究,先后开展了32项课题研究,涉及地基、路基、路面、桥梁、材料利用、交通工程、机电系统、气象、环保、工程管理等。省扩指开展的专题研究取得了丰硕的成果,先后有5项科研课题获中国公路学会科学技术奖,其中一等奖1项、二等奖1项、三等奖3项。扩建工程的科研成果及时应用于扩建工程实践,有力地指导了设计、施工和管理,为扩建工程的顺利实施提供了有力的技术保障。

(五)对各参与单位的总体评价

1. 对设计单位的总体评价

设计单位遵循安全可靠、经久耐用、经济合理、注重环保、以人为本的设计思想,综合考虑地形、地质、环保等因素,经过现场勘测,经科学论证和多方案比选,总体扩建方案合理,拼接技术先进。因地制宜,美化地形地貌,营造生态环境,保持了和周围景观的高度协调,全线通信、监控、收费及房建、交通安全设施、供电照明等附属工程设计合理完善。工程总体设计方案优,实施效果好,有突破,有创新。对高速公路扩建工程的设计将起到示范和指导作用。工程实施中及时提交各阶段的设计文件,建设期间派驻设计代表常驻工地现场,注重设计后续服务,及时处理工程实施中遇到的设计问题,做到了全过程跟踪服务,确保了扩建工程建设的顺利进行。

2. 对施工单位的总体评价

施工单位根据工程需要组建了强有力的项目经理部,配置了相应的施工设备,建立健全了质量保证体系、安全保证体系和各项施工管理制度,认真编制了施工组织设计,对技术重点、难点编写施工实施细则,对重大技术方案组织专家论证。施工中与建设、设计、监理单位密切配合,积极合理运用新技术、新材料、新工艺,提高了工程质量,保护了环境,保证了安全,按期实现了建设目标。同时以质量为中心开展各项工作,认真落实环保、水保的有关要求,严格按照施工规范进行施工。能够正确处理好质量和进度的关系,施工原始记录和自检资料齐全,竣工图与竣工工程图物相符。

3. 对监理单位的总体评价

监理单位严格按照监理合同、监理规范和技术规范要求,建立了中心试验室,制定了完善的监理工作程序和监理制度。各监理单位履约情况良好,均配备了一批专业和政治素质较高的监理人员,认真履行"监、帮、促"的监理职能,全面贯彻"严格监理、热情服务、秉公办事、一丝不苟"方针,对工程进度、质量、费用和安全进行了全面监控,监理人员能认真履行职责、严格监理、热情服务,有效控制工程质量、进度、投资和安全,监理资料完整,符合要求。

(六)对工程质量的总体评价

(1)本项目采取"领导小组决策、项目法人负责、省扩指组织、各市高指分段建设"的建设管理模式,在项目建设过程中,认真执行国家基本建设程序,实行了项目法人制度、招投标制度、工程监理制度、合同管理制度和委托建设制度。针对扩建工程边通车边扩建、工期紧、工序交叉多、技术复杂等特点,制定了建设管理、质量控制、现场管理等一整套工程建设管理规章制度,工程组织严密,管理科学、高效,不仅提前一年实现了省委、省政府提出的"质量一流、环境优美、管理先进、安全畅通,确保2006年建成通车"的建设目标,并较好地控制了工程投资,而且为今后高速公路改扩建积累了极为宝贵的经验。扩建后的沪宁高速公路展示了江苏现代化风貌,更好地服务于江苏"两个率先"。

(2)设计单位进行了扩建工程多方案比选,充分考虑了原沪宁高速公路的实际状况并综合考虑工程沿线地形、地质、环保和路网规划等因素,设计意图明确、设计理念先进、设计方案合理,充分体现了"以人为本、强化功能、服务优先、节约资源"的设计原则。为满足工程建设需要和保证设计质量,设计单位组织了精干的设计队伍进行现场设计,并选派业务能力强的现场设计代表进行现场服务,本扩建工程设计总体质量较高,现场设计服务较好。

各施工单位领导高度重视,配备了强有力的项目经理部,建立健全了质量保证体系,精心编制施工组织设计与交通组织方案,对技术重点、难点编写了详细的施工实施细则。施工中严格按施工合同的要求,合理配备施工设备和人员,正确处理质量和进度的关系,保证了工程质量和进度,圆满地完成了各项施工任务。

建立了总监、驻地监理组两级监理体系,实行了承包人自检、驻地监理组独立抽检、市高指抽检和省扩指巡回检测的四级检测制度,配备了合格的中心试验室和工地试验室,制订了严格的监理工作程序和监理制度。各级监理人员能认真履行职责、严格监理、热情服务,有效地控制了工程质量、进度和投资。

(3)本项目实施过程中认真贯彻科学发展观,重视科技与管理创新,针对在不中断交通情况下进行老路改扩建存在的交通组织和施工组织困难以及各种工程技术难题,积极组织科技攻关,广泛应用新技术、新材料、新工艺,取得了良好的效果。主要创新成果如下:

①首次提出了扩建工程地基沉降控制标准与软土地基拼接处理方案,并大规模地在公路工程中采用了PTC桩等疏桩控沉技术和边坡加固技术,有效控制了总沉降和工后沉降及新老路基差异沉降,达到了既快又省的良好效果。

②通过采用以物探方式为主的路基综合评价方法,确定了不同路段新老路基拼接方

案及相应施工工艺,确保了路基拼接的施工质量。

③按重载耐久要求进行沥青路面结构设计,进行环道试验,在全国首次大规模应用Superpave和SMA技术,并铺筑了22.3km的全断面柔性基层沥青路面;在基层和面层拼接中分别采用了混凝土界面剂和热接缝工艺,并大面积采用了机械摊铺稀浆封层和聚酯玻纤布,有效地解决了路面拼接技术难题,提高了路面整体使用品质。

④科学制定了原路面利用及铣刨料再生利用策略,通过对老路面质量的综合判定,使老路面保留率达到50%,研究采用了冷厂拌再生成套技术,老路铣刨料得到100%利用,不仅为扩建工程节省了亿元以上的建设资金,而且避免了环境污染,节约了土地资源,产生了巨大的社会效益和经济效益。

⑤通过桥梁拼接技术研究,确定了新老桥梁拼接差异沉降控制标准及相应措施,在设计和施工中采取了上构连接、下构不连接的拼接方法,采用了植筋和UEA微膨胀混凝土湿接缝工艺,对三向预应力箱梁结构的塘河大桥拼接还采用了自密式混凝土湿接缝工艺,保证了新老桥拼接质量。

⑥在国内首次进行了连续箱梁和T梁桥的实桥极限承载能力试验,取得了圆满成功。首次在国内高速公路成功地采用拖拉法架设了大跨径宽幅钢桁架桥,有效解决了老桥改建中的桥梁净空、桥面高程及通航问题。

⑦针对八车道的交通特点,通过实车撞击测试研究,创新了中央分隔带开口处隔离形式,采用了链式混凝土活动护栏,既提高了安全性,又节约了投资,实现了全线中央分隔带护栏安全防撞等级的无缝衔接。

⑧针对沪宁高速公路扩建后的特点,根据不同路段和不同交通流分布的情况,制定了外场监控技术方案,首次大规模采用了视频交通监控检测系统,并构建了高速公路气象环境预警预报监测网络,为高速公路的安全运营提供了有力保障。

⑨重视环境保护和景观,在公路用地范围内采用"自然式绿化"方法对道路进行绿化、美化,针对宁镇段风化石质高挖方段具体情况,采取了放缓边坡及应用客土喷播技术进行植物防护,并与沿线各市政府积极配合,做好道路两侧的绿化美化,使本项目与自然环境协调、统一。

⑩通过对沪宁高速公路及全省路网通行状况交通流特征的分析研究,根据不同的施工阶段,制定了合理的路网分流路径和施工期间的交通管理组织措施,有效地解决了大交通量及不中断交通条件下进行扩建工程的交通组织难题。

(4)坚持"以人为本、以车为本"的理念,科学制定施工组织计划,保证通行及服务的要求。在互通和服务区施工中遵循"先建后拆、先易后难、间隔施工"的原则,尽量保证互通通行和各服务区的基本使用功能;在路面施工中,采取分幅、分段、分批施工的组织方式,建成一段交付使用一段,尽量减小对交通的影响。

(七)项目管理体会

1)江苏省委、省政府的高度重视,为扩建工程提供了强大的动力和保障

扩建工程是涉及江苏经济社会发展全局的大事,是省委、省政府确定的一个重中之重的基础设施建设项目。省委、省政府对扩建工程的高度重视,有力地推动了各项工作的开展,为扩建工程向前推进提供了良好的外部环境。

2)沿线各级政府和相关部门与省市指挥部之间的通力协作,形成了扩建工程快速推进的合力

沿线各市政府和省有关部门加强了组织领导,在征地拆迁、工程取土、施工场地落实等方面倾注了很大精力,做了大量艰苦细致的工作。沿线各市市委、市政府的主要领导多次亲自检查工程,慰问职工,解决问题。省发改委、交通厅加快项目报批工作,简化报批手续。省公安厅、交通厅和省市指挥部齐心协力,科学制订交通组织方案,多次召开协调会和工作布置会。省扩指也尽可能为地方经济发展主动提供支持,特别是在互通建设方面,综合考虑了地方经济的发展、城市规划、交通量增长等方面的需求,新增了3个互通立交。

3)科学严格的组织管理是实现进度与质量有机统一的关键

扩建工程比新建工程更难,工期更紧,各项工作必须交叉进行、整体推进。省市指挥部在整个建设过程中不断提高工作预见性和决策科学性,超前安排各项工作,自始至终都抓住了工程建设主动权,取得来之不易的成绩。

如在软基工程尚未结束时,就将土方进度作为管理重点,细排并落实所需人员、设备等生产能力;在路面施工准备方面,超前考虑料场的准备,在不到一个月的时间内全线11个标段、近2000亩的料场全部落实,争取了至少2个月的路面施工时间。同时,及时对计划进行修正和调整,使计划安排更加符合工程实际情况。

省扩指还适时制定了材差补贴管理办法,在全省工程建设中率先对施工单位进行材差补贴,有力推动了工程进度。在内部管理方面,省扩指按双周安排工作计划,以部门小计划的落实来保证工程建设大计划的实现。主要业务部门的工作计划、工作重点上墙公布。正是由于扩建工程各项工作在超前性、协调性和及时调整上取得了较好的成效,最大限度地发挥了管理作用,提高了工作效率。

4)妥善地解决建设与运营的矛盾,是保障工程顺利进行的重点和难点

交通组织、安全管理工作既是扩建工程的最大特点和难点,也是一个亮点所在。由于各方配合较好,并超前安排交通组织研究,提出了在全省大范围分流交通的指导思想,制订了四级组织分流的有效方案。在施工安排上,充分考虑交通组织的要求,合理安排施工工序。在现场管理方面,全力以赴确保借道通行转换口的管理,高峰时段交警、路政人员全部驻扎在现场。扩建工程任何一个重大决策都是充分考虑到了交通组织的要求,较好

地解决了这一重大难题。

5）深入现场解决问题，不断提高工作效率

扩建工程工作节奏快、工作强度大，建设中的各类矛盾和问题层出不穷。广大工程管理人员急工程所急，想工程所想，贴近现场想办法、提措施，加快现场问题的解决速度，提高了工作效率。在工程施工高潮期，省扩指领导和工程部门负责人基本上不间断地在现场巡查。沿线各市交通局局长、总监也是立足现场办公，及时解决现场问题，几大关键节点工程都提前完成了任务。

6）紧抓重点、节点工程，以点带面推进工程建设

省扩指紧紧抓住重点、节点工程，采取了以点带面推进工程的方式，有效保证了工程总体进度。紧紧抓住丹阳大桥、塘河大桥、无锡枢纽、苏嘉杭枢纽等重大节点工程，而且根据工程的进展，在重点节点工程中不断抓住重中之重的工程，有力保证全年任务的完成。虽然完成重点、节点工程的难度很大，但广大建设人员不畏艰险，倾注了大量的心血，付出了艰辛的劳动，最终实现了扩建工程提前贯通的目标。

7）开展劳动竞赛，加大奖惩力度，充分调动了广大建设者积极性

省市指挥部开展了"新世纪杯重点工程劳动竞赛"等一系列社会主义劳动竞赛，积极开展阶段性考核工作，加大奖惩措施，兑现各阶段奖励，充分调动了广大参建人员的积极性，有力推动了工程建设。为了确保完成计划目标，省扩指明确加大奖励力度，累计拿出6500多万元作为业主配套奖励金对全体参建单位进行考核。只要是按照承诺投入力量如期完成任务的单位，都得到了奖励。同时，各市段和施工单位都开展了形式多样、内容丰富的劳动竞赛活动，不断掀起大干高潮，形成了"比、学、赶、帮、超"的良好氛围，收到明显的成效。

第十五节　G42S（上海—武汉）

上海至武汉高速公路（G42S）江苏境内已全线通车，起自太仓（苏沪界），经常熟、张家港、江阴、常州市区、金坛、溧水，终于横溪（苏皖界）。江苏境内全长262km。全线各路段基本情况见表7-15-1。

G42S全线各路段基本情况　　　　表7-15-1

序号	路段	里程(km)	建设期	备注
1	江阴至太仓高速公路	104	2000—2004年	
2	常州至江阴高速公路	31	2001—2004年	
3	南京至常州高速公路	90	2003—2006年	
4	溧水至马鞍山高速公路江苏段	37	2009—2013年	

一、江阴至太仓高速公路（建设期：2000—2004年）

（一）项目概况

1. 基本情况

1）建设依据

宁太高速公路江阴至太仓段是江苏省首轮规划建设的"四纵四横四联"高速公路主骨架中"联三"（南京至太仓高速公路）的重要组成部分，跨越江苏省经济最为发达的苏州、无锡的沿江地带，是江苏省继沪宁高速公路后沿江地区连接上海的又一条交通大动脉。沿江高速公路的建设对推动苏南地区社会经济的发展、改善江苏省苏南地区路网结构、减轻沪宁间日益增长的通行压力、促进江苏省苏南经济发达地区乃至长三角等广大地区区域经济共同发展，具有重大的现实意义和长远历史意义。

2）建设规模及主要技术指标

江阴至太仓高速公路所在区域位于江苏省东南部沿江地区，属长江三角洲的一部分。本项目起于江阴市青阳镇，西接常澄高速公路，经江阴、张家港、常熟和太仓，止于江苏与上海交界处的新浏河，与上海市嘉浏高速公路相连，全长104.11km。

本项目采用全封闭、全立交的高速公路标准，常熟市董浜以西为四车道高速公路标准，路基宽度28.0m，设计行车速度120km/h，桥涵设计车辆荷载为汽车—超20级、挂车—120。常熟市董浜以东至苏沪交界处为六车道高速公路，路基宽度为35.0m，设计行车速度120km/h，桥涵设计车辆荷载为汽车—超20级、挂车—120。

3）项目投资及来源

根据《沿江高速公路江阴至太仓段工程项目竣工验收鉴定书》，该项目概算总投资为45.94亿元，本项目竣工决算核定总投资为44.26亿元，节约概算投资1.68亿元，节约概率为3.6%。本项目资本金以50%计，其中江苏交通控股有限公司出资70%，沿线各市政府共同筹措30%。资本金以外的资金由项目公司多渠道融资解决。

4）工程建设条件

路线所经区域处于中纬度的长江三角洲冲积平原，原亚热带季风气候区，又邻近长江下游入海口处，属海洋性气候，四季分明，温暖湿润，热量丰富，年平均气温15~16℃。全年无霜期达230~250天之多，雨量充沛。

宁太高速公路江阴至太仓段所在区域位于江苏省东南部沿江地带，属长江三角洲的一部分。拟建的高速公路由西北向东南横穿了沿江分布的江阴市、张家港市、常熟市和太仓市，该地区为长江下游冲积平原和太湖水网平原，地势低平，原始坡降在万分之一左右，由西北向东南缓倾，平均海拔3~5m。湖泊主要散布于常熟市境内。山丘孤耸与平原之间,高程一般在200m以下,属平原微丘区。张家港段跨长江三角洲平原的两个地貌副区,高程5～8m,并分布了一系列低平田和蝶形洼地,高程4～5m。

本区属长江太湖域水系,地表水体十分发育,大小湖荡、河浜纵横交织,胜似蛛网。区内主要湖泊有太湖、阳澄湖、淀山湖、澄湖等。本区北缘,我国第一大河长江由西向东横过,汇入东海。

5)工程进度

2000年11月8日张家港先导试验段开工建设,2001年7月江阴、常熟、太仓段开工建设;2000年12月至2002年5月完成张家港段路基、桥涵工程;2001年8月至2003年6月完成江阴、常熟、太仓段路基、桥涵工程;2002年10月至2003年9月完成张家港段路面底基层、基层施工;2003年4月至2003年10月完成江阴、常熟、太仓段路面底基层、基层施工;2002年11月至2003年12月完成防护及排水工程;2003年9月至2004年7月完成路面工程;2003年10月至2004年7月完成交通安全设施工程;2003年9月至2004年7月完成房建、装修工程;2003年8月至2004年7月完成绿化工程;2004年2月至2004年7月完成三大系统工程;2004年8月14日顺利通过由省高指组织的交工验收,实际工期为3年。

6)主要工程数量

本项目路基土石方1775.51万m^3(其中挖方118.77万m^3、填方1656.74万m^3);桥梁150座共32087.63延米;全线共设有互通枢纽12处(青阳互通、江阴枢纽、徐霞客互通、华西互通、张家港互通、凤凰互通、常熟北互通、常熟互通、董浜枢纽、沙溪互通、苏昆太枢纽、太仓互通);服务区2处,为江阴新桥服务区及太仓沙溪服务区;通道208道,涵洞287道。同时同步完成道路收费、监控、通信、照明、安全设施、绿化、服务等设施。

2. 决策过程

2000年3月17日,江苏省计划与经济委员会以苏计经交发〔2000〕515号文《关于江阴至太仓高速公路项目建议书的批复》批准同意立项建设。

2000年8月21日,江苏省计划与经济委员会以苏计交发〔2000〕195号文《关于江阴至太仓高速公路项目可行性研究报告的批复》批复工程可行性研究报告。

2000年10月13日,江苏省建设厅以苏建重〔2000〕357号文《关于江阴至太仓高速公路(江阴至张家港段)初步设计的批复》批准初步设计。

2000年11月14日,江苏省环境保护厅以苏环管〔2000〕1号文《关于对江阴至太仓高速公路工程环境影响报告书的批复》批复了环境影响报告书。

2001年7月17日,江苏省发展计划委员会以苏计基础发〔2001〕620号文《关于江阴至太仓高速公路常熟至太仓段初步设计的批复》批准初步设计。

2001年7月30日,江苏省交通厅批准江阴至太仓高速公路开工建设。

2002年3月27日,江苏省发展计划委员会以苏计基础发〔2002〕323号文《关于江阴至太仓高速云顾互通初步设计的批复》批准初步设计。

2002年3月28日,江苏省发展计划委员会以苏计基础发〔2002〕324号文《关于江阴至太仓高速公路港口互通204国道侧单喇叭初步设计的批复》批准初步设计。

2003年6月4日,江苏省发展计划委员会以苏计基础发〔2003〕663号文《关于江阴至太仓高速公路江阴服务区增设互通功能的批复》批准江阴服务区增设互通设施。

(二)建设情况

1. 项目准备阶段

各项工作均按国家基本建设程序进行。在项目建设过程中,省、市高指严格遵守基本建设程序,依据国家规范,参照国际通用的FIDIC条款和交通部通用招标文件范本制定了江苏省高速公路各项目施工、监理招标文件,通过国内公开招标选择承包商和驻地监理组。所有招投标工作均由专家独立评标,合法确定中标单位,依法签订合同,纪检部门全过程监督,公证部门对招投标过程和结果进行了严格的监督和公证,确保招标工作"公开、公平、公正、择优"。

1)勘察设计研究单位招标情况

本项目公路工程、交通工程(含三大系统工程)及沿线设施(含安全、养护、服务、房屋建筑等)勘察设计采用公开招标,于2000年7月完成招标签约工作。

2)施工、监理单位招标情况

本项目路基桥梁标于2001年6月底前完成招标签约工作;路面工程标于2002年11月底前完成招标签约工作;三大系统标于2004年1月底前完成招标签约工作;绿化、房建均于2003年3月底前完成招标签约工作;安全设施、照明、装修等于2003年10月底前完成招标签约工作。

本项目路基路面监理标于2002年11月底前完成招标签约工作;三大系统监理标于2004年1月底前完成招标签约工作;安全设施、房建、绿化等监理标均于2003年11月底前完成招标签约工作。

3)参建单位主要情况

设计单位:江苏省交通规划设计院、东南大学建筑设计研究院、河海大学设计院、上海市城乡建筑设计院、中交第一公路勘察设计研究院、南京金鸿装饰工程有限公司。

施工单位:江苏省交通工程总公司、江苏交通建设集团有限公司、路桥集团二公局一处、扬州市路桥工程总公司、中铁二十局一处、苏州交通工程集团公司、武进交通建设工程总公司、江苏省镇江市路桥工程总公司、路桥集团第二公路工程局、盐城市路桥建设工程有限公司、泰兴市交通设施工程公司、江苏省句容市交通设施有限公司、张家港港丰交通安全设施有限公司、苏中建设集团股份有限公司、苏州第一建筑集团有限公司等单位。

监理单位:常州市交通建设监理咨询有限公司、山东省交通工程监理咨询公司、吉林省公路工程监理有限责任公司、北京路桥通工程监理咨询有限公司、江苏宁达工程建设监理有限公司、江苏交通工程咨询监理有限公司、镇江市润通交通工程监理咨询有限公司、上海华申监理公司、北京华通公路桥梁监理咨询公司、江苏纬信工程咨询有限公司、江苏振星工程监理有限公司、北京中交路通交通工程咨询有限公司等。

检测单位:省高指工程质量检测中心。

监督管理单位:江苏省交通运输厅工程质量监督局。

4)征地拆迁情况

本项目征地拆迁按江苏省人民政府苏政发〔2000〕77号文,苏州市沿江高速公路建设工程领导小组苏沿高〔2000〕1号文及省高指有关个案处理的批复执行,省高指(省交建局)根据征地拆迁进度分阶段支付资金,实行拆迁资金专款专用。

征地拆迁情况统计见表7-15-2。

征地拆迁情况统计表 表7-15-2

征地拆迁安置起止时间	征用土地(亩)	拆迁房屋(万m^2)	支付补偿费用(万元)	备 注
2000—2004年	12872	63.6234	52364	

2. 项目实施阶段

本项目建设过程中,经建设主管部门批准,主要的变更设计有:

(1)施工图设计结束后,根据江苏省高速公路建筑指挥部苏高计〔2001〕387号文《关于印发〈江苏省高速公路沥青路面结构研讨会专家意见〉的函》和苏高计〔2002〕73号文《关于宁杭、沿江、常澄、盐通高速公路沥青路面结构变更设计方案的批复》对江阴至太仓高速公路YJ-WX21标段、YJ-SZ21标段、YJ-SZ22标段、YJ-SZ23标段主线、匝道和支线路面变更设计及相应工程数量变更。

(2)根据常熟1、2、3施工标段施工图设计文件咨询意见对陈王公路分离式立交、常福新线分离式立交、C匝道跨主线桥、205省道分离式立交、徐董公路分离式立交进行变更。

(3)依据2001年12月25日江苏省高速公路建设指挥部《关于要求进行沿江高速公路常熟段望虞河特大桥设计变更的通知》要求,将跨越望虞河的主桥跨径由原设计的59.5m+90m+59.5m调整为左幅62.5m+90m+56.5m,右幅56.5m+90m+62.5m,错墩反对称布设。主桥下部结构改为箱形空心桥墩。

(4)根据江苏省苏州市沿江高速公路建设指挥部苏沿计〔2002〕4号文《关于要求对太仓一标沙溪互通C匝道跨主线桥进行设计变更的函》进行变更设计。

(5)根据当地交通运行情况对常熟东、太仓互通被交路路面结构进行变更设计。

(6)针对施工过程中桥涵优化等进行沿线桥涵进行了优化设计。

(7)为完善路网建设对沿江高速公路凤恬路分离式立交桥支线道路进行变更设计。

(8)为了加强江阴至太仓高速公路的整体协调、美观,对江阴至太仓段高速公路超高段排水设计变更。

(9)对沿江高速公路江阴至太仓段张家港一标张家港互通收费站收费广场、张家港二标张家港互通收费站收费广场、常熟一标常熟北互通收费站收费广场、常熟二标常熟东互通收费站收费广场、太仓一标沙溪互通收费站收费广场、太仓二标主线收费站收费广场水泥混凝土路面进行变更设计。

(10)为进一步完善服务设施,对太仓服务区加油站、道路分割、补充信息屏、电气、给排水等进行完善变更设计。

(三)科技创新成果与应用

科学技术是第一生产力,积极采用新技术、新材料、新工艺,是提高工程质量和建设水平的重要手段,针对江太高速公路交通流量大、载重车辆多并穿过苏南发达地区等特点,着重以提高路用性能、体现以人为本、融合人文特色为指导思想,组织开展了一系列科研攻关并取得了良好的效果。

(1)全线沥青中、上面层均采用 SBS 改性沥青(其中中面层采用国产基质沥青改性,上面层采用进口基质沥青改性),WX-21 标和 SZ-21 标共 59.88km 沥青下面层采用了国产改性沥青。中上面层部分石料采用机械水洗。

(2)对 SMA-13 上面层结构,认真总结了过去的施工经验,进一步加强对油量、孔隙率的控制,经多次反正验证,实现了石料不碎、玛蹄脂部上浮、路压均匀、不渗水的目标要求。

(3)采用 AK-13A 结构上面层的路段,在预测交通量较大的常熟、太仓段右幅路面中,分别掺加国产和进口聚酯纤维,有效地提高了沥青路面高温稳定及低温抗裂等路用性能,并且积累了大量的试验数据和施工经验。

(4)组织开展了改性乳化沥青、热喷改性沥青等六种沥青下封层试验,经对比分析,全线推广采用了改性乳化沥青下封层和黏层油;同时,在省内首次全线采用智能型沥青洒布车、石料撒布车进行施工,确保了材料撒布的均匀性,在不同类型下封层的施工工艺和路用性能等方面积极探索,取得较好的成果。

(5)为了研究比较不同结构形式沥青路面的使用寿命,减少沥青路面早期损坏,与东南大学联合开展了五种结构的长久性路面试验研究,并选择 5.5km 主线作为试验段,开展了沥青稳定碎石基层、全厚式沥青路面以及连续配筋复合式路面等多种结构的现场试铺。结合工程实际,在长久性路面方面进行全面系统研究,这在国内尚属首次。

(6)为了拓宽江苏省沥青混凝土上面层石料的料源,评价各类石料应用于高速公路上面层的适用性,与省交通科学研究院联合开展了沥青上面层石料适用性试验研究。通过室内试验及试验路的铺筑,总结分析了凝灰岩、安山岩、石英砂岩、花岗岩等多种岩料在沥青上面层中的使用效果,为以上岩料的应用提出了指导性意见。

(7)开展了路面施工质量动态管理研究,要求拌和楼生产试验数据和现场检测数据及时传到指挥部进行整理分析,画出动态控制曲线,及时发现和解决质量问题。

(8)在江阴枢纽钢箱梁顶面首次采用4cm SMA+4cm 环氧沥青混凝土结构,并开展国产环氧沥青混凝土和进口环氧沥青混凝土的比较试验,积极探索了钢桥面铺装结构形式,研究了如何在延长桥面铺装混凝土寿命的同时尽量降低工程造价。

(9)在软基处理方面,邀请了河海大学和江苏省交通科学研究院对粉喷桩进行钻芯取样和力学分析。为进一步分析、探索路基沉降规律,委托东南大学和苏州科技学院联合开展竖向位移、水平位移观测,并根据观测成果来控制路基的填筑速率。

(10)在砂性土路段开展了三维网喷播植草试验,在石灰土表面开展了喷浆喷播植草试验,探索了砂性土路段、石灰土表面的生态防护措施,取得了良好的生态防护效果,已在全线推广使用。

(11)积极推行定期桥梁健康检查制度,委托专业单位对全线已完工桥梁进行全面健康普查,建立病害档案,并逐条处理落实,做到及早发现问题及早处理,确保桥梁结构安全可靠。研究并制定了钢箱梁检测专用表格。

(12)因混凝土标准强度试验龄期较长,为避免结构因混凝土强度问题引起工程返工或停顿,开展了混凝土早期回弹与混凝土标准强度对比试验,并以早期回弹应用于混凝土结构普查,以及时发现混凝土结构可能存在的隐患,避免使损失进一步扩大。

(13)认真总结过去服务区及场地布设经验,优化服务区设计方案。紧扣工程沿线旅游、江河文化内涵,将服务区、收费站及工程沿线的景观设计与当地的人文环境相融合,使建筑物造型幽静、雅致,具有现代气息,装修简洁、明快,雕塑、小品体现了地方人文特色。新桥服务区以江城水文化为底蕴,挖掘江阴历史名人徐霞客为素材,营造了温馨、优雅的服务环境。沙溪服务区以港口城市太仓为题材,以郑和下西洋中"云帆高张,昼夜星驰"寓意宁太高速公路未来交通舒畅、沿线经济高度发达。沿线分布了一些名贵古树种,如凤凰和太仓互通区内各有三株和两株大银杏树,设计阶段线路方案即做了优化,施工时又做了保护,从而达到了保护自然与工程建设并举的目的。

(14)对全线互通和中分带进行了专门的景观设计。沿线绿化布设以中分带为纽带,将各互通区绿化和沿线自然景观融为一体,尽可能淡化人工痕迹,通过"模拟自然,遮盖人工,借景引观"等手法,体现生态美、景观美、自然美。

(15)收费大棚形式多样,外形优美,富有创新。太仓主线收费站收费大棚采用钢桁架结构,跨度达82.2m,居江苏省同类收费大棚之首。

(16)为贯彻以人为本的理念,对全线交通工程进行了优化设计。地名、出口、预告、警示、站名等标志更为人性化,首次在收费站、服务区、加油站设置信息发布屏,方便了驾乘人员;首次在全线设置了振荡标线和反光道钉,使道路行驶更为安全。

(四)运营及养护管理

1. 运营管理

江苏省沿江高速公路有限公司具体负责沿江高速公路江太段的管理、经营和养护。公司现设办公室、计划财务部、运营管理部、工程技术部、经营管理部、人力资源部和党群工作部等7个部门,下辖2个路段管理中心、12个收费站和2个服务区,共有员工1150人。在经营管理沿江高速公路的同时,公司还投资建设了太仓港疏港高速公路以及张家港疏港高速公路。公司还拥有苏州南林饭店有限责任公司、江苏省高速公路联网收费技术服务有限公司、江苏现代路桥有限公司的部分权益,现有资产规模达83亿元。

自2004年开通以来,公司积极探索在大流量常态化条件下的养护管理,在科学养护、安全保畅、运营管理、优质服务方面取得了可喜的成绩。

2. 养护管理

(1)坚持预防性养护,道路品质不断提升。认真做好道路日常养护工作,强化监管力度,健全养护质量保证体系。梳理完善规章制度,实现规范化管理。加强路桥检测,保障桥梁结构物安全。精心组织,严格管理,按期保质做好养护专项工程。同时,加强预算管理,严控养护经费。

(2)提高收费服务水平,树立良好企业形象。积极开展培训和创建活动,提升优质服务水平。严厉打击偷逃费行为,维持良好运营秩序,并能积极应对《江苏省高速公路条例》实施,保证平稳过渡。

(3)坚持软、硬件两手抓,服务环境明显改善,行业形象显著提升。巩固创建成果,形成长效管理机制;完善经营模式,规范租赁管理;强化制度落实,绩效考核体系初显成效;改善服务设施,完善服务功能。

(4)健全预案体系,突发事件应急处置能力不断提高。为积极应对恶劣天气、自然灾害以及各类突发事件,确保高速公路的畅通,先后制定或梳理了部分规章制度,进一步建立健全应急预案体系。面对突发事件和事故等的发生,预案周密、组织有序、指挥有方、行动迅速、处理得当。做到注重分析总结,积累处置经验,使突发事件应急处置能力不断提高。

(5)加强成本控制,挖掘潜力,企业降本增效效果明显。一方面拓宽经营思路,努力增加非主营收入,另一方面,狠抓成本控制,寻求节约空间。

(6)坚持防控结合,努力保障安全生产形势稳定。始终把道路保畅作为重点工作来抓。开通以来,坚持一路三方协调联动,快速清障形成共识,突发事件应变处置能力不断提高,文明平安收费站建设凸显成效。

3. 服务区

沿江高速公路江太段设有2个服务区,分别为沙溪服务区和新桥服务区,其中沙溪服务区用地面积为59666m^2,总建筑面积为6308m^2;新桥服务区用地面积为80040m^2,总建筑面积为5499m^2。

4. 收费站点

全线收费站点设置情况见表7-15-3。

收费站点设置情况表　　　　表7-15-3

序号	收费站名称	土建车道数量					
		总数		入口		出口	
		MTC	ETC	MTC	ETC	MTC	ETC
1	太仓主线收费站	19	4	6	2	13	2
2	沙溪收费站	5	2	1	1	4	1
3	常熟收费站	6	2	2	1	4	1
4	常熟北收费站	6	2	2	1	4	1
5	凤凰收费站	5	2	2	1	3	1
6	张家港收费站	6	2	2	1	4	1
7	华西收费站新桥点	4	4	2	2	2	2
8	华西收费站	3	2	1	1	2	1
9	霞客收费站	3	2	1	1	2	1
10	青阳收费站	7	2	2	1	5	1

5. 交通流量

全线断面流量发展状况见表7-15-4。

断面流量发展状况表(辆/d)　　　　表7-15-4

年份	2014	2015
日平均流量	53466	53456

二、常州至江阴高速公路(建设期:2001—2004年)

(一)项目概况

1. 基本情况

1)建设依据

沿江高速公路常州至江阴段是江苏省首轮规划建设的"四纵四横四联"高速公路主

骨架中"联三"(南京至太仓高速公路)的重要组成部分,也是江苏省高速公路建设计划通车项目的"收官"之作。沿江高速公路常州至江阴段的建成,不仅使沿江高速公路实现了全线贯通,形成了江苏省继沪宁高速公路后苏南连接上海的又一条交通大动脉,进一步完善了苏南路网结构,迅速担负起因沪宁高速公路扩建而带来的交通分流重任,而且对省委、省政府沿江开发战略、加快长三角地区经济一体化进程都具有特别重要的意义。同时,常澄高速公路的建设,对积极响应省委、省政府提出的沿江发展战略,加快实现"两个率先"和"富民强省"的战略目标具有重要意义。

2) 建设规模及主要技术指标

常州至江阴高速公路所在区域位于江苏省东南部沿江地区,属长江三角洲的一部分。本项目起于常州市武进区湖塘镇,西接宁常高速公路,经常州武进区、无锡江阴市,止于江阴市月城镇,东连已建成通车的沿江高速公路江阴至太仓段。沿途在武进区横林镇与沪宁高速公路相交叉,路线全长 30.56km,其中常州段 25.02km,无锡段 5.54km。

本项目采用全封闭、全立交的高速公路标准,路基宽度 28.0m,设计行车速度 120km/h,桥涵设计车辆荷载为汽车—超 20 级、挂车—120。

3) 项目投资及来源

根据《沿江高速公路常州至江阴段工程项目竣工验收鉴定书》,该项目概算总投资为 15.69 亿元,本项目竣工决算核定总投资为 15.65 亿元,节约概算投资 0.04 亿元。本项目资本金以 35% 计,其中江苏交通控股有限公司出资 70%,沿线各市政府共同筹措 30%。资本金以外的资金由项目公司多渠道融资解决。

4) 工程建设条件

路线所经区域处于长江三角洲南部苏南水网平原区,本区域属北亚热带季风性温润气候。具有四季分明,温暖湿润,热量丰富,年平均气温15℃。全年无霜期达230~250天之多,雨量充沛。

沿江高速公路常州至江阴段所在区域位于广阔的长江下游冲积平原,除滆湖、长荡湖等地表水体外,其余均被第四纪冲积、湖积与沼积物广泛覆盖,因第四纪早期长江通过本区,中、晚期洪水多次泛滥,加上新构造运动在区内比较强烈使本区东部受了一层厚约100余米的黏土、砂黏土、砂、砾石等松散冲积洪积物,砾石、粗砂、细砂及粉砂层厚度较大,结构松散、导水性好,接受现代长江的越流补给,水量丰富,已成为常州地区的主要供水水源。

本区属长江太湖流域水系,地表水体十分发育,大小湖荡、河浜、纵横交织,胜似蛛网。区内主要湖泊有太湖、滆湖、宋剑湖、阳湖等;本区北缘,我国第一大河长江由西向东横过,汇入东海。

5) 工程进度

2001 年 10 月 12 日及 11 月 15 日,省政府分别在无锡、常州举行了开工典礼。2001 年

11月至2002年12月全面完成路基、桥涵工程;2002年8月至2003年11月全面完成路面底基层、基层施工;2003年2月至2003年12月全面完成防护排水工程;2004年4月至2004年9月全面完成路面面层施工;2004年2月至2004年10月全面完成交通安全设施工程;2004年2月至2004年11月全面完成房建、装修工程;2004年2月至2004年10月全面完成绿化工程;2004年9月至2004年10月全面完成三大系统工程。2004年11月25日顺利通过由省高指组织的交工验收,实际工期为三年。2004年11月26日全线建成通车。

6)主要工程数量

本项目路基土石方491.23万m^3(其中挖方39.91万m^3,填方451.32万m^3);桥梁38座共15017.76延米;全线共设有互通枢纽3处(常州南互通、常州东互通、横林枢纽);服务区1处,为常州芙蓉服务区;通道57道,涵洞95道。同时同步完成道路收费、监控、通信、照明、安全设施、绿化、服务等设施。

2. 决策过程

2001年3月23日,江苏省发展计划委员会以苏计基础发〔2001〕232号文《关于南京至太仓高速公路常州至江阴段项目建议书的批复》同意建设南京至太仓高速公路常州至江阴段项目。

2001年7月10日,江苏省发展计划委员会以苏计基础发〔2001〕598号文《关于南京至太仓高速公路常州至江阴段项目可行性研究报告的批复》通过了该项目的可行性研究报告。

2001年10月7日,江苏省发展计划委员会以苏计基础发〔2001〕963号文《关于南京至太仓高速公路常州至江阴段初步设计的批复》通过该项目的初步设计。

2001年10月11日,江苏省发展计划委员会以苏计投资发〔2001〕967号文《关于常州至江阴高速公路工程开工的批复》同意本项目开工建设。

2001年10月17日,江苏省环境保护厅以苏环管〔2001〕138号文《关于常州至江阴高速公路工程环境影响报告书的批复》同意该项目的工程环境影响报告书。

2004年1月12日,江苏省发展计划委员会以苏计基础发〔2004〕27号文《省计委关于南京至太仓高速公路常州至江阴段增设芙蓉服务区初步设计的批复》同意增设芙蓉服务区。

2004年9月17日,江苏省高速公路指挥部以苏高传字〔2004〕146号文《关于沿江高速有关交通工程变更的通知》明确江太、常澄高速公路统一命名为"沿江高速公路"。

2005年12月29日,江苏省发展和改革委员会以苏发改交能发〔2005〕1249号文《关于南京至太仓高速公路常州至江阴段调整概算的批复》同意概算总额调整为156918.71万元。

(二)建设情况

1. 项目准备阶段

各项工作均按国家基本建设程序进行。在项目建设过程中,省、市高指严格遵守基本建设程序,依据国家规范,参照国际通用的"菲迪克"条款和交通部通用招标文件范本制定了江苏省高速公路各项施工、监理招标文件,通过国内公开招标选择承包商和驻地监理组。所有招投标工作均由专家独立评标,合法确定中标单位,依法签订合同,纪检部门全过程监督,公证部门对招投标过程和结果进行了严格的监督和公证,确保招标工作"公开、公平、公正、择优"。

1)勘察设计研究单位招标情况

本项目公路工程、交通工程(含三大系统工程)及沿线设施(含安全、养护、服务、房屋建筑等)勘察设计采用公开招标,于2001年3月完成招标签约工作。

2)施工、监理单位招标情况

本项目路基桥梁标于2001年9月底前完成招标签约工作;路面工程标于2003年7月底前完成招标签约工作;三大系统标于2003年12月底前完成招标签约工作;绿化、房建均于2004年2月底前完成招标签约工作;安全设施、照明、装修等于2003年12月底前完成招标签约工作。

本项目路基路面监理标于2001年11月底前完成招标签约工作;三大系统监理标于2003年12月底前完成招标签约工作;安全设施、房建、绿化等监理标均于2003年12月底前完成招标签约工作。

3)参建单位主要情况

设计单位:江苏省交通规划设计院、常州市建筑设计研究院、上海景泰建筑装潢有限公司、厦门市路桥景观艺术公司。

施工单位:常州市交通工程总公司、常州东南交通建设工程公司、攀枝花公路建设公司、交通部公路二局、中港二航局、江苏三凯路桥工程有限公司、江苏省建筑工程公司、江苏省建工工程有限公司、江苏武进建筑安装工程有限公司、常州市华辰园林绿化有限公司、无锡市绿化建设有限公司、亿阳集团有限公司、江苏燕宁公路工程技术公司、无锡市中路交通工程有限公司等单位。

监理单位:山东省潍坊市交通工程监理中心、镇江市润通交通工程监理咨询有限公司、淄博东泰交通工程监理有限公司、淄博绿园建设监理有限公司、江苏盛华工程监理咨询有限公司、北京泰克华诚技术信息咨询有限公司等单位。

检测单位:江苏省交通工程质量检测中心、交通部交通工程监理检测中心。

监督管理单位:江苏省交通运输厅工程质量监督局。

4)征地拆迁情况

征地拆迁按省政府苏政发〔2000〕77号文件规定的补偿标准执行,各地方高指设立专门账户进行核算。拆迁安置和临时用地补偿由市高指包组织、包实施、包协调、包安置,根据拆迁进度分阶段支付资金,对拆迁资金进行专款专用。

征地拆迁情况统计见表7-15-5。

征地拆迁情况统计表　　　　表7-15-5

征地拆迁安置起止时间	征用土地(亩)	拆迁房屋(万 m^2)	支付补偿费用(万元)	备　注
2001—2004年	4252.16	34.13	23063	

2. 项目实施阶段

在常澄高速公路的建设过程中,经建设主管部门批准,主要的变更设计有:

(1)常澄高速公路在测定结束后,由于地方部门调整了沿线的农田水利和路网规划,为使常澄高速公路构造物设置及线外工程与沿线农田水利和路网规划进一步协调配套,对部分小型构造物和线外工程进行了必要地调整(移位、取消、增加等)。

(2)据交通厅要求,锡澄运河主桥的通航标准由Ⅴ级调整为Ⅳ级,通航净空由原来的38×5m改为50×7m,由此而导致整个桥梁方案的较大变更,其中主桥由40m+65m+40m变截面连续梁变更为计算跨径为71.96m的下承式钢管混凝土系杆拱桥,建筑高度由原来的跨中高2.2m、支点高4m,调整为目前的等高1.8m,为和主孔协调,引桥由原来的25m装配式部分预应力混凝土连续箱梁变更为30m装配式部分预应力混凝土连续梁,桥梁终点附近进入变宽段的现浇箱梁由3孔增加为5孔。

(3)2002年8月,横林枢纽与沪宁高速公路拼宽段部分段落出现裂缝,根据2002年9月16日在常州召开的"常澄高速公路与沪宁高速公路拼接调整方案审查会精神"对横林枢纽沪宁高速公路拼宽段地基加固处理整如下:横林枢纽与沪宁高速公路拼路基施工,由上而下将老路挖成宽1.0m、高度为0.6m、向内侧倾斜3.0%的台阶,并每隔60cm左右加铺土工格栅;对于老沪宁路坡脚外侧湿喷桩已打完毕的拼宽路段,对坡脚外3.0m范围内的湿喷桩进行加密处理,以增加抗滑稳定;对于湿喷桩未实施路段,老沪宁路坡脚内侧及外侧3.0m范围内湿喷桩间距1.0m打设,其余湿喷桩间距仍按1.2m打设;对横林枢纽匝道路基与沪宁路分离且坡脚间距小于20m的路段,采用"8"字形双头搅拌桩+单头湿喷桩的处理,消除邻近匝道路基沉降对老沪宁高速公路路基的附加沉降的影响。

(4)根据江苏省高速公路建设指挥部苏高项管四〔2003〕5号文《关于印发〈江太、常澄高速公路现场办公会议纪要〉的通知》,并结合沪宁高速公路拓宽改道分流的影响,对常澄高速公路路面结构组成及厚度进行了分析、计算,结合路基防护设计,对全线路面、中央分隔带排水及土路肩排水进行了相应的变更设计。路面基层由二灰碎石变更水泥稳定碎石,并且横林枢纽以东因交通量大水泥稳定碎石厚度由36cm调整为38cm,原土路肩硬化全部改为植被防护。

(5) 2003 年 3 月 6 日,在常州市高速公路建设指挥部召开了关于"常澄高速公路路基防护变更的研讨会",根据会议精神并结合常澄高速公路沿线绿化、景观设计,对路基边坡坡率、防护形式、边沟设置等进行了调整。主线与匝道、匝道与匝道、匝道与被交道路包围的部分采用植被防护,连接处采用混凝土预制块铺砌,便于排水,边坡根据现场情况放缓。主线及匝道外侧路基高度小于或等于 3.5m 时采用植被防护,大于 3.5m 时设置单层或双层混凝土预制块衬砌拱,取消原浆砌片石衬砌拱。边沟尺寸变小,边沟底部宽度及高度由 50cm 变为 40cm。

(6) 根据江苏沪宁高速公路股份有限公司苏高工〔2001〕34 号文《关于常州至江阴高速公路横林枢纽互通设计方案的复函》和江苏省高速公路建设指挥部苏高计设传〔2002〕15 号文《关于要求进行横林枢纽设计变更的通知》,对横林枢纽互通方案进行了相应的变更设计。跨越沪宁高速公路净空由原六车道预留调整为八车道预留,与沪宁高速公路楔块端由原六车道设计调整为双向八车道设计。

(7) 根据江苏省高速公路建设指挥部苏高计交传〔2003〕90 号文《关于江太、常澄高速公路收费岛及路面板块设计调整的通知》的要求,按照交通部 2003 年 6 月颁布实施的《公路水泥混凝土路面设计规范》(JTG D40—2002)的规定,结合北京泰克公路科学技术研究所最新的有关设计图纸及常州至江阴及江阴至太仓高速公路施工图设计文件,对常澄高速公路常州南互通、戚墅堰互通匝道收费站收费广场水泥混凝土路面进行了变更设计。

(8) 根据常高计〔2003〕48 号文《关于变更常澄高速公路常州南互通设计的请示》及苏高计设传〔2003〕20 号文《关于对常澄高速公路常州南互通变更方案研究的通知》,对常州南互通进行了变更设计。新常漕公路将由四车道拓宽为八车道,考虑到两个项目实施时间一致,为保证互通的使用功能,互通范围内按八车道一次实施,在各匝道的起、终点设置 100m 长的渐变段仍接到原四车道新常漕公路上。

(9) 根据江苏省高速公路建设指挥部苏高项管四传字〔2004〕1 号文《关于调整常澄高速公路芙蓉服务区贯穿车道的通知》;对常澄高速公路芙蓉服务区贯穿车道进行了相应的变更设计。对平面位置和纵断面进行了调整,充分利用了土地资源,在满足洪水位及最小填土高度的前提下,降低了贯穿车道的纵断面,减少服务区的工程规模。

(三) 复杂技术工程

1. 软基处理

主要采用湿喷桩和塑排板及铺砂、碎石垫层等软基处理形式。采用湿喷桩处理淤泥、淤泥质土、黏土和含水率较高且地基承载力标准值不大于 1.2MPa 的黏性土等地基,采用塑排板处理结构物与路堤相邻的过渡段,通过设置竖向排水体大大缩短排水距离,加速地基的固结过程,提高了预压效果,达到了控制沉降的要求。

2. 跨沪宁现浇箱梁施工

跨沪宁现浇箱梁是整个常澄线的重中之重,因前期原因,导致分流匝道未能按期分流,而跨沪宁联现浇箱梁必须在年底前完成箱梁浇筑并拆除支架,回复沪宁路通车。跨沪宁联现浇箱梁施工难度大,位于沪宁路中分带长达65m钻孔桩,穿越沪宁路原填筑层以及淤泥质粉砂层,极易塌孔;在施工过程中一旦分流匝道出现紧急情况尚需保证沪宁路随时具备通车条件。

在钻孔桩施工中采用长护筒穿越填筑层直接进入原土层,因上部10m左右土质较差,钻进前投入黄泥造浆,保证了成孔质量;为保证沪宁路碎石具备通车条件,在沪宁行车道预留4×4.5m紧急通道;施工中一次投入所有支架及底模,确保工程按计划进行,从2003年9月5日开始封闭沪宁路进行施工同时施工三联四幅现浇箱梁,至2003年11月20日,箱梁混凝土浇筑已全部完成,确保了年底前恢复沪宁路通车。

3. 沪宁高速公路与横林枢纽拼接施工

沪宁路拼接施工是本工程难点之一,要求在保证沪宁路运营的情况下对老路进行拓宽,施工初期因河塘清淤抽水,破坏了原来路基两侧的压力,在施工湿喷桩段落的沪宁路两侧行车道均出现裂缝,出现裂缝后采取了紧急处理措施,沿沪宁路坡脚施工一排2.5mϕ1.5m钻孔桩作为抗滑桩,对沪宁路路基进行土钉锚固,裂缝路面灌缝处理,在裂缝段两侧路基全断面堆载反压土。同时,委托东南大学交通学院每天对裂缝进行观测,并多次召开专家会研究讨论后续的施工方案,为最大限度减少沪宁路裂缝,减少差异沉降,将拼宽路基软基处理全部变更为湿喷桩,沪宁高速公路坡脚内也采用3~4排湿喷桩,在坡脚外侧已施工完湿喷桩段落插打两排加密桩。为尽量减少对老沪宁路影响,在外侧湿喷桩完成后,在沪宁路坡脚外填筑1.2m(1.8m)宽10m的平台,作为湿喷桩机施工平台。软基处理阶段不对沪宁路进行台阶开挖,待坡脚内侧湿喷桩施工完成后,再挖除平台逐层开挖沪宁路边坡台阶,进行拼宽路基填筑;为消除匝道路基沉降对老沪宁路产生附加影响,对匝道路基与沪宁高速公路分离且坡脚间距小于20m的路段,采用在沪宁路坡脚外打"8"字形双头搅拌桩的处理方式,对沪宁路与邻近匝道路段的沉降进行分隔。全部工程于2002年12月结束,经检测验收,各项指标均满足设计规范要求。在沪宁高速公路匝道分流运营阶段,未出现纵向裂缝,满足行车条件。

(四)科技创新成果与应用

科学技术是第一生产力,加强科研与生产的结合,能提高施工质量和组织管理。着重以提高路用性能、体现以人为本、融合人文特色为指导思想,组织开展了一系列的科研攻关。

(1)常澄高速公路跨京杭运河特大桥采用了矮塔单索面混凝土部分斜拉桥70.15m+120m+70.15m的结构形式,这是介于斜拉桥和连续梁桥之间的新型结构形式,具有经济、美观、刚度大、施工方便的特点,此桥位居省内第一、全国第三。施工中,省、市高指加大了科研投入,联合省交通科学研究院和东南大学在施工控制、工艺等方面有所创新。

(2)锡澄运河大桥主桥采用1-73.66m钢管混凝土系杆拱,为控制好钢管混凝土系杆拱桥的施工质量,经多次征询专家意见,制定了锡澄运河大桥钢管拱、吊杆、成品索等质量控制标准,解决了该类桥型无系统的质量检验评定标准问题,确保了钢管拱桥的各项技术指标符合技术要求。

(3)全线沥青上、中、下三层面层均采用了SBS改性沥青。

(4)针对SMA-13上面层结构,认真总结了过去的施工经验,进一步加强对油量、孔隙率的控制,经多次反正验证,实现了石料不碎、玛蹄脂部上浮、路压均匀、不渗水的目标要求。

(5)为了探索不同类型下封层的施工工艺和路用性能,组织开展了改性乳化沥青、热喷改性沥青等沥青下封层试验。全线采用智能型沥青洒布车、石料撒布车进行施工,确保了材料撒布的均匀性。

(6)为了提高高速公路抗滑性能及雨天行车性能、减少车辆溅水及喷雾现象,减少路面反光,提高夜间路面的可视性,减少路面行车噪声,在横林枢纽F匝道进行了开级配抗滑表面(OGFC)试验段施工。

(7)为了探索桥面防水层的新形式,保证防水效果,省、市高指与东南大学等单位合作进行了改性乳化沥青代替FYT材料做防水层的相关试验,采用了三种不同的洒布量进行试验,试验效果良好。

(8)在软基处理方面,邀请了河海大学和江苏省交通科学研究院对粉喷桩进行钻芯取样和力学分析。为进一步分析、探索路基沉降规律,委托东南大学和苏州科技学院联合开展竖向位移、水平位移观测,并根据观测成果来控制路基的填筑速率。

(9)紧扣工程沿线旅游、江河文化内涵,将服务区、收费站及工程沿线的景观设计与当地的人文环境相融合,使建筑物造型幽静、雅致,具有现代气息,装修简洁、明快,雕塑、小品体现了地方人文特色。沿线绿化布设以中分带为连接纽带,将各互通区绿化和沿线自然景观融为一体,尽可能淡化人工痕迹,通过"模拟自然,遮盖人工,借景引观"等手法,体现生态美、景观美、自然美。

(10)为贯彻以人为本的理念,对全线交通工程进行了优化设计。地名、出口、预告、警示、站名等标志更为人性化,方便了驾乘人员;首次在全线设置了振荡标线和反光道钉,使道路行驶更为安全。

（11）跨越京杭运河的特大桥采用了美化照明和功能照明相结合的设计方法。在大桥照明设计中，按照"以人为本"的原则，充分体现了"江南风情""滨江特色"这两个特点，找准了夜景照明表现的形象定位，形成了独特的、富于变化的夜间照明景观，成为常州市城市形象的又一张"名片"。

（五）运营及养护管理

1. 运营管理

江苏省沿江高速公路有限公司具体负责沿江高速公路常澄段的管理、经营和养护。公司设办公室、计划财务部、运营管理部、工程技术部、经营管理部、人力资源部和党群工作部等7个部门，下辖2个路段管理中心、2个收费站和1个服务区，共有员工200人。在经营管理沿江高速公路的同时，公司还投资建设了太仓港疏港高速公路以及张家港疏港高速公路。公司还拥有苏州南林饭店有限责任公司、江苏省高速公路联网收费技术服务有限公司、江苏现代路桥有限公司的部分权益，资产规模达83亿元。

自2004年开通以来，公司积极探索在大流量常态化条件下的养护管理，在科学养护、安全保畅、运营管理、优质服务方面取得了可喜的成绩。

2. 养护管理

（1）坚持预防性养护，道路品质不断提升。认真做好道路日常养护工作，强化监管力度，健全养护质量保证体系。梳理完善规章制度，实现规范化管理。加强路桥检测，保障桥梁结构物安全。精心组织，严格管理，按期保质做好养护专项工程。同时，加强预算管理，严控养护经费。

（2）提高收费服务水平，树立良好企业形象。积极开展培训和创建活动，提升优质服务水平。严厉打击偷逃费行为，维持良好运营秩序，并能积极应对《江苏省高速公路条例》实施，保证平稳过渡。

（3）坚持软、硬件两手抓，服务环境明显改善，行业形象显著提升。巩固创建成果，形成长效管理机制；完善经营模式，规范租赁管理；强化制度落实，绩效考核体系初显成效；改善服务设施，完善服务功能。

（4）健全预案体系，突发事件应急处置能力不断提高。为积极应对恶劣天气、自然灾害以及各类突发事件，确保高速公路的畅通，先后制定或梳理了部分规章制度，进一步建立健全应急预案体系。面对突发事件和事故等的发生，预案周密、组织有序、指挥有方、行动迅速、处理得当。做到注重分析总结，积累处置经验，使突发事件应急处置能力不断提高。

(5)加强成本控制,挖掘潜力,企业降本增效效果明显。一方面拓宽经营思路,努力增加非主营收入;另一方面,狠抓成本控制,寻求节约空间。

(6)坚持防控结合,努力保障安全生产形势稳定。始终把道路保畅作为重点工作来抓。开通以来,坚持一路三方协调联动,快速清障形成共识,突发事件应变处置能力不断提高,文明平安收费站建设凸显成效。

3. 服务区

沿江高速公路常澄段设有1个服务区,为芙蓉服务区,用地面积为63334m^2,总建筑面积为5567m^2。

三、南京至常州高速公路(建设期:2003—2006年)

(一)项目概况

1. 基本情况

1)建设依据

南京至太仓高速公路南京至常州段(以下简称"宁常高速公路")是国家高速公路网中的上海至洛阳国家重点公路的组成部分,是江苏省长江以南东西向一条重要的干线公路,也是江苏省新一轮规划的"五纵九横五联"中"横六横七"的共线段,路线与宁杭、扬溧、常泰通道(常州西绕城)、沿江等四条高速公路相交。

宁常高速公路位于江苏省南部地区,全长89.971km。起点位于南京市溧水县城北,接宁杭高速公路桂庄枢纽,路线向东经过南京市的溧水县、镇江市的句容市、常州市的金坛市和武进区,终点位于常州市武进区鸣凰镇南,与沿江高速公路常州至江阴段相接。其中南京段11.003km,镇江段16.874km,常州段62.094km。

本项目的建设增强了江苏省高速公路网的通达性和覆盖面,进一步发挥禄口机场的功能,强化了苏南东西向交通走廊,加强与皖中、皖南的交通联系,改善项目区域公路网结构和相对落后的交通条件,特别是茅山老区的经济发展条件、投资引资环境,加快区域经济发展和旅游资源的开发,是对沪宁走廊快速通道的补充和完善,吸引上海经济中心与苏、锡、常沿江经济发达地区向苏南西部地区的辐射,培育新的经济增长点,具有十分重要的意义。

2)建设规模及主要技术指标

本项目设计行车速度120km/h(茅山隧道设计行车速度为100km/h),主线路基宽度35.00m,分离路基单幅宽度17.25m,沥青混凝土路面,标准轴载100kN,桥涵设计车辆荷载为汽车—超20级、挂车—120。

3)项目投资及来源

本项目概算投资 57.8412 亿元。

4) 工程建设条件

据区域地质资料,线路通过区可划分为五大地貌单元:①岗地丘陵区(起点至茅山西,K0~K24),②低山丘陵区(茅山西至茅东水库,K24~K28+700),③岗地丘陵区(K28+700~K37+200),④湖沼积平原(K37+200~K46+600),⑤冲湖积高亢平原(K46+600 至终点 K88+693.68)。

路线横穿茅山山脉,茅山山脉为苏南地区的分水岭。茅山以西为秦淮河水系,地貌多为丘陵地区,水系不发育,河流多自东向西流入长江。茅山以东属太湖水系,水系较发育,河流多自东向西流入太湖或长江。主要河流有丹金溧漕河、成章河、孟津河、武宜运河等,同时该区湖泊众多,水利调蓄能力强。茅山山脉两侧多人工修筑的水库,农田水利较完备。河水水位呈季节性变化,夏季河水水位高,流量大;冬季水位低,流量小。

区域内为处于长江下游的北亚热带季风气候区,具有四季分明、温暖湿润、热量丰富、雨量充沛的特点。全年无霜期达 220~230 天,年降雨量 1000~1200mm,降水量略大于蒸发量;雨季多集中在 7 月、8 月和 9 月 3 个月。但随着地理位置的变化,各市县降水量和日照分布也不均匀,总体自西向东,年均降雨量有增加趋势。

沿江高速公路南京至常州段属扬子准地台苏南—勿南沙隆起,次级构造单元自西向东如下:溧水中生代火山岩盆地;句容中生代坳陷南缘天王寺—朱家边凹陷;茅山断块;桠溪港—直溪桥中、新生代断陷;上黄—潢里低凸起。

5) 工程进度

本工程于 2003 年 10 月 27 日开工建设先导段,其他标段分两批招标,分别于 2004 年 11 月、2005 年 1 月进场开工。全线于 2007 年 9 月底建成通车。

本工程按省领导小组决策、省指挥部监管、市指挥部建设、公司筹资的建设管理模式进行。省高指根据批准的工程建设规模、概算及有关政策与市高指签订工程项目总承包协议书;南京、镇江、常州市高速公路建设指挥部在省高速公路建设指挥部的监督下,履行业主代表和总监办办事机构的职责。在项目建设过程中,省、市高指严格遵守基本建设程序,依据国家规范,参照国际通用的"菲迪克"条款和交通部通用招标文件范本制订了江苏省高速公路各项目施工、监理招标文件,通过国内公开招标选择承包商和驻地监理组。省、市高指按合同对施工、监理单位进行监督、管理,结合江苏省及本工程的具体实情,制订严格的工程管理制度和技术指导性文件,对工程的进度、质量、投资进行全方位的科学管理与严格控制。

本工程各项工作均按国家基本建设程序进行。

2003 年 5 月,江苏省发展计划委员会以苏计基础发〔2003〕546 号文批复同意立项建设。

2003年10月,江苏省发展计划委员会以苏计基础发〔2003〕1230号文批准了宁常高速公路可行性研究报告。

2004年10月,江苏省发展和改革委员会以苏发改交能发〔2004〕682号文批复了宁常高速公路可行性研究报告调整报告。

2004年12月,江苏省发展和改革委员会以苏发改交能发〔2004〕949号文批准了宁常高速公路初步设计。

2005年3月,江苏省环保厅以苏环管〔2005〕72号文批准了环境影响报告书。

6) 征地拆迁情况

该项目的征地拆迁政策按照江苏省人民政府苏政发〔2003〕131号文《省政府关于调整征地补偿标准的通知》、苏政发〔2005〕125号文《省政府办公厅转发省国土资源厅、省交通厅关于省交通重点工程建设项目征地拆迁补偿安置实施意见的通知》文件执行。拆迁安置和临时用地补偿由市高指包组织、包实施、包进度、包协调、包安置,省高指根据拆迁进度分阶段支付资金,对拆迁资金进行专款专用。

本项目共征用土地12239.7亩,拆迁房屋391190m^2。

2. 项目实施阶段

在南京至太仓高速公路南京至常州段建设过程中,经建设主管部门批准,主要的变更设计有:

(1) 南京至太仓高速公路南京至常州段在优化设计结束后,由于地方部门调整了沿线的农田水利和路网规划,为使南京至太仓高速公路南京至常州段构造设置及线外工程与沿线农田水利和路网规划进一步协调配套,对部分小型构造物和线外工程进行了必要的调整(移位、取消、增加等)。

(2) 为确保桥梁关键部位质量,在卧龙湖大桥上部V形支撑处添加钢纤维。

(3) 根据本段高速公路所处地域经济较发达、车流量较大的情况,对线外改移道路路面结构进行调整。

(4) 根据江苏省高速公路指挥部苏高传〔2006〕104号文《关于对茅山互通进行进一步优化完善的通知》的要求,对服务区连接线和相关匝道的线形设计进行了进一步的优化,并在K27+442处增设了8m×4m的汽车通道。

(5) 对花山分离式立交的西侧引道进行变更,设置平交口使老路与改造段顺利衔接。

(6) 根据《宁常高速公路设计创新第四次工作会议纪要》的要求,对NC-JT1标K30+555~K32+880段膨胀土(岩)挖方路段路基、路面、排水及防护进行变更设计,尽量放缓边坡,确保膨胀土(岩)路堑边坡的稳定。路基开挖至路床顶面以下40cm,采用19cm级配碎石调平,顶面撒铺1cm石屑碾压密实后铺防渗土工布,然后再撒铺1cm石屑施工19cm上级配碎石排水层。

(7)为满足金坛发展要求(新建开发区),在干家村支线上跨西侧紧贴原桥增加了一座相同形式的支线上跨,满足了规划开发区的通行要求。

(8)武进成章镇经济发展迅速,原设计的人行通道不能满足地方出行要求,将涉及的三道人行通道变更为机耕通道,同时根据地方要求,将谢家村人行景观天桥取消,在其两侧各设一通道以方便群众出行。

(9)根据《宁常高速公路设计创新第三次工作会议纪要》,对滆湖服务区平面布置方案做了进一步优化,滆湖服务区平面布置在现场场地地形和围堰范围基础上重新调整;滆湖服务区匝道线形在孟津河大桥与滆湖西大桥之间调整优化,确保两座桥梁均不变宽设计。

(10)根据苏高传字〔2006〕44号文《关于印发宁常高速公路设计创新第五次工作会议纪要的通知》的精神,对滆湖东、西卧特大桥排水进行变更设计,在"直接收集+直接入湖"方案基础上进一步优化,直接收集入水口每隔10m设1个集水口,与桥面平齐,下端紧贴防撞护栏设置直径20cm纵向雨水管,要充分考虑到雨水管的泥沙淤积问题,直排入湖入水口按高出桥面3cm设置。

(11)湖中路基考虑到湖水冲刷和环境美观,将边坡由1:2放缓到1:3。

(12)湖滨大道U形槽老路下挖,考虑到湖滨路交通量较大,整体开挖对交通的疏导分流难度较大,因此变更为半幅开挖,相应增加了基坑防护。

(13)淹城路分离式立交因地方规划路的变动,桥梁中心桩号向西平移了45.5m,相交角度由90°变为75°,桥梁上部由预制箱梁变为空心板。

(14)路线终点与沿江高速公路相接在常州南互通,但沿江高速公路是按四车道实施的,因此在桥梁终点处对原有的一段四车道路基进行拼宽处理,在路基段内实现四六过渡。

(15)根据苏高传字〔2005〕165号文《关于印发宁常高速公路设计创新第三次工作会议纪要的通知》的精神,对桥梁外侧防撞护栏进行了优化设计。

(二)科技创新

宁常高速公路的战略目标是"设计最优、工程最精、环境最美、创新最多",主要有以下几个方面:

(1)桥梁护栏、防撞立柱及护栏防腐处理采用热镀锌处理,表面处理采用纳米涂层,防腐能达到10年不生锈。采用纳米涂层新技术能起到自洁防腐保护作用,使护栏长期保持清洁美观。这种桥梁护栏施工工艺属国内首创。

(2)为了研究比较不同类型桥面防水的路用品质及其对沥青路面路用性能的影响,进行了乳化SBS改性沥青碎石、SBS改性沥青碎石、橡胶沥青碎石、FYT机械清扫和喷砂等八种方案组合的桥面防水试验段施工,积累了大量试验数据,为以后高速公路桥面防水设计、施工起到了一定的借鉴作用。

(3) AR-AC13型橡胶沥青上面层能有效改善沥青混合料应力扩散和应力吸收的效果,不仅减薄沥青面层厚度,降低成本,还克服了传统沥青路面高温抗车辙能力差,低温开裂的缺陷,耐热、耐寒、增强防滑性,提高了安全系数,随着车速的升高,降噪效果更加明显,同时大幅度延长使用寿命,从而减少了环境污染,取得了良好的社会环境和综合的经济效益。宁常高速公路全面推广橡胶沥青路面技术,在一个标段施工了AR-AC13橡胶沥青上面层。

(4)橡胶应力吸收层具有优良的高温稳定性、低温抗裂性和抗水损害能力,橡胶沥青薄膜对防止和减少沥青路面反射裂缝效果明显,能大大延长路面裂缝的反射时间,在一个标段施工了SAMI应力吸收层,为推广橡胶应力吸收层积累了宝贵经验。

(5)采用了0.5km高劲度模量沥青中层面,能有效改善混合料高温抵抗变形的能力,抗车辙性能较好,性价比好。

(6)在部分标段沥青中面层中添加了聚酯纤维,有效地提高了沥青路面高温稳定及低温抗裂等路用性能。

(7)因地制宜,主线生态型边坡、互通区环境整治优化设计、滆湖湖心岛、茅山服务区创新设计均体现了本条高速公路的"环境最美",在国内处于领先水平。

(8)滆湖大面积围堰取土的施工工艺,把水下桥梁基础施工变"陆上"桥梁施工,避免因桥梁施工污染水体,同时为路基土方施工取土提供了大量的土源,解决了苏南地区取土困难的难题,节约耕地面积近3000亩,这种湖中取土的创举取得了良好的社会、经济效益。

(三)运营及养护管理

1. 运营管理

在运营管理方面,坚持抓好主要工作环节不放松,把保证道路安全畅通作为头等大事。"十二五"以来,随着社会车辆保有率的增长以及溧马高速公路的开通,特别是宁常线车流量增长迅猛,给运营管理工作带来新的挑战。为了完成"收好费"的工作任务,公司以管理提升为抓手,在科学预测的基础上,深化区域资源整合,优化应急保障机制。通过加强收费现场管理、加大日常巡查力度、做好现场安保、加强对车流及人员的引导、保持24小时保洁服务,圆满完成节日免费放行、青奥会、国家公祭日等各种服务保障任务,实现了收费道口无拥堵情况、无免费放行情况、无有理投诉事件发生、无重大交通事故、无责任性事故的保畅"五无"目标。

在打击偷逃通行费方面,公司全面推行"听声音、看车型、找证据、谈政策"四步工作法,完成了11个收费站共26个出口车道的秤台改造,实现了全线ETC车道的全覆盖。并集中开展防范和打击偷逃车辆通行费专项整治活动,协调路政、交警设立联合打逃点,效果明显,仅2014年就挽回通行费损失73万元。

在三大系统管理方面,公司努力提高管理的科技化水平。编制了宁常镇溧智能高速感知平台技术方案,建立了电话录音、电话业务统计和网络共享等功能;对三大系统备件库进行全面清理,配置条码机及扫描枪,建立了三大系统库房管理系统,实行动态控制、追溯管理。

在全员业务提升方面,公司立足扬长补短活动,以"全、实、活"为特色,组织全线值班员、收费员、清障员、服务员等岗位进行多次技能达标测试,还组织了理论、点钞、点卡、排障拖车倒库、扛锥筒折返跑等考核,做到月月有考试、考核、考评,达标成绩直接与员工评先推优、岗位晋升相挂钩,并在2014年底组织了收费技能擂台赛。通过一系列的业务培训、考核,全员工业务水平都有了显著提升,公司运营等各项业务工作实行了全面升级。

在温馨服务方面,公司深入开展文明服务月等工作,进一步细化文明服务标准,规范文明服务举措。全线员工积极落实公司要求,结合雷锋服务日等主题活动,为广大驾乘人员指路、倒水,提供便民服务箱服务。各窗口单位服务质量稳步提升,文明用语使用率达到100%,服务满意率达到99%。近期,公司还聘请了专业培训师,对全体收费人员进行收费规范化及收费礼仪培训,使各窗口文明服务保持了深厚的群众基础和持久的发展动力。

在清排障管理方面,公司不断健全调度指挥体系,完善预案、规范流程,加大清障救援和调度指挥设施设备投入,经常组织事故处置演练和典型案例评析,强化各类信息的收集报送,灵活采取预控性交通管制措施。科学设置清障备勤点,优化清障作业方式,实现了5分钟出车率,30分钟到达率,2小时通车率"三率"达标,道路清障快速高效。迄今未发生一起清障二次事故。

"十二五"期间,安全管理一直是公司工作重点。公司经历了高温、大雾、台风、暴雨和冰雪天气的考验,处理各类突发事件时预案齐全、出警迅速、处理得当,五年多来没有发生一起道路安全责任事故和内部安全责任事故。主要是做到了"三个到位":一是认识到位,牢固树立"安全第一、预防为主、综合治理"的方针,千方百计增强全员安全生产工作的责任感。二是坚持制度到位,不断完善和细化安全管理网络体系、安全管理规章制度、安全工作预案。三是检查整改到位,积极开展安全活动,抓好关键岗位、重点部位的动态监管;做好工程施工、恶劣天气、突发事件等情况的道路安全保障方案。

2. 养护管理

在工程养护管理方面,"十二五"期间公司始终坚持"以路为本"的指导思想,坚持"标本兼治,治本为主"的养护理念,以桥梁为重点,以路面为中心,全面开展道路养护工作,保持了优良的道路品质和服务水准,道路优良率达到100%。公司重点落实了日常养护与专项养护的长效管理机制,加快推进"标准化养护工区"建设,不断提高科学决策和养护管理水平,保持了两路良好的通行品质。修订完善了日常养护、专项治理、桥涵养护等制度,联合科研院所和专业机构对全线路面状况进行综合评估,编制科学、合理、经济的年度日常养护计划和大修养护方案,有计划、有步骤、有重点地对病害道路和桥梁进行大中小修。

在日常养护管理中,公司坚持每天一次日巡、每月一次夜巡,保证坑塘24小时修复,损坏护栏板48小时复原。根据病害种类和季节特点,积极开展预防性养护。采取一桥一牌、一桥一档的养护管理模式,将桥涵隧道纳入"事故隐患危险点监控"范围,实行了桥梁养护工程师制度,完善了桥涵群防群治体系,与实力强、信誉好的检测、养护单位建立长期稳定的合作关系。通过专业单位特殊检查、定期检测、各养护中心经常性巡查,保证了桥梁、隧道运营状况始终处于受控状态。

在专项养护管理中,公司完善养护工程质量检查评定机制、质量跟踪机制和责任追究机制,加强养护费用定额管理,加大工程计量支付审核程序控制。严格比选养护工艺、规范养护操作程序,注重节能环保,对施工旧料进行回收再利用,既降低了养护成本,又节约了社会资源。2014年,实施了薛埠苗圃专项工程,利用全线互通空置土地,建设道路绿化苗圃基地,培植蜀桧、龙柏、红叶石楠等道路绿化苗木4000余株,有效解决了苗木自给问题。

公司还积极开展养护技术的研究应用,鼓励员工自主研制了车载式中分带绿化修建机、夹注式园林树木刷白器、桥梁支座检视仪等多项发明项目,运用于实际的道路养护管理中,节约了养护经费,提高了工作效率,还多次获得控股系统合理化建议征集的优秀奖。

"十二五"期间,公司共投入养护经费1.1亿元,路面维修3350万元,护栏板维修6633片,灌缝16374.5m,铣刨治理路段折合单车道46.54km,道路病害48小时修复率始终保持在100%、养护质量优良率始终保持在100%。专项工程建设迅速推进,共完成宁常线中分带绿化改造、卧龙湖大桥加固维修、茅山隧道防火层加固维修等19项专项维修工程。宁常线养护质量指数(MQI)优良率为97.22,镇溧线为96.46,道路技术状况、环境卫生、绿化管养等综合指标始终保持在优良以上。

四、溧水至马鞍山高速公路江苏段(建设期:2009—2013年)

(一)项目概况

1. 基本情况

1)建设依据

溧水至马鞍山高速公路江苏段是国家规划的长三角区域高速公路网和江苏省高速公

路网的重要组成部分,也是江苏南部与安徽东部的重要省际通道。该项目建设对完善长三角地区高速公路网,加强上海及苏南地区与中西部地区的联系,推进南京都市圈建设,提升禄口国际机场的服务功能,促进沿线区域社会经济发展等具有十分重要的意义。

2)建设规模及主要技术指标

本项目起点位于沿江高速公路与宁杭高速公路交叉的桂庄枢纽,利用宁杭高速公路溧水连接线向西,经溧水开发区、石湫镇、江宁区禄口街道、横溪街道,终于江苏省南山(长岗)和安徽省宝塔山(牛路口)附近的两省省界,并与安徽省路线相衔接,全长约37.48km,其中利用老路扩建段4.90km,新建路段32.58km。本项目全线采用双向六车道高速公路标准,路基宽度34.5m,设计行车速度120km/h。路基、桥涵设计洪水频率:特大桥1/300,其余均为1/100。

3)项目投资及来源

根据江苏省发展和改革委员会苏发改交通发〔2009〕1674号文《省发展改革委关于溧水至马鞍山高速公路江苏段初步设计的批复》,本项目初步设计总概算为24.27亿元。其中,项目资本金占项目总投资的35%,由江苏宁杭高速公路有限公司承担70%,南京公路发展(集团)有限公司承担30%;资本金以外的建设资金由项目公司向金融机构贷款解决。

4)工程建设条件

项目地处长江下游的北亚热带季风气候区,四季分明、温暖湿润、热量丰富、雨量充沛。全年降雨量为1000～1200mm,并且多集中在7月、8月、9月3个月,年无霜期达220～230天。路线所经区域虽同属一个气候区,但随着地理位置的变化、年降雨量、日照分布、气温等也有所不同,各区都有相应特点。

江宁区属于亚热带温湿气候,四季分明、雨水充沛、光照充足,年均气温:16.7℃;年均降水量:959.8mm;年均日照时数:1786.4h;年均风速:3.5m/s,年均相对湿度76%;无霜期:214天。

溧水县属北亚热带季风气候区,年平均气温15.5°,年平均日照2077h,年平均降雨1100mm,春夏秋冬四季分明,气候宜人。

线路跨越溧水火山岩断陷盆地以及宁芜火山岩盆地区,地形起伏较大,地貌上属于低山丘陵岗地地区。本区地貌单元较复杂,主要为岗地夹剥蚀残丘、低山丘陵等,地面高程从十几米至几十米不等,其中铜山最高峰可达195m。局部地段为秦淮河上游河谷冲积平原,地势低平,地面高程为10m左右。

区内自然水系不发育,主要河流有秦淮河支流一干河、三干河、横溪河,以及沟渠水塘等,多经人工改造。水量季节性变化明显,且受长江控制,年平均降水量约1030～1130mm,降雨主要集中在4—7月。夏季多雷阵雨,夏末秋初多台风暴雨,有时出现灾害性天气。

地下水类型有第四系孔隙水以及基岩裂隙水。基岩裂隙水主要富集于侏罗系龙王山组安山岩、西横山组砂砾岩以及朱村组砂页岩之中。地下水补给来源以大气降水为主。

勘察期间,于钻孔(ZK25)中取混合水水样作水质简分析,试验结果详见水质分析成果表,钻孔混合水为 $HCO_3Ca·Mg$ 型水,矿化度 381mg/L,SO_4^{2-} 浓度 80.26mg/L,pH 值 7.78,侵蚀性 CO_2 浓度 < 1.0mg/L,Mg^{2+} 浓度 19.09mg/L,$Cl^- + SO_4^{2-}$ 浓度 242.74mg/L,按《公路工程地质勘察规范》(JTG C20—2011)Ⅱ类环境评价标准判别,沿线地下水对混凝土无腐蚀性,对钢结构具有弱腐蚀性。

5)工程进度

溧马高速公路项目于 2009 年 12 月 29 日举行奠基仪式,2010 年 10 月全线开工建设。在省委、省政府,南京市委、市政府,省、市交通部门的大力支持和正确领导下,溧马高速公路项目指挥部组织带领万名参建者,经过 38 个月的顽强拼搏,在时间紧、技术难度高、工程量大的情况下,克服了征地拆迁、工程技术复杂等诸多不利因素和困难,于 2013 年 12 月建成通车。

6)主要工程数量

溧马高速公路江苏段概算投资 24.46 亿元;土石方总量 856.7 万 m^3(其中填方 517.5 万 m^3,挖方 339.2 万 m^3);软基处理 38.7 万延米;全线桥梁总长为 7667.12 延米/48 座(其中特大桥 1902 延米/1 座,大桥 3402 延米/12 座,中桥 2363 延米/35 座);全线共设互通式立交 6 处(桂庄枢纽、溧水开发区互通、骆家边枢纽、禄口南互通、将军路南延互通和横溪南互通),服务区 1 处;小型构造物 124 座。

2. 决策过程

1)立项

2009 年 8 月 14 日,江苏省发改委以苏发改交通发〔2009〕1128 号文《省发展改革委关于溧水至马鞍山高速公路江苏段可行性研究报告的批复》批准了该项目的可行性研究。

2009 年 10 月 20 日,江苏省发改委以苏发改交通发〔2009〕1674 号文《省发展改革委关于溧水至马鞍山高速公路江苏段初步设计的批复》批准了该项目的初步设计。

2)用地预审

2009 年 4 月 5 日,江苏省环境保护厅以苏环审〔2009〕54 号文《关于溧水至马鞍山高速公路(江苏段)环境影响报告书的批复》批准了该项目的该项目的环境影响报告书。

2010 年 6 月 4 日,南京市规划局颁发了中华人民共和国建设用地规划许可证,地字第 320115201011280 号。

2010 年 12 月 22 日,江苏省林业局以苏林林地审字〔2010〕168 号文《使用林地审核同意书》批复了使用林地手续。

2012 年 12 月 27 日,国土资源部以〔2012〕997 号文《国土资源部关于溧水至马鞍山高速公路江苏段工程建设用地的批复》批准了该项目的建设用地。

(二)建设情况

1. 项目准备阶段

溧马高速公路江苏段项目主体设计、房建及绿化设计单位的招标由江苏省交通工程建设局组织实施,招标信息均在中国招投标网上公开发布,评标专家均从专家库中抽取产生,开标、评标、合同签订等公证处均全程公证,确保招标工作的公开、公正和公平。

1)勘察设计研究单位招标情况

本项目公路工程、交通工程(含三大系统工程)及沿线设施(含安全、养护、服务、房屋建筑等)勘察设计采用公开招标,于 2008 年 12 月完成主体工程招标签约工作,于 2011 年 1 月完成了溧马高速公路江苏段工程房建、绿化工程设计招标签约工作。

2)施工、监理单位招标情况

溧马高速公路江苏段施工、监理单位招标工作自 2010 年 5 月开始,至 2012 年 5 月结束,累计招标 23 次,施工单位 41 家,监理单位 4 家。除个别项目二次公告后报名单位少于三家未能评标,采取竞争性谈判方式确定中标人,其余所有招标均为国内公开招标,江苏省交通运输厅建设管理办公室全过程进行行业监管,公证处全程进行了现场监督,派驻纪检办全过程参与,招标信息均在中国招投标网上公开发布,评标专家均从专家库中抽取产生,由公证处对开标、评标、合同签订等过程全程公证。

3)参建单位主要情况

设计单位:江苏省交通规划设计院。

施工单位:中铁十五局集团有限公司、中交第一公路工程局有限公司、南京交通工程有限公司、胜利油田胜利工程建设(集团)有限责任公司、江苏捷达交通工程集团有限公司、路桥华东工程有限公司、江苏省交通工程集团有限公司、江苏迪生建设集团有限公司、南通新华建筑集团有限公司、中兴建设有限公司、江苏顺通建设集团有限公司、南通华荣建设集团有限公司、南京苏秦电力设备安装有限公司、江苏三棱科技发展有限公司、江苏科智节能科技发展有限公司、南京以琳水务科技有限公司、江苏省纯江环保科技有限公司、毛勒桥梁附件有限公司、南京装饰工程有限公司、常州常新道路工程材料有限公司、无锡市锡广高速公路养护有限公司、南京华路公路设备工程有限公司、江苏泓益交通工程有限公司、江苏大自然环境建设集团有限公司、常州市绿美艺园林绿化工程有限公司、淮安市绿地园林建设有限公司、江苏博盛园林建设有限公司、南京金埔园林股份有限公司、江苏源泰环境建设工程有限公司、江苏绿海园林绿化工程有限公司、连云港市云路交通设施厂、江苏金阳交通工程有限公司、宜兴市公路交通设施有限公司、江苏兴达交通建设有限公司、常州常新道路工程材料有限公司、江苏长城交通设施设备有限公司、紫光捷通科技股份有限公司。

监理单位:理工大学工程兵工程学院南京工程建设监理部、江苏东南交通工程咨询监理有限公司、江苏振星工程监理有限公司。

检测单位:南京交通工程检测有限责任公司、上海市公路工程质量检测中心、江苏省交通科学研究院股份有限公司、江苏省交通规划设计院股份有限公司。

监督管理单位:江苏省交通运输厅工程质量监督局。

4)征地拆迁情况

本项目征地拆迁工作于2010年3月开始启动,按江苏省人民政府苏政办发〔2005〕125号文《省政府办公厅转发省国土资源厅、省交通运输厅(关于省交通重点工程项目征地拆迁补偿安置实施意见)的通知》,其中耕地开垦费执行苏政办发〔2006〕32号文《省政府办公厅转发省国土资源厅等部门关于调整耕地开垦费征收标准请示的通知》。省交建局根据征地拆迁进度分阶段支付资金,实行拆迁资金专款专用。在各级领导和地方政府大力支持下,在沿线群众理解和配合下,通过全体参战人员的努力,征地拆迁工作在2012年6底基本结束,为工程建设提供了保证。

征地拆迁情况统计见表7-15-6。

征地拆迁情况统计表 表7-15-6

征地拆迁安置起止时间	征用土地(亩)	拆迁房屋(m^2)	支付补偿费用(元)	备 注
2010年3月—2012年6月	3747.73	112776	960000000	

2.项目实施阶段

本项目建设过程中,经建设主管部门批准,主要的变更设计有:

(1)在施工图设计结束后,地方部门调整了沿线的农田水利和路网规划。为使溧马高速公路江苏段构造物设置及线外工程与沿线农田水利和路网规划进一步协调配套,对部分小型构造物、线外桥和线外工程进行了必要调整(移位、取消、增加等)。

(2)对部分路基路段增加预压方案,使设计方案与本项目的工期更加吻合,同时充分考虑了现场的施工条件,节约了工程造价,适应了现场的实际条件。

(3)收费站水泥混凝土路面针对交通工程设计调整进行变更。

(4)为了支持地方工程建设,配合宁高新通道全线统一设计标准,将军路互通被交道按照双向四车道、设计行车速度100km/h、路基宽度26.0m的一级公路标准进行变更。

(5)根据现场雨污水管线规划情况对禄铜线支线上跨进行变更设计。

(6)为保证一干河通航要求,将一干河大桥主墩承台顶高程抬升0.5m,并设置防撞墩。

(7)为进一步提升路面使用品质,对路面结构进行了优化设计。

(8)根据原溧水连接线老路路面实际情况,优化上面层罩面设计方案。

(9)针对房建施工中需要处理的问题,及时去现场了解情况并给予修改。

(10)为进一步优化监控外场设备布设,对通信监控供电管道施工图设计进行了相应的变更。

(三)科技创新

1)开展膨胀土及尾矿混合料路用性能和施工技术

当路线受到大型结构物控制时,则存在桥头与一般路基的过渡问题;当工程造价限制和软土土性差异,工程中会采用不同地基处理方法进行处理,进而形成不同地基处理的过渡;或当新老路基拼接段,存在新老地基处理的过渡。课题以本项目工程等为依托,通过现场试验、室内模拟、数值模拟和理论分析等方法,分析软基过渡段的沉降变形特性,深入研究过渡段地基处理合理过渡方式和路基加强形式,进而提出过渡段设计方法,提出过渡段差异沉降控制标准,为江苏省高速公路软基过渡段的修筑提供可靠有效的科学依据和工程实践指导。

2)坚持环保优先打造亮点

在溧马高速公路建设的进程中,省交建局、市指挥部积极探索绿色施工。根据建设的总体要求,在服务区综合运用了各项节能低碳环保技术,按照国家绿色建筑三星级标准进行设计,建设了太阳能光伏发电、地源热泵、风光互补照明、信息智能化、日光光导管、雨水收集、中水回用、节水喷灌等9项新技术。新技术的采用每年可节电30多万kW·h,减少二氧化碳和二氧化硫排放60多万t,节水4万多吨。荷叶山服务区成了一个真正意义上的绿色环保、节能减排、低碳运行的示范工程。

3)技术创新、工法创新

本项目建设过程中注重细节创新,全面提高施工、监理单位科技创新意识,在不断改进完善施工工艺的同时,形成许多项新工艺新工法,有效提升了工程质量。

如在生态防护施工时,抢抓时机、提前施工,减少工程施工现场在雨季造成的水土流失;在沥青混合料生产过程中产生的回收粉,安装自动喷水装置,尽可能减少扬尘污染。

4)积极推行施工标准化管理

尽管溧马项目招标和进场时间较早,但省交建局、市指挥部结合《江苏省高速公路施工标准化指南》的要求和项目的实际情况,明确了溧马项目标准化施工的基本要求和相关考核指标,使得溧马施工现场管理更加规范,施工工艺更加精细,质量和安全文明施工水平明显提升。尤其在后期的沥青路面施工过程中,严格全面落实施工标准化的各项要求,实现了驻地建设、拌和场建设、试验室建设、现场施工工艺控制标准化管理,进一步提升了沥青路面施工质量与管理水平,为溧马高速公路创"十二五"品牌工程奠定了坚实的基础。

(四)运营及养护管理

1. 运营管理

江苏溧马高速公路有限责任公司认真执行养护规范和管理制度,扎实创建溧马高速公路特色,以"规范化、标准化、精细化管理"为导向,加强队伍建设,强化运营管理,坚持科学养护,拓展经营思路,经营业绩持续增长。

2. 养护管理

(1)坚持预防性养护,道路品质不断提升。认真做好道路日常养护工作,强化监管力度,健全养护质量保证体系。梳理完善规章制度,实现规范化管理。加强路桥检测,保障桥梁结构物安全。精心组织,严格管理,按期保质做好养护专项工程。同时,加强预算管理,严控养护经费。

(2)提高收费服务水平,树立良好企业形象。积极开展培训和创建活动,提升优质服务水平。严厉打击偷逃费行为,维持良好运营秩序,并能积极应对《江苏省高速公路条例》实施,保证平稳过渡。

(3)坚持软、硬件两手抓,服务环境明显改善,行业形象显著提升。巩固创建成果,形成长效管理机制;完善经营模式,规范租赁管理;强化制度落实,绩效考核体系初显成效;改善服务设施,完善服务功能。

(4)健全预案体系,突发事件应急处置能力不断提高。为积极应对恶劣天气、自然灾害以及各类突发事件,确保高速公路的畅通,先后制定或梳理了部分规章制度,进一步建立健全应急预案体系。面对突发事件和事故等的发生,预案周密、组织有序、指挥有方、行动迅速、处理得当。做到注重分析总结,积累处置经验,使突发事件应急处置能力不断提高。

(5)加强成本控制,挖掘潜力,企业降本增效效果明显。一方面拓宽经营思路,努力增加非主营收入;另一方面,狠抓成本控制,寻求节约空间。

(6)坚持防控结合,努力保障安全生产形势稳定。始终把道路保畅作为重点工作来抓。开通以来,坚持一路三方协调联动,快速清障形成共识,突发事件应变处置能力不断提高,文明平安收费站建设凸显成效。

3. 服务区

本项目沿线设有荷叶山服务区、溧水开发区东收费站、禄口南收费站、将军大道收费站、横溪南收费站和苏皖省界收费站。服务区以经营餐饮、超市为主体,以加油、汽修为配套,以休闲娱乐为补充,为顾客提供多功能全方位服务。

荷叶山服务区站区用地大致呈梯形,地势起伏较大,南侧地势较高,北侧较低,高差约为10m。采用以往的设计方法会使挖填土方量巨大,造成大量人力物力财力的浪费。本方案结合场地现有地形,竖向设计采用立体式的布局方式,在保证功能便利的基础上,最大限度地保持原有的地形地貌,减少场地的挖填土方量。

场地南区高程较大,整体呈上坡趋势。设计中利用此地形特点,在场地内设计三种高程。场地北区高程较小,整体呈下坡趋势,但由于场地需与道路高程相接,所以需通过填补一定的土方量来实现,可利用南侧多余土方量,基本可以实现土方量平衡。同时因场地北侧局部地形较低,考虑设计地下室。

荷叶山服务区在设计中考虑了各项绿色技术措施。节能环保技术在高速公路房建中的应用,就是为了实现节约能源、节省资源,并且在不破坏环境基本生态平衡条件下建造可持续发展的建筑。设计思路就是把本次房屋建筑建设成为更节地、节能、节水、节材和环保的绿色建筑。本建筑简洁大气,风格温馨明快,充分考虑周围场地风貌的特色,结合场地现有地形,竖向设计采用立体式的布局方式,保持原有的地形地貌,节约土方量。同时考虑人性化设计,创造灵活分隔的商业空间与舒适宜人的休闲空间,适合不同人群的需要,力求给建筑做成一个亲近、温馨的服务性休闲场所。荷叶山服务区采用线条简洁的墙面、层层叠落的屋面、百叶等装饰线条及细部,充分体现服务区的轻松休闲气氛。综合楼为与周边环境相协调,蓝灰色的屋面,砖红色与白色的外墙面。玻璃与墙面虚实对比,强调纵向的设计手法。质朴又不失视觉层次上的丰富,形体严谨理性又不失轻松飘逸。整个建筑体形现代,轻盈并富于变化。

为提高屋顶的隔热保温性能,同时改善生态与环境质量,荷叶山服务区建筑主体屋顶局部采用种植屋面技术,结合防水及承重要求,选用喜光、耐旱、根系浅的沙漠植物,无须使用灌溉系统,免维护,运行成本低。同时收集、利用建筑屋顶及道路、广场等硬化地表汇集的降雨径流,经收集—输水—净水—储存等渠道积蓄、利用雨水,为绿化、景观水体、洗涤及地下水源提供雨水补给,以达到综合利用雨水资源和节约用水的目的。公厕、办公、宿舍的走廊采用光导管进行自然采光。并且采用地源热泵系统为整个服务区提供夏季供冷、冬季供热以及生活热水。屋面布设光伏板提供整个服务区的日常用电。考虑到沿线高速公路的噪声源,本着人性化设计,在综合楼宿舍沿高速公路一侧设置隔声窗。

第十六节　G4211(南京—芜湖)

南京至芜湖高速公路(G4211)江苏境内已全线通车,起自南京绕越高速公路,向南终于铜井(苏皖界)。江苏境内全长27km。全线各路段基本情况见表7-16-1。

G4211 全线各路段基本情况

表 7-16-1

序号	路 段	里程(km)	建设期	备 注
1	南京至马鞍山高速公路	27	1995—1998 年	

(一)项目概况

1. 基本情况

1)建设依据

宁马高速公路是省、市"九五"期间交通基础设施建设的"开篇之作",是国家的重点工程,是江苏及南京地区通向皖南北部和中国南部的出口通道。

宁马高速公路的建设对满足国家经济发展的需要,促进改变交通基础设施建设与社会经济发展逐步相适应,适应商品结构变化带来的运输结构的变化,达到快速、安全、经济、舒适的要求,促进区域经济更紧密结合,加强大经济区、省市、地区间的横向联系,适应沿江经济发展战略的需要,对改善项目区域投资环境都有着十分重要的意义。

2)建设规模及主要技术指标

宁马高速公路北起南京绕城公路一期、二期工程接点刘村,路段向东跨越现宁芜公路和宁芜铁路后,南下越过凤凰山铁路专用线,经雨花台区板桥镇、江宁县谷里乡、江宁镇、铜井镇,沿宁芜铁路东侧与马鞍山市东环路相接,全长 26.796km,其中两次穿越安徽省地界,安徽省境内总长 644m。全线设置互通式立交 4 处,分离式立交 2 处;主线收费站 1 座,服务区 1 处。

宁马高速公路路基宽 24.5m,双向四车道,设计行车速度 100km/h,桥涵设计车辆荷载汽车—超 20 级、挂车—120,路面设计结构为粗粒式沥青混凝土 + 二灰碎石基层(软土地基段) + 二灰土底基层。

3)项目投资及来源

宁马高速公路原设计概算 3.6 亿元,后经调整概算约 5 亿元。建设资金由部、省、市采用共同出资的办法筹措解决,主要来源于银行贷款。

省计经委苏计经交〔1995〕1120 号文《关于南京至芜湖(江苏境)可行性研究报告的批复》,明确建设总投资控制在 3 亿元之内,建设资金由南京市按照投资体制改革精神负责多渠道筹措解决,其中省厅定额投入 1.9 亿元(含争取交通部投资部分)。

省建委苏建重〔1996〕204 号文《关于 205 国道南京至马鞍山段(江苏境)一级公路初步设计的批复》,核定工程初步设计概算总投资为 364283803 元。并要求按照省政府苏政发〔1995〕136 号文批转的公路等交通基础设施投资体制改革方案组织实施。

省建委和省交通厅以苏建重〔1997〕555 号、苏交计〔1997〕250 号联合发文《关于南京至马鞍山(江苏段)投资概算的批复》中,核定宁马一级公路调整概算为48874万元,较原批准概算增加12446万元。

4)工程建设条件

本项目位于南京市西南至苏皖两省交界处,长江、宁芜铁路以东,岱山、白头山以西,东接长江三角洲平原,西连安徽丘陵岗地,属苏皖交界低山丘陵区,地面格局为低山、岗地与滨河平原相交错,地面高程在5.5~42.0m之间(黄海高程系)。沿线地层主要由亚黏土、黏土、安山质火山角砾岩、长石斑岩等组成。全线共有8km位于软土地区,其表面为淤泥质亚黏土,层厚1~18m,主要分布在平原、洼地和桥头等地带。基岩则在地表下20~30m即可触及,且岩层变化复杂,层面起伏很大,全线共穿越河塘90多处,且有不少暗塘。工程地质情况十分复杂。

工程地形起伏大,地质情况复杂,软土众多,水系多变,对工程设计施工要求较高。由于沿线水系复杂,路基受洪水影响较大,设计时对其路基高程、防护和排水采取了切实可行的措施。

5)工程进度

根据省计经委可研报告批复(苏计经交〔1995〕1120号)、省建委初步设计批复(苏建重〔1996〕204号),本项目建设工期为2年,工程于1996年9月10日开工建设,于1998年9月5日完成。1998年9月7日、8日对工程进行了全面验收。1998年9月16日正式交付使用。

6)主要工程数量

宁马高速公路批准概算4.8874亿元(不含马鞍山段0.644km)。全线主要工程量:粉喷桩软基处理27.4万延米;路基土石方321万m^3;浆砌片石工程10.65万m^3;沥青混凝土路面60万m^2;涵洞118道(其中倒虹吸13道,箱涵10道);渡槽1座;通道55道;大桥1座,中桥8座,小桥1座;分离式立交2处,互通式立交4处;主线收费站1座,匝道收费站4处;服务区1处以及相应的安全设施和绿化工程。

2. 决策过程

1993年3月,安徽省公路勘测设计院完成并汇报《国道205马鞍山过境公路二阶段初步设计》,提出建设马鞍山市过境公路的迫切性。

1993年6月19日,南京市公路处以宁路字〔1993〕第93号文向江苏省公路局提出《关于宁芜公路改造规划方案的请示》。

1994年3月11日,马鞍山市交通管理局做了《关于马鞍山市基本概况及公路基本建设情况的汇报》。

1994年12月5日,江苏省交通厅以苏交计〔1994〕208号文下发《关于宁芜公路工程可行性研究报告审查会的预备通知》。

1994年12月12日,江苏省与安徽省根据时任交通部副部长李居昌1994年3月13日"关于国205线江苏、安徽两段公路建设问题协调意见"的精神,签署了共建协议。

1995年1月19日,召开了宁芜公路工可审查会。

1995年8月1日,江苏省计划经济委员会以苏计经交〔1995〕1120号文批复《南京至芜湖公路(江苏境)可行性研究报告》。

1995年12月8日,《205国道南京至马鞍山段(江苏境)一级公路初步设计》通过审查。

1996年3月1日,南京市交通局与香港丝里有限公司签订《关于合作建设南京至马鞍山一级公路(江苏段)项目意向书》。

1996年4月29日,江苏省建设委员会以苏建重〔1996〕206号文批准《205国道南京至马鞍山段(江苏境)一级公路初步设计》。

1996年6月,江苏省交通科学研究所基本完成宁马高速公路施工图设计。

(二)建设情况

1. 项目准备阶段

1996年初,南京市委、市政府经过研究作出当年开工建设宁马高速公路的决定,并明确1998年9月建成通车的目标,从此宁马高速公路被列为南京市"三年面貌大变"的标志性工程。省交通厅也将其列为江苏"九五"期间首批开工建设并完工的重点交通基础设施之一。1996年8月2日,南京市政府召开工程建设动员大会,并专门制定宣布146号文件,为工程建设的征地、拆迁、带劳、施工等方面营造宽松环境。同时宣告成立以市长王宏民为总指挥的市建设指挥部,明确了市指挥部工作实行目标分工负责制,工程招标、施工管理、质量监督及资金筹措等工作交由市交通局负责,征地拆迁、劳力安置由市有关部门及沿线区、县政府负责。市各相关职能部门和沿线区、县负责人与市政府签订了目标责任状。受市交通局的委托,由南京市公路建设处负责实施该工程,随即组建宁马公路项目指挥部,进驻施工现场,进行设计催交、现场放样、招投标等工作,拉开工程建设的序幕。1996年9月10日,市委、市政府举行开工典礼,宁马高速公路正式开工建设。

1)施工、监理单位招标情况

宁马高速公路全线分1个桥梁标(刘村互通式立交)、5个路基标、2个路面标共计8个大标。对后增加的2个互通(大方、铜井)以及收费站、服务区房建、交通设施、绿化等辅助工程单设18个小标。采用公开招标、个别辅助邀标、议标的方式确定了46家施工单位。

2)参建单位主要情况

设计单位:江苏省交通科学研究所负责总体设计、交通部公路规划设计院负责刘村互通设计、交通部第二公路勘察设计院南京分院负责主线收费站和大方、铜井的互通设计。

建设单位:南京市公路建设处(现为南京市交通建设处)。

施工单位:省交通工程总公司、省路桥公司、南京交通工程总公司、南京公路处沥青拌和厂、中建八局等。

铁道部十四工程局一处承建刘村互通、南京嘉盛基础设施公司承建刘村互通主线及匝道;盐城市交通工程处、江苏公路桥梁建设总公司、中建八局机械化施工公司、南京市交通工程总公司、江苏省交通工程总公司七分公司承建路基主体工程;南京市公路管理处沥青拌和厂和江苏省交通工程总公司七分公司承建路面工程;中惠公司和南京市六建公司承建收费站和服务区房建工程;徐州安达交通设施公司、南京落基山交通设施公司、南京市公路防护设施公司、厦门宏辉护栏公司、宁马公路江宁县服务指挥部、南京市交通工程总公司护栏公司、扬州市公路管理处机械厂、省交通工程总公司平山机械厂、北京华纬交通工程公司等单位承建护栏、隔离栅、标志、标线工程;南京新世纪草坪公司、南京中山园林建设总公司、南京花神庙花卉苗木公司、南京铁路园林建设处等单位承建绿化工程。马鞍山段644m路基工程由马鞍山市慈湖筑路队承建,路面结构层由南京嘉盛基础设施公司承建,路面工程由省交七公司承建。大方互通和铜井互通分别由嘉盛基础建设公司和江宁远大交通集团承建。

监理单位:南京公路工程监理有限责任公司。

监督单位:江苏省交通厅工程质量监督站。

3)征地拆迁情况

本项目征地拆迁按江苏省南京市人民政府宁政发〔1996〕146号文执行南京段建设征地拆迁有关政策。

征地拆迁情况统计见表7-16-2。

征地拆迁情况统计表　　　　　表7-16-2

征地拆迁安置起止时间	征用土地(亩)	拆迁房屋(m²)	支付补偿费用(元)	备注
1996年9月—1998年9月	2945(含马鞍山市85亩)	51624		

2. 项目实施阶段

1996年8—11月,组建项目指挥部,进驻施工现场,全线征地拆迁,建立一系列管理规章和制度。

1996年11月—1997年5月,开展"冬季攻势"和"春节攻坚战"两个劳动竞赛单元,加快完成土石方铺筑和路基、构造物的进度。

1997年6—8月,开展"夏季歼灭战",项目得到全面推进,超额完成阶段目标。

1997年9—11月,开展"施工黄金季节收割战",大中型构造物主体结构基本完成,全面铺开并大部完成排水及防护工程,做好路面下面层摊铺的准备和试铺工作。

1997年11月—1998年4月,开展第五阶段劳动竞赛,加快二灰碎石冻害处理和摊铺扫尾,中分带素土回填和绿化,沥青混凝土备料和下面层摊铺。1998年3—5月刘村互通竣工,排水和防护工程基本结束。

1998年7月—9月15日,开展第六阶段劳动竞赛,所有参建单位全力拼搏,精雕细琢创"面子工程"精品,全线工程收尾一气呵成,提前13天完成通车目标。

1998年9月,完成交工验收并建成通车。

(三)复杂技术工程

(1)通过专家论证,提高软基处理技术,保证路基的施工质量

软基处理是工程质量三大控制重点之一,为了保证施工质量,通过与河海大学合作,对粉喷桩软基处理的机理、施工工艺进行研究,将原施工一次粉喷,顶部复搅改为二次粉喷,全程复搅施工,确保了粉喷桩处理软土地基的效果,该项目列入省"三三三"工程。针对局部软基路段流沙严重,与东南大学合作,用格栅碎石处理软基获得了成功。

(2)通过优化路面结构层设计与施工,增强路基稳定性

路面质量是工程质量的控制重点,通过技术研讨会,将原路面结构层设计底基层石灰土改为二灰土,并全线采用路拌法施工;将软土路基段的二灰碎石基层加厚10cm,增强了路面结构层的强度;根据专家意见,将原分段设计的路床石灰土和原地面改良土改为拉通填筑,强调原地面处理的重要性,增强路基的稳定性。在二灰碎石的施工中,通过实验,将原设计级配调整为多碎石级配,增强了二灰碎石板体强度,减少反射裂纹的可能性。

(3)通过采用新的模板拼接技术,提高构造物的外观质量

大中型构造物定为第3个需要重点控制的质量目标。为了确保全线大、中、小型构造物外观达到平整光洁,在桥梁防撞护栏、立交及渡槽整体施工中,采用大型竹胶板及定型钢模。由于这两种模板拼缝小,平整度好,气泡易排出等优点,使用后,使成型的混凝土表面气泡少,平整光洁,色泽一致,使清水混凝土外观质量有了明显提高。

(四)科技创新

(1)在全省首先使用乳化沥青进行下封层施工,解决施工中起皮问题

在路面施工阶段,严格按照机拌机铺的施工工艺进行操作,且在全省首先使用壳牌乳化沥青进行下封层施工,解决了以往工程下封层施工中存在的起皮问题。

(2)在桥梁伸缩缝施工时研究试用新材料,获得成功

试验采用MEGAFCEX小变量沥青黏结料,用于小桥伸缩缝,此产品弹性恢复力高,高低温下稳定性强,耐腐化性,使用寿命高于一般沥青路面两倍,具有舒适性,低造价。

(五)运营及养护管理

1. 运营管理

南京市公路管理处具体负责南京宁马高速公路的收费管理和养护,南京市交通集团

负责宁马高速公路的经营管理。

南京市公路管理处宁马公路收费站位于宁马高速公路 K25+500 处（原址 K9+900），经江苏省人民政府批准，于 1998 年 9 月 24 日正式开征，收费年限至 2013 年。2009 年 5 月 22 日，主线站外移至宁马高速公路 K25+500 处，与马鞍山收费站合并收费。采用计重收费，收费模式由原来一车一票，转为现在的一车两票。2013 年 8 月 7 日，根据江苏省人民政府文件精神，宁马高速公路收费站收费年限延长至 2016 年 9 月。收费站下设财务、行政、征收、路政、系统维护、205 综合办、办公室、稽查等五股二室一队。现有职工 134 人（含退休 13 人），在岗职工 121 人中，劳务派遣 51 人；男职工 60 人，女职工 61 人；其中中共党员 23 人，共青团员 9 人，是一支团结进取、勇于争先的和谐团队。目前拥有各类车辆 14 辆，其中公务车 12 辆，交通车 2 辆。

建站以来，宁马公路收费站以"服务人民、奉献社会"为宗旨，严格按照有关法律、法规依法执收，文明服务。先后荣获"首届江苏公路服务品牌""南京市第三批服务品牌"、江苏省交通系统文明收费站、省公路系统争先创优竞赛活动优胜收费站、全省公路系统"廉洁高效看部门、优质服务看窗口"活动示范窗口、省级巾帼文明示范岗、中国海员建设工会全国委员会表彰"工人先锋号"、"南京市模范职工之家"、南京市交通系统"十五"精神文明建设工作先进集体、南京市交通系统行风评议工作先进窗口，多次被各级新闻媒体宣传报道。

南京市公路管理处下属江南高等级公路管理站，根据全处综合养护能力及周边高速公路网线分布情况，按照机动、灵活、迅速、可靠原则成立宁马养护工区，位于宁马高速公路 K9+500 处，主要负责日常养护和应急处置工作。工区现有员工 27 人，由养护管理、日常养护作业、机械操作和车辆驾驶等人员组成。工区根据工作实际制订《宁马养护工区岗位职责》，对人员进行月度工作考核。宁马高速公路日常养护以机械化为主，配备了较为完备的养护机械系列，包括日常养护机械（养护巡查车、清扫车、高压水车、垃圾运输车、养护工程车、割草机、油锯等）；路面维修机械（综合养护车、小型振动压路机、森林灭火器、破碎镐、切割机、裂缝扩、灌缝机等）；应急处置机械（装载机、融雪撒布车、轮式挖机、雪铲、发电机组等）；其他机械设备（护栏维修车、护栏整形机、LED 显示屏、移动照明设备、标志标牌等）。为确保在日常养护和应急处置时机械设备能够保持最佳状态，制订了机械维修、保养等各类规章制度。

2. 养护管理

（1）积极推行机械化养护，实现可持续性发展

积极贯彻落实科学发展观，努力提升管理水平，完成了历年各项养护工作，保障了宁马高速公路安全畅通，整洁美观，给市民出行、经济发展提供了有力的支持，同时，自身也取得了良好的经济效益。未来，随着公路养护理念的日臻完善，新技术、新方法也将得到

充分的实践,工区将在安全生产、长效管理、提升形象、求实创新以及降本增效等方面加强探索,把公路养护工作做实做好,为社会做出更好的服务。

(2)提高收费服务水平,树立良好企业形象

宁马公路收费站始终坚持以通行费征收为中心,以创建文明收费站为动力,把"诚信为根本,服务无止境"作为服务理念,以优质服务展现窗口形象。在通行费征收工作中坚持对社会实行"六公开""服务承诺",在管理上坚持内强素质、外树形象,狠抓职工素质教育、队伍建设,积极开展培训和创建活动,建立了一套比较科学的服务质量管理体系,创造了良好的经济效益和社会效益,在南京干线路网上打造了一个传播公路行业文明、展示交通行业形象的"真情驿站"。

3. 服务区

宁马高速公路设有1个服务区,为清修服务区,位于南京市宁马高速公路江宁街道清修社区地段。清修服务区于1998年9月投入运营,服务区东、西区建有2座加油站,是集餐饮、超市、停车、车辆加油、补胎等多项服务功能于一体的综合性服务区。

清修服务区用地面积约47180m^2,其中场区面积约16670m^2,建筑面积为3286m^2。

第十七节　G50(上海—重庆)

上海至重庆高速公路(G50)江苏境内已全线通车,起自芦墟(苏沪界),经吴江,终于八都(苏浙界)。江苏境内全长50km。全线各路段基本情况见表7-17-1。

G50全线各路段基本情况　　　表7-17-1

序号	路段	里程(km)	建设期	备注
1	苏沪浙高速公路	50	2005—2008年	

(一)项目概况

1. 基本情况

1)建设依据

苏沪浙高速公路江苏段是国家高速公路网中上海至重庆高速公路的重要路段,也是江苏省规划建设的"五纵九横五联"高速公路网的重要组成部分,同时也作为苏州规划的"一纵三横""丰"字形高速公路主骨架中的第三横,是苏州市东西向对外交通的重要通道之一。路线起于上海市青浦区与江苏省吴江市的交界处,与上海市沪青平高速公路相接,向西南穿越吴江市,与苏嘉杭高速公路交叉,跨越京杭运河、太浦河,止于吴江市与浙江省湖州市的两省交界处,与浙江省的申苏浙皖高速公路浙江段相接。

2）建设规模及主要技术指标

本项目全长 49.95km，全线采用双向六车道高速公路标准建设，路基宽 35m，设计行车速度 120km/h，桥涵设计汽车荷载等级采用公路—Ⅰ级，设计洪水频率：特大桥 1/300，其余 1/100。共设互通式立交 6 处、枢纽互通 1 处、服务区 1 处。软基处理总长 35.73km（不含互通匝道），占总里程的 72%，浆（粉）喷桩总工程量 514.1 万延米，预应力管桩 72.7 万延米，路基土方 725 万 m^3，水泥稳定碎石底基层 153 万 m^2，水泥稳定碎石基层 145 万 m^2，细粒式沥青混凝土面层（SMA-13）199 万 m^2，中粒式沥青混凝土面层（Sup-20）199 万 m^2，粗粒式混凝土面层（Sup-25）120 万 m^2。

3）项目投资及来源

根据苏发改交能发〔2005〕525 号文《省发展改革委关于沪苏浙高速公路江苏段初步设计的批复》，该项目概算总投资为 39.9 亿元，本项目基本建设项目交付使用资产为 37.9 亿元。该项目由国有资本和民营资本共同出资建设，另外还有银行贷款。

4）工程建设条件

路线所经区域处于北亚热带季风气候区，四季分明、温暖湿润、日照充足，年平均气温 15.4℃。全年无霜期达 232 天之多，雨量充沛。

路线经过地区地势平坦，全部被第四系松散堆积层所覆盖，第四纪地层主要由全新统、晚更新统地层组成。

沿线水系较发育，地表水丰富，河网纵横、鱼塘、水库较多，河港纵横交错，湖荡星罗棋布，历史上就是太湖洪水走廊，主要河流有京杭大运河、太浦河。

5）工程进度

本工程于 2005 年 7 月 28 日全面开工建设，2007 年 12 月完成交工验收，具备通车条件，2008 年 1 月建成通车。

6）主要工程数量

本项目路基土石方 725 万 m^3；桥梁 73 座共 22167.93 延米；全线共设有互通枢纽 7 处（平望枢纽、汾湖互通、北厍互通、黎里互通、平望互通、横扇互通、七都互通）；服务区 1 处，为平望服务区；通道 37 处，涵洞 75 道。同时同步完成道路收费、监控、通信、照明、安全设施、绿化、服务等设施。

2. 决策过程

2003 年 9 月，苏计基础发〔2003〕1115 号文《关于沪苏浙高速公路江苏段工程可行性研究报告（含项目建议书）的批复》批复工程可行性研究报告，批准同意立项建设。

2004 年 10 月，苏环管〔2004〕204 号文《关于对沪苏浙高速公路江苏段环境影响报告书的批复》批准环境影响报告书。

2004 年 11 月，苏国土资函〔2004〕661 号文《关于沪苏浙高速公路江苏段工程用地的预审意见》同意通过用地预审。

2005年1月,苏发改交能发〔2005〕525号文《省发展改革委关于沪苏浙高速公路江苏段初步设计的批复》批准初步设计。

(二)建设情况

1. 项目准备阶段

各项工作均按国家基本建设程序进行。在项目建设过程中,省、市高指严格遵守基本建设程序,依据国家规范,参照国际通用的"菲迪克"条款和交通部通用招标文件范本制定了江苏省高速公路各项目施工、监理招标文件,通过国内公开招标选择承包商和驻地监理组。所有招投标工作均由专家独立评标,合法确定中标单位,依法签订合同,纪检部门全过程监督,公证部门对招投标过程和结果进行了严格的监督和公证,确保招标工作"公开、公平、公正、择优"。

本项目征地拆迁按江苏省人民政府苏政办发〔2005〕125号文《省政府办公厅转发省国土资源厅、省交通运输厅(关于省交通重点工程项目征地拆迁补偿安置实施意见)的通知》进行,其中耕地开垦费执行苏政办发〔2006〕32号文《省政府办公厅转发省国土资源厅等部门关于调整耕地开垦费征收标准请示的通知》。省高指(省交建局)根据征地拆迁进度分阶段支付资金,实行征地拆迁资金专款专用。

(1)征地费用共计核销25670.6748万元,其中,主线征地:5678.04亩,补偿经费18818.1788万元;三改用地343.16亩,补偿经费1080.954万元;取土坑用地2749.65亩,补偿经费5771.542万元。

(2)全线拆迁费用共计核销19579.1194万元,其中,主线房屋拆迁195626.6m^2,补偿经费12820.8464万元;环保拆迁35970.5m^2,补偿经费2298.423万元;三线迁移1343道,补偿经费4459.85万元。

(3)包干经费共计2262.4897万元。

(4)已批复的个案共计9715.4937万元。

(5)核定全线耕地占用税642.1377万元(按2元/m^2)

全线取土坑管理费91.655万元(0.5元/m^2)。

沪苏浙高速公路江苏段征地拆迁费用总计(1)~(5)项:57961.5703万元。征地拆迁情况统计见表7-17-2。

征地拆迁情况统计表　　　　　　　　　　　　　　　表7-17-2

征地拆迁安置起止时间	征用土地(亩)	拆迁房屋(m^2)	支付补偿费用(元)	备注
2004年11月—2006年12月	8771	231597	579615703	

2. 项目实施阶段

本项目建设过程中,经建设主管部门批准,主要的变更设计有:

(1) HSZ-JS1 标段第 001B 号关于对 K61+077～K61+165 段管桩变更为高压旋喷桩引起工程量的重大变更指令。

(2) HSZ-JS1 标段关于对芦周公路挖除旧路面、改路填筑 5% 灰土的第 002B 号重大变更指令。

(3) HSZ-JS2 标段关于对芦墟枢纽拼宽段软基处理工程量变更的第 001B 号重大变更指令。

(4) HSZ-JS2 标段关于对芦墟枢纽拼宽段桥梁、涵洞工程量变更的第 002B 号重大变更指令。

(5) HSZ-JS3 标段关于软基处理方式调整引起的工程量变更的第 001B 号重大变更指令。

(6) HSZ-JS3 标段关于主线 K73+720 处增设箱通引起工程量变更的第 002B 号重大变更指令。

(7) HSZ-JS4 标段第 001B 号关于 K75+745.5～860、K77+548.1～662.8 段软基处理变更的重大变更指令。

(8) HSZ-JS4 标段第 002B 号关于黎里互通被交路软基处理变更的重大变更指令。

(9) HSZ-JS4 标段第 003B 号关于 K78+225.5～K78+48、K80+260～K80+380 段软基处理变更的重大变更指令。

(10) HSS-JS5 标段第 001B 号关于对 C、F 匝道软基处理工程量的数量变更的重大变更指令。

(11) HSS-JS5 标段第 002B 号关于对钢筋混凝土主线通道 4×3m 数量变更的重大变更指令。

(12) HSS-JS5 标段第 003B 号关于对浆喷桩(直径 50cm,水泥用重 50kg/m)数量变更的重大变更指令。

(13) HSZ-JS5 标段关于外购土的第 004B 号重大变更指令。

(14) HSZ-JS5 标段关于水泥稳定碎石底基层的第 005B 号重大变更指令。

(15) HSZ-JS5 标段关于苏嘉杭拼宽段路面结构层的第 006B 号重大变更指令。

(三)复杂技术工程

1. 京杭大运河特大桥大跨径变截面连续箱梁施工

(1) 京杭大运河特大桥全长 1059.2m,起讫桩号:K83+655.9～K84+715.1,主桥上部结构为 60m+100m+60m 三跨预应力混凝土变截面连续箱梁,由上、下行分离的两个单箱单室箱形截面组成。

(2) 解决复杂施工技术。

①悬浇混凝土过程中,施工单位特别注意对锚下、箱梁底面竖向预应力钢筋垫板等处的混凝土的捣实,防止出现蜂窝状,确保了有效预应力达到设计要求。

②由于箱梁墩顶块件体积较大,施工单位采取了减少水化热的有效措施,避免发生温度收缩裂缝。

③在挂篮上对称悬臂浇筑混凝土,在确保承载能力和刚度的前提下,挂篮采用轻型化,挂篮自重、模板、施工机具的总质量在60t以内。

④在浇筑阶段、挂篮移动或拆除阶段,保持了对称平衡施工。

⑤箱梁合龙时各合龙段相对高程误差在2cm之内,轴线偏差在1cm之内。

2. 太浦河特大桥大跨径变截面连续箱梁施工

太浦河特大桥全长1189.2m,起讫桩号:K94+486.3~K95+675.5,主桥上部结构为70m+120m+70m三跨预应力混凝土变截面连续箱梁,错孔布置。

(四)科技创新成果与应用

1. 高速公路建设科技创新

1) GPS实时动态测量(RTK)系统的应用

采用国内领先的GPS实时动态测量(RTK)系统进行中桩施放,利用该系统高精度卫星定位,不受通视条件、天气情况的影响,全天候快速测量的优势,加快了测设进度,提高了测量精度,从而保住了设计基础资料的准确性。

2) 计算机应用情况

为保证测设质量,缩短设计周期,勘测阶段就把一些设计必需的基础数据输入计算机,建立了便于使用的数据文件库。各专业均应用CAD技术,大大提高了设计效率与设计成果质量。

3) 桥涵工程采用新材料新结构情况

大桥上部结构采用预应力混凝土连续箱梁,下部采用桩柱式墩,既轻巧美观又降低了路基高度。桥梁附属部件采用了最新研究成果,伸缩缝采用国内生产的毛勒缝,克服了板式伸缩缝易破坏和平整度较差的缺点,提高了行车的舒适感。

4) 路基路面工程及软土地基处治采用新材料、新工艺情况

路面设计中充分考虑大型机械化施工条件,利用摊铺机摊铺。为改善沥青与骨料间的黏结性能,提高路面抗剥落及低温抗裂性,掺入适量的沥青抗剥落剂。根据全线软土分布不均匀、性质差异大等特点,采用预应力管桩、高强土工格室等新工艺及新材料。

2. 重大科研课题

2012年3月—2014年12月,江苏交通控股有限公司、江苏沪苏浙高速公路有限公

司、江苏省交通科学研究院股份有限公司三方共同进行"江苏省高速公路路基养护技术体系研究"。

本课题结合江苏省高速公路既有路基养护技术的研究成果及工程实践经验,进行集成研究,就如下方面开展相关调查研究,以解决与之相关的关键问题。

(1)江苏省高速公路路基现状调查。

(2)江苏省高速公路路基病害调查。

(3)路基病害成因分析与养护分级。

(4)重点路段整治措施研究。

(5)路基灾害应急预案研究。

3. 主要科技成果

针对沪苏浙高速公路桥梁众多的特点,与南京航空航天大学共同对"混凝土结构耐久性智能监测与评估技术"展开研究,并获得"中国航海学会科学技术奖"三等奖,该奖项有如下创新之处:

(1)研制了新型的钢筋腐蚀光纤光栅传感器,建立了钢筋腐蚀率和传感器信号的定量关系。

(2)创造性地提出了钢筋腐蚀传感器温度和荷载同时补偿的方法。针对工程应用需要提出了钢筋腐蚀光纤光栅传感器的有效封装方法和现场保护措施。

(3)应用多目标优化方法,建立了钢筋腐蚀光纤光栅传感器的优化布置模型,为传感器的现场布置提供了重要依据。

(五)运营及养护管理

1. 运营管理

沪苏浙公司认真执行养护规范和管理制度,扎实创建沪苏浙高速公路特色,以"规范化、标准化、精细化管理"为导向,加强队伍建设,强化运营管理,坚持科学养护,拓展经营思路,经营业绩持续增长。

2. 养护管理

(1)坚持预防性养护,道路品质不断提升。认真做好道路日常养护工作,强化监管力度,健全养护质量保证体系。梳理完善规章制度,实现规范化管理。加强路桥检测,保障桥梁结构物安全。精心组织,严格管理,按期保质做好养护专项工程。同时,加强预算管理,严控养护经费。

(2)提高收费服务水平,树立良好企业形象。积极开展培训和创建活动,提升优质服务水平。严厉打击偷逃费行为,维持良好运营秩序,并能积极应对《江苏省高速公路条例》实施,保证平稳过渡。

(3)坚持软、硬件两手抓,服务环境明显改善,行业形象显著提升。巩固创建成果,形成长效管理机制;完善经营模式,规范租赁管理;强化制度落实,绩效考核体系初显成效;改善服务设施,完善服务功能。

(4)健全预案体系,突发事件应急处置能力不断提高。为积极应对恶劣天气、自然灾害以及各类突发事件,确保高速公路的畅通,先后制定或梳理了部分规章制度,进一步建立健全应急预案体系。面对突发事件和事故等的发生,预案周密、组织有序、指挥有方、行动迅速、处理得当。做到注重分析总结,积累处置经验,使突发事件应急处置能力不断提高。

(5)加强成本控制,挖掘潜力,企业降本增效效果明显。一方面拓宽经营思路,努力增加非主营收入;另一方面,狠抓成本控制,寻求节约空间。

(6)坚持防控结合,努力保障安全生产形势稳定。始终把道路保畅作为重点工作来抓。开通以来,坚持一路三方协调联动,快速清障形成共识,突发事件应变处置能力不断提高,文明平安收费站建设凸显成效。

3. 服务区

本项目沿线设有平望服务区、苏沪主线收费站、汾湖收费站、北厍收费站、黎里收费站、平望收费站、横扇收费站、七都收费站和苏浙主线收费站,各收费站桩号与大棚面积为:苏沪主线收费站 K61+440（2000m^2）、汾湖收费站 K63+058（650m^2）、北厍收费站 K72+933（860m^2）、黎里收费站 K77+501（1100m^2）、平望收费站 K86+770（1000m^2）、横扇收费站 K92+465（750m^2）、七都收费站 K101+268（1000m^2）和苏浙主线收费站（在浙江境内）（2000m^2）。服务区以经营餐饮、超市为主体,以加油、汽修为配套,以休闲娱乐为补充,为顾客提供多功能全方位服务。

平望服务区位于 G50 高速公路江苏段 K89+460 处,于 2008 年 1 月正式投入运营。平望服务区为双侧服务区,分南、北两个区,用地规模约 91014m^2,建筑设施面积约 6660m^2。

第十八节　G2501 南京绕越高速公路

南京绕越高速公路(G2501)已全线通车,由南京长江四桥、南京绕越高速公路东南段、南京长江三桥、宁淮高速公路、绕越公路东北段组成,经过南京栖霞区、江宁区、浦口区、六合区,全长 158km。全线各路段基本情况见表 7-18-1。

G2501 全线各路段基本情况　　　　　　　　　　　　表 7-18-1

序号	路　　段	里程(km)	建设期	备　　注
1	南京绕越高速公路东北段	27	2010—2012 年	
2	横梁至麒麟段(南京长江四桥)	29	2008—2012 年	与 G25 共线
3	麒麟至刘村段	41	2005—2008 年	与 G25 共线
4	刘村至张店段(南京长江三桥)	16	2003—2005 年	
5	张店至六合南段	34	2002—2006 年	部分与 G40 共线
6	六合南至程桥段	11	2002—2006 年	在 G25 中介绍

一、南京绕越高速公路东北段（建设期：2010—2012 年）

(一)项目概况

1. 基本情况

长春至深圳国家高速公路南京绕越公路东北段(以下简称"南京绕越公路东北段")是《国家高速公路网规划》中长春至深圳高速公路(编号 G25)在江苏省内的重要组成部分,亦是江苏省规划的"五纵九横四联"高速公路网中南京绕越高速公路环线的重要路段之一。本项目起点与南京长江第四大桥北接线相接,终于宁连高速公路,与南京绕越高速公路东南段、南京长江四桥及其接线共同构筑长春至深圳国家高速公路南京绕越段。南京绕越高速公路全长约 165km。本项目的建设实现了南京绕越高速公路闭合成环的要求,形成南京城市东部地区重要的南北向交通轴线,沿线串联了南京的仙林城区、龙潭、雄州、玉带等规划新城和栖霞、金牛湖等重点城镇,是南京东部各城市组团间联系的重要纽带,其建设促进了南京东部地区跨江联动发展,符合南京城市总体规划的发展要求,同时实现了长深国家高速公路在南京节点的便捷贯通。

作为国道主干线及省市重点交通基础设施工程,南京绕越公路东北段项目具有建设工期紧、技术难度高、外部环境紧、交叉作业多、施工难度高等特点。南京绕越公路东北段经过横梁、新篁、金牛湖、马鞍和程桥 5 个街镇,共征地 239.2119 公顷,安置劳力 791 人;完成房屋拆迁 318 户(49441m^2);杆线迁移 169 处 322 道,其中完成军用光缆改移 3 处 4 道。项目自 2010 年 11 月实质性开工以来,全体建设者克服工期紧张、技术要求高、灾害和不利天气多、施工环保要求高、交叉施工复杂等诸多不利因素,科学管理、精心施工、抢抓时机、交叉安排,全力以赴推进工程建设,圆满完成了各项任务目标。南京绕越公路东北段项目的建设得到了省、市各方面的充分肯定,先后被授予江苏省"工人先锋号"、南京市"先进堡垒党支部""南京交通系统廉政示范点""南京交通系统优秀基层党组织"等称号。

1)建设依据

南京绕越公路东北段项目的建设,在省、市的大力支持及行业监督下,严格按照国家

基本建设程序进行:

(1)环境影响评价

2009年2月4日,国家环境保护局以环审[2009]82号文《关于长春至深圳国家高速公路南京绕越公路东北段环境影响报告书的批复》批复了环境影响报告书。

(2)土地、矿业权审批、林地

土地保护专题、土地规划修改、基本农田补划、地质灾害评估、压覆矿产证明等专题已完成,用地材料已于2012年9月上报国土资源部。

①2009年4月8日,国土资源部以国土资预审字[2009]165号文《关于长春至深圳国家高速公路南京绕越公路东北段建设用地预审意见的复函》出具了建设用地预审意见。

②2010年9月19日,江苏省国土资源厅以苏国土资发[2010]310号文《关于长春至深圳国家高速公路南京绕越公路东北段控制工期的单体工程先行用地的请示》上报国土资源部,受到溧马高速公路正式用地材料未上报的影响,国土资源部未收件。

③2010年12月31日,江苏省林业局以苏林林地审字[2010]179号文《使用林地审核同意书》批复了使用林地。

(3)城乡规划

2008年10月10日,江苏省建设厅以苏建规选字第320000200800056号文出具长春至深圳国家高速公路南京绕越公路东北段工程规划选址意见。

(4)施工图设计

2010年12月23日,江苏省交通运输厅以苏交建[2010]27号文《关于长深国家高速公路南京绕越公路东北段工程施工图设计的批复》批复南京绕越公路东北段工程路基、桥涵施工图设计。

2)建设规模及主要技术指标

本项目采用双向六车道高速公路标准,设计行车速度120km/h,路基宽度34.5m,路线全长26.854km,新建桥涵设计汽车荷载等级采用公路—I级。其余技术指标按《公路工程技术标准》(JTG B01—2003)执行。项目全线土方总量约518万m^3,路面91.84万m^2。全线共设互通式立交6处,停车区1处,与八百桥互通合并设置;特大桥2座,大桥22座,主线桥梁总长为7032.4m,占路线长度的26%。本项目互通式立交包括横梁互通、新篁南枢纽、新篁互通、八百桥互通、马鞍互通、程桥枢纽等共计6个,途经的六合区每个乡镇都设置了互通式立交,同时先后与宁通高速公路、宁启铁路、江六高速公路、陈钟公路、247省道、老205公路、宁连公路、宁连高速公路等重要公路相连接,既完善了国家高速公路网,方便了地方公路与高速公路的衔接,同时也对六合地区的经济发展起到强力的推动作用,为城镇的发展创造了有利的空间条件,充分实现了南京绕越公路东北段自身的功能定位。本项目已经被省交通运输厅立项为"江苏省科技示范高速路"。

3) 项目投资及来源

南京绕越公路东北段项目按照国家、部省关于工程建设法律法规的要求,在建设过程中严格执行了项目法人制、招投标制、工程监理制、合同管理制。2010年4月30日,南京市人民政府办公厅会议纪要第30号《关于绕越高速公路东北段建设等有关问题的会议纪要》明确市交通运输局作为南京绕越公路东北段项目法人,负责先行筹措国家安排中央专项资金外的工程建设缺口资金,并组织项目建设,待项目建成后移交相关运营管理单位进行运营管理。

根据发改基础〔2010〕376号文《国家发展改革委关于江苏省南京绕城公路东北段可行性研究报告的批复》,项目投资估算为23.28亿元(静态投资为21.91亿元);根据公路发〔2010〕302号文《关于南京绕城公路东北段初步设计的批复》,概算批复为24.46亿元(含建设期贷款利息1.2亿元)。南京绕越公路东北段项目资本金8.6亿元(含中央专项基金1.31亿元及市财政专项资金7.29亿元),比例为36.9%;银行贷款14.68亿元。

4) 工程建设条件

南京绕越公路东北段与区域路网结合紧密,地质复杂,桥梁所占比例大,常规土源稀缺,科技示范性强,工期要求偏紧。

本项目与南京绕越高速公路东南段、南京长江四桥及其接线共同构筑长春至深圳国家高速公路南京绕越段,再与南京长江三桥、宁淮高速公路共同形成南京的"二环",真正实现了外环高速公路闭合成环的要求,其建设促进了南京跨江联动发展的需要,符合南京城市总体规划的发展要求。

区域人口密集,土源紧张,取土困难。本项目所在地南京市六合区人口密集,土地资源相对紧张。尤其是横梁镇、新篁镇因为目前在建工程较多,基本无土可用,土源较为困难。

本项目桥梁较多,全线桥梁总数为48座,其中主线桥梁23座,主线桥梁总长为7032.4m,占路线长度的26.16%,同时本项目拥有当时全国第一座钢桁腹预应力混凝土桥梁——江山车行天桥和排名全国前列的波形钢腹板预应力混凝土桥梁——玉春车行天桥,桥梁规模大,结构形式多,技术难度大。

本项目线路经过区发育分布全新统软土,岩性以流塑状淤泥质黏土、黏土为主,综合分析具有含水率高、孔隙比大、高压缩性、力学强度低等特点。本项目软基处理采用湿喷桩、PTC管桩、插芯桩等处理措施,一般路段采用湿喷桩处理,以满足工后沉降的要求,对于湿喷桩处理难以达到工后沉降要求的路段以及软土埋深超过10m的路段,结合工期要求,采用PTC管桩处理。本项目PTC管桩最大深度达24m。全线软土地基处理长度为8.525km。

5)工程进度

南京绕越公路东北段项目于2010年6月9日举行奠基仪式,2010年11月全线开工建设。在南京市委、市政府、市交通局的大力支持和正确领导下,南京绕越公路东北段工程建设指挥部组织带领万名参建者,经过23个月的顽强拼搏,在时间紧、技术难度高、工程量大的情况下,克服了征地拆迁、工程技术复杂等诸多不利因素和困难,于2012年11月建成通车。

6)主要工程数量

南京绕越公路东北段概算投资24.46亿元;土石方总量518万m^3(其中填方93万m^3,挖方425万m^3);软基处理122万延米;全线桥梁总长为11111.3延米/48座(其中特大桥2020.6延米/2座,大桥7617.6延米/22座,中桥1234.8延米/17座,小桥238.3延米/7座);全线共设互通式立交6处(横梁互通、新篁南枢纽、新篁互通、八百桥互通、马鞍互通、程桥枢纽),停车区1处,与八百桥互通合并设置;小型构造物155座。

2. 决策过程

(1)2010年3月5日,国家发展和改革委以发改基础〔2010〕376号文《国家发展改革委关于江苏省南京绕城公路东北段可行性研究报告的批复》批复了可行性研究报告。

(2)2010年6月25日,交通运输部以交公路发〔2010〕302号文《关于南京绕城公路东北段初步设计的批复》批复了初步设计。

(二)建设情况

1. 项目准备阶段

1)勘察设计研究单位招标情况

南京绕越公路东北段项目主体设计单位的招标由南京市交通运输局组织实施,房建、绿化设计单位的招标由南京市公路建设处组织实施。招标信息均在中国招投标网上公开发布,评标专家均从专家库中抽取产生,开标、评标、合同签订等公证处均全程公证,确保招标工作的公开、公正和公平。

(1)主体工程设计招标

委托江苏捷宏工程咨询有限责任公司于2008年12月完成了长春至深圳国家高速公路南京绕越公路东北段主体工程和交通工程的勘察设计招投标。江苏省交通科学研究院有限公司、西安公路研究所、江苏省水文地质工程地质勘察院中标。

(2)房建、绿化工程设计招标

委托江苏捷宏工程咨询有限责任公司于2011年1月完成了长春至深圳国家高速公路南京绕越公路东北段房建、绿化工程设计招投标。江苏省交通规划设计院、江苏纬信工程咨询有限公司联合体中标。

2）施工、监理单位招标情况

南京绕越公路东北段施工、监理单位招标工作自2010年8月开始，至2012年5月结束，累计招标23次，施工单位26家，监理单位6家。除个别项目二次公告后报名单位少于三家未能评标，采取竞争性谈判方式确定中标人，其余所有招标均为国内公开招标，江苏省交通运输厅建设管理办公室全过程进行行业监管，江苏省南京市南京公证处全程进行了现场监督，派驻纪检组全过程参与，招标信息均在中国招投标网上公开发布，评标专家均从专家库中抽取产生，由南京市公证处对开标、评标、合同签订等过程全程公证。

3）征地拆迁情况

南京绕越公路东北段征地拆迁工作于2010年8月启动，同年10月23日南京市六合区人民政府召开了南京绕越公路东北段征地拆迁动员大会，宣布了征地拆迁政策和完成节点要求。在各级领导和地方政府大力支持下，在沿线群众理解和配合下，通过全体参建人员的努力，征地拆迁工作在2011年底基本结束，为工程建设提供了保证。

2. 项目实施阶段

1）项目管理机构设置及职能

（1）南京市交通运输局作为南京绕越公路东北段建设期业主，组织项目建设，待项目建成后移交相关运营管理单位进行运营管理。南京市交通运输局下属的南京市公路建设处成立南京绕越公路东北段工程建设指挥部（以下简称"指挥部"）作为现场管理机构，指挥部下设综合办公室、工程计划科、安检科、征地拆迁科，负责南京绕越公路东北段工程现场建设管理，代表业主负责工程质量、进度、投资、安全、环保、廉政等现场管理和控制工作，南京市纪委、市监察局驻南京绕越公路东北段工程纪检监察工作组派驻现场负责纪检监督工作。南京市六合区组建工程建设协调服务机构，负责处理征地拆迁和地方矛盾协调工作。

（2）南京绕越公路东北段项目实行"省交通运输厅监管，市交通运输局领导小组决策，南京市交通工程质量监督站代表政府监督，南京市公路建设处现场管理"的建设管理模式。

（3）南京绕越公路东北段项目全面实行招投标制度，在招标阶段严格执行国家关于招投标相关法律法规和省厅关于招投标的相关管理规定，遵循公开、公平、公正和诚实信用的原则，所有发布招标公告、资格预审、评标、公示等阶段全部在江苏省交通运输厅招标管理信息系统中开展。

（4）指挥部以项目管理合同为依据，严格按照国家、行业有关工程建设管理、技术规范、工程质量检验评定标准、试验规程等法律、法规，在招标文件中附入了《标准化文明施工管理实施办法》《现场问题通知单制度》等18项工程管理制度，并在施工单位进场后编制了大量管理制度，形成了《南京绕越公路东北段管理文件汇编》，全面规范设计、施工、监理管理工作,对工程建设进行全方位监督管理。

(5)指挥部在对施工单位、监理单位履约情况进行按季度考核的同时,严格按照交通运输部《公路建设市场信用信息管理办法(试行)》《公路水运工程监理信用评价办法(试行)》、省厅《江苏省交通运输厅工程项目施工监理单位现场负责人信用等级评定办法》《江苏省交通行业与产业项目招投标信用档案管理办法》等文件的相关规定,组成了五人考评小组,遵循公平、公正、公开和实事求是的原则,按照考核标准对现场负责人的从业情况按季度进行考评,严格开展信用评价工作。

2)质量控制措施

根据项目特点,制度建设早起步。工程的高效推进离不开健全的制度建设。招标阶段在招标文件中已明确《现场问题通知单制度》《工地试验室管理办法》等十余项关于工程质量管理的相关规章制度,自各单位进场后,结合工程现场实际先后出台了《关于加强冬季施工保护措施的通知》《路面工程施工留样制度》《关于做好工程交接事宜的通知》等一系列管理制度,同时将各项试验工作内容、频率、标准及时下发予以明确,使得试验检测执行有标准、管理有依据,还统一了试验用表、台账、试验检测报告样本及各类报表,实现了试验资料的标准化。

构建管控体系,夯实质量管理基础。工程建设过程中,指挥部结合日常工作,注重加强对施工、监理单位进场人员的资质、能力考查。定期对承包人进行履约考核,按照考核结果对部分不合格的施工、监理单位管理人员及时进行了更换和补充,确保工程管理人员数量和技术水平满足现场实际需要。严格按照省厅质监局和市质监站要求,建立了与承担工程规模相适应的工地试验室,配备了齐全的试验检测设备,并向市质监站进行了报备,为试验检测工作打下良好的硬件基础。在实行政府监督、指挥部抽检、总监办抽检、承包商自检的检测体系基础上,委托有资质的第三方检测单位对工程质量进行现场监督检查,并发布质量检查通报,提出具体整改要求。

加强监管工作,规范各方质量管理行为。工程建设初期即邀请专家对全线质量保证体系进行全面梳理,将质量目标细化落实到每一个分项工程、每一道工序、每一个环节,把质量责任制落实到每一个工程参建人员,确保南京绕越公路东北段工程质量目标的实现。通过梳理,明确了施工企业自检与监理单位抽检和加强过程控制的相关工作,进一步完善了质量保证体系。

3)进度管理

自开工起,指挥部即根据总体工期科学制订了总体计划及年度计划,并根据计划进行管理,重点抓好以下四个方面工作:

(1)逐级分解,落实责任。在工期紧、任务重、技术难度大的形势下,为规范现场管理,确保工程进度,指挥部认真研究和分析项目特点和难点,全面梳理项目节点,根据工期要求,科学、合理地制订了阶段进度控制目标,并对总体进度目标进行层层分解,逐级落实,积极采取倒排工期,加强现场监督巡查,加强对关键线路、关键部位的控制等措施,在全线建立完善的工程进度管理体系,明确相关责任人,同时建立相应的奖惩制度,健全进度记录和报告制度,严格控制工程建设计划,力保工程建设顺利推进。

(2)跟踪信息,动态管理。指挥部强化内业管理,建立信息跟踪制度,要求施工监理单位按时上报日报、旬报、月报,及时收集实际施工进度数据,与计划进度相比较,并进行滚动分析,实现对工程进度计划的动态控制,全面加快工程施工进展,使工程进度与投资始终处于良好的受控状态。

(3)过程控制,竞赛助推。指挥部始终注重过程控制,对于不能满足要求的及时采取措施纠偏,克服不利天气影响,抓住有利时机形成大干局面。指挥部积极开展"绕越杯"社会主义劳动竞赛活动,共开展5个阶段劳动竞赛,突出了工程难点和重点,激发了参建工人的积极性和创造力,增强了他们的荣誉感和使命感,完善了考核机制,促使施工单位掀起了大干快上热潮,有效推动了工程建设。

(4)优化资源,共商推进。针对施工单位现场投入、管理等存在的问题,指挥部及时约谈施工、监理公司领导共同商讨加大投入、加强管理,进一步推进工程建设。同时针对2011年10月以来的资金困难局面,指挥部正面应对,统筹协调,以保节点、促推进为首要任务,将计量支付与工程现场推进紧密结合,详细分析,将有限的资金合理分配给施工单位,确保工程现场能够最大限度地稳步推进,确保有限资金的最大作用化。据统计,指挥部先后34次约谈施工、监理公司领导,共商工程推进事宜,及时解决了现场存在的问题,确保了工程的稳步推进。

4)工程变更

设计变更是合同管理的重点,南京绕越公路东北段项目为了更好地做好设计变更工作,主要从以下几方面着手:

(1)认真阅读招投标文件、设计图纸。招投标文件、设计图纸是变更工作的基础,只有在充分理解招投标文件、设计图纸的基础上,才有可能做好变更审核工作,对设计图纸进行审查,发现问题及时提出,避免因图纸错误引起变更。

(2)事前控制。只有做到事前控制才有可能把好设计变更关,特别是对隐蔽工程来说,预控工作则显得更为重要。指挥部在招标文件中附入了《南京绕越高速公路东北段路基河塘清淤控制办法》,对清淤数量与确认程序、权限进行了明确规定,有效地指导了河塘清淤变更工作。

(3)认真学习《范本》和《计量规则》,科学地使用计量单位和计算方法,有效地提高了计量水平。

(4)加强新增单价的审核。在认真做好现场调查的基础上,本着实事求是的态度,严格按照招标文件作价原则进行审核。

5)工程造价控制

南京绕越公路东北段项目建设全过程坚持以创新方式实现有效的投资控制,确保建安费投资规模严格控制在概算批复标准内。

(1)招标及征地拆迁。在招投标阶段,严格控制总体投资规模,严格进行工程量清单复核和不平衡报价调整工作,确保降低工程实施过程中的变更费用。在工程征地拆迁中,通过严格控制征地拆迁数量、严格把握征地拆迁政策标准,有效降低征地拆迁成本。

(2)优化设计。在工程设计阶段,本着"满足功能、兼顾美观、经济适用"的原则,深度优化设计,从源头控制建设规模。如在全线采用砂砾卵石土作为路基填筑材料的设计方案,据初步统计,有效节约费用约6500万元。

在工程实施阶段,结合实际情况,指挥部及时研究,通过与设计单位的充分沟通,邀请相关专家现场指导,分别在软基处理、边沟形式优化等方面进行了深度优化,特别是在全线砂砾卵石土挖方路段的边坡防护上,大面积取消土工编织袋防护,采用放缓边坡、客土喷播绿化相结合的设计方案,取得了良好的效果,节约费用约500万元,同时为今后同类型项目的开展提供参考。

(3)合理统筹,有效降低财务成本。超前规划,统筹考虑,加大资金调度安排,减少资金沉淀,有效降低了财务成本。

3.项目验收阶段

2010年10月8日—11日,南京市交通工程质量监督站组织对绕越公路东北段项目路基、路面、桥梁及交通安全设施工程进行了交工验收质量检测工作,总体情况良好。

2012年8月21日,南京市交通工程质量监督站组织对房建工程进行了交工验收质量检测工作。经验收,房建工程等相关项目结构安全可靠、美观实用,符合设计要求,能够满足南京绕越公路东北段工程运营、维护、管理需要,工程质量优良。

2012年10月6日、7日,南京市交通工程质量监督站组织对三大系统进行了交工验收质量检测工作。经验收,绕越项目通信、收费、监控系统能够满足南京绕越公路东北段工程运营、维护、管理需要。南京绕越公路东北段监控、通信、收费系统机电工程质量优良。

2012年10月22日进行了交工档案专项验收。验收以抽查的方式分别对绕越公路东北段项目综合类、设计类、施工类、监理类、特殊载体类等进行检查。交工档案能够反映工程建设的实际状况,总体满足高速公路养护和运营管理的需要。

(三)复杂技术工程

本项目沿线有丰富的砂砾卵石土,采用砂砾卵石土作为路基填筑材料,就地取材,变废为宝,对于节约项目投资,减少占用良田,保护生态环境具有重要意义。为此开展了

"高速公路砂砾卵石土路基填筑综合技术研究",由南京市科委立项,依托南京绕越公路东北段的建设,开展砂砾卵石土填筑路基施工的综合技术研究,探讨砂砾卵石土填筑高速公路路基施工质量控制和检测技术,具有较大的施工指导意义和应用价值,更有效节约了费用。经测算,本项目采用砂砾卵石土作为路基填筑材料节约费用约6500万元。

(四)科技创新

南京绕越公路东北段是省交通运输厅立项的"江苏省科技示范高速路"。本项目在设计、施工、管理中运用了大量创新成果。在项目立项之初,指挥部就将科技示范路的理念灌输到项目工可、图纸设计中。经归纳总结,本项目的科研创新可分为自主型创新、推广应用型创新、技术/工法创新、景观绿化上的成果应用、工程建设管理创新等五种类型。

1. 自主型创新

在南京绕越公路东北段工程中采用了大量自主创新的科技攻关,对课题研究方向的理论研究、施工工法、推广应用提供探索,促进了课题研究成果在全国范围的推广应用。

"钢桁腹预应力混凝土组合梁桥关键技术研究与应用"课题由江苏省交通运输厅立项,依托本项目江山车行天桥,对钢桁腹组合结构桥梁的设计理论、计算方法以及节点等关键技术进行理论和试验研究,在国际上还处于研究与发展阶段,仅在法国和日本等国有一些工程实例。本课题研究成果和工程应用将促进组合结构桥梁在我国的多元化发展,具有良好的经济效益和社会效益。

"波形钢腹板 PC 组合箱梁抗剪连接件优化应用研究"由江苏省交通厅立项,依托本项目玉春车行天桥,对新型抗剪连接件——翼缘型开孔波折钢板抗剪连接件的抗剪性能进行研究,提高我国在波形钢腹板 PC 组合箱梁桥设计与建造领域的竞争力,形成具有我国自主知识产权的抗剪连接件核心技术。

2. 推广应用型创新

项目的建设需要将大量既有科技成果进行集成、推广应用。在本项目中,大量采用了既有科技成果,加以推广应用,节约了科研成本,加快了工程推进,保证了工程质量。

依托本项目的建设开展大量课题研究,比如由江苏省交通运输厅立项的"膨胀土路堑边坡防护措施应用研究"课题,对膨胀土路堑边坡设计和施工方法进行规范化研究,形成设计和施工规程;"高速公路运营前期安全评估与保障技术方案研究"课题,对本项目全线进行系统的安全评价,提出解决方案和改善措施,形成高速公路安全评价方法;由南京市科委立项的"混凝土芯水泥土搅拌桩在南京绕越公路东北段深厚软土处理中的应用研究"课题,对复合地基设计提供理论依据和解决方案;由南京市科委立项的"高耐久性 FRP-钢复合管混凝土抗震桥墩的应用研究"课题,拓展了钢管混凝土结构的研究。上述课题的开展,都能为该科技创新的继续推广应用提供进一步的完善和补充,具有重要的现实意义和社会效益。

在本项目施工中,软基处理采用湿喷桩、PTC管桩等处理措施,底基层采用低剂量水稳,上面层采用SMA进口改性沥青等,均是既有科技成果在工程实际中的推广应用,既缩短了工期,也保证了工程质量和效果。

3. 技术创新、工法创新

本项目建设过程中注重细节创新,全面提高施工、监理单位科技创新意识,在不断改进完善施工工艺的同时,形成许多项新工艺新工法,有效提升了工程质量。

如在生态防护施工时,抢抓时机、提前施工,减少工程施工现场在雨季造成的水土流失;在桥梁结构物体外预应力钢绞线张拉施工中,采用了悬浮张拉技术,有效提升了张拉的质量,解决了体外张拉的难题;针对砂砾卵石土上的绿化施工,运用新技术,确保植被的成活;在沥青混合料生产过程中产生的回收粉,一方面安装自动喷水装置,减少扬尘,一方面将回收粉运用到房建基坑的回填,有效减少回收粉堆积造成的环境污染。

4. 景观绿化上的成果应用,减少圬工防护

本项目大量采用土质边沟替代圬工防护型混凝土边沟,既节约了成本,也保护了生态环境。在砂砾卵石土挖方边坡路段,指挥部经过组织相关专家论证,大胆决定将砂砾卵石土挖方边坡放缓,取消土工编织袋防护,有效节约成本约500万元,同时保证了绿化效果。

(五)运营及养护管理

1. 运营管理

南京绕越高速公路东北段于2010年6月9日开工,与南京四桥同步建成通车。全长26.877km,项目总投资24.46亿元。公司注册资本6.413亿元。长江四桥和绕越高速公路东北段都是政府还贷型高速公路,纳入江苏省高速公路联网收费系统,实行联网收费。

公司机关设"六部一室",即:综合办公室、人力资源部、党群工作部、计划财务部、营运安全部、工程技术部、监察审计部。下设横梁收费站、新篁收费站、金牛湖收费站、马鞍收费站共3个基层单位。东北段现有在岗员工57人,其中男职工29人,女职工28人;中共党员5人。

南京绕越高速公路东北段自2012年12月24日建成通车以来,南京绕越高速公路东北段有限责任公司积极贯彻落实科学发展观,努力提升管理水平,全力做好运营管理工作和工程养护工作,在公司全体人员的努力下,较好地完成了"保通保畅保安全"的工作目标,取得了良好的社会经济效益。

2. 养护管理

为管理好、养护好、使用好南京绕越公路东北段工程,使其发挥出最佳效益,真正体现

出江苏交通现代化风貌,公司在管理方面主要完成了如下几项工作:

(1)建立现代企业制度,完善管理机构。南京绕越高速公路东北段有限责任公司于2012年12月正式对南京绕越公路东北段实施经营、管理、养护。两年来公司严格管理,优化服务,初步形成了责权利相结合的精干高效的管理机构。

(2)建立健全各项规定制度,逐步实行规范管理。狠抓各种规章制度建设,从建章立制入手,优化管理手段,促进管理规范化、程序化、科学化。

(3)建立健全养护管理体系,采用社会化、市场化养护体制,加强道路初期维护。坚持"预防为主、防治结合"的养护方针,选择了专业的养护队伍,较好地保证了道路使用品质。

3.服务区

南京绕越高速公路东北段设有1对停车区,为金牛湖停车区,占地面积为13000m^2,停车区面积为507m^2。

二、南京长江三桥(建设期:2003—2005年)

(一)项目概况

1.基本情况

1)建设依据

根据国家对途经江苏境内的"两纵两横"规划实施方案,沪蓉(上海至成都)国道主干线在2003年前后建成通车,江苏的长江以南沪宁高速公路、江北的宁合高速公路的过江车辆进入南京市后,只有从拥堵不堪的南京长江大桥过江穿过南京市区,从而使沪蓉高速公路南京段出现拥堵现象,并导致国道主干线的使用效率降低。南京长江第三大桥作为国道主干线的重要组成部分,顺畅连接沪宁和宁合高速公路,使得沪蓉线江苏段全线贯通,彻底解决了拥堵现象,有助于我国东、西方向公路大动脉的形成和完善。

南京长江第三大桥是江苏省交通厅组织编制的《江苏省南北公路通道研究》中提出的在2010年前长江江苏段要新建的五个战略性通道之一(五个战略性通道为:南京长江第三大桥、南京长江第二大桥、润扬长江大桥、江阴长江大桥和苏通长江大桥)。它的建成将实现江苏省高速公路网联网畅通的目标,使大江南北干线公路交通联系更为便捷、畅通,大大增强了公路、港口、铁路等集疏运能力,为水陆联运、公铁联运创造更为有利的条件,充分发挥地区路网的运行效率,减少车辆绕行,降低车辆运营成本,对大交通格局的构筑形成有着重要意义。

2)建设规模及主要技术指标

南京长江第三大桥建设工程包括南北接线工程和大桥工程。项目起自南京市西绕城公路(宁马高速公路),刘村互通转盘东北 200m 处,向南顺接规划的南京市二环高速公路,向北经古遗井、徐村东、方村西,在江南第二道大堤内侧 300m 处与规划的江南沿江大道相交,于大胜关东 700m 处跨越长江,于东棚东 100m 处到达江北后路线东偏,经刘家村东、河湾组东,在黄村东与浦乌一级公路相交,路线继续北行,过三门里东、尹山嘴东,在叶塘水库与宁合高速公路相交到达项目终点张店互通,全线实际建设里程 15.6km,设计总长 17.6km。

南京长江第三大桥建设工程的跨江大桥由主桥和南北引桥组成,跨江大桥的技术标准如下:

(1)公路等级:双向六车道高速公路。

(2)设计行车速度:100km/h。

(3)桥面净宽:32.0m。

(4)荷载标准:汽车—超 20 级、挂车—120。

(5)设计风速:10m 高度处 100 年一遇的基本风速为 31.7km/s。

(6)地震基本烈度:Ⅶ度,按实测地震参数进行结构抗震分析,按规范规定进行抗震设防。

(7)船舶撞击荷载:确定的船舶对桥墩的撞击力对主塔为平行于航道方向取 27000kN,垂直于航道方向取 13500kN;对辅助墩、过渡墩为平行于航道方向取 13500kN,垂直于航道方向取 6750kN。

(8)通航净空标准:按交通部交水发〔2001〕484 号文《关于南京长江第三大桥通航净空尺度和技术要求的批复》执行,即不低于南京长江二桥的实际净高。

(9)通航水位:设计最高通航水位 8.71m(采用年最高洪水位频率分析 5% 计算),设计最低通航水位 0.17m(采用保证率 99%、重现期为 10 年的保证率频率法计算)。

(10)桥面最大纵坡小于 3%,桥面横坡小于 2%。

(11)设计洪水频率:300 年一遇。

南京长江第三大桥的主桥为钢塔钢箱梁双索面的五跨斜拉桥,其跨径布置为 63m + 257m + 648m + 257m + 63m = 1288m,采用半漂浮结构体系。

南京长江第三大桥的主桥索塔为"人"字形钢塔,高 215m,塔柱外侧呈弧线形,造型新颖,线条流畅,是国内首次将钢塔柱用于大跨径斜拉桥中。

3)项目投资及来源

三桥公司成立于 2003 年 1 月 28 日,在建设阶段即实施了项目市场化运作。2004 年 6 月 8 日完成了增资扩股,由国有独资公司变为股权多元化的有限责任公司,资本金由 4100 万元增至 10.8 亿元。目前,公司共有四家股东,分别为:市交通集团持有股本 4.86 亿元,占 45% 股权;深圳高速公路股份有限公司持有股本 2.7 亿元,占 25% 股权;亿阳集团股份有限公司持有股本2.7亿元,占25%股权;浦口区国有资产投资经营有限公司持有股本0.54亿元,占5%股权。经决算审计,工程造价为33.9514亿元。

4)工程建设条件

南京长江第三大桥桥位的地貌由低山丘陵、岗地向长江冲击漫滩平原过渡,其中长江冲击漫滩平原是本桥址的主要地貌类型,海拔高度小于10m,平缓而开阔,宽6～8km。南京长江第三大桥位于江苏省西南部,属北亚热带向中亚热带过渡气候带,具有过渡性、季节性、湿润性的特点。根据多年气象统计结果:年平均气温15.5℃,极端最高气温43℃(1934年7月13日),极端最低气温-14℃(1955年1月6日),年高温(≥35℃)平均日数为14.8天;年平均降水量为903.2mm,年最大降水量为1825.8mm(1991年),年最小降水量为534.6mm(1978年),南京有记录月和日最大降水量分别为618.8mm(1931年7月)和198.5mm(1931年7月24日),年平均降雨日为118.8天;主导风向以偏东方向为主,春季、夏季主导风向为东～东南风,秋季主导风向为东～东北风,冬季主导风向为东北风。有记录的最大10min平均风速为25.0m/s,发生在1974年6月17日,而历年极大瞬时风速也发生在同日,为38.3m/s。每年受台风影响期为5月下旬到11月下旬,集中期是7—9月。6月前后为一年的梅雨季节,6—8月雨量占年降水量的45%。南京地区光照充足,平均年日照2155h。

根据《南京长江第三大桥工程可行性报告》工程地质评价,跨江大胜关桥位区域稳定性好,工程地质条件较好,尤其覆盖层以砂类土为主,厚度较大,基岩埋藏深,起伏变化不大,存在全风化层,弱、微风化钙质泥岩分布稳定,承载力相对较高。不良地质主要表现为因江岸边坡冲蚀形成坍塌的抛石,抛石给钻孔造成困难,基岩为软岩及极软岩互层,从而使地基产生不均匀沉降;膨胀岩石的膨胀性及坍塌性,易使钻孔桩施工时坍孔等。两岸接线主要为构造剥蚀低山丘陵、侵蚀堆积波状阶地及冲积平原三种基本地貌类型。不良地质状况主要为软土基及砂土液化问题。

本项目地质构造处于宁镇弧形褶皱与宁芜凹陷盆地交界带,各类有同期次、不同性质、不同方向的褶皱、断裂较为发育。其褶皱主要有江浦老山复背斜、龙仓复斜、范家塘复向斜、汤山复背斜等。构成对本区域有影响的断裂有滁河断裂(F1)、龙洞山南缘断裂(F2)、江浦—六合断裂(F3)、南京—湖熟断裂(F4)以及南京以西的F(5)、F(6)、F(7)断裂。

南京—湖熟断裂(F4)带东侧即为宁镇弧形褶皱隆起带,西侧为宁芜凹陷盆地。依据本区地质构造、活动断裂分布发育特点、地震活动历史、地形、地貌等综合因素分析,可以认为南京地区新构造活动的最基本特征是升降差异活动已变得相对缓慢。区内地震活动以小地震为主。有历史记载以来,南京地区发生过一定数量的小地震,地震活动以低于4级的浅源地震为主,因此采用抗震等级为4级。又根据国家地震局、建设部颁布的《中国地震烈度区划图[1992]》,抗震设防烈度采用Ⅶ度。

5）工程进度

南京长江第三大桥于 2002 年 12 月 24 日举行奠基仪式;2003 年 8 月 29 日主体工程全面开工建设;2004 年 4 月完成北索塔基桩承台,同年 6 月完成南索塔基桩承台,实现有基础施工进入索塔施工的重要工序转换;2004 年 12 月 12 日开始主桥钢箱梁安装;2005 年 5 月 22 日主桥钢箱梁合龙,同年 10 月 7 日通车。交通部核准工期为 4 年,实际工期为 26 个月,比原计划提前近 2 年。2007 年 12 月通过国家组织的竣工验收。

6）主要工程数量

南京长江第三大桥建设工程概算总投资 33.63 亿元,全长 15.6km,由 3.083km 的南岸接线、4.744km 的跨江大桥和 7.773km 的北岸接线组成。全线南、北岸共设 4 处互通式立交(刘村互通、天后村互通、高旺互通、张店互通),主线收费站 1 处,服务区 1 处(收费广场两侧)。主线大桥/特大桥共 6 座,长约 8154m;主线中桥 4 座,长约 225.18m。主线桥梁总长 8739.18m,占主线总长的 53.71%。互通匝道桥 9 座,长约 1516.96m;互通区绿化 64.00 万 m^2;管理中心、收费站及服务区等房建面积 14400m^2。

2. 决策过程

1999 年 8 月,江苏省交通规划设计院与中交公路规划设计院共同完成了《南京长江第三大桥工程预可行性研究报告》。1999 年 8 月,按照江苏省交通厅领导的前期工作可交叉进行的批示精神,南京长江第二大桥建设指挥部暨南京长江第三大桥筹建办公室通过议标方式委托江苏省交通规划设计院与中交规划设计院联合开展南京长江第三大桥工程可行性研究工作。2000 年 2 月,江苏省计划委员会组织专家对《南京长江第三大桥工程预可行性研究报告》进行了省内预审。

2001 年 6 月,受南京长江第三大桥筹建办公室委托,中交公路规划设计院和江苏省交通规划设计院分别组成项目总体组、大桥项目组及两岸接线项目组,由两院分别承担跨江大桥主、引桥及两岸接线工程的勘察设计任务,由总体组统一协调初步设计的技术工作。同年 10 月,中国公路工程监理总公司北京泰克公路科学技术研究所受南京长江第三大桥筹建办公室委托,负责承担全线交通工程及沿线设施的设计工作。2002 年 11 月完成了工程全线初步设计文件。

2002 年 10 月,国家发改委正式批准南京长江第三大桥立项。同年 11 月,南京长江第三大桥建设指挥部成立,拉开了南京长江第三大桥建设序幕。

2002 年 11 月 5 日,国家计委以计基础〔2002〕2329 号文《印发国家计委关于审批南京长江第三大桥可行性研究报告的请示的通知》正式批复了南京长江第三大桥可行性研究报告,12 月初南京长江第三大桥初步设计通过省内预审。

2002 年 11 月,跨江大桥北岸接线先导段的施工、监理招标工作陆续展开;2002 年 12 月底,先导段施工队伍正式进场施工。

2003年5月19日,交通部以交公路发〔2003〕189号文《关于南京长江第三大桥初步设计的批复》批复了南京长江第三大桥工程的初步设计,并于2003年6月10日批准了南京长江第三大桥建设工程的开工报告。

(二)建设情况

1. 项目准备阶段

在南京长江第三大桥工程预可行性研究和可行性研究阶段,为了科学地确定大桥的桥位以及全线方案,按照工程可行性研究的要求,组织有关单位进行以下工程研究并提交了研究报告:

(1)工程物理勘察报告(江苏省工程物理勘察院);

(2)工程地质勘察报告(江苏省水文地质工程地质勘察院);

(3)原型观测成果(长江水利委员会长江下游水文资源勘测局);

(4)桥位比选河势分析报告(长江水利委员会长江下游水文资源勘测局);

(5)工程地震研究(选址)工作报告(江苏省地震工程研究院);

(6)1/5000地形图测绘工作总结(南京市勘察研究院);

(7)工程物探勘察报告Ⅱ(江苏省工程物理勘察院);

(8)桥梁部分工程地质勘察报告(江苏省水文地质工程地质勘察院);

(9)南北接线部分工程地质勘察报告(江苏省地质工程勘察院);

(10)工程地质综合勘察报告(江苏省水文地质工程地质勘察院);

(11)航遥感调测及岸线变迁调查报告(国土资源部航空物探遥感中心遥感部);

(12)桥址区主要断裂评价研究工作报告(江苏省地震工程研究院);

(13)建设用地地质灾害危险性评估报告(江苏省地震工程研究院);

(14)工程环境影响评价大纲(交通部公路科学研究所);

(15)工程环境影响报告书(交通部公路科学研究所);

(16)水文观测成果(长江水利委员会长江下游水文资源勘测局);

(17)水文分析计算专题研究报告(长江科学院);

(18)动床河工模型试验报告(长江科学院);

(19)防洪水文和河床演变分析及建桥后堤防安全影响专题综合报告(长江科学院);

(20)洪、中、枯三季航迹测量技术报告(武汉测绘科技大学);

(21)船舶航行数值模型拟研究报告(重庆西南水运工程科学研究所);

(22)通航净空尺寸和技术要求论证研究报告(中交水运规划设计院);

(23)南京三桥与城市关系研究(江苏纬信工程咨询有限公司);

(24)项目法人组建方案研究(江苏省交通经济研究会)。

2003年8月南京长江第三大桥正式开工建设。8月29日主桥南塔墩首节钢套箱浮运和就位成功,至2003年12月底,主桥完成70%的主墩柱基础施工;南、北引桥完成了20%的桩基施工,并且完成了20%的路基土方和立交桥20%的桩基施工。

2004年4月主桥北塔墩的大型承台施工完成,8月30日完成了北下塔柱和横梁施工。2004年5月6日高质量地完成了南塔墩最后一批深钻孔灌注桩,6月25日完成了承台施工,实现由基础施工顺利进入塔柱施工的重要工序转换。2004年10月26日完成了南塔下塔柱和横梁施工,并开始进行钢塔柱的安装工作。主桥北塔柱T1节段吊装,12月6日完成北塔柱封顶。南塔柱2004年11月1日开始钢塔柱T1节段的安装,12月31日完成了南塔柱封顶。至2004年12月,建成了辅助墩和临时墩。引线引桥工程完成全部深搅拌桩85万延米,全部路基土方160万 m^3。完成全部54道小型构造物,全线1646根(91010延米)桩基的施工以及全部桥梁下部施工。引桥和立交桥的预应力混凝土连续梁已完成87%。基本上完成道路范围内的交通设施预埋工作。

2004年12月12日开始进行主桥钢箱梁安装施工;2005年4月8日主桥钢箱梁北边跨合龙;2005年4月15日主桥钢箱梁南边跨合龙;2005年5月22日完成了主桥钢箱梁中跨合龙。

2005年7月进行主桥钢桥面环氧沥青铺装工程施工,至8月18日环氧沥青铺装层施工完毕,同时,收费站的控制设备安装、调试和景观照明设备调试也同步进行。

2. 建设管理

南京长江第三大桥建设工程是由南京长江第三大桥建设指挥部(南京长江第三大桥有限责任公司)作为项目法人组织实施,并按照交通部交公路〔2001〕583号文规定完成了甲级项目法人资格审查。2004年,南京三桥有限公司经过资金运作,在成功地完成了项目资本筹措后,由建设指挥部作为建设方(项目法人)全面进行建设管理工作。

根据南京市机构编制委员会宁编字〔2003〕9号文《关于印发〈南京长江第三大桥建设指挥部、南京长江第三大桥有限责任公司主要职责、内设机构和人员编制规定〉的通知》,指挥部为市政府直属事业单位,主要职责:

(1)负责南京长江第三大桥的建设、管理工作;

(2)负责南京长江第三大桥的资金筹集工作;

(3)负责南京长江第三大桥区域范围内的第三产业经营与管理工作;

(4)协同有关部门做好长江南京段有关过江通道的规划、筹建工作;

(5)承办市委、市政府交办的其他事项。

南京长江第三大桥建设指挥部内设办公室、总工程师办公室、计划处、财务处、工程管理处、工程监理处和设备材料处7个职能处室。建设指挥部在编职工共50人,其中工程技术人员40人,他们具备丰富的工程建设管理经验,其中,具备中、高级职称职工占职工总数的一半以上。

南京长江第三大桥建设工程体现了当代建桥风貌,工程规模大,技术含量高,质量要求严,具有国际先进水平。在建设过程中,指挥部以突出建设精品工程为目标,以强化工程管理为重点,建立健全各项规章制度,围绕质量、进度、投资三大控制,全面开展工作。指挥部根据工程实际,先后制定了以下工程管理和内部管理规定：

(1)南京长江第三大桥建设指挥部内设处室工作职责；

(2)南京长江第三大桥建设指挥部加强机关廉政建设十项规定；

(3)南京长江第三大桥合同编码使用暂行规定；

(4)南京长江第三大桥招标管理办法；

(5)南京长江第三大桥物资采供管理办法(试行)；

(6)南京长江第三大桥物资采供廉政建设规定；

(7)南京长江第三大桥合同费用支付暂行办法；

(8)南京长江第三大桥工程项目计量支付管理办法(试行)；

(9)南京长江第三大桥工程管理办法；

(10)南京长江第三大桥工程质量评定标准；

(11)南京长江第三大桥钢塔柱施工技术要求；

(12)南京长江第三大桥清水混凝土质量标准及质量控制要点(暂行)；

(13)南京长江第三大桥建设指挥部档案管理办法；

(14)南京长江第三大桥竣工资料编制办法。

这一系列工程管理和内部管理的规定,使得凡事有章可循、有据可依,形成全过程管理和分阶段检查相结合的管理机制。同时,还建立了指挥部办公例会、工地例会、工程监理例会等制度,使得工程管理工作标准化、制度化,工程管理措施在建设中得到了有效地落实。

(三)工程管理

(1)2003年8月29日,南京长江第三大桥的哑铃形钢套箱浮运就位,就此拉开了南京长江第三大桥建设大幕,在整个施工过程中,工程建设顺利推进。更可贵的是南京长江第三大桥工程建设还实现了工程质量零缺陷、安全生产零事故、廉政建设零投诉和文明施工上台阶的工程建设管理目标。这一切与在南京长江第三大桥的建设中始终坚持管理创新、技术突破是密不可分的。

(2)南京长江第三大桥建设指挥部在工程一开始就花费了大量人力、物力进行了充分的工程建设准备工作,根据南京长江第三大桥的建设特点,确定了开工、大干和决战之年,按照目标管理要求超前考虑,周密安排各年度、各阶段的工作,并采取切实措施保证质量、进度等目标超前实现。

(3)南京长江第三大桥超前做好各项前期准备工作,为工程赢得大量时间。在主桥施工队伍进场前,南京长江第三大桥建设指挥部已经在现场完成了材料码头、交通码头和驻地的建设,引桥、接线施工队伍进场前,施工便道和栈桥也已完成,保证施工队伍一进场就能施工。

(4)南京长江第三大桥建设依靠高效、严密的施工组织,首创了"零工序转换时间"。就是在做"一"的时候就开始考虑"二",等做到"二"的时候,一切准备已经做好,直接进入"二"的施工。以往工程中的工序转换一般要 1~2 个月,而在南京长江第三大桥则是零时间。中外专家对南京长江第三大桥的建设给予了高度评价,认为工程质量和管理达到了国内领先、世界先进水平。

(四)科技创新

在开工后,南京长江第三大桥建设指挥部提出了以两大节点为统筹,全力开展科技攻关的口号。两大节点:一是在 2004 年枯水期实现承台出水;二是在 2005 年台风来临前完成主桥合龙。这两大节点也是两大科技难点。

南京长江三桥的南主墩在洪水期水深能达到 50m 左右,而当时国内桥墩基础处最大水深只有 30 多米,不但建设难度让人心惊,更要在一个枯水期完成承台浇筑,工期要求很高。这一设想提出的时候,很多桥梁专家不敢赞同。要在 2005 年台风来临前完成主桥合龙,这对桥塔的施工提出更高更快的要求,而钢塔在中国是第一次建设,没有现成的建设经验可以借鉴,不仅要质量,而且要速度,当时国外的桥梁专家预言南京长江三桥的这一设想是不可能实现的。

为了实现建设目标,南京长江第三大桥建设指挥部超前进行方案征集,集中国内知名专家和重点院校的科研力量进行联合攻关。2003 年 3 月 10 日、11 日,南京东郊宾馆云集了包括陈新院士在内的国内著名桥梁、港航专家 19 人,对南京长江三桥深水基础关键技术方案进行论证。与会专家们进行了深入的讨论,认为南京长江三桥的这一深水基础是"有创新、有风险、有难度"的,并同意该方案。至此南京长江三桥正式敲定采用哑铃形浮式钢套箱作为钻孔灌注桩施工平台的施工方案,解决了深水基础施工这一关键技术难题。

钢塔架设是南京长江第三大桥另一大突出控制性节点工程,施工难度很大。南京长江第三大桥索塔高 215m,相当于两座金陵饭店的高度,采用钢-混凝土塔身设计,下横梁以下部分为混凝土塔身,以上部分为钢塔身,这在全国尚属首创。

考虑到要让中国首座钢塔斜拉桥有所创新,进一步增加钢塔斜拉桥的美学震撼,设计师将钢塔柱设计成弧线形,这在世界上也是第一次采用。加工工艺要求高、吊装难度大、国内没有成熟经验可循是钢塔施工的突出特点和难点。2003 年 7 月,南京长江三桥建设指挥部召开了 5 天会议,专门研究钢塔的制造、安装等施工技术和工艺,提出了切实可行的解决方案,使南京长江三桥可以建造弧线形钢塔。

(五)运营及养护管理

1. 运营管理

南京长江第三大桥有限公司具体负责南京长江第三大桥高速公路的管理、经营和养护。公司下设五部一室,即综合办公室、党群监察部、人力资源部、营运管理部、工程安全部、计划财务部、资产合约部6个职能部门,以及收费站、监控中心、排障中心、稽查办公室等基层单位。公司现有员工171人,其中劳务派遣人员34人。在岗职工中,男职工98人,女职工73人;中共党员(预备)35人。目前拥有各类车辆16辆,其中公务车8辆,养护排障车辆8辆。

南京长江三桥高速公路自2005年10月7日建成通车以来,南京长江第三大桥有限公司积极贯彻落实科学发展观,努力提升管理水平,全力做好运营管理工作和工程养护工作,在公司全体人员的努力下,较好地完成了"保通保畅保安全"的工作目标,取得了良好的社会效益和经济效益。

2. 养护管理

(1)坚持预防性养护,道路品质不断提升。认真做好道路日常养护工作,强化监管力度,健全养护质量保证体系。梳理完善规章制度,实现规范化管理。加强路桥检测,保障桥梁结构物安全。精心组织,严格管理,按期保质做好养护专项工程。同时,加强预算管理,严控养护经费。

(2)提高收费服务水平,树立良好企业形象。积极开展培训和创建活动,提升优质服务水平。严厉打击偷逃费行为,维持良好运营秩序,并能积极应对《江苏省高速公路条例》实施,保证平稳过渡。

(3)坚持软、硬件两手抓,服务环境明显改善,行业形象显著提升。巩固创建成果,形成长效管理机制;完善经营模式,规范租赁管理;强化制度落实,绩效考核体系初显成效;改善服务设施,完善服务功能。

(4)健全预案体系,突发事件应急处置能力不断提高。为积极应对恶劣天气、自然灾害以及各类突发事件,确保高速公路的畅通,先后制定和梳理了部分规章制度,进一步建立健全应急预案体系。面对突发事件和事故等的发生,预案周密、组织有序、指挥有方、行动迅速、处理得当。做到注重分析总结,积累处置经验,使突发事件应急处置能力不断提高。

(5)加强成本控制,挖掘潜力,企业降本增效效果明显。一方面拓宽经营思路,努力增加非主营收入;另一方面,狠抓成本控制,寻求节约空间。

3. 服务区

南京长江第三大桥高速公路设有1个服务区,为南京三桥服务区;拥有1座主线收费站。

第十九节　S9(苏州—绍兴)

苏州至绍兴高速公路(以下简称"苏绍高速公路"),经苏州、吴江等节点,包括建设期的苏州绕城高速公路西北段、苏州绕城高速公路西南段(东桥枢纽至太湖服务区段),已通车路线全长58km。全线各路段基本情况见表7-19-1。

S9 全线各路段基本情况　　　表7-19-1

序号	路段	里程(km)	建设期	备注
1	苏州绕城高速公路西北段	25	2002—2005年	
2	苏州绕城高速公路西南段	53	2002—2004年	

一、苏州绕城高速公路西北段(建设期:2002—2005年)

(一)项目概况

1. 基本情况

1)建设依据

苏州绕城高速公路是江苏省"四纵四横四联"高速公路网的完善和补充,是环太湖地区"二环六射"高速公路网中的"一环二射",也是江苏省第一条集景观、旅游、生态于一体的低路堤六车道高速公路,共由西南段、西北段、苏沪、苏昆太四段组成。苏州绕城高速公路西北段是苏州绕城高速公路的重要组成部分,起于绕城高速公路西南段与沪宁高速公路交叉的东桥枢纽,线路向东穿越东桥、黄埭、北桥、渭塘、阳澄湖等乡镇后,止于绕城高速公路西北段与苏嘉杭高速公路交叉的相城枢纽。该项目的建设对有效疏解苏州节点的过境交通,合理组织城市的出入交通,加快推进城市化发展进程,促进沿线区域社会经济发展等具有十分重要的意义。

2)建设规模及主要技术指标

苏州绕城高速公路西北段全长24.5km。全线采用六车道高速公路标准,路基宽35.00m。全线设计行车速度100km/h,桥涵设计车辆荷载为:汽车—超20级、挂车—120。全线共设有黄埭、北桥、渭塘3处互通,相城枢纽1处,漕湖观景台1处,整个路段设置了完善的收费、监控、照明、安全、景观绿化等设施。

主要技术标准如下：

(1) 设计行车速度：100km/h；主线路基宽度：35.00m。

(2) 路基宽度组成为：行车道 2×(3×3.75m)、中间带 4.50m(0.75m + 3.00m + 0.75m)、硬路肩 2×3.25m(含右侧路缘带 2×0.50m)、土路肩 2×0.75m。

(3) 桥面净宽：大中桥为 35.00m，外侧与路基同宽；小桥为 35.00m，外侧与路基同宽。

(4) 路面：沥青混凝土路面，设计使用年限 15 年，标准轴载 100kN；水泥混凝土路面，设计使用年限 30 年，标准轴载 100kN。

(5) 路基、桥涵设计洪水频率：特大桥 1/300，其余均为 1/100。

(6) 荷载标准：公路—Ⅰ级。

3) 项目投资及来源

苏州绕城高速公路西北段工程概算投资 16.94 亿元。采用"省市共建，以市为主，股份制建路"的模式，由苏州市高速公路建设指挥部负责建设。

4) 工程建设条件

项目建设严格遵守国家基本建设程序，依据国家规范，吸收国内外高速公路的成功经验，针对沿线航道、河塘、鱼塘、农田众多等特点，进行了认真的选线、地质勘测和分析，高效、高质量地完成了设计；在省市两级党委、政府正确领导下，在江苏省交通厅、省高指、省厅质监站关心支持下，在沿线各级政府及群众大力配合下，经过市高指和广大建设者的艰苦拼搏，高质量、高标准地提前完成了工程建设任务。

5) 工程进度

本工程计划建设工期 4 年，实际工期 3 年，提前完成了工程建设任务。

6) 主要工程数量

苏州绕城高速公路西北段全线征用土地 3454 亩，拆迁房屋 163444m²；完成路基土石方 569 万 m³；主线桥梁 25 座，其中包括特大桥 5 座，大中小桥 20 座，共计 5802 延米；通道 15 道，涵洞 55 道，枢纽 1 处，互通式立交 3 处，人行天桥 2 座，分离式立交 6 座，观景台 1 处；沥青混凝土路面 275 万 m²，水泥混凝土路面 58200m²。

2. 决策过程

2002 年 3 月，江苏省发展计划委员会以《关于苏州绕城公路西北段项目建议书的批复》(苏计基础发[2002]372 号)批准立项。

2002 年 8 月，江苏省发展计划委员会以《关于苏州绕城公路西北段项目可行性研究报告的批复》(苏计基础发[2002]844 号)批准工程可行性研究报告。

2003 年 1 月，江苏省交通厅批准了开工报告。

2003 年 2 月，江苏省国土资源厅以《关于苏州绕城高速公路西北段用地的预审意见》(苏国土资函[2003]43 号)提出了预审意见。

2003年7月,江苏省环境保护厅以《关于对苏州绕城公路西北段工程环境影响报告表的批复》(苏环便管〔2003〕108号)批准了工程环境影响报告表。

(二)建设情况

1. 项目准备阶段

苏州市人民政府成立苏州市高速公路建设暨绿色通道领导小组,由市长任组长,由分管副市长、副秘书长、有关直接责任单位负责人任副组长,市属相关部门、沿线市(区)政府为组员。领导小组主要是对苏州市高速公路规划、建设、管理进行宏观领导,协调各部门之间的关系,对有关重大事项作出决策。

2003年1月,成立苏州市高速公路建设指挥部,由分管副市长任总指挥、市交通局局长任第一副总指挥。指挥部下设绕城项目办、综合处、征地拆迁处、计划招标处、财务处和技术质量监督处,负责本项目的具体建设管理工作。指挥部通过公开招标,择优选择监理单位。总监及驻地监理组根据相关合同条款对工程质量、进度、费用、合同等进行全方位的监理。

为了加强苏州绕城高速公路西北段建设的纪检监察工作,江苏省交通重点工程建设项目纪检监察领导小组驻苏州市高指纪检监察组进驻指挥部,对苏州绕城高速公路西北段建设起到保驾护航作用。

1)施工、监理单位招标情况

工程施工招标采用国内公开招标,始终坚持"公开、公平、公正"的原则,严肃工作纪律,严密标底编制,加强资格审查,严格组织评标,依法签订合同。招标过程由苏州市公证处进行公证监督。

西北段高速公路主体工程分为8个招标合同段,其中路基桥梁4个,路面2个,监理2个。经招标评标委员会评定,8家施工、监理单位中标。

交通附属工程按专业划分进行招标,附属工程共分21个招标合同段,其中房建2个,三大系统4个,安全设施4个,沥青材料2个,绿化4个,收费广场1个,收费大棚1个,伸缩缝1个,照明1个,空调设备1个。经招标评标委员会评定,19家施工、监理单位中标。

2)参建单位主要情况

设计单位:主体设计、机电工程、安全设施、供电照明等工程由江苏省交通规划设计院承担;房屋建筑由江苏省交通规划设计院、河海大学设计院共同承担;施工图设计由中交第一公路勘察设计研究院负责设计咨询。

施工单位(主体工程):山东省公路工程总公司,江苏省交通工程总公司,路桥集团第一公路工程局江浙处,苏州交通工程集团公司,路桥集团第二公路工程局。

监理单位(主体工程):苏州路达交通工程咨询监理有限公司,江苏东南交通工程咨询监理有限公司。

3) 征地拆迁情况

全线征用土地3454亩,拆迁房屋163444m²。

2. 项目实施阶段

2003年1月8日,苏州绕城高速公路苏嘉航北枢纽打下第一根桩,标志着绕城高速公路西北段建设进入实质性阶段。

2004年5月8日晚11时,绕城高速公路西北段HB-2标元和塘特大桥右幅悬浇顺利合龙。

2005年10月20日,市高指组织召开绕城高速公路西北段、苏昆太工程项目交工档案专项验收会。

2005年10月22日,市高指组织召开绕城高速公路西北段、苏昆太工程项目房建、绿化交工验收会。

2005年10月25日,市高指组织召开绕城高速公路西北段、苏昆太工程项目三大系统机电工程交工验收会。

2006年11月8日,由苏州市审计局委派的5家会计师事务所组成的审计组进驻绕城高速公路西北段及苏沪、苏昆太高速公路,开始全面审计。

二、苏州绕城高速公路西南段(建设期:2002—2004年)

(一)项目概况

1. 基本情况

1) 建设依据

苏州绕城高速公路西南段是苏州绕城高速公路的组成部分,也是江苏省第一条集景观、旅游、生态于一体的低路堤六车道高速公路。该项目的建设对有效疏解苏州节点的过境交通,合理组织城市出入交通,加快推进城市化发展进程,促进沿线区域社会经济发展等具有十分重要的意义。

2) 建设规模及主要技术指标

苏州绕城高速公路西南段路线全长52.5km。设计行车速度为100km/h,双向六车道,路基宽度为35.00m,路面结构为上、中、下三层Superpave沥青混凝土路面,桥涵设计车辆荷载为汽车—超20级、挂车—120。

主要技术标准如下:

(1)设计行车速度:100km/h。

(2)主线路基宽度:35.00m。

(3)路基宽度组成为:行车道2×(3×3.75m)、中间带4.50m(0.75m+3.00m+

0.75m)、硬路肩 2×3.25m(含右侧路缘带 2×0.50m)、土路肩 2×0.75m。

(4)桥面净宽:大中桥为 35.00m,外侧与路基同宽;小桥为 35.00m,外侧与路基同宽。

(5)路面:沥青混凝土路面,设计使用年限 15 年,标准轴载 100kN;水泥混凝土路面,设计使用年限 30 年,标准轴载 100kN。

(6)路基、桥涵设计洪水频率:特大桥 1/300,其余均为 1/100。

(7)荷载标准:公路—Ⅰ级。

3)项目投资及来源

苏州绕城高速公路西南段项目概算投资约 26.59 亿元。采用"省市共建,以市为主,股份制建路"的模式,由苏州市高速公路建设指挥部负责建设。

4)工程建设条件

项目建设严格遵守国家基本建设程序,依据国家规范,吸收国内外高速公路的成功经验,针对沿线航道、河塘、鱼塘、农田众多等特点,进行了认真的选线、地质勘测和分析,高效、高质量地完成了设计;通过国内公开招标,选择了信誉好、能力强、水平高的施工和监理单位;对工程质量、进度、投资进行全方位的科学管理和严格控制,特别是通过开展土方、桥梁、路面、交通工程四大"攻坚战"活动,取得了明显成效。在省市两级党委、政府正确领导下,在江苏省交通厅、省高指、省厅质监站关心支持下,在沿线各级政府及群众大力配合下,经过市高指和广大建设者的艰苦拼搏,高质量、高标准地提前完成了工程建设任务。

5)工程进度

本工程计划工期 4 年,实际从 2002 年 1 月 8 日开工至 2004 年 10 月底建成通车,提前完成了工程总目标。

6)主要工程数量

全线征用土地 8137.829 亩,拆迁房屋 240019m²;完成路基土石方 845.14 万 m³,全线路基均进行了软基处理;主线桥梁 41 座,其中包括特大桥 8 座,大中小桥 33 座,计 10116.03 延米;通道 34 道,涵洞 176 道,互通式立交 9 处,分离式立交 21 座,人行天桥 5 座;路面底基层 187.89 万 m²,基层 216.45 万 m²,沥青混凝土面层(含匝道)206.97 万 m²,水泥混凝土路面层 7701m²;同步建成交通安全设施、收费、通信、监控、供电、照明等设施。

2. 决策过程

2001 年 3 月,江苏省计划与经济委员会以苏计基础发〔2001〕193 号文《关于苏州绕城公路西南段项目建议书的批复》批准立项。

2001 年 11 月,江苏省发展计划委员会以苏计基础发〔2001〕1095 号文《关于苏州绕城公路西南段项目可行性研究报告的批复》批准工程可行性研究报告。

2001 年 12 月,江苏省发展计划委员会以苏计基础发〔2001〕1417 号文《关于苏州绕城公路西南段初步设计的批复》批准初步设计。

2002年6月,江苏省环境保护局以苏环管[2002]49号文《关于对苏州绕城公路西南段工程环境影响报告书的批复》批准了工程环境影响报告书。

(二)建设情况

1. 项目准备阶段

苏州市人民政府1999年7月成立苏州市高速公路建设领导小组,由市长任组长,由分管副市长、副秘书长、有关直接责任单位负责人任副组长,市属相关部门、沿线市(区)政府为组员。领导小组主要是对苏州市高速公路规划、建设、管理进行宏观领导,协调各部门之间的关系,对有关重大事项作出决策。

2001年11月,苏州市人民政府成立苏州绕城高速公路建设指挥部,负责苏州绕城高速公路的建设管理工作。指挥部由分管副市长任总指挥,由市交通局局长任第一副总指挥。2003年1月归并为苏州市高速公路建设指挥部。

为了加强苏州绕城高速公路西南段建设的纪检监察工作,2001年10月江苏省交通重点工程建设项目纪检监察领导小组驻苏州市高指纪检监察组正式挂牌成立,对苏州市高速公路建设起到保驾护航作用。

1)施工、监理单位招标情况

苏州绕城高速公路西南段招标工作根据交通部《公路工程施工招标管理办法》及江苏省有关规定,在江苏省交通建设工程招标投标领导小组领导下,由苏州市高速公路建设指挥部组织完成。

工程施工招标方式采用国内公开招标,始终坚持"公开、公平、公正"的原则,严密标底编制,加强资格审查,严格组织评标,依法签订合同,严肃工作纪律。西南段主体工程分为16个招标合同段,其中路基桥梁10个,路面2个,监理4个。招标工作分三批进行,自2001年11月开始,至2003年12月结束。最终经招标评标委员会评定,16家施工、监理单位中标。

交通工程按专业划分进行招标。三大系统工程、房建及收费大棚工程于2003年6月进行;交通安全设施、中分带绿化、照明工程于2003年8月进行;伸缩缝、沥青采购工程于2003年11月进行;服务区装饰工程于2003年12月进行;服务区场地工程于2004年2月进行;互通区、服务区、枢纽景观绿化工程分别于2004年2月、2004年8月进行。

2)参建单位主要情况

设计单位:主体设计由上海市城市建设设计研究院承担;机电工程、安全设施、供电照明等工程设计由西安公路研究所承担;房屋建筑设计由上海市城市建设设计研究院、江苏省交通规划设计院、河海大学设计院共同承担。

施工单位(主体工程):山东省公路工程总公司,中铁十三局集团有限公司,路桥集团第一公路工程局,常州市交通工程总公司,路桥集团第二公路局第三工程处,中铁第二十局,江苏交通建设集团有限公司,路桥集团第二公路局第一工程处,苏州交通工程集团公司。

监理单位(主体工程):江苏交通工程咨询监理有限公司,北京京华工程建设监理事务所,镇江市润通交通工程监理咨询有限公司。

3)征地拆迁情况

全线征用土地8137.829亩,拆迁房屋240019m^2。

2. 项目实施阶段

2002年1月8日开工。

2004年2月23日—25日,对绕城高速公路西南段路面基层进行验收。

2004年6月8日,完成绕城高速公路西南段绿色通道试验段交工验收。

2004年10月24日,绕城高速公路西南段房建及相关工程通过专项验收。

2004年10月25日,绕城高速公路西南段交工档案通过专项验收。

2004年10月底建成通车。

2005年10月17日,市高指组织召开绕城西南段环境保护竣工验收会议。

(三)复杂技术工程

京杭运河尹山斜拉桥施工技术复杂,施工难度较大,为了有效控制施工质量,聘请了同济大学工程质量监测站对该桥进行监测监控。通过定期或不定期召开的11次专题会议,不断优化设计,解决施工过程中的技术难题,确保施工全过程始终处于受控状态,为施工的顺利进行奠定了良好的基础。

(四)科技创新

(1)打造一条"生态、景观、旅游、环保"之路。

(2)解决部分标段土源短缺问题。

(3)绕城高速公路西南段沥青路面采用了Superpave路面、改性沥青、抗剥落剂、改性乳化沥青下封层和联结层、非接触式平衡梁、沥青智能洒布车等新技术新设备,大大提高了路面质量。

(五)运营及养护管理

1. 运营管理

苏州绕城高速公路有限公司是于2002年10月17日注册成立的国有股份企业,公司主要负责苏州绕城高速公路建设和维护管理、公路收费,以及与绕城高速公路有关的广告、商贸、房地产、宾馆、餐饮、客货运输、加油站、汽车修理、土地开发和技术信息咨询等。公司自运营以来，积极探索高速公路经营管理创新之路，全面实施现场管理体系建设，开展企业物质文明和精神文明建设，全力打造绕城高速公路的品牌形象。

2.养护管理

以"三位一体"管理体系贯标为手段，夯实各项管理基础。开发建设养护管理平台，提高养护管理科学化水平。加强日常养护工作管理，着力提升"规范化、精细化"管养水平。以"路面、桥梁"为重点，加强预防性养护，降低全寿命周期养护成本。健全预案体系，不断提高突发事件应急处置能力。坚持防控结合，努力保障安全生产形势稳定。

3.服务区

S9苏绍高速公路设有1个服务区，为太湖服务区，占地面积为272亩，总建筑面积为16968m^2。

4.收费站点

S9苏绍高速公路设有8处收费站，分别为渭塘收费站、北桥收费站、黄埭收费站、通安收费站、东桥收费站、天池山收费站、光福收费站、西山收费站。

第二十节　S19（南通—无锡）

南通至无锡高速公路（以下简称"锡通高速公路"），由无锡至张家港高速公路、环太湖高速公路、南通至洋口港区高速公路组成。经张家港的凤凰、塘桥、杨舍、锦丰四镇，无锡经过硕放枢纽，南通主要通向洋口港区，已通车路线全长112km。全线各路段基本情况见表7-20-1。

S19全线各路段基本情况　　　　　　　　　　表7-20-1

序号	路　段	里程(km)	建设期	备　注
1	无锡至张家港高速公路	54	2007—2010年	
2	环太湖高速公路	19	2005—2006年	
3	南通至洋口港区高速公路	37	2012—2015年	

一、无锡至张家港高速公路（建设期：2007—2010年）

（一）项目概况

1）建设依据

2006年9月15日，江苏省政府第74次常务会议审议并正式通过了《江苏省高速公

第七章
高速公路项目简介

路网规划》。根据江苏省第二轮高速公路网规划研究结果,南通至无锡高速公路是第二轮高速公路网中规划的过江通道之一,编号"联四"。基本路线走向为在南通利用苏通大桥比选桥位过长江,在张家港东接上沿江高速公路,然后沿苏锡两市交界南延,在硕放附近与沪宁高速公路交叉后与无锡环太湖公路相接。锡张高速公路及无锡硕放枢纽互通是其中的重要组成部分。

为了最大限度地发挥无锡硕放枢纽互通的交通功能和投资效益,经省发改委同意,2006年4月,江苏交通控股公司决定无锡硕放枢纽互通分两期建设,一期项目为主枢纽部分,初步设计概算约为3.768亿元,由江苏沪宁高速公路扩建工程指挥部(以下简称"省扩指")负责建设;二期工程为小互通及部分主线路段,初步设计概算约为2.429亿元,由江苏锡张高速公路建设办公室(以下简称"锡张办")负责与锡张高速公路同步建设。

2)建设规模及主要技术指标

(1)建设规模

无锡硕放枢纽互通南接环太湖公路采用四车道,主线采用六车道标准;锡张高速公路全程为双向六车道。全线设置互通、枢纽10处。无锡硕放枢纽互通主线建设里程4.815km,锡张高速公路建设里程49.104km,合计建设里程53.919km。无锡硕放枢纽互通初步设计批复概算约为6.197亿元,锡张高速公路初步设计批复概算约为40.15亿元,合计初步设计批复概算约为46.347亿元。

无锡硕放枢纽互通建设用地批复使用面积66公顷,锡张高速公路用地批复使用面积367公顷,合计批复使用面积433公顷。

(2)主要技术指标

本项目设计荷载为公路—Ⅰ级,设计行车速度120km/h,路基宽度34.5m,桥涵设计车辆荷载为汽车—超20级、挂车—120,其他技术指标符合部颁《公路工程技术标准》(JTG B01—2003)。

3)项目投资及来源

锡张高速公路及无锡硕放枢纽互通建设资金先由江苏沿江高速公路有限公司融资、拨付。2010年3月,改由江苏扬子大桥股份有限公司融资、拨付。

4)工程进度

无锡硕放枢纽互通一期工程在沪宁高速公路扩建期间开工建设,2006年11月建成通车。锡张高速公路及无锡硕放枢纽互通二期工程于2008年全面开工建设;2010年10月19日,项目通过交工验收,建成通车。

5)主要工程数量

无锡硕放枢纽互通一期工程设置互通式立交1处;通道3道,涵洞9道,桥梁20座;

路基填方 56.56 万 m³；湿喷桩 13.37 万延米；底基层 9.9 万 m²，基层 9.3 万 m²，沥青封层 8.6 万 m²，下面层 8.6 万 m²，中面层 11 万 m²，上面层 10.9 万 m²。

锡张高速公路及无锡硕放枢纽互通二期工程设置互通式立交 9 处，分离式立交 18 处，特大桥 2 座，大桥 34 座，中小桥 58 座，通道 101 道，涵洞 204 道；路基填方 1156 万 m³（含河塘回填），粉喷桩 29.6 万延米，管桩 34.1 万延米；路面底基层 168 万 m²，基层 159 万 m²，沥青下面层 121 万 m²，中面层 207 万 m²，上面层 207 万 m²；全线设置服务区 1 处，收费站 8 处，管养中心 1 处（含在顾山收费站内），房建建筑总面积 29722m²。全线同步完成交通安全设施、收费、监控、通信、供电照明灯设施以及景观绿化工程。

（二）建设情况

在整个工程项目招标活动过程中，锡张办与省扩指严格执行国家在高速公路建设领域的各项法律法规，积极接受省交通运输厅对项目招标活动的管理，坚持公平、公开、公正的原则选择优秀参建单位。同时，省交通运输厅建设办、江苏交通控股公司驻锡张办纪检监察室以及公证处全过程参与招标活动进行监督和指导，确保在招标活动中未发生违法违纪和违规事件。

1. 勘察设计研究单位招标情况

确定中交第二公路勘察设计研究院有限公司负责主体工程设计及相关配套服务工作；无锡市建筑设计研究院有限公司、江苏省交通规划设计院有限公司、苏州科技学院设计研究院等单位负责收费站和收费大棚的主体、装饰设计以及相关配套服务工作；深圳瑞和装饰工程有限公司负责宛山荡服务区装修设计以及相关配套服务工作。

2. 施工、监理单位招标情况

全线施工单位招标共分路基、路面、交安设施、绿化、房建工程、机电工程等 6 大项共计 25 个招标批次，通过公开招标方式确定中交公路一局、无锡路桥集团、中铁二十局、东盟营造公司等 57 个标段施工（安装）单位。经评审委员会评审和公示，确定苏州市路达工程监理咨询有限公司等 5 家单位为中标人。

3. 参建单位主要情况

设计单位：中交第二公路勘察设计院有限公司、无锡市建筑设计研究院有限责任公司、江苏省交通规划设计院有限公司、苏州科技学院有限公司、深圳瑞和装饰工程有限公司。

施工单位：胜利油田胜利工程建设（集团）有限责任公司、中铁二十局集团第一工程有限公司、无锡市交通工程有限公司、无锡路桥集团有限公司、中交二公局第三工程有限公司、东盟营造工程有限公司、中交第一公路工程局有限公司、江苏常鑫路桥工程有限公司、苏州交通工程集团有限公司、南京苏澳桥梁附件有限公司、毛勒桥梁附件有限公司、江苏万宝桥梁构件有限公司、宜兴市公路交通设施有限公司、深圳瑞锦实业有限公司、常州交通设施有限公司、江苏耀鑫交通设施有限公司、无锡市锡广高速公路养护有限公司、无锡南长园林绿化工程有限公司、南京市雨花台园林建设有限公司、江苏富邦园林工程有限公司、苏州环艺园林工程有限公司、江苏大千景观工程有限公司、江苏星美环境艺术工程有限公司、江苏锡洲园林建设有限公司、无锡市园林古典建筑有限公司、江苏现代园林建设工程有限公司、江苏省建筑工程集团有限公司、江苏顺通建设工程公司、宜兴市建工建筑安装有限公司、盐城市大鹏交通电力有限公司、无锡市建设机械施工有限公司、无锡昱州环保集团有限公司、江苏信达装饰工程有限公司、苏州环艺园林工程有限公司、苏州市政工程集团有限公司、江苏山水建设集团有限公司、北京公科飞达交通工程发展有限公司、江苏高速公路信息工程有限公司、南京铁电通信工程有限公司、南京高科信电子技术有限责任公司、厦门积硕科技有限公司、扬州市万利达动力设备有限公司、厦门市榕兴新世纪石油设备制造有限公司、扬州华扬交通工程有限公司。

监理单位：苏州市路达工程监理咨询有限公司、江苏旭方工程咨询监理有限公司、江苏交通工程咨询监理有限公司、江苏振兴工程有限公司、扬州市建苑工程监理有限责任公司。

4. 征地拆迁情况

全线共完成征地6495亩，完成房屋拆迁62.3万 m^2，完成三线迁移2403道。

(三) 科技创新

(1) 为解决软基过渡段的差异沉降问题，锡张办与东南大学共同开展"桩承路堤结构疏桩地基变刚度调平连接与过渡"的研究课题。

(2) 为解决桥梁等构造物容易产生的质量通病，锡张办与江苏交通科研院联合开展"无锡至张家港高速公路混凝土梁桥常见病害预控技术"的研究课题。

(3) 锡张办与南京航空航天大学共同开展"灰渣水稳碎石基层材料的研发及试验路铺筑"的研究课题。

(四) 运营及养护管理

1. 运营管理

锡张高速公路自2010年11月3日建成通车以来，锡张高速管理中心积极贯彻落实科学发展观，努力提升管理水平，全力做好运营管理工作和工程养护工作，在锡张高速公路全体人员的努力下，以"畅行高速、温馨高速"为主线，较好地完成了"营运管理规范有序、道路优质安全畅通"的工作目标，取得了良好的社会效益。

2. 养护管理

养护管理实行二级管理模式；公司总部设置工程技术部，负责养护管理工作。养护工程实行自养和外委相结合的模式，以外委为主，养护中心负责桥梁养护工程的现场管理工作。通车以来，桥梁技术状况始终保持在一类水平。

3. 服务区

锡张高速公路设有宛山荡服务区，建筑占地面积为 $5615m^2$，总建筑面积为 $9191m^2$，货车停车位 60 个，客车停车位 20 个，小车停车位 116 个，超长车停车位 6 个，危险货物运输车停车位 8 个。

二、环太湖高速公路（建设期：2005—2006 年）

(一) 项目概况

1. 基本情况

1) 建设依据

2002 年 5 月 30 日，江苏省发展计划委员会以苏计基础发〔2002〕564 号文《关于无锡环太湖公路项目建议书的批复》同意建设无锡环太湖公路项目。

2003 年 2 月 14 日，江苏省发展计划委员会以苏计基础发〔2003〕105 号文《关于无锡环太湖公路可行性研究报告的批复》批准项目可行性研究报告。

2003 年 4 月 18 日，江苏省发展计划委员会以苏计基础发〔2003〕451 号文《关于无锡环太湖公路初步设计的批复》批复了项目的初步设计，核定了项目总概算。

2005 年 9 月 8 日，江苏省发展和改革委员会以苏发改交能〔2005〕873 号文《省发展改革委关于无锡环太湖公路调整初步设计的批复》批复了无锡环太湖公路高速段调整初步设计概算。

2) 建设规模及主要技术指标

环太湖高速公路硕放至南泉段路线起自沪宁高速公路硕放互通，终止于南泉中路，全长 19.36km。2003 年按一级公路标准建设，由于规划需要，该段在 2005 年 12 月开始高速化改造，于 2006 年建成通车。项目概算总投资 8.8 亿元。全线主线箱涵 5 道，主线通道 1 道，中小桥 20 座，大桥 4 座，支线上跨分离式立交 3 处，互通式立交 2 处，另设置完善的安全、收费、监控、通信、管理等交通工程配套设施。

环太湖高速公路硕放至新安段采用双向四车道（预留六车道），路基宽 28m，设计行车速度 100km/h，桥涵设计汽车荷载等级采用公路—Ⅰ级（老桥采用汽车—超 20 级、挂车—120）。其他技术指标按照《公路工程技术标准》（JTG B01—2003）和《工程建设标准强制性条文》公路工程部分执行。

主要技术标准如下：

(1) 设计行车速度:100km/h。

(2) 主线路基宽度:硕放至新安段,路基全宽28.00m;新安至南泉段,路基全宽35m。

(3) 路基宽度组成如下:

双向四车道:行车道$2×(2×3.75m)$、中间带3.50m($0.75m+2.00m+0.75m$)、硬路肩$2×3.0m$(含右侧路缘带$2×0.50m$)、土路肩$2×0.75m$。

双向六车道:行车道$2×(3×3.75m)$、中间带3.50m($0.75m+2.00m+0.75m$)、硬路肩$2×3.0m$(含右侧路缘带$2×0.50m$)、土路肩$2×0.75m$。

(4) 桥面净宽如下:

硕放至新安段:

大中桥为26m,外侧与路基同宽;小桥为26m,外侧与路基同宽。

新安至南泉段:

大中桥为32m,外侧与路基同宽;小桥为32m,外侧与路基同宽。

(5) 路面:沥青混凝土路面,设计使用年限15年,标准轴载100kN;匝道收费站采用水泥混凝土路面,设计使用年限30年,标准轴载100kN。

(6) 路基、桥涵设计洪水频率:特大桥1/300,其余均为1/100。

(7) 荷载标准:公路—Ⅰ级。

3) 项目投资及来源

无锡环太湖高速公路硕放至南泉段为8.80亿元(含高速化改造投资2.05亿元),原则同意对环太湖公路资金筹措方案进行调整,即硕放至南泉段和闾江口互通由江苏交通控股有限公司投资。

4) 工程建设条件

环太湖高速公路地处太湖边缘,地貌上属太湖冲湖积平原区冲积平原亚区,地面高程1.10~4.00m。华庄境内部分路段为近代人工围湖造田形成,地势低平,鱼塘密布。

5) 工程进度

根据2003年4月省发改委以苏计基础发〔2003〕451号文对初步设计的批复,本项目建设工期为3年,全线于2003年5月开工建设,于2005年基本建成通车。由于规划需要,2005年9月,省发改委以苏发改交能〔2005〕873号文调整初步设计的批复,对环太湖公路东段进行高速化改造,2006年10月10日本工程项目通过了交工验收。

6) 主要工程数量

全线征用土地2604.91亩,拆迁房屋123361.03m²,路基土石方276.564万 m³,主线通道1道,主线箱涵5道,中、小桥20座,大桥4座,支线上跨分离式立交3处,互通式立交2

处,沥青路面 58.1233 万 m^2,水泥稳定碎石基层 55.4128 万 m^2,绿地总面积 52.8521 万 m^2。

2. 决策过程

2002 年 5 月 30 日,江苏省发展计划委员会以苏计基础发〔2002〕564 号文《关于无锡环太湖公路项目建议书的批复》同意建设无锡环太湖公路项目。

2003 年 2 月 14 日,江苏省发展计划委员会以苏计基础发〔2003〕105 号文《关于无锡环太湖公路可行性研究报告的批复》批准项目可行性研究报告。

2005 年 9 月 8 日,江苏省发展和改革委员会以苏发改交能〔2005〕873 号文《省发展改革委关于无锡环太湖公路调整初步设计的批复》批复了无锡环太湖公路高速段调整初步设计概算。项目调整后初步设计总概算 885077702 元,其中,建筑安装工程费概算 637700658 元,设备及工具器具购置费概算 21947086 元,其他费用概算 184868598 元,预备费 40561360。

(二)建设情况

1. 项目准备阶段

2002 年 5 月 30 日,江苏省发展计划委员会以苏计基础发〔2002〕564 号文《关于无锡环太湖公路项目建议书的批复》同意建设无锡环太湖公路项目。

2003 年 2 月 14 日,江苏省发展计划委员会以苏计基础发〔2003〕105 号文《关于无锡环太湖公路可行性研究报告的批复》批准项目可行性研究报告。

2003 年 4 月,宣布项目开工建设,路基桥梁施工、监理单位进场施工。

1)施工、监理单位招标情况

工程造价为 50 万以上的施工项目,实行国内竞争性公开招标。所有招标工作均在省高速公路招投标领导小组统一领导下,由省高速公路建设指挥部和无锡市高速公路建设指挥部负责具体招标工作。主体工程分为 5 个路基桥涵合同段,1 个路面工程合同段,2 个绿化合同段,2 个交通安全设施合同段,1 个三大系统合同段,1 个房建及配套工程合同段,6 个监理合同段。

2)参建单位主要情况

建设单位:无锡市高速公路建设指挥部。

设计单位:主体工程设计由无锡市交通规划勘察设计院承担;收费、监控、通信、交通安全设施、房建工程设计由江苏纬信工程咨询有限公司承担;绿化工程施工图设计由无锡市政设计研究院有限公司和江苏纬信工程咨询有限公司承担。

施工单位:无锡市交通工程总公司、上海铁路分局工程承发包公司、江苏省交通工程总公司、江苏江南路桥工程有限公司、无锡路桥工程总公司、江苏交通建设集团有限公司、无锡市交通工程有限公司、中铁二十局集团第一工程有限公司、宜兴市红塔建筑安装工程公司等。

监理单位:江苏科兴工程建设监理有限公司、江苏交通工程咨询监理有限公司等。

3)征地拆迁情况

本工程实际永久性征用土地 2604.91 亩,拆迁房屋 123361.03m²,比环评时(4441.61亩)减少了 1836.7 亩,主要原因是由于环评报告的数据依据工可报告,在设计施工阶段较工可详细准确,导致实际征占的土地比设计时略有减少。本工程占用耕地面积 1010 亩,为沿线现有耕地的 2%,人均减少耕地 0.005 亩。本项目用地占当地土地比例比较小,没有改变当地的土地利用基本方式。取土地占地 15 亩,工程完工后,取土坑改建为鱼塘。本项目涉及的拌和场场地 1 处,施工结束后已建成拆迁居民安置房。征地拆迁情况统计见表 7-20-2。

征地拆迁情况统计表　　表 7-20-2

征地拆迁安置起止时间	征用土地(亩)	拆迁房屋(m²)	支付补偿费用(元)	备 注
2003 年 4 月—2006 年 10 月	2604.91	123361.03	140239892.6	

2.项目实施阶段

2003 年 4 月,各施工、监理单位进场。

2005 年 9 月,基本建成。

2005 年 12 月,进行高速化改造。

2006 年 10 月,完成交工验收并建成通车。

(三)科研成果推广应用

(1)在沥青路面技术中应用国内科研新成果,有效地提高了沥青路面质量。沥青中上面层采用了国产沥青改性,提高了沥青路面性能。

(2)在公路超高段横向排水中推广使用高强度 HDPE(高密度聚乙烯)双壁波纹管,简化了施工程序,加强了施工进度,降低了施工成本。

(3)防护工程采用预制块防护结合生态防护的措施,有效提高了防护工程的质量和景观效果。

(4)下穿沪宁铁路立交路面结构形式安装全寿命周期成本理论,首次采用了连续钢筋混凝土+沥青混凝土永久性路面的结构形式。

(四)运营及养护管理

1.运营管理

江苏锡宜高速公路有限公司成立于 2000 年 9 月,负责锡宜高速公路(含连接线陆马公路)、环太湖高速公路、苏锡高速公路无锡段的运营管理及相关配套服务。公司现有员工480人,本部设6个部门,下辖1个指挥调度中心、9个收费站、1个服务区、1个养护工区和1个排障大队。

锡宜公司自2003年9月正式运营以来,秉承稳健经营、严格管理、优质服务、注重效益的理念,为江苏的经济发展作出了积极的贡献。

2. 养护管理

(1)坚持预防性养护,道路品质不断提升。
(2)提高收费服务水平,树立良好企业形象。
(3)坚持软、硬件两手抓,服务环境明显改善,行业形象显著提升。
(4)健全预案体系,突发事件应急处置能力不断提高。
(5)加强成本控制,挖掘潜力,企业降本增效效果明显。
(6)坚持防控结合,努力保障安全生产形势稳定。

三、南通至洋口港区高速公路(建设期:2012—2015年)

(一)项目概况

1. 基本情况

1)建设依据

南通至洋口港区高速公路是江苏省"五纵、九横、五联"高速公路网规划中"联四"锡如高速公路的组成部分,是洋口港的重要疏港公路,满足如东以及洋口港与周边高速公路网衔接的需要,为南通北部地区的对外交通出行服务。本项目的建设对于促进江苏省沿海开发战略的实施,推动南通临海港口建设,加强南通沿海地区和沿江地区联系,促进江海联动发展战略实现具有重要意义。

2)建设规模及主要技术指标

本项目全长36.66km,全线采用双向四车道高速公路标准建设,设计行车速度120km/h,一般路段路基宽度28.0m,桥梁与路基同宽。桥涵设计汽车荷载等级采用公路—Ⅰ级,设计洪水频率特大桥1/300,其余为1/100。全线设置大桥2960.8m/4座,中桥709.2m/11座;主线上跨分离式立交桥1595.58m/6座;互通范围内主线桥1356.6m/5座,匝道桥1586.92m/7座。设置4处互通:兴东枢纽、西亭互通、骑岸互通、如东东互通。设置通道97道(利用桥孔36道),涵洞112道。设置管理分中心、养护工区各1处,匝道收费站3处。

3)项目投资及来源

2011年5月,江苏省发展和改革委员会以《省发展改革委关于南通至洋口港区高速公路一期工程初步设计的批复》(苏发改基础发〔2011〕620号)批复项目初步设计。对初步设计的有关技术指标及建设规模等实施方案作了批复,项目概算总投资23.26亿元。其中,项目资本金占总投资的35%,由江苏省高速公路经营管理中心承担70%,南通市承担30%;资本金以外的建设资金由项目公司申请金融机构贷款解决。

4)工程建设条件

项目地处长江下游地带,起点处至望江河属长江三角洲冲积平原区、望江河至终点属滨海海积平原区,地势开阔平坦,河渠纵横。地势基本平坦,海拔在3.5~4.5m之间。

沿线属湿润的亚热带季风气候区。年平均气温14.8℃。1月平均气温3.1℃,最低气温-6.1℃,7月平均气温27.3℃,最高气温36.1℃,无霜期在250天左右。年降水量在1030~1060mm之间。汛期在7—9月,汛期降水量占年总降水量60%左右。年平均蒸发量(水面)为984~1053mm。全年多东南风,冬季有西北风。

5)工程进度

本项目于2012年4月开工建设,于2015年2月建成通车。

2. 决策过程

2010年1月,江苏省发展和改革委员会以《省发展改革委关于南通至洋口港区高速公路项目建议书的批复》(苏发改交能发〔2010〕29号)批复了项目建议书,同意建设南通至洋口港区高速公路工程。

2012年7月,国土资源部以《国土资源部关于南通至洋口港区高速公路一期工程建设用地的批复》(国土资函〔2012〕599号)批复项目建设用地。

2013年5月,江苏省交通运输厅以《准予交通行政许可决定书》(苏建许字〔2013〕00014号)批复项目施工许可。

(二)建设情况

1. 项目准备阶段

各项工作均按国家基本建设程序进行。在项目建设过程中,省、市高指严格遵守基本建设程序,依据国家规范,参照国际通用的"菲迪克"条款和交通部通用招标文件范本制定了江苏省高速公路各项目施工、监理招标文件,通过国内公开招标选择承包商和驻地监理组。所有招投标工作均由专家独立评标,合法确定中标单位,依法签订合同,纪检部门全过程监督,公证部门对招投标过程和结果进行了严格的监督和公证,确保招标工作"公开、公平、公正、择优"。

1)参建单位主要情况

设计单位:江苏省交通科学研究院股份有限公司、江苏省交通规划设计院有限公司。

施工单位：江苏常鑫路桥工程有限公司、中交二公局第一工程有限公司、南京东部路桥工程有限公司、无锡路桥集团股份有限公司、江苏省镇江市路桥工程总公司、江苏省交通工程集团有限公司。

监理单位：江苏东南交通工程咨询监理有限公司、江苏纬信工程咨询有限公司、江苏振星工程监理有限公司、北京路桥通国际工程咨询有限公司。

检测单位：江苏省南京交通职业技术学院勘测设计所、江苏省高级技工学校。

监督管理单位：江苏省交通运输厅工程质量监督局。

2）征地拆迁情况

本项目征地拆迁按江苏省人民政府苏政办发〔2005〕125号文《省政府办公厅转发省国土资源厅、省交通运输厅《关于省交通重点工程项目征地拆迁补偿安置实施意见的通知》执行。征地拆迁情况统计见表7-20-3。

征地拆迁情况统计表　　　　　　　　　　　　　　　　　　　表7-20-3

征地拆迁安置起止时间	征用土地（亩）	拆迁房屋（m²）	支付补偿费用（元）	备注
2011年6月—2012年8月	3101			征地拆迁未核销

2. 项目实施阶段

本项目建设过程中，经建设主管部门批准，主要的变更设计如下：

（1）为了更有利于地方交通和建设，骑岸互通位置进行了调整。

（2）由于通州段土地资源紧张，征用取土坑困难，采用通州地方建设弃土（远运土）填筑路基。

（3）因高速公路建设的影响，对部分地方小型构造物和线外工程进行了必要的调整（移位、取消、增加等）。

（4）为更好地便于施工，确保施工质量，根据省交建局的要求，对软基处理进行优化设计，减少软基处理工程量。

（5）根据地方政府要求，为满足地方发展需求，西亭分离式立交桥跨径由$3 \times 10m$变更为$3 \times 16m$。

（6）为更好方便运营公司的管理，对全线岸桥采用隔离栅封闭围挡。

（7）为了探索高速公路边坡防护技术，减少圬工及对环境的影响，利用香根草生命力强及根系发达固土效果好的特性，变更1万m^2的边坡防护。

（三）科技创新成果与应用

（1）采用变刚度复合地基设计研究。全线采用"变刚度复合地基技术"，通过优化纵横向桩间距，有效减少了路基的差异沉降，节省水泥搅拌桩117195m，节约工程造价437.2万元。

(2)路面施工信息管控技术的应用。应用"基于物联网的沥青路面施工质量管控技术",通过对前后场施工实时监控、数据自动采集分析、动态预警,强化沥青路面施工质量管理。

(四)运营及养护管理

认真做好道路日常养护工作,强化监管力度,健全养护质量保证体系。梳理完善规章制度,实现规范化管理。加强路桥检测,保障桥梁结构物安全。精心组织,严格管理,按期保质做好养护专项工程。同时,加强预算管理,严控养护经费。

第二十一节 S28(启东—扬州)

启东至扬州高速公路(以下简称"启扬高速公路"),起于 G40 沪陕高速公路岔河枢纽,与 G15 沈海高速公路相接于雪岸枢纽,终点位于江苏省启东市,途经扬州市江都区、泰州市姜堰区、南通市海安市、南通市如东县,已通车路线全长 268km。全线各路段基本情况见表 7-21-1。

S28 全线各路段基本情况　　　　表 7-21-1

序号	路段	里程(km)	建设期	备注
1	江都至海安高速公路	100	2007—2010 年	
2	扬州西北绕城高速公路	35	2001—2004 年	

一、江都至海安高速公路(建设期:2007—2010 年)

(一)项目概况

1. 基本情况

1)建设依据

江都至海安高速公路是江苏省"五纵九横五联"高速公路网规划中"横三"(南京经泰州至启东)的重要组成部分,为启扬高速公路(S28)的西段。江海高速公路的建设对完善江苏省高速公路网络布局、提升整体功能,加强京沪、宁靖盐、沈海 3 条高速公路及 G204、G328、S221、S229、S231、S233 等国省公路之间的联系,加快构建苏中现代综合交通运输体系,服务和支撑国家沿海开发战略的实施;进一步加强省会南京和泰州、南通、盐城等区域中心城市的联系;对推动沿线城镇产业带建设,加快苏中融入长三角等均具有十分重要的意义。

2) 建设规模及主要技术指标

本工程全线采用全封闭、全立交高速公交设计标准,设计行车速度120km/h,里程总长99.772km。起点至盐城高速公路段47.670km,采用六车道高速公路标准,路基宽度34.5m;桥头枢纽至终点段52.102km,采用四车道高速公路标准,路基宽度28.0m。桥涵设计汽车荷载等级采用公路—Ⅰ级,设计洪水频率特大桥1/300,其余1/100。

3) 项目投资及来源

江苏省发展和改革委员会以《省发改委关于江都至海安公路初步设计的批复》(苏发改交能发〔2007〕700号)批准初步设计,核定概算58.03亿元。本项目投资由省交通控股有限公司投入20.3096亿元,由扬州市政府投入0.895亿元,由泰州市政府投入1.963亿元,由南通市政府投入1.204亿元组成项目资本金,其余部分由交通控股有限公司负责向银行贷款。

4) 工程建设条件

江海高速公路途经区域地处苏中平原,人口密集,土地资源稀缺,施工土源紧张。沿线征地和取土坑落实难度极大,加之水网密布,土方运输难度较大。同时,沿线土质变化大、质量控制难度大。

5) 工程进度

江海高速公路批复工期4年,先导段于2007年6月进场,工程于2007年11月正式实施,省政府于2008年3月24日召开新闻发布会。工程于2010年10月建成,实际工期3年。

6) 主要工程数量

全线土方总量约1434万 m^3;沥青路面279.8万 m^2;主线桥梁总长18567m,占路线长度的18.62%,其中特大桥3座,长4020m;大桥26座,长12010m;上跨铁路1处,下穿铁路2处。设置互通(枢纽)12处,预留1处;分离式立交32处;通道147处;涵洞296道;服务区2处;管理分中心1处,收费站9处。

2. 决策过程

2006年7月5日,江苏省发展和改革委员会以《省发展改革委关于江都至海安高速公路建议书的批复》(苏发改交能〔2006〕667号)同意建设江海高速公路。

2006年8月14日,江苏省国土资源厅以《地质灾害危险性评估报告备案登记表(江都至海安高速公路)》准予备案。

2006年12月20日,江苏省发展和改革委员会以《省发展改革委关于江都至海安高速公路可行性报告的批复》(苏发改交能〔2006〕1452号)批复可行性研究报告。

2009年5月27日,江苏省国土资源厅以《国土资源关于江都至海安高速公路工程建设用地的批复》(国土函〔2009〕709号)批准项目建设用地。

(二)建设情况

1. 项目准备阶段

本项目所有工程均采用公开招标方法确定设计、施工、监理单位。在招标过程中始终坚持公开、公正、公平的原则,严格执行《江苏省高速公路建设指挥部招标监管工作实施办法》等招投标工作制度,严密标底编制、严格审查,加强资格预审工作,纪检、检查、公证部门对招投标全过程进行监督,严格按程序、规定评标。

本项目公路工程、交通工程(含三大系统工程)及沿线设施(含安全、养护、服务、房屋建筑等)勘察设计采用公开招标,于2006年8月完成招标签约工作。

1) 参建单位主要情况

设计单位:江苏省交通规划设计院有限公司、江苏纬信工程咨询有限公司。

施工单位:中交一公局第六工程有限公司、山东省公路建设(集团)有限公司、盐城路桥建设工程有限公司、江苏三凯路桥工程有限公司、常鑫路桥工程有限公司、苏州交通工程集团有限公司、中交二公局第三工程有限公司、中铁二十局集团第一工程有限公司、中铁十四局集团有限公司、宁波交通工程建设集团有限公司、江苏江南路桥工程有限公司、中交二公局第一工程有限公司、中交一公局第一工程有限公司、中铁三局集团有限公司、江苏捷达交通工程集团有限公司、东盟营造工程有限公司、无锡路桥集团股份有限公司、深圳瑞锦实业有限公司、江苏顺通建设工程有限公司、南通建工集团股份有限公司、南通四建集团有限公司、江苏天茂装饰园林工程有限公司、扬州花木盆景有限责任公司、江苏尧塘园林绿化有限公司、江阴市经纬景观营造有限公司、无锡南长园林绿化工程有限公司、江苏八达园林建设有限公司、江苏山水建设集团有限公司、常州市绿美艺园林绿化工程有限公司、江苏大千景观工程有限公司、南京市园林经济开发有限责任公司、常州市环亚园林绿化建设有限公司、无锡市锡广高速公路养护有限公司、江阴市青舜冷弯型钢制造有限公司、张家港港丰交通安全设施有限公司、南京公路防护设施工程有限责任公司、扬州华扬交通工程有限公司、扬州远通交通工程有限公司、常州常新道路工程材料有限公司、盐城金阳交通设施有限公司、南京凌云科技发展有限公司、中咨泰克交通工程有限公司。

监理单位:南京交通建设项目管理有限责任公司、常州市交通建设监理咨询有限公司、江苏东南交通工程咨询监理有限公司、江苏纬信工程咨询有限公司、江苏华厦工程项目管理有限公司、江苏振星工程监理有限公司。

监督管理单位:江苏省交通运输厅工程质量监督局。

2) 征地拆迁情况

江海高速建设用地严格执行国家有关政策,按程序进行报批,征地拆迁按江苏省人民政府办公厅(苏政办发〔2005〕125号)文件执行。根据省政府的分工,本项目征地拆迁工作由工程沿线各市负责,省高速公路指挥部和沿线扬州、泰州、南通市政府签订了《江海高速公路征地拆迁总承包协议书》。沿线各市、县组建服务指挥部具体负责征地拆迁实施和地方矛盾协调。为切实做好征地拆迁工作,妥善解决好各类地方矛盾,各地根据125号文件制订了征地拆迁实施细则,组织镇、村干部进村入户做好拆迁的思想工作。海安县政府将拆迁安置和新农村建设有机结合起来,由拆迁户自愿选择安置办法,既节约了宅基地,又推进了新农村建设,提高了农民的生活质量,受到拆迁户的拥护。

为切实维护拆迁的合法利益,全线征地拆迁工作做到了"四公开一监督"。针对少数"钉子户",没有简单采取强制拆除,而是通过多层次、多渠道开展艰苦细致的宣传说服工作,最后感动他们主动拆迁。本项目没有发生一例强制拆迁案例,实现了真正意义上的和谐拆迁。征地拆迁情况统计见表7-21-2。

征地拆迁情况统计表　　　　　　表7-21-2

征地拆迁安置时间	征用土地(亩)	拆迁房屋(m²)	支付补偿费用(元)	备　注
	19701	38.71万		

2. 项目实施阶段

本项目建设过程中,经建设主管部门批准,主要的变更设计有:

(1)在施工设计结束后,有地方部门调整了沿线的农田水利和路网规划。为使江海高速公路构造物设置及线外工程与沿线农田水利和路网规划进一步协调配套,对部分小型构筑物和线外工程进行了必要的调整。

(2)针对江海高速公路部分土质为粉性土填筑路基的情况,结合路肩明沟的设置,考虑尽可能采用生态防护,对路基防护进行了变更,互通区结合景观设计进行了排水及防护的相应变更。优化了预制空心、实心六角块的尺寸,优化了支线上跨引道拦水埂设计等。

(3)对特殊路基设计进行了优化,使设计方案与本项目的工期更加吻合,同时充分考虑了现场的施工条件,节约了工程造价,适应了现场的实际条件。

(4)路面结构进行优化设计,将基层36cm水泥稳定碎石调整为38cm水泥稳定碎石。施工时在路基预压期结束后,96区最后一层高程下降了2cm。

(5)将FYT桥面防水层调整为热喷SBS改性沥青+预拌碎石桥面防水层或环氧沥青桥面防水层(桥长大于1000m的特大桥)。

(三)科技创新

1. 高速公路建设科技创新

1)雾天行车更安全

江海高速公路进行了"高速公路雾天行车诱导系统"课题研究,这对降低交通事故发生的概率具有重要的现实意义。

2）路面结构形式更趋成熟

江海高速公路路面设计充分吸收应用江苏省路面科研的最新成果，召开了专项研讨会议，采用江苏省最新沥青路面成熟技术，进一步提高了路面使用性能，为江苏省高速公路路面质量接轨世界先进水平奠定了坚实基础。

3）全面运用边坡生态防护技术

通过对沿线土质的研究论证，江海高速公路边坡全面采用了生态防护的方式，加强了生态建设，既能防护路基、保证排水，又避免水土流失，起到保护生态环境的效果。

4）污水处理采用生物养护新技术

为了满足越来越高的环保要求，江海房建区污水处理设备处理工艺设计由滤膜处理工艺优化为生物接触氧化工艺，进一步确保了污水处理的效果。

5）提高了收费系统自动化水平

江海高速公路多个互通出入口设计采用了ETC电子不停车收费车道，该系统进一步完善了江苏省高速公路分车道控制设施，实现停车缴费和自动缴费车辆分道行驶，提升自动化服务水平，增加了江苏省高速公路科技含量。

6）环保措施全部同时实施到位

按照环境保护法的相关规定，江海高速公路分别对桥面径流搜集系统、声屏障、污水处理、环保拆迁等环保措施进行了专项设计，并超前实施，交工验收前全部完成并通过验收。这在江苏省高速公路建设中尚属首次。

2. 重大科研课题

1）国内首次成功对下承式系杆拱桥吊杆进行更换

省交建局联合东南大学，依托江海高速公路如海运河大桥开展"下乘式系杆拱桥吊杆可更换技术研究"。这在国内尚属首例，将为同类桥梁的吊杆设计和更换提供重要的技术支持。

2）深厚软土地基处治取得新突破

省交建局联合东南大学，依托江海高速公路选取典型软土段落进行了"气压劈裂真空预压法加固深厚软土地基试验研究"，在此基础上建立气压劈裂真空预压法设计理论和施工工艺，对提高深厚软土地基高速公路建设水平具有重要意义。

3. 主要科技成果

1）桥面防水推广应用新工艺

本课题通过前期资料收集，对江苏省内多条高速公路的桥面使用状况进行调研，课题同时结合江海高速公路的试验桥，对环氧沥青和环氧树脂黏结防水层施工工艺和质量验评标准进行了系统研究和工程实践。

2) 江苏省首次采用下穿铁路施工新工艺

江海高速公路主线需要穿越宁启、新长铁路。江苏省首次采用高速公路下穿铁路设计方案,下穿铁路的箱体采用现场预制、整体顶推施工的新工艺,不仅降低了纵断面高度、节约了工程造价,而且减少了上跨运营铁路施工安全隐患。

(四)运营及养护管理

1. 运营管理

一是严格执行收费政策,确保"应收不漏,应免不收"。二是积极推进电子不停车联网收费工作。三是加强收费业务管理,提升收费管理水平。四是加强收费现场管理。五是通过加大设备改造投入,软件升级,安装车道授权系统、电子值机系统、收费稽查系统,积极采取有效措施,依法打击偷逃通行费行为。

2. 养护管理

养护管理实行二级管理模式,公司本部设立工程技术部,负责养护管理协调工作,下设两个养护巡检大队负责江海高速公路江都至海安段具体养护维护管理工作。同时根据交通控股公司的要求和盐靖高速公路盐城北段养护管理实际,及时完善修订了《道路日常养护管理办法》和《养护巡检与检查制度》,增加了《养护巡检大队工作职责和养护巡检大队岗位职责》等养护管理规章制度,养护管理水平有了进一步提升。

二、扬州西北绕城高速公路(建设期:2001—2004 年)

(一)项目概况

1. 基本情况

1) 建设依据

扬州西北绕城高速公路(S28)是江苏省规划建设的"四纵、四横、四联"高速公路网中"联二"的重要组成部分,也是扬州绕城高速公路的西北环线,同时还是省会南京通往苏中里下河地区的一条重要快速通道。该项目作为润扬大桥的重要配套工程和"联二"项目的组成部分,对加强区域间的经济联系,促进苏南、苏北区域经济共同发展及扬州地区的社会经济发展起到积极作用。

2) 建设规模及主要技术指标

扬州西北绕城高速公路主线全长 34.962km,全线按全封闭、全立交、双向四车道高速公路标准建设,设计行车速度 100km/h,桥涵设计车辆荷载为汽车—超 20 级、挂车—120,路基宽度 28m。全线共有桥梁 46 座,设互通式立交 5 处,服务区 1 处,并设置完善的收费、监控、通信、照明、安全、绿化等交通工程和管理设施。

3) 项目投资及来源

2001年10月10日，江苏省发展计划委员会以苏计基础发〔2001〕962号文《关于扬州西北绕城高速公路初步设计的批复》，对初步设计的有关技术指标及建设规模等实施方案作了批复，并核定工程概算为14.8亿元。其中，项目资本金占总投资的35%，由江苏高速公路集团有限公司全额出资，资本金以外的资金由项目公司多渠道融资解决。

4) 工程建设条件

扬州西北绕城高速公路沿途经过地区属淮河和长江两大水系。京杭运河以东为江苏省淮河入江河道，水系分布紊乱，河流密布。丘陵地区的河流则以排洪、泄洪为主，路线跨越的河流有京杭大运河、高水河、金湾河、太平河、槐泗河、沿山河等，其中项目区域的京杭大运河河口宽近700m。此外，地下水位变化受季节影响，不同地貌单元和不同岩性又存在差异，而长江三角洲冲积平原地下水埋深较浅。

5) 工程进度

2001年5月23日，江苏省发展计划委员会以苏计基础发〔2001〕43号文《关于扬州西北绕城高速公路项目建议书的批复》同意建设扬州西北绕城高速公路项目。

2001年8月14日，江苏省发展计划委员会以苏计基础发〔2001〕764号文《关于扬州西北绕城高速公路可行性研究报告的批复》批准了该项目的可行性研究报告。

经批准，扬州西北绕城高速公路工程项目于2001年10月12日开工建设，于2004年9月全面建成，2004年9月27日通过交工验收，2004年10月12日正式通车。

6) 主要工程数量

扬州西北绕城高速公路概算总投资14.8亿元。全线完成路基土方538.3万m^3，特殊地基处理3533.74m，桥梁46座，涵洞109道，通道42道，互通式立交5处，分离式立交17处，路面底基层88.6万m^2，基层79.17万m^2，沥青面层249.7万m^2，全线同步完成安全、收费、通信、监控、供电、照明、服务等设施及绿化。

2. 决策过程

2001年5月23日，江苏省发展计划委员会以苏计基础发〔2001〕43号文《关于扬州西北绕城高速公路项目建议书的批复》同意建设扬州西北绕城高速公路项目。

2001年8月14日，江苏省发展计划委员会以苏计基础发〔2001〕764号文《关于扬州西北绕城高速公路可行性研究报告的批复》批准了该项目的可行性研究报告。

经批准，扬州西北绕城高速公路工程项目于2001年10月12日开工建设，于2004年9月全面建成。

(二)建设情况

1. 招投标情况

项目主体工程由江苏省交通科学研究院有限公司设计；交通工程中的三大系统由交通部北京泰克公路科学研究所承担设计；安全设施、供电和照明系统由江苏省交通规划设计院负责设计；房建工程分别由江苏省交通规划设计院、河海大学设计院、中国建筑装饰工程公司负责设计；绿化工程由扬州大学工程设计研究院和江苏纬信工程咨询有限公司负责设计。

监理单位：江苏省交通工程咨询监理总公司、镇江市润通交通工程监理公司、扬州华建交通工程咨询监理有限公司、扬州市建苑工程监理有限责任公司、江苏纬信工程咨询有限公司。

2. 征地拆迁情况

该项目征地拆迁工作由市高指全面负责，按进度分阶段支付资金，实行拆迁资金专款专用。征地拆迁情况统计见表7-21-3。

征地拆迁情况统计表　　　　表7-21-3

征地拆迁安置起止时间	征用土地（亩）	拆迁房屋（m²）	支付补偿费用（元）	备注
2001年10月—2004年8月	5788.4	146287		

(三)科技创新

(1)首次在江苏省实现从沥青路面设计到施工,全过程采用Superpave质量控制标准和技术要求。

(2)SBS桥面防水技术。从试件取芯来看,该防水层基本与沥青混凝土铺装层融为一体,与原桥面混凝土黏结牢固。

(3)推广使用纤维沥青混凝土桥面铺装技术。从试铺检测结果来看,路用性能有了很大的提高。

(4)在水稳碎石中使用膨胀剂。经后期对比,裂缝数量有比较明显的减少,为解决水稳碎石开裂难题提供了一种新的思路。

(5)新老路拼接段技术研究。有效地解决了新老路拼接质量问题,达到了预期效果。

(6)中分带设防水板试验。虽然造价略有提高,但为中分带防水层设计和施工提供了新的方法。

(7)在双沟服务区大厅设置电子屏,提供旅游、交通、天气等信息,首次全面采用综合电力监控系统,实现了无人值守,提高了运营效率,为三大系统中的监控系统注入了新的内容。

(8)创新路面结构组合形式。

(四)运营及养护管理

江苏京沪高速公路有限公司于2000年6月15日注册成立,负责京沪高速公路沂淮江段(G2)、启扬高速公路扬州西北绕城段(S28)共296.5km高速公路的收费、养护、清排障及服务区等经营管理服务。其中京沪高速公路(编号G2)沂淮江段261.5km于2000年12月15日开通运营;启扬高速公路(编号S28)扬州西北绕城段35km于2004年10月12日开通运营。

公司本部设7个部门:综合部、人力资源部、党群工作部、计划财务部、安全营运部、工程技术部、经营开发部。公司实行三级管理体制,下辖徐宿、淮安、扬州三个管理处,以及广告和置业两个法人公司,三级单位31个,即20个收费站、7个服务区及4个清障大队,现有员工2056人。公司成立以来,秉承"让社会更美好"的理念,认真贯彻"积极进取,稳健经营,务实创新,持续发展"的经营方针,经营业绩稳步增长,路桥品质有效保持,基础管理逐步规范,员工素质不断提高,企业氛围宽松和谐,保持了经济效益的稳定增长和社会效益的不断提高。

1. 以科学化信息化为主导,稳步推进"智慧高速公路"建设

按照控股公司打造"智慧高速"的要求,京沪公司对智慧高速公路的功能需求、系统架构、资源整合、信息共享等内容进行调研,确立了以全程监控为重点的智慧高速公路建设思路,成立了全程监控专项工程领导小组,设计了沂淮江段全程监控建设方案,在道路主线布设了210台高清摄像机、41套视频检测系统,改造了淮安、徐宿分中心监控大屏,实现了道路视频监控的全覆盖,为交通调度提供了更有力的信息化支撑,也为智慧高速公路建设打下了坚实基础。在扬州段等10个事故多发路段建设了语音广播系统,在所有收费站前和服务区入口处安装了交通信息诱导屏,对苏鲁省界收费站现金传输系统进行维修升级,试点建设收费亭背景音乐系统,完善道路气象系统,公司信息化管理水平得到进一步提升。

2. 以科学管理决策为手段,始终保持道路品质优良

公司坚持"以人为本,以路为本"的经营理念和"预防为主,防治结合,标本兼治,治本为主"的养护理念,不断提高科学决策水平,加大道路养护和技术革新投入,保持了道路一流品质,保障了道路的安全畅通。

1)加大基础数据研究,保证养护科学决策

自京沪高速公路于2000年开通以来,京沪公司逐步开展了对交通量、交通轴载、实

际运行荷载等基础数据的研究,实时掌握京沪高速公路实际运行交通量及荷载情况,为养护方案决策提供可靠依据。京沪高速公路由于其显著的交通便捷性,自建成通车后交通量增长迅速,开通初期超载情况非常严重,据统计,京沪高速公路沂淮江段2004—2008年京沪向平均超载率为86%,沪京向为53%。正是由于初期交通超载严重,导致累计当量轴载作用次数增长迅速。根据设计资料,京沪高速公路设计车道上的累计当量轴载作用次数为2300万次,而经统计换算,京沪方向于2004年底累计当量轴次已超过了设计轴次,沪京方向于2007年底超过了设计轴次。重载交通和超载严重是京沪高速公路路面病害发展较快的重要原因之一。

为了掌握京沪高速公路实际运行荷载及不同车辆荷载对桥梁结构的影响,京沪公司于2012年开展了"京沪高速公路实际运行荷载对混凝土组合箱梁桥长期性能影响研究与应用"的课题研究,于新沂河大桥布设了动态称重系统和健康监测系统,将两个系统的检测数据相结合,即可得知桥梁结构对不同车辆荷载的响应情况。课题中所采用HIOTRAC100型高速动态称重系统是由英国TDC系统公司制造的一款交通流量检测、车辆分类及动态称重系统,其车重测量精度能达到90%以上,能够精确获得交通量、车速、车辆轴距、轴重、温度、车头间距、横向分布系数等数据。通过475天不间断的连续监测,获得了950多万辆车辆数据及其对应的桥梁应力、应变、温度数据,通过对大量数据的分析,得出"京沪高速公路京沪向实际运行荷载为1.4倍公路—Ⅰ级荷载,沪京向为1.22倍公路—Ⅰ级荷载"的研究成果,并确定京沪高速沂淮江段桥梁加固设计荷载为1.24倍公路—Ⅰ级荷载。

2)优化变革管养模式,不断提升作业效率

自京沪高速公路沂淮江段于2000年12月通车运营以来,公司日常养护模式经历了自养、自养和社会化养护相结合、社会化养护三个阶段。在经历了多次管养模式变革后,京沪公司总结出了适合公司管辖道路特点的日常养护管理模式:一是采用部分总包的社会化养护模式,减少了日常养护管理的环节和难度,将养护工作质量考核作为合同的重要部分,管理处工程科每周不少于两次上路巡查、检查,对维修质量及数量进行不少于20%的抽检,并按月对辖段内养护中心进行考核,公司按季度对养护处进行季度考核,并按季度考核结果每季度支付养护费用;二是将疏通排灌涵、集中清理边沟等难控制项目列为单价项目,按实计量并支付项目费用,既保证了养护经费的有效控制,又明确了责任;三是经招标,由专业单位实施绿化保洁项目,各养护中心进行监管,不但提高了绿化保洁单位的主动性,还便于控制项目费用和制定相关养护定额;四是将桥下堆积物清理纳入日常道路保洁工作,由保洁单位负责及时清理并长效保持,改变了往年集中清理却总是反复的局面;五是将除雪保畅费用作为独立费项目,从总包项目中分出,依据每年的除冰雪情况按实进行支付。

3）合理优化养护方案,着力恢复路面品质

随着运营时间的增长,京沪高速公路在车辆重载和外部环境的反复作用下,早期路面病害发展迅速,为了较好地治理路面病害、实现标本兼治,京沪公司自2008年即开始进行罩面养护试验,以寻求适合京沪高速公路的经济、耐久的罩面养护方案。2008年公司尝试采用改性AK-13S沥青混合料进行罩面试验,黏结层采用满铺聚酯玻纤布;2009年采用了级配更合理的AC-13C沥青混合料作为罩面层材料;2010年、2011年罩面大修前,京沪公司对历年交通量、轴载、环境气候、路面病害、使用性能、养护历史数据进行全面分析,对病害严重路段进行试验检测,结合以往养护方案总结,并组织专家进行综合评估,制订了科学、合理、经济的道路大修分步实施方案,其中黏层采用了橡胶沥青应力吸收层,罩面材料采用了橡胶沥青混合料(AR-AC13)、改性沥青混合料(PG76-22改性沥青AC-13)、掺加聚酯纤维的改性沥青混合料三种材料。

4）突出桥梁养护重点,确保结构万无一失

针对病害发展较快的新沂河大桥、废黄河大桥,结合"京沪高速公路实际运行荷载对混凝土组合箱梁桥长期性能影响研究与应用"课题研究成果,组织专家进行科学论证,确定了科学合理的维修加固方案,同时组织多方力量对桥梁病害进行密切跟踪监控,保证桥梁结构及施工安全。在维修工作中,公司实行首件工程认可制、全程旁站监督制、每周工地例会制,保证了加固质量。

第二十二节　S35(泰州—镇江)

泰州至镇江高速公路(以下简称"泰镇高速公路")是江苏省的一条省内高速公路,编号为S35,起自江宜高速公路,终于启扬高速公路,经泰州市泰兴区、姜堰区、海陵区、高港区,扬州市扬中区,镇江市丹徒区、丹阳区,已通车路线全长62km。全线各路段基本情况见表7-22-1。

S35全线各路段基本情况　　　表7-22-1

序号	路段	里程(km)	建设期	备注
1	泰州长江大桥及接线	62	2007—2012年	

(一)项目概况

1. 基本情况

1）建设依据

泰州长江公路大桥主要为长江两岸泰州、常州、镇江之间的区域交通服务,并兼有沟

通南京、南通之间东西向交通的功能。建设泰州长江公路大桥有利于进一步完善长江三角洲地区和江苏省的高速公路网络，加快长江三角洲地区和江苏省的高速公路建设，对完善国、省干线公路网，加强大江南北和泰州、镇江、常州等市的交流，促进长江两岸区域经济的均衡发展和沿江开发的发展，改善长江航运条件具有积极的作用，同时对拉动经济增长、促进旅游事业发展等也具有重要意义。

2）建设规模及主要技术指标

大桥全长62.088km，采用双向六车道高速公路标准，其中跨江主桥及夹江桥全长9.726km，桥面宽33m。主桥通航孔为单孔双向通航，通航净空高度不小于50m，净宽不小于760m，能满足5万吨级巴拿马散装货轮的通航需要。桥梁设计汽车荷载标准为公路—Ⅰ级，主桥按Ⅶ度地震进行设防，并按桥址处10m高度100年一遇基本风速31.83m/s进行抗风设计。大港枢纽至路线终点罗溪枢纽段设计行车速度为120km/h，路基宽度为34.5m，并预留八车道建设条件。

3）项目投资及来源

根据批准的工可报告和初步设计概算，项目概算总投资93.67亿元，项目公司负责筹措资本金32.7845亿元（占概算总投资的35%）。其中，江苏扬子大桥股份有限公司出资19.6706亿元，占总注册资本金的60%；江苏润扬大桥发展有限责任公司出资1.6392亿元，占总注册资本金的5%；泰州市城市建设投资集团有限公司出资6.5569亿元，占总注册资本金的20%；镇江市国有资产投资经营公司出资3.2784亿元，占总注册资本金的10%；常州市交通产业集团有限公司出资1.6392亿元，占总注册资本金的5%。此外国家安排中央专项基金（车购税）5.22亿元，其余55.6655亿元通过银行贷款解决。截至2012年10月31日，泰州大桥建设项目累计到位资金83.6661亿元，其中项目资本金26.098亿元，项目银行贷款52.3481亿元，中央专项基金（车购税）5.22亿元。

4）工程进度

2009年3月10日完成中塔基础施工；2009年10月30日完成南锚施工；2009年11月6日完成南塔施工；2009年12月8日完成北塔施工；2010年1月4日完成北锚施工；2010年4月24日完成中塔安装；2011年1月11日完成主缆架设；2011年4月24日完成南北引桥主体工程施工；2011年5月11日完成夹江桥主体工程施工；2011年9月28日钢箱梁成功合龙；2012年8月1日完成钢桥面铺装施工；2012年9月8日完成南北接线路面施工；2012年9月27日完成泰州大桥机电工程。

5）主要工程数量

泰州大桥跨江主桥（含引桥）总长6821m，跨度为2×1080m，中塔为200m高、纵向人字形、横向门式框架形钢塔。全线桥梁共68座（含泰州大桥主桥），其中特大桥6座、大桥32座、中桥30座。全线分别在宣堡、高港、扬中、镇江新区东、大港、丹阳新桥、孟河、春江、罗溪共设9处互通式立交,设主线收费站1处(南北分设),服务区1处。

2.决策过程

2006年8月,国家发展和改革委员会以发改交运〔2006〕1793号文批复了泰州长江公路过江通道项目建议书,同意建设本项目。

2006年8月,国家环保总局以环审〔2006〕392号文批复了《泰州公路过江通道环境影响报告书》。

2007年11月,交通运输部批复了泰州大桥施工许可申请。

2007年11月,国土资源部以国土资厅函〔2007〕615号文《关于泰州长江公路大桥控制工期的单体工程先行用地的复函》批复了本项目的先行用地。

2009年7月,国土资源部以国土资函〔2009〕890号文《国土资源部关于泰州长江公路大桥工程建设用地的批复》批复了本项目的用地。

(二)建设情况

1.勘察设计研究单位招标情况

泰州大桥主桥勘察设计由江苏省交通规划设计院、中铁大桥勘测设计院、同济大学建筑设计研究院组成的联合体承担,各成员单位分布在3个省市,省桥指加强对设计工作的管理,指定江苏省交通规划设计院作为设计现场,要求联合体各成员单位常驻现场开展设计,省桥指还派员驻设计现场开展管理,同时委托咨询单位行使设计监理职责。建设、设计、咨询单位通过定期召开设计协调会,对设计进度和设计质量进行跟踪,协调各专业界面的衔接,确保泰州大桥设计工作有序开展。采用双院制开展设计复核审查,对于三塔两跨悬索桥关键结构的设计,还委托国际知名咨询公司开展设计咨询,进一步完善了主桥设计的可行性和可靠性。

2.参建单位主要情况

设计单位:多门朗-建利联合体、江苏省交通规划设计院、中铁大桥勘测设计院有限公司、同济大学建筑设计研究院联合体、江苏省交通规划设计院股份有限公司、中交第二航务工程勘察设计院、江苏省交通科学研究院股份有限公司、中交第二公路勘察设计研究院有限公司、北京中建恒基工程设计有限公司。

施工单位:江苏中泰钢结构有限责任公司、中交第二航务工程局有限公司、中交第二公路工程局有限公司、中铁大桥局股份有限公司、江苏省交通工程集团有限公司、中铁宝桥股份有限公司、江苏省交通科学研究院有限公司、中交二公局第三工程有限公司、宝钢集团上海二钢有限公司、江阴华新钢缆有限公司、四川天元机械工程有限责任公司、中城建第二工程局有限公司、中交二航局第二工程有限公司、无锡路桥集团有限公司、中交第一公路工程局有限公司、中交第三航务工程局有限公司、江苏常鑫路桥工程有限公司、江苏法尔胜股份有限公司、上海恒锐智能工程有限公司、江苏省交通规划设计院股份有限公司与南京大学联合体、泰州金马建设工程有限公司、江苏顺通建设集团有限公司、南通四建集团有限公司、南通新华建筑集团有限公司、江苏农垦建设有限公司、江苏省建筑工程集团有限公司、江苏馨园园林建设有限公司、扬州源森园林工程有限公司、江苏花王园艺有限公司、江苏绿海园林绿化工程有限公司、江苏苏林园林工程有限公司、靖江市绿化工程有限公司、苏州市安泰交通安全设施工程有限公司、江苏耀鑫交通设施有限公司、深圳瑞锦实业有限公司、江苏中压电气工程有限公司、江苏宝利沥青股份有限公司、葛洲坝集团电力有限责任公司、江苏宏运道路工程有限公司、江苏兴路交通工程有限公司、常州市交通设施有限公司、无锡市锡广高速公路养护有限公司、江苏东方交通工程有限公司、江苏宏达交通工程有限公司、江苏鹏鹳环境工程承包有限公司、北京公科飞达交通工程发展有限公司、陕西公路交通科技开发咨询公司、江苏承煦照明电气有限公司、江苏神州交通器材有限公司、江苏信达装饰工程有限公司。

监理单位：中铁武汉大桥咨询监理有限公司、江苏润通交通工程监理咨询有限公司、武汉大通公路桥梁工程咨询监理有限责任公司、武汉桥梁建筑工程监理有限公司与中国船级社实业公司的联合体、理工大学工程兵工程学院南京工程建设监理部、江苏东南交通工程咨询监理有限公司、江苏纬信工程咨询有限公司、江苏振星工程监理有限公司、江苏燕宁工程咨询有限公司。

检测单位：江苏河海工程技术总公司、江苏省交通科学研究院股份有限公司、江苏法尔胜材料分析测试有限公司、江苏省建苑岩土工程勘测有限公司、泰州市辉通交通工程检测有限公司、江苏恒信交通工程试验检测有限公司、江苏省交通规划设计院股份有限公司。

监督单位：江苏省交通厅工程质量监督站。

(三)复杂技术工程

(1)主桥设计标准高,桥型结构体系复杂。
(2)水中沉井体积大、下沉难度大、精度要求高。
(3)钢中塔受力性能特殊,制造工艺复杂。
(4)钢中塔节段质量大,吊装难度高。
(5)缆索系统施工和控制难度大。
(6)钢箱梁吊装技术难度大,挑战性强。
(7)南北锚碇沉井基础工程规模大,施工难度大。
(8)超长超柔钢桥面结构柔性大,对铺装材料及施工工艺要求高。

(四)科技创新

1. 过江通道建设科技创新

(1)开展"多塔连跨悬索桥结构体系与结构性能研究"课题,并编制了《三塔两跨悬索桥设计指南》。

(2)通过"深水大型沉井关键技术研究",首次研发了"沉井钢锚墩+锚系"导向定位、着床技术和沉井信息化施工全过程实时监控系统,攻克了深水沉井精确定位、平稳着床与摆动控制的世界难题。

(3)开展"多塔悬索桥中间塔制造与安装关键技术",课题研究首次解决了纵向人形、横向门形钢塔安装难题。最终,泰州大桥中塔安装完成后的垂直度达到了1/15000以上,大大优于设计1/4000的精度要求。

(4)通过"三塔悬索桥上部结构施工关键技术研究",首次提出适合三塔悬索桥结构行为特性的"四跨连续猫道"和分段架设技术,填补了国内该项技术的空白;首次提出了以中塔应力、主缆与鞍座间抗滑移安全为双控目标的三塔悬索桥加劲梁架设和控制方法及不平衡吊装的安全限值,解决了多塔悬索桥加劲梁安装难题。

(5)通过"主缆除湿系统国产化成套关键技术"研究,研发了具有自主知识产权的主缆除湿系统关键技术,填补了国内相关领域空白。

(6)通过"多塔悬索桥钢桥面铺装设计与施工技术"研究,构建了三塔两跨悬索桥钢桥面板与铺装结构的协同作用模型,显著提高了钢桥面的施工质量与速度。

2. 主要科技成果

科技创新形成了具有自主知识产权的多塔连跨悬索桥核心建造技术,获得专利25项(其中发明专利17项),国际奖项3项,省部级科技进步奖12项,其中中国公路学会特等奖2项,省部级科技奖一等奖4项、二等奖4项、三等奖2项。此外,还获颁国家级工法1项、省部级工法15项、江苏省地方标准7项、软件著作权7项,出版专著4本,形成产业基地4个。

(五)运营及养护管理

1. 运营及养护管理

江苏泰州大桥有限公司自泰州大桥2012年11月25日顺利通车正式投入运营以来,主要从事泰州大桥及所辖路段的收费、养护以及餐饮、商品零售、汽车加油、广告发布等配套服务业务。

江苏泰州大桥有限公司坚持"尊重科学、团结奋斗、自觉奉献、勇创一流"的企业精神,秉承"致力于成为国际一流的路桥经营管理企业"的企业愿景,牢记"为公众提供安全、畅通、舒适的出行环境,贡献社会,成就员工"的企业使命,共同坚守双核驱动的基本信念和价值取向,公司工程部及养护大队全面负责所辖路段养护工作的组织和管理,重点负责计划、合同、小修(大中修)工程的管理等工作。养护施工通过公开招标、竞争性谈判等方式,全部委托社会化养护单位实施,实行管养分开、内外结合、企业和社会联动的专业化管理模式。

2.服务区

江苏泰州大桥有限公司以开展创建"文明平安服务区"和"优秀服务区"的活动为载体,加强与高速公路巡警、路政、地方公安、消防等部门合作,提升服务区的整体服务功能,强化食品安全卫生和治安秩序管理,为驾乘人员提供周到、舒适、文明、便捷的服务。

自运营以来,公司小黄山服务区取得了诸多荣誉,社会效益明显。服务区共协助公安机关整顿治安事件12起,阻止盗窃汽车备胎案件3起,偷油事件5起,为过往驾驶员灭火11次,发现可疑车辆22辆,有力地保障了过往驾乘人员的生命财产安全。服务区先后获市级"青年文明号"、省级"巾帼文明岗"、省级"文明平安服务区"。

3.交通流量

自开通运营以来,泰州大桥的交通流量增长较快。2012年12月开通时,日均过桥流量为7049辆,到2013年达到9549辆,2014年达到12437辆。截至目前,日均过桥流量达15088辆,为开通时期的214%。

第二十三节　S39(江都—宜兴)

江都至宜兴高速公路(以下简称"江宜高速公路"),已通车路段经常州市、镇江市丹阳区,未来为泰州、常州、镇江之间区域交通服务。路线全长142km,已通车里程61km。全线各路段基本情况见表7-23-1。

S39全线各路段基本情况　　表7-23-1

序号	路段	里程(km)	建设期	备注
1	常州西绕城高速公路	27	2007—2012年	
2	大港至汤庄段	34	2007—2012年	与S35共线

(一)项目概况

1.基本情况

1)建设依据

常州西绕城高速公路是江苏省规划高速公路网的重要组成部分,其北承规划的泰州五峰山过江通道,南接太湖西侧的出省通道,是江苏省南北公路通道的重要组成部分;与规划的苏锡常南部快速通道相衔接,也是苏锡常都市圈交通主骨架的重要组成部分。同时,常州西绕城公路与沪宁高速公路和南京至太仓高速公路一起构成了常州市的高速公路环线。该项目的建设对完善苏南地区路网主骨架的结构,有效疏解常州节点的过境交通,合理组织城市出入交通,强化常州中心城市地位,加快推进城市化发展进程,促进沿线区域社会经济发展等具有十分重要的意义。

2) 建设规模及主要技术指标

常州西绕城高速公路起自沪宁高速公路罗溪镇东侧,北接在建泰州长江公路大桥南接线,全长 26.63km。另有泰州长江公路大桥南接线汤庄枢纽 1.52km 及新增武南路互通纳入本项目同步实施。

常州西绕城高速公路全线采用双向六车道高速公路标准建设,路基宽度 34.5m;全线设计行车速度采用 120km/h,桥涵设计汽车荷载等级采用公路—Ⅰ级;其他技术指标按《公路工程技术标准》(JTG B01—2003)和《工程建设标准强制性条文》(公路工程部分)执行。

主要技术标准如下:

(1) 设计行车速度:120km/h。

(2) 主线路基宽度:34.500m。

(3) 路基宽度组成为:行车道 $2 \times (3 \times 3.75m)$;中间带 4.50m(0.75m + 3.00m + 0.75m);硬路肩 $2 \times 3.0m$(含右侧路缘带 $2 \times 0.50m$);土路肩 $2 \times 0.75m$。

(4) 桥面净宽:大中桥为 34.5m,外侧与路基同宽;小桥为 34.5m,外侧与路基同宽。

(5) 路面:沥青混凝土路面,设计使用年限 15 年,标准轴载 100kN;匝道收费站采用水泥混凝土路面,设计使用年限 30 年,标准轴载 100kN。

(6) 路基、桥涵设计洪水频率:特大桥 1/300,其余均为 1/100。

(7) 荷载标准:公路—Ⅰ级。

3) 项目投资及来源

根据 2007 年 2 月 15 日省交通厅苏交计〔2007〕31 号文《关于常州西绕城高速公路项目建设管理模式的批复》,常州西绕城高速公路原定采用"以省为主"进行投资的模式建设。后于 2008 年 8 月,省交通控股有限公司以苏交控投函〔2008〕43 号文回复省高指,明确常州西绕城高速公路因投资主体无法落实,暂不安排投资建设计划。2008 年 12 月,常州市委、市政府与省交通控股有限公司协商,调整该项目投资主体,改为"以市为主"投资,资本金由常州市政府组织投入 70%,江苏交通控股有限公司投入 30%。2009 年 4 月 7 日,省发展改革委以苏发改交通函〔2009〕74 号文《关于常州西绕城高速公路投资比例调整的复函》同意对项目资本金比例进行调整,即项目资本金由江苏交通控股有限公司投入

30%,常州市交通产业集团投入70%;项目资本金以外的资金通过国内银行贷款解决。经决算审计,工程造价为28.8036亿元(含泰州长江公路大桥南接线汤庄枢纽1.52km和武南路互通)。

4)工程建设条件

常州西绕城高速公路所在区域为长江下游冲积高亢平原工程地质区。区内主要为农田及村庄,地势平坦,地面高程4.60~5.60m,沪宁高速公路路面高程在10.0m左右。项目区域处于长江下游的北亚热带季风气候区,具有四季分明、温暖湿润、热量丰富、雨量充沛的特点。根据多年气象统计结果,年平均气温15.4℃,极端最高气温39.4℃,极端最低气温-15.5℃。年平均降水量为1071.4mm,最大年降水量为1466.6mm,最小年降水量为527.6mm,日最大降水量为188.2mm,全年平均降水日为127.4天。每年晚春及夏天盛行东南风,秋、冬则盛行北风或西北风,最大风速为20.3m/s,平均风速为3.1m/s。

据江苏省地震工程研究院《常州西绕城高速公路工程场地地震安全性评价工作报告》(2004.04),近场区内断裂构造较为发育,主要断裂有9条,按走向可以划分为北西向(丹徒—建山断裂、五峰山—西来桥断裂、青龙—西夏墅断裂)、东西向(丹阳—小河断裂)、北北东~北东向(金坛—南渡断裂、孝都—奔牛断裂、厚余—新桥断裂、江阴—三河口断裂、和桥—阳山断裂)断裂。本项目桥址区地震基本烈度为Ⅶ度,设计基本地震动加速度峰值为$0.10g$,设计地震分组为第一组,桥址区场地类别为Ⅲ类。

5)工程进度

因本项目反复受困于工程建设资金短缺问题,对工程建设管理造成较大影响,本项目工期有所调整,实际工期为2008—2011年。2011年11月9日通过了房建及相关工程专项交工验收;2011年11月18日通过了监控、通信、收费三大系统机电项目专项交工验收;2011年11月24日通过了交工档案专项交工验收;2011年12月8日本工程项目通过了交工验收;2013年11月完成环保专项验收;2014年1月完成竣工验收。

6)主要工程数量

本项目概算投资27.93亿元(含泰州长江公路大桥南接线汤庄枢纽1.52km和武南路互通),全线设互通式立交6处,匝道收费站4处,服务区1处,路基土石方约581万m^3,主线及互通匝道征用土地3712.4亩,取土坑占地186.3亩,房屋拆迁39.2万m^2,主线大桥/特大桥共14座(含5座互通主线桥梁,9座分离式立交主线上跨桥),长约8642m;中桥10座,长约846m。主线桥梁总长9489m,占主线总长的34%。主线共设涵洞62道,通道27道(含4道利用桥孔)。互通匝道桥27座,长约3966m,互通老路拼宽桥9座,长约412m。互通区绿化60.6万m^2,管理中心、收费站及服务区等房建面积17711m^2。

2. 决策过程

2003年12月,江苏省发展计划委员会以苏计基础发〔2003〕1643号文《省计委关于常州西绕城高速公路项目建议书的批复》批复项目立项。

2004年8月,江苏省环境保护厅以苏环便管〔2004〕107号文《关于对常州西绕城公路工程环境影响报告表的批复》批复了项目环评。

2010年6月,江苏省交通运输厅以苏建许字〔2010〕第009号《准予交通行政许可决定书》核准项目施工许可。

(二)建设情况

1. 项目准备阶段

省交建局、市高指严格遵守基本建设程序,按照《江苏省工程建设项目招标范围和规模标准规定》(苏政发〔2004〕48号),本项目设计、施工、监理、检测和重要材料、设备采购等均采用了公开招标。依法必须招标的工程建设项目招标公告核准后在中国招投标网、江苏省交通运输厅官网等媒体上公开发布,严格按照招标结果签订合同协议书。

1)勘察设计研究单位招标情况

本项目公路工程、交通工程(含三大系统工程)及沿线设施(含安全、养护、服务、房屋建筑等)勘察设计采用公开招标,主体工程勘察设计于2007年9月完成招标签约工作,交通工程设计于2008年6月完成招标工作,房建工程设计于2010年上半年完成招标工作,房建二次装修设计于2010年底完成招标工作。

2)施工、监理单位招标情况

施工单位:本项目路基桥梁标段于2008年10月完成招标,2009年3月完成签约工作;路面工程标段于2010年8月前完成招标签约工作;三大系统标段于2010年12月前完成招标签约工作;绿化、房建均于2010年11月前完成招标签约工作;安全设施于2011年4月前完成招标签约工作;照明、二次装修等于2011年5月前完成招标签约工作。

监理单位:本项目路基、路面、交安设施监理标段于2008年7月完成招标,2009年3月完成签约工作;三大系统监理标于2010年12月前完成招标签约工作;房建监理标段于2010年11月前完成招标签约工作。

3)参建单位主要情况

设计单位:江苏省交通规划设计院股份有限公司、江苏东方建筑设计有限公司、江苏信达装饰工程有限公司。

施工单位:中交二公局第三工程有限公司、南京交通工程有限公司、胜利油田胜利工程建设(集团)有限责任公司、中铁二十局集团第一工程有限公司、东盟营造工程有限公司、无锡路桥集团有限公司、中铁十五局集团有限公司、溧阳市路桥工程有限责任公司、无锡市交通工程有限公司、江苏华晨路桥有限公司等单位。

监理单位：江苏交通工程咨询监理有限公司、江苏润通交通工程监理咨询有限公司、江苏振星工程监理有限公司。

检测单位：江苏省高级技工学校、江苏省交通科学研究院有限公司、江苏省交通规划设计院股份有限公司。

监督管理单位：江苏省交通运输厅工程质量监督局。

4）征地拆迁情况

本项目征地拆迁按江苏省人民政府苏政办发〔2005〕125号文《省政府办公厅转发省国土资源厅、省交通运输厅〈关于省交通重点工程项目征地拆迁补偿安置实施意见〉的通知》等文件执行。省交建局根据征地拆迁进度分阶段支付资金，实行拆迁资金专款专用。征地拆迁情况统计见表7-23-2。

征地拆迁情况统计表　　　　　　　　　　表7-23-2

征地拆迁安置起止时间	征用土地(亩)	拆迁房屋(m²)	支付补偿费用(元)	备注
2008年6—12月	3712.4	300000		

2. 项目实施阶段

2008年底，全线征地拆迁工作基本完成。

2009年3月，市高指组织各路基桥梁工程中标施工、监理单位进行了协商，达成一致意见，签订了合同协议书及补充协议，各施工、监理单位进场。

2009年5月，市高指组织召开了第一次工地会议，明确各方组织机构，总监办明确了监理例行程序，促进了工程施工全面展开。

2010年3月，启动附属工程设计、招标等工作。

2010年4月2日、3日，省交建局主要负责人及各处室负责人赴常州西绕城高速公路现场办公，肯定了取得的阶段性成绩，对后续工作目标进行了部署，并对相关具体问题明确了意见。

2010年底，路基、桥梁工程基本完工。

2011年10月，基本完成路面及附属工程施工。

2011年12月，完成交工验收并建成通车。

(三）复杂技术工程

鸣凰枢纽施工图设计采用一、二期分期实施方案，为了节约用地和二期工程实施便利，优化了匝道平纵指标，合理划分确定一、二期实施界面，减小了征地拆迁面积，有效地控制了工程规模。

(四)科技创新

1. 全线桥梁采用真空抛丸新工艺

首先对桥面混凝土进行真空抛丸,然后再热喷SBS改性沥青、撒布4.75~9.54mm集料、碾压。通过真空抛丸,清除了桥面混凝土的表面浮浆,增加了混凝土表面的粗糙度、构造深度,增加了SBS改性沥青与混凝土的黏附性、黏结性。施工结果表明,采用真空抛丸后防水层与桥面混凝土黏结牢固、不易起皮剥离,桥面防水层施工质量得到很大提高。

2. 真空辅助压浆技术

常州西绕城公路建设中大力推广使用真空辅助压浆技术。后张法预应力混凝土结构中,预应力筋的腐蚀大部分是由于施工工艺和浆体混合料配制不合理造成的。因此真空压浆工艺是提高后张预应力混凝土结构安全度和耐久性的有效措施。

3. 环氧沥青钢桥面环氧沥青铺装层

为防止病害的发生,京杭运河特大桥钢桥面采用了环氧沥青铺装层(EA-10)和环氧树脂黏结层。各项检测指标均能满足要求,处理段落外观效果良好,应用情况稳定。

4. 土方综合利用

常州西绕城高速公路紧靠城区,沿线土地资源十分珍贵,为保护耕地,尽量减少设置取土坑,对路基填筑所需要的土方采取多种方式进行取土。根据当地河流航道等的改造计划,结合航道拓宽情况,通过开挖河道取土,节省了取土坑用地,保护了环境,节省了投资。

5. 电石渣改良过湿土路用性能研究

课题通过室内和现场试验研究,论证了电石渣改良过湿土路基填料的可行性、优越性、改良机理,表明电石渣改良过湿土完全可以满足路基土路用性能要求,具有良好的社会效益和经济效益,符合我国废弃物循环利用、节能减排的方针政策,应用前景广阔。

(五)运营及养护管理

1. 运营管理

常州市高速公路管理有限公司原名为常州西绕城高速公路有限公司,成立于2009年5月,注册资本187388万元,由常州市交通产业集团和江苏交通控股有限公司共同出资组建,具体负责常州西绕城高速公路的管理、经营和养护。自2011年12月12日常州西绕城高速公路建成通车以来,常州市高速公路管理有限公司积极贯彻落实科学发展观,努力提升管理水平,全力做好运营管理工作和工程养护工作,取得了良好的社会效益和经济效益。

2. 养护管理

(1) 坚持预防性养护,道路品质不断提升。

(2) 提高收费服务水平,树立良好企业形象。

(3) 坚持软、硬件两手抓,服务环境明显改善,行业形象显著提升。

(4) 健全预案体系,突发事件应急处置能力不断提高。

(5) 加强成本控制,挖掘潜力,企业降本增效效果明显。

(6) 坚持防控结合,努力保障安全生产形势稳定。

3. 服务区

常州西绕城高速公路设有1个服务区,即淹城服务区;拥有4处收费站,分别为龙城大道互通收费站、邹区互通收费站、武进经发区互通收费站和武进互通收费站。淹城服务区用地面积为58000m²,总建筑面积为6676m²。

第二十四节　S48(上海—宜兴)

沪宜高速公路(江苏段编号苏高速S48)起自上海市,途经太仓市、昆山市、苏州市、无锡市、宜兴市,止于宜兴市西坞枢纽,接长深高速公路。路线全长176km,已通车115km。全线各路段基本情况见表7-24-1。

S48 全线各路段基本情况　　　　　表7-24-1

序号	路　　段	里程(km)	建　设　期	备　　注
1	无锡至宜兴高速公路	70	2000—2003 年	
2	苏昆太高速公路 C 线	45	2003—2005 年	

一、无锡至宜兴高速公路(建设期:2000—2003 年)

(一)项目概况

1. 基本情况

1) 建设依据

锡宜高速公路(S48)是江苏省"四纵四横四联"骨架网的第四联,是长江三角洲腹地连接京沪、沪宁和宁杭高速公路的纽带,是江苏省高速公路联网畅通工程的重要组成部分。

锡宜高速公路担负着江苏省东南部地区连接京沪、沪宁和宁杭高速公路主动脉的重任,对构筑江苏高速公路骨架网,加快沿线地区经济发展,改善苏锡常经济圈投资环境,实现省委、省政府"富民强省""两个率先"目标具有深远的意义。

1998年11月,省计经委以苏计经发〔1998〕2224号文批复项目建议书;1999年7月,省计经委以苏计经交发〔1999〕1651号文批复可研报告;2000年6月,省建设厅以苏建重〔2000〕260号文批复初步设计;2000年8月省环保厅以苏环然〔2000〕36号文批复了环境影响评价报告书。

2)建设规模及主要技术指标

锡宜高速公路起点为沪宁高速公路锡北互通,终点至宜兴市新街镇接宁杭高速公路联四枢纽,全长63.787km,在主线沿线设置收费站5处,分别是无锡西收费站、陆区收费站、漕桥收费站、屺亭收费站、宜兴西收费站,在高塍设置服务区1处。

锡宜高速公路全线采用双向四车道高速公路标准建设,路基宽26m,设计行车速度100km/h,桥涵设计车辆荷载为汽车—超20级、挂车—120;其他技术标准按照《公路工程技术标准》(JTJ 001—97)中的规定值执行。

主要技术标准如下:

(1)设计行车速度:100km/h。

(2)主线路基宽度:26.00m。

(3)路基宽度组成为:行车道1×(4×3.75m),中间带3.50m(0.75m+2.00m+0.75m),硬路肩2×3.0m(含右侧路缘带2×0.50m),土路肩2×0.75m。

(4)桥面净宽:大中桥为22.50m,外侧与路基同宽;小桥为22.50m,外侧与路基同宽。

(5)路面:沥青混凝土路面,设计使用年限15年,标准轴载100kN;匝道收费站采用水泥混凝土路面,设计使用年限30年,标准轴载100kN。

(6)路基、桥涵设计洪水频率:特大桥1/300,其余均为1/100。

(7)荷载标准:公路—Ⅰ级。

3)项目投资及来源

1998年11月,省计经委以苏计经发〔1998〕2224号文批复同意立项建设。批复概算为16.3734亿元。本工程项目按照"省领导小组决策、省高指监管、市高指建设、公司筹资"的管理模式建设。

4)工程建设条件

锡宜高速公路地处无锡市、常州市境内,经过路段地质条件复杂,暗河暗塘分布广泛,全线不良地基处理长度13.412km。两市均为苏南经济发达地区,人多地少,寸土寸金,在克服重重困难完成了主线征地后,土方填筑所需土源又成一大难题。苏南地区已建和在建的路桥重点工程较多,可以使用的土源几乎耗尽,一度出现设备、人员闲置,坐等土源的情况。经建设单位多方协调,同时发挥各施工单位的积极性,四处联系土源,甚至到重点工程建设较少的偏远乡镇取土,终于使土源供应满足了施工要求。

5) 工程进度

本工程于 2000 年 9 月 20 日开工建设，2003 年 9 月 20 日全面建成，实际工期为 3 年。

6) 主要工程数量

全线征用土地 7758.98 亩，征用取土场 4740.1 亩，拆迁房屋 172594m^2；路基土石方总量 995.803 万 m^3，涵洞 206 道，通道 108 道，互通式立交 6 处，桥梁 101 座；沥青混凝土路面 168.83 万 m^2，房建总面积 15451m^2。

2. 决策过程

1998 年 11 月，江苏省计经委以苏计经发〔1998〕2224 号文批复同意立项建设。

1999 年 2 月，中交公路规划设计院完成《无锡至宜兴高速公路工程可行性研究报告》。

1999 年 7 月，江苏省计经委以苏计经交发〔1999〕1651 号文批准工可报告。

2000 年 1 月，江苏省环保厅以苏环然〔2000〕36 号文批准了工程环境影响评价大纲；同年 8 月，江苏省环保厅批准了环境影响评价报告书。

2000 年 3 月，无锡市、常州市计委以锡计资〔2000〕201 号文向省建设厅上报初步设计；同年 6 月，江苏省建设厅以苏建重〔2000〕260 号文批复同意初步设计。

(二) 建设情况

1. 项目准备阶段

锡宜高速公路初步设计及施工图设计是根据江苏省计划与经济委员会以苏计经交发〔1999〕1651 号文《关于无锡至宜兴公路可行性研究报告的批复》、江苏省建设厅苏建重〔2000〕260 号文《关于无锡至宜兴高速公路初步设计的批复》，以及国家法律法规及交通部、建设部等的一些行业规范、规定进行的。

1) 施工、监理单位招标情况

无锡段：主体工程分为 9 个路基桥涵合同段，2 个路面工程合同段，2 个桥梁伸缩缝合同段，4 个绿化合同段，6 个交通安全设施合同段，2 个三大系统合同段，16 个房建及配套工程合同段，8 个监理合同段。

常州段：主体工程分为 2 个路基桥涵合同段，1 个路面工程合同段，1 个绿化合同段，1 个交通安全设施合同段。

2) 参建单位主要情况

建设单位：江苏省高速公路建设指挥部。

设计单位：中交公路规划设计院、西安公路研究所、无锡市石田建筑设计院、无锡市规划设计院、无锡市园林设计研究所等。

施工单位：中铁第二十工程局第一工程处、无锡路桥工程总公司、无锡市交通工程总公司、溧阳市交通工程公司、江苏交通建设集团有限公司、宜兴市交通工程总公司、吉林省交通建设集团有限公司、常州市交通工程总公司等。

监理单位:镇江市润通交通工程监理咨询有限公司、山东省交通工程监理咨询公司、江苏振星工程监理有限公司、江苏华宁交通工程咨询监理公司、潍坊市交通工程监理中心等。

监督管理单位:江苏省交通厅工程质量监督站。

3)征地拆迁情况

本项目征地拆迁经费支付根据省政府苏政发〔2000〕77号文规定的补偿费用标准,实行包干责任制。计量支付按照《江苏省高速公路建设指挥部计量支付管理办法》等文件执行。以总监签字认可的签审单,定期报省高指审定后作为支付依据,由业主财务部门拨付。征地拆迁情况统计见表7-24-2。

征地拆迁情况统计表　　　　表7-24-2

征地拆迁安置起止时间	征用土地(亩)	拆迁房屋(m^2)	支付补偿费用(元)	备注
2000年9月—2003年9月	7758.98	172594		

2. 项目实施阶段

2000年9月,省、市联合宣布项目开工建设,路基桥梁施工、监理单位进场,实质性开工建设。

2003年9月,锡宜高速公路全线建成通车试运营。

(三)科研成果推广应用

(1)为提高沥青混凝土下面层抗水损害能力,增加沥青黏附性,在下面层沥青混合料中添加1.5%~2%消石灰替代矿粉,取得了令人满意的效果。

(2)为加强沥青路面层间结合,提高沥青路面的整体性,层面黏层油采用改性乳化沥青,效果良好,还做了1.6km聚酯合成纤维沥青混凝土上面层,为高性能路面结构材料做比较试验,为大面积推广运用改性乳化沥青作层间黏结剂积累了宝贵经验。

(3)对高速公路环境景观设计做了一些有益的探索,对边坡防护设计、收费站房建区场地形状、匝道布设、沿线绿化设计作了优化美化,尤其是管理中心和服务区房建体现了江南亭台楼阁式的风格,与周边环境相协调,融入了地方人文景观,服务区装饰紧扣陶都文化内涵,融汇宜兴几千年制陶历史,取得了良好效果。

(四)运营及养护管理

1. 运营管理

江苏锡宜高速公路有限公司(以下简称"锡宜公司")成立于2000年9月,负责锡宜高速公路(含连接线陆马公路)、环太湖高速公路、苏锡高速无锡段的运营管理及相关配套服务。公司现有员工480人,本部设6个部门,下辖1个指挥调度中心、9个收费站、1个服务区、1个养护工区和1个排障大队。

锡宜公司自2003年9月正式运营以来,秉承稳健经营、严格管理、优质服务、注重效益的理念,为江苏的经济发展作出了积极的贡献。

2. 养护管理

(1)坚持预防性养护,道路品质不断提升。

(2)提高收费服务水平,树立良好企业形象。

(3)坚持软、硬件两手抓,服务环境明显改善,行业形象显著提升。

(4)健全预案体系,突发事件应急处置能力不断提高。

(5)加强成本控制,挖掘潜力,企业降本增效效果明显。

(6)坚持防控结合,努力保障安全生产形势稳定。

3. 服务区

锡宜高速公路设有1个服务区,即高塍服务区。总用地面积73090m^2,建筑占地面积5253.6m^2,交通及停车面积30300m^2,绿化面积27000m^2,总建筑面积6619.6m^2,绿化率36.94%。

二、苏昆太高速公路C线(建设期:2003—2005年)

(一)项目概况

1. 基本情况

1)建设依据

苏州绕城公路苏昆太段呈T字形,分东西向的C线和南北向的D线。苏昆太高速公路C线接绕城高速公路西北段相城枢纽,线路向东穿越苏州相城区、昆山巴城、昆山周市、太仓双凤,跨204国道、沿江高速公路,经太仓岳王止于太仓港区沪浮璜公路,全长46.2km;D线起自绕城高速公路苏沪段甪直枢纽,线路往北穿越甪直、张浦、正仪、巴城,止于C线的石牌枢纽,全长27.3km。苏昆太段全长73.5km,全线设有阳澄湖北、周市、双凤、岳王、甪直、吴淞江工业园、巴城7处互通;设有枢纽3处,分别为石牌枢纽、沿江枢纽和正仪枢纽。该项目的建设对有效疏解苏州节点的过境交通,合理组织城市出入交通,加快推进城市化发展进程,促进沿线区域社会、经济发展等具有十分重要的意义。

2)建设规模及主要技术指标

苏昆太高速公路中65.7km采用双向六车道的高速公路标准,路基宽35m;沿江枢纽以东7.8km为双向四车道，路基宽28m；苏州绕城高速公路苏昆太段设计行车速度100km/h，桥涵设计车辆荷载为汽车—超20级、挂车—120。

主要技术标准如下：

(1)设计行车速度：100km/h。

(2)主线路基宽度：35.00m。路基宽度组成为：行车道$2×(3×3.75m)$，中间带4.50m(0.75m+3.00m+0.75m)，硬路肩$2×3.25m$(含右侧路缘带$2×0.50m$)，土路肩$2×0.75m$。

(3)桥面净宽：大中桥为35.00m，外侧与路基同宽；小桥为35.00m，外侧与路基同宽。

(4)路面：沥青混凝土路面，设计使用年限15年，标准轴载100kN；水泥混凝土路面，设计使用年限30年，标准轴载100kN。

(5)路基、桥涵设计洪水频率：特大桥1/300，其余均为1/100。

(6)荷载标准：公路—Ⅰ级。

3) 项目投资及来源

苏州绕城高速公路苏昆太段，项目概算投资55.3亿元。采用"省市共建，以市为主，股份制建路"的模式，由苏州市高速公路建设指挥部负责建设。

4) 工程建设条件

项目建设严格遵守国家基本建设程序，依据国家规范，吸收国内外高速公路的成功经验，针对沿线交叉道路、航道、河塘、鱼塘密布，农田、经济林、企业工厂众多等特点，进行了认真的选线、地质勘测和分析，广泛听取沿线群众和地方政府的意见，高效、高质量地完成了设计；通过国内公开招标，选择了信誉好、能力强、水平高的施工和监理单位；对工程质量、进度、投资进行全方位的科学管理和严格控制。

5) 工程进度

计划建设工期4年，实际工期2年6个月，提前完成了工程建设任务。

6) 主要工程数量

全线征用土地10886亩，拆迁房屋509070m²；完成路基土石方1457万m³，全线路基均进行了软基处理；主线桥梁48座，其中包括特大桥15座，大中小桥33座，计22988延米；互通式立交7处，涵洞155道，通道64道；路面底基层215万m²，基层218万m²，沥青混凝土面层(含匝道)763.54万m²，水泥混凝土面层18万m²；同步建成交通安全设施、收费、通信、监控、供电、照明等设施。

2. 决策过程

苏州绕城公路苏昆太段项目由江苏省发展计划委员会批准了立项、工程可行性研究报告和初步设计，由江苏省环境保护厅批准了工程环境影响报告书，由江苏省国土资源厅对公路建设用地提出了预审意见，由江苏省交通厅批准了开工报告。

(二)建设情况

1. 项目准备阶段

为高标准、高质量完成苏州绕城高速公路建设任务,2001年11月苏州市人民政府成立苏州绕城高速公路建设指挥部,负责苏州绕城高速公路的建设管理工作。指挥部由分管副市长任总指挥,由市交通局局长任第一副总指挥。2003年1月归并为苏州市高速公路建设指挥部。

为了加强苏州绕城高速公路西南段建设的纪检监察工作,2001年10月江苏省交通重点工程建设项目纪检监察领导小组驻苏州市高指纪检监察组正式挂牌成立,对苏州市高速公路建设起到保驾护航作用。

1)施工、监理单位招标情况

苏州绕城高速公路苏昆太段主体工程分为23个招标合同,其中路基桥梁合同14个,路面合同4个,监理合同5个。经招标评标委员会评定,23家施工、监理单位中标。交通附属工程按专业划分进行招标,附属工程共分45个招标合同,经招标评标委员会评定,44家施工、监理单位中标。

2)参建单位主要情况

设计单位:主体设计、机电工程、安全设施、供电照明等工程由江苏省交通规划设计院承担;房屋建筑由东南大学建筑设计研究院、江苏省交通规划设计院、河海大学设计院共同承担;房建装饰工程由苏州建筑装饰设计研究院有限公司承担。施工图设计由中交第一公路勘察设计研究院、西安立德公路工程咨询有限公司、同济大学建筑设计研究院共同负责设计咨询。

施工单位(主体工程):江苏省镇江路桥工程总公司,路桥集团国际建设股份有限公司,路桥集团第一公路工程局天津工程处,中铁十三局集团有限公司,路桥集团第二公路工程局,路桥集团第一公路工程局第五工程公司,中铁十九局集团第一工程有限公司,江苏润扬工程集团有限公司,路桥集团第二公路工程局第三工程处,中港第三航务工程局,中铁二十局集团有限公司,上海铁路局承发包公司,吉林省交通建设集团有限公司,路桥华南工程有限公司,苏州交通工程集团有限公司,江苏省交通工程有限公司。

监理单位(主体工程):苏州路达交通工程咨询监理有限公司,江苏东南交通工程咨询监理有限公司,苏州路达工程监理咨询有限公司。

3)征地拆迁情况

全线征用土地10886亩,拆迁房屋509070m²。

2. 项目实施阶段

苏昆太段于2003年5月28日开工,2005年11月8日建成通车。

2005年6月16日—18日,市高指技监处配合省厅质监站对苏州绕城高速公路西北段、苏沪、苏昆太中、下面层路面工程进行了中间质量监督检查。

2005年10月25日,市高指组织召开绕城高速公路西北段、苏昆太工程项目三大系统机电工程交工验收会。

2006年11月8日,由苏州市审计局委派的5家会计师事务所组成的审计组进驻绕城高速公路西北段及苏沪、苏昆太高速公路,开始全面审计。

(三)运营及养护管理

1. 运营管理

苏州绕城高速公路有限公司是2002年10月17日注册成立的国有股份企业,公司主要负责苏州绕城高速公路建设和维护管理、公路收费,以及与绕城高速公路有关的广告、商贸、房地产、宾馆、餐饮、客货运输、加油站、汽车修理、土地开发和技术信息咨询等。公司自运营以来,积极探索高速公路经营管理创新之路,全面实施现场管理体系建设,开展企业物质文明和精神文明建设,全力打造绕城高速公路的品牌形象。

2. 养护管理

(1)以"三位一体"管理体系贯标为手段,夯实各项管理基础。

(2)开发建设养护管理平台,提高养护管理科学化水平。

(3)加强日常养护工作管理,着力提升"规范化、精细化"管养水平。

(4)以"路面、桥梁"为重点,加强预防性养护,降低全寿命周期养护成本。

(5)健全预案体系,不断提高突发事件应急处置能力。

(6)提高收费服务水平,树立良好企业形象。

(7)坚持防控结合,努力保障安全生产形势稳定。

3. 服务区

S48沪宜高速公路设有1个服务区,即阳澄湖北服务区,占地面积为85亩,总建筑面积为4116m^2。

4. 收费站点

S48沪宜高速公路设有4处收费站,分别为阳澄湖北收费站、周市收费站、双凤收费站、岳王收费站。

第二十五节　S49(新沂—扬州)

新沂至扬州高速公路简称"新扬高速公路",计划自扬州经宿迁至新沂,已通车里程212km。全线各路段基本情况见表7-25-1。

S49 全线各路段基本情况　　　　　　　　　　　　　　　　表 7-25-1

序号	路　段	里程(km)	建设期	备　注
1	宿迁至新沂高速公路	67	2009—2012 年	
2	宁宿徐高速公路	102	1997—2001 年	
3	宁宿徐高速公路盱眙南段	27	2005—2008 年	

一、宿迁至新沂高速公路(建设期:2009—2012 年)

(一)项目概况

1. 基本情况

1)建设依据

宿迁至新沂高速公路是江苏高速公路网规划"五纵九横五联"中"联一"的组成部分。路线起点接宁宿徐高速公路宿迁南枢纽,终点接京沪高速公路。其建设对于策应江苏沿海开发战略、完善国家南北向运输通道及江苏省在区域内的路网布局结构和分担京沪高速公路的交通流量,具有十分重要的意义。

2)建设规模及主要技术指标

本项目全长约 67.16km,全线采用双向四车道高速公路标准,设计行车速度 120km/h,路基宽度 28m。桥涵设计汽车荷载等级采用公路—Ⅰ级,设计洪水频率特大桥 1/300,其余为 1/100。全线设置互通 8 处,匝道收费站 5 处,停车区 1 处,服务区 1 处,共设桥梁 61 座,涵洞及通道 326 道。

3)项目投资及来源

2009 年 4 月,江苏省发展和改革委员会以苏发改交通发〔2009〕451 号文《省发展改革委关于宿迁至新沂高速公路初步设计的批复》,对初步设计的有关技术指标及建设规模等实施方案作了批复,项目概算总投资 37.0069 亿元。其中,项目资本金占总投资的 35%,由江苏交通控股有限公司投入,资本金以外的建设资金由项目公司通过申请银行贷款解决。

4)工程建设条件

宿新高速公路所经地区地势上具有西北高、东南低的特点,区内地形平坦,河流、沟渠纵横交织,池塘密布,水田毗连。路线经过地段地貌类型以堆积冲积平原、堆积波状平原为主,零星分布剥蚀残丘。

工程范围主要位于骆马湖下游地区,分属淮河、废黄河和沂沭泗水系,区内主要河流有废黄河、京杭运河、六塘河、沭河、新沂河。

据《宿迁至新沂高速公路工程场地地震安全性评价报告》,近场区内断裂构造主要有北北东向、北东向、北西西向和北西向。近场区内地震的发生主要受控于北北东向的郯庐断裂,而北西向及北北西向断裂则主要影响地震发生的位置。根据《中国地震动参数区划图》(GB 18306—2001)及《宿迁至新沂高速公路工程场地地震安全性评价报告》,地震基本烈度Ⅷ度,设计基本地震加速度0.30g。

根据勘察成果,全线路基可分为膨胀土路段、软土路段、可液化土路段、基岩出露段。

5) 工程进度

本项目于2009年6月开工建设先导段,2009年底全线开工建设,2012年10月建成通车。

6) 主要工程数量

全线征用土地6179.703亩,拆迁房屋118324m²,设置宿迁南枢纽、宿迁南、宿迁东、宿迁北、马陵山、新沂南、北沟枢纽、段宅枢纽共8处互通,匝道收费站5处,停车区1处,服务区1处。全线路基土方792.7万m³,共设桥梁61座,其中特大桥4座/5923.15m,大桥29座/8402.109m,中小桥28座/1982.99m,涵洞及通道350道。交工时同步完成收费、监控、通信、照明、安全、绿化、服务等设施。

2. 决策过程

2007年7月,江苏省发展和改革委员会以苏发改交能发〔2007〕701号文《省发展改革委关于宿迁至新沂高速公路项目建议书的批复》批复了项目建议书,同意建设宿迁至新沂高速公路。

2008年5月,江苏省环境保护厅以苏环管〔2008〕105号文《关于对宿迁至新沂高速公路工程环境影响报告书的批复》批复了该项目的环境影响报告书。

2008年11月,江苏省发展和改革委员会以苏发改交通发〔2008〕1588号文《省发展改革委关于宿迁至新沂高速公路可行性研究报告的批复》批复了该项目的可行性研究报告。

2009年4月,江苏省发展和改革委员会以苏发改交通发〔2009〕451号文《省发展改革委关于宿迁至新沂高速公路初步设计的批复》批复了该项目的初步设计。

2010年11月,江苏省国土资源厅以国土资厅函〔2010〕1001号文《国土资源部关于宿迁至新沂高速公路工程建设用地的批复》批复了该项目的建设用地。

(二) 建设情况

1. 项目准备阶段

各项工作均按国家基本建设程序进行。在项目建设过程中,省、市高指严格遵守基本建设程序,依据国家规范,参照国际通用的"菲迪克"条款和交通部通用招标文件范本制定了江苏省高速公路各项目施工、监理招标文件,通过国内公开招标选择承包商和驻地监理组。所有招投标工作均由专家独立评标,合法确定中标单位,依法签订合同,纪检部门全过程监督,公证部门对招投标过程和结果进行了严格的监督和公证,确保招标工作"公开、公平、公正、择优"。

1）勘察设计研究单位招标情况

本项目公路工程、交通工程(含三大系统工程)及沿线设施(含安全、养护、服务、房屋建筑等)勘察设计采用公开招标,于2007年10月完成招标签约工作。

2）施工、监理单位招标情况

本项目路基桥梁标于2009年底前完成招标签约工作;路面工程标于2011年3月底前完成招标签约工作;三大系统标于2011年底前完成招标签约工作;绿化、房建均于2011年底前完成招标签约工作;安全设施、照明、装修等于2011年上半年完成招标签约工作。

本项目路基路面监理标于2009年底前完成招标签约工作;三大系统监理标于2011年底前完成招标签约工作;安全设施、房建、绿化等监理标均于2011年底前完成招标签约工作。

3）参建单位主要情况

设计单位:江苏省交通科学研究院股份有限公司、江苏东方建筑设计有限公司、江苏纬信工程咨询有限公司、西安公路研究所。

施工单位:江苏常鑫路桥工程有限公司、中铁二十局集团第一工程有限公司、中交一公局第一工程有限公司、中城建第二工程有限公司、胜利油田胜利工程建设(集团)有限公司、中交二公局第一工程有限公司、中交二公局第三工程有限公司、江苏省镇江市路桥工程总公司、江苏江南路桥工程有限公司、盐城市路桥建设工程有限公司、江苏省交通工程集团有限公司。

监理单位:北京路桥通国际工程咨询有限公司,江苏交通工程咨询监理有限公司、盐城市交通工程咨询监理有限责任公司、江苏东南交通工程咨询监理有限公司、江苏振星工程监理有限公司。

检测单位:江苏信达工程咨询有限公司、江苏省南京交通职业技术学院勘测设计所、江苏省高级技工学校、江苏省交通科学研究院有限公司。

监督管理单位:江苏省交通运输厅工程质量监督局。

4）征地拆迁情况

本项目征地拆迁按江苏省人民政府苏政办发〔2005〕125号文《省政府办公厅转发省国土资源厅、省交通厅〈关于省交通重点工程项目征地拆迁补偿安置实施意见〉的通知》,其中耕地开垦费执行苏政办发〔2006〕32号文《省政府办公厅转发省国土资源厅等部门关于调整耕地开垦费征收标准请示的通知》。省交建局根据征地拆迁进度分阶段支付资金,实行拆迁资金专款专用。征地拆迁情况统计见表7-25-2。

第七章
高速公路项目简介

征地拆迁情况统计表　　　　　　　　　　　　　　　　表 7-25-2

征地拆迁安置起止时间	征用土地(亩)	拆迁房屋(m²)	支付补偿费用(元)	备 注
2009年6月—2010年8月	6179.703	121030	515473476	

2. 项目实施阶段

本项目建设过程中,经建设主管部门批准,主要的变更设计有:

(1)宿迁至新沂高速公路在定测结束后,在构建和谐社会主义新农村的政策下,由于地方部门调整了沿线的农田水利和路网规划,新建了不少的农村公路,为使高速公路构造物设置及线外工程与沿线农田水利和路网规划进一步协调配套,对部分小型构造物和线外工程进行了必要的调整(移位、取消、增加等)。

(2)因高压电力杆线拆迁进度缓慢,路基提前施工,湿喷桩施工空间不足,进行了变更。

(3)冲击碾压为江苏省高速公路首次使用的液化土处理方案,为了更好地控制工程质量,优化方案,根据试验段的数据进行了优化调整。

(4)为更好地便于施工,确保施工质量,根据省交建局和施工单位的要求进行优化设计,优化调整了SQ1标反挖段的软基处理方案、路基处理方案。

(5)为更好地方便当地居民出行,减少拆迁量,应当地政府和市高指要求,进行变更。经十一路支线上跨桥位移动;二支渠线外桥角度及桥台结构形式调整,由90°调整为105°,桥台由桩柱式台调整为U台。

(6)为更好地方便施工,有效控制工期和质量,根据省交建局和施工单位的要求进行优化设计,新沂河特大桥承台顶高程变更。

(7)根据地方水系、路网规划要求,进行线外工程优化设计。受线外工程影响,进行变更,黑马河大桥起点侧增加一跨,跨径由 $5\times20m$ 调整为 $6\times20m$。

(8)为更好地方便施工,节约施工成本,有效控制工期,应市高指和施工单位的要求,进行变更。K58+991.257八户车行天桥墩台由桩基础改为扩大基础。

(9)北沟枢纽部分桥墩基础由钻孔灌注桩基础改为扩大基础。

(10)因地方过度采砂,导致河岸线发生变化,根据现场实际情况,根据市高指的要求,确保工程质量,进行变更。新沂河特大桥、沭河部分桥墩进行防护设计。

(三)科技创新成果与应用

1. 高速公路建设科技创新

1)高地震烈度区高速公路桥梁抗震设计及研究

江苏省交通工程建设局联合江苏省交通科学研究院股份有限公司、南京工业大学,以宿新高速公路为背景,开展了高速公路桥梁抗震设计关键技术研究。该课题通过鉴定,鉴定委员会一致认定其研究成果达到了国际先进水平,其中大跨混凝土连续梁桥多道设防组合抗震体系达到了国际领先水平。

2)高速公路可液化土地基的处理原则及检测标准

系统提出高速公路可液化土地基的处理原则及检测标准,并首次大规模采用冲击碾压处理浅层可液化土,优化了强夯法施工工艺参数,优化了碎石桩、水泥搅拌桩等常规处理方案。

3)共振法处理高速公路液化地基

研究的主要创新点有以下五点:①自主创新,形成新型共振法设备;②揭示了共振法单点和多点液化地基加固机理;③建立了共振法处理液化地基的设计计算方法;④揭示了液化地基在共振状态下的能量传递规律;⑤提出了共振法处理效果的电阻率评价方法。

4)悬臂浇筑连续箱梁桥顶、底板纵向裂缝成因及防治技术研究

基于箱梁顶板加肋、钢束竖弯等因素对横向应力影响的研究,揭示了悬浇节段后端出现纵向裂缝的机理,在设计文件中提出横向预应力束滞后张拉的工艺要求,对于增强桥梁结构耐久性、减少裂缝的出现具有重要意义。

5)沥青路面压实信息化控制研究

研究了沥青混合料可压实时间的现场验证、沥青混合料碾压程序设计、便携式压实仪的研制、沥青路面压实信息化控制方法研究等内容,对于保证沥青路面质量及能源节约都有重要的指导意义。

2.重大科研课题

(1)宿迁至新沂高速公路桥梁抗震设计关键技术研究。

(2)悬臂浇筑预应力混凝土连续箱梁纵向裂缝成因及预防技术研究。

(3)共振法加固高速公路可液化地基研究。

3.主要科技成果

(1)发明专利"应用于装配式或预制组装式梁桥的减隔震方法及结构"公开了一种应用于装配式或预制组装式梁桥的减隔震方法及结构,不仅满足了桥梁正常使用阶段不约束温度变形的要求,更主要的是大大减少了减隔震支座数量,较大幅度地降低了工程成本,同时也解决了支座安装困难的问题。

(2)"共振法加固处理可液化地基"主要针对砂土、粉土等可液化地基在地震作用下易产生液化现象的特点开展研究,与强夯法相比,共振法处理深度可增加1倍,环境影响小,节省工程造价30%左右,具有重大社会效益和经济效益。

本项目已获得2项国家发明专利和1项实用新型专利授权,2013年被批准为国家级

工法。主要技术经济指标处于国际领先水平。主要专利统计见表7-25-3。

主要专利统计表　　　　　　　　　　　　　　　表7-25-3

序号	专利名称	专利号	专利发明人	授权单位	授权时间
1	应用于装配式或预制组装式梁桥的减隔震方法及结构	ZL200910181459.5	刘伟庆、陆伟东、徐秀丽、李雪红、周亮亮	中华人民共和国国家知识产权局	2010年10月27日
2	十字形振动翼	ZL200710020591.9	刘松玉、杜广印、苗永红	中华人民共和国国家知识产权局	2008年12月24日
3	液化土层与软土互层的地基处理方法	ZL200910185349.6	杜广印、刘松玉、程远	中华人民共和国国家知识产权局	2011年1月5日
4	用于液化地基处理的振动翼	ZL200720035090.3	刘松玉、杜广印、苗永红	中华人民共和国国家知识产权局	2008年2月20日

(四)运营及养护管理

1. 运营管理

S49新扬高速公路宿新段由江苏润扬大桥发展有限责任公司投资,2009年开始建设,2012年全线通车,委托江苏宁宿徐高速公路有限公司运营管理。公司设有1个管理中心,5个收费站,1个养护大队,1个排障大队,1个服务区和1个停车区,运营管理工作主要包括收费管理、服务区管理、养护管理、清障管理、交通安全管理等几个方面。

2. 养护管理

在道路养护管理方面,认真贯彻"预防为主,防治结合"的养护方针,紧紧围绕"畅、洁、绿、美"的养护工作目标,建立健全了养护管理体系,组建专业化的养护队伍,加强了道路维护。从2012年10月开通至2015的3年间,共投入养护经费551万元实施预防性养护。在2015年10月底进行的"十二五"全国干线公路外业检查中,宿新段作为被抽检路段之一,以其良好的道路品质和路容路貌顺利通过国检。

3. 服务区

骆马湖服务区坐落在宿迁市宿豫区曹集乡境内(北距骆马湖景区出口7km,南距项王故里景区出口14km)、新扬高速公路(S49)40km处,以新扬高速公路为轴心,东西两侧呈对称布局,服务区占地面积42000m^2,总建筑面积约5800m^2,工程总造价约2200万元。该项目由江苏东方建筑设计有限公司设计,南通四建集团有限公司承建,江苏宁宿徐高速公路有限公司负责监管,浙江嘉兴恒信高速公路服务区经营管理有限公司负责经营。

二、宁宿徐高速公路(建设期:1997—2001 年)

(一)项目概况

1. 基本情况

1)建设依据

南京至宿迁(徐州)高速公路盱眙至宿迁段高速公路(以下简称"宁宿徐高速公路")徐州至宜兴段是江苏省 2010 年远景规划"四纵四横四联"主骨架中"纵四"(Z4)的重要路段,是江苏省高速公路联网畅通工程的重要组成部分,也是江苏省"九五"计划中的一项重点工程。

1997 年 3 月,根据苏计经交发〔1998〕582 号文《关于宁徐(宿)公路盱眙至靳桥段可行性项目可行性研究报告(含项目建议书)的批复》、苏建重〔1998〕281 号文《关于宁宿徐公路盱眙至靳桥段初步设计的批复》确定了建设规模、技术标准和总投资。

2)建设规模及主要技术指标

全线为双向四车道,全封闭、全立交高速公路,全长 101.986km,路基宽度 25.5m,设计行车速度 100km/h,桥涵设计汽车荷载等级采用公路—Ⅰ级。全线设桥梁 48 座,分离式立交 28 处,互通式立交 6 处,服务区 1 处,停车区 2 处,涵洞 208 道,通道 145 道。批复概算 26.225132 亿元。

3)项目投资及来源

宁宿徐高速公路由省、市共同投资建设,总投资 26.2 亿元。

4)工程建设条件

宁宿徐高速公路所经过区域位于江苏省西北部,地处淮河中下游、洪泽湖西畔,北邻山东,西靠安徽。地势呈西南部高、向东北方向渐低的格局,低山、岗地、平原、水网交错出现,地形较复杂,但总体属于平原微丘地形。

区域内大致可划分低山孤丘、垄岗、平原水网等 3 个地貌单元。低山地貌主要分布于盱眙县西南苏皖交界地区及老子山—佛窝一带,沿线只有淮河大桥南岸有低山出现,孤丘垄岗地貌主要分布于泗洪县境内,路线沿途大部分区域内都分布有平原水网地貌。

路线经过亚热带与暖温带过渡气候区,属冬干夏湿、春秋不稳定的半湿润气候,光、热、水同季,四季分明,具有较明显的季风性、过渡性和不稳定性的气候特征。

项目区域内河流较多,灌溉沟渠密布,主要河流干渠有淮河、溜子河、团结河、鲍管引河、下草湾新河、怀洪新河、栗西引河、濉河、潼河和徐洪河等 11 条。

线路所经过区域地质构造属于中国东部新华夏系及华夏系构造体系,属华北地台和扬子准地台,断裂构造是区内构造主体,与断裂构造相伴有隆起、凹陷带产生。对区内起控制作用的是郯庐断裂带。

5)工程进度

1997年3月,苏计经交发〔1998〕582号文《关于宁徐(宿)公路盱眙至靳桥段可行性项目可行性研究报告(含项目建议书)的批复》;1998年7月28日开工建设;2001年11月28日建成通车。

6)主要工程数量

本项目全长101.986km,全线征用土地20173.73亩,拆迁房屋41034.51m²,拆迁三杆483道,完成路基土石方1105.90万 m³,软基处理8.57km,涵洞245道,通道145道,特大桥3座总长7264.96m,大桥6座总长1535.34m,中小桥68座总长2464.35m,互通式立交6处,分离式立交26座,服务(停车)区3处,路基底基层253.69万 m²,基层236.81万 m²,沥青混凝土面层682.86万 m²,水泥混凝土路面6.02万 m²,全线包括安全设施、收费、监控、通信、供电、照明等设施及绿化工程。

2. 决策过程

1997年3月,苏计经交发〔1998〕582号文《关于宁徐(宿)公路盱眙至靳桥段可行性项目可行性研究报告(含项目建议书)的批复》。

1998年7月,江苏省交通厅批准宁宿徐高速公路盱眙至靳桥段开工建设。

1998年8月,江苏省建委以苏重建〔1998〕281号文批复了宁宿徐高速公路初步设计。批复建设标准为平原微丘区高速公路,投资规模为26.225132亿元(不含贷款利息)。

1998年11月,省高指以苏高计〔1998〕107号文下达了宁宿徐高速公路施工标段划分及施工图设计计划安排的通知。

(二)建设情况

1. 项目准备阶段

1)施工、监理单位招标情况

宁宿徐高速公路的工程实行国内公开招标。本项目招投标工作坚持"公平、公正、公开"的原则,严密标底编制,加强资格审查,依法签订合同,严肃工作纪律,并邀请公证机关对招标工作进行公证,纪检、监察部门全过程监督。经省、市评标委员会评定,确定中标单位。

宁宿徐高速公路全线路基桥涵工程分为10个招标合同,1998年9月路桥工程开始招标,全国多家施工单位经资格预审后取得投标资格,8家承包商中标,其中有江苏省交通工程总公司、中交集团第二公路工程局、天津市政一公司、胜利油田管理局油建三公司、武警交通二中队四支队、铁道部第二十工程局、常州通达工程总公司、盐城市交通工程处等一批国内施工企业。

路面工程全线分为4个施工标段,由中交集团第二公路工程局、江苏省交通工程总公司、天津市政一公司、盐城市交通工程处(与江苏省交通工程总公司联合)中标承建。

2000年下半年开始交通工程安全设施、照明、绿化、房建、三大系统等工程项目的公开招标。房建工程由中核工业部华兴建设公司、南通市第七建筑安装工程公司、中国建筑第四工程局第六工程公司、宜兴建筑安装工程总公司、南通第四建筑安装工程公司、江苏兴洪建筑安装工程有限公司、江苏邗建集团有限公司等单位中标。绿化工程由常州第二园林建设工程总公司、南京珍珠王园林绿化工程公司、金坛华盛园林有限公司、南京园林建设总公司、江苏沭阳苏北花卉盆景公司、上海生态园林工程有限公司等单位实施,供电系统由淮安市盱眙供电局、宿豫县供电局等单位中标。交通安全设施由无锡交通设施总厂、徐州安达交通防护有限公司、南京公路防护设施工程公司、无锡市中路交通设施工程有限公司、中国路桥(集团)总公司、宿迁市公路工程建设处、北京汉威达交通设施公司、扬州华扬交通工程公司、江苏省泰兴市交通设施工程公司等单位中标。三大系统由哈尔滨市亿阳集团有限公司中标。

工程施工监理采取招议标形式确定,分别由北京华宏路桥咨询监理公司、无锡市交通工程监理公司、徐州市交通监理咨询有限公司、江苏东南交通监理咨询公司、江苏交通工程咨询监理总公司、北京路桥通监理公司等监理。

2) 征地拆迁情况

征地拆迁情况统计见表7-25-4。

征地拆迁情况统计表　　　　表7-25-4

征地拆迁安置起止时间	征用土地(亩)	拆迁房屋(m²)	支付补偿费用(元)	备 注
	20173.73	41034.51		

2. 项目实施阶段

江苏省高速公路建设指挥部在江苏省高速公路建设领导小组和江苏省交通厅的领导下负责工程的组织和建设,根据国家批准的工程建设规模、概算及有关政策,实行建设总承包,宿迁、淮安市高指在省高指的领导下履行业主代表机构和总监办代表机构的职责,较好地组织了宁宿徐高速公路项目的实施。工程沿线各县也相应成立了为工程建设服务的专门工作班子,配合省、市高指组织实施征地拆迁、协调处理地方矛盾等工作,为施工创造了良好的外部环境。2001年下半年,省高速公路纪检监察工作领导小组向市高指派驻了纪检监察组,对重点工程起到了监督和保驾护航的作用。

宁宿徐高速公路是省委、省政府决策的"九五"期间省交通重点工程项目,得到了省、市各级领导的高度重视和大力支持。本项目自开工建设以来,省、市领导多次到现场视察、指导,并对工程各阶段工作给予了充分的肯定。特别是省委、省政府向全省发出了"奋战五年、决战苏北、实现全省高速公路联网畅通"的战略号召,回良玉书记在视察沂淮江高速公路时发出"再掀江苏交通建设新高潮,再造江苏交通事业新辉煌"的号召,极大地鼓舞了全体工程建设者的斗志,进一步推动了工程建设。

本项目施工实施过程中,在省、市高速公路指挥部统筹管理领导下,因工期缩短,地质资料设计变更等原因,按照江苏省规定的变更程序,宁宿徐高速公路进行了以下主要设计变更:

1)K132+300~K133+907段设计变更

由原来的填石路基变更为土石路基,路基边坡坡率由原来的1:1变更为1:1.5,大龙山挖方边坡坡度全部放大变更为1:1.75。

2)R-1施工标段小龙山段变更设计

小龙山段挖方边坡坡率由1:1.5变更为1:2.5。岩基路段路面结构变更为16cm沥青面层+36cm二灰碎石+20cm二灰土+一层防渗土工布+30cm级配碎石+土工格栅。

3)地质资料设计变更

经江苏省高速公路建设指挥部试验室、江苏省宿迁市高速公路建设指挥部试验室、各分标施工单位、监理单位沿线取样试验,一致确认S段全线主要为中性膨胀土,局部路段为强膨胀土,因此项地质资料变更导致以下设计变更:

(1)沿线素土填筑路基改为5%~8%石灰土填筑。

(2)S1标(K164+620~K168+300)路堑边坡由1:1变更为1:1.5,边坡采用混凝土预制六角块满铺防护。

(3)据1998年12月20日《关于宁宿徐高速公路S11标段强夯试验及试夯要求》及S11标图纸要求,决定将S11标未设砂垫层路段(主线2005m,靳桥互通匝道1320m)全部采用50cm厚碎石垫层处理。

(4)K27+500右侧、K228+300~K228+400左侧路基进行清淤回填碎石土处理。K228+320~K228+470右侧路基采用挤密碎石桩变更设计。

4)结构物设计变更

(1)淮河大桥主桥变更:根据淮河大桥施工图设计审查意见,11号墩固定支座TDZ15000-GDZ修改为TDZ1500-ZXZ;对箱梁预应力索进行调整。

(2)因S1标路基边坡引起强庄(K165+626.5)、后店子(K167+075)、大马店(K167+692)三座支线上跨分离式立交由原设计11m+2×16m+11m变更为12m+2×16m+12m。

(3)强庄分离式立交桥(K165+626.5)桥台加固处理设计变更。

(4)S标段全线所有现浇箱梁跨主线桥沥青混凝土桥面改为钢筋混凝土桥面。

5)排水设计变更

(1)K209+408~K210+503大砂坑排水设计变更。

(2)K206+090~K206+273路基及路基防护设计变更。

(3)小周庄服务区排水设计变更。

(4)泗洪互通K193+588~K194+600排水设计变更。

6)路面结构层的变更

(1)S标段上面层由4cm AK-16A型中粒式沥青混凝土抗滑层变更为4cm AK-13A型中粒式沥青混凝土抗滑层,R标段上面层厚4cm SMA-13。

(2)S、R标中面层由5cm AC-25Ⅰ粗粒式沥青混凝土变更为6cm AC-20Ⅰ粗粒式沥青混凝土。

(3)部分路段的基层由水泥稳定碎石变更为二灰碎石。

(4)底基层由石灰稳定土变更为二灰土。

(三)复杂技术工程

(1)宿迁段66.78km采用水泥稳定碎石作基层,这是省内第一条以此作基层的高速公路,确保了路面结构层的质量,同时也积累了经验。

(2)在江苏省首次采用Superpave设计方法进行沥青混合料组成设计,试验段长达4.2km。

(3)淮河特大桥是当时江苏省已建成的最长的公路桥,全长6052.959m。淮河特大桥主桥墩采用空心薄壁墩,引桥和高架桥桥墩采用矩形方墩,基础均为钻孔灌注桩,墩桩间采用承台过渡连接。淮河特大桥上部结构主桥采用50m+3m×80m+50m的预应力混凝土连续箱梁,引桥和高架桥部分主要采用30m跨的预应力混凝土组合箱梁,少部分采用20m预应力混凝土空心板梁。全桥共有钻孔灌注桩840根,墩身立柱775个,墩台帽388个,大梁1632片。

(4)桥梁防水层采用FYT-1新型材料,提高了防水效果。

(5)采用浅层地震高密度电法探测,探明大砂坑地段隐蔽暗洞坑道并进行彻底挖除,确保路堤的稳定。

(四)运营管理

1. 运营管理

宁宿徐高速公路于2001年开通,共设有6个收费站,自成立之日起就以标准化、精细化管理为目标,扎实做好运营管理基础工作。长期以来,宁宿徐高速公路在运营管理方面,第一,内业管理越来越细。在规范操作流程上,对通行费征收、解缴、废弃票处理、出入亭自查、特情处置、免费优惠车辆验证都作出详细明确规定,票据的申领、发放、盘存、保管等环节责任明确,操作规范,通行费的收缴、存放、交接、解缴等环节实现"无缝衔接"。在监督管理上,坚持四级稽查制度,构建收费岗位立体监督检查网络,编发月度《运营工作简报》,对全线通行费征收、票卡使用、文明服务路况信息、站务管理、运营工作动态及时进行通报公布,监控收费服务行为。在设备维护上,做到设备维护资料填写规范,存档及时,对机电设备使用情况坚持定期不定期检查,发现问题,第一时间通知维护方,督促其在最短的时间内予以修复。第二,业务技能越来越熟。各收费站坚持每周业务学习、每周特情交流、每月定期组织业务技能测试,不断巩固提高业务技能,努力让工作特例转为普通事例。第三,打击逃费越来越严。对可能出现的各类偷逃通行费行为,各单位积极制订防逃、打逃、追逃预案,采取超宽车道定制水泥预制块、配置破胎器、拦车器等各种措施,宣教并举,打防结合;对各类优惠放行车辆对照政策认真检查其区间相符性、时间有效性、车辆运输物资真实性和证件准确性。第四,文明服务越来越优。在坚持"五个一"基础上,为进一步提高服务水平,各收费站多措并举、多管齐下,加大文明服务管理考核力度,将员工文明服务月度考核结果与绩效考核挂钩,开展月度"服务明星"评选活动,增强员工争先创优意识,做到为驾乘人员"诚心诚意办实事,尽心竭力解难事,持之以恒做好事",涌现出诸多好人好事。

2. 服务区

1)洪泽湖服务区

洪泽湖服务区位于全国著名的五大淡水湖之一——洪泽湖畔,江苏扬毛嘴湿地自然保护区内,距离闻名全国的双沟酒之乡泗洪县双沟镇5km,占地面积约5万 m^2,是宁宿徐高速公路主要服务区之一,在宁宿徐高速公路K135处。

服务区自2001年12月7日正式运营以来,全体员工在公司党委的正确领导下,坚持"人车为本,文明治区"的思想,认真贯彻"让社会更美好"的企业理念,高标准,严要求,内抓管理,外树形象,强化服务区的三个文明建设。

服务区建筑风格独特,形似湖中游船,空气清新,环境怡人,洪泽湖中的鹭、鹤等珍禽异鸟时常飞临服务区,营造了一种人鸟共享的自然环境,是停车休息的绝佳之处。

服务区具备餐厅、超市、加油、汽修等服务功能,并提供免费停车、免费休息、免费公厕、免费开水。在温馨优雅的一楼大厅,不仅可以吃到可口的饭菜,而且可以品尝到原汁原味的洪泽湖湖鲜菜肴;在超市可以购买到称心如意的各种洪泽湖农特产品,是馈赠亲友的理想选择。

2)明祖陵服务区

明祖陵服务区位于洪泽湖南岸、盱眙县明祖陵镇境内,紧临明太祖朱元璋祖父、曾祖父陵墓。占地面积60亩,桩号为K163+724,总投资3000万元,是高速公路服务配套设施,有加油、商品、餐饮、汽车修理等服务项目。建筑风格别致,装潢达星级标准,环境舒适优美,是过往旅客和驾驶员理想休憩之地。

商品服务:以名、特、优商品和淮安、盱眙、洪泽湖土特产为主。以盱眙铁山寺野生保健食品系列为主导的12种特色产品,以洪泽湖银鱼、虾米、野生莲子、芡实米、菱角米为特色的7种水产品,淮安茶馓、蒲菜、大头菜等淮扬菜畅销省内外,深受广大顾客欢迎。

餐饮服务:以淮扬风味为主的特色菜肴,其中盱眙菜肴是淮扬菜系的重要组成部分,以清淡著称,以烫煲为保健,十三香龙虾闻名全国,盱眙毛蛋("活珠子")更是令人赞不绝口。

旅游服务:明代古迹明祖陵、国家级森林公园、铁山寺(苏北方圆数百里千年古寺)天然氧吧风景迷人,新四军旧址(刘少奇同志工作过的地方)、紫金山天文台盱眙观测站。盱眙是历史文化名城(古都梁城),又称南京的后花园。盱眙城三面环山,一面临水,悠久的文化,自然的风景,形成了独特的旅游景观。服务区为游客提供吃、住、行、游、购、娱一条龙服务。

3)重岗山服务区

重岗山服务区位于中国螃蟹之乡、名酒之都——泗洪县境内,S49新扬高速公路K103+697处(原宁宿徐高速公路K210+900处),因地处高低起伏的重岗山脚下而得名。

服务区占地面积约120亩,总建筑面积8600m^2,按三星级标准建设,以宁宿徐高速公路为轴心,成东西两翼对称布局。服务区现有员工84名,其中具有大专及以上学历者19名。

服务区建筑风格独特,设施先进齐全,环境清洁卫生,价格公正合理,服务热情周到,为广大驾乘人员提供餐饮、加油、汽修、百货零售等多项服务,提供免费停车、免费休息、免费公厕、免费开水、免费读报和免费行车指南。为了迎合不同口味客人的需求,一楼餐厅准备了南北风味的快餐,二楼包间还开展点菜服务,主要为旅客提供宿迁三县二区的地方名菜,让驾乘人员不下高速公路就能吃遍宿迁。一楼超市除供应百货等日常用品外,还汇集了宿迁土特产之精华,有著名的宿迁三大特产——丁庄大菜、五香大头菜、水晶山楂糕;有泗洪三宝——双沟大曲、空心挂面、天井湖银鱼;有宿迁调味品一绝甜油,还有宿迁"四大名旦"——蟹园大米、黄墩湖腊豆、八集小花生、梅花青壳小鸡蛋等,实现了"买宿迁土特产不必东奔西走,重岗山服务区应有尽有"。

为了实现"让社会更美好"的企业理念,服务区始终坚持"诚恳待人、诚实办事、诚信经营、诚心服务"的四诚理念,秉承"金杯银杯不如群众口碑,金奖银奖不如司机夸奖"的荣誉观,为广大驾乘人员提供一流服务,为江苏实现"两个率先"作出贡献。

三、宁宿徐高速公路盱眙南段(建设期:2005—2008年)

(一)项目概况

1. 基本情况

1)建设依据

宁宿徐高速公路盱眙南段是江苏省规划建设的"四纵四横四联"高速公路主骨架中"纵四"的重要组成段落,具有"四纵"的主要功能和作用特征,对实现宁宿徐高速公路的全线贯通和江苏省高速公路的联网畅通,加强苏南苏北经济联系,完善区域路网结构,促进沿线区域经济发展等具有重要的意义。

2)建设规模及主要技术指标

全线为双向四车道,全封闭、全立交高速公路,全长27.35km,路基宽度28m,设计行车速度120km/h,桥涵设计汽车荷载等级采用公路—Ⅰ级。全线设桥梁16座,分离式立交14处,互通式立交4处,服务区1处,涵洞65道,通道31道。批复概算10.7亿元。

3)项目投资及来源

宁宿徐高速公路盱眙南段投资估算约为10.7亿元。项目资本金为总投资额的35%,由江苏交通产业集团有限公司投入,资本金以外部分由项目公司通过国内贷款筹措。

4)工程建设条件

宁宿徐高速公路盱眙南段位于盱眙县境内,盱眙县位于江苏省中西部,北邻洪泽湖,东靠金湖县,西、南边境与安徽明光、天长相邻。境内西部多山,东部则以平原、湖泊为主,全境地势西高东低。

该线路地貌形态以垄岗与岗洼相间分布,垄岗持续冲刷而夷平,洼谷内持续沉积而渐趋平缓,形成波状微起伏高亢平原区,地势较平坦,地面高程多在20~45m,个别垄状台地高程大于50m,组成了二级阶地的宽阔阶面。

本项目地处北亚热带与暖温带过渡气候区,属季风湿润气候区,四季分明,具有较明显的季风性、过渡性和不稳定性的气候特征。

线路所经过区属中国东部新华夏系第二隆起带与秦岭纬向构造带重叠复合形成的苏北凹陷西部边缘,区内主要地质构造有郯庐断裂带、盱眙—建湖弧形构造带、盱眙构造带。

5)工程进度

2003年12月23日,江苏省发展和改革委员会以苏计基础发〔2003〕1621号文《省计委关于宁宿徐高速公路盱眙南段项目建议书的批复》,同意建设宁宿徐高速公路盱眙南段工程项目;2005年11月5日,江苏省交通厅批准宁宿徐高速公路盱眙南段开工建设;2008年8月18日,通过交工验收,建成通车。

2.决策过程

2004年11月30日,江苏省国土资源厅以苏国土资函〔2004〕636号文《关于宁宿徐高速公路盱眙南段工程用地的预审意见》提出预审意见。

2005年1月24日,江苏省发展和改革委员会以苏发改交能发〔2005〕52号文《省发改委关于宁宿徐高速公路盱眙南段项目可行性研究报告的批复》批复了宁宿徐高速公路盱眙南段工程项目可行性研究报告。

2005年8月8日,江苏省发展和改革委员会以苏发改交能发〔2005〕759号文《省发展改革委关于宁宿徐高速公路盱眙南段初步设计的批复》批复了宁宿徐高速公路盱眙南段初步设计。

2005年9月27日,江苏省环境保护厅以苏环管〔2005〕244号文《关于宁宿徐高速公路盱眙南段工程环境影响报告书的批复》批复了本项目的工程环境影响报告书。

2005年11月5日,江苏省交通厅批准宁宿徐高速公路盱眙南段开工建设。

(二)建设情况

1.项目准备阶段

1)施工、监理单位招标情况

2005年10月24日,《关于印发宁宿徐高速公路盱眙南段(第一批)施工、监理招标项目定标结果的函》(苏高招函〔2005〕26号),确定NSX-XYN1标为江苏捷达交通工程集团有限公司、NSX-XYN2标为江苏恒基路桥总公司、NSX-JL-XY1标为北京路桥通工程监理咨询有限公司中标。

2005年10月29日,《关于印发宁宿徐高速公路盱眙南段(第二批)施工、监理招标项目定标结果的函》(苏高招函〔2005〕37号),确定NSX-XYN3标为江苏镇江市路桥工程总公司、NSX-XYN4标为江苏三凯路桥工程有限公司中标。

2007年4月19日,《关于印发宁宿徐高速公路盱眙南段路面工程施工招标项目中标通知》的通知(淮高指〔2007〕75号),确定NSX-XYN21标为中交第一公路工程局有限公司中标。

2007年6月26日,《关于印发宁杭二期、宁宿徐高速公路盱眙南段、宁靖盐盐城北段高速公路隔离栅工程施工和安全设施监理招标项目中标通知书的函》(苏高招〔2007〕14号),确定NSX-XYN31-3标为江苏中路交通工程有限公司、NSX-JL-XYN30标为南京安通交通工程监理咨询有限公司中标。

2007年10月10日,《关于印发宁杭二期、宁宿徐高速公路盱眙南段、宁靖盐盐城北段高速公路房建工程施工和监理招标项目中标通知书的函》(苏高招〔2007〕26号),确定NSX-XYN51标为江苏邗建集团有限公司、NSX-XYN52标为中国建筑第八工程局、NSX-JL-NYN50标为扬州市建苑工程监理有限公司中标。

2007年11月19日,《关于印发宁杭二期、宁宿徐高速公路盱眙南段、宁靖盐盐城北段高速公路绿化工程施工和施监理招标项目中标通知书的函》(苏高招〔2007〕31号),确定NSX-XYN81标为张家港市园林建设工程有限公司、NSX-XYN82标为常州市绿艺美园林绿化工程有限公司、NSX-XYN83标为常州市华辰园林绿化工程有限公司、NSX-XYN84标江苏艺华园林建设有限公司、NSX-JL-NYN80标为江苏山水园林建设有限公司中标。

2008年1月28日,《关于印发宁杭高速公路南京至溧水段、宁宿徐高速公路盱眙南段、宁靖盐盐城北段高速公路通信、监控、收费系统机电工程中标通知书的函》(苏高招〔2008〕2号),确定NSX-XYN91标为亿阳信通股份有限公司、NSX-JL-NYN91标为江苏智远交通科技有限公司中标。

2008年3月10日,《关于印发宁杭二期、宁宿徐高速公路盱眙南段高速公路服务区二次装修工程施工招标项目中标通知书的函》(苏高招〔2008〕8号),确定NSX-XYN71标为江苏顺通建设工程有限公司中标。

2008年3月10日,《关于印发宁靖盐盐城北段、宁宿徐高速公路盱眙南段高速公路收费大棚工程施工招标项目中标通知书的函》(苏高招〔2008〕9号),确定NSX-XYN61标为徐州中煤钢结构建设有限公司中标。

2008年3月16日,《关于印发宁杭二期、宁宿徐高速公路盱眙南段、宁靖盐盐城北段高速公路桥梁伸缩缝项目中标通知书的函》(苏高招〔2008〕11号),确定SSF08-NSX标为江苏万宝桥梁构建有限公司中标。

2008年4月3日,《关于印发宁杭二期、宁宿徐高速公路盱眙南段、宁靖盐盐城北段高速公路标志标线和防撞护栏工程施工项目中标通知书的函》(苏高招〔2008〕12号),确定NSX-XYN-31-1标为江苏无锡交通设施有限公司、NSX-XYN-31-2标为江苏耀鑫交通设施有限公司中标。

2)征地拆迁情况

征地拆迁情况统计见表7-25-5。

征地拆迁情况统计表 表7-25-5

征地拆迁安置起止时间	征用土地(亩)	拆迁房屋(m²)	支付补偿费(元)	备注
2005年10月—2009年12月	4961.63	24257.13	142580449	

2. 项目实施阶段

1）建设管理模式

本项目采用"省领导小组决策、省高指监管、市高指建设、公司筹资"的建设管理模式。省高指根据批准的工程建设规模、概算及有关政策与市高指签订总承包协议；市高速公路建设指挥部在省高速公路建设指挥部的监管下，履行业主代表和总监办办事机构的职责。

2）主要设计变更

宁宿徐高速公路盱眙南段在定测结束后，在构建和谐社会主义新农村的政策下，由于地方部门调整了沿线的农田水利和路网规划，新建了不少的农村公路，为使高速公路构造物设置及线外工程与沿线农田水利和路网规划进一步协调配套，对部分小型构造物和线外工程进行了必要的调整（移位、取消、增加等）。

根据"宁宿徐高速公路盱眙南段三、四标施工图设计审查会"会议精神，将原下挖马路的方案变更为不下挖马路，并对盱眙东互通纵断面进行了调整。

根据"盱眙北互通交通组织审查会"会议精神，对互通主线 K25+999.205 至终点范围内纵断面进行了变更。

根据淮高指传发 96 号文对 500kV 高压线处 K5+509.882～K7+344.195 段纵断面进行了变更设计。

根据苏高项管二传字〔2006〕31 号文件《关于尽快完善宁宿徐高速公路盱眙南段部分路段排水设计的函》，对 K10+140～K11+760 段纵断面进行了调整，同时在 K10+656.4 处将倒虹吸改为圆管涵进行灌溉，增设 K10+400 处 1-4×3m 箱涵，K11+190 处 1-4×3m 箱涵，同时增设部分改移沟渠。

由于宁宿徐高速公路盱眙南段总体设计采用了低路堤的设计理念，为保证部分地下水位较高路段底基层的强度和水稳定性，在路基填土高度较低、浅挖段、地基较为潮湿时采用低剂量水泥稳定碎石作为底基层。对全线纵断面进行核算，采用原二灰土底基层变更为低剂量水泥稳定碎石底基层的段落有：K4+600～K5+350、K6+660～K7+400、K17+700～K17+400、K21+050～K21+350、K23+750～K24+500。

根据苏高项管二传字〔2006〕15 号《关于宁宿徐高速公路盱眙南段支线上跨桥景观设计方案的批复》，对穆高路支线上跨景观桥，将原设计 20m+2×25m+20m 预应力混凝土连续箱梁变更为 20m+50m+31m 的预应力混凝土斜拉-连续协作体系，独塔扇形单索面，同时对该段主线纵断面进行了调整。

（三）科技创新成果与应用

1. 高速公路建设科技创新

围绕建设创新型交通行业的战略目标，建立方案会审制度，组织设计、监理、施工单位及专家科研人员召开技术交底会、方案论证会,共同攻克施工难点,全面提升宁宿徐高速公路盱眙南段工程的整体质量。

2. 重大科研课题

(1)开展"宁宿徐高速公路盱眙南段环境岩土工程问题及其对策研究"课题研究。联系南京大学进行科研攻关,系统研究了盱眙裂隙性软土的形成年代、分布特征与成因机制、改良措施;研制了新型 CBR 试验饱和器,将标准 CBR 试验方法中试件的顶底浸水方式改为各向浸水,使试验条件更符合路基实际情况,增加了路基填料强度评价的可信度;研制了新型固化材料——CMSC 型固化剂,铺筑了试验段。经过现场检测及过冬检验,效果很好。

(2)开展"碳绞线在体外预应力桥梁中的应用研究"课题研究。经鉴定,研究成果达到国际先进水平。

(四)运营管理

1. 运营管理

宁宿徐高速公路盱眙南段于 2008 年开通,目前共设有 3 个收费站,自成立之日起就以标准化、精细化管理为目标,扎实做好运营管理基础工作。在坚持"五个一"基础上,为进一步提高服务水平,各收费站多措并举、多管齐下,加大文明服务管理考核力度,将员工文明服务月度考核结果与绩效考核挂钩,开展月度"服务明星"评选活动,增强员工争先创优意识。

2. 服务区

八仙台服务区占地 100 亩,建筑面积 5000m²,总投资 6000 万元,造型新颖、风格独特、三星级标准,有中央空调。内设贵宾休息室、快餐厅、两个包间(八仙聚会厅、八仙过海厅)、超市、加油站、汽修厂。为过往车辆、顾客提供免费停车、加水等服务。餐饮以地方特色为主,提供标准化快餐,可品尝正宗盱眙龙虾、八仙湖、洪泽湖湖鲜及十多种农家菜肴;超市有多种江苏传统名牌食品和淮安、宿迁土特产及居家旅行日用必需品。

第二十六节 S55(南京—宣城)

南京至宣城高速公路简称"宁宣高速公路",江苏段编号 S55,该线路起自江苏省南京市花神庙枢纽,北接雨花大道和机场连接线,途经南京市溧水区、高淳区,至安徽省宣城市丁店枢纽接入宣铜高速公路,线路全长约 77km。全线各路段基本情况见表 7-26-1。

S55 全线各路段基本情况　　　　　　　　表 7-26-1

序号	路　段	里程(km)	建设期	备　注
1	南京机场高速公路	29	1995—1997 年	与 S55 共线
2	南京至高淳高速公路禄口至溧水段	24	1996—1998 年	
3	南京至高淳高速公路溧水至高淳段	24	1998—2000 年	

一、南京至高淳高速公路禄口至溧水段（建设期：1996—1998 年）

1. 基本情况

1）建设依据

宁高高速公路（禄口至溧水段）工程是省、市"九五"期间交通基础设施建设的重点项目，被南京市列为南京城市建设"一年初见成效、三年面貌大变"奋斗目标的标志性工程，是实现省、市政府提出的 20 世纪末县县通一级公路的战略性工程。它的建成通车，大大增强了南京市区及禄口国际机场的辐射工程，改善了溧水、高淳对外交通条件和投资环境，促进了沿线及苏南、皖南经济的快速发展。

2）建设规模及主要技术指标

本项目全长约 23.61km，全线采用双向四车道高速公路标准，设计行车速度 100km/h，路基宽度 24.5m。桥涵设计汽车荷载等级采用汽车超—20 级、挂车—120，设计洪水频率为 1/100。全线设置互通 3 处，主线收费站 1 处、匝道收费站 2 处，服务区 1 处，共设桥梁 15 座，涵洞及通道 113 道。

3）项目投资及来源

项目批准概算 44815 万元，工程决算 43514.21 万元。

4）工程进度

本项目于 1996 年 12 月正式开工建设，1998 年 9 月建成通车。

5）主要工程数量

全线征用土地 1846.96 亩。全线共完成路基土石方 288.11 万 m³，软基处理 0.287km，沥青路面 51.15 万 m²；完成桥梁 15 座，886.45 延米，其中大桥 2 座，通道 34 道，涵洞 79 道，互通式立交 3 处。

2. 决策过程

江苏省计经委下发苏计经交〔1996〕668 号文《关于南京禄口至溧水公路可行性研究报告（含项目建议书）的批复》；江苏省建委下发苏建重〔1996〕364 号文《关于南京禄口—溧水一级公路初步设计的批复》；江苏省建委下发苏建重〔1996〕660 号文《关于南京禄口至溧水一级公路初步设计概算的批复》。

二、南京至高淳高速公路溧水至高淳段(建设期:1998—2000年)

1. 基本情况

1) 建设规模及主要技术指标

本项目全长约24.001km,全线采用双向四车道一级公路标准,设计行车速度100km/h,路基宽度24.5m。桥涵设计汽车荷载等级采用汽车超—20级、挂车—120,设计洪水频率为1/100。全线设置2处互通,服务区1处,共设桥梁17座,涵洞及通道118道。

2) 项目投资及来源

根据江苏省苏计经交发〔1998〕1089号文《关于南京至高淳公路洪蓝至双排石项目可行性研究报告(含项目建议书)的批复》,项目总投资3.72亿元,资金来源除省交通厅给予定额补助外,其余由南京市筹集。

3) 主要工程数量

全线征用土地1943亩;完成桥梁17座,1204.26延米,其中大桥4座,通道50道,涵洞68道,互通式立交2处。

2. 决策过程

1998年6月,江苏省计经委以苏计经交发〔1998〕1089号文《关于南京至高淳公路洪蓝至双排石项目可行性研究报告(含项目建议书)的批复》批复了项目可行性报告。

1998年9月,江苏省建委以苏建重〔1998〕370号文《关于南京至高淳公路洪蓝至双排石段初步设计的批复》批准了初步设计。

第二十七节　S58(上海—常州)

沪常高速公路江苏段编号S58。江苏段起于苏州尹山立交,经苏州、无锡,终于常州,通车里程56km。全线各路段基本情况见表7-27-1。

S58全线各路段基本情况　　　　表7-27-1

序号	路段	里程(km)	建设期	备注
1	苏沪界至通安段	38	2003—2005年	
2	通安至尹山段	18	2002—2004年	

一、苏州绕城高速公路东南段及至上海郊区环线公路(建设期:2003—2005年)

沪常高速公路上海至苏州段,简称沪常高速公路,包括建设期的苏州绕城高速公路东南段及至上海郊区环线公路,苏州绕城高速公路西南段(太湖服务区至尹山枢纽段),路线全长 58.665km。

(一)项目概况

1. 基本情况

1)建设依据

苏州绕城高速公路是江苏省"四纵四横四联"高速公路网的完善和补充,是环太湖地区"二环六射"高速公路网中的"一环二射",苏州绕城公路东南段及至上海郊区环线公路(江苏段)(以下简称"苏沪高速公路")是苏州绕城高速公路的重要组成部分。本项目沿线串联了同里、甪直、锦溪、周庄、千灯等众多江南水乡古镇,是苏州直达上海的又一条便捷的高速公路。

2)建设规模及主要技术指标

苏沪高速公路起点至甪直枢纽段采用六车道,路基宽35m;甪直枢纽至路线终点采用六车道预留八车道的高速公路标准,路基宽42.5m。全线设计行车速度100km/h,桥涵设计车辆荷载为汽车—超20级、挂车—120。

主要技术标准如下:

(1)设计行车速度:100km/h。

(2)主线路基宽度:35m。

(3)路基宽度组成为:行车道 $2\times(3\times3.75m)$,中间带 4.50m(0.75m + 3.00m + 0.75m),硬路肩 $2\times3.25m$(含右侧路缘带 $2\times0.50m$),土路肩 $2\times0.75m$。

(4)桥面净宽:大中桥为35.00m,外侧与路基同宽;小桥为35.00m,外侧与路基同宽。

(5)路面:沥青混凝土路面,设计使用年限15年,标准轴载100kN;水泥混凝土路面,设计使用年限30年,标准轴载100kN。

(6)路基、桥涵设计洪水频率:特大桥1/300,其余均为1/100。

3)项目投资及来源

苏沪高速公路工程采用"省市共建,以市为主,股份制建路"的建设模式,由苏州市高速公路建设指挥部负责建设,苏州绕城高速公路有限公司是本建设项目的项目法人,项目概算投资约32.38亿元。

4)工程建设条件

项目建设严格遵守国家基本建设程序,依据国家规范,吸收国内外高速公路的成功经验,针对沿线航道、河塘、鱼塘、农田多等特点,进行了认真的选线、地质勘测和分析,高效、高质量地完成了设计;通过国内公开招标,选择了信誉好、能力强、水平高的施工和监理单位;对工程进度、质量、投资进行全方位的科学管理和严格控制,特别是通过开展土方、桥梁、路面、交通工程四大攻坚战活动,取得了明显成效。

5)工程进度

工程计划建设工期4年,实际工期2年4个月,提前完成了工程建设任务。

6)主要工程数量

完成路基土石方801.6万 m³;主线桥梁41座,其中包括特大桥6座,大中小桥35座,共计10820延米;通道5道,涵洞54道,枢纽1处,互通式立交5处,分离式立交6座,人行天桥4座,车行天桥3座;沥青混凝土路面408.88万 m²,水泥混凝土路面9328m²;同步建成交通安全设施、收费、通信、监控、供电、照明等设施。

2. 决策过程

2003年3月,江苏省发展计划委员会以《关于苏州绕城公路东南段及至上海郊区环线公路(江苏段)项目建议书的批复》(苏计基础发〔2003〕290号)批准立项。

2004年5月9日,江苏省国土资源厅以《关于苏州绕城高速公路东南段及至上海郊区环线公路(江苏段)用地的预审意见》(苏国土资函〔2004〕198号)提出了预审意见。

2004年9月,江苏省环境保护厅以《关于对苏州绕城公路东北段及至太仓港区公路暨苏州绕城公路东南段及至上海郊区环线公路(江苏段)工程环境影响报告书的批复》(苏环管〔2004〕153号)批准了工程环境影响报告书。

2004年10月,江苏省交通厅批准了开工报告。

(二)建设情况

1. 项目准备阶段

为加强苏州市高速公路建设工作的领导,加快苏州市交通基础设施建设步伐,促进苏州市各项社会经济事业健康发展,苏州市人民政府成立苏州市高速公路建设暨绿色通道领导小组,由市长任组长,由分管副市长、副秘书长、有关直接责任单位负责人任副组长,市属相关部门、沿线市(区)政府为组员。为了高标准、高质量完成苏州绕城高速公路的建设任务,2003年1月成立苏州市高速公路建设指挥部,负责苏州绕城高速公路的建设管理工作。指挥部由分管副市长任总指挥,由市交通局局长任第一副总指挥。

1)施工、监理单位招标情况

工程施工招标采用国内公开招标,始终坚持公开、公平、公正的原则,严肃工作纪律,严密标底编制,加强资格审查,严格组织评标,依法签订合同。招标过程由苏州市公证处进行公证。

苏沪高速公路主体工程分为12个招标合同,其中路基桥梁合同7个,路面合同2个,监理合同3个。经招标评标委员会评定,10家施工、监理单位中标。交通附属工程按专业划分进行招标,附属工程共分 29 个招标合同,其中房建合同 3 个,三大系统合同 4 个,安全设施合同 7 个,沥青材料合同 2 个,绿化合同 5 个,收费广场合同 1 个,收费大棚合同 3 个,伸缩缝合同 2 个,照明合同 1 个,空调设备合同 1 个。经招标评标委员会评定,26 家施工、监理单位中标。

2) 参建单位主要情况

设计单位:主体设计由中交第一公路勘察设计研究院承担;机电工程、安全设施、供电照明等工程设计由西安公路研究所承担,房屋建筑由东南大学建筑设计研究院、江苏省交通规划设计院、河海大学设计院共同承担。

施工单位:中交第一公路勘察设计研究院,路桥集团第一公路工程局厦门工程处,路桥集团第一公路工程局,江苏省交通工程有限公司,路桥集团第二公路工程局第三工程处,南京市交通工程总公司,中铁十三局集团有限公司。

监理单位:北京华通公路桥梁监理咨询公司。

检测单位:苏州交通工程试验检测中心有限公司。

3) 征地拆迁情况

全线征用土地 5489.47 亩,拆迁房屋 186755.41m²。

2. 项目实施阶段

2004 年 5 月 9 日,江苏省国土资源厅以《关于苏州绕城高速公路东南段及至上海郊区环线公路(江苏段)用地的预审意见》(苏国土资函〔2004〕198 号)提出了预审意见。

2004 年 10 月,江苏省交通厅批准了开工报告。

(三)科技创新

(1)沥青路面在集料配合比和压实工艺等方面进行了改进,提高了沥青路面的抗车辙能力。

(2)为减少水稳基层裂缝的产生,在水稳级配、水泥用量、强度指标要求上进行了改进。

(3)使用抗剥落剂、改性乳化沥青下封层和黏结层、非接触式平衡梁、沥青智能洒布车等新材料、新工艺、新设备,进一步提高了路面质量。

(四)运营及养护管理

1. 运营管理

苏州绕城高速公路有限公司是 2002 年 10 月 17 日注册成立的国有股份企业,公司主要负责苏州绕城高速公路建设和维护管理、公路收费,以及与绕城高速公路有关的广告、商贸、房地产、宾馆、餐饮、客货运输、加油站、汽车修理、土地开发和技术信息咨询等。

2. 养护管理

以"三位一体"管理体系贯标为手段,夯实各项管理基础。通过质量、环境、职业健康安全"三位一体"管理体系贯标工作,建立质量、环境、职业健康安全一体化综合管理体系,实现公司各项管理工作的标准化、规范化、高效化。

3. 收费站点

S58沪常高速公路上海至苏州段设有8处收费站,分别为淀山湖主线收费站、千灯收费站、张浦收费站、甪直南收费站、郭巷收费站、车坊收费站、石湖收费站、东山收费站。

二、苏州绕城高速公路西南段(建设期:2002—2004年)

(一)项目概况

1. 基本情况

1)建设依据

苏州绕城高速公路西南段是苏州绕城高速公路的组成部分,也是江苏省第一条集景观、旅游、生态于一体的低路堤六车道高速公路。该项目的建设对有效疏解苏州节点的过境交通,合理组织城市出入交通,加快推进城市化发展进程,促进沿线区域社会经济发展等具有十分重要的意义。

2)建设规模及主要技术指标

苏州绕城高速公路西南段路线全长52.5km。设计行车速度为100km/h,双向六车道,路基宽度为34.5m,路面结构为上、中、下三层Superpave沥青混凝土路面,桥涵设计车辆荷载为汽车—超20级、挂车—120,桥梁与路基同宽,地震基本烈度为Ⅵ级,特大桥等大型构筑物按Ⅶ级设防,整个路段配置了完善的收费、监控、照明、安全、景观绿化、服务区等设施。

主要技术标准如下:

(1)设计行车速度:100km/h。

(2)主线路基宽度:35.00m。

(3)路基宽度组成为:行车道$2\times(3\times3.75m)$,中间带4.50m(0.75m+3.00m+0.75m),硬路肩$2\times3.25m$(含右侧路缘带$2\times0.50m$),土路肩$2\times0.75m$。

(4)桥面净宽:大中桥35.00m,外侧与路基同宽;小桥为35.00m,外侧与路基同宽。

(5)路面:沥青混凝土路面,设计使用年限15年,标准轴载100kN;水泥混凝土路面,设计使用年限30年,标准轴载100kN。

(6)路基、桥涵设计洪水频率:特大桥1/300,其余均为1/100。

(7)荷载标准:公路—Ⅰ级。

3）项目投资及来源

苏州绕城高速公路西南段,项目概算投资约26.59亿元。采用"省市共建,以市为主,股份制建路"的模式,由苏州市高速公路建设指挥部负责建设。

4）工程建设条件

项目建设严格遵守国家基本建设程序,依据国家规范,吸收国内外高速公路的成功经验,针对沿线航道、河塘、鱼塘、农田众多等特点,进行了认真的选线、地质勘测和分析,高效、高质量地完成了设计;通过国内公开招标,选择了信誉好、能力强、水平高的施工和监理单位;对工程质量、进度、投资进行全方位的科学管理和严格控制,特别是通过开展土方、桥梁、路面、交通工程四大攻坚战活动,取得了明显成效。在省市两级党委、政府正确领导下,在江苏省交通厅、省高指、省厅质监站关心支持下,在沿线各级政府及群众大力配合下,经过市高指和广大建设者的艰苦拼搏,高质量、高标准提前完成了工程建设任务。

5）工程进度

本工程计划工期4年,实际从2002年1月8日开工,2004年10月底建成通车,提前完成了工程总目标。

6）主要工程数量

全线征用土地8137.829亩,拆迁房屋240019m²;完成路基土石方845.14万m³,全线路基均进行了软基处理;主线桥梁41座,其中包括特大桥8座,大中小桥33座,计10116.03延米;通道34道,涵洞176道,互通式立交9处,分离式立交21座,人行天桥5座;路面底基层187.89万m²,基层216.45万m²,沥青混凝土路面(含匝道)206.97万m²,水泥混凝土路面7701m²;同步建成交通安全设施、收费、通信、监控、供电、照明等设施。

2. 决策过程

2001年3月,江苏省计划与经济委员会以苏计基础发〔2001〕193号文《关于苏州绕城公路西南段项目建议书的批复》批准立项。

2001年11月,江苏省计划与经济委员会以苏计基础发〔2001〕1095号文《关于苏州绕城公路西南段项目可行性研究报告的批复》批准工程可行性研究报告。

2001年12月,江苏省发展计划委员会以苏计基础发〔2001〕1417号文《关于苏州绕城公路西南段初步设计的批复》批准初步设计。

2002年6月,江苏省环境保护局以苏环管〔2002〕49号文《关于对苏州绕城公路西南段工程环境影响报告书的批复》批准工程环境影响报告书。

(二)建设情况

1. 项目准备阶段

为加强对苏州市高速公路建设工作的领导,加快苏州市交通基础设施建设步伐,促进

第七章
高速公路项目简介

苏州市各项社会经济事业健康发展,苏州市人民政府1999年7月成立苏州市高速公路建设领导小组,由市长任组长,由分管副市长、副秘书长、有关直接责任单位负责人任副组长,市属相关部门、沿线市(区)政府为组员。领导小组主要是对苏州市高速公路规划、建设、管理进行宏观领导,协调各部门之间的关系,对有关重大事项作出决策。

为高标准、高质量完成苏州绕城高速公路建设任务,2001年11月苏州市人民政府成立苏州绕城高速公路建设指挥部,负责苏州绕城高速公路的建设管理工作。指挥部由分管副市长任总指挥,由市交通局局长任第一副总指挥。2003年1月归并为苏州市高速公路建设指挥部。

指挥部下设综合处、征迁处、工程处、计划处、财务处、技术监督处、招标处等7个职能处室负责具体的建设管理工作。

指挥部通过公开招标,择优选择驻地监理。总监及驻地监理组根据相关合同条款对工程进度、质量、费用、合同等进行全方位的监理。

为了加强苏州绕城高速公路西南段建设的纪检监察工作,2001年10月江苏省交通重点工程建设项目纪检监察领导小组驻苏州市高指纪检监察组正式挂牌成立,对苏州市高速公路建设起到保驾护航作用。

1) 施工、监理单位招标情况

苏州绕城高速公路西南段招标工作根据交通部《公路工程施工招标管理办法》及江苏省有关规定,在江苏省交通建设工程招标投标领导小组领导下,由苏州市高速公路建设指挥部组织完成。

工程施工招标方式采用国内公开招标,始终坚持"公开、公平、公正"的原则,严密标底编制,加强资格审查,严格组织评标,依法签订合同,严肃工作纪律。招标过程由苏州市公证处进行公证,并接受江苏省交通行业与产业项目招标投标管理办公室及江苏省纪委驻省高指苏州市高指纪检监察组监督。

西南段主体工程分为16个招标合同,其中路基桥梁合同10个,路面合同2个,监理合同4个。招标工作分三批进行,自2001年11月开始,至2003年12月结束。最终经招标评标委员会评定,16家施工、监理单位中标。

交通工程按专业划分进行招标。三大系统工程、房建及收费大棚工程于2003年6月进行;交通安全设施、中分带绿化、照明工程于2003年8月进行;伸缩缝、沥青采购工程于2003年11月进行;服务区装饰工程于2003年12月进行;服务区场地工程于2004年2月进行;互通区、服务区、枢纽景观绿化工程分别于2004年2月、2004年8月进行。

2) 参建单位主要情况

设计单位:主体设计由上海市城市建设设计研究院承担,机电工程、安全设施、供电照明等工程设计由西安公路研究所承担,房屋建筑由上海市城市建设设计研究院、江苏省交通规划设计院、河海大学设计院共同承担。

施工单位（主体工程）：山东公路工程总公司，中铁十三局集团有限公司，路桥集团第一公路工程局，常州市交通工程总公司，路桥集团第二公路局第三工程处，中铁二十局，江苏交通建设集团有限公司，路桥集团第二公路局第一工程处，苏州交通工程集团公司，山东省公路工程总公司。

监理单位（主体工程）：江苏交通工程咨询监理有限公司，北京京华工程建设监理事务所，镇江市润通交通工程监理咨询有限公司。

3）征地拆迁情况

全线征用土地8137.829亩，拆迁房屋240019m^2。

2. 项目实施阶段

2002年1月8日开工。

2004年2月23日—25日，市高指配合省厅质监站对绕城西南段路面基层进行验收。

2004年6月8日，完成绕城西南段绿色通道试验段交工验收。

2004年10月24日，绕城高速公路西南段房建及相关工程通过专项验收。

2004年10月25日，绕城高速公路西南段交工档案通过专项验收。

2004年10月底，建成通车。

2005年10月17日，市高指组织召开绕城西南段环境保护竣工验收会议。

2006年12月14日，省发改委组织召开绕城高速公路西南段工程项目竣工验收会议。

（三）复杂技术工程

京杭运河尹山斜拉桥施工技术复杂，施工难度较大。指挥部邀请了国内专家对施工图、施工工艺等进行多次审查，并专门成立了由参建单位组成的技术质量攻关小组。同时，为了有效地控制施工质量，聘请了同济大学工程质量监测站对该桥进行监测监控，通过定期或不定期召开了11次专题会议，不断优化设计，解决施工过程中的技术难题，确保施工全过程始终处于受控状态。大体积（主墩承台）的成功浇筑，主桥合龙的顺利施工等，无一不是攻关小组及专家、技术人员辛勤努力、出谋划策的结果，保证了施工中出现或可能出现的问题得到及时解决或处理，为施工的顺利进行奠定了良好的基础。

（四）科技创新

（1）打造一条"生态、景观、旅游、环保"之路。绕城高速公路西南段所经过的主要是环太湖旅游区，从项目立项开始，决策者就决心要打造一条"生态、景观、旅游、环保"之路，采用了低路堤的设计理念，将设计高程普遍降低、交叉道路上跨，虽然增加了路基处理难度，但驾乘人员视觉上更贴近大自然，达到与周边环境和谐统一的效果。

(2)解决部分标段土源短缺问题。为了解决部分标段土源短缺问题,指挥部对沿线个别山体的碎石土做了大量试验,在积累了一定试验数据的基础上,邀请省、市专家对碎石土的利用特别是质量检测问题展开了充分的论证,总结出了一整套切实可行的操作办法并付诸实施,这样不仅解决了土源的缺口,确保了工程质量,还节省了工程投资,为工程的顺利进展铺平了道路。

(3)西南段沥青路面采用了 Superpave 路面、改性沥青、抗剥落剂、改性乳化沥青下封层和黏结层、非接触式平衡梁、沥青智能洒布车等新技术、新设备,大大提高了路面质量。

(五)运营及养护管理

1. 运营管理

苏州绕城高速公路有限公司是 2002 年 10 月 17 日注册成立的国有股份企业,公司主要负责苏州绕城高速公路建设和维护管理、公路收费,以及与绕城高速公路有关的广告、商贸、房地产、宾馆、餐饮、客货运输、加油站、汽车修理、土地开发和技术信息咨询等。公司按现代企业制度规范设立,实行董事会领导下的总经理责任制,公司设综合部、人力资源部、营运部、计划财务部、工程部、企管部、安保部和党群部 8 个部门,采取大站带小站模式,设 9 个建制收费站和 2 个建制服务区。

公司自运营以来,积极探索高速公路经营管理创新之路,全面实施现场管理体系建设,开展企业物质文明和精神文明建设,全力打造绕城高速公路的品牌形象。

2. 养护管理

(1)以"三位一体"管理体系贯标为手段,夯实各项管理基础。通过质量、环境、职业健康安全"三位一体"管理体系贯标工作,建立质量、环境、职业健康安全一体化综合管理体系,实现公司各项管理工作的标准化、规范化、高效化。

(2)开发建设养护管理平台,提高养护管理科学化水平。通过建设网络平台,将分散的信息有机地整合在一起,极大地提高了工作效率。同时,通过逐年累积形成庞大的养护管理数据库,为公司业务部门提供养护分析所需的数据资源,也为公司进一步加强全线道路桥梁的预防性养护工作和公司领导层决策的科学性、准确性、可靠性提供了坚实的技术支撑。

(3)加强日常养护工作管理,着力提升"规范化、精细化"管养水平。通过加强巡查、强化监管力度、履约考核管理等,进一步做好日常养护管理工作的规范化、精细化,进一步提升管理水平。

(4)以"路面、桥梁"为重点,加强预防性养护,降低全寿命周期养护成本。积极探索高速公路预防性养护策略和措施,牢固树立全寿命周期养护理念,围绕"路况检测、分析评价、养护决策和工程实施"四个关键环节,科学制订预防性养护方案,以较小的养护投入使道路桥梁保持优良的技术状况,延长高速公路的使用寿命。

(5)健全预案体系,不断提高突发事件应急处置能力。为积极应对恶劣天气、自然灾害以及各类突发事件,确保高速公路的畅通,进一步建立健全应急预案体系,使突发事件应急处置能力不断提高。

(6)提高收费服务水平,树立良好企业形象。积极开展培训和创建活动,提升优质服务水平。严厉打击偷逃费行为,维持良好运营秩序,并能积极应对《江苏省高速公路条例》实施,保证平稳过渡。

(7)坚持防控结合,努力保障安全生产形势稳定。通过公司"三创三比"活动的深入开展,进一步加强各参与方的沟通联系,形成了"分工明确、落实到位、沟通及时、运转灵活高效"的联动机制,有效应对了养护现场出现的各种新情况、新问题,进一步提高了管养水平,确保了全线的安全畅通。

第二十八节　S68(溧阳—芜湖)

溧阳至芜湖高速公路,简称溧芜高速公路,江苏段编号S68。该线路起自江苏省溧阳市新昌枢纽,北接扬溧高速公路,途经溧阳市、南京市高淳区、溧水区,宣城市宣州区雁翅及芜湖县,在芜湖县六郎镇六郎枢纽接入沪渝高速公路。路线全长约56km,已通车29km。全线各路段基本情况见表7-28-1。

S68全线各路段基本情况　　　　　表7-28-1

序号	路　段	里程(km)	建 设 期	备　注
1	高淳至芜湖高速公路江苏段	29	2011—2014年	

(一)项目概况

1.基本情况

1)建设依据

高淳至芜湖高速公路江苏段是《江苏省高速公路网规划》"五纵九横五联"中高淳至太仓高速公路(横八)的重要组成部分。它西接在建的安徽省芜湖至雁翅高速公路,东连宁高高速公路,并可通过规划高淳至溧阳高速公路、溧阳至常州高速公路、锡宜高速公路和规划无锡至太仓高速公路继续向东与上海相连,是传统芜申交通走廊的组成部分。

本项目的建设对增加省内高速公路与安徽的接口,进一步完善区域高速路网,加强区域与外省以及苏锡常沪等地的联系,促进地区经济发展,促进长江三角洲地区一体化发展等方面均具有重要的意义。

2）建设规模及主要技术指标

高淳至芜湖高速公路江苏段设计技术标准,系遵照交通运输部对本工程项目初步设计的批复,采用《公路工程技术标准》(JTG B01—2003)和《工程建设标准强制性条文》(公路工程部分)规定值,其主要技术标准如下：

(1) 设计行车速度：120km/h。

(2) 主线路基宽度：28.00m。路基宽度组成为：行车道 $2\times(2\times 3.75m)$，中间带 4.50m(0.75m+3.00m+0.75m)，硬路肩 $2\times 3.5m$(含右侧路缘带 $2\times 0.50m$)，土路肩 $2\times 0.75m$。

(3) 桥面净宽：大中桥为28m,外侧与路基同宽；小桥为28m,外侧与路基同宽。

(4) 路面：沥青混凝土路面,设计使用年限15年,标准轴载100kN;匝道收费站及分离式立交水泥混凝土路面,设计使用年限30年,标准轴载100kN。

(5) 路基、桥涵设计洪水频率：特大桥1/300,其余均为1/100。

(6) 设计车辆荷载：公路—Ⅰ级。

3）项目投资及来源

根据苏发改基础发〔2011〕4号文《省发展改革委关于高淳至芜湖高速公路江苏段初步设计的批复》,该项目概算总投资为218730.24万元。项目资金来源按照苏发改基础发〔2010〕1047号文精神执行,项目资本金占总投资的35%。项目资本金的70%由江苏省高速公路经营管理中心承担,项目资本金的30%由南京公路发展(集团)有限公司承担。项目资本金以外的建设资金由本项目公司向金融机构贷款解决。

4）工程建设条件

线路走向为近东西向,地势上总体呈东高西低,地面高程为5.0~30.0m。沿线地貌单元较复杂,自东向西为剥蚀残丘区、岗地丘陵夹岗间洼地区、滨湖冲积平原区。项目区属亚热带季风气候,干湿冷暖,四季分明,雨量充沛。本区所处大地构造位置位于扬子板块下扬子褶皱冲断带,线路穿越次级构造单元有：溧水隆起区、茅山断裂隆起带以及蒲塘桥—石臼湖凹陷。本工程场地位于华北地震区的长江下游—黄海地震带内,有少部分位于郯庐地震带内。区内自然水系发育,湖泊众多,主要河流有石固河、芜申运河、水阳江、西山河、东山河、黄家河等,水量季节性变化明显；主要湖泊有石臼湖、固城湖,湖水主要来自皖南的青弋江和水阳江水系。

5）工程进度

本工程2011年11月完成全线路基桥梁施工招标,2012年1月进场,做施工前各项准备工作。2012年4月1日工程正式开工,2014年12月30日建成并通过交工验收,2015年2月4日正式通车。

6）主要工程数量

高淳至芜湖高速公路江苏段路线全长 29.363km。

2. 决策过程

2010 年 5 月 4 日,江苏省环境保护厅以苏环审〔2010〕101 号文《关于对高淳至芜湖高速公路(江苏段)项目环境影响报告书的批复》批准了该项目的环境影响报告书。

2010 年 8 月 10 日,江苏省发展和改革委员会以苏发改基础发〔2010〕1047 号文《省发展改革委关于高淳至芜湖高速公路江苏段可行性研究报告的批复》批准了该项目的可行性研究。

2011 年 2 月 25 日,高淳区住房和城乡建设局颁发了建设用地规划许可证地字第 320125201180004 号。

2011 年 3 月 23 日,溧水区住房和城乡建设局颁发了建设用地规划许可证地字第 320124201182005 号。

(二)建设情况

1. 项目准备阶段

各项工作均按国家基本建设程序进行。在项目建设过程中,江苏省交通工程建设局严格遵守基本建设程序,依据国家规范,参照国际通用的"菲迪克"条款和交通运输部通用招标文件范本制定了江苏省高速公路各项目施工、监理招标文件,通过国内公开招标选择承包商和驻地监理组。

1）设计单位招标

高芜高速公路江苏段项目主体设计、房建及绿化设计单位的招标由江苏省交通工程建设局组织实施,招标信息均在中国招投标网上公开发布,评标专家均从专家库中抽取产生,开标、评标、合同签订等公证处均全程公证,确保招标工作的公开、公正和公平。

(1)主体工程设计招标。江苏省交通工程建设局于 2008 年 12 月完成了高芜高速公路江苏段主体工程和交通工程的勘察设计招投标,江苏省交通规划设计院中标。

(2)房建、绿化工程设计招标。江苏省交通工程建设局于 2011 年 1 月完成了高芜高速公路江苏段绿化工程设计招投标,江苏省交通规划设计院中标。江苏省交通工程建设局于 2013 年 1 月完成了高芜高速公路江苏段房建工程设计招投标,江苏省交通科学研究院股份有限公司中标。

2）施工、监理单位招标

高芜高速公路江苏段施工、监理单位招标工作自 2011 年 11 月开始,至 2014 年 8 月结束,施工单位 25 家,监理单位 4 家。所有招标均为国内公开招标,江苏省交通运输厅建设管理办公室全过程进行行业监管,公证处全程进行了现场监督,派驻纪检办全过程参与,招标信息均在中国招投标网上公开发布,评标专家均从专家库中抽取产生,由公证处对开标、评标、合同签订等过程全程公证。

3)参建单位主要情况

设计单位:江苏省交通规划设计院、江苏省交通科学研究院股份有限公司。

施工单位:中交一公局第五工程有限公司、中交第二公路工程局有限公司、徐州市公路工程总公司、江苏省镇江市路桥工程有限公司、中铁十五局集团有限公司、无锡路桥集团股份有限公司、东盟营造工程有限公司、中铁十八局集团有限公司、中石化胜利建设工程有限公司、张家港港丰交通安全设施有限公司、湖南高速公路配套设施有限公司、江苏宏达交通工程有限公司、江苏迪生建设集团有限公司、江苏九鼎环球建设科技集团有限公司、中兴建设有限公司、江苏龙坤集团有限公司、南京苏秦电力设备安装有限公司、江苏金世纪环境建设有限公司、江苏三恒环境建设有限公司、江苏森洋环境建设有限公司、江苏智运科技发展有限公司、中资泰克交通工程集团有限公司、江苏平山交通设施有限公司、江苏三棱科技发展有限公司、郑州市大道公路工程有限公司。

监理单位:江苏纬信工程咨询有限公司、江苏润通交通工程监理咨询有限公司、江苏兆信工程咨询监理有限公司、江苏交通工程咨询监理有限公司。

4)征地拆迁工作

高芜高速公路江苏段征迁工作于 2010 年 10 月启动,在各级领导和地方政府大力支持下,在沿线群众理解和配合下,通过全体工作人员的努力,征迁工作在 2012 年 12 月底基本结束,为工程建设提供了保证。征地拆迁情况统计见表 7-28-2。

征地拆迁情况统计表 表 7-28-2

征地拆迁安置起止时间	征用土地(亩)	拆迁房屋(m²)	支付补偿费用(元)	备注
2010 年 10 月—2012 年 12 月	2428.23	35727.39	368591431	

2.项目实施阶段

(1)由于地方部门调整了沿线的农田水利和路网规划,为使高淳至芜湖高速公路构造物设置及线外工程与沿线农田水利和路网规划进一步协调配套,对部分小型构造物和线外工程进行了必要的调整(移位、取消、增加等)。

(2)由于当地开发区管委会及当地村委会进行取土,使得高淳互通新区互通范围内部分施工段落及主线位于古檀路与孔凤路之间施工段落地形、地貌与设计图相比发生较大变化。根据南京市高指高芜项目指挥部下发的《关于古檀路两侧原地表发生变化的函》,设计院由此开展此段的施工图变更设计。

(3)根据高淳经济开发区的最新规划,孔凤路支线上跨用地已出让给十四所,孔凤路也将按规划改移,原设计方案的实施已失去意义,经南京市高指及省交建局同意,取消孔凤路支线上跨桥。

(4)为了避让原规划环镇路支线上跨建设范围内新建的一座通信塔和一间通信房,2012年6月5日,省交建局、市高指及设计单位在溧水县和凤镇与地方政府进行了协调,同意将规划环镇路东移110m,移至地方乡村道路上。

根据南京市高指高芜项目指挥部下发的高芜项字〔2012〕12号《关于高芜高速公路溧水段规划分离式立交位置调整的函》,设计院提供相应的施工图变更设计文件。

(5)2013年5月8日,南京市高淳区交通运输局发函至高芜项目指挥部,请求在高芜高速公路丹阳湖路下穿位置预留通道。2013年9月25日,省交建局下发《关于高芜高速公路预留丹阳湖路北延通道的批复》,同意将K53+610.680~K53+712.400段落内的路基部分变更为6×16m预应力混凝土空心板梁桥。

(6)根据2014年3月18日在高芜项目部召开的高淳至芜湖高速公路现场问题协调会及相关会议纪要,经省交建局、高芜高速公路指挥部及设计院共同协商,同意将本项目位于圩区路段的水塘防护形式由原设计的浆砌片石变更为实心六角块,同时将原设计的蝶形边沟(五块板)变更为三块板,并结合现场情况进一步优化水塘防护及排水工程设计。

(7)高芜高速公路与宁高高速公路交叉处设置和凤枢纽,根据枢纽总体布置,需将宁高高速公路原有孔家汽车通道(6×3.5m,NK73+959.195处)进行两侧拼接处理。因受宁高高速公路原有道路高程的限制,该处通道接长后,雨天通道口处产生的积水无法正常排出。经省交建局、高芜高速公路指挥部、和凤地方政府及设计院共同协商决定在该处增设一座无人值守的泵站,以解决积水问题,方便当地百姓出行。

(8)2013年12月10日,高淳县交通局发函给省交建局,请求将原位于高淳北互通南侧的收费站管理用地调整至高淳北互通匝道内,经省交建局同意上述请求后,设计院由此开展相应的变更设计。

(9)主线路基及桥梁中分带护栏由原设计的两波波形护栏变更为三波波形护栏。

(10)根据2014年8月12日的高芜高速公路苏皖两省省界界面协调会会议纪要,省界主线站需要设置两条ETC车道,其中位于江苏侧省界主线收费站的13号车道宽由原设计的3.2m调整为3.35m,14号车道宽由原设计的3.5m调整为3.35m;同时13号车道的收费岛长度由原设计的40m调整为53m,主线收费站混凝土路面做相应调整。

(11)根据南京市高速公路指挥部要求,原高淳北收费站更名为高淳收费站,原省界主线收费站更名为溧芜高速公路苏皖省界收费站。

(三)科技创新成果与应用

1)专题研究圩区设计水位,为路基设计提供合理依据项目所处地形以圩区为主,路线穿越圩区长度约占路线总长的72%。因此对圩区段设计水位的分析和运用是本项目的技术关键点,关系到本项目的工程规模和工程安全。

为此,在初步设计阶段设计院委托了具有专业资质的单位对道路沿线的水文进行专题分析,并综合考虑现状堤防质量、区域防洪标准、圩区破圩概率等因素后,建议在圩区设计水位的选择上,芜申运河以西的高宣圩、永丰圩和三圩采用破圩水位,芜申运河以东的其他圩区采用不破圩水位,综合高淳县城市规划等,按8.5m设计水位进行高速公路设计,从而为路线走向及圩区路基设计提供合理依据。

2)采取有效措施,减少对地方产业的影响

圩区内以水产(螃蟹)养殖为主,水产(螃蟹)养殖对周边生态环境较为敏感。本项目选线中本着"避让为主,处治为辅"的原则,尽量避让软土较厚地区和作为地方支柱产业的水产养殖集中区,对难以避让的本着"减少扰动,布设于有利位置"的原则,以确保工程质量、安全和节省投资。

对于GW5-8标段,约13.5km桥梁长度范围内基本上是穿越蟹塘和鱼塘,为防止桥面初期雨水影响养殖水体水质,桥面排水均通过管道收集后排入桥下设置的氧化塘,经沉淀和净化后,排入非养殖水体,避免直接进入蟹塘和鱼塘。

3)开展路面设计方案专项研究,确保路面设计质量

2011年3月17日,江苏省交通工程建设局组织召开了高淳至芜湖高速公路江苏段路面设计方案审定会。会议基本同意了设计院提交的路面设计方案,确定了除永丰圩高架桥外一般路段的路面结构、桥面铺装结构等设计方案,同时提出,对于粉煤灰底基层、永丰圩高架桥桥面铺装两个方面需要进一步分析论证,选择合理的设计方案。为此,设计院进行了专题研究。2011年10月20日,设计院就以上两个方面向江苏省交通工程建设局进行了专题汇报,最终为保证路面底基层的施工质量和路用性能,确定将原部分路段采用的20cm二灰土底基层的方案调整为低剂量水泥稳定碎石,同时在满足路面结构计算的前提下,将主线、匝道及互通被交路拼宽的底基层调整为18cm低剂量水泥稳定碎石。

4)土路肩集中排水

在高芜高速公路排水防护设计中,为了减少路面水对路基边坡的冲刷,采用了路肩明沟集中排水,给采用生态防护创造了条件,取得了良好的效果。

5)精心设计桥梁方案

永丰圩高架桥是本项目的重要工点,其跨越省道239(规划一级公路)、芜申运河(规划Ⅲ级航道)、水阳江(规划Ⅴ级航道)及县道206和县道301,穿越三圩、永丰圩、高宣圩等圩区,桥梁终点位于江苏省与安徽省两省边界线,并与安徽省水阳江大桥相接。为打造精品工程,项目组在高架桥平面走向、竖曲线设置及桥梁方案选型方面做了大量比选论证

工作。特别是对永丰圩高架桥跨芜申运河、水阳江、S239等重要节点处进行了桥型、桥跨方案的比选论证,努力降低工程规模的同时满足通航、水利等方面的要求。

为避免高架桥线形过于单调,除跨越芜申运河和水阳江处以纵断面制高点,形成驼峰,其余段落也按纵坡不小于0.5%设置了多个竖曲线,使得全桥形态如"游龙腾伏",富有生气,提升桥梁景观的同时也有助于桥面排水和驾乘安全。

(四)运营及养护管理

(1)坚持预防性养护,道路品质不断提升。认真做好道路日常养护工作,强化监管力度,健全养护质量保证体系。梳理完善规章制度,实现规范化管理。加强路桥检测,保障桥梁结构物安全。精心组织,严格管理,按期保质做好养护专项工程。同时,加强预算管理,严控养护经费。

(2)提高收费服务水平,树立良好企业形象。积极开展培训和创建活动,提升优质服务水平。严厉打击偷逃费行为,维持良好运营秩序,并能积极应对《江苏省高速公路条例》实施,保证平稳过渡。

(3)坚持软、硬件两手抓,服务环境明显改善,行业形象显著提升。巩固创建成果,形成长效管理机制;完善经营模式,规范租赁管理;强化制度落实,绩效考核体系初显成效;改善服务设施,完善服务功能。

(4)健全预案体系,突发事件应急处置能力不断提高。为积极应对恶劣天气、自然灾害以及各类突发事件,确保高速公路的畅通,先后制定或梳理了部分规章制度,进一步建立健全应急预案体系。面对突发事件和事故等的发生,预案周密、组织有序、指挥有方、行动迅速、处理得当。做到注重分析总结,积累处置经验,使突发事件应急处置能力不断提高。

(5)加强成本控制,挖掘潜力,企业降本增效效果明显。一方面拓宽经营思路,努力增加非主营收入;另一方面,狠抓成本控制,寻求节约空间。

第二十九节　S69(济南—徐州)

徐济高速公路(江苏段)全长约79.49km,起自苏鲁省界徐州丰县安庄苏鲁交界处,与徐州至济宁高速公路(山东段)相接,全线各路段基本情况见表7-29-1。

S69全线各路段基本情况　　　　　　表7-29-1

序号	路　段	里程(km)	建设期	备　注
1	徐州至济宁高速公路一期	17	2007—2010年	
2	徐州至济宁高速公路二期	62	2007—2014年	

第七章 高速公路项目简介

一、徐州至济宁高速公路一期(建设期:2007—2010年)

(一)项目概况

1. 基本情况

1)建设依据

济宁至徐州高速公路(江苏段)(简称"济徐高速公路")是交通运输部提出的《长江三角洲地区现代化公路水路交通规划纲要》中长三角地区高速公路网的组成部分,也是《江苏省高速公路网规划》"五纵九横五联"中"横二"的一部分。

该项目的建成,对完善长三角地区高速公路网,提高京台高速公路通行能力,加强长三角地区与环渤海及华中地区的社会经济联系,改善苏北地区的交通条件和投资环境,进一步开发利用沿线丰富的矿产和旅游资源,加快徐州都市圈的形成和发展都具有重要的意义。

2)建设规模及主要技术指标

济徐高速公路北接在建的济宁至徐州高速公路山东段,起于苏鲁交界顺河镇安庄村,途经徐州市丰县、沛县及铜山县3县(区),南连北京至台北高速公路徐州绕城西段,全长79.446km。本工程分两期实施,一期工程丰县北互通至徐州段62.2km,二期工程苏鲁省界至丰县北互通段17.2km。全线采用四车道高速公路标准,全封闭、全立交,路基宽度28m,双向四车道,设计行车速度120km/h,桥涵设计汽车荷载等级采用公路—Ⅰ级。

3)项目投资及来源

济徐高速公路一期工程(丰县北互通至徐州段)工程概算投资28.59亿元,其中交通运输部补助资金2.38亿元,江苏省交通控股有限公司出资9.18亿元作为资本金,其余17.03亿元利用国内银行贷款解决。

4)工程建设条件

沿线属暖温带半湿润季风气候区;区内年平均气温14.0 ℃,极端最高气温43.3 ℃(出现在1928年7月15日),极端最低气温-23.3 ℃(出现在1969年2月6日),7月平均气温27 ℃,1月平均气温-0.7 ℃,年无霜期208天;路线所经区域年平均降水量800~930mm,东部多于西部,夏季降水量占全年降水量的58%~60%;路线所经区域主要风向为偏东风,年平均风速为2.9m/s,春季风速最大,平均风速为3.48m/s,秋季最小,平均风速为2.47m/s。

根据江苏省地震工程研究院《关于济宁至徐州高速(江苏段)工程场地地震基本烈度及烈度分区界线的说明》以及《济宁至徐州高速(江苏段)工程场地地震安全性评价报

告》,本标段地震基本烈度Ⅵ度,50年超越概率10%场地设计地震动峰值加速度为$0.087g$。

5)工程进度

济徐高速公路一期工程62.2km于2007年10月全面开工建设,该工程已于2010年10月建成,并于同年11月3日正式通车,2014年3月通过竣工验收。

6)主要工程数量

工程共征地7082.62亩;征用取土场4997.73亩;拆迁房屋79686.61m²;完成路基土石方1100.23万m³;涵洞184道,通道113处,桥梁70座共12259米;互通式立交5处,分离式立交4处;路面底基层925.55万m²,水稳碎石基层198.51万m²,沥青混凝土路面206.8万m²;房建面积总计23496.74m²;同步完成收费、监控、通信、照明、安全、绿化、服务等设施。

2.决策过程

2006年7月,国家发展和改革委员会以发改交运〔2006〕1283号文《国家发展改革委关于济宁至徐州公路江苏段项目建议书的批复》批复项目建议书,同意建设济宁至徐州高速公路;2006年9月,国家环保总局以环审〔2006〕456号文《关于济宁至徐州高速公路(江苏段)环境影响报告书的批复》进行了环境报告书的批复;2006年12月,国土资源部以国土资预审字〔2006〕342号文《关于济宁至徐州公路江苏段项目建设用地预审意见的复函》通过了用地预审;2007年4月,国家发展和改革委员会以发改交运〔2007〕908号文《国家发展和改革委关于济宁至徐州公路江苏段可行性研究报告的批复》对可行性研究报告进行了批复;2007年8月,国土资源部办公厅以国土资厅函〔2007〕471号文《关于济宁至徐州高速公路江苏段先导试验段先行用地的复函》批复了先导试验段用地;2008年5月,交通运输部以交公路发〔2008〕79号文《关于济宁至徐州公路江苏段初步设计的批复》对本工程的初步设计进行了批复,明确了概算和总工期;2009年2月,交通运输部进行了施工许可的批复;2009年5月,国土资源部以国土资函〔2008〕763号文《国土资源部关于济宁至徐州高速公路江苏段工程建设用地的批复》批复了本工程项目用地。

(二)建设情况

1.项目准备阶段

依据《江苏省工程建设项目招标范围和规模标准规定》(苏政发〔2004〕48号)的规定,设计、施工、监理、检测和重要材料设备采购等项目均采用公开招标方式,由省交通工程建设局负责具体招标工作。招标工作坚持"公开、公平、公正"的原则,严格遵守招投标程序和工作纪律,严密标底编制,加强资格审查,随机抽选专家进行独立评标,合法确定中标单位,依法签订合同,纪检部门对招投标过程进行全过程监督,公证部门对招投标过程和结果进行了严格的监督和公证,确保了招标工作的顺利开展。

2. 征地拆迁情况

根据省交建局与徐州市政府签订的包干协议精神,严格按照设计图纸(包括变更)提供的征地拆迁数据,依据苏政办发〔2005〕125号文规定,对省政策与地方政策的差额、省政策未包含的项目及特殊附着物的拆迁补偿参照徐州市政府徐政发〔2004〕84号文条款,逐一对照,细化标准,并以徐州市政府徐政发〔2007〕116号文下发沿途各县(区),相关的县区也相继制定了各类征迁物的补偿具体标准和实施办法。征地拆迁情况统计见表7-29-2。

征地拆迁情况统计表　　　　　表7-29-2

征地拆迁安置起止时间	征用土地(亩)	拆迁房屋(m²)	支付补偿费用(元)	备注
2007—2010年	7082.62	79686.61		

(三)科技创新成果与应用

1. 高速公路变刚度复合地基试验研究与优化设计

该课题已通过鉴定,达到国际先进水平。

2. 变截面双向水泥土搅拌桩加固高速公路软弱地基研究

联合东南大学交通学院开展了"变截面双向水泥土搅拌桩加固高速公路软弱地基研究"。该课题采用现场试验、室内模型试验、三维数值模拟和理论分析相结合的研究方法,可加大水泥土搅拌桩的间距,节约投资,具有重大的经济和社会意义。该课题已通过鉴定,其成果处于国际领先水平。

3. 利用粉煤灰作为路基填料

粉煤灰路堤的成功铺筑为进一步优化粉煤灰路堤的设计及施工工艺,为今后大规模采用粉煤灰作为填料进行路基填筑积累了宝贵经验。

4. 桥面水泥混凝土铺装优化设计

桥面水泥混凝土铺装质量的好坏,将直接影响汽车的行驶质量和桥梁的耐久性。

5. 桥梁设计提升了景观效果

从景观效果上来看,钢桁架桥外形美观、富有力感,犹如一座进出徐州的城门,提升了高速公路的景观效果。

6. 绿化景观设计

以绿色为主基调,辅以适当的花灌木,采用色彩鲜艳的植物镶边加强线形;边坡及边沟内外侧选用常绿树种,以弥补冬季高速公路周边景观单一的缺憾;各个互通区依据各自地理位置和环境条件进行地形微改造,形成各自的风格和特征,充分体现了徐州当地的人文特色。

7. 绿化景观设计监理一体化新的服务模式

该模式有效地提高了绿化效果,达到了绿量大、景观好、造价低的建设要求。

(四)运营及养护管理

江苏连徐高速公路有限公司隶属于江苏交通控股有限公司,成立于1999年2月,2001年11月开始运营,负责连霍(G30)、京台(G3)、淮徐(G2513)、济徐(S69)等高速公路江苏段共410km的运营管理。

二、徐州至济宁高速公路二期(建设期:2007—2014年)

(一)项目概况

1. 基本情况

1)建设依据

济宁至徐州高速公路(江苏段)(简称"济徐高速公路")是交通运输部提出的《长江三角洲地区现代化公路水路交通规划纲要》中长三角地区高速公路网的组成部分,也是《江苏省高速公路网规划》"五纵九横五联"中"横二"的一部分。

该项目的建成,对完善长三角地区高速公路网,提高京台高速公路通行能力,加强长三角地区与环渤海及华中地区的社会经济联系,改善苏北地区的交通条件和投资环境,进一步开发利用沿线丰富的矿产和旅游资源,加快徐州都市圈的形成和发展都具有重要的意义。

2)建设规模及主要技术指标

济徐高速公路北接在建的济宁至徐州高速公路山东段,起于苏鲁交界顺河镇安庄村,途经徐州市丰县、沛县及铜山县3县(区),南连北京至台北高速公路徐州绕城西段,全长79.446km。本工程分两期实施,一期工程丰县北互通至徐州段62.2km,二期工程苏鲁省界至丰县北互通段17.2km。全线采用四车道高速公路标准,全封闭、全立交,路基宽度28m,双向四车道,设计行车速度120km/h,桥涵设计汽车荷载等级采用公路—Ⅰ级。

3)项目投资及来源

济徐高速公路二期工程(苏鲁省界至丰县北互通段)工程概算投资7.94亿元,其中江苏省交通控股有限公司出资4.95亿元作为资本金,其余2.99亿元利用国内银行贷款解决。

4) 工程建设条件

济宁至徐州高速公路(江苏段)二期工程位于徐州市丰县顺河镇及师寨镇境内,全线所经区域为大片农田,零星分布有沟渠浜塘,地势平坦,沿线村庄呈团状分布,现地面高程在35.00~37.00m,地貌类型属于丰沛冲积平原,工程钻探揭示深度内为第四系地层。

沿线属暖温带半湿润季风气候区;区内年平均气温14.0℃,极端最高气温43.3℃(出现在1928年7月15日),极端最低气温-23.3℃(出现在1969年2月6日),7月平均气温27℃,1月平均气温-0.7℃,年无霜期208天;路线所经区域年平均降水量800~930mm,东部多于西部,夏季降水量占全年降水量的58%~60%;路线所经区域主要风向为偏东风,年平均风速为2.9m/s,春季风速最大,平均风速为3.48m/s,秋季最小,平均风速为2.47m/s。

依据江苏省地震工程研究院《济宁至徐州高速(江苏段)工程场地地震安全性评价报告》,区内与路线密切相关的断裂主要有废黄河断裂等,该断裂在早、中更新世曾有活动,但在晚更新世以来基本停止活动,对工程场地的稳定性无直接影响。

根据江苏省地震工程研究院《关于济宁至徐州高速(江苏段)工程场地地震基本烈度及烈度分区界线的说明》以及《济宁至徐州高速(江苏段)工程场地地震安全性评价报告》,本标段地震基本烈度Ⅵ度,50年超越概率10%场地设计地震动峰值加速度为0.087g。

5) 工程进度

济徐高速公路二期工程17.2km路基桥梁同一期工程同时建设,路面工程于2013年9月开工建设,2014年12月建成。

6) 主要工程数量

工程共征地1261.94亩;征用取土场1190.6亩;拆迁房屋10206.2m^2;完成路基土石方224.69万m^3;涵洞40道,通道20处,桥梁14座共2291.62m;分离式立交1处;路面底基层50.01万m^2,水稳碎石基层40.07万m^2,沥青混凝土路面41.89万m^2;房建面积总计3096.74m^2;同步完成收费、监控、通信、照明、安全、绿化、服务等设施。

2. 决策过程

2006年7月,国家发展和改革委员会以发改交运〔2006〕1283号《国家发展改革委关于济宁至徐州公路江苏段项目建议书的批复》批复项目建议书,同意建设济宁至徐州高速公路;2006年9月,国家环保总局以环审〔2006〕456号《关于济宁至徐州高速公路(江苏段)环境影响报告书的批复》进行了环境报告书的批复;2006年12月,国土资源部以国土资预审字〔2006〕342号《关于济宁至徐州公路江苏段项目建设用地预审意见的复函》通过了用地预审;2007年4月,国家发展和改革委员会以发改交运〔2007〕908号《国家发展和改革委关于济宁至徐州公路江苏段可行性研究报告的批复》对可行性研究报告进行了批复;2007年8月,国土资源部办公厅以国土资厅函〔2007〕471号《关于济宁至徐州高速公路江苏段先导试验段先行用地的复函》批复了先导试验段用地;2008年5月,交通运输部以交公路发〔2008〕79号《关于济宁至徐州公路江苏段初步设计的批复》对本工程的初步设计进行了批复,明确了概算和总工期;2009年2月,交通运输部进行了施工许可的批复;2009年5月,国土资源部以国土资函〔2009〕763号《国土资源部关于济宁至徐州高速公路江苏段工程建设用地的批复》批复了本工程项目用地。

(二)建设情况

1. 项目准备阶段

依据《江苏省工程建设项目招标范围和规模标准规定》(苏政发〔2004〕48号)的规定,设计、施工、监理、检测和重要材料设备采购等项目均采用公开招标方式,由省交通工程建设局负责具体招标工作。招标工作坚持"公开、公平、公正"的原则,严格遵守招投标程序和工作纪律,严密标底编制,加强资格审查,随机抽选专家进行独立评标,合法确定中标单位,依法签订合同,纪检部门对招投标过程进行全过程监督,公证部门对招投标过程和结果进行了严格的监督和公证,确保了招标工作的顺利开展。

1)参建单位主要情况

设计单位:江苏省交通规划设计院有限公司。

监理单位:理工大学工程兵工程学院南京工程建设监理部。

施工单位:江苏润扬交通工程集团有限公司、宁波交通工程建设集团有限公司、东盟营造工程有限公司等单位。

监督单位:江苏省交通运输厅工程质量监督局。

2)征地拆迁情况

工程实施过程中,为保证征迁过程公开透明,并确保拆迁资金能够及时、足额、准确地拨付到位,一方面在主线用地附着物调查过程中坚持由市、县、镇、村四方共同调查,并对补偿数据及金额以村为单位进行公示,保证了调查数据及补偿金额的公正、准确;另一方面,对于征迁资金的拨付,严格执行有关管理规定,征地拆迁款由省交建局按照有关补偿政策拨付给市高速公路建设指挥部,再按市高速公路建设指挥部→县高速公路建设指挥部→镇政府→村委会→个人的程序逐级签订协议拨付,确保了征迁资金拨付的规范性。征地拆迁情况统计见表7-29-3。

征地拆迁情况统计表 表7-29-3

征地拆迁安置起止时间	征用土地 (亩)	拆迁房屋 (m²)	支付补偿费用 (元)	备 注
2007—2010年	1261.94	10206.2	95455286	

2. 项目实施阶段

1）路线纵断面调整

因路基、桥梁完工较早，工后沉降较大，设计单位对全路段纵断面进行了变更调整。

2）路面排水优化

进一步完善路面排水系统，并减少通车后路基边坡水毁，进一步优化了路肩碎石盲沟的设置，并将路肩集水井处暗埋 PE 管改为急流槽。

3）通道顶面外侧增加碎石盲沟

为完善通道顶面排水系统，延长路面使用寿命，在全线通道顶面靠外侧护栏处增加了碎石盲沟。

4）搭板抛丸处理

为增强搭板与沥青下面层的黏结，对搭板进行了抛丸处理，并在搭板与水稳基层连接部位增设了玻纤格栅。

5）仇师路支线上跨桥变更

仇师路分离式立交桥结构形式优化为预应力混凝土连续刚构桥。

6）线外工程变更

本工程路基桥梁工程实施过程中，对全线线外工程设计进行了变更调整。

第三十节　S73（连云港东疏港高速公路）

（一）建设情况

江苏省连云港东疏港高速公路起自老港区以东，通过后云台山互通与南疏港道路连接，下穿中山东路后，以隧道方式穿越后云台山及炮台顶，路线向南以路堑方式通过中云台山后，与242省道相交，继续向南在大岛山附近接入连徐高速公路。

港口建设必不可少的是高效的疏港通道。东疏港高速公路与北疏港高速公路、南疏港道路（大港路）构成一个完整的港口高速公路集疏运体系，三者均与连徐高速公路连接。东疏港高速公路工程配备建设完善的机电、交安、绿化设施，总投资15.65亿元。

（二）建设规模及主要技术指标

S73路线长度12.8km，设计标准为高速公路，全线设置5处互通式立交、2座隧道，其中后云台山隧道是双向双洞六车道公路隧道，隧道单洞净宽14.25m，长3.8km。

(三)工程进度

2011年6月23日,江苏省连云港东疏港高速公路全线通车。该公路通车后,从根本上改善了港口的集疏运条件,不仅打通了港口对外快速通道,也为带动连云港临港工业和发展现代物流产业,更好地服务苏北振兴和区域经济协调发展创造了条件。

(四)科技创新成果与应用

东疏港高速公路建设过程中,先后对特殊软基条件开展双向搅浆喷桩应用研究,保障软基处理质量;对鱼塘密集软基路段现浇箱梁采用滑移模架施工工艺,降低支架现浇技术、工期风险;对江苏省最高路堑边坡开展稳定性研究和动态设计,保障边坡稳定和道路运营安全;对爆破法施工建筑物密集带下大跨径隧道进行分析研究,降低拆迁成本和保障既有建筑物安全;对江苏省最长高速公路隧道围岩等级进行研究调整支护参数,节约工程造价;应用全球眼系统实现远程监控管理重要工点,提高管理效率,降低管理成本;将LED照明技术和TBS招标模式应用到隧道照明中,控制工程造价和降低运营成本。这些新技术、新工艺、新材料的采用,极大地提升了东疏港高速公路的工程品质。

(五)工程意义

长期以来,连云港港疏港道路的建设已严重滞后于沿海其他大港,港口对外联络方向单一,压制了港口对周边以及陇海铁路沿线城市的辐射范围,不利于港口在区域经济发展中核心竞争力的提升,在一定程度上阻碍了连云港港口综合优势的充分发挥。在这样的条件下,必将对港口未来发展构成较大的制约和威胁。改变疏港条件是改善港口这一境遇的有效措施,通过东疏港和南部港区道路的建设,从根本上改善了港口道路集疏运条件。这一举措不仅打通了港口对外快速通道,支持"一体两翼"港口组合布局,还强化了中心港区与南北两翼港区联络,增强了港口道路运输安全保障性。该措施是充分发挥港口优势,服务全省实现"两个率先"宏伟目标的需要。

东疏港道路较好地避让了城市新区,成为城市与港口发展之间一个较好的屏障,成为港口集疏运的又一个重要通道。随着连云港战略重点的东移,建设国际化海滨城市步伐的加快,连云港港口以及临港产业的快速发展、吞吐量的不断扩张,对港口与城市的和谐发展提出了更大的挑战。因此迫切要求建设完善合理的疏港道路系统,分流港口货物特别是污染货物,实现非服务于临港产业货物的外移,削弱港口发展对东部海滨城市的负面影响,实现港口与城市的和谐发展。

东疏港道路的建设,有利于连云港港口综合运输环境的改善,成为整个港口的发展拓展新空间。建设东疏港道路,是引导港区道路体系完善,配合区域干线公路发展,打破路网瓶颈,将投入巨额建设的快速干线公路网转化为连云港港口未来发展的需要,是以较小的投入换取显著效益的有效手段和关键环节。东疏港高速公路是公益性港口基础设施,也是建设亿吨大港、干线大港和枢纽大港的重要配套项目。东疏港高速公路连接港口与后方物流园区,拓展了港口发展空间;同时通过物流园区内河港疏港航道沟通京杭运河和长江水系,开辟了内河集疏运方式,带动连云港临港工业和物流产业开发,更好地服务于苏北振兴和区域经济协调发展。

第三十一节　S79(上海至西安高速公路南通支线)

(一)项目概况

1. 建设依据

上海至西安高速公路南通支线,路线编号S79,原作为宁通高速公路组成部分共同实施,宁通高速公路东延至启东后,本项目单独作为支线高速公路。宁通公路(G40)是苏中地区的重要干线公路,建成于1996年。为进一步贯彻落实省委、省政府关于"高速公路联网畅通"和"实现市到市通高速公路"的战略决策,省交通厅于1998年开始组织实施宁通公路东段高速化完善工程。省委、省政府将宁通公路东段高速化完善工程列为2000年要着重抓的20件实事内容之一,要求确保2000年11月28日建成。

2. 建设规模及主要技术指标

设计行车速度100km/h,桥涵设计荷载为汽车—20级、挂车—100级。起点位于通州市九圩港村,终点位于如皋市九华村,起止桩号为K0~K0+9.314,全长9.314km,路基宽度23m,路面宽度21.5m,为双向四车道高速段,道路宽度3.75m×2+2m。收费站1个,为平潮收费站。桥梁13座,其中中桥6座,小桥7座,涵洞8座。为促进苏中地区经济和社会协调发展,服务江苏沿江开发,加快长三角都市圈形成,宁通公路于1996年通车,2000年实施了高速化完善工程。

(二)工程建设条件

路线所经区域处于北亚热带季风气候区,四季分明,温暖湿润,日照充足,年平均气温15.4℃。全年无霜期达232天,雨量充沛。

路线经过地区地势平坦,全部被第四系松散堆积层所覆盖,第四纪地层主要由全新统、晚更新统地层组成。

沿线水系较发育,地表水丰富,河网纵横,鱼塘、水库较多,河港纵横交错,湖荡星罗棋布,主要河流有引江河。

第三十二节 S80（太仓港北疏港高速公路）

太仓港北疏港高速公路全线位于太仓市境内，线路起自沿江高速公路沙溪枢纽，向东北方向至太仓港接入港外大道。路线全长约15km，全线各路段基本情况见表7-32-1。

S80 全线各路段基本情况　　表7-32-1

序号	路段	里程(km)	建设期	备注
1	太仓港北疏港高速公路	15.4	2010—2013 年	

（一）工程概况

1）建设依据

太仓港北疏港高速公路是江苏太仓港集疏运体系的重要组成部分，项目直接服务于港区浮桥核心作业区，主要提供货运特别是集装箱运输通道，是太仓港未来主要的疏港动脉。省发改委于2009年10月以苏发改交通发〔2009〕1546号文对本项目的项目建议书进行了批复；2010年4月以苏发改基础发〔2010〕383号文对本项目的工程可行性研究报告进行了批复；2010年6月以苏发改基础发〔2010〕811号文对本项目的初步设计进行了批复；2012年4月以苏发改基础发〔2012〕484号文对本项目的调整初步设计进行了批复。2011年12月国土资源部以国土资涵〔2011〕936号文对本项目的建设用地进行了批复。2012年1月江苏省交通运输厅以苏建许字〔2012〕00001号文对本项目的施工许可进行了批复。本项目于2011年3月开展前期准备，2012年2月正式开工，2013年9月26日通过交工验收，2013年10月正式运营。

2）建设规模及主要技术指标

（1）建设规模

本项目起自沈海高速公路（G15）沙溪服务区与沙溪互通之间，止于浮桥核心作业区的港外大道，路线全长15.4km，其中S338至滨江大道4.5km为全线高架桥。全线设置沙溪枢纽、璜泾南、浮桥北、港城共4处互通式立交，设置分离式立交3处。全线主线桥梁共9座，匝道桥梁11座，通道9道，涵洞24道。设置主线收费站1处。

全线河塘清淤18.6万 m^3；预应力管桩47.06万延米，素混凝土桩3.34万延米；路基土方总量182.66万 m^3；路面底基层35.20万 m^2，基层35.04万 m^2；沥青混凝土面层（三层合计）124.11万 m^2，混凝土面层1.54万 m^2。

（2）主要技术指标

全线采用平原微丘区双向四车道高速公路标准，路基宽度26.0m，设计行车速度

100km/h,桥涵设计汽车荷载等级采用公路—Ⅰ级,其他技术指标按《公路工程技术标准》(JTG B01—2003)和《工程建设标准强制性条文》(公路工程部分)执行。

路基、桥涵设计洪水频率:特大桥1/300,其余均为1/100。

主线及互通定向匝道采用沥青路面,行车道及路缘带路面结构为4.5cm Super-13细粒式沥青混合料+6cm Super-20中粒式沥青混合料+9.5cm Super-25粗粒式沥青混合料,基层为38cm水泥稳定碎石,底基层为20cm低剂量水泥稳定碎石。主线收费站采用28cm厚钢筋水泥混凝土路面,基层采用30cm水泥稳定碎石,底基层为20cm厚低剂量水泥稳定碎石。标准轴载100kN。沥青混凝土路面设计使用年限15年,水泥混凝土路面设计使用年限30年。

3)项目投资及来源

本项目批复概算17.03亿元,项目建设资金由江苏太仓港疏港高速公路有限公司负责筹集。

4)参建单位情况

本项目设计单位为江苏省交通规划设计院有限公司;施工单位有江苏省交通工程集团有限公司、江苏常鑫路桥工程有限公司、无锡市交通工程有限公司、苏州交通工程集团有限公司等10个单位;监理单位有北京华通交通工程咨询监理有限公司等4个驻地监理组。

(二)建设情况

总体建设管理目标:以"标准化建设、规范化管理、精细化施工"为抓手,以"混凝土质量通病"防治及"平安工地"创建为载体,努力建成"结构稳定、外观精细、平安和谐"的疏港大道。

1. 项目前期工作

本项目前期立项、可行性研究、初步设计以及设计招投标由苏州市交通运输局组织负责,苏州市高速公路建设指挥部(以下简称"指挥部")负责施工图设计、征地拆迁、施工单位招标直至工程建成、竣工通车期间的建设管理工作。

2. 项目管理情况

1)项目管理机构设置及职能

指挥部为本项目建设管理单位,指挥部下设综合处、财务处、计划处、技术质量监督处、征地拆迁处、工程处6个职能部门,分别按照各自的职能对本项目进行建设管理,指挥部党总支和省派驻苏州纪检组履行党建和廉政建设方面相应工作。

指挥部在多年高速公路建设管理经验的基础上,认真梳理并完善修订了各类建设管理制度和办法,结合工程项目实际,修订汇编了包括综合管理、安全管理、监理管理、考核管理、质量管理、合同管理、试验管理等七大类共34项管理制度和办法。

在制度办法出台后,组织建设、监理、施工单位人员进行学习并认真贯彻执行,全面熟悉管理要求和程序,不断完善建设管理程序,着力规范现场监理工作行为,努力提升施工质量水平。

通过对管理制度的规范,指挥部在履行"监督、指导、控制、协调、检查、考核"等主要职责过程中,主动服务、积极协调,为太仓港疏港高速公路营造了一种务实高效、诚信规范的建设管理环境,为施工监理单位提供了一种负责任的管理行为。

2)征地拆迁情况

指挥部根据江苏省人民政府办公厅文件《省政府办公厅转发省交通厅省国土资源厅关于调整省高速公路建设项目征地补偿安置标准的通知》(苏政办发〔2011〕117号)、江苏省人民政府文件《省政府关于调整征地补偿标准的通知》(苏政发〔2011〕40号),与太仓市签订了征地拆迁包干协议,由太仓市指挥部负责具体征地拆迁工作。

本项目征地拆迁工作于2011年3月正式进入实施阶段。在各级政府的坚强领导下,指挥部严格履行征地拆迁的各项政策规定,及时完成了征地拆迁任务,为施工、监理单位进场创造了良好的条件。

本项目共征用土地1512亩,拆迁房屋179381m^2,三线迁移660道。

在实施过程中,指挥部积极协调地方政府,坚持群众利益无小事的原则,及时处理地方问题,并得到了地方政府的积极配合和大力支持,为工程建设营造了良好的外部环境。

3)招投标工作情况

太仓港疏港高速公路工程所有标段均按规定执行了公开招投标制度,招投标各项工作严格遵照《中华人民共和国招标投标法》及其相关条例、交通部《公路工程施工招标投标管理办法》《公路工程施工监理招标投标管理办法》等招标规章及文件执行。所有标段均面向全国公开招标,行业主管、公证、纪检等部门全过程参与监督,通过发布公告、资格预审、发售招标文件、公开开标、专家评标、中标公示、合同谈判、发中标通知书、签约等程序的严格把关,择优确定施工、监理单位。本项目累计招标17个合同段,中标合同金额约10.13亿元。

4)质量控制管理

本项目认真贯彻"企业自检、社会监理、业主管理、政府监督"的四级质量保证体系。严格执行承包人自检、总监办平行抽检、指挥部(委托检测中心)随机抽检、市质监站监督抽查的四级质量检测体系,达到了"分项工程合格率100%,分部工程优良率100%,单位工程优良率100%"的总体质量目标。具体管理措施如下:

组织保证：

(1) 建立健全质量责任终身制

按照交通部《公路工程质量管理办法》的要求，指挥部、总监办、施工、设计等各参建单位建立了层层负责的质量责任制体系，严格执行工程质量终身制，建立了各级参建单位质量责任人档案。

(2) 建立健全质量保证体系

为加强工程质量管理，指挥部建立了质量举报制度、质量事故报告制度、质量事故追究制度、质量情况通报制度等。要求各项目部和总监办在开工之前建立各级质保体系和岗位责任制，建立健全质量创优工作网络。项目实施过程中按季度进行专项督查，确保各级质保体系正常有效运作。

(3) 划分质量控制单元，建立工序质保责任制度

认真划分质量控制单元，建立健全工序质量保证制度，以分项工程保分部工程、以分部工程保单位工程、以单位工程保整个工程项目的质量创优制度。层层分解质量保证责任，形成横向到边、纵向到底的质量管理网络。

管理保证：

(1) 细化质量目标，增强质量意识

指挥部始终以高度的责任感和"如履薄冰、如临深渊"的态度慎对质量，坚持"质量第一、安全至上"的宗旨，进一步细化质量目标，明确要求基本防治质量通病，坚决消除质量隐患。

在增强质量意识上，要求全体参建人员要有追求"精细秀美"的认真与执着，要有挑战一流的雄心和气魄，要有知难而进的勇气和毅力，竭力实现工程总体质量目标。

(2) 明确指导意见，倡导精细施工

在总结了多条高速公路施工工艺并参考借鉴省内高速公路和跨江大桥精细施工意见后汇编了路基、桥梁、路面和附属工程四大方面的施工指导意见，以及以预应力张拉施工精细化施工、真空辅助压浆精细化施工、钢筋保护层厚度控制施工、混凝土凿毛精细化施工等桥梁工程为主的22项分项工程精细化施工指导意见。随着工程建设推进，逐步出台了路面底基层、基层、下封层、面层施工指导意见，指导现场施工。明确了各施工工序、各技术指标的允许误差、检测频率和方法，并要求施工单位按照工序认真进行技术交底，贯彻落实，努力使精细化施工自觉化、全员化、常态化和全过程化。

(3) 完善质控制度，加强质控措施

坚持软基处理旁站制度。指挥部制定了软基处理一人一机的旁站制度，为提高旁站人员的工作责任心，要求建立了旁站人员花名册，对所有旁站人员进行了汇总登记。

严格落实首件认可制度。本着"预防为主、先导试点"的原则，对软基处理、河塘清淤

回填、路基填筑、小型结构物、桥梁钻孔桩、桥梁下部结构、路面底基层、基层、面层等分项工程实施首件认可制，及时对首件工程实施过程中的人员、机械、工艺等方面进行了总结、评价，并积极将取得的经验进行推广和应用，完善施工指导意见，以消除质量隐患，严防质量通病，提高施工现场管理水平。

认真执行现场整改通知单制度。指挥部工作人员对日常检查工作中发现的问题及时予以通报，对各施工单位质量意识不强、违反施工技术规范和施工作业指导意见、不严格执行设计文件要求及施工组织设计规定、现场施工管理混乱、监理监督不力等行为要求限期整改，并将整改情况纳入考核，作为施工单位阶段目标考核及监理组优监优酬考核的依据。

（4）加大检测力度，确保过程受控

指挥部定期组织专项检查，具体检查内容包含了工程实体质量、原材料质量、试验室管理、试验资料的规范性和准确性、对指挥部有关规定的执行情况等，并及时印发通报。对检测不合格和不符合要求的，及时下发现场整改通知单，对每份整改通知都有处理结果反馈报告。

5）进度控制管理

根据总体计划及关键节点目标，指挥部严格制订施工计划，精心组织、攻坚克难、全力推进。

（1）细化分解目标，强化目标考核

根据各年度目标，将主体工程细化分解成软基处理、桥梁下部、预压土堆卸载、桥梁贯通、沥青摊铺等阶段节点计划，制定下发阶段目标考核办法，交纳风险抵押金进行激励考核，充分调动施工、监理单位的积极性，加大设备投入，加强劳动力资源注入，加快推进工程进度。

（2）充足土源保障，打好土方攻坚

本项目沿线经济发达、人口密集，人均耕地面积较少，土地资源十分珍贵，其土地多为肥沃良田，征地拆迁费用高，路基填筑土源供应十分紧张。指挥部经多方协调，得到了沿线地方政府和群众的大力支持，全线工程用土采用就近集中取土方式，有力地保障了工程建设的顺利展开。

（3）建立对接机制，定期协调障碍

为了保证运营公司在通车后能够顺利运营，指挥部和运营公司共同确定了前期协调对接机制，主要对房建、三大系统在设计、施工中需要协商确定的问题定期召开协调会进行解决，为交工验收后的顺利交接奠定了良好的基础。

（4）优化设计方案，主动化解困难

本项目范围内有污水处理管道、自来水管道多处穿越路线，迁移的难度较大，迁移的费用较高,迁移的时间无法确定。同时出于对管道的安全考虑,软基处理和路基填筑都无法进行,严重影响了工程进展,指挥部会同设计院经过细致讨论后调整设计方案,采用盖板涵方案加固跨越管道,既加快了进度,又节省了迁移费用。

(5)落实专题协调,责任到人推进

本项目在后期施工中涉及桥梁路面、交安设施、站区房建、收费大棚、三大系统、绿化、伸缩缝等施工单位,收费广场范围是一个集中施工的区域,交叉施工干扰大、影响重、制约多、界面杂,特别是到后期工期相对紧张,为了确保各项工程按计划有步骤地快速推进,指挥部经常组织召开专题协调会,明确界面和倒排计划,责任到人。

(6)加强现场监管,注重服务保障

本项目跨越高等级公路、等级航道较多,重点涉及跨沿江高速公路匝道桥、跨S338主线桥等桥梁工程,需在不中断交通的情况下实施,交通组织难度大、风险高,指挥部主动加强与各方协调,与施工监理单位一起编制详细的施工组织和交通组织方案,及时完善行政审批手续,确保节点工程的顺利推进。

6)投资控制与合同管理

(1)依法签订合同

经过公开招投标确定中标单位后,指挥部分别与路基桥涵、路面、房建、交通工程、绿化、三大系统、伸缩缝等承包人、监理单位签订了工程、廉政和安全三合同。同时,指挥部也明确要求监理单位与施工单位之间签订廉政合同。

(2)严格合同执行

本项目建设过程中,指挥部、总监办、承包人均能严格遵守合同,本着实事求是、合理合法的原则处理相关矛盾,较好地履行了合同规定的义务,建设期间未发生一起合同纠纷。

指挥部执行严格的工程分包管理制度,杜绝了违法分包和非法转包现象的发生。指挥部加强了对施工监理单位的履约考核,确保承包单位的队伍素质、进场机具设备、施工技术人员及管理人员满足合同要求,同时要求各项目经理部制定切实可行的项目管理办法,加强施工质量、进度总体控制,从而确保工程质量达到优良标准。

(3)规范设计变更

严格遵守双方签订的合同,按照实事求是的原则,所有变更严格执行《苏州市高速公路设计变更管理办法》,按程序执行各部门会办制度,坚决杜绝一个人说了算、一个部门说了算。严格按照招标文件和合同文件审核变更费用。同时,指挥部还申请苏州市审计局对本项目进行跟踪审计,确保设计变更工作的公开透明、规范开展。

(4)严审计量支付

为了实现计量支付工作标准化、程序化,指挥部严格执行计量支付管理办法,依据合同文件、补充协议、施工图及工程量清单、设计变更指令,结合现场工程建设实际情况开展计量支付工作。同时,计量支付都要经跟踪审计单位审核把关,有效杜绝了超清单计量支付现象。

另外,在工程建设过程中,指挥部财务处、省派驻纪检组定期联合对项目部的工程建设资金进行跟踪查询,了解工程建设资金使用情况,确保了工程建设资金专款专用。

(5)廉政保驾护航

指挥部在与各施工、监理单位签订合同的同时签订廉政合同,施工、监理单位进场后,施工单位与监理单位之间签订廉政合同。指挥部定期组织人员对廉政合同的执行情况进行检查,并将检查情况发文通报。指挥部还组织以"建优质工程、树廉政形象"为主题的系列教育活动,定期召开党建联席会议,为工程建设保驾护航。

7)加强履约考核

指挥部每季度对施工、监理等所有从业单位和项目主要负责人进行合同履约考核,监督各从业单位和人员的履约行为和能力,并将考核结果报上级主管部门,保障工程建设顺利推进。

8)安全生产管理

为进一步提高太仓港疏港高速公路建设施工管理水平,全面提升交通行业文明施工形象,实现项目管理更加规范、现场建设更为有序、文明施工更上台阶、安全生产更有保障,努力把苏州高速公路施工现场创建成"规范、整洁、安全、和谐"的现代文明工地,指挥部依据相应的法律法规,积极开展"平安工地"创建活动。

(1)强化安全生产责任,健全安全管理制度

根据部省、市各级安全生产法律法规,签订各级安全生产合同,明确各级安全生产责任。建设单位承担总体责任,监理单位承担监管责任,施工单位承担主体责任,各级安全生产责任更加清晰,各级职能更加明确。同时,根据平安工地创建要求和指南标准,建立各级单位安全管理制度并逐步健全,使安全生产管理逐步实现制度化、程序化,有章可循,有法可依。

(2)集中标准建设三场,提升文明安全形象

本项目积极推进了标准化建设试行,在八个方面提出了统一的建设标准。通过建设期间的推行,成效明显,得到了初步认同和关注,进一步推动了场容场貌的秩序化,改善了建设工人的工作和生活环境,增强了施工人员的文明意识,减少了对周边生产生活环境的影响,逐步提高了交通建设行业规范、专业、高效、文明的社会形象,为新开工项目标准化建设的实施奠定了基础。

(3)注重教育强化培训,审核方案落实交底

根据创建活动要求,分类分批对专职安全员、特种作业人员、一般作业人员等组织安

全知识和业务能力培训；组织观看凤凰沱江大桥和上海静安区居民楼大火等安全事故专题片，吸取事故案例教训，提高安全责任意识。

重点方案严格把关，沙溪枢纽跨沿江主线 A、B 匝道钢箱梁等方案都由指挥部负责组织审核，沿江公司、路政、交警和相关专家多次参与审查，确保方案严谨、措施到位。每个分项工程和每个分包队伍开工前，坚持由总监办负责组织施工和安全技术交底，规范作业行为，防范安全事故。

(4) 开展各类各级检查，排查问题，治理隐患

指挥部通过例行的月度常规安全检查、重点阶段的防台防汛专项督查、特种作业人员的持证检查、大型起重设备的合格证检查，以及开展"打非治违"和"预防坍塌事故"专项治理活动，排查各类安全隐患，纠正各种违章现象。督促监理单位安全巡查常态化，整改结果责任化，以检促建，时刻绷紧安全生产之弦。

(5) 落实文明施工措施，提升交通文明形象

针对施工噪声、便道扬尘、施工便道与地方道路交叉等问题，指挥部高度重视，要求施工单位主动与当地政府、群众进行协调、沟通，并采取有效措施，尽量减少施工扰民，维护高速公路建设的文明形象。施工便道经常维护、洒水，避免扬尘；对泥浆池等安全隐患进行围护隔离，竖立警示标志；对便道与地方道路交叉口设立警示标志，并加强对施工车辆驾驶员的教育，保证交通安全；对工程建设损坏的地方道路及时进行修复，工程结束后对施工临时便道、临时用地及时进行清理、复垦，并对周围环境进行了整治。

9) 环境保护

本项目在建设过程中严格按照环境影响评价报告的批复意见和环境保护设施"三同时"的要求落实各项环保措施。

制定了《苏州市高速公路工程项目环保及文明施工手册》，明确了各项污染防治和生态保护措施并监督执行。

项目部营地、预制场等临建设施集中设置了污水收集系统，防止污水直接排入地表体系和水体，施工单位撤场后对临时用地进行复垦平整；软基处理 PTC（预制静压）管桩施工采用了静压工艺的低噪声设备，同时禁止夜间施工，防止扰民。

桥梁钻孔桩施工设置专门的泥浆池，集中收集钻孔泥浆，禁止泥浆乱排乱放到水体或农田中，完工后结合互通区绿化景观进行造型平整。

太仓港主线收费站区的污水管道接入了太仓地方污水管网，统一排放，集中处理。璜泾南收费站专门设置了污水处理设备。

10) 财务管理

为加强本项目财务管理，保障资金安全，有效控制建设成本，提高投资效益，指挥部根据《中华人民共和国会计法》和财政部《国有建设单位会计制度》的规定，对本项目进行会

计核算和财务管理。

(1) 健全财务制度,规范财务管理

依据财政部《基本建设财务管理规定》及《国有建设单位会计制度》等有关法规,制定了指挥部财务管理、计量支付管理等办法,确保财务日常管理工作制度化。强化对计量款支付的审核,严格按工程进度付款,保障工程建设顺利推进。

(2) 加强资金监管,增强风险意识

在建设资金运作上,始终以"防范资金风险,提高经济效益"为原则,做好项目资金监管,严格资金管理,明确资金专款专用。指挥部对财务用款严格履行审核签付制度,确保每笔经费支出做到事前报批、事中控制、事后监督。

(3) 严控费用支出,降低建设成本

为了加强对管理费用的控制,指挥部严格按照"概算控制、预算管理、节约使用"的原则,合理控制和使用建设单位管理费。

11) 工程档案管理

工程档案资料的质量是工程整体质量的重要组成部分,指挥部从工程建设之初就十分重视工程资料的整理归档工作,要求各参建单位必须做到"四个一",即建立一套规范而又可操作的工作程序、建立一套自下而上的管理制度、配备一支专职档案管理人员队伍、配备一套相应的硬件设备,并制定下发了档案资料管理办法。同时,还运用档案管理软件,实现了档案现代化管理。平时通过组织各参建单位培训学习、相互参观学习等形式,提高档案管理人员的业务水平。指挥部经常性地进行档案资料的专项检查,确保工程施工和档案资料同步进行,确保工程档案资料规范详尽、真实可靠。本项目形成的交工档案质量好,签署完备,工程设计、施工、监理各类文件齐全、完整、真实,全面反映了项目设计、施工、监理、管理的全过程。

12) 精神文明和党风廉政建设

精神文明建设是高速公路建设强有力的精神动力和思想保证。本项目在抓好工程建设的同时,大力加强精神文明建设。

(1) 狠抓队伍建设

以科学发展观为指导,大力营造"建优质工程、树勤廉形象"的氛围,加强对全体参建者的思想教育,着重加强指挥部建设管理队伍、参建单位领导干部队伍、项目部监理组重点岗位这三支队伍的建设,真正使全体参建者形成团结一心、拼搏奉献的合力。

(2) 搞好廉政建设

工程建设之初,指挥部即明确了机关党总支和省派驻苏州纪检组履行党建和廉政建设方面相应职责的工作,并制订了工作计划,有重点地对工程建设和廉政建设进行监督、检查。

(三)科研和新技术应用情况

指挥部高度重视创新工作,在本项目建设过程中积极探索新技术、新材料、新工艺的应用,组织开展了一系列施工工艺的应用。

(1)软基处理采用预应力管桩加全线等超载预压的处理方式,基本消除了路基的不均匀沉降,最大限度减少工后沉降。

(2)针对项目沿线砂性土的特性,路肩设置了滑模施工排水槽,路面雨水通过路肩排水槽和边坡急流槽排向边沟,有效防止边坡受冲刷。

(3)沙溪枢纽匝道跨越沿江高速公路,为减小施工过程对沿江高速公路正常运营的影响,采用了钢箱梁结构,桥面铺装采用了省内主流的双层环氧沥青混凝土结构,有效提高了钢桥面抗疲劳性能和与钢板的黏结性能。

(4)港城高架桥连续长度达4.5km,两侧规划建设地面道路,为减少连续高架桥下行车压抑的感觉,高架桥采用了隐形盖梁设计方案,有效降低了桥梁的建筑高度,同时也为地面道路提供了净高上的空间并节约了资源。

(四)对工程质量的总体评价

本项目的三大系统机电项目、房建及相关工程、工程档案已通过了各专项交工验收,主体工程也通过了苏州市交通工程质量监督站的交工检测,达到了总体质量目标。总体评价为:

(1)全线平纵面线形顺畅,视野开阔,行车舒适,路容美观,与自然景观相协调。

(2)路基稳定,沉降控制符合要求;排水防护工程设计合理,满足功能要求。

(3)沥青路面平整、密实、均匀,无离析和渗水现象,压实度、平整度、厚度、弯沉、摩擦系数、构造深度等各项指标均满足设计要求,路面排水顺畅。

(4)桥梁结构设计合理,施工质量优良,混凝土表面光洁平整,线形顺适,桩基经无破损检测全部合格。桥梁防渗、排水设施齐全,涵洞、通道等结构物位置、尺寸准确,符合设计要求。

(5)互通式立交布局合理,各部位功能明确,线形顺适,各项指标符合设计要求。

(6)收费站房建总体布局合理、功能齐全、设施完善,主体结构安全可靠;外观简洁清新,色彩搭配合理;装修简单大方,经济实用。

(7)交通安全设施齐全,施工质量优良,符合设计要求。防撞护栏、标线、防眩板、隔离栅等线形顺畅,标志符合规范要求,设置清晰、合理。

(8)监控、通信、收费系统设备施工安装规范,系统软件功能完备,性能可靠,各项性能指标符合设计和规范要求。

(9)交工档案规范、齐全、完整,内容真实,签署完备,分类科学,组卷合理,符合档案管理规范要求。

第三十三节　S81(太仓港南疏港高速公路)

太仓港南疏港高速公路起自沿江高速公路,向东北经归庄、金浪、港城开发区,止于太仓港区内港外大道,全线各路段基本情况见表7-33-1。

S81全线各路段基本情况 表7-33-1

序号	路　段	里程(km)	建设期	备　注
1	太仓港南疏港高速公路	4	2003—2005年	

太仓港南疏港高速公路,简称太仓港南疏港高速,路线全长4.36km,起点桩号K0+000,终点(太仓港南港)桩号K4+360,即苏州绕城苏昆太高速公路C线岳王收费站东至太仓港南港段。

(一)项目概况

1.基本情况

1)建设依据

苏州绕城苏昆太高速公路C线岳王收费站东至太仓港南港段,全长4.36km。全线无互通、枢纽、收费站。该项目的建设对有效疏解苏州节点的过境交通压力,合理组织城市的出入交通,加快推进城市化发展进程,促进沿线区域社会经济发展等具有十分重要的意义。

2)建设规模及主要技术指标

本项目为双向四车道,桥涵设计车辆荷载为汽车—超20级、挂车—120。

主要技术标准如下:

(1)设计行车速度:100km/h。

(2)主线路基宽度:28.00m;路基宽度组成为:行车道2×(2×3.75m),中间带4.50m(0.75m+3.00m+0.75m),硬路肩2×3.25m(含右侧路缘带2×0.50m),土路肩2×0.75m。

(3)桥面净宽:大桥为28.00m,外侧与路基同宽。

(4)路面:沥青混凝土路面,设计使用年限15年,标准轴载100kN;

(5)路基、桥涵设计洪水频率:1/100。

(6)荷载标准:公路—Ⅰ级。

3)项目投资及来源

2005年1月,江苏省发展和改革委员会以《省发改委关于苏州绕城公路东北段及至太仓港区公路初步设计的批复》(苏发改交能发〔2005〕54号)批准初步设计;项目概算总投资2.5亿元,项目决算1.828亿元。采用"省市共建,以市为主,股份制建路"的模式,由苏州市高速公路建设指挥部负责建设。

4)工程建设条件

项目地属洼地堆积平原,属于冲湖积平原区,地势较为平坦。多湖塘分布,河港沟塘纵横通连,系典型的水网化平原区。项目建设严格遵守国家基本建设程序,依据国家规范,吸收国内外高速公路的成功经验,针对沿线交叉道路、航道、河塘、鱼塘密布,农田、经济林、企业工厂众多等特点,进行了认真的选线、地质勘测和分析,广泛听取沿线群众和地方政府的意见,高效、高质量地完成了设计。通过国内公开招标,选择了信誉好、能力强、水平高的施工和监理单位,对工程质量、进度、投资进行全方位的科学管理和严格控制,特别是通过开展土方、桥梁、路面、交通工程四大攻坚战活动,取得了明显成效。

5)工程进度

本项目2003年5月开工建设,2005年11月建成通车,实际工期2年6个月,提前完成了工程建设任务。

6)主要工程数量

全线征用土地495亩,拆迁房屋3005m²;完成路基土石方82.6万m³,全线路基均进行了软基处理;主线桥梁1座,计408.84延米;涵洞8道,通道5道;路面底基层11.716万m²,基层12.208万m²,沥青混凝土面层9.374万m²;同步建成交通安全设施、通信、监控、供电等设施。

2.决策过程

2003年2月,江苏省发展计划委员会以《关于苏州绕城高速公路东北段及至太仓港区公路项目建议书的批复》(苏计基础发〔2002〕289号)批准立项。

2003年11月,江苏省发展计划委员会以《省计委关于苏州绕城高速公路东北段及至太仓港区公路可行性研究报告的批复》(苏计基础发〔2003〕1221号)批准工程可行性研究报告。

2005年1月,江苏省发展和改革委员会以《省发改委关于苏州绕城高速公路东北段及至太仓港区公路初步设计的批复》(苏发改交能发〔2005〕54号)批准初步设计。

(二)建设情况

1.项目准备阶段

为高标准、高质量完成苏州绕城高速公路建设任务,2001年11月苏州市人民政府成立苏州绕城高速公路建设指挥部,负责苏州绕城高速公路的建设管理工作。指挥部由分管副市长任总指挥,由市交通局局长任第一副总指挥。2003年1月归并为苏州市高速公路建设指挥部。

指挥部下设综合处、征迁处、工程处、计划处、财务处、技术监督处、招标处等7个职能处室,负责具体的建设管理工作。

指挥部通过公开招标,择优选择驻地监理。总监及驻地监理组根据相关合同条款对工程进度、质量、费用、合同等进行全方位的监理。

为了加强苏州绕城高速公路建设的纪检监察工作,2001年10月江苏省交通重点工程建设项目纪检监察领导小组驻苏州市高指纪检监察组正式挂牌成立,有效保障苏州市高速公路建设有序推进。

1)施工、监理单位招标情况

苏州绕城高速公路苏昆太段招标工作根据交通部《公路工程施工招标管理办法》《工程建设项目施工招标投标办法》及省有关规定,在省交通建设工程招标投标领导小组领导下,由市高速公路建设指挥部组织实施。

本项目主体工程分为3个招标合同,其中路基桥梁1个,路面1个,监理1个。经招标评标委员会评定,2家施工单位、1家监理单位中标。交通附属工程按专业划分进行招标,附属工程共分15个招标合同,经招标评标委员会评定,11家施工单位、2家监理单位中标。

2)参建单位主要情况

设计单位:主体设计、机电工程、安全设施、供电照明等工程由江苏省交通规划设计院承担。

施工单位(主体工程):江苏润扬工程集团有限公司、苏州交通工程集团有限公司。

监理单位(主体工程):江苏东南交通工程咨询监理有限公司、苏州路达工程监理咨询有限公司。

监督单位:江苏省交通厅工程质量监督站。

3)征地拆迁情况

全线征用土地495亩,拆迁房屋3005m^2。征地拆迁情况统计见表7-33-2。

征地拆迁情况统计表　　　　　　　　　　表7-33-2

征地拆迁安置起止时间	征用土地(亩)	拆迁房屋(m^2)	支付补偿费用(元)	备注
2003年4月—2004年8月	495	3005	20343162	

2. 项目实施阶段

苏昆太段于2003年5月28日开工,2005年11月8日建成通车。

2004年4月14日—19日,市高指配合省厅质监站对苏昆太高速公路工程进行中间质量监督检查。

2005年6月16日—18日，市高指技监处配合省厅质监站对苏州绕城高速公路苏昆太中、下面层路面工程进行了中间质量监督检查。

2005年10月20日，市高指组织召开绕城高速公路苏昆太工程项目交工档案专项验收会。

2005年10月22日，市高指组织召开绕城高速公路苏昆太工程项目房建、绿化交工验收会。

2005年10月25日，市高指组织召开绕城高速公路苏昆太工程项目三大系统机电工程交工验收会。

2006年11月8日，由苏州市审计局委派的5家会计师事务所组成的审计组进驻绕城高速公路苏昆太高速公路，开始全面审计。

(三)科技创新

利用河流湖泊整治取土，节省土地资源。针对苏州地区人口密集、人多地少、河网交织的特点，采用了世界先进的设计理念，利用沿线的河流湖泊整治取土，有效地保护了生态环境，节约了宝贵的土地资源，从而达到了施工、环保、防汛等"多赢"的效果。

(四)运营及养护管理

1. 运营管理

苏州绕城高速公路有限公司是2002年10月17日注册成立的国有股份企业，公司主要经营通行费征收、与高速公路相关广告、商贸和加油站等业务。公司实行二级扁平化组织管理模式，领导机构设总经理室、党委、纪委和工会，下设综合部、企业管理部、人力资源部、计划财务部、营运部、工程部、安全保卫部、党群工作部等8个职能部门，采取大站带小站模式，设8个建制收费站和2个建制服务区。

公司自运营以来，紧紧围绕"追求规范、科学、创新的高效管理，营造安全、畅通、文明的景观大道"这一宗旨，积极探索高速公路经营管理创新之路，不断完善管理理念，培育先进文化，先后通过了"三位一体"贯标认证，开展了现场管理体系建设以及"和谐企业"创建。2011年公司又明确提出了"三个绕城"的建设构想，即以文化引领和谐绕城建设、以制度引领规范绕城建设、以科技引领现代绕城建设。并在此基础上，将"五好站区""五型班组"纳入"和谐企业"建设范畴，进一步夯实了企业文化的框架，进一步延展了企业文化的内涵。

2. 养护管理

(1)以"三位一体"贯标管理体系为抓手，夯实各项管理基础。通过质量、环境、职业健康安全"三位一体"贯标管理体系认证工作，建立质量、环境、职业健康安全一体化综合管理体系，实现公司各项管理工作的标准化、规范化、高效化。

（2）开发建设养护管理平台，提高养护管理科学化水平。通过建设网络平台，将分散的信息有机地整合在一起，极大地提高了工作效率。同时，通过逐年累积形成的庞大的养护管理数据库，为公司业务部门提供养护分析所需的数据资源，也为公司进一步加强全线道路桥梁的预防性养护工作和公司领导层决策的科学性、准确性、可靠性提供了坚实的技术支撑。

（3）坚持社会化和专业化养护理念。始终坚持社会化和专业化养护理念，将道路养护施工彻底推向市场。按照"管养分离"和"养路不养人"的工作思路，建立社会化养护机制，实施专业化养护，有效控制养护管理费用，提高养护工作效率、维修质量和养护技术水平。

（4）加强日常养护工作管理，着力提升"规范化、精细化"管养水平。通过加强巡查，强化监管力度、完善履约考核管理等，着力提升日常养护管理工作的规范化、精细化，进一步提高管理水平。

（5）以"路面、桥梁"为重点，加强预防性养护，降低全寿命周期养护成本。积极探索高速公路预防性养护策略和措施，牢固树立全寿命周期养护理念，围绕"路况检测、分析评价、养护决策和工程实施"四个关键环节，科学制订预防性养护方案，以较小的养护投入使道路桥梁保持优良的技术状况，延长高速公路的使用寿命。

（6）健全预案体系，不断提高突发事件应急处置能力。为积极应对恶劣天气、自然灾害以及各类突发事件，确保高速公路的畅通，进一步建立健全应急预案体系，使突发事件应急处置能力不断提高。

（7）提高收费服务水平，树立良好企业形象。积极开展培训和创建活动，提升优质服务水平。严厉打击偷逃费行为，维持良好运营秩序，并积极应对《江苏省高速公路条例》实施，保证平稳过渡。

（8）坚持防控结合，努力保障安全生产形势稳定。通过公司"三创三比"活动的深入开展，进一步加强各参与方的沟通联系，形成了"分工明确、落实到位、沟通及时、运转灵活高效"的联动机制，有效应对了养护现场出现的各种新情况、新问题，进一步提高了管养水平，确保了全线的安全畅通。

第三十四节　S83（苏州至绍兴高速公路无锡支线）

苏锡高速公路起于苏州绕城高速公路通安枢纽跨线桥，上跨苏州绕城高速公路，向西经望亭镇南，跨越望虞河之后，止于无锡环太湖公路新安枢纽。路线全长10.015km，其中苏州段7.608km,无锡段2.407km,沿线经过苏州新区通安镇、相城区望亭镇、无锡新区太湖科技园区。全线各路段基本情况见表7-34-1。

S83全线各路段基本情况 表7-34-1

序号	路　　段	里程(km)	建　设　期	备　　注
1	苏州绕城至无锡绕城连接线	10	2006—2009年	

（一）项目概况

1.基本情况

1）建设规模及主要技术指标

苏锡高速公路起自苏州绕城高速公路西南段通安互通,上跨苏州绕城高速公路,向西与老苏锡路、S230、御亭路交叉,跨五级航道望虞河后接入无锡环太湖高速公路。苏锡高速公路路线全长10.015km,苏州段全长7.608km,无锡段全长2.407km,全线按双向六车道高速公路标准建设。

主要技术标准如下:

(1)设计行车速度:100km/h。

(2)主线路基宽度:33.50m;路基宽度组成为:行车道$2\times(3\times3.75m)$,中间带3.50m$(0.75m+2.00m+0.75m)$,硬路肩$2\times3.0m$(含右侧路缘带$2\times0.50m$),土路肩$2\times0.75m$。

(3)桥面净宽:大、中桥为33.5m,外侧与路基同宽;小桥为33.5m,外侧与路基同宽。

(4)路面:沥青混凝土路面,设计使用年限15年,标准轴载BZZ-100kN。

(5)路基、桥涵设计洪水频率:特大桥1/300,其余均为1/100。

(6)荷载标准:公路—Ⅰ级。

2）项目投资及来源

苏锡高速公路无锡段初步设计批复概算20378.74万元。根据初步设计批复文件和无锡市人民政府锡政发〔2006〕459号文《关于明确苏锡高速公路无锡段建设主体的通知》,苏锡高速公路无锡段由无锡市交通产业集团有限公司投资建设。

根据锡政发〔2006〕459号文和无锡市交通局下达的任务书,无锡市高速公路建设指挥部办公室(简称"无锡市高指")履行苏锡高速公路无锡段业主代表和总监理工程师的职责。

3）工程建设条件

苏锡连接线地处太湖边缘,地貌上属太湖冲湖积平原区冲积平原亚区,地面高程一般为1.10~4.00m。

4）工程进度

土建工程工期为2007年2月11日—2009年9月。其中,道路主体工程于2008年底基本完成,望虞河大桥于2008年9月全部完工。交通工程工期为2008年8月—2009年9月。绿化工程工期为2008年6月—12月,2009年二季度根据生长情况和效果进行了零星苗木的补种。

5)主要工程数量

苏锡高速公路无锡段全长2.407km。全线土石方总量43万m^3;通道4道,涵洞6道;互通式立交1处,为新安枢纽;主线桥梁1座,总长度为560m;新安枢纽内桥梁6座,共计1072m,其中大桥2座、中桥1座、小桥3座。

2. 决策过程

2005年8月26日,苏发改交能发〔2005〕第823号文《省发展改革委关于苏州绕城公路至无锡环太湖公路连接线项目建议书的批复》。

2006年10月9日,苏发改交能发〔2006〕第1089号文《省发展改革委关于苏州绕城高速公路至无锡环太湖公路连接线可行性研究报告的批复》。

2006年12月20日,苏发改交能发〔2006〕第1443号文《省发展改革委关于苏州绕城至无锡环太湖高速公路初步设计的批复》。

(二)建设情况

2006年1月,江苏省交通规划设计研究院根据工可审查的会议纪要精神,开展了苏锡高速公路新建工程的初步设计工作,2006年6月完成初步设计。2006年10月27日,省发改委召开初步设计审查会,会后下发了初步设计批复意见及审查会议纪要。

初步设计审查后,江苏省交通规划设计研究院迅速开展施工图设计的外业勘测工作,在收集到大量基础资料的基础上,开展了施工图设计工作,于2006年10月底编制完成施工图设计文件。2007年3月9日,无锡市高指组织召开苏锡高速公路无锡段施工图设计审查会,会后下发了施工图设计审查意见。

1. 施工、监理单位招标情况

2005年12月—2006年1月,无锡市交通局组织完成苏锡连接线新建工程主体工程设计招标。2007年9月—11月,无锡市高指组织完成苏锡高速公路无锡段绿化设计方案竞选,并确定绿化设计单位。

2006年12月—2007年2月,无锡市高指组织完成SX3标、JLSX3标招标。2008年1月—2月,无锡市高指组织完成SX33标、SX83标、JLSX83标招标。

2. 参建单位主要情况

建设单位:无锡市高速公路建设指挥部。

设计单位:江苏省交通规划设计研究院、无锡市园林设计院(绿化)。

施工单位:无锡路桥集团有限公司、江苏耀鑫交通设施有限公司、江苏江达景观工程有限公司。

监理单位:苏州路达工程监理咨询有限公司、无锡市园林建设监理有限公司。

监督管理单位:江苏省交通厅质量监督站。

3. 征地拆迁情况

征地拆迁情况统计见表 7-34-2。

征地拆迁情况统计表　　　　表 7-34-2

征地拆迁安置起止时间	征用土地(亩)	拆迁房屋(m²)	支付补偿费用(元)	备 注
2006—2007 年	283.905	22100	53881346	

(三)复杂技术工程

本工程望虞河大桥是汇集深水墩施工、挂篮施工等技术难度较高的一座特大桥。新安枢纽中 A、C 匝道桥是跨环太湖高速公路的现浇匝道桥。针对本工程特点,SX3 标结合以往类似工程的施工管理经验,编制严谨的施工方案,制定有效的技术保障措施,保证工程实施在可控状态下完成。加强内部与外部、内部与内部之间的信息沟通,确保实现政令畅通、指挥有力、管理到位、施工步调一致的管理目标。

(1)增加钻机的数量,并根据具体数量情况,制订切实可行的施工方案及措施,加强施工现场管理,确保钻孔灌注桩的施工速度及质量。

(2)望虞河大桥及 A、C 匝道桥墩柱采用清水混凝土工艺以保证混凝土表面平整、色泽一致、无明显接缝,提高结构外观质量。

(3)望虞河大桥三套挂篮均采用自制的挂篮,以保证预应力施工的质量,提高工程结构的安全性和可靠性。

(4)水中墩采用拉森型钢板桩围堰施工,灌注桩采用钢管桩水中平台施工。钻孔桩在施工过程中做好安全防护措施,并且泥浆船停靠到位,各种配套设备均完好,确保泥浆不外泄。

(5)做好路基和桥台后的填筑施工,提高路基及桥台后填筑压实度、平整度,预防"桥台跳车"等质量问题。

(四)科技创新

苏锡高速公路建设过程中,积极应用了新技术、新工艺,开展了"两创三比"活动,在精细优质、环境友好、资源节约等方面取得新突破。

(1)沿线经过水网地区,桥梁众多,为提高结构安全性、防治桥梁质量通病,全面推广了后张法预应力混凝土梁真空辅助压浆技术。

(2)对沥青下封层和桥面防水层施工技术进行了探索,推广运用了热喷SBS改性沥青处治下封层和桥面防水层,取得较好的成果。

(3)积极推广"低路堤"建设理念。为节约珍贵的土地资源,不断优化设计,通过采取低路堤设计和利用太湖取土等措施填筑路基,减少了耕地占用。

(4)从设计到施工,高度重视环境保护,努力建设环境友好型高速公路,工程建设中同步实施重要水体桥面集中排水工程,并对沿线声环境敏感点采取了环保拆迁、绿化降噪等措施。

(五)运营及养护管理

1.运营管理

江苏锡宜高速公路有限公司成立于2000年9月,负责锡宜高速公路(含连接线陆马公路)、环太湖高速公路、苏锡高速公路无锡段的运营管理及相关配套服务。公司现有员工480人,本部设6个部门,下辖1个指挥调度中心、9个收费站、1个服务区、1个养护工区和1个排障大队。

锡宜公司自2003年9月正式运营以来,秉承稳健经营、严格管理、优质服务、注重效益的理念,为江苏的经济发展作出了积极的贡献。

2.养护管理

(1)坚持预防性养护,道路品质不断提升。认真做好道路日常养护工作,强化监管力度,健全养护质量保证体系。梳理完善规章制度,实现规范化管理。加强路桥检测,保障桥梁结构物安全。精心组织,严格管理,按期保质做好养护专项工程。同时,加强预算管理,严控养护经费。

(2)坚持软、硬件两手抓,服务环境明显改善,行业形象显著提升。巩固创建成果,形成长效管理机制;完善经营模式,规范租赁管理;强化制度落实,绩效考核体系初显成效;改善服务设施,完善服务功能。

(3)健全预案体系,突发事件应急处置能力不断提高。为积极应对恶劣天气、自然灾害以及各类突发事件,确保高速公路的畅通,先后制定或梳理了部分规章制度,进一步建立健全应急预案体系。面对突发事件和事故等的发生,预案周密、组织有序、指挥有方、行动迅速、处理得当。做到注重分析总结,积累处置经验,使突发事件应急处置能力不断提高。

(4)坚持防控结合,努力保障安全生产形势稳定。始终把道路保畅作为重点工作来抓。开通以来,坚持一路三方协调联动,快速清障形成共识,突发事件应变处置能力不断提高,文明平安收费站建设凸显成效。

第三十五节　S86(上海至成都高速公路镇江支线)

(一)建设依据

上海至成都高速公路镇江支线S86,全长10.25km,全称为国家高速G42沪蓉高速公路镇江支线(上海至成都高速公路镇江支线),原沪宁高速公路镇江支线,是镇江市区通向沪蓉高速公路主线的最快直线,是镇江快速往来上海、南京、苏州、无锡、杭州等重要城市的要道,对镇江经济发展具有极其重要的作用。

为提高镇江苏南现代化建设水平,最大限度为"进镇、出镇"车辆提供便利,2012年9月10日镇江市政府下属镇江市交通运输局与江苏宁沪高速公路股份有限公司签署买断合同,将原属宁沪高速公司镇江支线9.225km路段以2.1亿元的价格买断,划入镇江市地方国有资产,另外0.8km区域设立镇江枢纽新收费站。至此,进镇车辆较以往减少5元/次的高速通行费。

(二)建设规模及主要技术指标

S86路基宽度为23m,设计行车速度为100km/h,中央分隔带宽度为1.5m。

(三)项目投资及来源

该项目为全封闭控制出入,有较为完善的收费、监控、通信、照明、安全等交通工程和服务设施,初步设计概算为47.0亿元,调整概算为70.4亿元,工程决算为62.098亿元。尾端由高架桥连接沪宁高速公路。

(四)工程进度

沪蓉高速公路镇江支线收费站南移工程2013年5月底完成,S86成为城市快速路。完成之后对支线道路进行改造,除原有的双向四车道保留外,还在两侧各增加两车道以及慢车道、人行道。支线道路改造于2014年底完成。

(五)产权变更

江苏宁沪高速公路股份有限公司于2012年9月10日晚间公告称,公司将向镇江市政府转让沪宁高速公路(江苏段)镇江支线,转让价格为2.10亿元,公司预计可获账面收益8000万元。

据公告，为了加快镇江市南部区域发展和城市化进程、促进镇江市经济发展，镇江市人民政府拟对沪宁高速公路(江苏段)镇江支线实行改造。镇江市人民政府收购镇江支线后，拟将现镇江支线收费站南移，而镇江支线将不再收取车辆通行费。

资料显示，镇江支线于1996年9月建成通车，目前仍正常运营，经营期至2032年6月。经审计确认，镇江支线最近一期财务报表的账面原值为1.79亿元，账面净值为1.31亿元。

为了支持和促进镇江市经济发展，在保证公司利益的前提下，公司将镇江支线转让给镇江交通局，合同条款公平合理，符合股东的整体利益。

第三十六节　S87(长春至深圳高速公路南京支线)

(一)项目概况

1. 基本情况

1) 建设依据

S87是长春至深圳高速公路(G25)南京支线，沪蓉高速公路和G25长深高速公路之间的连接线，原为沪瑞国道主干线支线溧水至南京公路高桥门至东山段，是国家高速公路网"五纵七横"主干线中上海至云南瑞丽国道主干线宁波—杭州—南京支线的重要组成部分，也是江苏省高速公路网规划"五纵九横五联"中"纵四"的组成部分。

2) 建设规模及主要技术指标

本项目工程全线采用平原微丘区全封闭、全立交高速公路标准，起点高桥门枢纽至东山枢纽6.627km路段由于兼有城市出入口道路功能，采用双向八车道高速公路标准建设，路基宽度42m。

3) 项目投资及来源

本项目原是沪瑞国道主干线支线溧水至南京公路组成部分，根据交通部交公路发〔2005〕245号文《关于沪瑞国道主干线支线溧水至南京公路初步设计的批复》，沪瑞国道主干线支线溧水至南京公路概算总投资为31.32亿元，竣工决算核定总投资为26.5亿元，节约概算投资4.8亿元，节约概率为15%。该项目资本金占项目总投资的35%，由江苏宁杭高速公路有限公司出资，其余投资为国内银行贷款。

4) 工程建设条件

路线所经区域处于长江下游的热带季风气候区，四季分明，温暖湿润，热量丰富，年平均气温15.4℃。全年无霜期达220~230天之多，雨量充沛。

线路自北向南经过4个地质构造单元,即南京凹陷、上坊—刘家边凸起、句容凹陷及溧水北部隆起。根据各单元中地形地貌类型及工程地质特征划分为6个工程地质区,它们是:长江漫滩区、倪塘村—刘家边高亢平原夹垄岗区、刘家边—姚家村高亢平原区、姚家边—馒头山冲积平原区、馒头山—朱家岗高亢平原夹残丘区、朱家岗—桂庄垄岗、残丘。

沿线水系较发育,地表水丰富,河网纵横,鱼塘、水库较多,主要河流有秦淮河、前进河、梁台河、二干河,均属秦淮河水系,秦淮河由南向北穿过南京市流入长江。

5)工程进度

本工程2005年11月完成全线路基桥梁施工招标,2006年3月底进场,做施工前各项准备工作。2006年9月8日工程正式开工,2008年8月建成通车。

2.决策过程

1998年4月,交通部以交计发〔1998〕256号文《关于宜兴(苏浙界)至溧水公路项目建议书的批复》批准同意立项建设。

2004年11月,交通部以交规划发〔2004〕673号文《关于沪瑞国道主干线支线溧水至南京公路可行性研究报告的批复》批复工程可行性研究报告。

2005年6月,交通部以交公路发〔2005〕245号文《关于沪瑞国道主干线支线溧水至南京公路初步设计的批复》批准初步设计。

2005年8月,国土资源部以〔2005〕283号文《关于沪瑞国道主干线支线溧水至南京公路项目建设用地预审意见的复函》同意通过用地预审。

2005年9月,国家环保总局环审〔2005〕759号文《关于沪瑞国道主干线支线溧水至南京公路环境影响报告书的批复》批准环境影响报告书。

2006年8月,国家发改委发改交运〔2006〕1760号文《国家发展改革委关于江苏省溧水至南京公路项目核准的批复》。

2009年3月,国家国土资源部以国土资函〔2009〕351号文《国土资源部关于沪瑞国道主干线溧水至南京高速公路工程建设用地的批复》批准了溧水至南京公路项目用地。

(二)建设情况

1.勘察设计研究单位招标情况

本项目公路工程、交通工程(含三大系统工程)及沿线设施(含安全、养护、服务、房屋建筑等)勘察设计采用公开招标,于2003年12月完成招标签约工作。

2.施工、监理单位招标情况

本项目路基桥梁标于2005年底前完成招标签约工作;路面工程标于2007年4月底

前完成招标签约工作;三大系统标于2008年2月底前完成招标签约工作;绿化、房建均于2007年底前完成招标签约工作;安全设施、照明、装修等于2008年上半年底前完成招标签约工作。

本项目路基路面监理标于2005年底前完成招标签约工作;三大系统监理标于2008年2月底前完成招标签约工作;安全设施、房建、绿化等监理标均于2007年底前完成招标签约工作。

3. 参建单位主要情况

设计单位:江苏省交通规划设计院、江苏东方建筑设计有限公司、河海大学设计院。

施工单位:江苏捷达交通工程集团有限公司、江苏恒基路桥公司、路桥二公局第三工程有限公司、中港第三航务工程局、大庆油田路桥工程有限公司、苏州交通工程有限公司、南京交通工程有限公司、中铁一局集团有限公司、江苏捷达交通工程集团有限公司、无锡路桥集团有限公司、溧阳市路桥工程有限责任公司、溧阳市路桥工程有限责任公司等单位。

监理单位:江苏交通工程咨询监理有限公司、镇江市润通交通工程监理咨询有限公司、理工大学工程兵工程学院南京工程建设监理部、江苏润通交通工程监理有限公司、江苏纬信工程咨询有限公司、江苏振星工程监理有限公司、北京中交路通交通工程咨询有限公司、江苏宁达工程建设监理有限公司。

检测单位:江苏信达工程咨询有限公司、江苏省南京交通职业技术学院勘测设计所、江苏省高级技工学校、江苏省交通科学研究院有限公司、江苏省高级技工学校、江苏省通科交通安全技术服务中心。

监督管理单位:江苏省交通运输厅工程质量监督局。

4. 征地拆迁情况

本项目征地拆迁按江苏省人民政府苏政办发〔2005〕125号文《省政府办公厅转发省国土资源厅、省交通运输厅〈关于省交通重点工程项目征地拆迁补偿安置实施意见〉的通知》,其中耕地开垦费执行苏政办发〔2006〕32号文《省政府办公厅转发省国土资源厅等部门关于调整耕地开垦费征收标准请示的通知》。省高指(省交建局)根据征地拆迁进度分阶段支付资金,实行拆迁资金专款专用。

第三十七节 S88(南京机场高速公路)

南京机场高速公路是连接南京主城至南京禄口国际机场的高速公路,全长28.9km,全线各路段基本情况见表7-37-1。

S88 全线各路段基本情况　　　　　　　　　表 7-37-1

序号	路　　段	里程(km)	建　设　期	备　注
1	南京机场高速公路	29	1995—1997 年	
2	南京机场高速公路扩建工程	24	2012—2014 年	

一、南京机场高速公路(建设期:1995—1997 年)

(一)项目概况

1. 基本情况

1) 建设依据

南京机场高速公路是江苏省"八五"六大重点交通工程项目之一,是继沪宁高速公路建成通车后江苏省第二条高速公路。南京机场高速公路北起花神庙,南至禄口国际机场,是南京禄口国际机场的重要配套工程,工程总体水平达当时国内领先、国际先进,代表了我国高速公路建设新水平,被省委、省政府誉为"省门第一路"。

2) 建设规模及主要技术指标

本项目全长约 28.756km,全线采用双向四车道高速公路标准,设计行车速度 120km/h,路基宽度 26m。桥涵设计汽车荷载等级采用汽车超—20 级、挂车—120。设计洪水频率特大桥 1/300,其余为 1/100。全线设置 4 处互通,主线收费站 1 处、匝道收费站 2 处,服务区 1 处,共设桥梁 35 座,涵洞及通道 131 道。

3) 项目投资及来源

根据江苏省建设委员会苏建重〔1995〕449 号文《关于南京禄口民用机场专用公路初步设计的批复》,项目概算总投资 60048.83 万元。在实施过程中,由于重大设计变更、方案优化、材料价格调整以及为保证工期争精品而采取必要的工程措施等因素,对工程概算进行了修正和相应增加,经江苏省建委〔97〕585 号文批复的修正概算为 70388.9 万元,省交通厅苏交计〔97〕117~120 号文批复的新增附属工程项目服务中心、供电照明、绿化工程、交通工程、三大系统以及监控楼、收费站房、服务区宾馆总概算为 25190 万元,合计工程总概算为 95578.9 万元。建设资金由省交通厅筹集及贷款。

4) 工程建设条件

南京机场高速公路建设工期短、任务重、要求高、技术难度大,沿线地形、地质情况较复杂。软土、过湿土情况较严重,有许多技术问题需要研究解决。为此,首先认真学习、借鉴省内外其他高速公路,特别是沪宁高速公路建设的成功经验,结合机场路的实际情况,从完善设计入手,以科技为龙头、实干为基础,加强管理,奋勇攻关,努力攀登高速公路建设水平新高峰。

5）工程进度

本项目于1995年6月正式开工建设,1997年6月建成通车。

6）主要工程数量

全线征用土地3720.97亩,拆迁房屋50000 m²。全线共完成路基土石方491万 m³,软基处理4.38km,沥青路面68.04万 m²,浆砌保护工程13万 m²,防撞护栏119264延米,隔离栅54993延米,标志213块,标线34990 m²;完成桥梁31座,4664.6延米,其中大桥、特大桥6座,通道32道,涵洞99道,互通式立交4处;全线共种植各种树木67000棵,各类花草270000株,草坪113万 m²;完成照明工程高杆灯20基,低杆灯660基。

2. 决策过程

南京机场高速公路各项工作均按国家基本建设程序进行。1995年3月,江苏省计经委以苏计经交〔95〕345号文批复了《南京机场专用公路工程可行性研究报告》;1995年9月,省建委以苏建重〔95〕449号文批准了初步设计及概算。

（二）建设情况

1. 项目准备阶段

南京机场高速公路建设实行项目法人责任制,由项目法人全面负责项目的筹建、建设运营及还贷。在项目建设过程中,严格遵守国家基本建设程序。依据国家有关规范、标准,借鉴国内外高速公路建设的成功经验,结合本地区的特点,首先由省交通规划设计院为主体,高质量、高速度地完成了项目工程设计。通过招标、议标形式择优选择施工单位,参照国际通用的"菲迪克"条款,结合具体国情和工程实际,严格实行了监理制度。

2. 参建单位主要情况

设计单位:江苏省交通规划设计院(主体设计单位)、江苏省交通科学研究院、中国公路工程咨询监理总公司。

施工单位:江苏省交通工程总公司、铁道部第二十工程局、无锡市公路管理处、郑州彩达交通设施厂、厦门宏辉实业有限公司、无锡照明工程总公司、无锡交通工程公司、通州第四建筑工程公司、张家港港丰交通设施厂、徐州安达交通设施公司、南京三乐电气总公司、常州金安交通工程公司、宝钢集团南京轧钢总厂、西班牙圣科公司、英国科艺公司、江苏武进苗圃、邗江建筑安装公司。

监理单位:江苏省交通工程咨询监理总公司、南京公路管理处监理组、苏州公路管理处监理组、镇江公路管理处监理组、北京泰克所、江苏省交通安全技术服务中心、东南大学电气监理组、常州公路苗圃。

第七章

高速公路项目简介

南京新机场高速公路设总监、总监理组,各标段设总监代表(监理组长)和驻地监理工程师。

3. 项目实施阶段

本项目建设过程中,经建设主管部门批准,主要的变更设计有:

1)软土处理方案

根据工程实施情况及工期要求,对软土处理方案进行了调整和变更,取消了粉煤灰填筑方案,并根据补充地质资料,将塑料排水板预压方案部分改为砂垫层预压,部分改为粉喷桩,同时对粉喷桩处理范围和桩长等进行了相应调整。

2)支线及匝道上跨桥

(1)K9+692侯家分离式立交,施工图设计采用连续刚构,桥梁布孔为11m+2×16m+11m,变更设计采用斜腿刚构,桥梁布孔为17.2m+32m+17.2m。

(2)K14+810秣陵分离式立交,施工图设计采用5×16m预应力混凝土空心板梁,变更设计采用预应力混凝土连续箱梁,桥梁布孔为20m+32m+20m。

(3)K17+006桥南村分离式立交,施工图设计采用8×16m预应力混凝土板梁,变更设计采用钢筋混凝土连续箱梁,桥梁布孔为5×20m。

3)路面结构方案变更

施工图设计路面结构依据《公路柔性路面设计规范》(JTJ 014—86),其面层采用4.5cm中粒式沥青混凝土+6cm粗粒式沥青混凝土+6cm热拌沥青碎石,基层为34cm二灰碎石,底基层为20cm二灰层。根据施工图设计审查意见,结合《公路沥青路面施工技术规范》(JTJ 032—94)要求,沥青路面下面层调整为6cm粗粒式沥青混凝土(AC-25Ⅱ)。另根据机场路指挥部苏机高程〔1995〕第52号文及有关试验资料,将底基层由二灰改为二灰土,厚度不变。

4)路基排水防护工程变更

(1)边沟及排水沟:路基边沟一般采用填筑式,边沟纵坡个别地段放宽至0.2%。对于挖方路段和填土高度小于1.0m路段,结合地形边沟采用暗沟式。边沟防护平缓路段采用水泥混凝土预制块,其余路段仍采用浆砌片石。

(2)路基防护:考虑挖方路段路侧设置取土区等原因,路基防护以植草和衬砌拱形式为主,以增加道路的绿化效果。路基填河、填塘路段,征得地方同意后,将部分河塘填平,取消浆砌片石防护。

5)服务区及收费站房建变更

服务区在不增加造价的情况下,将局部地下室改为全地下室,增加了使用面积,并在结构验算允许的情况下,将5层增至6层。同样,收费站办公室考虑地基较差,需大开挖,施工时将回填土部分改为地下室,增加了部分使用面积。

二、南京机场高速公路扩建工程（建设期：2012—2014年）

（一）项目概况

1. 基本情况

1）建设依据

南京机场高速公路（S88）是江苏省"五纵九横五联"高速公路网规划中L5的组成部分，是禄口国际机场的主要快速集疏运通道，也是规划的苏皖省际高速公路的组成部分。

南京机场高速公路翠屏山互通至机场段扩建工程对于进一步提高道路通行能力，更好发挥南京禄口国际机场专用通道功能，展示江苏经济大省、文化大省形象，强化南京都市圈的辐射能力，促进沿线区域社会经济发展等具有十分重要的意义。

2）建设规模及主要技术指标

南京机场高速公路翠屏山互通至机场段扩建工程起点为翠屏山互通，终点与禄口机场进场道路相接，路线长23.762km，沿线设置5处互通式立交，分别是花神庙枢纽、翠屏山互通、南庄枢纽、禄口互通和机场互通，在机场互通北设置主线收费站1处，在翠屏山互通设置服务区1处。

南京机场高速公路翠屏山互通至机场段扩建工程全线采用双向八车道高速公路标准建设，桥涵设计汽车荷载等级采用公路—Ⅰ级（老桥采用汽车超—20级、挂车—120），其他技术指标按《公路工程技术标准》（JTG B01—2003）和《工程建设标准强制性条文》（公路工程部分）执行。

主要技术标准如下：

(1) 设计行车速度：120km/h。

(2) 主线路基宽度：42.00m；路基宽度组成为：行车道$2 \times (4 \times 3.75m)$，中间带4.50m（0.75m + 3.00m + 0.75m），硬路肩$2 \times 3.0m$（含右侧路缘带$2 \times 0.50m$），土路肩$2 \times 0.75m$。

(3) 桥面净宽：大中桥为41.00m，外侧与路基同宽；小桥为41.00m，外侧与路基同宽。

(4) 路面：沥青混凝土路面，设计使用年限15年，标准轴载100kN；匝道收费站采用水泥混凝土路面，设计使用年限30年，标准轴载100kN。

(5) 路基、桥涵设计洪水频率：特大桥1/300，其余均为1/100。

(6) 荷载标准：公路—Ⅰ级。

3）项目投资及来源

2012年9月17日，江苏省人民政府办公厅第56号专题会议纪要明确本项目由江苏交通控股公司委托南京市代建，江苏交通控股公司负责筹措建安费，南京市负责项目征地拆迁及杆管线迁移、沿线景观绿化工作及相关费用。

根据江苏省发展和改革委员会《省发展改革委关于南京机场高速公路翠屏山互通至机场段扩建工程可行性研究报告的批复》（苏发改基础发〔2012〕1441号），项目投资估算为16.98亿元。根据江苏省发展和改革委员会《省发展改革委关于南京机场高速公路翠屏山互通至机场段扩建工程初步设计的批复》（苏发改基础发〔2012〕1597号），概算批复为16.51亿元（含建设期贷款利息0.66亿元）。南京机场高速公路翠屏山互通至机场段扩建工程项目资本金5.78亿元，比例为35%，银行贷款10.73亿元。

4) 工程建设条件

本项目位于南京市南部，秦淮河以西，凤凰山、将军山以东，属宁镇低山丘陵区。沿线附近有牛首山、吉山、方山等，较弯的山体岩层由侏罗系石英砂岩组成，一般山体由古生界石灰岩组成。地形起伏较明显，地面高程为8~65m。地表土层以上以更新统下蜀组亚黏土、黏土为主，地势低洼处常发育淤泥质亚黏土。地表水侵蚀严重，形成沟岗相间的波状地平景观。河谷平原至丘陵顶端呈现三级夷平面，组成三级阶地。一级阶地为河漫滩平原，高程为8~15m，二级阶地高程为20~40m，三级阶地高程为45~60m。拟建项目区域属亚热带湿润季风气候类型，受季节环境支配，全年干湿冷热四季分明，雨水充沛，雨热同季，光照充裕，无霜期长，全年无霜期达240~280天。干旱、雨涝、低温、连续阴雨、台风、冰雹等自然灾害间有出现。根据历史记录，南京地区历年最高气温43.0℃（1934年7月13日），最低气温-16.9℃（1955年1月6日），年平均气温15.3℃，最冷月（1月）平均气温2.3℃，最热月（7月）平均气温28.2℃，冬季起止时间为11月下旬至次年3月下旬，共约130天。根据历史记录，南京地区多年年平均降雨量为1033mm，年最大降雨量为1825.8mm，年平均降雨日120天，降雨多集中在6—9月。日最大降雨量大于10mm的天数年平均为29.4天，实测1小时最大降雨量为74mm，24小时最大降雨量为274.2mm。南京地区季风气候显著，春夏季多东、东南风，秋冬季多北东北、东北风，常风向东北风，出现频率为10%。最大风力9~10级，瞬时最大风速39.9m/s（风力达12级以上），全年5级以上平均风日31天，8级以上平均风日17.7天。

项目所经区域在地形地貌上分属长江下游冲积平原区及山前堆积（岗地）平原区。全线地势起伏较大，地貌形态较复杂，第四纪地层分布及工程地质条件差异较大。本区域第四系上覆土层较薄，厚约10~25m，地势低洼处及古河道常发育第四系全新统冲积成因的亚黏土、淤泥质亚黏土（黏土），局部混粉砂，土性较差；地势较高处一般为第四系上更新统冲积成因的亚黏土、黏土，土性较好。本区基岩埋深较浅，且起伏较大。基岩主要为紫红色泥质砂岩和侵入体花岗闪长岩。基岩之上常有中砂、砾石、碎石混生的残积层存在，厚薄不均，厚度一般为0.5~2m。

江宁区地处华夏系第二隆起带上，区域构造受淮阳"山"字形构造控制，主要是一系列褶皱和断裂,但这些构造新生代以来均未见有活动痕迹。根据《中国地震动参数区划图》(GB 18306—2001),路线所经地区地震动峰值加速度为 $0.10g$,相当于地震基本烈度为Ⅶ度。

项目沿线不良地质主要为软土地基。软土以淤泥质亚黏土(黏土)为主,存在地势低洼处,呈透镜体状与冲沟伴生,软~流塑状态,中~高压缩性,易产生路基不均匀沉降。

5)工程进度

根据省发改委初步设计批复(苏发改基础发〔2012〕1597号),本项目建设工期为2年,全线于2012年11月开工建设,于2014年6月全面建成。2014年6月16日通过了房建及相关工程专项交工验收;2014年6月12日通过了监控、通信、收费三大系统机电项目专项交工验收;2014年6月18日通过了交工档案专项交工验收;2014年6月26日,本工程项目通过了交工验收。

6)主要工程数量

南京机场高速公路翠屏山互通至机场段扩建工程概算投资16.51亿元;全线土石方总量232万m^3;软基处理91万延米;全线通道24道,涵洞77道。对翠屏山互通等4座互通进行扩建改造,在正方大道位置新增秣陵互通1处,主线收费站由原7进7出扩建为13进13出。对主线16座桥梁中的15座进行扩宽加固改造,诚信大道桥梁拆除重建,同时拆除4座上跨桥梁,并重建2座。

2. 决策过程

2012年9月28日,江苏省发展和改革委员会以苏发改基础发〔2012〕1441号文《省发展改革委关于南京机场高速公路翠屏山互通至机场段扩建工程可行性研究报告的批复》批复了可行性研究报告。

2012年10月31日,江苏省发展和改革委员会以苏发改基础发〔2012〕1597号文《省发展改革委关于南京机场高速公路翠屏山互通至机场段扩建工程初步设计的批复》批复了初步设计。

2012年9月26日,江苏省环境保护厅以苏环审〔2012〕185号文《关于对南京机场高速公路(翠屏山互通至机场段)扩建工程环境影响报告书的批复》批复了环境影响报告书。

2012年9月26日,江苏省国土资源厅以苏国土资预〔2012〕168号文《省国土资源厅关于南京机场高速公路(翠屏山互通至机场段)扩建工程项目用地的预审意见》出具了建设用地预审意见。

2012年9月13日,南京市规划局以选字第320115201211312号出具了南京机场高速公路翠屏山互通至机场段扩建工程规划选址意见。

2013年3月29日,南京市交通运输局以宁交规〔2013〕145号文《关于南京机场高速公路翠屏山互通至机场段扩建工程主体工程施工图设计的批复》对本项目主体工程施工图设计进行了批复。

2013年9月30日，南京市交通运输局以宁交规〔2013〕396号文《关于南京机场高速公路翠屏山互通至机场段扩建工程交安设施等工程施工图设计的批复》对本项目附属工程施工图设计进行了批复。

(二)建设情况

1. 项目准备阶段

根据省发改委初步设计批复，本项目建设工期为2年，2012年11月省、市联合宣布项目开工建设，路基桥梁施工、监理单位进场施工。现场指挥部严格遵守基本建设程序，按照《江苏省工程建设项目招标范围和规模标准规定》(苏政发〔2004〕48号)，本项目设计、施工、监理和重要材料、设备采购等均采用了公开招标。现场指挥部组织了路基桥涵、路面、三大系统、房建、绿化、交安设施、二次装修等施工、监理的招标。具体招标事项该审批、公告的均履行报批核准和公告手续；评标委员会的组建符合法定条件，严格执行回避制度；评标标准和方法均在招标文件中公开载明；依法必须招标的工程建设项目招标公告，核准后在中国招投标网、江苏省交通运输厅官网等媒体上公开发布；严格按照招标结果签订合同协议书。

1) 施工、监理单位招标情况

施工单位：本项目路基桥梁标于2012年10月完成招标，2012年12月完成签约工作；路面工程标于2013年3月前完成招标签约工作；三大系统标、房建标均于2013年7月前完成招标签约工作；绿化标2013年8月前完成招标签约工作；安全设施标于2013年6月前完成招标签约工作；照明标于2013年8月前完成招标签约工作。

监理单位：本项目路基、路面、绿化、交安设施监理标于2012年10月完成招标，2012年12月完成签约工作；三大系统监理标于2013年6月前完成招标签约工作；房建监理标于2013年5月前完成招标签约工作。

2) 参建单位主要情况

设计单位：江苏省交通规划设计院股份有限公司。

施工单位：南京市路桥工程总公司、中铁十局集团有限公司、南京交通工程有限公司、南京西部路桥集团有限公司、江苏省交通工程集团有限公司、江苏泓益交通工程有限公司、江苏东方交通工程有限公司等单位。

监理单位：江苏华宁工程咨询监理有限公司、江苏旭方工程咨询监理有限公司、江苏智科交通工程咨询监理有限公司、江苏振星工程监理有限公司、江苏纬信工程咨询有限公司。

检测单位：江苏省交通规划设计院股份有限公司、江苏中核华纬工程设计研究有限公司。

监督管理单位:江苏省交通运输厅工程质量监督局。

3)征地拆迁情况

本项目征地拆迁按江苏省南京市江宁区人民政府江宁政规发〔2011〕8号、9号征地拆迁补偿安置标准通知等文件执行。现场指挥部根据征地拆迁进度分阶段支付资金,实行拆迁资金专款专用。征地拆迁情况统计见表7-37-2。

征地拆迁情况统计表　　　　　　　表7-37-2

征地拆迁安置起止时间	征用土地(亩)	拆迁房屋(m²)	支付补偿费用(元)	备注
2012年10月—2014年6月	398	8590		

2. 项目实施阶段

2012年底,全线征地拆迁工作基本完成。

2012年11月,现场指挥部组织各路基桥梁工程中标施工、监理单位进行了协商,达成一致意见,签订了合同协议书及补充协议,各施工、监理单位进场。

2012年12月,现场指挥部组织召开了第一次工地会议,明确各方组织机构,总监办明确了监理例行程序,促进工程施工全面展开。

2012年12月,启动路面、附属工程招标等工作。

2013年7月,路基、桥梁工程基本完工。

2014年6月,路面及附属工程施工基本完成。

2014年6月,完成交工验收并建成通车。

(三)复杂技术工程

1. 创新思维,优质高效完成诚信大道主线桥梁施工

诚信大道桥梁作为全线唯一一座老桥拆除重建的主线桥梁,指挥部创新思维,采用先建新桥、再拆老桥、再在老桥位建新桥、最后两次新桥再拼接的方式,超常规完成重建工作,减少占地12亩,节约费用约1000万元,大大减少了对道路交通的影响。

2. 大胆突破,采用国内最大长度悬臂,攻克道路、河道共线立体布置难题

机场高速公路红线占用小山姚河道部分段落,为避免改移河道,兼顾满足道路通行及河道行洪需求,项目创新采用了国内最大长度悬臂技术,在小山姚河道段采用3.25m悬臂外挑,通过立体布置解决道路、河道的共线难题。悬挑结构形式新颖独特、工艺复杂、技术难度大、质量要求高,技术国内领先。

3. 治理牛首山河大桥桥面起拱,解决了行车安全问题,提高了舒适性

扩建前牛首山河大桥桥面起拱严重,行车颠簸。针对这一难题,现场指挥部开展

科技攻关、充分验证,全面收集基础数据,在线外同地质条件处做试验桩,模拟老桥承载能力,提出对桥梁起伏铣刨调平、适度加载处理的方案,有效解决了老桥行车起拱颠簸的问题。

(四)科技创新

1. 在全省首次采用进出分离方式设置主线收费站,节地节省投资效果明显

主线收费站采用进出分离方式,为全省首创,节约房屋拆迁费用2000万元。收费站施工包含新建收费广场和大棚,老大棚部分拆除、拼建和出新,施工工序多,交通转换多达12次,均保证了通行、收费工作正常。

2. 土方综合利用

南京机场高速公路紧靠城区,沿线土地资源十分珍贵,为保护耕地,尽量减少设置取土坑,对路基填筑所需要的土方采取多种方式进行取土。根据该项目紧靠城区的特点及周边开发需废弃土方的实际情况,组织施工单位在南京南站工程弃土场取土,达到了双赢效果。

(五)运营及养护管理

1. 运营管理

江苏省南京机场高速公路管理处具体负责南京机场高速公路的管理、经营和养护。公司下设综合管理部、计划财务部、营运管理部、工程技术部4个职能部门,以及养排应急中心、监控中心、翠屏山服务区、禄口匝道收费站、机场主线收费站等基层单位。公司现有员工162人,其中劳务派遣人员18人。在岗职工中,男职工94人,女职工68人,中共党员(预备)18人。目前拥有各类车辆20辆,其中公务车11辆,养护排障车辆9辆。

南京机场高速公路自2014年6月30日建成通车以后,江苏省南京机场高速公路管理处积极贯彻落实科学发展观,努力提升管理水平,全力做好运营管理工作和工程养护工作。在公司全体人员的努力下,较好地完成了"保通保畅保安全"的工作目标,取得了良好的社会经济效益。

2. 养护管理

(1)坚持预防性养护,道路品质不断提升。认真做好道路日常养护工作,强化监管力度,健全养护质量保证体系。梳理完善规章制度,实现规范化管理。加强路桥检测,保障桥梁结构物安全。精心组织,严格管理,按期保质做好养护专项工程。同时,加强预算管理,严控养护经费。

(2)提高收费服务水平,树立良好企业形象。积极开展培训和创建活动,提升优质服务水平。严厉打击偷逃费行为,维持良好运营秩序,并能积极应对《江苏省高速公路条

例》实施,保证平稳过渡。

(3)坚持软、硬件两手抓,服务环境明显改善,行业形象显著提升。巩固创建成果,形成长效管理机制;完善经营模式,规范租赁管理;强化制度落实,绩效考核体系初显成效;改善服务设施,完善服务功能。

(4)健全预案体系,突发事件应急处置能力不断提高。为积极应对恶劣天气、自然灾害以及各类突发事件,确保高速公路的畅通,先后制定或梳理了部分规章制度,进一步建立健全应急预案体系。面对突发事件和事故等的发生,预案周密、组织有序、指挥有方、行动迅速、处理得当。做到注重分析总结,积累处置经验,使突发事件应急处置能力不断提高。

(5)加强成本控制,挖掘潜力,企业降本增效效果明显。一方面拓宽经营思路,努力增加非主营收入;另一方面,狠抓成本控制,寻求节约空间。

(6)坚持防控结合,努力保障安全生产形势稳定。始终把道路保畅作为重点工作来抓。开通以来,坚持一路三方协调联动,快速清障形成共识,突发事件应变处置能力不断提高,文明平安收费站建设凸显成效。

3. 服务区

南京机场高速公路设有 1 个服务区,为翠屏山服务区,服务区用地面积为 $58000m^2$,总建筑面积为 $6676m^2$;拥有 2 处收费站,分别为禄口匝道收费站和机场主线收费站。

第三十八节 S92(长春至深圳高速公路金湖支线)

长春至深圳高速公路金湖支线起自金湖县城区西南,东接 331 省道,向西至盱眙县马坝镇马坝南枢纽接入长深高速公路。路线全长 23km。建设期为 2010—2013 年。

(一)项目概况

1. 基本情况

1)建设依据

金马高速公路位于江苏省中北部,空间上横跨淮安市金湖、盱眙两县,是江苏省中北部地区横向通道的重要组成部分,与 331、332 省道金宝南线共同组成便捷沟通京沪和宁连两条高速公路的快速通道,同时也是金湖县西向出行的快速通道。为实现江苏省委、省政府提出的"高速公路直接沟通全省范围内所有县级城市"目标,金马高速公路的建设能够解决金湖县不通高速公路的现状,完善金湖县对外交通条件,优化江苏省中北部高速路网结构,促进苏北地区经济社会发展。

2）建设规模及主要技术指标

金马高速公路全长23.347km，采用双向四车道高速公路标准，设计行车速度130km/h，路基宽度28.0m。

全线共设置互通式立交2处，并设置有完善的安全防护设施、管理设施和服务设施。

3）项目投资及来源

根据《高速公路建设和前期工作座谈会会议纪要》（苏交计〔2010〕98号）及《金湖至马坝高速公路资金筹措及前期工作座谈会会议纪要》（苏交计〔2010〕334号），本项目按照经营性收费公路模式进行资金筹措。其中省交通厅定额补助1.9亿元，淮安市人民政府筹资2.4亿元，共计4.3亿元作为项目补助资金。由省高速公路经营管理中心成立项目公司，全面负责项目资金筹措。

本项目投资112434万元，前期资本投入为总投资的25%（2.81亿元），其余采用银行贷款的方式。

4）工程建设条件

金湖至马坝高速公路位于淮安市金湖县、盱眙县境内。金湖县位于江苏省中部偏西，东与宝应县、高邮市接壤，南与安徽省天长市相邻，西与盱眙县、洪泽县交界，北与洪泽县毗邻。盱眙县位于江苏省中西部，北邻洪泽湖，东靠金湖县，西、南边境与安徽省明光、天长相邻，境内西部多山，东部则以平原、湖泊为主，全境地势西高东低。

2. 决策过程

2011年3月3日，江苏省环境保护厅以苏环审〔2011〕41号文《关于对金湖至马坝公路工程环境影响报告书的批复》批复了该项目的环境影响报告书。

2011年4月21日，江苏省发展和改革委员会以苏发改基础发〔2011〕550号文《省发展改革委关于金湖至马坝高速公路项目建议书的批复》批准了该项目的项目建议书。

2011年7月22日，江苏省发展和改革委员会以苏发改基础发〔2011〕1156号文《省发展改革委关于金湖至马坝高速公路可行性研究报告的批复》批准了该项目的可行性研究报告。

（二）建设情况

1. 项目准备阶段

各项工作均按国家基本建设程序进行。在项目建设过程中，省、市高指严格遵守基本建设程序，依据国家规范，参照国际通用的"菲迪克"条款和交通运输部通用招标文件范本制定了江苏省高速公路各项目施工、监理招标文件,通过国内公开招标选择承包商和驻地监理组。所有招投标工作均由专家独立评标,合法确定中标单位,依法签订合同,纪检部门全过程监督,公证部门对招投标过程和结果进行了严格的监督和公证,确保招标工作"公开、公平、公正、择优"。

2. 征地拆迁情况

征地拆迁情况统计见表7-38-1。

征地拆迁情况统计表　　　　　　　　　　　　　　　　表7-38-1

征地拆迁安置起止时间	征用土地(亩)	拆迁房屋(m²)	支付补偿费用(元)	备 注
	1314.6	7466.88		

(三)运营及养护管理

1. 运营管理

金马高速公路认真执行养护规范和管理制度,扎实创建金马高速公路特色,以"规范化、标准化、精细化管理"为导向,加强队伍建设,强化运营管理,坚持科学养护,拓展经营思路,经营业绩持续增长。

2. 养护管理

(1)坚持预防性养护,道路品质不断提升。认真做好道路日常养护工作,强化监管力度,健全养护质量保证体系。梳理完善规章制度,实现规范化管理。加强路桥检测,保障桥梁结构物安全。精心组织,严格管理,按期保质做好养护专项工程。同时,加强预算管理,严控养护经费。

(2)提高收费服务水平,树立良好企业形象。积极开展培训和创建活动,提升优质服务水平。严厉打击偷逃费行为,维持良好运营秩序。

(3)坚持软、硬件两手抓,服务环境明显改善,行业形象显著提升。巩固创建成果,形成长效管理机制;完善经营模式,规范租赁管理;强化制度落实,绩效考核体系初显成效;改善服务设施,完善服务功能。

(4)健全预案体系,突发事件应急处置能力不断提高。为积极应对恶劣天气、自然灾害以及各类突发事件,确保高速公路的畅通,先后制定或梳理了部分规章制度,进一步建立健全应急预案体系。面对突发事件和事故等的发生,预案周密、组织有序、指挥有方、行动迅速、处理得当。做到注重分析总结,积累处置经验,使突发事件应急处置能力不断提高。

(5)加强成本控制,挖掘潜力,企业降本增效效果明显。一方面拓宽经营思路,努力增加非主营收入;另一方面,狠抓成本控制,寻求节约空间。

(6)坚持防控结合,努力保障安全生产形势稳定。始终把道路保畅作为重点工作来抓。开通以来,坚持一路三方协调联动,快速清障形成共识,突发事件应变处置能力不断提高,文明平安收费站建设凸显成效。

第三十九节 S96(新沂至扬州高速公路宿迁支线)

新沂至扬州高速公路宿迁支线位于宿迁境内,全长8km,建设期为1997—2000年。

(一)项目概况

1. 基本情况

1)建设规模及主要技术指标

宿迁至靳桥高速公路(以下简称"宿靳高速公路")北起张庄互通南K11+700,止于宁宿徐高速公路靳桥互通,全长16.753km。该路按全封闭、全立交、双向四车道高速公路标准建设,设计行车速度100km/h,桥涵设计车辆荷载为汽车—超20级、挂车—120,路基宽25.5m。全线配置完善的收费、照明、安全、绿化等交通工程和管理设施。批复概算3.344亿元。

2)项目投资及来源

本项目总投资控制在5.40亿元内(投资价格指数按零计算,并核减施工技术装备费)。其中,资本金占总投资的48%,资本金中,省出资四分之三,宿迁市出资四分之一;资本金以外的资金由项目公司多渠道筹措解决。

3)工程建设条件

宿迁市是由省委、省政府批准成立的地级市,为了加快宿迁市交通基础设施建设,打通与省会及毗邻省、市之间的通道,满足新建地级市经济发展的需求,经宿迁市委、市政府研究,决定建设本公路。

宿靳高速公路是江苏省公路网规设的"四纵、四横、四联"的重要组成部分,路线起点向南经过宿豫县的双庄乡、三树乡、埠子镇和龙河镇等乡镇,沿线经过的主要河流有东沙河、船行干渠、三支渠、六大沟及西沙河等,跨越的公路都为乡村道路。

路线经过区域属于黄淮冲积平原。由于黄河的历次泛滥堆积等因素,全线广泛分布着软土和可液化砂土,地质条件较差。

根据《中国地震烈度区划图》,本区地震基本烈度为Ⅸ度。

4)工程进度

1997年9月8日,江苏省建设委员会苏建重〔1997〕420号文《关于京杭运河宿迁二号桥至靳桥公路初步设计的批复》同意建设宿靳高速公路工程项目;1997年10月20日,江苏省交通厅批准宿靳高速公路开工建设;2000年11月15日,通过交工验收,建成通车。

2. 决策过程

1996年10月,宿迁市人民政府委托省交通规划设计院开展宿靳高速公路前期研究和设计工作。

1997年9月8日,江苏省建设委员会以苏建重〔1997〕420号文《关于京杭运河宿迁二号桥至靳桥公路初步设计的批复》同意建设宿靳高速公路工程项目。

1997年12月10日,江苏省计划与经济委员会以苏计经交发〔1997〕352号文《关于京杭运河宿迁第二公路大桥至靳桥公路项目可行性研究报告(含项目建议书)的批复》批复了宿靳高速公路工程项目可行性研究报告。

1997年10月20日,宿迁市审计局以宿审意投〔1997〕18号文《宿迁市审计局关于宿迁市宿靳一级公路的开工前审计意见》同意宿靳高速公路开工建设。

江苏省高速公路建设指挥部《关于印发〈宁宿徐高速公路有关问题协调会议纪要〉的函》(〔1999〕90号),调整部分一级公路路段为高速公路路段。

江苏省建设委员会《关于同意宁宿徐高速公路梅花互通与主线同步实施的复函》(苏建函重〔2000〕57号)同意梅花互通同步建设,同步投入使用。

2000年4月24日,江苏省计划与经济委员会苏计经交发〔2000〕650号文《关于宿迁运河二号桥至靳桥公路项目可行性研究调整报告的批复》。

2000年10月26日,江苏省建设厅苏建重〔2000〕383号文《关于京杭运河宿迁二号桥至靳桥公路初步设计调整概算的批复》。

(二)建设情况

1. 项目准备阶段

1)施工、监理单位招标情况

宿靳高速公路的工程施工承包采用国内竞争公开招标。

路基、结构物施工队伍的招投标工作是由原宿迁市重点工程建设总指挥部办公室组织的。1997年9月22日举行了投标会议,有40家单位参加竞标。路基桥梁施工单位有南通市交通工程总公司等。沥青混凝土路面、交通工程等由省高指组织统一招标。路面施工单位有交通部公路二局。工程施工监理采取议标形式确定。监理单位有江苏华宁监理公司等。

由于坚持投标原则,严密标底编制,加强资格审查,依法签订合同,严格工作纪律,并邀请公证机关对招标过程进行公证,经省、市评标委员会评定,最终确定中标单位,保证了招标工作的"公平、公正、公开"。

2)征地拆迁情况

征地拆迁情况统计见表 7-39-1。

征地拆迁情况统计表 表 7-39-1

征地拆迁安置起止时间	征用土地(亩)	拆迁房屋(m²)	支付补偿费用(元)	备 注
1997年5月—2000年9月	2679.42	11835.2	32030000	

2. 项目实施阶段

省高速公路建设指挥部在省政府和省高速公路建设领导小组领导下,负责工程的组织实施和建设管理,同时指导宿迁市高速公路建设指挥部的工作。宿迁市高指履行业主代表机构和总监办代表机构的职责,较好地组织了宿靳高速公路省管段项目的实施,全面组织征地拆迁工作,协调处理大量地方矛盾,创造了良好的施工环境。同时,省、市均成立了高速公路建设纪检监察机构,对重点工程建设起到了监督和保驾护航的作用。

本项目在施工实施过程中,在省、市高速公路指挥部统筹管理领导下,因工期缩短、地质资料设计变更等原因,施工图设计按照江苏省规定的变更程序进行了以下主要设计变更:

(1)1998年10月,宿靳公路由一级公路调整为高速公路。

(2)C标 K14+600 竖曲线调整。经查,K14+140~K15+020 段地面高程测量有误,造成 K14+600 处竖曲线近 200m 路段路堤高度不足 1.5m,经调整设计,方案满足要求。

(3)E标段部分管涵轴线变更。由于涵洞设计以工厂化生产管节为基础,故斜度取5°一档,对原沟渠与涵洞轴线不一致的,则在进、出口处适当改顺。

(4)E标段 K19+500 及 K19+610 河塘变更。根据宿迁市高指提供的静力触探资料,塘底承载力较高,故将该两处河塘处理方案变更为清淤后塘底 1.0m 换填碎石土(其上铺设一层抗拉土工格栅)+等载预压的处理方案。

(5)路基预压方案变更。根据市高指提供的沉降观测资料,结合施工情况和施工工期的要求,为减少工后沉降,对部分路段增加等载或超载预压处理。

(三)运营及养护管理

1. 运营管理

S96 宿迁支线于 2001年12月正式开通,目前只设有 1 个收费站。S96 宿迁支线作为宿迁市区连接新扬高速公路的重要通道,自项目部成立之日起就以标准化、精细化管理为目标,扎实做好运营管理基础工作。长期以来,在运营管理方面,首先内业管理越来越细。

在规范操作流程上,对通行费征收、解缴、废弃票处理、出入亭自查、特情处置、免费优惠车辆验证都作出详细明确规定,票据的申领、发放、盘存、保管等环节责任明确,操作规范,通行费的收缴、存放、交接、解缴等环节实现"无缝衔接"。在监督管理上,坚持四级稽查制度,构建收费岗位立体监督检查网络,编发月度《运营工作简报》,对全线通行费征收、票卡使用、文明服务路况信息、站务管理、运营工作动态及时进行通报公布,监控收费服务行为。在设备维护上,做到设备维护资料填写规范,存档及时,对机电设备使用情况坚持定期不定期检查,发现问题第一时间通知维护方,督促其在最短时间内予以修复。其次,业务技能越来越熟。各收费站坚持每周业务学习、每周特情交流、每月定期组织业务技能测试,不断巩固提高业务技能,努力让工作特例转为普通事例。第三,打击逃费越来越严。对可能出现的各类偷逃通行费行为,各单位积极制订防逃、打逃、追逃预案,采取超宽车道定制水泥预制块,配置破胎器、拦车器等各种措施,宣教并举,打防结合;对各类优惠放行车辆对照政策认真检查其区间相符性、时间有效性、车辆运输物资真实性和证件准确性。第四,文明服务越来越优。在坚持"五个一"的基础上,为进一步提高服务水平,各收费站多措并举、多管齐下,加大文明服务管理考核力度,将员工文明服务月度考核结果与绩效考核挂钩,开展月度"服务明星"评选活动,增强员工争先创优意识,做到为驾乘人员"诚心诚意办实事,尽心竭力解难事,持之以恒做好事",涌现出诸多好人好事。

2. 养护管理

在京沪公司统一管理下,建立现代企业制度,完善管理机构。2000年12月正式对宿 新高速公路实施经营、管理、养护。初步形成了责、权、利相结合的实干高效的管理临时机构。

建立健全各项规章制度,逐步实行规范管理。根据各种规章制度建设,从建章立制入手,优化管理手段,促进管理规范化、程序化、科学化。

建立健全养护体系,加强道路初期维护。配合先进的养护设备和专业养护队伍,加强道路病害巡查与治理,及时进行养护管理,较好地保持了道路优良品质。

在路基养护方面,坚持不间断的日常巡查及雨后巡查,坚持软基路堤及高路堤的沉降观测,及时发现问题,掌握路况变化,制订维护方案。及时清理排水系统,完善边坡防护,确保边坡稳定。针对路面养护,公司成立了机械化的路面养护队,做到随坏随修,遏制了路面早期病害的蔓延。在桥涵管理中,养护大队及时清理桥面排水系统,确保排水畅通,做好涵洞的清淤工作,确保涵洞基础稳固,排水良好,经常检查桥梁支座,及时清理毛勒缝。绿化工程就整体情况而言,满足了常绿的功能要求,初期绿化成活率达到90%。

附录一
江苏高速公路建设大事记

1991 年

4月7日,省委、省政府决定成立江苏省高速公路建设领导小组和高速公路建设指挥部,全面领导和负责组织全省高速公路建设。

1996 年

8月14日,省交通厅颁布《江苏省宁沪高速公路旅客运输管理办法(试行)》,对沪宁高速公路客运线路首次实行招标有偿使用。

9月15日,沪宁高速公路建成通车。

10月25日,省委、省政府作出了"挥师北上,加快苏北高速公路建设"的战略决策。广靖高速公路开工建设,随之拉开了全省苏北高速公路建设的序幕。

12月9日,交通部在南京召开全国交通系统创建文明行业大会。

1997 年

4月1日,省政府召开全省高速公路建设领导小组会议,决定加快苏北高速公路建设。

6月26日,江苏宁沪高速公路股份有限公司H股在香港联合交易所正式挂牌交易,发行H股12.22亿股,募集资金40.69亿元。

6月28日,南京新机场高速公路建成通车。

11月28日,沪宁高速公路江苏段通过国家竣工验收。

1998 年

6月3日,省政府发出"奋战五年,决战苏北,确保全省高速公路联网畅通"的号召,全省高速公路建设进入了一个大发展的重要时期。

7月14日,江苏省内有7家银行与省交通厅签订了总额达64亿元的贷款协议,全部用于支持苏北高速公路网的建设。

9月15日,宁高高速公路建成通车。

10月30日,省政府批准成立江苏省高速公路集团公司及6个项目公司。

11月,沪宁高速公路江苏段获得中国建筑工程鲁班奖。

1999 年

2月27日,交通部在南京召开全国交通基础设施建设工程质量现场会。

9月,广靖高速公路建成通车。

9月28日,20世纪"中国第一大、世界第四大"钢箱梁悬索桥——江阴长江公路大桥建成通车。

9月,锡澄高速公路建成通车。

12月6日,宁合公路大修改善(高速化)工程完成交工验收。

12月8日,经国家计委和中国人民银行批准,由江苏证券有限责任公司担任主承销商的江苏高速公路集团有限公司3.5亿元债券在全省范围内向企事业单位和个人公开发行,这是全省企业债券发行史上单笔规模最大的一次。

2000 年

9月,江苏锡宜高速公路有限公司成立,负责锡宜高速公路(含连接线陆马公路)、环太湖高速公路、苏锡高速公路无锡段的运营管理及相关配套服务。

11月21日,宁通公路东段高速化完善工程完成竣工验收并交付使用。

11月28日,宁连公路淮连段通过交(竣)工验收。

12月15日,京沪高速公路江苏段全线建成通车。

12月19日,交通部组织"京沪高速公路千里行活动"。

12月29日,江苏交通控股有限公司成立。该公司是由省政府出资设立,经授权具有投资性质的国有资产经营单位和投资主体,总资产为208亿元。

2001 年

1月3日,南京雍庄至六合东高速公路正式交付使用。

1月16日,江苏宁沪高速公路股份有限公司1.5亿股普通股在上海证券交易所挂牌交易。

2月27日,江苏省和交通部在江苏镇江联合召开润扬长江公路大桥省部现场办公会。

3月26日,南京长江第二大桥建成通车。

4月10日,省高指与江苏交通控股有限公司、江苏高速公路集团公司在南京举行宁靖盐、连徐等高速公路项目资金筹措、建设管理协议书签字仪式,标志着全省高速公路筹资—建设—运营管理体制的正式形成。

6月5日,省纪委、省监察厅和省交通厅联合成立的全省高速公路建设项目纪检监察领导小组在无锡召开会议,决定向全省高速公路建设项目派驻纪检监察机构。

8月23日,江苏省驻高速公路纪检监察机构正式挂牌运作。

10月16日—19日,交通部在南京召开全国交通系统精神文明建设会议。

11月,苏州市人民政府成立苏州绕城高速公路建设指挥部,负责苏州绕城高速公路的建设管理工作。2003年1月归并为苏州市高速公路建设指挥部。

11月,连徐高速公路一期工程通过交工验收。

11月20日,宁靖盐高速公路一期工程通过交工验收委员会验收。

11月,江阴长江公路大桥获得中国建筑工程鲁班奖。

2002年

7月1日,江苏13个地级市中第一个高速公路规划《苏州市高速公路规划》出台。

10月,连徐高速公路二期工程徐州段通过交工验收。

10月22日,汾灌高速公路建成通车。

10月24日,宁靖盐高速公路二期工程通过交工验收委员会验收。

10月,江阴长江公路大桥获得国际桥梁大奖——尤金·菲戈奖。

12月8日,苏嘉杭高速公路苏州至吴江段建成通车。

12月17日,江苏省九届人大常委会第三十三次会议审议通过了《江苏省高速公路条例》。

12月20日,沪宁高速公路江苏段花桥收费站和沪宁高速公路上海段安亭收费站实行苏沪界联合收费。

2003年

1月29日,省公安厅和省交通厅联合发出通知,要求今后如遇恶劣天气,高速公路原则上不再封闭交通。

2月26日,省高管中心挂牌成立,中心将承担全省事业性质高速公路的经营管理,协助路政执法部门加强对管辖路段的执法管理,并盘活事业性质高速公路资产。

3月1日,《江苏省高速公路条例》开始施行。

6月,连徐高速公路二期工程连云港段通过交工验收。

9月,京福高速公路徐州东段建成通车。

9月,锡宜高速公路全线建成通车。

9月22日,徐州至宿迁高速公路建成通车。

9月底,沪瑞国道主干线支线溧水(骆家边)至溧阳(上兴)段建成通车。

11月17日,交通部和江苏省人民政府聘请35位中外桥梁专家为苏通大桥建设的技术顾问、技术专家。

11月,苏嘉杭高速公路常熟至苏州段建成。

11月,江阴长江公路大桥、南京长江第二大桥获得中国土木工程詹天佑奖。

2004 年

8月14日,江阴至太仓高速公路通过交工验收。

9月,沪瑞国道主干线支线溧阳(上兴)至宜兴(父子岭)段建成。

9月15日,省属两大国有交通投资企业——江苏交通控股有限公司和江苏交通产业集团有限公司合并重组大会在南京召开。合并后的新公司继续沿用"江苏交通控股有限公司"名称。

10月1日,宁启高速公路海门至启东段建成通车。

10月1日,通启高速公路南通至海门段建成通车。

10月12日,扬州西北绕城高速公路正式通车。

10月30日,南通通启高速公路建成通车。

10月底,苏州绕城高速公路西南段建成通车。

11月25日,常州至江阴高速公路通过交工验收。

12月,南京长江第二大桥、润扬长江公路大桥获得国家优质工程奖金质奖。

2005 年

4月30日,润扬长江公路大桥全线正式通车。

9月底,沪宁高速公路扩建工程建成并恢复货车通行。

9月,苏州绕城高速公路东南段及上海郊区环线公路(江苏段)建成通车。

10月,盐通高速公路建成通车。

10月7日,南京长江第三大桥举行通车仪式。

11月8日,苏州绕城高速公路苏昆太段建成通车。

11月8日,苏州绕城高速公路西北段建成通车。

11月,连徐高速公路获得中国土木工程詹天佑奖。

12月1日,宿淮高速公路建成通车。

2006 年

9月,南京至淮安高速公路雍庄至武墩段全面建成通车。

9月,宁蚌高速公路江苏段建成通车。

10月9日,省政府正式批复了"五纵九横五联"5200km的《江苏省高速公路网规划》。

10月10日,环太湖高速公路基本建成通车。

10月,连盐高速公路全线建成通车。

11月,淮盐高速公路建成通车。

11月,无锡至张家港高速公路一期工程建成通车。

11月,南京至淮安高速公路南京江北段建成通车。

11月,宜兴至溧水高速公路获得中国土木工程詹天佑奖。

2007年

4月20日,省高指和江苏交通控股有限公司举行全省高速公路竣工项目资产交接仪式。

5月,南京长江第三大桥获得国际大奖——古斯塔夫·林登奖。

7月,徐州西绕城高速公路建成通车。

9月30日,宁常高速公路、镇溧高速公路建成通车。

11月,润扬长江公路大桥获得中国土木工程詹天佑奖。

2008年

1月12日,沪苏浙高速公路江苏段建成通车。

3月,苏通长江大桥获得国际桥梁大奖——乔治·理查德森奖。

6月30日,世界第一大跨径双塔双索面斜拉桥——苏通长江大桥全线正式通车。

8月,宁靖盐高速公路盐城北段建成通车。

8月,沪瑞国道主干线溧水至南京公路建成通车。

11月,南京长江第三大桥、沿江高速公路常州至太仓段荣获中国土木工程詹天佑奖。

2009年

3月1日,全省联网高速公路实施新的计重收费标准。

5月4日,省政府在南京召开全省高速公路建设推进会。

5月17日,省交通厅在南京组织召开江苏省高速公路网路线命名和编号实施工作领导小组会议。

7月28日,长三角区域高速公路联网电子不停车收费系统(ETC)江苏示范工程完成交工验收。

9月29日,省交通运输厅在省政府新闻发布厅举行全省高速公路命名和编号实施工作新闻发布会。

9月,苏锡高速公路建成通车。

9月,苏州绕城高速公路董浜枢纽至石牌枢纽段建成通车。

11月28日,江苏、安徽两省高速公路联网不停车收费系统实现对接。

11月,宿迁至淮安高速公路获得中国土木工程詹天佑奖。

2010年

2月9日,全省高速公路指挥调度联合值班工作在江苏交通控股联网管理中心启动运行。

3月9日,崇启大桥管理中心房建工程经交工验收组全面检查评定,顺利通过交工验收。

3月26日,苏通长江大桥获得由美国土木工程协会(ASCE)颁布的2010年度土木工程杰出成就奖,这也是中国工程项目首次获此殊荣。

9月29日,全省高速公路交通标志更新改造工程竣工验收会召开。

9月30日,南京绕越高速公路东南段全线建成通车。

10月,临连高速公路建成通车。

10月19日,无锡至张家港高速公路二期工程建成通车。

11月,徐州至济宁高速公路一期丰县北互通至徐州段建成通车。

2011年

11月7日,苏通长江大桥工程获2010—2011年度中国建筑工程鲁班奖。

12月8日,江都至六合公路通车试运行。

12月12日,常州西绕城高速公路全线建成通车。

12月24日,南京长江第四大桥正式建成通车。

12月24日,南京绕越高速公路东北段全线建成通车。

2012年

10月,宿迁至新沂高速公路建成通车。

11月5日,江苏省人民政府办公厅发布《江苏省省道公路网规划》。

2013年

11月15日,泰州长江公路大桥工程获由英国结构工程师学会颁发的卓越结构工程大奖。

12月,溧水至马鞍山高速公路江苏段建成通车。

12月26日,北京、天津、河北、山西、辽宁、上海、江苏、浙江、安徽、福建、江西、山东、湖南、陕西14个省市ETC联网正式开通。

2014年

6月,南京机场高速公路全线建成通车。

12月,徐州至济宁高速公路二期苏鲁省界至丰县北互通段建成通车。

2015年

2月4日,高淳至芜湖高速公路(江苏段)建成通车。

2月6日,通洋高速公路一期全线正式通车。

附录二
附　图

附图 1　江苏省"四纵四横四联"高速公路网规划图
附图 2　江苏省高速公路网规划图（2006—2015 年）
附图 3　江苏省省道公路网规划图（2011—2020 年）
附图 4　江苏省高速公路规划建设示意图
附图 5　江苏省高速公路过江通道建设情况图

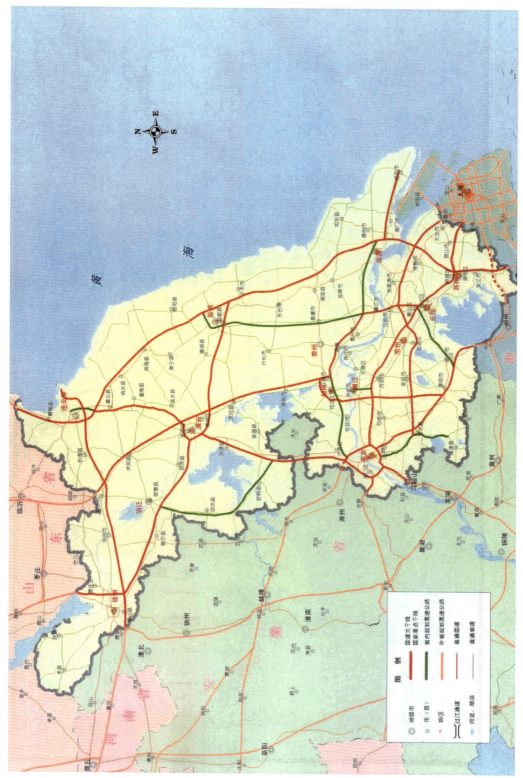

附图1 江苏省"四纵四横四联"高速公路网规划图

附录二

附 图

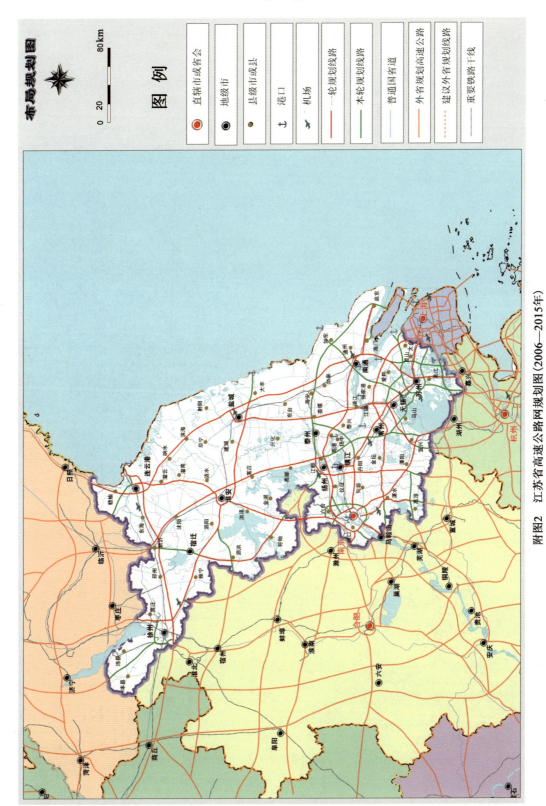

附图2 江苏省高速公路网规划图(2006—2015年)

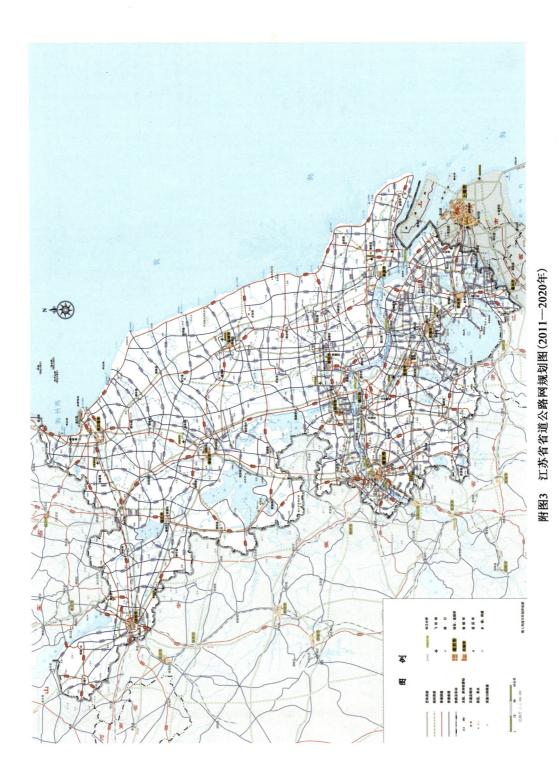

附图3 江苏省省道公路网规划图（2011—2020年）

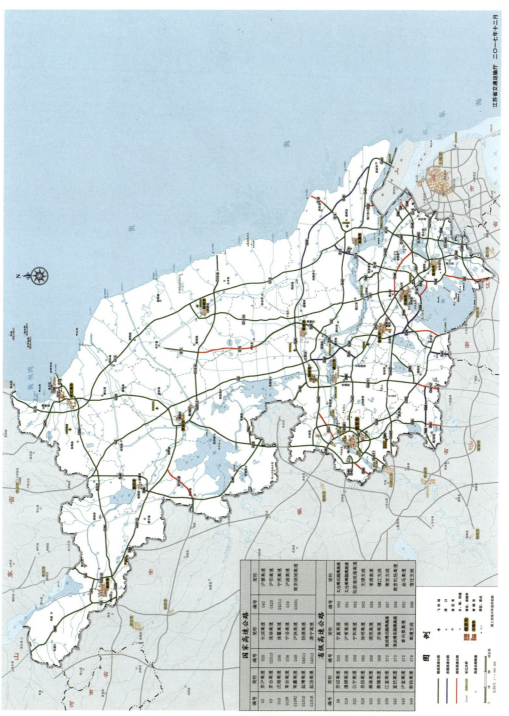

附图4 江苏省高速公路规划建设示意图

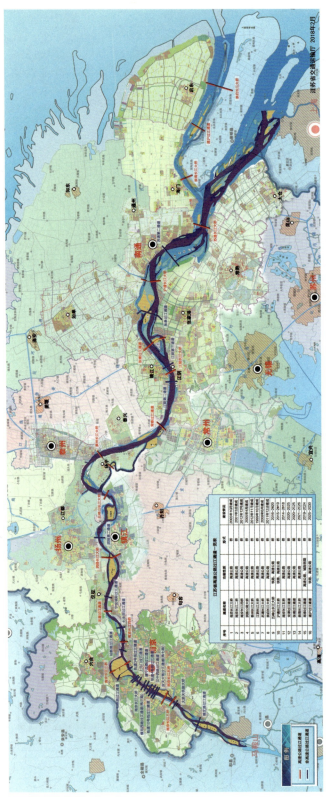

附图5 江苏省高速公路过江通道建设情况图